Hans Küng
Die Kirche

D1931761

Serie Piper
Band 161

Zu diesem Buch

Dieses Buch ist um die ganze Welt gegangen und hat Aufsehen erregt im Katholizismus und Protestantismus. Es liegt in holländischer, englischer, amerikanischer, französischer, spanischer, italienischer, portugiesischer und japanischer Ausgabe vor. Als ein unentbehrliches Handbuch für Theologen, Religionslehrer, Katecheten, Studenten, interessierte Laien ist es zu einem Klassiker der Ekklesiologie geworden, der Lehre von der Kirche. Seine Originalität: hier werden Kirche und ihre Strukturen konsequent am biblischen Ursprung gemessen und der Kritik unterzogen. Ein neues Bild von Kirche wird gezeigt, in historischer Distanz und aktueller Relevanz. Eine wahrhaft ökumenische Ekklesiologie.

Hans Küng, geboren 1928 in Sursee (Schweiz). 1948 bis 1955 Studium der Philosophie und Theologie in Rom. 1955 Studium an der Sorbonne und am Institut Catholique in Paris. 1957 bis 1959 praktische Seelsorge in Luzern. 1960 Berufung an die Universität Tübingen als o. Professor für Fundamentaltheologie. Unter Papst Johannes XXIII. theologischer Konzilsberater. Seit 1963 Professor der dogmatischen und ökumenischen Theologie. Seit 1980 fakultätsunabhängig Professor für ökumenische Theologie und Direktor des Instituts für ökumenische Forschung. – Zahlreiche Veröffentlichungen. Im Piper Verlag sind erschienen: »Christ sein« (1974, ¹¹1983); »Existiert Gott?« (1978, ²1984); »20 Thesen zum Christsein« (1975, ⁶1980); »24 Thesen zur Gottesfrage« (1979, ³1980); »Die christliche Herausforderung« (1980); Ewiges Leben? (1982, ³1983); (mit Josef van Ess, Heinrich von Stietencron, Heinz Bechert) »Christentum und Weltreligionen« (1984).

Hans Küng

Die Kirche

Piper
München Zürich

Von Hans Küng liegen in der Serie Piper
außerdem vor:
20 Thesen zum Christsein (100)
24 Thesen zur Gottesfrage (171)
Ewiges Leben? (364)

ISBN 3-492-00461-x
3. Auflage, 16.–19. Tausend April 1985
© R. Piper & Co. Verlag, München 1977
© für Originalausgabe: Verlag Herder KG, Freiburg/Breisgau, 1967
Mit kirchlicher Druckerlaubnis, Rottenburg, den 30. Januar 1967
Der Generalvikar: Dr. Knaupp
Umschlag: Disegno, unter Verwendung des Gemäldes
»Römische Erinnerung« (1983) von Otto Herbert Hajek
Foto Umschlagrückseite: Barbara Klemm
Druck und Bindung: Clausen & Bosse, Leck
Printed in Germany

Vorwort zur Taschenbuchausgabe

Zehn Jahre sind es her, daß dieses Buch erschienen ist. Es hat in der Zwischenzeit eine große Debatte ausgelöst, die römischen Glaubensbehörden beschäftigt und schließlich eine vatikanische Erklärung provoziert. Unterdessen aber war es bereits um die Welt gegangen und liegt heute in beinahe allen großen Kultursprachen vor. Ungezählten Menschen, Theologen und Nichttheologen, durfte es in einer schwierigen Zeit helfen, besser zu verstehen, was Kirche ist.

Es war ein Risiko, dieses Buch zu schreiben und zu veröffentlichen. Mitten im Umbruch des Zweiten Vatikanischen Konzils (1962–1965) war es begonnen worden, als nämlich immer klarer wurde, daß die Konzilskonstitution über die Kirche zwar ihre gewichtigen Fortschritte, aber auch ihre sehr bestimmten Grenzen aufweisen würde. Das Vatikanum II hat gewiß entscheidende Gesichtspunkte der neutestamentlichen Kirchenverfassung wieder ins Blickfeld gerückt: die Kirche als Volk Gottes und Gemeinschaft der Glaubenden, das allgemeine Priestertum, die charismatische Dimension der Kirche, die Bedeutung der Ortskirche, das kirchliche Amt als Dienst, die Kollegialität von Papst und Bischöfen ... Alle diese Gesichtpunkte sind auch in dieses Buch eingegangen.

Aber die »neuen« Gesichtspunkte blieben vereinzelt, prägten nicht den Charakter des ganzen Konzilsdokuments und wurden durch zahlreiche Kompromisse auch wieder verdeckt. Das Konzil besaß – aufgrund der kurialen Kontrolle über den Konzilsapparat – gar nicht die Freiheit, konsequent und umfassend aufzuzeigen, wie Kirche heute im Licht der ursprünglichen christlichen Botschaft verstanden werden darf und muß.

Dieses Buch versucht hier eine Hilfe anzubieten. Was will es? Es will eine Lehre von der Kirche bieten,

1. die von Anfang bis Ende biblisch begründet ist und die Ergebnisse der historisch-kritischen Forschung in der Systematik ernstzunehmen versucht;
2. die sich mit der kirchlichen Tradition konstruktiv auseinandersetzt und dabei das Neue Testament als kritische Norm ständig im Blick hat;
3. die das Vatikanum II nach vorne interpretiert und als Vorausinterpretation leider noch immer nicht überholt ist;

4. die die berechtigten Anliegen der anderen christlichen Kirchen realisiert und tragfähige ökumenische Lösungen vorschlägt;
5. die Theorie und Praxis verbindet und zur Erneuerung der Kirchen nach dem Evangelium tatkräftig beitragen will.

Das Buch hat Kritik gefunden, was nicht verwunderlich ist. Allzu unbequem wäre für manche die »Umkehr«, sollte diese ekklesiologische Theorie ekklesiale Praxis werden. Soweit die Kritik theologisch fundiert war, wurde sie gesammelt von Hermann Häring und Josef Nolte: Diskussion um Hans Küng »Die Kirche« (Freiburg–Basel–Wien 1971). Dort finden sich auch eine kurze Chronik der römischen Aktionen gegen dieses Buch, ein Geheimgutachten aus dem Vatikan und schließlich verschiedene Stellungnahmen des Verfassers. Ergänzungen zu konkreten theologisch-praktischen Problemen hat »Die Kirche« gefunden in den beiden Büchern: »Wahrhaftigkeit. Zur Zukunft der Kirche« (Freiburg–Basel–Wien 1968) und »Unfehlbar? Eine Anfrage« (Zürich–Einsiedeln–Köln 1970). Das Buch »Christ sein« (München–Zürich 1974) zeigt den gesamten christlichen Kontext auf, in welchem Lehre und Praxis der Kirche zu sehen sind. Es gab Kritiker, die in »Christ sein« eine ausführliche Lehre von der Kirche vermißten. Sie können sie jetzt in dieser handlichen und doch vollständigen Ausgabe nachlesen.

Was ich zum Abschluß des römischen Lehrverfahrens gegen dieses Buch und das Buch »Unfehlbar?« gesagt habe, möchte ich auch dieser Taschenbuchausgabe mit auf den Weg geben: »Es geht mir nicht darum, in den weithin umstrittenen Fragen von Unfehlbarkeit und Kirchenordnung gegen Rom und die Bischöfe Recht zu behalten. Nicht wer recht hat, sondern was recht ist, das ist die Frage. Die Wahrheit, bei wem immer sie liegt, wird sich durchsetzen. Mir geht es als Theologe und Seelsorger nur darum, auf drängende Fragen der Menschen von heute eine überzeugende christliche Antwort zu geben, und zahllose Reaktionen bestätigen mich darin. Darum werde ich mich auch nicht davon abhalten lassen, meinen theologischen Dienst an den Menschen in kritischer Solidarität zu erfüllen und das zu lehren, was sich vom Neuen Testament und der großen christlichen Tradition her als katholische Lehre vertreten läßt.«

Tübingen, 1. Januar 1977 Hans Küng

Vorwort zur ersten Auflage

Die Gottesfrage ist wichtiger als die Kirchenfrage. Aber vielfach steht die zweite der ersten im Wege. Das müßte nicht so sein. Und hier soll der Versuch gewagt werden zu zeigen, daß es nicht so sein muß. Will man dabei nicht nur willkürlich einzelne Linien ausziehen, sondern ein umfassendes Bild geben, so ist man bei der Weite der Fragen und der Fülle der Literatur beinahe überfordert. Schon von daher sieht man sich genötigt, sich zu konzentrieren, sich einzuschränken, Akzente zu setzen, einzelnes länger, anderes kürzer, einzelnes intensiver, bunter, anderes umrißhafter, trockener zur Sprache zu bringen. Alles in einer Leidenschaft, die Sachlichkeit nicht ausschließt. Und woher nimmt man das Recht dazu, es gerade so und nicht anders zu machen? Wir haben versucht, uns von der ursprünglichen Botschaft die Themen, die Perspektiven, die Gewichtsverteilung geben zu lassen, damit das Licht der Kirche des Ursprungs der Kirche von heute wieder neu Weg weise.

Dieser Ansatzpunkt hat Konsequenzen, die nur vom Ursprung her verantwortet werden können. Wem dabei Bedenken kommen möchten, der muß sich daran erinnern lassen, daß dies die Methode ist, die von nachkonziliarer Theologie erwartet wird: »Die dogmatische Theologie soll so aufgebaut werden, daß an erster Stelle die biblischen Themen selbst zur Sprache gebracht werden«; von diesem Ausgangspunkt her soll dann über die historische Forschung die systematische Durchdringung erfolgen (Dekret über die Priesterausbildung, Art. 16).

»Strukturen der Kirche« (1962) sind als Prolegomena zu diesem Buch zu verstehen.

Die Methode dieser Arbeit bringt es mit sich, daß der systematische Theologe in einem ungewöhnlichen Ausmaß auf den Rat des Exegeten angewiesen ist. Ich bin deshalb meinen Tübinger Kollegen Professor DDr. Karl Hermann Schelkle und Professor Dr. Herbert Haag, die das Manuskript ganz oder teilweise gelesen haben, für ihre Anregungen, die mir viel bedeutet haben, herzlich dankbar. Ebenso herzlich danke ich meinem Kollegen in der Dogmatik und Mitherausgeber der »Ökumenischen Forschungen«, Professor Dr. Joseph Ratzinger, für seine wertvolle Hilfe. Mein Dank gilt ferner meinen Assistenten, Dr. Gotthold Hasenhüttl und Dr. Alexandre Ganoczy, jetzt

Professor am Institut Catholique in Paris, sowie allen meinen Mitarbeitern im Institut für ökumenische Forschung, die mir sowohl bei der Herstellung des Manuskriptes wie bei der ganzen Korrekturarbeit unermüdlich zur Seite gestanden sind. Fräulein cand. theol. Christa Hempel danke ich für die Herstellung der Register.

Tübingen/Sursee, Neujahr 1967 Hans Küng

Zur zweiten Auflage

Für die zweite Auflage sind nur einige Druckfehler verbessert worden. Ich bin erfreut, daß das Buch von der katholischen wie von der evangelischen Kritik des In- und Auslandes so positiv aufgenommen und gewertet wurde. Das Buch ist bereits in einer holländischen, französischen, englischen und amerikanischen Ausgabe erschienen. Spanische und italienische Ausgaben sind für dieses Jahr vorgesehen.

Tübingen, im Juni 1968 Hans Küng

INHALT

A. DIE WIRKLICHE KIRCHE

I. DIE GESCHICHTLICHKEIT DES KIRCHENBILDES

1. Wesen in geschichtlicher Gestalt

In raschen Schritten geht die Kirche ihrem dritten Jahrtausend entgegen. Für die Welt, in der die Kirche lebt, hat die Zukunft schon begonnen: der Griff nach dem Mikrokosmos und dem Makrokosmos, dem Atom und dem All, die stets rascheren und vollkommeneren Kommunikations- und Verkehrsmittel, die Fülle neuerfundener Instrumente, synthetischer Stoffe und rationalisierter Produktionsmethoden, die Verlängerung der menschlichen Lebensdauer um Jahrzehnte, großartige Erfolge der Physik, der Chemie, der Biologie, der Medizin, der Psychologie, der Soziologie, der Wirtschaftswissenschaften, der historischen Wissenschaften ... Alles in allem — trotz der weltgeschichtlichen Katastrophen und Bedrohungen, die das Schicksal gerade unseres Jahrhunderts waren — ein in dieser Vielfalt und Rapidität geradezu atemberaubender Fortschritt: die hochtechnisierten Völker Europas und Amerikas verbreiteten ihre Wissenschaft über die Erde, und die Völker Asiens und Afrikas erwachten, die Welt wurde eine, und eine Weltwirtschaft, eine Weltzivilisation, vielleicht auch eine Weltkultur bilden sich heraus.

Und die Kirche? Hat auch für sie die Zukunft schon begonnen? Einiges spricht dafür, vieles dagegen. Dies dürfte immerhin klar sein: Die Kirche kann sich, ob sie will oder nicht, aus dieser globalen Neuorientierung, in der eine neue Weltzeit anbricht, gar nicht heraushalten, lebt sie doch in dieser und nicht in einer anderen Welt. Daß die für große Übergangszeiten typische Unruhe, die bei allen Erfolgen der Naturwissenschaften und der Technik die Kunst, den Film, das Theater, die Literatur, die Philosophie, das heißt den einzelnen Menschen und die Völker durchzittert, daß diese Unruhe hinter allen Fassaden der scheinbar zeitenthobenen Selbstsicherheit auch die Kirche, die Menschen, die die Kirche sind, erfaßt hat, braucht nicht Nervosität hervorzurufen, kann vielmehr – man redet ja von einer heilsamen, heilenden Unruhe – Hoffnung zeugen. Was nach schwerer Krise aussieht, kann Geburtsstunde, was als unheimliche Gefährdung erscheint, kann die große Chance sein.

Die Aufgaben, alte und neue, vor die sich eine Kirche, die für die Welt da sein will, in dieser gewandelten und sich wandelnden Welt gestellt sieht, sind riesengroß: die Erneuerung, Sammlung, Belebung eines in traditionellen Formen und Formeln vielfach verflachten und festgefahrenen Kirchenvolkes; die Evangeliumsverkündigung in den vielfach heidnisch gewordenen christlichen Stammlanden unter den der Kirche und ihrer Botschaft entfremdeten Intellektuellen, Arbeitern und Bauern; die ökumenische Begegnung und Wiedervereinigung der getrennten Christen und christlichen Kirchen; die verstehende Auseinandersetzung mit den großen nichtchristlichen Weltreligionen, mit Islam, Buddhismus, Hinduismus in der einen Welt; die der Kirche angemessene Mithilfe bei der Lösung der großen Weltprobleme: die Verhütung von Kriegen und der Weltfriede, die Bekämpfung des Hungers und des sozialen Elends, die Bildung der Massen ... Wie viele Aufgaben, so viele Chancen!

Nur diejenige Kirche aber vermag sich diesen Aufgaben zu stellen, vermag diese Chancen zu nutzen, die nicht statt die Gefangene ihres Herrn die Gefangene ihrer selbst, ihrer selbstgefertigten Vorstellungen und Theorien, Formen und Gesetze ist, sondern die als Gefangene ihres Herrn wahrhaft frei, offen und beweglich ist für den Dienst an den stets neuen Erfordernissen, Nöten und Hoffnungen der Menschheit.

Der *Begriff* der Kirche wird wesentlich mitbestimmt von der jeweiligen geschichtlichen *Gestalt* der Kirche. Die Kirche kann Gefangene des Bildes werden, das sie zu einer bestimmten Zeit von sich selbst gemacht hat. Jede Zeit hat ihr eigenes Kirchenbild, herausgewachsen aus einer bestimmten geschichtlichen Situation, gelebt und gestaltet von einer bestimmten geschichtlichen Kirche, begrifflich vor- oder nachgeformt von bestimmten geschichtlichen Theologen. Gewiß hält sich bei allen geistes-, kirchen- und theologiegeschichtlichen Strömungen und Gegenströmungen in den verschiedenen sich wandelnden geschichtlichen Kirchenbildern ein Bleibendes durch, dem wir unsere ganze Aufmerksamkeit zu schenken haben,

Grundkomponenten und Grundperspektiven, die nicht von ihr selbst stammen, ein „Wesen", das von ihrem stets bestimmend bleibenden Ursprung her gesetzt ist. Es gibt also in der Geschichte der Kirche und ihres Selbstverständnisses ein Beharrendes, doch dieses Beharrende zeigt sich nur im sich Verändernden. Es gibt ein Identisches, aber nur im Variablen; ein Kontinuum, aber nur im Ereignis; eine Ständigkeit, aber nur in der wechselnden Erscheinung; kurz: ein *„Wesen"* der Kirche, aber dieses nicht in metaphysischer Unbeweglichkeit, sondern nur in einer stets wandelbaren geschichtlichen *„Gestalt"*. Und gerade um dieses – nicht statisch-starre, sondern dynamisch sich ereignende – ursprüngliche, bleibende „Wesen" zu Gesicht zu bekommen, muß man auf die dauernd sich verändernde geschichtliche „Gestalt" achten. Und gerade um das identisch Bleibende und Beharrende zu Gesicht zu bekommen und um es nicht mit dem Wandelbaren und Vergänglichen zu verwechseln, ist notwendig, von allem Anfang an mit dem Zeitbedingt-Wandelbaren im Kirchenbild zu rechnen.

Nur dann, wenn wir das „Wesen" der Kirche in der wechselnden geschichtlichen Gestalt sehen, erfassen wir die Kirche, von der wir in unseren Darlegungen ausgehen wollen: nicht eine Idealkirche in den abstrakten himmlischen Sphären einer theologischen Theorie, sondern die *wirkliche* Kirche mitten in dieser Welt und dieser Weltgeschichte. Auch das Neue Testament beginnt ja nicht mit einer *Lehre* von der Kirche, die dann in der Folge realisiert würde, sondern mit der *Wirklichkeit* der Kirche, über die dann nachträglich reflektiert wird. Die wirkliche Kirche ist in erster Linie ein Geschehen, ein Faktum, ein geschichtliches Ereignis. *Der wirklichen Kirche wirkliches Wesen ereignet sich in der geschichtlichen Gestalt.* Zweierlei ist dabei zu beachten:

1. Wesen und Gestalt sind *nicht zu trennen:* Wesen und Gestalt der Kirche dürfen nicht auseinandergerissen, sondern müssen in ihrer Einheit gesehen werden. Die Unterscheidung zwischen Wesen und Gestalt ist nicht eine wirkliche, sondern eine begriffliche Unterscheidung: In Wirklichkeit gibt es nirgendwo und gab es nirgendwo ein Wesen der Kirche „an sich", losgetrennt, chemisch rein herausdestilliert aus dem Fluß der geschichtlichen Gestalten. Veränderliches und Unveränderliches lassen sich nicht säuberlich aufteilen: Es gibt bleibende Konstanten, aber keine von vornherein irreformablen Bezirke. Wesen und Gestalt verhalten sich nicht einfach wie Kern

und Schale. Ein Wesen ohne Gestalt ist gestaltlos und so unwirklich, ebenso wie eine Gestalt ohne Wesen wesenlos und damit ebenfalls unwirklich ist. Bei aller Relativität darf die geschichtliche Gestalt also nicht für schlechthin irrelevant gehalten werden gegenüber dem irgendwo „dahinter" oder „darüber" wesenden Wesen. Allzu billig ist es, sich, um geschichtlichen Urteilen und Entscheidungen auszuweichen, in lebensferne und ungefährliche Theologumena über das „Wesen" der Kirche zurückzuziehen. Umgekehrt ist es ebenso billig, sich unbekümmert um das vom Ursprung her gegebene Wesen der Kirche denkfaul und unkritisch nur mit der gegenwärtigen Gestalt der Kirche in kirchlicher Aktivität abzumühen oder sich damit gar in resignierter Passivität abzufinden. Nur wenn das Wesen der Kirche nicht hinter und nicht über, sondern *in* der geschichtlichen Gestalt gesehen wird, bekommen wir die *wirkliche* Kirche zu Gesicht.

2. Wesen und Gestalt sind *nicht zu identifizieren:* Wesen und Gestalt der Kirche dürfen nicht gleichgesetzt, sondern müssen in ihrer Unterschiedenheit gesehen werden. Wenn auch die Unterscheidung zwischen Wesen und Gestalt eine begriffliche ist, ist sie doch eine notwendige. Wie sollten wir anders das Bleibende in der Gestaltwerdung bestimmen können? Wie sollten wir anders die konkrete geschichtliche Gestalt beurteilen können? Wie sollten wir sonst ein Kriterium, eine Norm haben, um das zu bestimmen, was in einer geschichtlich-empirischen Manifestation der Kirche legitim ist? Es gibt keine Gestalt der Kirche – selbst die des Neuen Testaments nicht –, die das Wesen der Kirche so umfangen könnte, daß es schlechthin darin eingefangen wäre. Es gibt auch keine Gestalt der Kirche – selbst die des Neuen Testaments nicht –, die das Wesen der Kirche *perfekt* und *erschöpfend* widerspiegelte. Nur wenn im Gestaltenwechsel das nicht unveränderliche, aber bleibende Wesen der Kirche unterscheidend wahrgenommen wird, bekommen wir die *wirkliche* Kirche zu Gesicht.

Das Wesen der Kirche ist also immer in der geschichtlichen Gestalt zu sehen, und die geschichtliche Gestalt immer vom Wesen her und auf das Wesen hin zu verstehen.

2. *Der Wandel des Kirchenbildes in der Kirchengeschichte*

Mit der Gestalt der wirklichen Ekklesia, die sich wandelt, wandelt sich, bemerkt oder unbemerkt, auch die Gestalt der Ekklesiologie, die dem Kirchenbild theologischen Ausdruck verleiht. Einige kurze skizzenhafte historische Anmerkungen mögen dies beleuchten[1].

Schon innerhalb der *altkirchlichen Ekklesiologie* sind die Unterschiede und Wandlungen bedeutsam. Nur weniges sei, vereinfachend aneinandergereiht, festgehalten: Während die Apologien des zweiten Jahrhunderts das Wort „Ekklesia" mit Ausnahme von ein paar Stellen bei Justin kaum gebrauchen (für den einen Gott und für Christus, nicht für die Kirche haben jene Apologeten Apologie getrieben), ist bei späteren Vätern die Kirche wichtiges Thema ihrer theologischen Überlegungen, ihrer nicht nur neutestamentlichen, sondern auch alttestamentlichen Exegese. Während das Kirchenbild der ersten drei Jahrhunderte bestimmt ist durch die Opposition zwischen dem feindlich gesinnten heidnischen Staat und der auf mannigfache Weise verfolgten und dabei nicht nur siegenden, sondern auch versagenden Kirche, war das Kirchenbild der folgenden Jahrhunderte bestimmt durch die Harmonie zwischen der auf ihren Sieg bauenden Staatskirche und dem christlichen Imperium. Während etwa für Hippolyt von Rom das Imperium die satanische Nachahmung des Reiches Christi war, so war für die Reichstheologie des Kirchenhistorikers und Hofbischofs Eusebios das Kaisertum der gottgewollte Wegbereiter des zur gleichen Zeit entstandenen Christentums und der christliche Kaiser der Vorkämpfer und Schützer der Kirche gegen Un- und Irrgläubige.

Ekklesiologie ist verschieden, wenn sie, wie etwa bei den apostolischen Vätern, von Gemeindeleitern zur Erbauung der Gemeinde gebraucht wird, oder wenn sie – wie verschiedentlich bei Irenäus,

[1] Eine umfassende *Geschichte der Ekklesiologie* besteht bisher nicht. Zur Geschichte der Ekklesiologie in diesem wie in den folgenden Kapiteln vgl. neben den Werken der zitierten Autoren bes. die betr. Abschnitte aus den Dogmengeschichten (*A. Harnack, F. Loofs, R. Seeberg*) und den Lexikonartikeln zu „Kirche" bzw. „Ekklesiologie": LThK (*J. Ratzinger, K. E. Skydsgaard, H. Bacht*), RGG (*A. Adam*), EKL (*U. Jaeschke, K. D. Schmidt*), HTG (*Y. Congar*), DTC (*E. Dublanchy*), Cath. (*M.-J. Le Guillou*), ODCC. Wertvolle Beiträge zur Geschichte des Kirchenverständnisses enthält: *St. Jaki*, Les tendances nouvelles de l'ecclésiologie (Rom 1957); L'ecclésiologie au XIXe siècle (Paris 1960); Sentire Ecclesiam (Festschrift H. Rahner). Hrsg. v. *J. Daniélou* und *H. Vorgrimler* (Freiburg - Basel - Wien 1961).

Cyprian und Augustin – von Theologen zur direkten Bekämpfung der Häresie getrieben wird. Ein Theologe, der mehr an unauffällige, innere Entwicklung und den allmählichen Sieg der Wahrheit glaubt und der in der sehr differenzierten griechischen Geisteswelt vor allem scharfsinnige dogmatische Formeln für wirkungsvoll hält, der wird, auch wenn er vorzüglich mit Christologie und Trinitätslehre beschäftigt ist, ekklesiologisch ebenfalls anders denken als sein lateinischer Zeitgenosse, der sich einer Kirche, die sich als acies ordinata versteht, eingegliedert sieht, der die Situation von Christ und Kirche als Situation von Kampf und Sieg, Lohn und Strafe interpretiert und der so auf starke kirchliche Institutionen, klar abgegrenzte Rechte und gut funktionierende Organisation baut. Anders ist die Ekklesiologie, die – auf dem Boden des griechischen Neuplatonismus – die Kirche vornehmlich als Wahrheitsschule und Mysteriengemeinschaft sieht, wo vor allem die reine Schau und Lehre der Wahrheit sowie die Symbol- und Heilskraft der heiligen Handlungen wichtig sind und wo eine umfassende Weltanschauung und religiöse Kulturgemeinschaft angestrebt wird. Und anders ist die Ekklesiologie, die – mehr auf dem Boden der praktischen römisch-stoischen Popularphilosophie – die Kirche vornehmlich als wohlgeordnete Rechtsgemeinschaft sieht, wo vor allem Heiligkeit und Gehorsam der Kirchenglieder und eine Kirchenordnung mit straffer Bußdisziplin und klaren Lebensnormen wichtig sind und wo das Evangelium als „das neue Gesetz" auf dem Weg zum heiligen Staat im Reiche Gottes auf Erden betrachtet wird. Während dort die Gefahr der platonisierenden Hypostasierung einer reinen Ideekirche, ein willkürlicher Allegorismus in der ekklesiologischen Schrifterklärung und ein intellektualistischer ekklesiologischer Triumphalismus drohen, so hier ein theoretischer wie praktischer Iuridismus, ein formalistischer kirchlicher Legalismus und Klerikalismus und ein autoritär-traditionalistischer Triumphalismus.

Spezifiziert wird eine Ekklesiologie ferner dadurch, daß sie – wie in der alexandrinischen Theologie des dritten Jahrhunderts, besonders bei Origenes – das allgemeine Priestertum in den Vordergrund stellt, die Unterscheidung zwischen unvollkommenen, unreflex Glaubenden und vollkommenen, wissenden Gnostikern bedeutsamer findet als die zwischen Laien und Klerikern und daß sie die heiligen Doctores als den im Grunde höchsten Stand der Kirche betrachtet (kirchliches Amt besonders als Lehramt); oder aber daß sie – wie zur gleichen Zeit in der afrikanischen und noch mehr in der römischen Theologie – den Amtsgedanken und dessen rechtlichen Charakter besonders betont, daß sie dabei den Bischöfen die überragende Autorität in der Kirche zuschreibt (kirchliches Amt besonders als Leitungsamt) und dabei das allgemeine Priestertum und das charismatische Element in der Kirche zurücktreten läßt. Aber auch die Betonung des kirchlichen Amtes kann verschieden sein: Sie kann – wie dies in der römischen Theologie der Fall war – die Autorität des Bischofs unabhängig von seiner persönlichen Heiligkeit ausschließlich aus seiner amtlichen Stellung begründen, so daß sie die apostolische Amtsnachfolge vor allem historisch-kirchenrechtlich versteht und seine Amtsführung vor allem an Gesetzen und korrekten Formen mißt; oder sie kann – wie Cyprian in Abhängigkeit von Tertullian – auch charismatische Geistbegabung und damit persönliche Heiligkeit als für die Autorität des Bischofs entscheidend betrachten, so daß die apostolische Amtsnachfolge zugleich auch eine pneumatische Nachfolge zu sein hat und für die Amtsführung auch persönliche Qualitäten von wesentlicher Bedeutung sind. Es modifiziert diese Ämtertheologie wiederum, ob die einheitbewahrende Funktion in erster Linie beim *Episkopat* gesehen wird, wenn nämlich die Person des Petrus einfach als *Zeichen* der kirchlichen Einheit betrachtet wird und seinen Nachfolgern nur eine Form von Ehrenprimat zukommt (besonders Cyprian mit vielen vor allem östlichen Theologen); oder ob sie vor allem beim *römischen Bischof* gesehen wird, wenn nämlich die Person des Petrus geradezu als *Träger* der kirchlichen Einheit gilt und seinen Nachfolgern ausdrücklich ein Rechtsprimat zugeschrieben wird (nach Stefan I., der sich als erster Papst auf den Vorrang Petri beruft, immer deutlicher Siricius, Innozenz I., Cölestin I. und Leo I.).

Was für verschiedene Kirchenbilder also in der Kirche der ersten Jahrhunderte: bei Hermas, Klemens von Rom, Ignatios von Antiochien, Irenäus von Lyon und Hippolyt von Rom; bei Viktor I., Stefan I., Leo I., Gelasius I. und Gregor I.; bei Klemens von Alexandrien, bei Origenes und bei den Kappadokiern; bei Tertullian, Cyprian und bei Augustin; bei Pachomios, den ägyptischen Mönchen, Benedikt von Nursia und beim abendländischen Mönchtum!

Welche Unterschiede und Wandlungen aber auch in der *mittelalterlichen Ekklesiologie!* Es ist nicht unwichtig, ob die Ekklesiologie wie im ersten Jahrtausend unsystematisch aus dem kirchlichen Leben heraus getrieben wird und ohne besondere Heraushebung im

Zusammenhang der Erlösungslehre mitbehandelt wird, oder ob sie in reflektierter Systematik ein eigenes Lehrstück einnimmt und sogar in der Form eines eigenen ausführlichen Traktates erscheint, wie dies seit dem Streit Bonifaz' VIII. mit Philipp dem Schönen und den dabei beteiligten Theologen Jakob von Viterbo, Ägidius von Rom und Johannes von Paris üblich wurde. Es ist wichtig, ob die rechtlich verfaßte Kirche in einem Kirchenbild eine relativ geringe Rolle spielt (so für Rupert von Deutz, Joachim von Fiore u. a.) oder ob das Rechtlich-Institutionelle und die Gewalt und Macht des Klerus gerade auch in der systematischen Theologie besonders betont werden (so neben den mittelalterlichen Kanonisten besonders Thomas von Aquin, der die Heilsnotwendigkeit der Unterordnung unter den Papst vertritt).

Es ist nicht gleichgültig, ob das Kirchenrecht innerhalb der Ekklesiologie eine untergeordnete und dienende Funktion hat oder ob ihm — wie dies besonders seit dem Entstehen der Kirchenrechtswissenschaft in Bologna im zwölften Jahrhundert der Fall war — eine übergeordnete und beherrschende Funktion zukommt, insofern es nämlich der Ekklesiologie den Stoff liefert, sie zugleich durch fixierte Begrifflichkeiten und Formeln festlegt und die menschlichen Rechtssetzungen als verbindliche Grenze für die theologische Überlegung vorschreibt. Die Stellung der Bischöfe kann gestärkt werden, indem man — wie jener Neuplatoniker am Ende der Antike, der sich hinter die Maske des Paulusschülers Dionysios Areopagites versteckte — durch wortreiche mystische Deutungen des kirchlichen Kultus den Bischof als Träger mystischer Kräfte preist und die Gemeinde insbesondere durch die Kultmysterien an ihn bindet, wobei die kirchliche Organisation als Abbild der himmlischen Hierarchie erscheint; oder aber indem man — wie jener fränkische Jurist am Anfang des Mittelalters, der für Isidor von Sevilla gehalten wurde — durch kunstreiche Fälschungen von kirchlichen Rechtssatzungen den Bischof zum Träger aller Rechte macht und die Gemeinde durch die Schlüsselgewalt an ihn bindet, wobei — um die Unabhängigkeit vom Staat zu fördern — der päpstliche Primat entscheidend gestärkt und die Metropoliten und die Provinzialkonzilien entscheidend geschwächt werden.

Die faktische Leitung der Gesamtkirche wird wie unter Karl dem Großen dem *Kaiser* zugeschrieben, der von den karolingischen Theologen Verteidiger und Lenker der Kirche genannt wird, durch den die Bischöfe ihre geheiligten Rechte innehaben, die Konzilien berufen und die Päpste gerichtet werden; oder aber sie wird dem *Papst* zugeschrieben, wie dies nach Karl dem Großen mit neuer Kraft von Nikolaus I., der die Päpste Fürsten über die ganze Erde nannte, beansprucht wurde. Es steht ein anderes Kirchenbild im Hintergrund, wenn die sächsischen und salischen Kaiser in der vorgregorianischen Zeit eine Harmonie von Regnum und Sacerdotium vertraten und entfalteten, unter Führung des weltlichen, mit einem sakral-priesterlichen Charakter ausgezeichneten Herrschers („Gesalbter des Herrn" und „Stellvertreter Christi"), der die Bischöfe in ihr Amt einsetzt und die Päpste ein- und absetzen kann; oder aber wenn Gregor VII. und die Gregorianer im Investiturstreit gegenüber den herkömmlichen Königs- und Adelsrechten das erneuerte und zentralisierte kanonische Recht einer hierarchischen Kirche, die vom Regnum unabhängig sein will, und eines Papstes ins Feld führen, der als „Fürst über die Reiche der Welt" den priesterlichen Befehlsanspruch auch über die politische Gewalt beansprucht gegenüber den Königen und Kaisern, die er absetzen kann, ohne selbst von jemandem gerichtet werden zu können. Es ist ein entscheidender Unterschied, ob die Ekklesiologie — wie in der alten Kirche — „von unten her", von der Kirche als dem Volke Gottes her, in dessen Dienst alle Ämter stehen, entwickelt wird, oder ob sie „von oben her", vom Papst her deduziert wird, der — etwa seit Gregor VII. mit Berufung auf Pseudo-Isidor — als Haupt, Fundament, Wurzel, Quelle und Ursprung aller Autorität und Gewalt in der Kirche angesehen wird.

Wie verschieden sieht der konziliare Gedanke als wichtiger Ausdruck der Ekklesiologie aus bei den Dekretisten, jenen Kommentatoren des Decretum Gratiani im zwölften Jahrhundert (wie Hugguccio, Johannes Teutonicus u. a.), dann bei den Dekretalisten des 13. Jahrhunderts, die körperschaftsrechtliche Begriffe auf die Kirche anwenden (besonders der Hostiensis, dann Tancred, Bernardus Parmensis u. a.), und schließlich bei den eigentlichen Konziliaristen im 14. Jahrhundert und zur Zeit des Konzils von Konstanz (Konrad von Gelnhausen, Heinrich von Langenstein, Dietrich von Niem, Jean Gerson, Kardinal Pierre d'Ailly, Andreas Randulf, Kardinal Francesco Zabarella).

Was für verschiedene Kirchenbilder so doch auch in der mittelalterlichen Kirche: bei Pseudo-Isidor und Johannes Eriugena; bei Abälard und den Viktorinern; bei Petrus Lombardus und bei Bernhard von Clairvaux; bei Gerhoh und Arno von Reichersberg und bei den großen Scholastikern; bei Leo IX., Gregor VII., Innozenz III., Innozenz IV., Bonifaz VIII. und bei Joachim von Fiore und Franz von Assisi; bei Wilhelm von Ockham und bei den deutschen Mystikern; bei Nikolaus von Kues und bei Torquemada!

Welche Unterschiede und Wandlungen aber schließlich auch in der katholischen *Ekklesiologie der Neuzeit!* Während sich die patristische und auch die mittelalterliche Ekklesiologie durch einen großen Reichtum der Gesichtspunkte und eine große Weite der Perspektiven auszeichnete, wurde für viele Kontroverstheologen der Gegenreformation die Theologie von der Kirche zu einem Traktat über die verschiedenen Kontroverspunkte.

Das Konzil von Trient hat die im Mittelpunkt der Kontroversen stehende Frage des Papsttums in seinen Lehräußerungen bewußt ausgeklammert, das erste Vatikanische Konzil ist dann gerade diese Frage nach einigem Zögern direkt angegangen und hat sie von allen anstehenden ekklesiologischen Fragen als einzige in einer Lehrerklärung behandelt. Die weithin politisch bestimmte Ekklesiologie der Gallikaner (angefangen von den Legisten Philipps IV. und dem Gallikanismus vor der Reformation über Pithou, E. Richer, Bossuet unter Ludwig XIV. bis zu den Gallikanern des 19. Jahrhunderts) ließ sich — insbesondere seit den kirchengeschichtlichen Forschungen des 17. und 18. Jahrhunderts — vom Kirchenbild der alten Kirche inspirieren und drang auf die Autonomie der Landeskirchen mit ihren Traditionen, Sitten und Einrichtungen und damit auf die Autonomie der Landesepiskopate und der lokalen Synoden. Die — ebenfalls politisch bestimmte — Ekklesiologie der Ultramontanen dagegen reduzierte sich immer mehr auf eine apologetische Abhandlung über die päpstliche Autorität gegen Protestanten, Gallikaner, Jansenisten und die verschiedenen Formen des Episkopalismus auch in Deutschland und Österreich.

Welch ein Unterschied zwischen der Ekklesiologie der Aufklärung, die, am Naturrecht sich orientierend, die Kirche vor allem unter dem rechtlichen Gesichtspunkt betrachtete als eine mit verschiedenen Rechten ausgestattete Societas, und andererseits der Ekklesiologie des späteren Johann Michael Sailer, der — unter dem Einfluß von Erweckungsbewegungen, Mystik und Romantik — an der Kirche vor allem die religiöse und dann auch die ethische Seite sah: die Kirche als lebendige Vermittlerin lebendiger Frömmigkeit. Welch ein Unterschied im 19. Jahrhundert zwischen der Ekklesiologie der nach rückwärts orientierten kirchlichen Restauration in Frankreich, insbesondere von J. de Maistre, der gegen alle Demokratisierungstendenzen die absolute Monarchie als Grundlage eines christlichen Europas verteidigte und seinen absolutistisch-monarchischen Souveränitätsbegriff auch auf die Stellung des Papstes innerhalb der Kirche übertrug, und andererseits der die Zukunft bestimmenden erneuerten Ekklesiologie der katholischen Tübinger Schule, insbesondere des jungen Möhler, der – in Überwindung der veräußerlichten klerikalistischen Ekklesiologie einer Amts- und Anstaltskirche – die Kirche betrachtete als die vom Heiligen Geist gewirkte Gemeinschaft der in Liebe Glaubenden, in deren Dienst alle kirchlichen Ämter stehen.

Welch ein Unterschied wiederum zwischen dem ersten Vatikanischen Konzil, auf dem verschiedene Väter es ablehnten, das Schema über die Kirche vom „obskuren" Begriff des Leibes Christi aus zu beginnen, und der Enzyklika Mystici Corporis, welche die ganze Ekklesiologie gerade unter dem Gesichtspunkt des mystischen Leibes darzustellen versuchte. Welch ein Unterschied schließlich zwischen dieser Enzyklika, die in manchen Punkten ausdrücklich oder stillschweigend polemisch bestimmt war, und der mehr ökumenisch gerichteten Konstitution des zweiten Vatikanischen Konzils über die Kirche, welche gewisse Einseitigkeiten der vorausgehenden Ekklesiologie korrigierte, die älteste Wesensumschreibung der Kirche, den Gottesvolkgedanken, an den Anfang und in den Mittelpunkt stellte, um dabei einerseits die Stellung der Laien als Kirche und der Ämter als deren Diener und andererseits die Stellung der Bischöfe in ihrer Beziehung zum Petrusamt zu präzisieren.

Was für verschiedene Kirchenbilder so doch auch in der neuzeitlichen Kirche: bei Erasmus, Johannes Eck und bei Bellarmin; in der Imitatio Christi und bei Ignatius von Loyola; bei den spanischen Inquisitoren und den von ihnen verfolgten Mystikern; bei Suarez, den Barockscholastikern und der deutschen Aufklärungstheologie; bei den französischen Kronjuristen, den Theologen der Sorbonne, bei Bossuet und bei Pascal; bei den Tübingern Drey, Möhler, Hirscher, Kuhn, Staudenmaier und bei den Römern Perrone, Schrader, Passaglia, Franzelin und Scheeben; bei de La Mennais, Veuillot und bei Maret; bei Dupanloup und Blondel; bei Manning, Ward und bei Newman; bei Karl Adam, Emile Mersch und bei den Bischöfen und Theologen des zweiten Vatikanischen Konzils! Und wie verschieden erst das Kirchenbild bei Luther, Zwingli und Calvin, in der lutherischen und reformierten Orthodoxie, in den verschiedenen älteren und neueren Freikirchen und Erweckungsbewegungen!

In der sich wandelnden wirklichen Ekklesia wandelt sich auch der Ekklesia Ekklesiologie. Die aneinandergereihten und vielleicht etwas verwirrend skizzenhaften historischen Anmerkungen zu diesem Satz, die nur ein wenig den geschichtlichen Horizont der Ekklesiologie abstecken oder vielmehr aufreißen wollten, haben nicht eine Reihe von atomhaft isolierten Kirchenbildern zur Voraussetzung, sondern einen realen kirchen- und theologiegeschichtlichen Geschehenszusammenhang vom Anfang der Kirche bis heute. Ist dieses Geschehen, dieser Prozeß ein Aufstieg oder ein Abstieg oder eine Wellenlinie? Ist es ein Pendelschlag, ein Kreis oder eine Spirale? Keines der geschichtsphilosophischen Muster reicht aus, um umfassend dieses Geschehen zu bestimmen, das bei allem Aufstieg auch immer Abstieg und bei allem Abstieg auch immer wieder Aufstieg ist, und das Aufstieg und Abstieg nicht wellenförmig nacheinander, sondern differenziert in einem ist: immer wieder zugleich dialektischer Pendelschlag, zyklisches Zurück zum Ursprung und theologisch gerichtetes Fortschreiten auf eine Zukunft hin, immer wieder neue Variationen mit verschiedenster Modulation und Kontrapunktik über ein Thema, das, obwohl manchmal fast unerkennbar, letztlich doch alles zusammenhält! Dies alles ist gemeint, wenn wir sagen, daß die Ekklesiologie – insofern sie wie die Ekklesia selbst von Menschen und für Menschen ist, die in Zeit und Welt, im unwiederholbaren Jetzt ihrer ständig sich wandelnden Welt existieren – wesentlich *geschichtlich* ist. Ein *„Wesen"* der Kirche gibt es nicht in einem unveränderlichen platonischen Ideenhimmel, sondern nur in der *Geschichte* der Kirche. Die wirkliche Kirche *hat* nicht nur eine Geschichte, sondern sie ist, indem ihre Geschichte geschieht. Eine *„Lehre"* von der Kirche gibt es nicht als unveränderliches metaphysisch-ontologisches System, sondern nur im Zusammenhang der Kirchen-, Dogmen- und Theologiegeschichte, als wesentlich geschichtlich bedingte.

Die je und je neue geschichtliche Bedingtheit aller Ekklesiologie, die die Feststellbarkeit bestimmter ekklesiologischer Typen und Stile nicht ausschließt, ist somit eine Grundgegebenheit, von der es keine Dispens gibt. Nicht nur daß jeder Theologe die Kirche wieder in einer anderen Perspektive, unter einem anderen persönlichen Gesichtswinkel sieht. Vor allem – es gibt ja überindividuelle Zusammenhänge – wird die Ekklesiologie, insofern sie in der Welt geschieht, zu der auch die Kirche gehört, an einem je neuen konkreten geschichtlichen Ort getrieben, in einer sich ständig wandelnden Sprache, in einer immer wieder wechselnden geistigen Atmosphäre, in einer immer wieder neuen geschichtlichen Situation von Welt und Kirche. Die dauernd sich wandelnde geschichtliche Situation, aus der die Ekklesiologie heraus spricht und in die sie wiederum hineinsprechen will, fordert eine stets neue und entschlossene Gestaltung, Formung und Entscheidung in Freiheit, wenn man nicht verzagt vor der neuen Situation die Augen schließen und sich einfach treiben lassen will. Die Lehre von der Kirche ist mit der Kirche selbst notwendig der fortlaufenden Veränderung unterworfen und muß somit immer wieder neu vollzogen werden.

Leicht ist es dabei nicht, den Weg zu gehen zwischen der mechanischen Konservierung einer *vergangenen* Vergangenheit, welche Konservierung unbekümmert ist um die neuen Erfordernisse einer neuen Gegenwart, und andererseits der haltlosen Verwerfung der *lebendigen* Vergangenheit, welche Verwerfung allzu bekümmert ist um die wechselnden Neuigkeiten des Tages. Die Geschichtlichkeit wird verkannt von der Ekklesiologie, die *traditionalistisch* sich als eine unverändert Schon-immer-Gewesene versteht und die gerade so kritiklos einer bestimmten Welt und Zeit, eben einer vergangenen, verfällt. Dieselbe Geschichtlichkeit wird aber auch von jener Ekklesiologie verkannt, die *modernistisch* sich anpassend der gerade gegenwärtigen Welt und Zeit verfällt und die so ebenfalls kritiklos in einer heillosen Wandelbarkeit sich selbst aufgibt. Wie die Ekklesia selbst darf auch die Ekklesiologie, die ja dem Selbstverständnis der Ekklesia Ausdruck verleihen will, keiner bestimmten Situation, sei sie vergangen, gegenwärtig oder zukünftig, verfallen. Sie darf sich nicht mit den Programmen und Mythen, Illusionen und Dezisionen, Bildern und Kategorien einer bestimmten Welt und Zeit völlig identifizieren.

Wohl aber darf und muß sich die Ekklesiologie gerade als geschichtliche bestimmen lassen von dem, wovon sie ausgegangen ist: vom Ursprung der Ekklesia. Dieser Ursprung liegt ja nicht einfach in einer geschichtlichen Situation und erst recht nicht in einem philosophisch erdachten oder erdeuteten transzendentalen „Prinzip", das die Geschichte der Kirche ermöglichte. Er ist vielmehr ganz konkret „gegeben", „gesetzt", „gestiftet": nach dem Glaubensverständnis der Kirche durch das geschichtsmächtige Handeln Gottes selbst in Jesus Christus unter den Menschen, an den Menschen und so schließlich auch durch die Menschen. Dieser von Gottes Heilshandeln in Jesus Christus gesetzte Ursprung der Ekklesia bestimmt nicht einfach das erste Moment oder die erste Phase, sondern er bestimmt die ganze Geschichte der Kirche in jedem Moment, er bestimmt der Kirche ihr Wesen. So kann die wirkliche Kirche ihren Ursprung nie einfach zurücklassen, sie darf sich nicht letztlich von ihm entfernen. Von ihrem Ursprung her ist in allen geschichtlichen Gestalten, in allen Wandlungen und allem Einmalig-Kontingenten ein Bleibend-Wahres, Beharrendes, Beständiges gegeben. Der Kirche ist ihr Wesen nicht nur gegeben, sondern zugleich aufgegeben. Treue zum ursprünglichen Wesen im geschichtlichen Wandel der Welt, um deretwillen die Kirche existiert, ist nicht in Unbeweglichkeit („Immobilismo"), sondern nur in Wandelbarkeit („Aggiornamento") möglich: in stets neuem Engagement für den neuen Tag (giorno), in stets neuer Hingabe in den Wandel und unsere Verwandlung, in stets neuer Reform, Erneuerung, radikaler Besinnung.

3. Der Wandel des Kirchenbildes im Neuen Testament

Besinnung aus der wirklichen Kirche Gegenwart auf der Kirche Anfang für der Kirche Zukunft: Die Kirche steht und fällt mit der Bindung an ihren Ursprung in Jesus Christus und seiner Botschaft, mit dem dauernden Bezogensein auf ihren Existenzgrund in der ein für alle Male gültigen und so gegenwärtigen Heilstat Gottes in Christus. Rückbesinnung auf den Ursprung ist immer wieder neu notwendig. Sie wird konkret in der Besinnung auf das *ursprüngliche Glaubenszeugnis,* auf das die Kirche aller Jahrhunderte dauernd angewiesen bleibt. Als ursprüngliches ist dieses Zeugnis einzigartig, unvergleichlich, unüberholbar. Als ursprüngliches, einzigartiges, unvergleichliches, unwiederholbares ist es lebendig verpflichtend, bindend, normativ für die Kirche aller Zeiten. Das ursprüngliche Zeugnis, die ursprüngliche Botschaft bieten uns die Schriften des Alten und Neuen Testaments. Es sind jene Schriften, die die Kirchengemeinschaft selbst in einem jahrhundertelangen komplexen Prozeß als ursprüngliches, gutes und wahres Zeugnis vom Heilswirken Gottes in Christus Jesus für die Menschen anerkannt hat.

a) In Gehorsam hat sich die Kirche zu dem Worte bekannt, das sie traf: in der Sammlung der neutestamentlichen Schriften, in ihrer Verbindung mit dem Alten Testament und in der Ausscheidung phantastischer Spekulationen und Wucherungen. Es kam zum Maßstab, zur Richtschnur, zur Grenzlinie des neutestamentlichen *„Kanons"* [2]. Der Kanon bedeutet einen Mittelweg: Die Kirche wollte dabei weder wie Markion und manche heutige evangelische Theologen die Auswahl durch radikale Reduktion auf das wahre „Evangelium" verengen noch sie wie die Gnostiker und manche heutige katholische Theologen durch Rezeption von Apokryphen und „Traditionen" möglichst ausdehnen. Die im Neuen Testament getroffene Auswahl war nicht prinzipiell, sondern faktisch: nicht aufgrund eines apriorischen Prinzips, sondern einer „Unterscheidung der Geister" aus dem lebendigen Glauben der Gemeinden heraus.

Im Menschenwort gerade dieser Schriften hörte nun einmal die Kirche glaubend Gottes Wort, wie es in Erfüllung des Alten Bundes in Jesus Christus definitiv ergangen ist. Daß im Menschenwort dieser Schriften Gottes Offenbarungswort ursprünglich bezeugt wird, ist so der letzte Grund dafür, daß ihr Zeugnis unvergleichlich und unüberholbar, einzigartig verbindlich und lebendig verpflichtend ist. Alle anderen Zeugnisse kirchlicher Tradition, auch die tiefsinnigsten und die feierlichsten, können im Grunde nichts anderes tun als um dieses ursprüngliche Zeugnis vom Gotteswort kreisen, diese Ur-Kunde interpretieren, kommentieren, explizieren und applizieren: aus der je verschiedenen geschichtlichen Situation heraus. Diese Ur-Kunde wird gerade durch die stets neue Verkündigungssituation der Kirche, die stets wechselnden Fragen, Probleme und Ansprüche des konkreten Lebens immer wieder an neuen Tiefen ausgelotet. Alle Kommentare und Interpretationen, alle Explikationen und Applikationen müssen sich immer wieder normieren und legitimieren lassen von der in der Heiligen Schrift mit ursprünglicher Kraft, geballter Konkretheit und unübertrefflicher Sachnähe bezeugten Botschaft. Die Heilige Schrift ist also die norma normans einer

---

[2] Zu *Kanon und Frühkatholizismus* vgl. *H. Küng*, Der Frühkatholizismus im NT als kontroverstheologisches Problem: Kirche im Konzil (Freiburg ²1964) 125–155 und die dort angegebene Lit. (bes. *W. G. Kümmel, E. Käsemann, H. Braun, H. Diem, H. Conzelmann, W. Marxsen, F. Mußner, Ph. Vielhauer, K. H. Schelkle)*. Zur neueren Lit. und Problemstellung vgl. auch *N. Appel*, Kanon und Kirche. Die Kanonkrise im heutigen Protestantismus als kontroverstheologisches Problem (Paderborn 1964).

kirchlichen Tradition, die gerade als norma normata ernst genommen werden muß!

Allerdings, auch die ursprünglichen Zeugnisse sind nicht einfach vom Himmel gefallen, sind nicht einfach überzeitliche göttliche Dokumente. Auch sind sie weder — im Sinne des jüdischen Hellenismus — Schriften von Ekstatikern, bei denen unter der göttlichen Manie Eigensein und Eigenart ausgelöscht sind, noch — im Sinne früher christlicher Theologen — Schriften von Werkzeugen, die einfach unter dem „Diktat" des Geistes (in der Art von Sekretären) geschrieben haben. Nein, es sind nicht in ihrer Person und geschichtlichen Lage beinahe unwirkliche Menschen, sondern echte Menschen in ihrer ganzen Menschlichkeit, Geschichtlichkeit und Gebrechlichkeit, die da Gottes Wort oft in stammelnder Sprache und mit unvollkommenen Begriffsmitteln bezeugen. Insofern sich also Gottes Wort im echten Menschenwort kundtut, sind auch diese Zeugnisse nicht über die Geschichte erhabene, sondern vielmehr zutiefst *geschichtliche* Zeugnisse. Wenn also die Heilige Schrift für die glaubende Kirche einen theologisch-normativen Charakter hat, hat sie zugleich und insbesondere für den in der Kirche forschenden Wissenschaftler einen historisch-literarischen Charakter: die Bibel ist in diesem Sinn das Denkmal einer Vergangenheit, eine Sammlung religiöser antiker Urkunden, die der Text- und Literarkritik, der Form- und Traditionsgeschichte, der Begriffs- und Motivgeschichte unterliegen, was wiederum Voraussetzung sein kann für eine kundige Sachkritik.

Für die Ekklesiologie bedeutet dies: Die Geschichte der Kirche, aber auch die Geschichte des Kirchenverständnisses hat nicht erst *nach* dem Neuen Testament, sondern *im* Neuen Testament, das wiederum das Alte Testament voraussetzt, begonnen. Die neutestamentlichen Schriften künden uns also nicht nur Voraussetzung und Grundlegung der Kirchengeschichte und des Kirchenverständnisses, sondern bereits die ersten entscheidenden Phasen der keineswegs einlinigen, sondern komplexen Geschichte der Kirche und ihres Selbstverständnisses. Nicht erst *nach* dem Neuen Testament, sondern schon *im* Neuen Testament gibt es verschiedene Kirchenbilder! Ja, man kann sagen: Die verschiedenen Akzentsetzungen und Perspektiven, Spannungen und Gegensätze, die wir in der Ekklesiologie der folgenden Jahrhunderte feststellen, reflektieren vielfach die verschiedenen Akzentsetzungen und Perspektiven, Spannungen und Gegensätze im Neuen Testament selbst. Dahinter verbirgt sich nicht nur die Eigenart der verschiedenen Verfasser und der benutzten Traditionen, sondern auch die verschiedenen *theologischen* Haltungen der Verfasser und der dahinter stehenden Gemeinden sowie die sehr verschiedene Verkündigungssituation, in die diese Schriften hineinsprechen; davon haben wir – insbesondere nachdem viele neutestamentliche Schriften sehr situationsbedingte Gelegenheitsschriften mit Gesprächscharakter sind – nur sehr fragmentarische Kenntnisse. Die Entwicklung verläuft auf mehreren Linien mit verschiedenen Traditionen, und es ist nicht so, als ob uns etwa die letzte Schrift die entfaltete und systematisch ausgeführte Ekklesiologie böte[3].

Innerhalb des Neuen Testaments gibt es sehr *mannigfaltige Zeugnisse*, wie es mannigfaltige Zeugen und mannigfaltige Hörer der Zeugnisse gibt. Es existieren bedeutende Unterschiede zwischen dem Kirchenbild, dem bei Matthäus präludiert ist, und dem des Lukas, zwischen dem Kirchenbild des Johannesevangeliums und dem des Epheser- und Kolosserbriefes, zwischen dem Kirchenbild der vier großen Paulusbriefe, die mit den Thessalonicherbriefen die ältesten Dokumente der Christenheit sind, und dem der Pastoral-

---

[3] Zur *ntl. Ekklesiologie im allgemeinen* vgl. neben den neueren Theologien des NT (*J. Bonsirven, R. Bultmann, M. Meinertz, E. Stauffer*) und den Lexikonartikeln in LThK (*R. Schnackenburg*), RGG (*K. Stendahl*), ELK (*N. A. Dahl*), HTG (*J. Schmid*) sowie im DBS (*A. Médebielle*), im Bibellexikon (*W. Grossouw*), im Bibeltheologischen Wörterbuch (*V. Warnach*), im Vocabulaire Biblique (*Ph. H. Menoud*), im ThW (*K. L. Schmidt*) bes. folgende *Forschungsberichte:* zur älteren Lit. *O. Linton*, Das Problem der Urkirche in der neueren Forschung (Uppsala 1932); zur neueren Lit. *F. M. Braun*, Neues Licht auf die Kirche (Einsiedeln - Köln 1946). Unter den neueren *Monographien* sind wichtig: *F. J. Leenhardt*, Études sur l'Église dans le NT (Genf 1940); *N. A. Dahl*, Das Volk Gottes. Eine Untersuchung zum Kirchenbewußtsein des Urchristentums (Oslo 1941); *O. Michel*, Das Zeugnis des NT von der Gemeinde (Göttingen 1941); *G. Johnston*, The Doctrine of the Church in the NT (Cambridge 1943); *W. Robinson*, The Biblical Doctrine of the Church (St. Louis 1948); *E. Schweizer*, Gemeinde nach dem NT (Zollikon - Zürich 1949); *A. Oepke*, Das neue Gottesvolk in Schrifttum, Schauspiel, bildender Kunst und Weltgestaltung (Gütersloh 1950); *J. L. Leuba*, L'institution et l'événement (Neuchâtel - Paris 1950); *G. Aulén* u. a., Ein Buch von der Kirche (Göttingen 1951); *L. G. Champion*, The Church of the NT (London 1951); *H. Schlier*, Die Zeit der Kirche (Freiburg i. Br. [4]1966); *A. Nygren*, Christus und seine Kirche (Göttingen 1956); *P. Minear*, Images of the Church in the NT (Philadelphia 1960); *K. H. Schelkle*, Die Gemeinde von Qumran und die Kirche des NT (Düsseldorf 1960); *R. Schnackenburg*, Die Kirche im NT (Freiburg i. Br. [3]1966); *L. Cerfaux*, La Théologie de l'Église suivant Saint Paul (Paris [4]1965).

briefe, die zu den spätesten Schriften im neutestamentlichen Kanon gehören. Es ist kein Zweifel, daß die Kirchenbilder, die im Laufe der Jahrhunderte vor allem charismatisch bestimmt waren (mögen sie schwärmerisch, reformatorisch oder katholisch gewesen sein) sich mehr auf die großen Paulinen berufen konnten, während die Kirchenbilder, bei denen das Amt – auf katholische, griechisch-orthodoxe, anglikanische oder protestantische Weise – stark im Vordergrund stand, sich mehr auf die Apostelgeschichte und die Pastoralbriefe stützen konnten. Und es ist auch kein Zweifel, daß der Gegensatz zwischen der paulinischen und der späteren lukanischen Ekklesiologie eines der schwierigsten ekklesiologischen Probleme darstellt.

Natürlich ist es nicht allzu schwierig, das Kirchenbild der beiden Korintherbriefe, die selbst unsere heutigen Evangelien an Alter übertreffen, gegen das Kirchenbild der Briefe an Titus und Timotheus, die sich in einer bereits fortgeschrittenen Entwicklung auf Paulus berufen, auszuspielen: in ihrem Verhältnis zum Geist in der Kirche, zum Charisma, zu Amt und Ordination, zur Verkündigung usw. Es ist also nicht allzu schwierig, die verschiedenen neutestamentlichen Kirchenbilder zu dissoziieren: wenn man nämlich – wie manchmal in der evangelischen Theologie – die verschiedenen ekklesiologischen Daten rein statistisch sammelt und sie einander hyperkritisch entgegensetzt, wenn man Gegensätzlichkeiten aufstöbert, ohne auch in der Ekklesiologie die tiefere Einheit im Gesamtkontext der Schriften aufzuspüren, die doch alle positiv von Christus und seinem Evangelium reden wollen, die alle auf verschiedene Weise und in einer verschiedenen Situation „Christum treiben“, Christus verkündigen wollen, die alle im Heilsereignis in Christus ihre einheitliche gemeinsame Beziehungsmitte, ihren Brennpunkt haben. Allerdings ist es ebensowenig damit gemacht, daß man – wie oft in der katholischen Theologie – die verschiedenen neutestamentlichen Kirchenbilder statt dissoziiert harmonisiert, indem man nämlich aus unproblematischer Naivität oder aus systemgebundener Trägheit sich an der scheinbar glatten Oberfläche der Texte bewegt, statt die tiefen Gegensätze zur Kenntnis zu nehmen und ihnen ernsthaft auf den Grund zu gehen. Die hohe Kunst des Exegeten bewährt sich darin, daß er in der Vielstimmigkeit der Zeugen die Einhelligkeit ihres Zeugnisses von Jesus Christus und der Gemeinde und daß er die Einhelligkeit dieses Zeugnisses nur in der Vielstimmigkeit der Zeugen erkennt; daß er also in den mannigfaltigen Worten das eine Wort und das eine Wort nur in mannigfaltigen Worten erkennt.

Nur wenn man das *ganze* Neue Testament mit *allen* seinen Schriften als positives Zeugnis vom Evangelium Jesu Christi ernst nimmt, entgeht man jener Dissoziierung der gegensätzlichen ekklesiologischen Aussagen des Neuen Testaments, die zu einer Purifizierung der neutestamentlichen Botschaft und zur Auswahl, zur Hairesis, führt, die ein Angriff ist auf die Einheit der Schrift und der Kirche. Aber auch umgekehrt: nur wenn man zugleich das ganze Neue Testament mit allen seinen Schriften differenziert und nuanciert ernst nimmt, entgeht man jener Harmonisierung der gegensätzlichen ekklesiologischen Aussagen des Neuen Testaments, die zu einer Nivellierung der neutestamentlichen Botschaft und zur Gleichmacherei, zur Uniformität führt, die ein Angriff ist auf die Vielfalt der Schrift und der Kirche. Also nicht Dissoziierung, sondern differenzierende Vertiefung; nicht Harmonisierung, sondern nuancierende Profilierung! Mit anderen Worten: in der ekklesiologischen Besinnung auf das Neue Testament sind – es ist nicht leicht – zu verbinden eine spannungsgeladene *katholische Weite,* die – wie jene Kirche, die der Kirche der Folgezeit den einen Kanon vermittelte – auch in den abgeleiteten Zeugnissen des neutestamentlichen Kanons das Evangelium Jesu Christi zu hören vermag, mit einer *evangelischen Konzentration,* die die abgeleiteten neutestamentlichen Zeugnisse nicht über die ursprünglicheren stellt und das Periphere nie zur Mitte des Evangeliums macht, sondern welche die abgeleiteten von den ursprünglicheren, das Periphere von der Mitte her versteht. Eine dreifache Ursprünglichkeit ist dabei differenziert und kombiniert zu berücksichtigen: die der Chronologie (1 Kor ist *früher* als Eph!), die der Authentizität (1 Kor ist *echt* paulinisch, Tit vermutlich nicht!), die der Sachnähe (1 Kor ist sachlich näher beim Evangelium Jesu selbst als Jak!). Der Gebrauch des Begriffs „Evangelium" im Neuen Testament selbst, sowohl bei den Synoptikern wie bei Paulus, zeigt den richtigen Weg: Einerseits ist „Evangelium" im Neuen Testament nicht auf eine bestimmte Lehre (z. B. Rechtfertigung des Sünders) beschränkt, sondern grundsätzlich offen; andererseits ist „Evangelium" im Neuen Testament unauflöslich gebunden an das Heilsereignis in Jesus Christus. Nicht die neutestamentlichen Schriften, sondern Markion hat den Begriff zuerst eingeschränkt verstanden; eine „Mitte" der Schrift läßt sich gewiß unvoreingenommen — das heißt exegetisch von den neutestamentlichen Texten selber her und nicht dogmatisch aus einem bestimmten Vorverständnis heraus — suchen. Sie läßt sich allerdings — womit auch schon viel gewonnen ist — leichter negativ bestimmen (dieses oder jenes ist jedenfalls *nicht* die Mitte der Schrift, ist nicht zentral, sondern peripher). Positiv ist die Bestimmung bei der tiefgehenden Unterschiedlichkeit der einzelnen neutestamentlichen Schriften sehr viel schwieriger. Doch werden in differenzierter und verstehender Interpretation bei allen Unterschieden sehr wohl die entscheidenden Verbindungslinien und der grundlegende innere Zusammenhang deutlich, etwa zwischen dem „Anbruch der eschatologischen Gottesherrschaft in Jesus Christus", wie sie in der synoptischen Verkündigung im Mittelpunkt steht, und der paulinischen „Rechtfertigung des Sünders aus Gnade durch den Glauben allein".

b) Mit der *historisch-kritischen Methode* ist dem heutigen Theologen für die Besinnung auf den Ursprung ein wissenschaftliches Instrument in die Hand gegeben worden, wie es frühere Theologengenerationen nicht besessen haben[4]. Erst das methodische geschichtliche Denken hat die Möglichkeit eröffnet, die seit der neutestamentlichen Zeit eingetretenen Wandlungen in Kirche und Theologie, die Verschiebungen der Perspektiven und Verlagerungen der Akzente, die Ausbildungen und Rückbildungen, Entdeckungen und Verdeckungen wenigstens in einem beschränkten Ausmaß zu überschauen. Erst das methodische geschichtliche Denken hat aber auch die Möglichkeit eröffnet, die in der Zeit der Entstehung der neutestamentlichen Schriften (ca. 50—150) und in etwa auch die in der Zeit vor der Entstehung der neutestamentlichen Schriften (30—50) eingetretenen Wandlungen, die von höchster Bedeutung sind, wenigstens zu Gesicht zu bekommen, von den über zwei bis drei Jahrtausende sich erstreckenden Wandlungen der alttestamentlichen Überlieferung ganz zu schweigen.

---

[4] Literaturangaben zu *biblischen Hermeneutik* in den Artikeln Hermeneutik der RGG *(G. Ebeling)* und Biblische Hermeneutik des LThK *(A. Bea)*. Zur kirchlichen Lehrentwicklung bes. *Pius XII.*, Enzyklika Divino afflante Spiritu (1943); Instructio de historica Evangeliorum veritate der Päpstlichen Bibelkommission vom 21. 4. 1964 (Kommentar von *J. A. Fitzmyer* in: Stuttgarter Bibelstudien I [1965]) und das Decretum de Revelatione des Vaticanum II (1965).

Gewiß, die eigentlich existentielle Besinnung der Christen und der Kirche auf das Gotteswort in der Schrift, auf das Evangelium Jesu Christi, ist mit der historisch-kritischen Methode nicht zu erreichen; diese kann dabei bestenfalls Anstöße geben und Hilfsdienste leisten. Die Besinnung muß vielmehr unter der Gnade Gottes aus dem Wurzelgrund der christlichen Existenz und der christlichen Gemeinde, ihrem Glauben und ihrer Liebe herauswachsen. Aber ist es nicht auch für die Ekklesiologie und damit auch für das Leben und Lehren der Kirche von unermeßlichem Wert, daß die Bibelwissenschaft mit unendlicher Mühe gerade auch für das Neue Testament eine gewaltige, wenn auch selbstverständlich vielfach unvollendete und unvollendbare Arbeit vollbracht hat?

Die *Textkritik* hat – trotz des Fehlens von Autographen und trotz einer teilweise späten Fixierung des Textes – den Wortlaut der biblischen Schriften in der ältesten erreichbaren Gestalt durch äußere und innere Kritik, sprachliche und sachliche Erwägungen und Heranziehung der Textgeschichte mit größtmöglicher Genauigkeit und Annäherung festgestellt. Die *Literarkritik* hat die literarische Integrität der Schriften untersucht, hat die Differenzen in den vorausgesetzten rechtlichen, sozialen und religiösen Zuständen, in Sprache, Chronologie und geschichtlichen Aufgaben, in den ethischen und theologischen Auffassungen herausgestellt, hat durch Quellenscheidung die mündlichen und schriftlichen Traditionen, die eventuellen Vorlagen unter später eingearbeitetem Material erhellt, hat Alter, Herkunft, Adressatenkreis und literarische Eigenart der Schriften bestimmt und sie in literaturvergleichenden Verfahren mit der außerkanonischen wie mit der zeitgenössischen jüdischen und hellenistischen Literatur konfrontiert und in ihrer Besonderheit beschrieben. Die *Formgeschichte* hat die Frage nach dem Sitz im Leben der Gemeinde und des Einzelnen, nach der literarischen Gattung, nach dem Rahmen der kleinen literarischen Einheiten, nach der ursprünglichen Form gestellt, und hat so die historische Verläßlichkeit wie den Traditionsgehalt neu zu bestimmen versucht. Die *Traditionsgeschichte* hat den vorliterarischen Prozeß zu durchleuchten unternommen, hat die ältesten Hymnen, liturgischen Fragmente, Rechtssätze usw. analysiert, hat sie mit Gottesdienst, Predigt und Katechese in Verbindung gebracht und so die für die Entstehung der Kirche entscheidenden Anfänge und das erste Stadium ihrer Entwicklung aufzudecken versucht. Die auf diese Weise insbesondere seit 150 Jahren geleistete riesige kritische Arbeit, zu der ja auch die Begriffs- und Motivgeschichte gehört, hatte immer zugleich ihre konstruktive Seite und ihre positive Ausrichtung. Alle ernsthafte Bibelkritik führt ja spontan zu Hermeneutik, Exegese und biblischer Theologie, wo der positive Gehalt der Schriften Buch für Buch, Satz für Satz, Wort für Wort mit allen verfügbaren Mitteln erhellt und um das Verständnis für die Kirche von heute gerungen wird.

Ohne Schwierigkeiten geht dies alles nicht. Und gerade in der historisch-kritischen Forschung – nicht nur in der Exegese, auch in der Theologie-, Dogmen- und Kirchengeschichte – türmen sich oft die Schwierigkeiten gewaltig auf, so daß manch einer es mit der Angst zu tun bekommen kann, wie man denn aus all diesem Fragengestrüpp wieder herauskäme und sich in der Wandelbarkeit alles Geschichtlichen nicht verliere. Soviel läßt sich jedoch an der spannungsreichen Geschichte der modernen Exegese und Historie ablesen: Was zuerst nach reiner Destruktion aussah, zeigte früher oder später seine konstruktive Kraft. Tendenziöse und falsche Kritik wurde immer wieder durch echte und aufbauende überwunden. Größte Schwierigkeiten riefen nach größten Anstrengungen und führten zu fruchtbarsten Ergebnissen. Angst, gerade die Angst vor der Geschichte, hat sich auch in der Ekklesiologie als schlechter Ratgeber erwiesen. Mut aber, Mut zum geschichtlichen Denken, das auch in der Ekklesiologie zuerst einmal Respekt vor den Fakten hat und nach den Fakten seine Theorien richtet, wurde den Mutigen zwar oft schlecht gelohnt, hat aber auf weitere Sicht der Sache stets genützt. Mit dem redlichen Mut aber muß sich an der Front der Ekklesiologie die Geduld paaren, jene überlegene, besonnene Geduld, die weiß, daß man mit den wenigsten Problemen an einem Tag fertig werden kann und daß sie sich jedenfalls nicht mit dem Hammer aufsprengen lassen; daß der Theologe als Mensch durch Irren lernt, und daß ihm, soll ihm das Irren verboten sein, auch das Denken verboten ist; daß es meist Zeit braucht, nicht nur damit die Wahrheit *gefunden* wird, sondern auch damit sie sich – gegen ungezählte Widerstände, Vorurteile, Scheingründe einer Opinio communis, die sich gerne als Kirchenlehre ausgibt – allgemein in der Kirche *durchsetzt*[5].

c) Doch entscheidend für den Christen in der Kirche, der ja auch als Historiker keineswegs „voraussetzungslos" an die Bibel herantritt, wird sein, das Neue Testament nicht einfach als literarisches Dokument einer längst vergangenen Vergangenheit zu verstehen, sondern – mag es Lehre, Gebot oder Geschichte bezeugen – als *Kerygma,* als Botschaft mit bestimmender Gegenwartsmacht, als

[5] Zur Problematik einer kritischen Theologie vgl. *H. Küng,* Theologe und Kirche (Einsiedeln 1964).

einen an den heutigen Menschen ergehenden Ruf Gottes. Was besagt dies konkret?

Besagt das Neue Testament *„Lehre"*? Es ist für die Kirche nicht einfach ein theoretisches Lehrbuch, worin sie die für ihre Lehre allgemein gültigen Wahrheiten über Gott und des Menschen Heil in Christus „deponiert" findet. Vielmehr ist das Neue Testament für die Kirche – gegenüber allem doktrinalistischen Mißverständnis – Proklamation, Verkündigung des geschehenen Heilshandelns Gottes in Christus, die wiederum nach Verkündigung und so Vergegenwärtigung durch und für die Kirche von heute im Glauben ruft. – Besagt das Neue Testament *„Gebot"*? Es ist für die Kirche ebensowenig ein praktisches Gesetzbuch, das ihr einen detaillierten Sitten-, Rechts- und Frömmigkeitskodex mit starren Gesetzesregeln lieferte, deren Erfüllung eigenmächtige Selbstrechtfertigung zur Folge hätte. Vielmehr ist das Neue Testament für die Kirche – gegenüber allem moralistischen Mißverständnis – das Evangelium Gottes, welches das Gesetz ablöst, indem es den Glaubenden, die auf eigene Geltung vor Gott verzichten, aus reiner Gnade Vergebung der Sünden und die neue Gerechtigkeit verheißt und schenkt, indem es zum Gehorsam gegenüber dem Gotteswillen durch ein Leben der Liebe befreit, die des Gesetzes Erfüllung ist. – Besagt das Neue Testament *„Geschichte"*? Es ist für die Kirche schließlich auch nicht einfach ein heilshistorisches Geschichtsbuch, worin sie den neutralen, objektiven chronologischen Bericht mit den entsprechenden historischen Nachrichten über eine fortschreitende Entwicklung findet. Das Neue Testament ist für die Kirche vielmehr – gegenüber allem historistischen Mißverständnis – die in allen Berichten schon immer theologisch geprägte Verkündigung von dem uns begegnenden, sich offenbarenden gnädigen Gott, der in Jesus Christus endgültig am Menschen gehandelt hat und der vom Menschen nicht nur eine intellektuelle Zustimmung zu irgendwelchen historischen Mitteilungen, sondern seine existentielle Glaubensentscheidung vor und für Gott erwartet.

Überall also geht es um das Wort Gottes, das von dem auf der ganzen Linie welthaften und geschichtsbedingten Menschenwort vollmächtig bezeugt und vergegenwärtigt wird, das sich in dem, was es eigentlich sagen will, nur dem Glauben erschließt. Überall geht es also nicht einfach um ein geschriebenes und deshalb der Vergangenheit gehörendes Wort, sondern um ein von neuem zu verkündigendes und so gegenwärtiges Wort, um das lebendige Wort des Evangeliums, der Heilsbotschaft von Gottes gnädigem Handeln im Alten Testament zuerst und endgültig in Jesus Christus, seinem Tod und seiner Auferstehung als dem eschatologischen Heilsereignis.

Aus all dem erhellt: Im Wandel der Zeit, im Wandel der Kirche und ihres Selbstverständnisses sich besinnen auf die wirkliche Kirche des Neuen Testaments, die auch schon eine sich wandelnde und eine differenziert mannigfaltige war, dies ist nicht die Liebhaberei eines romantischen ekklesiologischen Archäologismus, der das Ältere als das Vollkommenere und die Urkirche als der Kirche „goldenes Zeitalter" preist. Das ist vielmehr die ernste Verpflichtung einer geschichtlich denkenden Theologie, die sich gerade nicht irgendeiner Zeit, auch nicht der ältesten, ausliefern will, sondern allein dem lebendigen eschatologischen Worte Gottes selbst, dem Evangelium Jesu Christi, von dem die Kirche Jesu Christi ihren Anfang genommen hat und täglich – sofern sie lebt – ihren Anfang nimmt. Welche christliche Theologie könnte sich von einer solchen Gesinnung dispensiert halten?

Besinnung auf die Kirche des Neuen Testaments heißt also nicht: ungeschichtliche Repristination, Reproduktion der neutestamentlichen Gemeinde, wie es das Judenchristentum des zweiten oder das Wiedertäufertum des sechzehnten Jahrhunderts wollte. Die Kirche des Neuen Testaments ist für uns nicht eine Vorlage, die ohne Rücksicht auf den Wandel der Zeit und die je neue Situation sklavisch kopiert werden könnte. Auch mit der Rezitation und Reproduktion von Jesu Worten ist es ja nicht getan. Der Buchstabe tötet, der Geist ist es, der lebendig macht – auch in der Ekklesiologie. Gerade wenn die Kirche ihrem Wesen treu bleiben will, darf sie nicht einfach ihre eigene Vergangenheit konservieren, sondern muß sie sich als eine geschichtliche verändern: um ihre wesenhafte Sendung in der Welt, die eine stets sich verändernde Welt ist, die stets nicht in der Vergangenheit, sondern in der Gegenwart lebt, zu erfüllen.

Besinnung auf die Kirche des Neuen Testaments heißt aber: Nicht jede beliebige Weiterentwicklung ist vom Neuen Testament her erlaubt: es gibt geschichtliche Fehlentwicklungen und Rückschritte. Da ist die neutestamentliche Botschaft als das ursprüngliche Zeugnis die kritische Instanz, an die im Wandel der Zeit zu appellieren ist. Sie ist die kritische Norm, an der sich die Kirche aller Zeiten zu messen hat. So ist die Kirche des Neuen Testaments, in der die Kirche aus ihrem Ursprung in Jesus Christus bereits in der Fülle ihres Wesens da ist, der ursprüngliche Entwurf, der zwar in der heutigen Zeit nicht kopiert, wohl aber in die heutige Zeit hinein übersetzt werden soll. Die Kirche des Neuen Testaments und keine andere kann dieser ursprüngliche Entwurf sein.

II. DIE GEBROCHENHEIT DES KIRCHENBILDES

1. Bewunderte und kritisierte Kirche: Wesen im Unwesen

a) Um die Problematik zu zeigen, lohnt es sich, zur Einführung den berühmten englischen Historiker und Staatsmann Thomas B. Macaulay ausführlich zu Worte kommen zu lassen:

„Es gibt und gab nie auf dieser Erde ein Werk menschlicher Staatsklugheit, welches unserer Prüfung so wert wäre als die römisch-katholische Kirche. Die Geschichte dieser Kirche verknüpft die beiden großen Zeitalter der menschlichen Zivilisation miteinander. Es steht kein zweites Institut mehr aufrecht, das den Geist in die Zeiten zurückversetzte, die aus dem Pantheon den Rauch der Opfer aufsteigen und im Amphitheater Vespasians Tiger und Kameloparden springen sahen. Mit der Linie der Päpste verglichen sind die stolzesten Königshäuser von gestern. Diese Linie läßt sich in einer ununterbrochenen Reihenfolge von dem Papst, der im 19. Jahrhundert Napoleon krönte, bis auf den Papst zurückführen, der im 8. Jahrhundert Pippin salbte ... Die Republik Venedig war der nächstälteste Staat, aber sie selbst muß im Vergleich zu Rom modern genannt werden, und sie ist dahingegangen, während das Papsttum fortbesteht. Das Papsttum existiert noch, und nicht im Verfall, nicht als bloßes Altertum, sondern in Lebensfülle und jugendlicher Kraft. Noch heutigentags sendet die katholische Kirche bis zu den fernsten Weltenden Glaubensboten, die ebenso eifrig sind wie jene, welche mit Augustin in Kent landeten, und noch immer treten die Päpste feindlichen Machthabern so mutig entgegen wie Leo I. Attila. Noch tritt kein Zeichen hervor, welches andeutete, daß das Ende ihrer langen Herrschaft herannahte. Sie sah den Anfang aller Regierungen und aller Kirchen, die es gegenwärtig in der Welt gibt, und wir möchten nicht verbürgen, daß sie nicht auch das Ende von allen erlebte. Sie war groß und geachtet, ehe die Sachsen in England Fuß faßten, ehe die Franken den Rhein überschritten, als die griechische Beredsamkeit noch in Antiochien blühte und im Tempel von Mekka noch Götzen verehrt wurden. Und sie mag noch in ungeschwächter

Kraft bestehen, wenn dereinst ein Reisender aus Neuseeland inmitten einer unermeßlichen Wüstenei auf einem zertrümmerten Pfeiler der Londoner Brücke seinen Standpunkt nimmt, um die Ruinen der Paulskirche zu zeichnen." [6]

Geht es hier nicht um die *wirkliche* Kirche? Was in eindrucksvoller Rhetorik Macaulay schreibt, haben andere vor ihm und nach ihm ebenfalls gefühlt und oft auch zum Ausdruck gebracht: eine laute oder verhaltene, begeisterte oder scheue *Bewunderung.* Was bewundern sie? Eine in einzigartiger Weise durchgehaltene und gestaltete Geschichte, ein ehrwürdiges Alter in lebenskräftiger Jugend, eine weltweit verbreitete und zugleich im kleinen Raum verwurzelte wirkkräftige Organisation mit Hunderten Millionen von Mitgliedern und einer straff geordneten Hierarchie, ein traditionsreicher Kult von erhabener Feierlichkeit, ein durchdachtes theologisches Lehrsystem, eine umfassende säkulare Kulturleistung in Aufbau und Gestaltung des christlichen Abendlandes, eine moderne Soziallehre ... Aber Macaulay und so viele andere haben die katholische Kirche bewundert und sich doch nicht zu ihr bekannt. Man kann die katholische Kirche bewundern und doch nicht katholisch sein. Und man kann vielleicht katholisch sein, ohne sie zu bewundern. Ausschlaggebend für das Verhältnis zur Kirche ist diese Bewunderung, die sich außerhalb und innerhalb der katholischen Kirche findet, jedenfalls nicht. Sie ist zunächst ein indifferentes psychologisch-soziologisches Phänomen, ohne wesenhaften Bezug zum christlichen Glauben, vorfindbar auch in bezug auf andere historische Institutionen. In der gleichen Weise kann man auch das britische Commonwealth bewundern, seine imponierende Geschichte, Politik, Organisation, Kulturleistung. Dafür braucht man nicht Brite zu sein. Diese Bewunderung verpflichtet noch zu gar nichts. Man kann dies alles bewundern, ohne ihm eine Verbindlichkeit für seine persönliche Existenz zuzuerkennen. So wie man eine imposante fremde Kirche besucht, abschreitet, anstaunt, bewundert mit dem klaren Bewußtsein: eine zweifellos großartige Kirche, aber meine ist sie nicht, Heimat könnte sie mir — aus verschiedenen Gründen — nie sein.

Diese ganze Bewunderung betrifft im Grunde eine Fassade, die

---

[6] *Th. B. Macaulay,* zit. bei *K. Adam,* Das Wesen des Katholizismus (Düsseldorf [12]1949) 16 f.

auch zur Kirche gehört, von uns nicht verleugnet werden soll, aber nicht ihr inneres Wesen ausmacht. Zu dieser Fassade mag man sich stellen, wie man will: Die katholische Kirche wäre noch immer katholische Kirche, wenn sie von dieser bewundernswerten Geschichte und Organisation, Kunst und Wissenschaft, Kulturleistung und kultischen Feierlichkeit weniger oder nichts aufzuweisen hätte. Jahrhundertelang war sie ohne dies alles, und wer weiß, vielleicht wird sie es wieder einmal sein müssen. Wie immer, wer nur dies sieht, bleibt an der – zweifellos sehr wirklichen – Oberfläche haften und dringt nicht zum Eigentlichen, zum inneren Wesen vor. Um dieses zu Gesicht zu bekommen, reicht weder das Auge des Historikers noch das des Kulturphilosophen, weder das des Ästheten noch das des Soziologen noch das des Politikers aus. Das eigentliche innere Wesen im äußeren Bau sieht nur das Auge des glaubenden Christen.

b) Im übrigen kann man an der ganzen bewunderten Äußerlichkeit auch *Ärgernis* nehmen. Es ist nicht so, daß diese jedermann als Portal erschiene, durch das man sich zum Eintritt ins Innere aufgerufen fühlte. Viele behaupten, diese sei für sie eine massive Sperrmauer, die ihnen keinen Blick in ein Inneres freigäbe. Man kann die Geschichte der katholischen Kirche betrachten und sie – wie wir eben gehört – unter einem positiven Vorzeichen sehen. Viele aber sehen dieselbe Geschichte unter einem negativen Vorzeichen: In aller Gestaltung und Bewältigung der Geschichte konstatieren sie dann ein Verfallen und Kapitulieren vor der Geschichte; in aller wirkkräftigen Organisation einen mit weltlichen Mitteln arbeitenden Machtapparat; in den imposanten Zahlen von christlichen Massen ein verflachtes substanzarmes Traditionschristentum; in der wohlgeordneten Hierarchie eine herrsch- und prunksüchtige Verwaltungsbehörde; in der kultischen Feierlichkeit einen in der mittelalterlich-barocken Tradition steckengebliebenen unevangelisch-veräußerlichten Ritualismus; im klaren, einheitlichen Lehrsystem eine starr-autoritäre, mit überkommenen Begriffshülsen manipulierende, ungeschichtliche und unbiblische Schultheologie; in der abendländischen Kulturleistung Verweltlichung und Abweichen von der eigentlichen Aufgabe ... Für sie ist das die *wirkliche* Kirche.

Sollte es notwendig sein, die Bewunderer der kirchlichen Weisheit, Macht und Leistung, des kirchlichen Glanzes, Einflusses und Prestiges zu erinnern an die Judenverfolgungen und Kreuzzüge, Ketzerprozesse und Hexenverbrennungen, Kolonialismus und „Religionskriege", an die falschen Verurteilungen von Menschen und Lösungen, an das vielfältige Versagen der Kirche in der Sklavenfrage, in der Kriegsfrage, in der sozialen Frage und ihre Verquickung mit einem bestimmten Gesellschafts-, Regierungs- und Denksystem? Kann man es denn bei allem Lichtglanz übersehen, dieses Meer des Menschlich-Allzumenschlichen, all die Härte, Angst und Enge, all die Trägheit, Feigheit und Mittelmäßigkeit, all die Lieblosigkeit? Ja, was ist all das, was Macaulay und so viele andere rühmten gegenüber all dem, was in Macaulays Jahrhundert etwa Kierkegaard und Dostojewskij, in unserem Jahrhundert etwa Karl Barth und Dietrich Bonhoeffer, Georges Bernanos und Reinhold Schneider, Heinrich Böll, Carl Amery und Rolf Hochhuth beklagen! Was haben sie doch alles gegen die Kirche einzuwenden, die Naturwissenschaftler und die Mediziner, die Psychologen und die Soziologen, die Journalisten und die Politiker, die Arbeiter und die Intellektuellen, die kirchlich-Praktizierenden und die Nichtpraktizierenden, die Jugend und die Alten, die Männer und die Frauen: gegen schlechte Predigten, lahmen Gottesdienst, veräußerlichte Frömmigkeit, geistlose Traditionen, autoritäre, in Korrektheit erstarrte Dogmatik und lebensfremde, in Kasuistik verlorene Moral, gegen Opportunismus und Intoleranz, Gesetzlichkeit und Bonzentum der kirchlichen Funktionäre auf allen Stufen, gegen den Mangel an schöpferischen Menschen in der Kirche ...

Apologetisch läßt sich hier manches bemerken. Wer könnte bestreiten, daß manche Vorwürfe an die Kirche unverständig, überheblich, einseitig, ungerecht, ja sehr oft auch einfachhin falsch und manchmal sogar bösartig sind? Auf all dies läßt sich antworten; hier ist Apologie am Platz, Verteidigung, Rechtfertigung. Wer aber könnte andererseits bestreiten, daß ein Großteil der an die Kirche gerichteten Vorwürfe berechtigt, begründet, einfachhin wahr sind? Auf diese läßt sich durch keine Apologie antworten. Was soll denn der Christ in der Kirche jenem Menschen sagen, der ernsthaft seine Gründe angibt, warum er nicht oder nicht mehr dazugehören will, warum er sich von der Kirche fernhält, vielleicht nicht ohne Sympathie, vielleicht indifferent und unbeteiligt, vielleicht mit Protest, ja mit Haß? Und was soll dieser Christ in der Kirche sich selbst sagen, wenn ihn selbst, was er nicht ohne weiteres verhindern kann, der Zweifel – es gibt einen redlichen Zweifel! – anfällt: ob diese seine Kirche denn mehr sei als irgendein Religionsverein oder eine fromme Gemeinschaft, mehr als irgendeine Gesellschaft oder Institution zur Befriedigung religiöser Bedürfnisse?

Die Kirche kann wie dem einen Gegenstand der Bewunderung, so dem anderen Gegenstand des Ärgernisses oder wenigstens der – enttäuschten oder verärgerten, traurigen oder bitteren – *Kritik* sein.

Und wie die Bewunderung ihre Gründe hat, so hat die Kritik die ihren. Wie man die Kirche bewundern und doch nicht zu ihr gehören kann, so kann man sie kritisieren und doch zu ihr gehören. Wie die Bewunderung ist auch die Kritik, die sich ebenfalls in und außerhalb der Kirche findet, nicht letztlich entscheidend für das Verhältnis zur Kirche. Auch sie ist zunächst ein indifferentes psychologisch-soziologisches Phänomen, ohne wesentlichen Bezug zum christlichen Glauben, möglich auch im Bezug auf andere historische Institutionen. In der gleichen Weise kann man auch den Staat, seine Schwächen und sein Versagen, seine Geschichte, seine Verfaßtheit und seine Politik kritisieren und doch zu ihm gehören und gehören wollen.

c) Wie oberflächliche Bewunderung wird auch Kritik vielfach nur eine – allerdings wirkliche – Fassade, eine Außenseite der Kirche betreffen, die vielleicht zu einer bestimmten geschichtlichen Gestalt, nicht aber zu ihrem bleibenden Wesen gehört. Aber es spielt hier noch etwas anderes mit, was verdeckt schon der oberflächlichen Bewunderung entgegenstand. Auch mit den differenziert verstandenen Begriffen „Wesen" und „Gestalt"[7] kann die Wirklichkeit der Kirche nicht umfassend umschrieben werden. In all dem Negativen, an dem die Kritik sich stößt und auf das die oberflächliche Bewunderung nicht oder zuwenig achtet, äußert sich nicht einfach eine geschichtliche „Gestalt" der Kirche, die sich ja durchaus auch positiv auswirken kann; äußert sich auch nicht einfach der Kirche – konstantes und zugleich wandelbares – gutes „Wesen". Hier dringt vielmehr – so unwirklich und so wirklich wie immer – das *Böse* in der Kirche durch: der Kirche ungutes *„Un-Wesen"*. Das Unwesen der Kirche steht zum Wesen der Kirche, obwohl es von ihm lebt, im Widerspruch, ist nicht ihr legitimes, sondern ihr illegitimes, ist nicht ihr echtes, sondern ihr pervertiertes Wesen. Es ist – wie später noch genauer darzulegen sein wird – gegeben nicht durch Gottes heiligen Willen, sondern durch das Versagen der Menschen, die die Kirche bilden. Als Schatten begleitet das Unwesen der Kirche Wesen durch alle geschichtlichen Gestalten hindurch. *Der Kirche wirkliches Wesen ereignet sich im Unwesen.*

Die Feststellung eines Unwesens der Menschen-Kirche soll nicht etwa der Entschuldigung für all das Dunkle in der Kirche dienen.

---

[7] Vgl. A I, 1.

Sie soll nur die Bewunderer wie die Kritiker der Kirche darauf aufmerksam machen: Wir müssen mit diesem dunklen Unwesen der Kirche von vorneherein rechnen! Es sollte uns, da wir es mit einer Menschen-Kirche zu tun haben, nicht überraschen: den Bewunderer nicht, aber auch den Kritiker nicht. Wie es nicht möglich ist, das in der Wandelbarkeit bleibende Wesen anders denn durch die sich wandelnde geschichtliche Gestalt hindurch festzustellen, so ist es auch nicht möglich, das gute Wesen der Kirche anders denn durch das ungute Unwesen hindurch zu sichten. Wie Wesen und Gestalt, Bleibendes und Sichwandelndes, so sind auch Gutes und Ungutes, Heilvolles und Unheilvolles, Wesen und Unwesen ineinander verwoben und durch Menschenrechnung nicht restlos auf- und abzurechnen. Auch das Wesentlichste wandelt sich. Auch mit dem Wesentlichsten kann Unwesen getrieben werden. Auch am Heiligsten ist Sünde möglich. Nicht nur Geschichtlichkeit im allgemeinen, sondern gerade die geschichtliche Affiziertheit der Kirche durch das Böse muß für jede Ekklesiologie eine Grundgegebenheit sein, die sie ohne alle falsche Apologetik von vornherein und überall in Rechnung stellt. Die Ekklesiologie wird deshalb nie einfach den gegenwärtigen Status quo der Kirche zum Maßstab nehmen können oder gar rechtfertigen wollen. Vielmehr wird sie — auch hier wiederum von der ursprünglichen Botschaft, vom Evangelium her — all das Ihre beitragen zu jener kritischen Sichtung, die Voraussetzung ist für die immer wieder neu notwendige Reform und Erneuerung.

Nur eine abstrakt-idealistische Ekklesiologie, die nicht die wirkliche, sondern eine ideale Kirche beschreibt, könnte am Unwesen der Kirche vorbeisehen. Sie könnte bestenfalls gedankenlose Bewunderer anziehen, müßte aber den denkenden Kritiker kalt lassen oder gar abstoßen. Sache einer nüchtern-realistischen, wissenschaftlichen Theologie wird sie jedenfalls nicht sein können. Diese wird die Kirche unbedingt sehen wollen, wie sie *wirklich* ist: das „Wesen" mit der geschichtlichen „Gestalt" und zugleich das „Wesen" mit dem „Unwesen". Gerade eine solche realistisch-konkrete Sicht der Kirche — und nicht eine idealistisch-abstrakte — wird dann auch das Recht haben, den am Negativen festgefahrenen Kritiker darauf aufmerksam zu machen, daß mit dem — richtigerweise oder fälschlicherweise festgestellten — Negativen die Kirche in ihrem Eigentlichen noch nicht getroffen ist. Wer eines Menschen Schatten trifft, trifft etwas Wirkliches, trifft aber nicht den Menschen. Wer der Kirche Unwesen angreift, greift wirkliche Kirche an, greift aber nicht der Kirche Wesen an.

Um in allem Uneigentlichen das Eigentliche, um in allem unguten Unwesen das gute Wesen zu finden, reicht das Auge des negativen Kritikers — es mag scharf oder weniger scharf, gerecht oder ungerecht, gutmeinend oder bösartig sein — nicht aus. Wie der oberflächliche Bewunderer erfaßt auch der negative Kritiker nicht der Kirche entscheidende Tiefendimension. Diese erfaßt nur das Auge des glaubenden Christen[8].

---

[8] Zur *systematischen Ekklesiologie im allgemeinen:* Neben den neueren fundamentaltheologischen und dogmatischen Handbüchern *(P. Althaus, K. Barth, E. Brunner, F. Buri, H. Diem, W. Elert, Heppe-Bizer, A. Lang, L. Ott, R. Prenter, C. H. Ratschow, J. Salaverri, M. Schmaus, F. A. Sullivan, P. Tillich, W. Trillhaas, O. Weber, T. Zapelena)* und den Lexikonartikeln in LThK *(J. Ratzinger, K. E. Skydsgaard),* RGG *(R. Prenter),* EKL *(J. Koukouzis, K. G. Steck, G. F. Nuttall),* HTG *(H. Fries, H. Küng),* DTC *(E. Dublanchy),* Cath. *(M. J. Le Guillou),* ODCC sind bes. folgende neuere Monographien wichtig: *R. Grosche,* Pilgernde Kirche (Freiburg 1938); *H. de Lubac,* Catholicisme (Paris 1938); *Y. Congar,* Esquisses du mystère de l'Église (Paris 1941); *Ch. Journet,* L'Église du Verbe incarné I–II (Paris 1941; 1951); *K. D. Mackenzie,* The Way of the Church (London 1945); *J. Leclercq,* La vie du Christ dans son Église (Paris 1947); *G. Wehrung,* Kirche nach evangelischem Verständnis (Gütersloh 1947); *P. Broutin,* Mysterium ecclesiae (Paris 1947); *G. Florowsky* u. a., La sainte Église universelle (Neuchâtel - Paris 1948); *H. Lutze,* Das Mysterium der Kirche Christi (Gütersloh 1948); *Y. de Montcheuil,* Aspects de l'Église (Paris 1949); *E. Brunner,* Das Mißverständnis der Kirche (Zürich 1951); *R. N. Flew,* The Nature of the Church (London 1952); *L. Kösters,* Die Kirche unseres Glaubens (Freiburg ⁴1952); *L. Newbigin,* The Household of God. Lectures on the Nature of the Church (London 1953); *H. de Lubac,* Méditation sur l'Église (Paris 1953); *O. Semmelroth,* Die Kirche als Ursakrament (Frankfurt 1953); *B. Giertz,* Die Kirche Jesu Christi (Göttingen 1954); *Ch. Journet,* Théologie de l'Église (Paris 1957); *H. Fries,* Kirche als Ereignis (Düsseldorf 1958); *E. Kinder,* Der evangelische Glaube und die Kirche (Berlin 1958); *C. Welch,* The Reality of the Church (New York 1958); *O. Semmelroth,* Ich glaube an die Kirche (Düsseldorf 1959); *D. Bonhoeffer,* Sanctorum communio (München ³1960; 1. Auflage 1930); *H. U. von Balthasar,* Sponsa Verbi (Einsiedeln 1961); *H. Küng,* Strukturen der Kirche (Freiburg i. Br. 1962); *P. Touilleux,* Réflexion sur le Mystère de l'Église (Tournai 1962); *B. C. Butler,* The Idea of the Church (Baltimore - London 1962); *Y. Congar,* Sainte Église. Études et approches ecclésiologiques (Paris 1963); *A. Hastings,* One and Apostolic (London 1963); *H. Fries,* Aspekte der Kirche (Stuttgart 1963); *P. Glorieux,* Nature et mission de l'Église (Tournai 1963); *G. Wingren,* Evangelium und Kirche (Göttingen 1963); *A. Winklhofer,* Über die Kirche (Frankfurt 1963); wichtig auch die Sammelwerke: Mysterium Kirche in der Sicht der theologischen Disziplinen (Salzburg 1962) und De Ecclesia. Beiträge zur Konstitution „Über die Kirche" des 2. Vatikanischen Konzils. Hrsg. von *G. Baraúna.* Bd I–II (Freiburg i. Br. - Frankfurt 1966).

2. *Geglaubte Kirche*

Sowohl der Bewunderer wie der Kritiker der Kirche werden zur Kenntnis nehmen: Was diese Menschen, die die Kirche bilden und sie wirklich bilden, von den anderen unterscheidet, ist dies: sie *glauben*. Sie wollen selber eine *Gemeinschaft von Glaubenden* sein. Sie wollen das, was sie für sich glauben und hoffen, auch für alle anderen glauben und hoffen. Aber sie sind der Überzeugung, daß man sie mißversteht, wenn man – lobend oder tadelnd – daran vorbeisieht, daß sie eine Gemeinschaft von Glaubenden sind[9]. Ja, sie sind sogar der Überzeugung, daß man diese Kirche, diese Gemeinschaft der Glaubenden mißversteht, jedenfalls nicht in ihrem Eigentlichsten versteht, wenn man nicht selbst und so glaubt, wie sie glaubt. Nicht von außen, nicht von einem neutralen Beobachterstandpunkt aus läßt sich die Kirche adäquat beurteilen, sondern nur von innen, von ihr selbst her, indem man in ihr und mit ihr lebt. *Als Kirche des Glaubens ruft sie zum Glauben der Kirche.*

Es ist demnach nicht historischer Zufall, sondern geradezu Grundlage zum Verständnis dessen, was Kirche ist, daß die Kirche, die Ecclesia ins Credo, ins *Glaubensbekenntnis* aufgenommen wurde (D. 2. 6. 14. 86. usw.). Ausdrücklich spricht der Catechismus Tridentinus im Zusammenhang mit der Kirche, deren „Ursprung, Aufgaben und Würde wir nicht mit der menschlichen Vernunft erkennen, sondern mit den Augen des Glaubens wahrnehmen", von einem „allein durch den Glauben" („fide solum intelligimus")[10]. Glauben wir Christen also an die Kirche? Nein, dann würden wir die Kirche zu wichtig nehmen; höchstens in einem sehr ungenauen Sinn könnte dies gesagt werden. Auffällig ist, daß auch die Glaubensbekenntnisse im allgemeinen von einem „Ich glaube *an* Gott, *an* den Heiligen Geist", aber nur von einem „Ich glaube *die* Kirche" sprechen (D. 2. 6. 86. usw.). So gut wie immer ist die Kirche im dritten Glaubensartikel in Zusammenhang des Glaubens an den Heiligen Geist genannt. Aufschlußreich ist besonders die ursprüngliche dritte Tauffrage in der ältesten uns erhaltenen Kirchenordnung

---

[9] Belege zum Verständnis der Kirche als congregatio fidelium aus der kirchlichen Tradition s. Strukturen, 22–24 (wichtig bes. Augustin, Thomas von Aquin und Catech. Trid.).

[10] Catech. Trid. I, 10, 20 f.

(Traditio apostolica Hippolyts von Rom um 215, bedeutend älter als das sogenannte Apostolische Glaubensbekenntnis[11]). Sie lautet sehr präzise: „Glaubst du auch *an* den Heiligen Geist *in* der heiligen Kirche zur Auferstehung des Fleisches?“[12] Der Christ glaubt darnach an Gott, an den Heiligen Geist; die Kirche ist der Ort, wo der Geist wirkt; die Auferstehung des Fleisches die letzte Wirkung des Geistes.

Es ist also keineswegs ein leeres Wortspiel, wenn man besonders im Anschluß an Augustin[13] genau zu unterscheiden gelernt hat[14]: credere Deum: ich glaube die *Existenz* eines Wesens; credere Deo: ich glaube auf die *Autorität* eines anderen hin; credere *in* Deum: ich glaube, indem ich ganz auf ihn eingehe (Augustin: credendo in eum ire), in einem personalen Sichanvertrauen, in einer vertrauenden *Hingabe* meiner selbst.

Glauben im letzten vollen und *radikalen* Sinn, wo es sich nicht mehr *adäquat* von der Liebe unterscheiden läßt, ist personales, auf ein personales Gegenüber bezogenes Tun. Im Glauben geht es letztlich nie um eine Hingabe an Gegenstände, Sätze, Dogmen, sondern um die Hingabe, Übergabe einer Person an eine Person. „Was in jedem Glaubensakt als das Entscheidende erscheint, ist die Person, deren Aussage man seine Zustimmung gibt.“[15] Aber nur Gott gegenüber ist eine radikale, in *jedem* Fall unbedingte und unwiderrufliche personale Hingabe möglich, nur an ihn kann der Mensch im vollsten radikalen Sinn glauben. In diesem vollkommen unbedingten, absoluten Sinn an einen Menschen glauben, hieße ihn zum vergötterten Idol machen, bedeutete für Gott, der eine solche nach allen Seiten hin unbedingte Hingabe allein verdient, eine Lästerung und für den Menschen, der einem endlichen, zur Sünde fähigen Wesen in jeder Hinsicht unbedingt folgte, eine Versklavung. Der Christ glaubt in diesem Sinne an Gott und an den, den er gesandt hat. Das im Neuen Testament sehr häufige „*Glauben an*“ (πιστεύειν, πίστις εἰς) begegnet weder in der profanen Gräzität noch in der Septuaginta. Es ist dem Neuen Testament eigentümlich als abkürzende

---

[11] Vgl. *B. Altaner*, Patrologie (Freiburg i. Br. [6]1963) 41 f, 46–48 (Lit.).
[12] Vgl. *P. Nautin*, Je crois à l'Esprit Saint dans la Sainte Église pour la résurrection de la Chair. Étude sur l'histoire et la théologie du symbole (Paris 1947).
[13] *Augustin*, z. B. in Jo 29, 6; 48, 3 (CC 36, 287, 413).
[14] Vgl. die reichen Belege bei *H. de Lubac*, Méditation, 21–29 (wichtig auch die hier zitierten Arbeiten von *Th. Camelot* und *Ch. Mohrmann*).
[15] *Thomas Aq.*, S. th. II–II, q. 11, a. 1; vgl. *J. Mouroux*, Je crois en toi. Structure personnelle de la foi (Paris [2]1954).

Wendung für den spezifisch christlichen Heilsglauben an den gekreuzigten und auferstandenen Christus und begründet ein dem Gottesverhältnis analoges Verhältnis zu Christus[16].

Der Christ glaubt an Gott und – so verstanden – an ihn allein. Kann er aber dann noch sagen: „Ich glaube an die heilige katholische Kirche"? „Wenn man sagt ‚*an* die heilige katholische Kirche', so muß dies so verstanden werden, daß unser Glaube sich auf den Heiligen Geist bezieht, der die Kirche heiligt, so daß der Sinn ist: Ich glaube an den die Kirche heiligenden Heiligen Geist. Aber besser ist es und allgemeiner üblich, daß man hier kein ‚an' gebraucht, sondern einfach sagt: ‚*die* heilige katholische Kirche'" (Thomas von Aquin).[17]

So ist die Kirche für den Christen primär nicht bewunderte und nicht kritisierte, sondern *geglaubte* Kirche. Nicht die Bewunderung der Kirche und nicht die Kritik der Kirche sind entscheidend, sondern der Glaube der Kirche: daß die Kirche, die Gemeinschaft der Glaubenden, selber glaubt (Glaube der Kirche, genitivus subiectivus: Ecclesia credens) und daß der Mensch zwar nicht an die Kirche, aber doch die Kirche glaube (Glaube der Kirche, genitivus obiectivus: credens Ecclesiam). Bewunderung der Kirche, die nicht aus dem Glauben kommt, kann für den Christen interessant, kann aber nicht die seine sein. Kritik der Kirche, die nicht aus dem Glauben kommt, kann für den Christen beherzigenswert, kann aber wiederum nicht die seine sein. Aus dem Glauben heraus ist auch für den Christen eine „Bewunderung" der Kirche unter Umständen möglich, aber es wird immer eine verwunderte Bewunderung sein, die nämlich das Unwesen der Kirche sieht und doch auf ihr gutes Wesen vertraut. Aus dem Glauben heraus ist für den Christen unter Umständen auch eine „Kritik" der Kirche möglich, ja notwendig. Aber es wird immer eine kritisierte Kritik sein, die nämlich gegen das Unwesen der Kirche angeht und doch mit ihrem guten Wesen rechnet. Sowohl Bewunderung wie Kritik werden also nicht absolut, sondern wesentlich gebrochen sein: „aufgehoben", negativ und positiv, im Glauben.

Geglaubte Kirche: Suchen wir dies noch etwas tiefer zu verstehen, indem wir genauer zu bestimmen versuchen, warum wir nicht *an*, wohl aber *die* Kirche glauben.

Daß wir nicht *an* die Kirche glauben, bedeutet:

---

[16] Vgl. *R. Bultmann*, Art. πιστεύω in: ThW VI, bes. 203 f, 209–214.

[17] *Thomas Aq.*, S. th. II–II, q. 1, a. 9 ad 5; vgl auch Catech. Trid. I, 10, 22.

1. daß die Kirche *nicht* Gott ist: Die Kirche ist als Gemeinschaft der Glaubenden bei all dem Positiven, was man von ihr sagen kann, weder Gott noch ein gottgleiches Wesen. Gewiß, der Glaubende ist davon überzeugt, daß *in* der Kirche und im Wirken der Kirche Gott wirkt. Aber Gottes Wirken und der Kirche Wirken sind weder identisch noch gehen sie ohne Konturen ineinander über. Vielmehr sind sie grundsätzlich zu unterscheiden. Gott bleibt Gott. Sein Wirken wird nie durch das von ihm Gewirkte einfach abgelöst, ersetzt, überflüssig gemacht. Die Kirche aber ist und bleibt geschaffen. Sie ist also nicht allwissend und allmächtig, nicht autosuffizient und nicht autonom, nicht ewig und nicht sündenfrei. Sie ist nicht Quell der Gnade und der Wahrheit, ist nicht Herr, Erlöser und Richter. Jede Vergöttlichung der Kirche ist ausgeschlossen. Sie ist die mannigfach bedrohte und gefährdete Gemeinschaft der Glaubenden und Gehorchenden, die ganz von Gott her und auf Gott hin leben will, die ihr ganzes Vertrauen auf Gott setzt: die an Gott glaubt;

2. daß *wir* die Kirche sind: Die Kirche ist als Gemeinschaft der Glaubenden nichts von uns Verschiedenes. Sie ist keine gnostische Kollektivperson, die uns einfach gegenübersteht. *Wir* sind die Kirche, und wir *sind* die Kirche. Und wenn wir die Kirche sind, dann ist die Kirche eine Gemeinschaft von Suchenden, Wandernden und Irrenden, von Ratlosen, Gequälten und Leidenden, von Sündern und Pilgern. Wenn *wir* die Kirche sind, dann ist die Kirche eine sündige und pilgernde Kirche. Jede Idealisierung der Kirche ist ausgeschlossen. Sie ist die im Dunkeln wandelnde Gemeinschaft der Hörenden und Glaubenden, die ganz auf Gottes Gnade und Wahrheit, Vergebung und Befreiung angewiesen ist, die ihr ganzes Vertrauen auf Gott setzt: die so jedenfalls gerade nicht an sich selbst glaubt.

Daß wir aber *die* Kirche glauben, besagt:

1. daß die Kirche aus Gottes Gnade durch den *Glauben* wird: Eine Gemeinschaft, die nicht glaubt, ist nicht Kirche. Die Kirche existiert nicht an sich, sondern in den konkreten glaubenden Menschen. Wie kein Volk ohne Menschen und kein Leib ohne Glieder, so keine Kirche ohne Glaubende. Die Kirche entsteht nicht einfach aus der Setzung Gottes, sondern aus der geforderten Entscheidung der Menschen, die die Kirche bilden sollen, aus der radikalen Entscheidung für Gott und seine Herrschaft. Diese Entscheidung ist der Glaube;

2. daß der Glaube aus Gottes Gnade durch die *Kirche* wird: Gott ruft den Einzelnen zum Glauben. Aber ohne die Gemeinschaft, die

glaubt, kommt auch der Einzelne nicht zum Glauben. Auch der Glaube existiert nicht an sich, sondern in den konkreten glaubenden Menschen. Und diese wiederum leben nicht als atomisierte Individuen, als isolierte Gläubige. Sie haben den Glauben nicht aus sich selbst. Sie haben ihn aber auch nicht direkt von Gott. Sie haben ihn durch die Gemeinschaft, die ihnen glaubend die Botschaft verkündet und ihren eigenen Glauben herausfordert. Das heißt nicht, daß der Christ immer *wegen* der Kirche glaubt. Der heutige Mensch glaubt doch gerade — anders als etwa noch Augustin — vielfach nicht so sehr wegen, sondern trotz der Kirche, wie sie ihm in ihrer geschichtlichen Gestalt erscheint. Die Kirche wird oftmals einfach im Glauben an Gott und den, den er gesandt hat, mitgenommen, wenn nicht gar in Kauf genommen. Und doch ist die Kirche als Gemeinschaft der Glaubenden nicht nur Gegenstand des Glaubens, sondern zugleich Raum, Heimat des Glaubens. Vom Glauben der Gemeinschaft wird der Glaube des Einzelnen angeregt, herausgefordert und dann doch auch immer wieder umfangen und getragen. Der Glaube des Einzelnen nimmt so am Glauben der Gemeinschaft und an der gemeinsamen Wahrheit teil. Gerade dem modernen Menschen, der auch im persönlichen Glauben seiner Geschichtlichkeit, Bedingtheit und Einsamkeit sich nur zu sehr bewußt geworden ist, wird es nicht nur immer wieder Last, sondern auch immer wieder Befreiung bedeuten können, daß sein Glaube bei aller Eigenverantwortlichkeit im umfassenderen und vielfältigeren, alten und jungen Glauben der Glaubensgemeinschaft geborgen ist, die die Kirche ist[18].

Letztlich jedoch läßt sich weder der Glaube einfach aus der Kirche noch die Kirche einfach aus dem Glauben ableiten. Weder existiert die Kirche als objektive Größe unabhängig von der Glaubensentscheidung der Einzelnen, noch schließen sich die glaubenden Menschen allein von sich aus zur Kirche zusammen. Glaube und Kirche sind beide aufeinander angewiesen und befruchten sich in gegenseitigem Dienst. Aber sie gründen letztlich weder ineinander noch in sich selbst, sondern gemeinsam im gnädigen *Heilshandeln Gottes.* Ob der Glaube oder die Kirche früher ist, darüber läßt sich so endlos diskutieren wie über die Frage, ob der Same oder die Blume früher sei. Weder der Glaube noch die Kirche dürfen verabsolutiert werden.

---

[18] Vgl. *K. Rahner*, Dogmatische Randbemerkungen zur „Kirchenfrömmigkeit", in: Sentire Ecclesiam (Festschrift H. Rahner) (Freiburg i. Br. 1961) 769–793.

Verabsolutierter Glaube zersetzt die Kirche, das ist die protestantische Gefahr. Verabsolutierte Kirche entmündigt den Glauben, das ist die katholische Gefahr. Entscheidend ist, daß Gottes Heilshandeln sowohl dem Glauben wie der Kirche vorausgeht.

3. *Im Sichtbaren unsichtbar*

Das Credo Ecclesiam bezieht sich auf die *wirkliche* Kirche. Gerade die geglaubte Kirche ist nicht eine spirituelle Geisterkirche, sondern die wahrnehmbare Menschenkirche. Das Credo Ecclesiam bewahrt also vor einer Entscheidung für eine sichtbare Kirche gegen eine unsichtbare, bedeutet aber auch keine Entscheidung für eine unsichtbare Kirche gegen eine sichtbare. Der alte Streit zwischen den Vertretern einer Ecclesia invisibilis und denen einer Ecclesia visibilis ist heute überholt.

a) Die Reformatoren – und vor ihnen schon Wiclif und Hus – hatten grundsätzlich recht, gegenüber einer unheimlich sichtbar, zu einem geistlich-politischen Imperium gewordenen mittelalterlichen Kirche mit Augustin und dem Neuen Testament den Akzent auf die Unsichtbarkeit, Verborgenheit der Kirche zu legen[19]. Aber die *sichtbare* Kirche wollten sie so erneuern und nicht eine unsichtbare Kirche gründen. Eine schlechthin unsichtbare Kirche hat es nie und nirgendwo gegeben, in der kirchlichen Gründungszeit nicht, im kirchlichen Altertum nicht und in der Reformationszeit auch nicht. Die reformatorischen Kirchen (Landes- und Fürstenkirchen!) waren bald nicht weniger sichtbar als die römische Kirche, und die recht greifbar abgekapselten kleinen Geistkirchen und spiritualistischen Sekten nicht weniger als die Großkirchen.

Wie könnte sie schon unsichtbar sein, diese wirkliche Kirche aus wirklichen Menschen? Gerade der glaubende Christ wird nüchtern und illusionslos damit rechnen, daß die von ihm geglaubte Kirche wirklich, und das heißt für diese Menschenkirche *sichtbar* existiert. Er wird also auch hier nicht einer platonischen Idee nachträumen. Er wird vielmehr – manchmal seufzend, aber warum nicht auch manchmal dankend? – davon ausgehen, daß die geglaubte Kirche

[19] Vgl. Lit. bei *E. Kinder* 93.

wirklich wahrnehmbar ist, sichtbar in dem, was sie ist als Gemeinschaft und tut in gemeinsamem Handeln: in ihrem Verkündigen und Lehren, Beten und Singen, Bekennen und Taufen, Helfen und Trösten. Mehr oder weniger – und oft besser etwas weniger als mehr – sichtbar ist der Kirche Predigt und Gottesdienst, Taufe und Abendmahl, Unterricht und Theologie, Verfassung und Ordnung.

Gewiß, es mag dem glaubenden Christen oft ärgerlich sein, daß diese Kirche des Glaubens unvermeidbar historisch, psychologisch, soziologisch nicht nur feststellbar, sondern auch vergleichbar und verrechenbar wird, daß so gerade die grundsätzlich verschieden sein wollende Kirche des Glaubens auf die gleiche Stufe gestellt werden kann mit respektablen oder weniger respektablen weltlichen Gruppierungen, Gemeinschaften, Gesellschaften, Organisationen. Aber gerade im Glauben wird der Christ diese Tatsache hinnehmen, nein, bejahen, wissend, daß die von ihm geglaubte Kirche nicht nur – wie jedes Volk, jeder Leib, jeder Bau – sichtbar *ist,* sondern als Kirche aus Menschen für Menschen sichtbar sein *muß:* daß sie also nicht wesenswidrig, sondern wesensgemäß sichtbar ist. Wie der einzelne glaubende Christ muß auch die Gemeinschaft der glaubenden Christen, um der Welt gegenüber den geforderten und erwarteten Dienst zu leisten, in Raum und Zeit, und das heißt sichtbar existieren. Nur eine sichtbare Kirche kann Menschen Heimat sein. Nur in einer sichtbaren Kirche können Menschen mitmachen, mithelfen, mitbauen.

Kein evangelischer Christ, der die wirkliche Kirche glaubt, wird heute noch wie manche spiritualistischen Schwärmer die sichtbare Gestalt der Kirche als gleichgültig oder als notwendiges Übel abtun wollen – nach den Erfahrungen unter den totalitären Regimen noch weniger als früher. Er wird die starke Betonung der Verborgenheit, Unsichtbarkeit der Kirche nicht als absolute, die Gemeinschaft auflösende These, sondern als relative – und immer wieder notwendige – kritische Antithese wider selbstherrliches Kirchentum verstehen. Er wird es mit Luther halten, nach welchem die Kirche nicht nur in der Verkündigung des Wortes und in der Verwaltung der Sakramente, sondern auch im Bekenntnis der Gemeinde sichtbar ist[20], und wird dabei dankbar sein, daß er seinen Glauben nicht solipsistisch zu leben hat, sondern sich von einer echten Glaubensgemeinschaft gehalten, geholfen, getragen lassen sein darf.

[20] *Luther:* „Propter confessionem coetus ecclesiae est visibilis" (WA 39/2, 161).

Mehr als früher wird der evangelische Christ der sichtbaren Gestalt der Kirche seine Aufmerksamkeit schenken: „Wer mit dem Bekenntnis credo Ecclesiam sagt, der blickt an dieser ihrer konkreten Gestalt gerade nicht hochmütig vorbei – wie er ja auch in dem Bekenntnis credo resurrectionem carnis am wirklichen, ganzen Menschen, der Seele aber auch Leib ist, und an seiner Hoffnung auch nicht vorbeiblicken kann, als ob nicht gerade ihm die Auferstehung verheißen wäre. Er blickt aber auch nicht etwa tiefsinnig durch sie hindurch, als wäre sie nur eben ein Transparent, die Kirche selbst aber irgendwo hinter ihr zu suchen. Gerade wie er ja an dem gefälligen oder weniger gefälligen Gesicht seines Nächsten, den zu lieben ihm geboten ist, auch nicht vorbeisehen und auch nicht durch es hindurchsehen kann! Er blickt in das Sichtbare der Kirche *hinein* – das ist der Sachverhalt. Indem auch er sieht, was vor aller Augen ist, sieht er – nicht daneben, nicht dahinter, sondern *darin* – das, was nun allerdings *nicht* vor aller Augen ist. Er emanzipiert sich also nicht vom allgemein Sichtbaren der Kirche. Er fliegt nicht von ihm weg in irgendein Wunderland. Das Credo Ecclesiam mag und muß wohl viel Unterscheiden, Fragen, viel Kummer und Scham in sich schließen. Es mag und muß wohl ein sehr kritisches Credo sein. Es mag und muß wohl im Blick auf das allgemein Sichtbare der Kirche ganz oder doch fast ganz nur eine sehnsüchtige Hoffnung ausdrücken. Es nimmt sie aber gerade in ihrer allgemeinen Sichtbarkeit – und das ist eben ihre irdisch-geschichtliche Existenz – ganz ernst. Es bekennt den Glauben an *das* Unsichtbare, das das Geheimnis gerade des *Sichtbaren* ist. Der Mensch betritt im Glauben an die Ecclesia *invisibilis* das Arbeits- und Kampffeld der Ecclesia *visibilis*. Ohne das zu tun, ohne unterscheidende, aber ernsthafte Teilnahme am geschichtlichen Leben der Gemeinde, an ihrer Tätigkeit, an ihrem Aufbau, an ihrer Sendung, in einer bloß theoretisch-abstrakten Kirchlichkeit, hat noch niemand das Credo Ecclesiam sinnvoll nachgesprochen." [21]

b) Die katholische Theologie der gegenreformatorischen – und auch schon der mittelalterlichen – Zeit hatte – dies ergibt sich aus dem bisher Gesagten – grundsätzlich recht, wenn sie gegen alle spiritualistischen Tendenzen an der sichtbaren Gestalt der Kirche festhielt und gegen alles Schwärmertum die Ordnung der Kirche verteidigte. Aber eine schlechthin sichtbare Kirche konnte und wollte man nicht begründen. Insofern die Kirche „fide solum" [22] erkennbar ist, ist sie verborgen, *unsichtbar*. Katholische Christen konnten selbst dann, wenn sie in geradezu erschreckendem Ausmaß einer sichtbaren Gestalt der Kirche verfallen waren, das „Credo Ecclesiam" und damit die wesentliche Verborgenheit und Unsichtbarkeit der Kirche nicht verleugnen.

---

[21] *K. Barth*, Kirchliche Dogmatik IV/1 (Zollikon - Zürich 1953) 730.
[22] Catech. Trid. I, 10, 21.

Die *wirkliche* Kirche ist die im Sichtbaren geglaubte und so im Sichtbaren unsichtbare Kirche. Ihre Sichtbarkeit ist also von ganz besonderer Art: sie hat ihre ebenso wesentliche unsichtbare Innenseite. Das im Unverhüllten Entscheidende ist verhüllt. Der Kirche Sichtbares lebt vom Unsichtbaren, ist geprägt, durchformt, beherrscht vom Unsichtbaren. Die Kirche ist also wesentlich mehr, als was sie sichtbar ist: nicht nur irgendein Volk oder Völkchen, sondern ein auserwähltes Volk; nicht irgendein Leib, sondern ein geheimnisvoller Leib; nicht irgendein Bau, sondern ein geistiger Bau. Gewiß, die Kirche kann und darf nicht verleugnen, daß sie sichtbar und wesentlich sichtbar ist. Sie hat auch keine Möglichkeit zu verhindern, daß sie in der Welt immer wieder nur für das genommen wird, was sie sichtbar ist: ein soziologisches Phänomen wie so manches andere, eine — zu fördernde, zu bekämpfende oder auch tolerant zu ignorierende —, eine — vielleicht wichtige, vielleicht weniger wichtige — religiöse Organisation unter vielen anderen Organisationen, Vereinen und Gesellschaften. Sie kann bestenfalls laut oder besser leise protestieren und bekennen, daß sie mehr ist, als was sie sichtbar ist. Und sie kann vor allem so aus dem Glauben zu leben versuchen, daß sie immer wieder für die Menschen zur beunruhigenden Frage wird, ob hier nicht mehr ist, als was sichtbar ist. Wehe aber der Kirche, die sich im Sichtbaren verliert und die, sich selbst vergessend, sich mit den anderen Organisationen auf eine Ebene stellt, indem sie sich primär als „Machtfaktor des öffentlichen Lebens" oder Interessenverband, als Kultur- oder Erziehungsmacht, als Hüterin einer — natürlich abendländischen — Kultur, als Bollwerk der „Tradition" oder als Establishment versteht: eine — nur etwas frömmere — „pressure group" unter vielen, konkurrierend mit den anderen, buhlend um die Macht in Politik, Kultur, Schule, Wirtschaft. Eine solche Kirche gibt sich selber auf. Ihr fehlt in ihrer Sichtbarkeit das Entscheidende, das sie verborgen zu dem macht, was sie sein sollte: der Geist, der unsichtbar das Sichtbare durchherrscht, sie geistig lebendig, fruchtbar und glaubenswert macht.

Kein katholischer Christ, der die *wirkliche* Kirche glaubt, wird heute noch so ungeschützt wie der Vorkämpfer der gegenreformatorischen Theologie Kardinal Bellarmin die Kirche *so* sichtbar nennen wie die Republik von Venedig. Er wird die starke Betonung der Sichtbarkeit der Kirche nicht als absolute, den Glauben auflösende These, sondern als — immer wieder notwendige — kritische

Antithese wider selbstherrliches Schwärmertum verstehen. Er wird sich an den Catechismus Tridentinus halten, nach welchem das Entscheidende in der Kirche verborgen, nur „mit den Augen des Glaubens erkennbar ist" [23], und wird dabei dankbar sein, daß er im Glauben darum wissen darf, daß die Kirche zu seinem Trost nun doch unendlich mehr ist als das, was sie in ihrer menschlich-allzumenschlichen Sichtbarkeit erscheint.

Mehr als früher wird der katholische Christ die Gefahren einer der Sichtbarkeit verfallenen Kirche sehen: „Der Geist Jesu wird seiner Kirche auch heute nichts anderes schenken können und wollen als den Geist Jesu selber. Das aber heißt: Die Geistigkeit der Kirche jeder und auch der heutigen Zeit kann eben nur geistig sein, und nicht weltlich im Sinne irdischer Macht, irdischen Sichdurchsetzens, irdischer neuer, erfolgversprechender Methoden politischer, diplomatischer, ökonomischer, soziologischer Organisation, die der sichtbaren Kirche größere Selbständigkeit, stärkere Stimmbeteiligung, machtvollere Positionen sichern würde. Selbst dann nicht, wenn diese irdischen erfolgverheißenden Methoden zunächst im Innern angewendet würden zur Straffung der Disziplin, zur Säuberung und Ölung der funktionellen Gelenke, zur Zentralisation der Leitung, zur besseren Durchgabe der einheitlichen Parolen und Weisungen, zur sittlichen und intellektuellen Hebung des klerikalen Standes und auch soweit wie möglich der Laien, deren rationellerer Einsatz in den kirchlichen Kampftrupps und aktiven Zellen wünschbar wäre. Dies alles sind die Slogans des Integralismus, der, so wie wir ihn hier verstehen wollen, der eigentliche Gegensatz zum Wehen des Heiligen Geistes ist. Insofern gibt es *innerhalb* der empirischen Kirche den Widerspruch zweier Geister, wie ihn Augustin im Anschluß an die Bibel des Alten und Neuen Bundes als den Kampf der zwei Civitates beschreibt und das Exerzitienbuch (noch geistiger) als den Gegensatz zweier Gesinnungen: hie Wille zur Macht, luziferisch, dort Wille zur Armut, Niedrigkeit, Demut, christlich. Das Furchtbare am Integralismus ist dies, daß er aus dieser Gesinnungsfront, die selbstverständlich im Christen selbst am bewußtesten ausgefochten werden muß (warum sonst die Übung der „Zwei Banner" dort, wo es um die innerste, verborgenste Entscheidung zu Christus geht), eine Front zwischen sichtbarer Kirche und sichtbarer Nichtkirche macht, und dabei gerade (weil der Kampf weltlich ausgefochten wird) die Mittel der Nichtkirche für die Kirche beansprucht." [24]

Es gibt nicht zwei Kirchen, eine sichtbare und eine unsichtbare. Auch ist nicht etwa – in platonischem Dualismus und Spiritualismus – die sichtbare Kirche (als „materiell"-irdische) das Abbild der eigentlichen, unsichtbaren (geistig-himmlischen) Kirche. Auch ist nicht etwa das Unsichtbare das Wesen und das Sichtbare nur die

[23] Catech. Trid. I, 10, 19. [24] *H. U. von Balthasar* 13 f.

Gestalt der Kirche. Sondern die *eine* Kirche ist in ihrem Wesen *und* in ihrer Gestalt immer zugleich sichtbar *und* unsichtbar. Die geglaubte Kirche ist also *eine* Kirche: die im Sichtbaren unsichtbare, vielleicht besser verborgene Kirche. Diese glaubt und wird geglaubt. Das Credo löst die Ecclesia nicht auf, sondern begründet sie. Die Ecclesia verunmöglicht das Credo nicht, sondern trägt es.

Das also ist die wirkliche Kirche: die im geschichtlichen Wandel bleibende, die trotz ihres Unwesens glaubende und geglaubte Kirche. In der wirklichen Kirche läßt sich leben. Es ist nicht eine idealisierte Kirche, die selbstherrlich zuviel zu sein beansprucht und gerade so ihre Versprechungen nicht zu halten vermag. Es ist aber auch nicht eine minimalisierte Kirche, die selbstverdrossen nicht genug zu sein beansprucht und gerade so keine Versprechungen zu machen vermag. In der wirklichen Kirche kann der Mensch leben, befreit von idealistischen Illusionen und minimalistischen Komplexen, befreit zum nüchtern-frohen Glauben in der Gemeinschaft der Glaubenden. Die wirkliche Kirche hat in der Gegenwart eine Zukunft, im Dienst an einer Welt, für die die Zukunft schon begonnen, die Gegenwart aber noch immer nicht bewältigt ist.

Aber soviel nun von der wirklichen Kirche gesprochen worden ist: die entscheidende Frage ist unbeantwortet geblieben oder bestenfalls beiläufig und unreflektiert beantwortet worden. Glaubende und geglaubte Kirche: *an wen* glaubt sie denn, diese Gemeinschaft der Glaubenden? Geschichtlich existierende Kirche: *von wem* kommt sie denn her, diese durch die Geschichte wandernde Gemeinschaft? Will denn diese geschichtliche Kirche nicht eine christ-liche Kirche, diese glaubende Kirche nicht eine Gemeinschaft von Christus-Gläubigen sein? Was bedeutet dies? Und insofern nun gerade diese Fragen ausgeklammert wurden, blieb alles bisher Gesagte nun doch nur recht umrißhaft und vorläufig. Wir haben uns diesen ebenso grundlegenden wie schwierigen Fragen zuzuwenden.

B. UNTER DER KOMMENDEN GOTTESHERRSCHAFT

I. DIE VERKÜNDIGUNG JESU

1. Berufung der Kirche auf das Evangelium Jesu?

Nur zweimal – und zudem an exegetisch heftig umstrittenen Stellen beim selben Evangelisten (Mt 16, 18; 18, 17) – kommt das Wort Kirche, bzw. ἐκκλησία in den Evangelien vor. Das Wort Gottesherrschaft (βασιλεία τοῦ θεοῦ) aber findet sich in den synoptischen Evangelien ungefähr hundertmal. Das ist ein für jede Ekklesiologie auch heute noch höchst aufregender Befund. Sollte also der ominöse Satz doch stimmen, den man nach Alfred Loisy oft zitiert hat: „Jesus kündigte das Gottesreich an, und was kam, war die Kirche"[1]?

Die Besinnung auf das Evangelium Jesu scheint für die Kirche keine harmlos-ungefährliche Angelegenheit zu sein. Kann sich die Kirche denn mit Recht auf Jesus berufen? Ist gerade sie selbst wirklich in seinem Evangelium begründet? Oder ist sie vielleicht doch nur der Ersatz, der Lückenbüßer für etwas sehr viel Größeres, was aber trotz der Ankündigung bisher nicht gekommen ist? Es könnte der Kirche nur zum Schaden gereichen, wenn sie in solchen und ähnlichen heute noch längst nicht ausdiskutierten, recht unbequemen Fragen nur die Bosheit kritischer Exegeten und Historiker sähe, die gegen eine unkritische und ungeschichtliche, naiv den Status quo verteidigende Kirchendogmatik anrennen. Sollte in diesem Fragen nicht auch eine zutiefst christliche Sehnsucht nach dem Ursprünglichen, nach dem, was Jesus eigentlich wollte, verborgen sein? Und was wollte Jesus eigentlich? Wollte er denn einfach, was heute ist? Hat die Kirche – nicht im Unwesentlichen, wohl aber im Wesentlichen – die Botschaft Jesu Christi wirklich hinter sich? Oder beruft sie sich stolz auf jemanden, der sich von vorneherein gegen sie ge-

[1] *A. Loisy*, L'Évangile et l'Église (Paris 1902): „Jésus annonçait le royaume, et c'est l'Église qui est venue" (111).

wendet hat, wie er sich gegen den jüdischen Tempelklerus und die Schriftgelehrtentheologie gewendet hatte? Haben nicht auch heutige Menschen sehr oft den Eindruck, daß die in ihrer eigenen Geschichte und Tradition, in ihren eigenen Vorstellungen und Gesetzen festgefahrene Kirche sich nur zu oft in Selbstverteidigung gegen Jesus und die furchtbare Herausforderung seiner Botschaft befindet; daß sie deshalb so viel von der „Tradition" spricht, weil sie Angst hat davor, radikal und unerbittlich nach ihrem Ursprung, nach der ursprünglichen Botschaft, von der sie ausging, zu fragen; daß sie nicht ernsthaft genug bereit ist, Hindernisse auszuräumen, die sie von ihrer eigenen Quelle trennen? Und sollte es also wirklich die Frage der Kirche selbst sein, die der Großinquisitor in jener grauenvollen Erzählung Dostojewskis dem wiedergekommenen Jesus und seiner Botschaft entgegenhält: „Warum kommst du, uns zu stören?" Kein Zweifel, die Botschaft Jesu hat für die Kirche jeder Zeit noch immer zwar nicht zerstörend, wohl aber störend, aufrüttelnd, aufschreckend und aufreizend gewirkt, kurz: wie eh und je als „Ärgernis".

Nicht leicht ist es allerdings, aus den Quellen die ursprüngliche Botschaft Jesu selbst herauszulesen. Die Evangelien sind nicht neutrale historische Chroniken, sondern engagierte und engagierende Glaubenszeugnisse. Sie sind geschrieben nicht aus der Perspektive des vorösterlichen Jesus, sondern aus der Perspektive der nachösterlichen Kirche. Und doch umschließen diese Glaubenszeugnisse auch Berichte von Jesus und seiner Botschaft. Hinter den Evangelien und insbesondere hinter den ersten, den drei synoptischen Evangelien, stehen nicht einfach Dichtung und Spekulation, sondern lebendige Erfahrungen und Eindrücke, Zeugnisse und Überlieferungen vom lebendigen Jesus von Nazareth. Nicht unmittelbar, aber durch die Glaubenszeugnisse der Evangelien hindurch hören wir Jesus selbst. Wer nämlich angesichts dieser Zeugnisse nicht nebensächliche, sondern wesentliche Fragen nicht obenhin, sondern ernsthaft stellt, der erhält eigentümlich übereinstimmende, deutliche und originelle Antworten, in denen sich offenkundig nicht einfach verschiedene theologische Bearbeitungen zufällig kreuzen, sondern in denen — mag auch mancher Einzelzug in seiner Echtheit historisch fragwürdig sein — sich das ursprüngliche Wort Jesu meldet.

Es ist bezeichnend, daß heute gerade in der Bultmann-Schule wieder neu betont wird, daß trotz aller Problematik der Quellen nicht „Resignation und Skepsis das letzte Wort behalten und zum Desinteressement am irdischen

Jesus führen dürften. Damit würde nicht nur das urchristliche Anliegen der Identität des erhöhten mit dem erniedrigten Herrn verkannt oder doketistisch entleert, sondern auch übersehen, daß es nun doch Stücke in der synoptischen Überlieferung gibt, welche der Historiker als authentisch einfach anzuerkennen hat, wenn er Historiker bleiben will. Worum es mir geht, ist der Aufweis, daß aus dem Dunkel der Historie Jesu charakteristische Züge seiner Verkündigung verhältnismäßig scharf erkennbar heraustreten und die Urchristenheit ihre eigene Botschaft damit vereinte ... Die Predigt der Kirche mag sich anonym vollziehen. Bei ihr kommt es nicht auf die Person, sondern auf die Botschaft an. Aber das Evangelium selber ist nicht anonym, oder es wird in Moralismus und Mystik führen. Das Evangelium ist an den gebunden, der sich vor und nach Ostern den Seinigen als Herr offenbarte, indem er sie vor den nahen Gott und damit in die Freiheit und Verantwortung des Glaubens stellte."[2]

„Erfüllt ist die Zeit und nahe gekommen die Königsherrschaft Gottes! Kehret um und glaubet an die Heilsbotschaft!" Mit diesen lapidaren Sätzen ist am Anfang des Markus-Evangeliums (1, 15) das, was Jesus eigentlich wollte, treffend zusammengefaßt. Die Basileia („Reich" oder besser zur Vermeidung von falschen gegenständlichen Vorstellungen: „Herrschaft") Gottes – oder in der vielleicht sekundären, aber nicht verschieden gemeinten Formulierung des Matthäus, der in jüdischer Ehrfurcht den Gottesnamen zu vermeiden sucht: die „Basileia der Himmel" (bzw. die Basileia schlechthin) – diese Basileia Gottes ist der beherrschende, zentrale Begriff der Verkündigung Jesu, welcher alle Schichten der synoptischen Überlieferung von Jesus selbst über Markus und die Logienquelle Q bis zur Redaktion des Matthäus und Lukas bestimmt. Die *Nähe* der Gottesherrschaft: Alle Exegeten stimmen heute darin überein, daß hier das Herz von Jesu Verkündigung schlägt, daß die nahe gekommene Gottesherrschaft Mitte und Horizont von Jesu Verkündigung und Lehre ausmacht, wie nun immer im einzelnen die „Nähe" zu bestimmen sein wird.

Weit liegen die Zeiten des liberalen Kulturprotestantismus hinter uns: Dieser hielt Jesus für einen sanften Sittenlehrer und ein Vorbild der Humanität, und das „Reich Gottes" für ein innerweltliches, ethisches Reich, eine „religiöse Idee", ein „sittliches Ideal" und das „höchste Gut"; als universale sittliche Gemeinschaft sei das Reich Gottes der Endzweck des göttlichen Weltplans und der Endzweck des Menschen, der von den Menschen

---

[2] *E. Käsemann*, Exegetische Versuche und Besinnungen I (Göttingen 1960) 213; zur neuen Wende in der Frage nach dem historischen Jesus vgl. *J. M. Robinson*, Kerygma und historischer Jesus (Zürich-Stuttgart 1960) (Lit.); eine völlige Neubearbeitung von A New Quest of the Historical Jesus (London 1959).

gemeinsam in Nächstenliebe zu verwirklichen sei (so um die Jahrhundertwende unter dem Einfluß Kants und Schleiermachers der „Vater des Kulturprotestantismus“ Albrecht Ritschl[3] und seine am Ende des 19. Jahrhunderts die deutsche Theologie beherrschende Schule). Ritschls Schwiegersohn Johannes Weiss[4] und dann Albert Schweitzer[5] haben dieser Reich-Gottes-Auffassung den Todesstoß versetzt durch die damals höchst schockierende Wiederentdeckung des wesentlich eschatologischen, überweltlich-transzendenten Charakters des Gottesreiches, welches nicht in ethischem Tun zu realisierendes Menschenwerk, sondern die in Bälde apokalyptisch in die Geschichte hereinbrechende und sie abschließende Tat Gottes ist (Eschatologie hier verstanden als Naherwartung des Endes).

Vorbei sind aber auch die Zeiten, da man das Eschatologische in der Botschaft Jesu zwar erkannte, damit aber – wie gerade die „konsequente Eschatologie“ Schweitzers (und Martin Werners[6]) – infolge der ausgebliebenen Parusie (eine apokalyptische Illusion!) für die Gegenwart nichts anzufangen wußte; die eschatologische Botschaft sei die Rinde, von der nur der Kern der Ethik brauchbar sei. Der erste Weltkrieg und die damit verbundenen Erschütterungen des gesamten Lebens zerstörten die Sympathie der Theologie für bürgerlichen Rationalismus, Fortschrittsglauben und Kulturoptimismus und riefen einen tiefen Stimmungswandel hervor, der die neutestamentliche Eschatologie wieder neu ernst nehmen ließ. Karl Barth vor allem hat es verstanden, die Eschatologie theologisch wieder aktuell, ja zum beherrschenden theologischen Thema zu machen: „Christentum, das nicht ganz und gar und restlos Eschatologie ist, hat mit Christus ganz und gar und restlos nichts zu tun.“[7] Zugleich hat er die Eschatologie immer mehr in radikaler Christozentrik gedeutet: „Jesus Christus ist selber das aufgerichtete Reich Gottes.“[8] Die Formgeschichte, insbesondere Rudolf Bultmann, hat sich, Impulse Schweitzers und Barths aufnehmend, der positiven Bewertung der Eschatologie im Hinblick auf ein neues menschliches Selbstverständnis angeschlossen.

Nun sind allerdings in der näheren Interpretation der Herrschaft, bzw. des Reiches Gottes und vor allem seiner „Nähe“ beträchtliche Unterschiede festzustellen: Unterschiede zunächst – um besonders charakteristische extreme Positionen zu nennen – zwischen der *„konsequenten* Eschatologie“ Schweitzers, nach der das Reich Gottes

---

[3] *A. Ritschl*, Rechtfertigung und Versöhnung I–III (Bonn 1870–74); Geschichte des Pietismus I–III (Bonn 1880–86).

[4] *J. Weiss*, Die Predigt Jesu vom Reiche Gottes (Göttingen 1892; ²1900).

[5] *A. Schweitzer*, Von Reimarus zu Wrede. Eine Geschichte der Leben-Jesu-Forschung (Tübingen 1906).

[6] *M. Werner*, Die Entstehung des christlichen Dogmas (Bern 1941; Kurzfassung Stuttgart 1959).

[7] *K. Barth*, Der Römerbrief (München ²1922) 298.

[8] *K. Barth*, Kirchliche Dogmatik II/2 (Zollikon-Zürich 1942) 195.

— für Jesus eine Weltkatastrophe im Sinne der jüdischen Apokalyptik, für uns heute nicht mehr sinnvoll nachvollziehbar — als nahe bevorstehend verkündigt wurde, und der *„realisierten* Eschatologie" von Charles Dodd[9], nach der das Reich Gottes für Jesus (und für uns) schon gekommen und gegenwärtig ist; Unterschiede heute zwischen der *„existentialen* Eschatologie" Bultmanns, nach der die von uns nicht mehr vollziehbare, unerfüllt gebliebene kosmisch-apokalyptische Zukunftserwartung entmythologisiert und die Herrschaft Gottes auf den eschatologischen Augenblick und ein neues Existenzverständnis hin (existential als Ausdruck der Forderung, sich endgültig für Gott zu entscheiden) interpretiert werden muß, und schließlich der *„heilsgeschichtlichen* Eschatologie" verschiedener evangelischer (besonders Oscar Cullmann[10]) und katholischer (besonders Rudolf Schnackenburgs[11]) Exegeten, nach der die Herrschaft Gottes mit Jesus gekommen ist, aber ihre Vollendung noch erwartet wird.

2. *Das Evangelium von der Herrschaft Gottes*

„Erfüllt ist die Zeit und nahe gekommen die Königsherrschaft Gottes": Trotz aller Unterschiedlichkeiten stimmen die heute noch vertretenen Interpretationen der Gottesherrschaft in grundlegenden Perspektiven überein[12]:

---

[9] *Ch. Dodd,* The Parables of the Kingdom (London 1935).

[10] *O. Cullmann,* Christus und die Zeit (Zürich 1946; ³1962); Heil als Geschichte. Heilsgeschichtliche Existenz im NT (Tübingen 1965).

[11] *R. Schnackenburg,* Gottes Herrschaft und Reich (Freiburg i. Br. ⁴1965).

[12] Vgl. zum folgenden bes. zwei repräsentative Vertreter der evangelischen und katholischen Exegese: *R. Bultmann,* Theologie des NT (Tübingen ³1958) und *R. Schnackenburg* (s. o.). Die ältere Lit. zur Leben-Jesu-Forschung von Reimarus bis Wrede bei *A. Schweitzer. Nach* Schweitzer sind wichtig die Jesus-Bücher von *P. Wernle, W. Heitmüller, A. Schlatter, R. Bultmann, K. Bornhäuser, K. L. Schmidt* (RGG²), *A. C. Headlam, J. Klausner, P. Feine, F. C. Burkitt, M. Goguel, F. Prat, K. Adam, T. W. Manson, R. Guardini, G. Ricciotti, M. Dibelius, R. Otto, W. Grundmann, R. Meyer, A. T. Cadoux, C. J. Cadoux, H. J. Cadbury, F. Büchsel, W. Manson, V. Taylor, E. Percy, G. Bornkamm, E. Stauffer, L. F. Church, H. Conzelmann* (RGG³), *J. R. Geiselmann.* Zur Diskussion in der Bultmannschule s. *J. M. Robinson* (Lit.). Wichtige Aufsatzsammlungen: Der historische Jesus und der kerygmatische Christus. Hrsg. v. *H. Ristow* und *K. Matthiae* (Berlin 1960), und: Der historische Jesus und der Christus unseres Glaubens. Hrsg. v. *K. Schubert* (Wien 1962). Vgl. weiter die Lexikonartikel zu Reich Gottes in: LThK *(H. Fries, R. Schnackenburg),* RGG *(H. Conzelmann, E. Wolf, G. Gloege),* EKL *(L. Goppelt, J. Moltmann),* HTG *(P. Hoff-*

a) Die „Gottesherrschaft" bedeutet im Munde Jesu nicht die – auch in seiner Verkündigung vom Alten Testament her vorausgesetzte – mit der Schöpfung gegebene, immer bestehende Weltherrschaft Gottes. Sondern sie bedeutet die eschatologische, das heißt die voll verwirklichte *endzeitlich-endgültige Herrschaft Gottes, die als Ereignis „nahe gekommen"* (Mk 1, 15) ist: „zustößt" (Mt 12, 28; Lk 11, 20), „kommt" (Lk 22, 18; vgl. Mk 14, 25; Mt 26, 29), „kommt in Macht" (Mk 9, 1). Der Begriff wird von Jesus nirgendwo definiert, sondern als bekannt vorausgesetzt und auf seine eigene Weise interpretiert. Sein eschatologischer Charakter ergibt sich aus dem zeitgeschichtlichen Rahmen der Verkündigung Jesu: die eschatologische Buß- und Taufbewegung Johannes' des Täufers, an die Jesus anknüpft, dann die gespannte eschatologische Erwartung des damaligen Judentums und insbesondere der Qumran-Sekte. Er ergibt sich aber auch aus der Verkündigung Jesu selbst in vielen Einzelheiten – die auf Jesus zurückgehenden Basileia-Worte sowie die Logia mit ἐγγύς, ἐγγίζειν und ἔρχεσθαι – und aus den großen Linien: nur von daher versteht sich die Bedeutung der jetzigen Stunde, der augenblicklichen Zeit, mit der die Entscheidung fällt; nur von daher verstehen sich auch die radikalen sittlichen Forderungen Jesu, etwa der „Bergpredigt", welche Vorbedingung sind für das Eingehen in das eschatologische Gottesreich.

---

mann), ODCC; sowie im Bibellexikon *(P. van Imschoot)*, im Bibeltheologischen Wörterbuch *(R. Schnackenburg)*, im Vocabulaire Biblique *(H. Roux)*, und bes. im ThW *(H. Kleinknecht, G. von Rad, K. G. Kuhn, K. L. Schmidt)*; dann die unter A I, 3 und A II, 2 genannten ntl. Theologien und Dogmatiken. Schließlich sind zu den oben unter B I, 1 aufgeführten Monographien folgende neuere Monographien hinzuzufügen: *O. Cullmann*, Königherrschaft Christi und Kirche im NT (Zollikon-Zürich 1941); *K. Buchheim*, Das messianische Reich. Über den Ursprung der Kirche im Evangelium (München 1948); *H. Ridderbos*, De komst van het Koninkrijk (Kampen 1950); *A. N. Wilder*, Eschatology and Ethics in the Teaching of Jesus (New York ²1950); *R. Morgenthaler*, Kommendes Reich (Zürich 1952); *W. G. Kümmel*, Verheißung und Erfüllung (Zürich ²1953); *T. F. Glasson*, His Appearing and His Kingdom (London 1953); *R. H. Fuller*, The Mission and Achievement of Jesus (London 1954); *H. Roberts*, Jesus and the Kingdom of God (London 1955); *J. Bonsirven*, Le Règne de Dieu (Paris 1957); *E. Grässer*, Das Problem der Parusieverzögerung in den synoptischen Evangelien und in der Apostelgeschichte (Berlin 1957); *H. Conzelmann*, Die Mitte der Zeit (Tübingen ³1960); *Th. Blatter*, Die Macht und Herrschaft Gottes (Freiburg/Schweiz 1961); *F. Mußner*, Die Botschaft der Gleichnisse Jesu (München 1961); *W. Trilling*, Das wahre Israel (München 1964). Für die Entwicklung der Reich-Gottes-Idee in der kirchl. Tradition s. das vielbändige Werk von *E. Staehelin*, Die Verkündigung des Reiches Gottes in der Kirche Jesu Christi (Basel 1951 ff). Weitere Lit. in den folgenden Kapiteln.

Der strikt eschatologische Ereignischarakter der Gottesherrschaft kann nicht bestritten werden: „Mit aller Entschiedenheit muß gesagt werden, daß der *Begriff* der ‚Gottesherrschaft' in seinem (Jesu) Mund immer das eschatologische Königtum Gottes meint, wenn ihm auch der *Gedanke* der immer bestehenden göttlichen Weltregierung altvertraut und unumstößlich ist. Doch davon spricht Jesus nicht, wenn er ‚Königsherrschaft Gottes' sagt; wo dieser Ausdruck fällt, und zwar durchweg, ist das eschatologische Königtum Gottes gemeint und dürfen die Texte nicht uneschatologisch interpretiert (‚entschärft') werden." [13] – „Die Gottesherrschaft ist ein eschatologischer Begriff. Er meint das Regiment Gottes, das dem bisherigen Weltlauf ein Ende setzt, das alles Widergöttliche, Satanische, unter dem die Welt jetzt seufzt, vernichtet und damit, alle Not und alles Leid beendend, das Heil heraufführt für das Volk Gottes, das auf die Erfüllung der prophetischen Verheißungen wartet." [14]

Was also macht Jesu Botschaft so erregend, beunruhigend, so ungeheuer dringlich? „*Erfüllt* ist die Zeit und *nahe gekommen* die Königsherrschaft Gottes!" (Mk 1, 15).

b) Die „Gottesherrschaft" erscheint in der Verkündigung Jesu nicht – wie bei manchen Rabbinen – als etwas durch treue Gesetzeserfüllung zu Errichtendes oder Herbeizuführendes. Sondern sie erscheint als die mächtige *souveräne Tat Gottes selbst.* Keiner ist es, der sich selber zum eschatologischen Mahle laden darf. Der Vater lädt ein. Er ist es, der die Saat von selbst wachsen läßt, aus seiner Kraft und Gnade. Es ist *seine* Herrschaft. „Dein Reich komme", so darf der Mensch *beten* (Mt 6, 10; Lk 11, 2). Er darf zu Gott flehen Tag und Nacht (Lk 18, 7), darf die Gottesherrschaft suchen (Mt 6, 33; Lk 12, 31), darf darum ringen (Lk 13, 24; vgl. Mt 7, 13), sich vorbereiten und sich bereithalten wie die klugen Jungfrauen (Mt 25, 1–13) und die wachsamen Knechte (Lk 12, 35–37; vgl. Mt 24, 44). Aber nicht der Mensch, sondern Gott „gibt" die Herrschaft (Lk 12, 32). Er „vermacht" sie (Lk 22, 29 f), er spricht zu, wessen sie ist (Mt 5, 3. 10; vgl. Lk 6, 20; Mk 10, 14). Er ist unableitbar und unbegründbar in Souveränität und Freiheit der königlich handelnde Gott. Er handelt in Vollstreckung seines eigenen unbedingt freien Willens. Nicht der Mensch, Gott selber verfügt so über seine Herrschaft. Der Mensch kann die Gottesherrschaft nicht erobern, er kann sie nur empfangen wie ein Kind (vgl. Mk 10, 15).

---

[13] *R. Schnackenburg* 52. [14] *R. Bultmann* 3.

Der göttlich souveräne Geschenkcharakter der Gottesherrschaft wird allgemein anerkannt: „Das Kommen der Gottesherrschaft ist ein wunderbares Geschehen, das sich ohne Zutun der Menschen allein von Gott her ereignet."[15] – „Einlaß und Ausschluß, Zu-Tische-Liegen (Mt 8, 11 = Lk 13, 29; vgl. Mt 22, 10 f) und ‚Brotessen' (Lk 14, 15), Trinken vom Gewächs des Rebstockes (Lk 22, 18; Mk 14, 25): Alle diese Bilder zeichnen die Basileia als künftiges Heilsgut, über das nur Gott verfügen kann. Die Gottesherrschaft ist ein auf die Menschen zukommendes Geschehen, ein ihnen angebotenes Gut, eine sie fordernde Größe, nie dagegen etwas, über das sie selbst verfügen, das sie selbst herbeizwingen oder sich ertrotzen könnten ... Im übrigen kommen gewisse Ausdrucksweisen, die heute verbreitet sind, im Munde Jesu nicht vor: ‚Reich Gottes aufbauen', ‚an ihm mitarbeiten', ‚es errichten helfen' u. ä."[16]

Was also gibt die Sicherheit, daß sich diese Herrschaft durchsetzen wird? Sie ist nicht Menschenwerk, sondern allein Gottes Werk: „nahe gekommen ist die Königsherrschaft *Gottes*" (Mk 1, 15).

c) Die „Gottesherrschaft" ist für Jesus nicht – wie für die breiten Volksschichten und insbesondere die Zeloten, die gegen die Feinde Gottes für die Befreiung von der römischen Herrschaft kämpften – eine irdisch-nationale und religiös-politische Theokratie. Sie ist vielmehr eine *rein religiöse Herrschaft.* Immer wieder weist Jesus die Mißverständnisse seines Volkes, aber auch und gerade seiner Jünger zurück, als käme er, um von der Fremdherrschaft und der Not zu befreien und das irdische Reich Israel wiederherzustellen. Alle glanzvollen irdischen Erwartungen (Lk 19, 11; 23, 42; 24, 21; Apg 1, 6), das Streben nach Ehrenposten im Reiche (Mk 10, 35–45 par), alles gewalttätige Vorgehen (Mk 14, 17–21 par; Lk 13, 1–3; 22, 38) weist er ab. Petrus wird für sein Unverständnis gegenüber dem Leidensweg Jesu aufs schwerste getadelt (Mk 8, 31–33 par). Überhaupt ist Jesus in der bildhaften Beschreibung des Reiches, soweit sie nicht überhaupt redaktioneller Rahmen und Ausschmückung aus apokalyptischem Material ist, im Vergleich mit der apokalyptischen Literatur bemerkenswert zurückhaltend. Apokalyptische Berechnungen, wann das Ende kommen werde, lehnt er ab; „die Gottesherrschaft kommt nicht unter Beobachtung" (Lk 17, 20), der Vater allein weiß die Stunde (Mk 13, 32). Gericht, Totenauferstehung und künftige Herrlichkeit werden nicht ausgemalt. Bilder wie die des Gastmahles wol-

---

[15] *R. Bultmann* 3. [16] *R. Schnackenburg* 55.

len nicht als wirkliche Beschreibung des Gottesreiches, sondern als Bekräftigung der Wirklichkeit der Gottesherrschaft verstanden werden: nicht Tafelfreuden, sondern die Gemeinschaft mit Gott und den Mitmenschen ist gemeint. Alle Einzelheiten des Gottesreiches sind letztlich unwichtig (vgl. Mk 12, 24–27) gegenüber dem einen, daß Gott dann herrschen wird. So ist der Terminus der Basileia nicht so sehr als ein lokal vorgestelltes „Königreich" (Herrschaftsbereich), sondern als ein königliches Herrschen zu verstehen: eine „Königsherrschaft".

Der rein religiöse Charakter der Gottesherrschaft wird von niemandem bestritten. Er ergibt sich schon aus den lautersten Quellen des alttestamentlichen Glaubens: „Nach diesen Texten erfährt Israel das Königtum Jahwes im geschichtlichen Handeln seines Gottes; es ist weder ein ‚Reich' noch ein ‚Herrschaftsbereich', sondern ein königliches Führen und Herrschen, das aus der absoluten Macht Jahwes erwächst und sich in der Leitung Israels erweist. Diese Urbedeutung, daß Jahwe als König *herrscht*, ist für die ganze Entwicklung des Basileia-Gedankens festzuhalten. Nicht die ruhende Gewalt, sondern die ausgeübte Macht, nicht das Amt, sondern die Funktion, nicht der Titel, sondern die Tat bestimmen Gottes Königtum in der Bibel." [17]

Von der eschatologischen Verkündigung Jesu selbst aber ist zu sagen: „Mit solcher Verkündigung steht Jesus in *geschichtlichem Zusammenhang der jüdischen End- und Zukunftserwartung*. Und zwar ist deutlich, daß ihn nicht das Bild der in gewissen Kreisen des jüdischen Volkes noch lebendigen *nationalen* Hoffnung bestimmt, die sich die von Gott heraufgeführte Heilszeit als Wiederaufrichtung des alten, im Lichte des Ideals verklärten Davidreiches vorstellt. Kein Wort Jesu redet vom Messiaskönig, der die Feinde des Volkes zerschmettern wird; kein Wort von der Herrschaft des Volkes Israel über die Erde, von der Sammlung der zwölf Stämme oder von dem Glück im reichen, vom Frieden gesegneten Lande. Vielmehr steht Jesu Verkündigung im Zusammenhang mit der Hoffnung anderer Kreise, die vor allem durch die *apokalyptische* Literatur bezeugt wird, einer Hoffnung, die das Heil nicht von einer wunderbaren Änderung der geschichtlichen, der politischen und sozialen Verhältnisse erwartet, sondern von einer kosmischen Katastrophe, die allen Bedingungen des jetzigen Weltlaufs ein Ende macht ... Freilich fehlt in ihr alle gelehrte und phantastische Spekulation der Apokalyptiker ... Alles wird verschlungen von dem einzigen Gedanken, daß Gott dann herrschen wird; und nur wenige Einzelzüge des apokalyptischen Zukunftsbildes finden sich bei ihm wieder." [18]

Warum also besticht Jesu Verkündigung durch Reinheit, Lauterkeit und Klarheit und warum wird sie trotzdem vom Großteil des

---

[17] *R. Schnackenburg* 2 f. [18] *R. Bultmann* 3 f.

Volkes und gerade von seiner religiös-politischen Führung abgelehnt? Die von ihm verkündigte Gottesherrschaft ist nicht ein Reich politischer Macht und irdischer Güter, sondern die Herrschaft Gottes, welche Bekehrung und Glaube voraussetzt: „nahe gekommen ist die *Königsherrschaft* Gottes; kehret um und glaubet an die Heilsbotschaft" (Mk 1, 15).

d) Die „Gottesherrschaft" ist für Jesus nicht – wie für viele seiner Zeitgenossen und auch die Gemeinde von Qumran – ein Gericht der Rache über Sünder und Gottlose: vielmehr ist sie *das Heilsereignis für die Sünder.* Die Bußpredigt Jesu geht nicht wie die des Täufers vom Zorne Gottes, sondern von Gottes Gnade aus. Jesu Botschaft von der Gottesherrschaft ist nicht eine Droh- und Unheilsbotschaft, sondern eine Heils-, Freuden- und Friedensbotschaft. Sie ist nicht eine böse, sondern eine gute Botschaft: nicht ein δυς-αγγέλιον, sondern ein εὐ-αγγέλιον (Mk 1, 15). Mag Jesus selbst das *Wort* Evangelium gebraucht haben oder nicht (das Substantiv, im Gegensatz zum Verb, findet sich in diesem Sinn erst im NT), durch Jesus wird jedenfalls das Evangelium verkündet, von dem Deutero-Isaias (52, 7) spricht: „Wie lieblich sind auf den Bergen die Füße des *Freudenboten* (LXX: εὐαγγελιζόμενος), der *Frieden* verkündet, *gute Botschaft* bringt, der *Heil* verkündet, zu Zion spricht: Dein *Gott ist König!*" Und dieses Evangelium gilt nicht nur den Reichen und Mächtigen, sondern auch und besonders – wie in der Bergpredigt ausgeführt – den Armen und Trauernden, den Verachteten und Getretenen. Und es gilt nicht nur den Gerechten und Frommen, sondern auch und besonders – wie viele Gleichnisse und Erzählungen handeln davon! – den Sündern und Gottlosen. Das ist für die „Gerechten" und „Gottesfürchtigen" das Ärgernis: gerade mit den notorischen Sündern, mit Samaritern, Zöllnern und Dirnen hält er Gemeinschaft. Auch wenn Mahnungen und Drohungen nicht fehlen, sie sind nicht Selbstzweck, sondern auf das große Gnadenangebot vor dem Gericht ausgerichtet. Allen wird Gottes Gnade, Erbarmen und Vergebung angekündigt und durch das Tun Jesu nahegebracht: die Offenbarung der Sünderliebe Gottes wird zum Zeichen der kommenden Gottesherrschaft.

Der radikale Heilscharakter der Gottesherrschaft ist unübersehbar: „Jetzt ist nicht die Zeit zu trauern und zu fasten; jetzt ist die Zeit der Freude wie zur Zeit der Hochzeit (Mk 2, 18 f). Deshalb ruft er den Wartenden jetzt das

‚Heil euch!' zu: ‚Heil euch Armen, denn euer ist die Gottesherrschaft! Heil euch, die ihr jetzt hungert, denn ihr sollt satt werden! Heil euch, die ihr jetzt weint, denn ihr sollt lachen!' (Lk 6, 20f). Die Herrschaft des Satans bricht jetzt zusammen, denn ‚ich sah den Satan wie einen Blitz vom Himmel fallen' (Lk 10, 18)."[19] – Heil aber heißt in der Botschaft Jesu immer in besonderer Weise Heil für die Sünder: „Heil und Unheil sind bei Jesus nicht nur Motive der Mahnung wie bei den Propheten, seine Predigt ist nicht nur ein Aufruf zur Umkehr wie die des großen Täufers vom Jordan; er verkündet wirklich das Heil, als ein schon gegenwärtiges und wirksames, wenn auch noch nicht als volles und vollendetes. Er hat manchen Menschen die augenblickliche Vergebung ihrer Sünden zugesichert, und seine mißgünstigen Gegner haben verstanden, daß er damit göttliche Vollmacht in Anspruch nahm (Mk 2, 1–12 par). Hier *ereignete* sich etwas, das den Menschen Gottes Erbarmen und Heilswillen offenbarte und die Erfüllung der prophetischen Heilsweissagungen anzeigte ... Die gegenwärtige Offenbarung der Sünderliebe Gottes als Zeichen seiner eschatologischen Herrschaft, die Begnadigung aller ohne Ausnahme, die der Heilsbotschaft Jesu glauben und umkehren, die Freude Gottes am Verzeihen und überreichen Schenken seiner Heilsgüter, das ist ein ureigener und unvergleichlicher Zug der Basileia-Botschaft Jesu. Doch ein Weiteres muß man im Vergleich mit den spätjüdischen Zeugnissen als eigentümlichen Ausdruck seines Denkens und als besonderen Gehalt seiner Predigt werten: Er hat die Königsherrschaft Gottes zum Inbegriff alles Heils erhoben, in ihr alle Heilserwartung gipfeln lassen."[20]

Warum also ist die Verkündigung der Herrschaft Gottes in so einzigartiger Weise eine gute Botschaft? Weil jedem und auch dem sündigen Menschen Gottes Heil widerfährt unter der einen Bedingung: „kehret um und glaubet an das *Evangelium*" (Mk 1, 15).

e) Die Verkündigung der „Gottesherrschaft" durch Jesus erwartet vom Menschen nicht die Befolgung eines neuen, verbesserten Moralgesetzes. Vielmehr *fordert sie vom Menschen eine radikale Entscheidung für Gott.* Eindeutig ist die Wahl: Gott und seine Herrschaft oder die Welt und ihre Herrschaft. Nichts darf den Menschen an dieser radikalen Entscheidung zwischen Gott und der Welt hindern. Jesus selbst hat Familie und Beruf, Haus und Heimat verlassen. Und er hat auch andere Menschen aus ihren familiären und sozialen Bindungen herausgerufen, damit sie ihn als Jünger begleiteten. Alle hat er nicht berufen, Familie, Beruf und Heimat zu verlassen. Ein Sozialrevolutionär war er nicht. Doch alle, einen jeden Einzelnen,

---

[19] *R. Bultmann* 5. [20] *R. Schnackenburg* 57f, 60.

hat er vor die radikale Entscheidung gestellt, woran er sein Herz letztlich hängen will: an Gott oder die Güter dieser Welt. Von der kommenden Gottesherrschaft her müssen die Welt und ihre Güter in ihrer inneren negativ-positiven Dialektik gesehen werden: Die Welt liegt im Argen, die Menschen sind böse. Und doch und zugleich: die Welt bleibt Gottes Schöpfung, die Menschen bleiben Kinder des Vaters! Von der Bosheit der Welt und der Menschen soll sich der Mensch, der sich unter die kommende Gottesherrschaft stellt, in Metanoia abwenden. Aber der Welt und den Menschen selbst soll er sich zugleich in neuer Weise, in Liebe, zuwenden. Jesus predigt nicht – wie die Gemeinde von Qumran – die asketische Aussonderung aus der Welt; er hat kein Kloster gegründet. Er will auch nicht neu durch kultische Weihe „sakrale" Bezirke und Zeiten in der „profanen" Welt und Weltgeschichte aussparen. Nein, in der Welt und für die Menschen soll sich der Mensch in den radikalen Gehorsam gegenüber dem Willen Gottes stellen. In der Welt soll der Mensch in Erwartung der Gottesherrschaft sein Herz letztlich einzig und allein an Gott hängen: weder an Geld und Eigentum (Mt 6, 19 bis 21. 24–34; Mk 10, 17–27) noch an Recht und Ehre (Mt 5, 39–41; Mk 10, 42–44), noch selbst an seine Eltern und seine Familie (Lk 14, 26f; Mt 10, 34–39). Nicht nur die durch ein Gesetz erfaßten äußeren Handlungen, sondern auch innere Haltung und Gesinnung fordert Gott; nicht erst Totschlag, sondern schon Zorn, nicht erst Ehebruch, sondern schon böse Gier, nicht erst Meineid, sondern schon Unwahrhaftigkeit sind gegen Gottes Gebot: „Ihr habt gehört, daß zu den Alten gesagt ward ... Ich aber sage euch ...!" (Mt 5, 21–48).

So ist der Entscheid für Gott unwiderruflich: „Keiner, der seine Hand an den Pflug legt und rückwärts schaut, taugt für die Gottesherrschaft!" (Lk 9, 62). Gott will den Menschen ganz, sein Herz. Nicht die Welt verlassen soll er, aber ungehindert von der Welt ganz bereit sein. Bereit wozu? Bereit, Gottes Willen zu erfüllen, um gerade so für die Gottesherrschaft bereit zu sein: „Wer den Willen Gottes tut, der ist mir Bruder und Schwester und Mutter" (Mk 3, 35). Und was fordert der Wille Gottes? Nicht nur eine negative Absage an die Welt, sondern eine positive Hingabe; nicht die Erfüllung einer unübersehbaren Zahl von Geboten, sondern im Grund nur das eine: die Liebe. Wie die Bergpredigt und entsprechende Logien Jesu die Forderungen für die Gottesherrschaft in vielfacher Weise entfalten und erläutern, so faßt diese Forderung das Hauptgebot der Gottes-

und Nächstenliebe in genialer Einfachheit zusammen. Im Grunde hat Jesus keine neuen Gesetze formuliert und keine neuen Einzelvorschriften gemacht. Ihm liegt an der einen großen und konkreten Forderung, die grenzenlos das ganze Leben des Menschen zu umfassen vermag und doch zugleich auf jeden Einzelfall genau zutrifft: „Du sollst den Herrn, deinen Gott, lieben mit deinem ganzen Herzen und mit deiner ganzen Seele und mit deinem ganzen Denken. Dies ist das größte und erste Gebot. Das zweite ist ihm gleich: Du sollst deinen Nächsten lieben wie dich selbst. An diesen zwei Geboten hängt das ganze Gesetz und die Propheten" (Mt 22, 37–40). Gerade in der Feindesliebe zeigt sich die Vollkommenheit: „Liebet eure Feinde und bittet für die, die euch verfolgen, damit ihr Söhne eures Vaters in den Himmeln seid! Denn er läßt seine Sonne aufgehen über Böse und Gute und läßt regnen über Gerechte und Ungerechte. Ihr nun sollt vollkommen sein, wie euer himmlischer Vater vollkommen ist" (Mt 5, 44f. 48). Wer also ist bereit für die Gottesherrschaft? Der in der Welt frei von aller weltlichen Versklavung jederzeit bereit ist für Gott und seine Forderung, die ihm im Nächsten begegnet alle Tage im weltlichen Alltag.

Um alles dies also geht es in der *Umkehr* (μετανοεῖτε! Mk 1, 15), welche die Ankündigung der Gottesherrschaft vom Menschen fordert: Es ist nicht nur ein *äußeres* Bußetun in Sack und Asche, sondern die innere radikale und totale Umkehr und Heimkehr des ganzen Menschen zu Gott. Um alles dies geht es auch im *Glauben* an die Heilsbotschaft (πιστέυετε ἐν τῷ εὐαγγελίῳ! Mk 1, 15), welcher im Grunde nichts anderes meint als die Umkehr: Die radikale Umkehr ist möglich aus dem Glauben heraus, daß die Heilszeit erfüllt ist und die Gottesherrschaft anbricht; der radikale Glaube wiederum ist nur möglich in der Umkehr, welche die eigene Schuld und Gnadenbedürftigkeit anerkennt und die Bereitschaft zur radikalen Erfüllung des Willens Gottes ausdrückt.

Der radikal fordernde Charakter der Gottesherrschaft kann von niemandem übersehen werden: „Die Botschaft, daß die Königsherrschaft Gottes nahegekommen ist, wird zu einem mächtigen Anruf an die Menschen, sich Gott allein zu unterwerfen. Wer die Fülle der in den synoptischen Evangelien überlieferten Reden und Aussprüche Jesu überblickt, wird gewahr werden, wie sehr dieser anfordernde Charakter der verkündigten Gottesherrschaft im Vordergrund steht. Die sich in Jesu Wirken anzeigende Gottesherrschaft zwingt zur Entscheidung. Die dringliche Situation, die mit ihrem gegenwärtigen Mächtigwerden in Jesu Wort und Tat und ihrer dadurch gewiß werdenden Machterscheinung in der anstehenden Zukunft gegeben ist, setzt notwendig den Imperativ aus sich heraus, wie es knapp und vielsagend in Mk 1, 15 geschieht: ‚Kehret um und glaubet an die Heilsbotschaft!', oder wie es bildhaft in den Sprüchen vom ‚Eingehen ins Gottesreich' formuliert ist." [21] — „Alles, was der Mensch angesichts der hereinbrechenden Gottesherrschaft tun kann, ist: sich bereithalten oder sich bereit machen. Jetzt ist die *Zeit der Entscheidung* und Jesu Ruf ist *der Ruf zur Entscheidung* ... Alle aber werden vor die Entscheidung gestellt, woran sie ihr Herz hängen wollen: an Gott oder an die Güter der Welt ... *Gott fordert den ganzen Willen des Menschen* und kennt keine Ermäßigung ... Der Mensch, der als ganzer gefordert ist, hat keine Freiheit Gott gegenüber; er hat sich, wie das Gleichnis von den anvertrauten Talenten lehrt (Mt 25, 14—30 par), für sein Leben als ganzes zu verantworten. *Er hat vor Gott keine Ansprüche zu erheben,* sondern gleicht dem Sklaven, der nur seine Schuldigkeit zu tun hat und tun kann (Lk 17, 7—10)." [22]

Was also ist die unerläßliche Grundbedingung, um in die kommende Gottesherrschaft einzugehen? „*Kehret um* und *glaubet* an die Heilsbotschaft!" (Mk 1, 15).

II. GRÜNDUNG EINER KIRCHE?

1. *Die Nähe der Gottesherrschaft in Jesus*

Wie nahe aber ist für Jesus die nahegekommene Gottesherrschaft? Ist sie zeitlich noch fern, aber in prophetischer Verschärfung uns nahegebracht, oder ist sie unmittelbar bevorstehend oder ist sie gar schon verwirklicht? An diesem Punkt scheiden sich die Interpretationen der Exegeten, und es ist nicht an uns, in die exegetische Detaildiskussion über die „Naherwartung" oder „Fernerwartung" einzutreten. In unserem Rahmen müssen wir uns damit begnügen, ohne ausführliche Begründung mit einigen Grenzpfählen unsere Position abzustecken, soweit dies für den weiteren Weg unserer Untersuchung unumgänglich ist.

---

[21] *R. Schnackenburg* 69. [22] *R. Bultmann* 8 f, 13 f.

a) *Futurische oder präsentische Eschatologie?* Die bisherige exegetische Diskussion über die Nähe der Gottesherrschaft hat ergeben, daß die verschiedensten Positionen gerechtfertigt werden können, wenn man nur *eine* bestimmte Linie innerhalb des synoptischen Kerygmas von der Gottesherrschaft berücksichtigt, nur diese eine Linie auszieht, sie deutend verstärkt und die übrigen Linien entweder als unecht ausschaltet oder als unbedeutend im Schatten läßt oder – und das ist das häufigste – sie umdeutend auf die eine Hauptlinie hinbiegt. So läßt sich ein eindrucksvolles, eindeutiges und konsequentes Bild der Verkündigung Jesu zeichnen, das vom Gesamt der synoptischen Verkündigung her gesehen nur die eine Frage offen läßt: Entspricht dieses eindrucksvolle, eindeutige und konsequente Bild der Wirklichkeit, der vollen Wirklichkeit der uns überlieferten Verkündigung Jesu, oder tut es ihr – nicht durch das, was es zeigt, sondern durch das, was es im Dunkeln läßt – nicht doch Gewalt an?

Wer z. B. mit Albert Schweitzer, aber auch mit Charles Dodd der Überzeugung ist, daß sich die ganze Verkündigung der Gottesherrschaft aus *einem* bestimmten Zeitansatz – sei es ein futurischer oder ein präsentischer – erklären läßt, der wird ohne allzu große Schwierigkeiten ein imponierendes Bild der Verkündigung Jesu entwerfen können: entweder mit Schweitzer[23] im Sinne der *konsequenten* in unmittelbarer Zukunft zu *realisierenden* Eschatologie (die endzeitliche und endgültige Gottesherrschaft ist noch nicht gegenwärtig, aber für die nächste Zukunft zu Lebzeiten Jesu und dann im Zusammenhang mit seinem Tod erwartet) – oder mit Dodd[24] im Sinne der *konsequenten* bereits in der Gegenwart *realisierten* Eschatologie (die endzeitliche und endgültige Gottesherrschaft wird nicht mehr erwartet, sondern ist bereits gegenwärtig).

Aber Dodd, mit gewichtigen und aus den ältesten Schichten der synoptischen Überlieferung stammenden Texten im Rücken, kann gegenüber Schweitzer mit Recht behaupten, daß unmöglich alle eschatologischen Aussagen Jesu futurisch verstanden werden können, daß es vielmehr eindeutig *präsentische* Aussagen über die bereits gegenwärtige Gottesherrschaft gibt und daß manche futurisch klingenden Aussagen, die von einer noch ausstehenden Gottesherrschaft reden, präsentisch, von der bereits erfolgten Erfüllung her,

---

[23] Ähnlich auch *M. Werner, F. Buri* u. a.
[24] Ähnlich auch *W. Grundmann, A. T. Cadoux, T. F. Glasson* u. a.

zu verstehen sind. Umgekehrt könnte Schweitzer, gestützt auf nicht weniger gewichtige und nicht weniger alte synoptische Texte, mit Recht Dodd antworten, daß unmöglich alle eschatologischen Aussagen Jesu präsentisch verstanden oder verharmlost werden können, daß es vielmehr eindeutig *futurische* Aussagen über die für die nächste Zukunft zu erwartende Gottesherrschaft gibt und daß manche präsentisch klingenden Aussagen, die von einer bereits gekommenen Gottesherrschaft sprechen, futurisch, von der noch ausstehenden Gottesherrschaft her, zu verstehen sind.

Les extrêmes se — tuent! So könnte man das bekannte Sprichwort abändern und auf diese Diskussion anwenden. Und es ist von daher nicht zu verwundern, daß die extremen Positionen an Boden verloren haben.

Dies gilt besonders von der vor allem durch die Formgeschichte überholten Auffassung Schweitzers: „Kaum ein Neutestamentler wird wohl noch A. Schweitzers Antwort teilen, daß nämlich Jesus, von glühender Naherwartung des Endes beseelt, seine Jünger zu hastiger Mission Palästinas ausgesandt und selber eine Interimsethik verkündigt habe, schließlich, als seine Hoffnungen trogen, das göttliche Eingreifen mit dem Zug nach Jerusalem zu erzwingen versucht habe und dabei umgekommen sei.“ [25]

b) *Eine futurisch-präsentische Eschatologie:* Die Großzahl der Exegeten — mindestens auf dem europäischen Kontinent — ist davon überzeugt, daß die eschatologischen Aussagen der synoptischen Verkündigung verschiedenartig und vielschichtig sind und daß nur eine differenzierte, die Extreme vermeidende Lösung dem exegetischen Befund ohne Vergewaltigung gerecht werden kann. So verschiedene Exegeten wie R. Bultmann, O. Cullmann, J. Jeremias, E. Käsemann, W. G. Kümmel, A. Vögtle und R. Schnackenburg stimmen darin überein, daß in der authentischen Verkündigung Jesu die Gottesherrschaft als bevorstehende *und* als gegenwärtige angekündigt wird, daß futurische und präsentische Eschatologie bei Jesus verbunden sind und somit die Frage nach der Nähe der Gottesherrschaft nur mit einem so oder anders zu verstehenden Noch-nicht *und* Doch-schon zu beantworten ist.

Das Noch-nicht haben wir bereits kurz umschrieben; die Gottesherrschaft steht für Jesus wesentlich noch aus, sie hat zukünftig-eschatologischen Charakter. Aber aufgrund der ältesten Schichten

---

[25] *E. Käsemann,* Exegetische Versuche, II, 107 f.

der synoptischen Überlieferung läßt sich das *Doch-schon* ebenfalls nicht leugnen: die Gottesherrschaft wirkt mit und durch Jesus schon in die Gegenwart hinein, sie gewinnt schon in der Gegenwart Macht und ist schon wirksam. Sie ist in Jesus eine schon erfüllte, wenn auch noch nicht vollendete Gottesherrschaft.

Die Erfüllung hebt schon jetzt an: Das Eschaton ist wirksam in dem aus Gottes Kraft geschehenden *Sieg über die dämonischen Mächte,* auf die Jesus wie seine Zeit zahlreiche Krankheiten zurückführt: „Wenn ich durch den Finger Gottes die Dämonen austreibe, so ist ja die Gottesherrschaft zu euch gekommen" (Lk 11, 20). Daß der Satan von Jesus gebunden ist (Mk 3, 27), entmächtigt ist (vgl. Lk 10, 17 f), ist ein Zeichen, daß die verkündigte Zukunft in ihm schon Gegenwart ist, schon angebrochen ist.

Aber auch in den *Heilstaten,* in denen sich die messianischen Heilsweissagungen (vgl. Is 19, 18 f; 35, 5 f; 61, 1) erfüllen, ist die Gottesherrschaft bereits wirksam: „Die Blinden sehen und die Lahmen gehen; die Aussätzigen werden rein und die Tauben hören; die Toten stehen auf und den Armen wird die Heilsbotschaft verkündet" (Mt 11, 5 par). Die Heilungen Jesu bezeugen den eschatologischen Heilswillen Gottes. Die Heilsverkündigung und seine Heilstaten sind der Beweis für das eschatologische Heil, das in Jesus bereits hereingebrochen ist.

Inwieweit auch die symbolhaften Handlungen Jesu aus der Jerusalemer Zeit – Einzug in Jerusalem, Tempelreinigung und das Letzte Mahl Jesu – ebenfalls die Gegenwart der kommenden Herrschaft anzeigen, ist umstritten; doch können dafür gute Gründe angegeben werden. Der alte Äon ist jedenfalls mit Jesu Auftreten vorbei. Daß die Gottesherrschaft bereits gegenwärtig ist, zeigt sich nicht zuletzt darin, daß sie bekämpft werden kann. Dies ergibt sich deutlich aus Mt 11, 12 f und Lk 16, 16, was auch immer der genaue Sinn dieses verschieden überlieferten, vielberedeten Logions sein mag: „Von den Tagen Johannes des Täufers bis jetzt wird die Himmelsherrschaft vergewaltigt, und die Gewalttäter rauben sie; denn alle Propheten und das Gesetz haben bis Johannes prophezeit"; „das Gesetz und die Propheten waren bis Johannes; von da an wird die Gottesherrschaft verkündigt, und jeder drängt in sie ein". Jesus erscheint hier als das Ende von Gesetz und Propheten, was in den Antithesen der Bergpredigt, wo Jesus sich neben und gegen Moses stellt, konkret verdeutlicht wird (vgl. auch Mk 10, 1–9 par).

So ist Jesus selber das große Zeichen der Zeit (vgl. Lk 12, 54–56; Mk 13, 28 f). Sein Auftreten und Wirken sind das Zeichen der bereits begonnenen Gottesherrschaft. In ihm ist die zukünftige Vollendung schon gegenwärtig. Und so ist Jesus selber in seiner Person die *Forderung der Entscheidung* (vgl. Mt 8, 22 par; Lk 9, 62; 14, 26 f par). Sein Evangelium ist das letzte Wort Gottes vor dem Ende, der drängende Ruf zur unausweichlichen radikalen Entscheidung für Gott und seine Herrschaft. Nicht erst irgendeinmal, sondern *jetzt* ist die Stunde der Entscheidung. Jetzt, vor ihm, heißt es glauben oder nicht glauben, umkehren oder nicht umkehren, gehorsam oder ungehorsam sein. Und je nachdem ihn der Mensch annimmt oder ablehnt, ist er schon jetzt entscheidend gezeichnet für das eschatologische Urteil Gottes (Mk 8, 38; Mt 19, 28). Selig sind so die Menschen, die in den Taten und Worten Jesu die eschatologische Heilszeit Jesu erfahren dürfen: „Selig sind eure Augen, weil sie sehen, und eure Ohren, weil sie hören. Denn wahrlich ich sage euch: viele Propheten und Gerechte begehrten zu sehen, was ihr seht, und sahen es nicht, und zu hören, was ihr hört, und hörten es nicht" (Mt 13, 16 f; Lk 10, 23 f). Wenn schon die Königin des Südens einst kam, um Salomo zu hören: „Siehe, hier ist mehr als Salomo!" Und wenn die Niniviten umkehrten auf die Predigt des Jonas hin: „Siehe, hier ist mehr als Jonas" (Lk 11, 30–32 par). „Heil dem, der nicht Anstoß nimmt an mir" (Mt 11, 6 par).

Der Anspruch Jesu ist einzigartig und sprengt die Kategorie des Prophetischen. Bultmann und andere bestreiten, daß Jesus ein Messiasbewußtsein gehabt habe. Aber mit anderen hat Bultmanns Schüler Käsemann darauf hingewiesen, daß Jesus, indem er neben und gegen Moses Autorität beansprucht, sich faktisch über Moses stellt und aufhört, ein Rabbi zu sein, der ja immer nur eine von Moses abgeleitete Autorität besitzt.

„Dazu gibt es keine Parallelen auf jüdischem Boden und kann es sie nicht geben. Denn der Jude, der tut, was hier geschieht, hat sich aus dem Verband des Judentums gelöst oder – er bringt die messianische Thora und ist der Messias. Denn auch der Prophet steht nicht neben, sondern unter Moses. Die Unerhörtheit des Wortes bezeugt seine Echtheit. Sie beweist zweitens, daß Jesus wohl wie ein Rabbi oder Prophet aufgetreten sein mag, sein Anspruch jedoch den jedes Rabbi und Propheten überschreitet, und drittens, daß man ihn nicht der Darstellung spätjüdischer Frömmigkeit einordnen darf. Er ist wohl Jude gewesen und setzt spätjüdische Frömmigkeit voraus, aber er zerbricht gleichzeitig mit seinem Anspruch diese Sphäre. Die einzige

Kategorie, die seinem Anspruch gerecht wird, ist völlig unabhängig davon, ob er sie selber benutzt und gefordert hat oder nicht, diejenige, welche seine Jünger ihm denn auch beigemessen haben, nämlich die des Messias."[26]

Andere evangelische und katholische Exegeten gehen noch weiter: es gibt nach ihnen genügend Gründe, die beweisen, daß schon Jesus — um nicht mißverstanden zu werden, zwar verborgen, aber für die Verstehenden deutlich genug — selbst den Anspruch erhoben hat, in einem rein religiösen Sinn der Messias zu sein. Er ist selber auch der „Menschensohn", der kommen wird „in Macht", um im Namen Gottes die vollkommene kosmisch-universale Herrschaft nach Gottes souveränem Willen zu errichten. Er ist schließlich auch der gehorsame Knecht Gottes, der trotz der Ablehnung der Heilsbotschaft durch die Mehrheit des alten Gottesvolkes in seinem stellvertretenden Sühnetod eine neue Gnadenfrist erwirkt: eine neue Heilsmöglichkeit für alle Menschen und auch für die ungläubigen Juden[27].

Damit ist nun aber jedenfalls genügend geklärt, daß die Gottesherrschaft nach Jesus nicht *nur* eine zukünftige, sondern bereits eine gegenwärtige Größe ist. Jesu Verkündigung ist also nicht einfach eine Form spätjüdischer Apokalyptik. Sie sagt nicht nur zukünftige endzeitliche Ereignisse voraus. Andererseits ist sie, wie wir gesehen haben, ebensowenig eine von aller zeitgenössischen Apokalyptik völlig unterschiedene Form einer Gegenwartsdeutung. Sie verkündet nicht nur eine endzeitlich gefüllte Gegenwart. Die Verkündigung Jesu ist also zwischen die Pole des Noch-nicht und des Doch-schon eingespannt und vertritt damit eine futurisch-präsentische Eschatologie, wobei aus diesen zwei *Polen* keineswegs zwei *Perioden* der Verkündigung (zuerst die präsentische und dann die futurische oder umgekehrt) gemacht werden dürfen. Die Texte selber kennen keine Entwicklung im eschatologischen Denken Jesu. Manche unter ihnen verbinden im Gegenteil die präsentische und futurische Perspektive (Mk 8, 38; Mt 19, 28; Lk 12, 31 f: Entscheidung des Menschen jetzt — Urteil Gottes dann!). Die Gottesherrschaft ist eine Zukunft, die uns bereits als Gegenwart begegnet. Die Verkündigung der Herrschaft Gottes durch Jesus ist zugleich Zukunftserwartung und Gegenwartsverkündigung.

---

[26] *E. Käsemann*, I, 206.
[27] Diese Thesen begründet eingehend *R. Schnackenburg*, Gottes Herrschaft, 79–135.

2. *Zwischen Schon und Noch-nicht*

Wie nahe ist für Jesus die nahegekommene Gottesherrschaft? Noch ausstehend bricht sie doch schon in die Gegenwart ein, gewinnt sie in Jesus schon in der Gegenwart Macht und Wirkung, ist sie schon erfüllte, wenn auch noch nicht vollendete Gottesherrschaft. So versuchten wir bisher zu antworten und schlossen damit auf eine futurisch-präsentische Eschatologie.

Aber noch ist damit die Nähe der Gottesherrschaft nicht genügend umschrieben. Läßt sich nicht ein bestimmter Termin angeben? *Futurisch*-präsentische Gottesherrschaft: heißt das ein *unmittelbar bevorstehendes* Ende, Eschaton? Das ließe sich ja gerade auch mit einer starken Betonung des präsentischen Charakters der Gottesherrschaft durchaus verbinden. Aber Jesu Verkündigung wäre dann letztlich trotz allem eine Form der jüdischen Apokalyptik. – Futurisch-*präsentische* Gottesherrschaft: heißt das ein *unmittelbar sich ereignendes* Ende, Eschaton? Dies würde eine bestimmte futurische Perspektive nicht ausschließen. Aber letztlich wäre dann Jesu Verkündigung doch eine Form der reinen Gegenwartsdeutung.

In charakteristischer Weise verbindet Rudolf Bultmann beides: Er eliminiert weder die Zukunfts- noch die Gegenwartsperspektive. Anders als Dodd und mit Schweitzer sieht Bultmann in der apokalyptischen Naherwartung ein bestimmendes (wenn auch sachlich sekundäres) Moment der Verkündigung Jesu, und mit Schweitzer ist er der Überzeugung, daß dieser Naherwartung, die ja nicht erfüllt wurde, keine bleibende Bedeutung zukomme. Für Bultmann ist sie Bestandteil jenes mythischen Weltbildes, das für uns naturwissenschaftlich, philosophisch und theologisch erledigt ist. Diese Naherwartung bedarf somit der Entmythologisierung und der existentialen Interpretation. Anders als Schweitzer und mit Dodd sieht Bultmann in Jesu Verkündigung der Gottesherrschaft zugleich die präsentischen Momente, und mit Dodd ist er der Meinung, daß diesen präsentischen Momenten schon für Jesus entscheidende und für uns heute bleibende Bedeutung zukomme. In ihnen kündet sich das neue Existenzverständnis des Menschen an, auf das hin auch der Mythos der Naherwartung zu interpretieren ist. Das Kerygma der Gottesherrschaft fordert den glaubenden, nicht mehr mythologisch denkenden Menschen heraus, sich jetzt gehorsam ganz unter den Willen Gottes zu stellen. Dann ereignet sich für diesen glaubenden

Menschen in der Gegenwart, in der Geschichte und der stets neu geforderten Entscheidung, das Eschaton.

Auch hier können wir unseren Standpunkt nicht des näheren begründen, sondern wiederum nur im Hinblick auf das Folgende kurz abstecken.

a) Die *Naherwartung* im Neuen Testament muß zum mindesten als eine Frage von hoher Bedeutung zur Kenntnis genommen werden. Vor allem drei klassische Stellen sind es, die eine Naherwartung nicht nur der Urkirche, sondern auch Jesu selbst deutlich zu erweisen scheinen. Hat nicht Jesus selbst das Kommen der Gottesherrschaft noch innerhalb der Lebenszeit der lebenden Generation erwartet? „Wahrlich, ich sage euch: Unter denen, die hier stehen, sind einige, die den Tod nicht kosten werden, bis sie die Gottesherrschaft in Macht (ge-)kommen sehen" (Mk 9, 1 par). „Wahrlich, ich sage euch: Dieses Geschlecht wird nicht vergehen, bis dies alles geschieht" (Mk 13, 30 par). „Wenn sie euch in dieser Stadt verfolgen, flieht in die andere; denn wahrlich, ich sage euch, ihr werdet mit den Städten Israels nicht zu Ende kommen, bis der Menschensohn kommt" (Mt 10, 23). Auch andere Texte weisen, wenn sie auch keinen bestimmten Termin angeben, in dieselbe Richtung, besonders die Gleichnisse der zehn Jungfrauen, der wartenden Knechte, der getreuen und ungetreuen Knechte, des Diebes in der Nacht. Bedrängend und drohend nahe erscheint hier überall die Gottesherrschaft. So ist es denn nicht erstaunlich, daß die Mehrzahl der bedeutenden Exegeten für die Naherwartung Jesu eintreten.

Gewiß ist die Interpretation der drei Logien recht gegensätzlich: zum Teil werden sie noch immer nicht auf die Parusie, sondern auf die Verklärung, die Auferstehung, Pfingsten, die Zerstörung Jerusalems usw. bezogen. Aber auch wenn sie auf die Parusie bezogen werden, so werden sie im einzelnen wiederum sehr verschieden gedeutet. So wird z. B. in Mk 13, 30 par γενεὰ αὕτη entweder als die zeitgenössische Generation, oder das jüdische Volk, oder das böse, verkehrte Geschlecht verstanden und ταῦτα πάντα entweder als die Gesamtheit der eschatologischen Ereignisse oder nur als die Ereignisse *vor* der Parusie. Aber gegenüber dem unmittelbaren Wortsinn der drei Texte wirken alle Interpretationen, die nicht das nahe Kommen der Gottesherrschaft im Auge haben, gekünstelt und wenig überzeugend: sie versagen insbesondere bei Mk 9, 1 par. Kann man bei der Interpretation von den gespannten apokalyptischen Erwartungen der Zeit Jesu absehen? Apologetische Tendenzen dürfen bei der Interpretation jedenfalls nicht den Ausschlag geben. Werden die drei Worte von der zeitgeschichtlichen Situation, aus dem Kontext und vom unmittelbaren Wortlaut her verstanden, dann weisen sie deutlich (und besonders im ursprünglichen markinischen Wortlaut) auf die Naherwartung. Dies schließt nicht aus, daß der genaue Termin im Sinne des Kalendertages nicht angegeben werden kann, ja nicht angegeben werden soll. Die dringenden Aufforderungen zur Wachsamkeit sind verbunden mit dem „ihr kennet weder den Tag noch die Stunde" (Mt 25, 13; vgl. 24, 43 f; Mk 13, 33. 35). Von besonderer Bedeutung ist das zweifellos echte Jesuswort Mk 13, 32 (Mt 24, 36), nach welchem auch Jesus selber über diesen Termin nichts wissen kann: „Über jenen Tag (= Tag Jahwes?) aber oder (Mt: und) die Stunde weiß niemand etwas, auch nicht die Engel im Himmel und auch nicht der Sohn, sondern nur der Vater." Jegliche Vorausberechnung wird ebenfalls ausgeschlossen durch das Wort: „Die Gottesherrschaft kommt nicht unter Beobachtung" (Lk 17, 20 f; vgl. 17, 24; Mk 13, 21 par).

Wenn man die Naherwartung Jesus selbst zuschreibt, so kann man darin jedenfalls nicht mehr als eine zeitgebundene Vorstellungsform einer Erwartung sehen, deren entscheidender Sinn nicht in einer bestimmten Terminangabe liegt. Für Jesus selber war die für die zeitgenössischen Apokalyptiker so wichtige Frage nach Terminen in keiner Weise eine zentrale Frage. Zentral war für ihn: Was bedeutet die bereits in die Gegenwart hereinbrechende Gottesherrschaft für die konkrete Existenz des Menschen, für den Sinn seines Lebens hier und heute? Die Apokalyptiker fragten von der Situation des Menschen und der Welt her auf das Gottesreich hin und waren so besorgt um den genauen Zeitpunkt seines Eintreffens. Jesus fragt gerade umgekehrt von der bereits jetzt hereinbrechenden Gottesherrschaft her auf die Situation des Menschen und der Welt hin. Er ist besorgt nicht um das Reich, seine Nähe und den Zeitpunkt seines Eintreffens — es bricht ja schon herein —, sondern um den konkreten Menschen, seine Umkehr, seinen Glauben, seine Entscheidung für Gott und seine Herrschaft, hier und heute.

Nicht in der Befriedigung menschlicher Neugierde also, nicht in der Datierung und Lokalisierung des Gottesreiches, nicht in der Enthüllung apokalyptischer Ereignisse und Geheimnisse, nicht in der Voraussage eines apokalyptischen Dramas, sondern in der prophetisch drängenden und verkürzenden Ankündigung der nahen Gottesherrschaft und der Herausforderung der Entscheidung des Menschen sieht Jesus seine Aufgabe. Gerade weil die in der Zukunft kommende Gottesherrschaft bereits jetzt in die Gegenwart hereinbricht, soll sich der Mensch nicht um apokalyptische Berechnungen, die in jedem Fall verfrüht oder verspätet sind, kümmern, sondern um seine Umkehr und das Tun des Willens Gottes jetzt ohne alles Zaudern und Ausweichen. Nicht erst zu einem bestimmten berechenbaren oder nicht berechenbaren Zeitpunkt, sondern *jetzt*, in dieser letzten Zeit, ist der Mensch mit der Gottesherrschaft unmittelbar konfrontiert: *Jetzt* ist die Zeit erfüllt (Mk 1, 15), jetzt die Stunde der Entscheidung. Jetzt soll sich der Mensch lösen aus seiner Verfallenheit an das Geld, die Macht, die Triebe, die Welt, und sein Herz an Gott, den Herrn, allein hängen. Jetzt soll er Heuchelei, Hartherzigkeit, Haß und alles böse Tun aufgeben und sich zur radikalen Gottes- und Menschenliebe entschließen. Jesu Gegenwart ist die begrenzte Gnadenzeit, ist die endzeitliche und endgültige Entscheidungszeit. Hier und heute erfährt der Mensch — das künden gerade die Seligpreisungen der Bergpredigt — das eschatologische Heil.

Man muß also Bultmann nachdrücklich zustimmen, wenn er nicht in der zeitlichen Nah-Erwartung, sondern in der Forderung der jetzigen Entscheidung für die Gottesherrschaft das Entscheidende der Botschaft Jesu sieht. Aber mit der Nah-Erwartung wird man — und dies würde auf seine Weise auch Bultmann sagen — nicht jede Erwartung ablehnen. Aus der Nichterfüllung der Naherwartung wird man gerade nicht mit den Spöttern von 2 Petr 2, 3 folgern, *alle* Erwartung eines noch Künftigen sei umsonst. Könnte die Betonung des präsentischen Charakters der Gottesherrschaft und der je jetzt fallenden Entscheidung für uns bedeuten, daß sich die ganze Zukunft der Gottesherrschaft in die Gegenwart auflöst, daß das Jetzt der bereits erfüllten Gottesherrschaft ein noch ausstehendes Dann einer von Gott zu vollendenden Gottesherrschaft ausschließt? Jesus selbst löst die Spannung zwischen präsentischer und futurischer Eschatologie nicht auf: weder indem er — wie die damaligen Apokalyptiker — die präsentische Eschatologie auf die futurische reduziert noch indem er — wie nun doch Bultmann und in anderer Weise A. N. Wilder[28] — die futurische auf die präsentische reduziert. Bultmann bestreitet — wir hörten es — die futurische Eschatologie in der Verkündigung Jesu keineswegs, ist aber der Überzeugung, daß gerade dieser Aspekt der Botschaft Jesu der Entmythologisierung bedürfe.

---

[28] Vgl. *A. N. Wilder*, Eschatology.

b) Über das Wort *Entmythologisierung*[29] soll hier nicht gestritten werden. Wenn damit gemeint ist, daß auch Jesu Botschaft von der Gottesherrschaft aus der damaligen Situation und dem damaligen mythologischen Weltbild in unsere heutige Situation und das moderne Weltbild übersetzt werden soll, dann kann man nicht nur, dann muß man – aus Respekt vor der Botschaft selbst und aus Sorge um den Menschen heute – zustimmen. Die Verkündigung der Gottesherrschaft heute darf nicht die Verkündigung des antiken Weltbildes miteinschließen, wenn dies nicht auf Kosten der Botschaft und der hörenden Menschen gehen soll. Dies gilt für Urzeit und Endzeit, die nicht der historischen Betrachtung und Kontrolle unterliegen, in ganz besonderer Weise. In diesem Sinn bedarf nicht nur die *Protologie* – woran wir uns im Zusammenhang der Genesis-Exegese bereits gewöhnt haben –, sondern auch die *Eschatologie* der „Entmythologisierung". Wie die Protologie keine nacherzählte Reportage früher erfolgter Ereignisse ist, so ist die Eschatologie keine

---

[29] Zur *Diskussion* vgl. vor allem die verschiedenen Bände Kerygma und Mythos. Hrsg. v. *H. W. Bartsch* (Hamburg 1948): besonders die Beiträge von *R. Bultmann, G. Harbsmeier, E. Lohmeyer, J. Schniewind, H. Thielicke, E. Stauffer, R. Prenter, F. Buri, Ch. Hartlich, W. Sachs, W. G. Kümmel, A. Oepke, H. Jaspers, H. Ott*; von katholischer Seite *K. Adam, J. de Fraine, H. Fries, J. Hamer, A. Kolping, R. Schnackenburg, F. Theunis*; ebenfalls die Sammelbände: Il problema della demitizzazione. Hrsg. v. *E. Castelli*, (Rom 1961), mit Beiträgen von *K. Kerényi, J. Daniélou, P. Ricœur, H. G. Gadamer, H. Lotz, H. Bouillard, V. Fagone, R. Lazzarini, A. Caracciolo, R. Panikkar, F. Bianco*; Kerygma and History. A Symposium on the Theology of R. Bultmann. Hrsg. v. *C. A. Braaten* und *R. A. Harrisville* (New York-Nashville 1962); Neuland in der Theologie. Ein Gespräch zwischen amerikanischer und europäischer Theologie. Hrsg. v. *J. M. Robinson* und *J. B. Cobb*. I–II (Zürich-Stuttgart 1964–65; engl.: New Frontiers in Theology), mit Beiträgen von *G. Ebeling, J. Dillenberger, R. W. Funk, A. N. Wilder, A. B. Come, C. Michaelson, S. M. Ogden* u. a. Als neuere Monographien sind wichtig: *K. Barth*, R. Bultmann. Ein Versuch, ihn zu verstehen (Zollikon-Zürich 1953); *E. Buess*, Die Geschichte des mythischen Erkennens. Wider sein Mißverständnis in der „Entmythologisierung" (München 1953); *F. Gogarten*, Entmythologisierung und Kirche (Stuttgart 1953); *H. Ott*, Geschichte und Heilsgeschichte in der Theologie R. Bultmanns (Tübingen 1955); *R. Marlé*, Bultmann et l'interprétation du NT (Paris 1956); *L. Bini*, L'intervento di Oscar Cullmann nelle discussione Bultmannia (Rom 1961); *G. Hasenhüttl*, Der Glaubensvollzug. Eine Begegnung mit R. Bultmann aus katholischem Glaubensverständnis (Essen 1963); *G. Greshake*, Historie wird Geschichte. Bedeutung und Sinn der Unterscheidung von Historie und Geschichte in der Theologie R. Bultmanns (Essen 1963); *E. Hohmeier*, Das Schriftverständnis in der Theologie R. Bultmanns (Berlin-Hamburg 1964); *A. Anwander*, Zum Problem des Mythos (Würzburg 1964); *F. Vonessen*, Mythos und Wahrheit. Bultmanns „Entmythologisierung" und die Philosophie der Mythologie (Einsiedeln 1964). Als neueste Stellungnahme von *Bultmann* selbst: Glauben und Verstehen IV (Tübingen 1965).

vorausgenommene Reportage später erfolgender Ereignisse. Die sechs Schöpfungstage und die Erzählung von der Erschaffung des Menschen sind *Bilder* – so wissen wir heute –, die nicht den naturwissenschaftlichen Ablauf der Weltschöpfung beschreiben, die aber auch den heutigen Menschen die Herrlichkeit und Einzigkeit des Schöpfers und die Größe, Vielfalt und Güte seines Werkes künden. Ebenso können die aus den Propheten (besonders Isaias und Daniel) und der zeitgenössischen Apokalyptik übernommenen und nicht ohne weiteres Jesus selber zuzuschreibenden synoptischen Schilderungen des Weltendes, wo die Sterne vom Himmel fallen, die Sonne sich verfinstert und die Engel Posaune blasen, nicht den naturwissenschaftlichen Ablauf des Weltendes beschreiben, sondern die endzeitlich-endgültige Vollendung und Offenbarung der Gottesherrschaft als ein unser Begreifen übersteigendes, allein durch Gottes Macht herbeizuführendes Geschehen ankündigen. In diesen verschiedenen synoptischen (bzw. paulinischen) Schilderungen, die im übrigen keineswegs miteinander übereinstimmen, ist somit zwischen Bild und Sinn, Aussageweise und Aussageinhalt zu unterscheiden.

Jesus selber hat in den Vorstellungsformen seiner Zeit gesprochen und gerade so die Nähe und Gewißheit der Gottesherrschaft so aktuell und eindringlich als möglich gestaltet. Aber er hat nicht nur Berechnungen der eschatologischen Vollendung ausdrücklich abgelehnt, sondern auch zugleich die bildhafte Ausmalung der Gottesherrschaft im Vergleich mit der spätjüdischen Apokalyptik aufs äußerste reduziert und auf die Entscheidung des Menschen für Gott im Jetzt ausgerichtet. Bilder wie die des Mahles sind nicht Selbstzweck, sondern dienen der Verkündigung der Heilsbotschaft, wollen die Metanoia hier und heute herausfordern. Jesus *beschreibt* nicht eigentlich die Gottesherrschaft, er *umschreibt* sie als „Leben" (Mk 9, 43–47; vgl. 10, 17), „Herrlichkeit" (Mk 10, 37), „Freude" (Mt 25, 21 bis 23), „Licht" (Lk 16, 8). Nicht das berechenbare Wann und nicht das beschreibbare Wie, sondern das absolut sichere Daß der Vollendung der Gottesherrschaft ist wichtig. Gott herrscht schon jetzt, das wird in Jesus offenbar, spürbar, verstehbar, gewiß. Gott wird aber auch herrschen in ganz anderer, neuer, aller Welt offenbaren Weise: wenn nämlich – um hier ein paulinisches Wort, das ebenfalls das Daß und nicht das Wie aussagt, aufzunehmen – Gott nicht nur in allem, sondern „alles in allem" (1 Kor 15, 28) sein wird.

Diese Ausrichtung auf eine zwar schon angebrochene, aber doch noch bevorstehende Zukunft der Gottesherrschaft fällt nicht mit dem mythologischen Weltbild, sie ist eine *entscheidende Perspektive des neutestamentlichen Kerygmas selbst.* Wie von den Ur-Mythen das Ur-Geschehen der Schöpfung, so ist von den End-Mythen das End-Geschehen der Vollendung zu unterscheiden. Wie das Alte Testament die Urmythen vergeschichtlichte, an die Geschichte gebunden hat, so das Neue Testament die Endmythen. Nicht nur die Botschaft Jesu selbst, sondern das ganze Neue Testament hält bei aller Konzentration auf die bereits anbrechende Gottesherrschaft und die je jetzige Entscheidung an der *zukünftigen* Vollendung und der futurischen Eschatologie fest, und zwar nicht unreflex, sondern in vollem Bewußtsein der Bedeutung der futurischen Perspektive. Dies gilt nicht nur für Lukas und die „frühkatholischen" Schriften. Gerade *Paulus* ist ganz davon erfüllt, in einer – kurzen! – Zwischenzeit zu leben. Es geht hier nicht nur um „apokalyptische Relikte". Die Spannung zwischen dem Schon und Nochnicht bestimmt nach ihm nicht nur die Existenz des Einzelnen, sondern die ganze endzeitliche Epoche: Die christliche Existenz ist eingespannt zwischen dem Indikativ und dem Imperativ, zwischen Gegenwart und Zukunft; die Gemeinde als Leib Christi und Volk Gottes, als geheiligte und sündige, lebt in dieser Spannung; der Heilige Geist ist ihr geschenkt, aber nur als Angeld (2 Kor 1, 22; 5, 5), als Erstlingsgabe (Röm 8, 23); Taufe und Herrenmahl schließlich sind zugleich Anamnese des Vergangenen und Vorwegnahme des Kommenden. Alles dies ist undenkbar ohne eine echte – und von Paulus offenkundig glühend für die allernächste Zeit herbeigesehnte – Zukunft, die Gottes und Gottes allein ist. Die Geschichte des Einzelnen, die Geschichte Israels und der Kirche führt auf dieses Ende der Endzeit zu.

Mit deutlicher Spitze gegen Auffassungen seiner eigenen Schule führt E. Käsemann aus: „Mit größter Deutlichkeit zeigt sich hier, daß Paulus schlechterdings nicht von einem bereits erfolgten Ende der Geschichte sprechen kann und will, wohl aber die Endzeit angebrochen sieht. Dies ist seit Christi Auferstehung deshalb der Fall, weil seitdem Unterwerfung der kosmischen Mächte geschieht. Die präsentische Eschatologie der Enthusiasten wird also aufgegriffen, aber anders als bei diesen apokalyptisch verankert und eingeschränkt. Sie ist für Paulus nicht Alternative, sondern Bestandteil einer futurischen Eschatologie, um es schlagwortartig zu sagen. Ihr Bereich wird die Basileia Christi genannt ... Präsentische Eschatologie allein und nicht von der futurischen umfangen – das wäre auch beim Christen nichts anderes als die Hybris des Fleisches, wie sie der Enthusiasmus ja genugsam zu allen Zeiten bezeugt. Das wäre Illusion und nicht Realität. Gerade die Apokalyptik des Apostels gibt der Wirklichkeit, was ihr gebührt, und widersteht der frommen Illusion." [30]

Bei *Johannes* hat die präsentische Eschatologie im Vergleich zum übrigen Neuen Testament zweifellos ungewöhnliches Gewicht erhalten, und präsentische und futurische Eschatologie sind nicht in derselben organischen Weise wie bei Paulus miteinander verbunden. Aber daß der ursprüngliche Verfasser des Evangeliums den gemeinsamen Glauben der Urkirche aufgegeben hätte, ist unbewiesen. Auch bei Johannes gibt es – wenn man die unbequemen Stellen nicht einfach als Interpolationen abtun will, wie dies Bultmann ohne überzeugende textgeschichtliche oder literarische Gründe tut – eindeutig auf die Zukunft bezogene Aussagen, die ein noch ausstehendes „am Jüngsten Tag" eintreffendes Endgeschehen ankündigen: 5, 25–29; 6, 39–40; 44–54; 11, 24; 12, 48. Doch fällt die Entscheidung weniger bei der isolierten Analyse dieser Einzelstellen als vielmehr bei der Gesamtbetrachtung des vierten Evangeliums.

Neuere Interpretationen wie die von L. van Hartingsveld [31] und J. Blank [32] stellen erneut den präsentisch-*futurischen* Charakter auch des Johannesevangeliums stark heraus. „Die Zwischenzeit ist hier wie im Lukasevangelium im Vergleich zu Jesus und auch Paulus gedehnt: Wie bei Lukas so wird auch hier mit einer längeren Zeit des Parakleten und der Gemeinde gerechnet. Aber es wäre falsch, zu meinen, daß sie nicht mehr als Zwischenzeit betrachtet wird. Die ganze Belehrung der Abschiedsreden über die Zeit der Kirche wird im Gegenteil nur vom Hintergrund einer futurischen Eschatologie aus verständlich, und in den Aussagen des Kapitel 11 (V. 25 f) kann man sogar einen Hinweis auf das Los der Toten in der Zwischenzeit sehen. Wir gehen von der Gesamtbetrachtung des vierten Evangeliums aus, wenn wir die eindrückliche Betonung, daß *jetzt schon* Endzeit ist..., *temporal* auffassen. In diesem Falle haben aber die Gegenwartsaussagen nur Sinn, wenn sie die Voraussetzung einschließen, daß das, was jetzt in dem im Fleische *Erschienenen* geschehen *ist*, am Ende geschehen *wird*." [33]

---

[30] *E. Käsemann*, Exegetische Versuche, II, 127 f, 130.

[31] *L. van Hartingsveld*, Die Eschatologie des Johannesevangeliums (Assen 1962).

[32] *J. Blank*, Krisis. Untersuchungen zur johanneischen Christologie und Eschatologie (Freiburg i. Br. 1964).

[33] *O. Cullmann*, Heil, 266; vgl. auch *E. Ruckstuhl*, Die literarische Einheit des Johannesevangeliums (Fribourg 1951) 159 ff; *S. Schulz*, Untersuchungen zur Menschensohn-Christologie im Johannesevangelium (Göttingen 1957) 109 ff, 159 ff;

c) Wir können nun folgern: Entmythologisierung beziehungsweise existentiale Interpretation ist gerechtfertigt und notwendig, wenn die Botschaft selbst unverletzt aus dem damaligen mythologischen Weltbild ins heutige Weltbild übersetzt werden soll: für den Menschen heute mit seiner Sprache, seinem Welt- und Geschichtsdenken, seinen Verstehensmöglichkeiten und Verstehensschwierigkeiten. Sie ist nur dann nicht mehr zu rechtfertigen, wenn sie nicht nur ein überholtes mythologisches Weltbild, sondern durchgängige, grundlegende und zentrale Perspektiven der Botschaft Jesu selbst und des ganzen Neuen Testaments für den heutigen Menschen interpretierend eliminiert. Mit der zeitgebundenen Nah-Erwartung darf nicht die Zukunft-Erwartung, die bleibende Erwartung der erst in der Zukunft vollendeten Gottesherrschaft fallen. Eine solche Eschatologie würde schließlich zu einer je-jetzigen gegenwartsverfallenen Enteschatologisierung führen, zu einer Eschatologie ohne Hoffnung.

Eine Eschatologie ohne zukünftige Vollendung bedeutet *Mißverständnis des Menschen:* „Wo der Bezug auf eine reale ausständige Zukunft, und zwar unter allen Wesensaspekten des Menschen, ausfallen würde oder in einer vermeintlichen ‚Entmythologisierung' zugunsten eines existentiellen Aktualismus eliminiert würde oder wo übersehen würde, daß zum Menschen auch in der Heilsfrage seine physische, raum-zeitliche, leibhaftige Existenz gehört und immer auch von *daher* die Verfassung des Menschen und also auch die seiner einen und ganzen Vollendung ausgesagt werden muß, da würde der Mensch und sein Selbstverständnis in Wahrheit mythologisiert, weil seine echte lineare Zeitlichkeit auf das zeitlich noch Ausständige, also eine Dimension seiner Geschichtlichkeit, ausfiele, in der er doch auch mit seinem Gott sein Heil betreibt, und so sein Heil gar nicht mehr geschähe, wo wir wirklich sind."[34] Eine Eschatologie ohne zukünftige Vollendung bedeutet aber auch ein *Mißverständnis Gottes:* „Wenn das Neue Testament in seiner zentralen Verkündigung ein Handeln Gottes an einem bestimmten Punkt der Geschichte als endgültiges Heilshandeln verkündet, dann ist nicht nur die mythologische Vorstellungsform von dieser zentralen Verkündigungsform schlechterdings nicht ablösbar, sondern es bedeutet auch eine Aufhebung der neutestamentlichen Botschaft selbst, wenn an die Stelle der

---

Kümmel - Feine - Behm, Einleitung in das NT (Heidelberg [12]1963) 143; *R. Schnackenburg*, Kirche und Parusie, in: Gott in Welt I (Festschrift K. Rahner) (Freiburg i. Br. 1964) 555 f (Lit.); *ders.*, Das Johannesevangelium I (Freiburg - Basel - Wien 1965) 38–40. Vgl. auch *D. Holwerda*, The Holy Spirit and Eschatology in the Gospel of John. A Critique of R. Bultmanns Present Eschatology (Kampen 1959).

[34] *K. Rahner*, Schriften zur Theologie IV (Einsiedeln - Köln 1960) 411.

Predigt von der eschatologischen Zukunft und der Bestimmung der Gegenwart durch diese Zukunft die zeitlose Botschaft von der Gegenwart als Entscheidungszeit oder von der geistlichen Nähe Gottes tritt. Denn dabei wird die Botschaft Jesu, daß der Mensch durch die Erscheinung Jesu in der Gegenwart in eine bestimmte Situation der auf das Ende zulaufenden Heils*geschichte* hineingestellt wird, völlig aufgelöst, und die Gestalt und das Handeln Jesu verlieren ihren grundlegenden Charakter als *geschichtliches* Handeln des *Gottes*, der seine Herrschaft heraufführen will. Die Ausschaltung des Zeitbegriffs und damit der futurischen Eschatologie aus der eschatologischen Verkündigung Jesu (und des Neuen Testaments überhaupt) ist darum unmöglich ..." [35]

Ist alles, was meinem heutigen Existenzverständnis an der biblischen Botschaft „fremd", „nicht nachvollziehbar" erscheint, was mich „nicht anspricht", meiner Fragestellung zuwiderläuft, Mythos? Auch Bultmann würde dies nicht sagen. Das für jedes menschliche Existenzverständnis Anstößige, das „Skandalon", ist der neutestamentlichen Botschaft wesentlich; es ist dort zu sehen, wo es die neutestamentlichen Zeugen selbst sehen. Von daher muß ich mir auch fremde und neue Fragen geben lassen. Und nun ist es ja gerade nicht so, daß etwa nur die Botschaft von der *zukünftigen* Vollendung dem heutigen Menschen „fremd" wäre. Dies ist auch schon — und deshalb ruft der frühe F. Buri gegenüber Bultmanns Entmythologisierung nach (zu Unrecht!) konsequenter Entkerygmatisierung[36] — die Botschaft vom *Kreuz*. Warum sollte es schließlich weniger fremd sein, an eine entscheidende Offenbarung in den dreißiger Jahren des ersten Jahrtausends und so durch die Verkündigung in der Gegenwart zu glauben als an eine zukünftige Offenbarung? Wie das eine so beansprucht das andere radikal unseren Glauben, und es hat wenig Sinn darüber zu streiten, was ihn „mehr" beansprucht. Beides ist vor der Welt letztlich „Torheit". Und dies nach Apg 17, 19—32 — wir wollen unsere Modernität nicht überschätzen — nicht erst vor der *heutigen* Welt und ihrem Existenzverständnis!

Bultmann hat gegenüber Buris Forderung der Entkerygmatisierung unbedingt am einmaligen entscheidenden Heilshandeln Gottes in Jesus — für Buri damals ein „mythologischer Rest", ein „Exklusivitätswahn", ein „Christusmythos" — festgehalten. Dies unterscheidet Bultmann — was oft

---

[35] *W. G. Kümmel*, Verheißung, 140.

[36] *F. Buri*, Entmythologisierung oder Entkerygmatisierung der Theologie, in: Kerygma und Mythos II (Hamburg 1952) 85—101.

übersehen wird – von allem oberflächlichen theologischen Liberalismus des 19. Jahrhunderts. Was läge hier im Grunde für Bultmann näher, als im umgekehrten Sinn wie Buri konsequent zu sein, und zusammen mit dem ganzen Neuen Testament sich zu einem neuen eschatologischen Handeln Gottes nicht nur in der Vergangenheit, bzw. in der Gegenwart, sondern auch in der noch ausstehenden Zukunft und Vollendung zu bekennen? Die Voraussetzung dafür ist immer der Glaube an einen lebendig und souverän an uns handelnden Gott, ein Gott, der auch das Künftige als das für den Menschen Unübersehbare, Unbegreifliche, Nicht-zu-Bewältigende in seiner Macht und Gewalt hat.

Die guten Anliegen von Entmythologisierung und existentialer Interpretation müssen unbedingt zur Geltung gebracht werden, wie bereits angedeutet wurde. Auch das Kerygma von der zukünftigen Vollendung der Gottesherrschaft will ja nicht eine Art „objektiver" Wahrsagerei von seltsamen geheimnisvollen Vorgängen sein, eine Prophezeiung, die der Befriedigung menschlicher Zukunftsneugierde dienen will. Sie ist überhaupt nicht eine Art „Anhang", der zur bereits gegenwärtigen Gottesherrschaft als ein Weiteres und so im Grunde Überflüssiges hinzukäme. Auch das Kerygma von der zukünftigen Vollendung – gerade weil es die Vollendung von etwas ist, was bereits ist – will verstanden sein als Anrede, Forderung, Ruf zur Entscheidung, zum Glauben, Ruf zur Existenzerhellung und zum Existenzvollzug in der *Gegenwart*, auf eine letzte Zukunft hin, die bereits in der *Gegenwart* eröffnet ist. Eschatologische Gegenwart und eschatologische Zukunft – so wenig sie sich gegenseitig aufsaugen – so untrennbar sind sie verbunden; sie bedingen sich gegenseitig.

1. Die Gegenwart verweist auf die *Zukunft:* Die Endzeit der Geschichte ist mit Jesus gekommen. Aber diese Endzeit – trotz allem wieder nur allzu vorläufig: wer könnte alles Elend und alle Sünde, alles Leiden und alles Sterben gerade im Glauben übersehen? – läuft nach dem übereinstimmenden neutestamentlichen Kerygma auf ein Ziel hinaus, ist eine dem Ende zueilende Zeit. Nur die Erwartung des zukünftigen *eschatologischen* Handelns schenkt uns in der dunklen Gegenwart die Glaubensgewißheit, daß Gottes Heilshandeln sich nicht mit dem Unvollkommenen, Vorläufigen und Verborgenen begnügt, sondern auf das Vollkommene, Endgültige und Offenbare hinstrebt (vgl. 1 Kor 13, 9–12). Daß also Gottes Herrschaft nicht im Anbruch stecken bleibt, sondern zum Durchbruch und zur Vollendung kommt: in einer Zukunft, die bestimmt je und je zukom-

mende Gegenwart und zugleich echte Zukunft ist. Gerade durch die Verkündigung der *Nähe* der Gottesherrschaft soll die Gewißheit lebendig werden, daß Gottes Heilshandeln auf die definitive Vollendung der Endzeit aus ist. Weil die Gottesherrschaft mit und in Jesus schon in der *Gegenwart* angekündigt, angebrochen, wirksam ist, darum ist das Hoffen auf die vollendete offenbare Gottesherrschaft nicht die leere unbegründete Hoffnung auf eine bloße Zukunft, sondern eine in der bereits erfüllten Wirklichkeit begründete Hoffnung auf die zukünftige Vollendung dieser gegenwärtigen Wirklichkeit durch dasselbe und doch wieder neue eschatologische Heilshandeln Gottes. Weil das Entscheidende der Endzeit schon geschehen ist, kann auch die Voll-Endung nicht ausbleiben. Weil die Gegenwart der Gottesherrschaft erfahrbar ist, ist auch ihre Zukunft sicher und gewiß; mit Jesus hat sie begonnen, mit Jesus wird sie sich auch vollenden. Gott handelt in der Gegenwart *und* in der Zukunft; und weil in der Gegenwart, so auch in der Zukunft und deshalb gehören Glaube *und* Hoffnung zusammen, sind sie die verschiedenen Perspektiven des einen und gemeinsamen Sich-Stellens unter Gottes in Gegenwart und Zukunft gnädigen Willen. Weil wir in der Gegenwart glauben, dürfen wir — gegen alle Hoffnung — auf eine Zukunft hoffen. Und weil wir auf eine Zukunft hoffen, dürfen wir — gegen alles Skandalon — in der Gegenwart glauben.

2. Die Gegenwart verweist auf die Zukunft, aber die Zukunft wiederum auf die *Gegenwart:* Der Mensch soll sich mit seiner Entscheidung gerade nicht auf die Zukunft vertrösten, er soll die gegenwärtige Welt nicht vernachlässigen, sondern verändern. Wir haben gesehen: *jetzt* ist die Stunde: Gerade von der wirklichen Zukunft her, die noch aussteht und die doch schon in die Gegenwart hereinbricht, ist schon die *gegenwärtige* Zeit nicht heillose Zeit, Zeit eines bloßen Wartens, sondern heilvolle Zeit, Heilszeit, einmalige Entscheidungszeit. Gerade vom zukünftigen Ziel her, von der nicht nur angebrochenen, sondern vollendeten Gottesherrschaft her, ist der Mensch in der *Gegenwart* radikal zur Entscheidung gerufen, ist so schon die Gegenwart für den Menschen „letzte Zeit", Eschaton. Wie in bezug auf die Zukunft, so geht es in bezug auf die Gegenwart um die Entscheidung zwischen Glaube und Unglaube. „Nur handelt es sich bei dieser Entscheidung nicht mehr darum, ob man jene apokalyptischen Hoffnungen für zutreffend hält, sondern darum, ob man in der Radikalität des Evangeliums und in der Person seines Ver-

künders das echte Zeichen der Wirklichkeit Gottes erkennt. Wer dies bejaht, der sieht zugleich, daß diese Wirklichkeit in Zeit und Raum noch nicht vorhanden ist; der weiß aber auch, daß sie existiert, und glaubt, daß sie – gleichviel unter welchen Erscheinungen – einmal kommen muß –, sonst wäre Gott nicht Herr der Welt und der Geschichte. Wer aber in der Überlieferung von Jesus dem Christus, wie sie das Neue Testament enthält, das echte Zeichen Gottes erblickt, der weiß zugleich, daß diese Wirklichkeit bereits angehoben hat – eben in dem Geschehen, dessen Niederschlag das Neue Testament ist." So Martin Dibelius[37].

Aber was soll nun hier – diese Frage läßt sich nicht mehr aufschieben – eine Kirche? Das Wort „Kirche" (Gemeinde) spielt im Jesus-Buch von Dibelius keine grundlegende Rolle. Warum soll überhaupt etwas eingeschoben werden zwischen Gott und Mensch, zwischen der Gottesherrschaft und der Glaubensentscheidung? Hat Jesus selber überhaupt etwas mit Kirche zu tun gehabt? Hat er die Kirche überhaupt gewollt?

3. *Jesus und der Kirche Anfang*

Es ist nicht leicht, sich auch in dieser Frage der Geschichte zu stellen. Leichter wäre es, wie es in katholischen und in evangelischen Dogmatiken oft geschieht, die dogmatischen Schulthesen zu wiederholen und zu kommentieren. Und doch muß der schwierigere Weg eingeschlagen werden, weil wir nur so die geschichtliche Wahrheit über die Gestaltwerdung der Kirche zu Gesicht bekommen. Längst sind ja die Zeiten vorbei, da man für die Geschichte der Urkirche nur die Apostelgeschichte erläuternd nachzuerzählen und durch andere neutestamentliche und außerneutestamentliche Überlieferungen zu ergänzen brauchte.

Nach Ansätzen in der Aufklärung (I. L. von Mosheim) war der Tübinger Ferdinand Christian Baur der erste gewesen, der ein Gesamtbild der Geschichte der Urkirche nach rein *historischer* Methode zu schreiben versuchte. Ihm folgten die anderen „Tübinger" – wie Baur unter dem Einfluß der Philosophie Hegels – und dann unter neukantianischem Einfluß die positivistisch ausgerichtete Ritschl-Schule (E. von Dobschütz, R. Knopf, H. Lietzmann, J.

[37] *M. Dibelius*, Jesus (Berlin ³1960) 120 f.

Weiß, C. Weizsäcker und besonders A. von Harnack), schließlich nach der Jahrhundertwende die religionsgeschichtliche Schule (W. Bousset, W. Heitmüller, P. Wernle, H. Weinel, W. Wrede), die in die Formgeschichte (R. Bultmann und M. Dibelius) einmündete. Der reine Historismus wurde – nicht nur in der Bultmann-Schule, sondern auch von mehr „heilsgeschichtlich" orientierten Forschern (J. T. Beck, J. C. von Hofmann, G. Kittel, J. Schniewind, Th. Zahn und zuletzt A. Schlatter) und von der angelsächsischen Forschung (Ph. Carrington, C. T. Craig, A. C. McGiffert, P. H. Streeter) – überwunden, indem man, ohne die historische Forschung zu verleugnen, den Offenbarungsanspruch des Neuen Testaments wieder neu ernst zu nehmen versuchte.

Aber gerade das Verständnis der neutestamentlichen Schriften als Kerygma – nicht als Dokumente der reinen Historie, sondern als Schriften im Dienste der praktischen Glaubensverkündigung – macht es uns besonders schwer, auf die Frage Jesus und die Kirche eine ausreichende Antwort zu geben. Wo ist da im einzelnen die Grenze zwischen geschehener Geschichte und Interpretation der Geschichte, zwischen historischer Nachricht und kerygmatischer Ausgestaltung, zwischen Tatsachenbericht und theologischer Reflexion und Applikation, zwischen vorösterlichem Wort und nachösterlicher Erkenntnis? Was hermeneutisch vom ganzen Neuen Testament gilt, gilt auch von den ekklesiologisch bedeutungsvollen Worten und Geschehnissen, und ganz besonders von den Auftragsworten, die Evangelien und Apostelgeschichte als Worte des Auferstandenen überliefern. Nicht nur Zeit- und Ortsangaben, sondern auch der Adressatenkreis, der Wortlaut und der Inhalt differieren hier vielfach und sind historisch nur schwer nachprüfbar. Es wird sich kaum bestreiten lassen, daß überall nicht nur der Verfasser, bzw. der Redaktor der betreffenden Texte, sondern auch die gesamte Situation der jungen Christengemeinde, ihr Gottesdienst und ihre Verkündigung, ihre Disziplin und Mission auf die Gestaltung der heute vorliegenden Evangelien und der Apostelgeschichte einen beträchtlichen Einfluß hatten. Die Interpretationen der Exegeten gehen entsprechend weit auseinander. Insbesondere hat die katholische Exegese diese wohl schwierigste Seite der ekklesiologischen Problematik des Neuen Testamentes meist umgangen zugunsten zahlreicher Arbeiten über Theologie und Gestalt der neutestamentlichen Kirche. Das macht unsere systematische Arbeit besonders schwer. Wir halten uns, um unseren Standpunkt kurz zu skizzieren, an die Linie, wie sie unter anderen vor allem zwei weithin repräsentative Spezialisten in dieser Frage, auf katholischer Seite Anton Vögtle[38] und auf evangelischer Seite Werner G. Kümmel[39], kritisch und konstruktiv zugleich vorgezeichnet haben. Es muß uns daran gelegen sein, bei diesem durch die jahrhundertelangen Kontroversen so belasteten Problemkreis ein mögliches Maß an Übereinstimmung zu sichten. Worin, so fragen wir, stimmen diese Exegeten überein?

a) Der *vorösterliche* Jesus hat zu seinen Lebzeiten *keine Kirche gegründet:*

In seiner ganzen Predigt und Wirksamkeit hat sich Jesus nie nur an eine Sondergruppe gewandt, um sie aus dem Volke auszusondern. Solche Sondergruppen gab es ja zur Zeit Jesu in großer Zahl. Insbesondere die Qumrantexte berichten vom Anspruch dieser Gemeinde, der heilige Rest, die reine Gottesgemeinde der Auserwählten, die auserwählte Gemeinde des Neuen Bundes zu sein. Als endzeitlicher Prediger der hereinbrechenden Gottesherrschaft kam Jesus nicht darum herum, zum brennenden Problem des eschatologischen Gottesvolkes Stellung zu nehmen, insbesondere zur Frage, wer zu den Heilserben gehören werde und unter welchen Bedingungen. Gerade auf diese letzte Frage hat Jesus vielfache Antwort gegeben.

Aber auffällig ist: Obwohl Jesus um die scheidende Wirkung seiner Verkündigung weiß und die Ablehnung durch den Großteil

---

[38] *A. Vögtle,* Ekklesiologische Auftragsworte des Auferstandenen, in: Sacra Pagina II (Paris-Gembloux 1959) 280–294; Jesus und die Kirche, in: Begegnung der Christen (Festschrift O. Karrer) (Stuttgart-Frankfurt 1959) 54–81; Der Einzelne und die Gemeinschaft in der Stufenfolge der Christusoffenbarung, in: Sentire Ecclesiam (Festschrift H. Rahner) (Freiburg i. Br. 1961) 50–91; Exegetische Erwägungen über das Wissen und Selbstbewußtsein Jesu, in: Gott in Welt I (Festschrift K. Rahner) (Freiburg i. Br. 1964) 608–667; vgl. auch: *J. Betz,* Die Gründung der Kirche durch den historischen Jesus, in: ThQ 138 (1958) 152–183; *O. Kuss,* Bemerkungen zum Fragenkreis: Jesus und die Kirche im NT, in: ThQ 135 (1955) 28–55; *R. Schnackenburg,* Gottes Herrschaft, 149–180; Art. Kirche, in: LThK VI, 167 bis 172. *H. Riedlinger,* Geschichtlichkeit und Vollendung des Wissens Christi (Freiburg i. Br. 1966). Weitere Lit. s. A I, 3 und B I, 2 sowie die Lit. zu Mt 16, 18.

[39] *W. G. Kümmel,* Kirchenbegriff und Geschichtsbewußtsein in der Urgemeinde und bei Jesus (Uppsala 1943); Verheißung und Erfüllung. Untersuchungen zur eschatologischen Verkündigung Jesu (Zürich ²1953) (Lit.); Jesus und die Anfänge der Kirche, in: Studia Theologica 7 (1953) 1–27; Die Naherwartung in der Verkündigung Jesu, in: Zeit und Geschichte (Festschrift R. Bultmann) (Tübingen 1964) 31–46. Vgl. auch *A. Oepke,* Der Herrenspruch über die Kirche in der neueren Forschung, in: Studia Theologica 2 (1948) 110–165; *P. Nepper-Christensen,* Wer hat die Kirche gestiftet? (Uppsala 1950); *O. Cullmann,* Petrus (Zürich-Stuttgart ²1960); weitere Lit. s. A I, 3 und B II, 2 sowie die Lit. zu Mt 16, 18.

seines Volkes schmerzlich erfährt, geht er anders als die zeitgenössischen Sondergruppen nie vom Restgedanken aus. Jesu betont öffentliches und die Weltflucht ablehnendes Wirken und seine niemanden ausschließende, ärgerniserregende Sünderliebe, welche die grenzenlose Liebe Gottes selbst offenbart, ist ein eindringlicher Protest gegen alle religiöse Absonderung und Aussonderung. Jesus will weder den zur Separierung führenden Zusammenschluß der Pharisäer noch die eigentlich sektenartige Gemeinschaft in der Art der Essener. Nicht zur Sammlung der „Gerechten", „Frommen", „Reinen" weiß er sich gesendet, sondern zur Sammlung von *ganz* Israel. Gewiß, zum Messias gehört die Messiasgemeinde. Aber zu einer vorzeitigen Scheidung von Guten und Bösen, Weizen und Unkraut will sich Jesus nicht drängen lassen. Er sieht ganz Israel als eine Einheit und sieht in ganz Israel eine bemitleidenswerte hirtenlose Herde. Und gerade dieses Gesamtisrael, nicht nur eine heilige Restgemeinde, sieht er berufen zum Gottesvolk der Endzeit. Bis zuletzt hat sich Jesus bei allem Mißerfolg an das ganze alte Gottesvolk gewandt.

Und die Begründung des Zwölferkreises? Gerade dieser sollte nicht die Aussonderung des Restes, sondern die Berufung Gesamtisraels zum Ausdruck bringen: Die Zwölfe sollten Jesu Anspruch auf das ganze Zwölfstämmevolk repräsentieren und so in der eschatologischen Vollendung eine herrscherlich-richtende Funktion innehaben. Auch der weitere, zur persönlichen Nachfolge berufene Jüngerkreis soll für die Mission an ganz Israel da sein. Zwar werden an ihn im Hinblick auf die missionarische Aufgabe besondere Anforderungen gestellt. Aber er weist keine regulierte Lebensweise auf, und die Zugehörigkeit zu ihm ist keine Heilsbedingung. Weder der Jüngerkreis noch erst recht die umkehrbereiten Israeliten überhaupt werden von Jesus organisatorisch zusammengeschlossen.

Es ist so nicht überraschend und spricht für die Treue der von der Urgemeinde offenkundig nicht überspielten evangelischen Überlieferung, daß die Evangelien keine an die Öffentlichkeit gerichteten Jesusworte kennen, die den Bau seiner Kirche oder einen Neuen Bund ankünden oder programmatisch zu einer Gemeinde der Auserwählten aufrufen. Alles dies wäre als Gründung einer Sondersynagoge verstanden worden und hätte die Einzigartigkeit der Verkündigung Jesu eingeebnet und verdunkelt. Auch wäre die alarmierende Botschaft vom wirklichen Beginn des eschatologischen Handelns Gottes und der unaufschiebbaren Forderung der Stunde an jeden Einzelnen zur Metanoia durch den äußeren Zusammenschluß der Anhänger Jesu abgeschwächt worden. Es gibt keinen Anhaltspunkt in der Überlieferung, daß Jesus in der Öffentlichkeit für das Eingehen in die Gottesherrschaft mehr gefordert hätte als die gehorsame Annahme seiner Heilsbotschaft und das sofortige und radikale Sich-Stellen unter Gottes Willen. Auch das in seiner Echtheit und in seinem Sinn vielfach umstrittene und jedenfalls nicht an die Öffentlichkeit gerichtete Logion Mt 16, 18, das als einziges in den Evangelien von einer Ekklesia als Gesamtkirche spricht, weist das Erbauen der Kirche nicht der Gegenwart, sondern der Zukunft zu. Weder die umkehrbereiten Anhänger Jesu noch die in seine besondere Nachfolge berufenen Jünger waren bereits die „Kirche Christi" oder auch nur das „neue Gottesvolk". Sie sind ja von Jesus keineswegs aus Israel ausgesondert und dem alten Gottesvolk als ein neues gegenübergestellt worden. Und so wird im Neuen Testament weder von den glaubenswilligen Israeliten der öffentlichen Wirksamkeit Jesu als vom „neuen Gottesvolk" gesprochen noch von den „Zwölf" oder den „Jüngern" als dem inneren Kreis oder Kern dieses neuen Gottesvolkes. Als das neue Gottesvolk – vom alten unterschieden und die eschatologische Fortsetzung des alten – gilt der apostolischen Verkündigung erst, aber auch bereits die Kirche, die durch Jesu Tod und Auferstehung ermöglicht wurde. Für alle neutestamentlichen Zeugen ist die Kirche bedingt durch Tod und Auferstehung Jesu. Erst seitdem Jesus von den Toten auferstanden ist, redet die Urchristenheit von „Kirche". Die Kirche (und in diesem Sinn das neue Gottesvolk) ist somit eine nachösterliche Größe. Der wortstatistische Einwand, daß die Bezeichnung ἐκκλησία sich nur in Mt 16, 18, bzw. für die Einzelgemeinde Mt 18, 17 finde, verliert von daher alles Gewicht. Der Kirchengedanke steht oder fällt also keineswegs mit der Echtheit dieses Logions.

Nur angemerkt sei hier, daß die Kirche nicht kurzschlüssig aus den Zentralbegriffen der Verkündigung Jesu abgeleitet werden kann: weder aus der kollektiven bzw. individuell-kollektiven Deutung des Menschensohntitels, die sich bei näherer Überprüfung als unhaltbar erweist[40], noch aus der in den Gleichnissen (Fischnetz, Sauerteig,

[40] Zur Auseinandersetzung mit der vor allem von *F. Kattenbusch* vorgetragenen und im angelsächsischen Bereich besonders von *T. W. Manson, C. J. Cadoux* und auch *V. Taylor* vertretenen kollektiven Deutung vgl. *A. Vögtle*, Der Einzelne, 54–65; zum Restgedanken 80–83.

Saat- und Wachstumsgleichnisse) beschriebenen Gottesherrschaft: diese wird in den Evangelien als eine zukünftige, durch Gottes alleinige Tat und Gabe eintretende Größe verstanden und gerade nicht als ein innerweltlich-diesseitiges, durch die Menschen sich organisch entfaltendes, intensiv und extensiv wachsendes und sich institutionalisierendes Gottesreich auf Erden, das dann mehr oder weniger ausdrücklich mit der Kirche identifiziert wird[41]. So wenig wie der heilswirkende Gott mit den heilsempfangenden Menschen, so wenig darf die Gottesherrschaft mit dem Gottesvolk der Kirche identifiziert werden.

b) Der *vorösterliche* Jesus hat durch seine Predigt und Wirksamkeit für das Erscheinen einer nachösterlichen Kirche die *Grundlagen geschaffen:*

Nicht umsonst sind alle Evangelien an Wirken und Botschaft des vorösterlichen Jesus bis ins Detail hinein interessiert. Die Entstehung der Kirche nach Ostern steht mit dem Wirken des vorösterlichen Jesus in direktem Zusammenhang: Warum? Jesus hat von einer Gegenwart der für die Zukunft verheißenen Gottesherrschaft in seiner Person und seinem Wirken gesprochen, was für den Einzelnen die Stunde der Entscheidung des Glaubens oder Unglaubens, Gehorsams oder Ungehorsams ausmacht. Er hat so das ganze Volk zum Glauben an die Frohbotschaft und zur Umkehr aufgerufen. Er hat zugleich durch seine Botschaft scheidend gewirkt und – wenn auch ohne äußeren Zusammenschluß – doch die die Botschaft glaubend annehmenden Israeliten im Unterschied zu den Ablehnenden für die kommende Gottesherrschaft in einem entscheidenden Sinne neu qualifiziert sein lassen: als die ausschließlichen Heilsanwärter, die zur zukünftigen Heilsgemeinschaft der Enderfüllung gehören. Er hat um sich außer den Zwölf eine größere Zahl von Jüngern geschart, welche die Lebensgemeinschaft mit ihm teilten. Die späteren Glieder der Kirche sind mit den Jüngern Jesu von Nazareth identisch. Jesus hat zugleich mit dem Anbruch der Gottesherrschaft auch das In-Erscheinung-Treten des eschatologischen Messiasvolkes und seinen Jüngern die Zugehörigkeit zu ihm verheißen. Er hat mit einer Zwischenzeit zwischen seinem Tod und der Parusie gerechnet, wenn auch

[41] Vgl. zur Exegese der Wachstumsgleichnisse: *R. Schnackenburg*, Gottes Herrschaft, 98–109.

eine historische Prüfung der Quellen nicht ohne weiteres die positive Annahme erlaubt, Jesus habe Generationen und Jahrhunderte vor sich gesehen. Und insofern Jesus voraussah, daß das zum Heil gerufene Jerusalem nicht gewollt habe und statt dessen Heiden zum eschatologischen Mahle geladen würden, kündigte er für die eschatologische Vollendung ein neues, nicht mehr einfach auf menschlicher Abstammung beruhendes Gottesvolk an. „Es ist ja keine Frage, daß Jesus damit gerechnet hat, daß seine Jünger sich nach seinem Tode und seiner Auferstehung wieder sammeln und am gemeinsamen Mahl teilnehmen würden, daß sie als Wartende und Verfolgte der großen Masse der ungläubigen Glieder des Gottesvolkes gegenüberstehen würden. Das gemeinsame Erleben der persönlichen Gemeinschaft mit dem irdischen Jesus, besonders anläßlich der gemeinsamen Mahlzeiten, mußte ebenso wie die gemeinsame Erfahrung der Auferstehung selbstverständlich zu einem neuen Zusammenschluß der Jünger führen. Es war die persönliche Bindung an Jesus, den jetzt noch verborgenen, aber bald sich in Herrlichkeit offenbarenden ‚Menschen', die nach Jesu Erwartung für die Jünger auch über seinen Tod hinaus bestehen bleiben und die Jünger auch weiterhin miteinander verbinden sollte. Daß dieser Jesus dann nicht mehr als irdischer Mensch unter ihnen weilen würde, daß sie aber würden glauben dürfen, er sei durch die Auferstehung bereits in Gottes Herrlichkeit eingegangen, das mußte nicht nur das Warten auf die Parusie, sondern auch die Gewißheit verstärken, daß die kommende Endvollendung in der Person Jesu in die Gegenwart eingebrochen sei." [42]

c) Kirche gibt es *von Anfang des Auferstehungsglaubens an:* Seit sich Menschen im Glauben an die Auferstehung des gekreuzigten Jesus von Nazareth zusammenfanden und die verheißene Vollendung der Gottesherrschaft und die Erscheinung des Auferstandenen in Herrlichkeit erwarteten, gibt es auch Kirche. Zwar nicht vor Ostern, wohl aber seit Ostern spricht die Urchristenheit von „Kirche". Es gab also nie – wie es zu Beginn unseres Jahrhunderts eine weitverbreitete Auffassung war – eine ursprünglich kirchenlose, enthusiastische Anfangszeit, der erst allmählich die Zeit der sich abgrenzenden Kirche gefolgt wäre. Kirche wurde aber auch von An-

[42] *W. G. Kümmel,* Jesus und die Anfänge, 26 f.

fang des Auferstehungsglaubens an als *Setzung Gottes* verstanden. Als göttliches Werk wurde sie als eine von anderen menschlichen Gruppierungen wesenhaft verschiedene Gemeinschaft betrachtet und mußte sie eine deutlich abgegrenzte Gestalt annehmen. Die Betonung der Tat *Gottes,* der an, in und durch Christus handelt, entspricht dem urkirchlichen Sprachgebrauch. Es überwiegen Ausdrücke wie Kirche *Gottes* (ἐκκλησία τοῦ θεοῦ), Volk Gottes (λαὸς τοῦ θεοῦ), obwohl die Kirche nach ihrem ältesten, außerhalb der Evangelien sich bekennenden Selbstverständnis unleugbar mit Christus und dem Christusgeschehen zu tun hat und vereinzelt auch als Kirche Christi (ἐκκλησία τοῦ Χριστοῦ) (Röm 16, 16; vgl. Gal 1, 22) bezeichnet wird.

d) Die Kirche hat also ihren *Ursprung* nicht einfach in Absicht und Auftrag des vorösterlichen Jesus, sondern *im ganzen Christusgeschehen:* also im ganzen Handeln Gottes in Jesus Christus, von Jesu Geburt, Wirken und Jüngerberufung an bis zu Tod und Auferstehung Jesu und zur Gabe des Geistes an die Zeugen des Auferstandenen. Nicht einfach Wort und Weisung des vorösterlichen Jesus, sondern Gottes Willen in der Auferweckung des Gekreuzigten und in der endzeitlichen Geistgabe bewirkte, daß aus der Gruppe der gemeinsam an den auferstandenen Jesus Glaubenden die Gemeinde derer wurde, die im Gegensatz zum nichtglaubenden alten Gottesvolk beanspruchte, das neue eschatologische Gottesvolk zu sein. Gerade wenn man dieses Heilshandeln Gottes im ganzen Christusgeschehen ernst nimmt, wird man die Legitimität einzelner ekklesiologisch bedeutsamer und besonders nachösterlicher Christusworte nicht davon abhängig machen, ob sie mit den Mitteln historischer Kritik als wirklich gesprochene Äußerungen Jesu nachgewiesen werden können (auch die paulinische Lehre von Taufe, „Christusmystik" und Christusleib läßt sich ja nicht einfach von echten Jesusworten ableiten). Nicht bestimmte Worte Jesu, auch nicht eigentlich seine Lehre, sondern Jesu Person als des verborgenen Messias und als des Auferstandenen war geschichtlich die Wurzel der Kirche.

In diesen Hauptzügen dürften die zahlreichen Exegeten, wie sie in unserer Darstellung durch Kümmel und Vögtle repräsentiert sind, grundsätzlich übereinstimmen, so sehr sie im einzelnen – etwa bezüglich der Naherwartung – manches anders sehen.

Während einzelne Exegeten – wie uns scheint in übertriebener historischer Skepsis – weniger weit gehen möchten, so gehen andere weiter. Vögtle selbst geht, mit Berufung auf J. Jeremias, über Kümmel hinaus, wenn er nicht ohne schwerwiegende Gründe annimmt, Jesus sei aufgrund der tödlichen Feindschaft der geistigen Führung seines Volkes und aufgrund der Ablehnung seiner Heilsbotschaft durch Israel als ganzes dazu geführt worden, in der Funktion des Stellvertreters, des für Israel leidenden Gottesknechtes, den Sinn seines Prophetenschicksals zum Heil für „die Vielen", für Israel und die Heidenvölker zu sehen. Deshalb sei die Evangelienüberlieferung authentisch, die Jesus von einem bestimmten Zeitpunkt an – nur im Jüngerkreis – von seinem Sühnesterben sprechen lasse (besonders deutlich beim Abendmahl); das bundstiftende Sterben ließe dann auch eine Kirchenstiftung nach Mt 16, 18 als möglich erscheinen: „Eine heilsökonomisch völlig neue Situation ergab sich in der Tat damit, daß Jesus den von ihm erwarteten gewaltsamen Tod als Sühnesterben für ‚die Vielen' (d. h. für die Ungezählten aus allen Völkern) von bundstiftender Kraft verstand. Der Nachweis dieses Todesverständnisses Jesu ist der eigentlich entscheidende Punkt in der Frage der Kirchenstiftung. Durch das so verstandene Sterben Jesu wurde eine völlig neue Voraussetzung für das ‚Eingehen in das Gottesreich', für die Zugehörigkeit zur Gemeinschaft der Heilsanwärter bzw. zur Heilsgemeinde der Vollendung geschaffen, dementsprechend auch für einen Neuansatz der Heilsverkündigung und Heilsvermittlung in einer neuen, von der vorösterlichen grundverschiedenen Situation. Von dieser erlösenden, eine neue heilsgeschichtliche Situation schaffenden Bedeutung seines Sterbens sprach Jesus aber – sach- und situationsgemäß, wie wir angesichts der gewonnenen Einsichten wohl nun sagen dürfen – nur in dem eigens konstituierten Zwölferkreis, sicher und jedenfalls beim Abendmahl (J. Jeremias; J. Betz). Hier spricht Jesus das Wort vom ‚Bund', der jetzt, in dieser Situation, als das offenbar wird, was er im Unterschied zu allen zeitgenössischen Versuchen einer Realisierung des Bundesgedankens wirklich ist: ‚neu' – wie die paulinisch-lukanische Fassung verdeutlichend hinzufügt. Im Kreis derselben Jünger, denen der Sinn seines Sterbens geoffenbart wird, erfolgt deshalb – gleich ob jetzt oder früher, jedenfalls ebenso sach- und situationsgemäß – die Verheißung vom künftigen Neubau ‚seiner Kirche', vom Neubau der durch seinen Tod entsündigten Gemeinschaft der Heilserben!" [43]

Wir haben mit dieser kurzen systematischen Darlegung über den Anfang der Kirche, die sich auf gute Gründe maßgebender Exegeten zu stützen vermag, selbstverständlich nicht alle Fragen beantworten

---

[43] *A. Vögtle*, Der Einzelne, 90; zur weiteren Erklärung dieser Hypothese vgl. auch *A. Vögtle*, Exegetische Erwägungen, 624–634; *J. Jeremias*, Die Abendmahlsworte Jesu (Göttingen [3]1960) 210–229; bezügl. der dogmatischen Konsequenzen: *K. Rahner*, Dogmatische Erwägungen über das Wissen und Selbstbewußtsein Christi, in: Schriften zur Theologie V (Einsiedeln-Köln 1962) 222–245.

und alle Schwierigkeiten ausräumen wollen, die sich von der heutigen Exegese und Überlieferungskritik her (etwa in bezug auf Mt 16, 18) ergeben. Wir meinen nur einen möglichen Weg aufgezeigt zu haben, der die geschichtlichen Daten nicht leugnet oder mit Hilfe apriorischer dogmatischer Behauptungen überspringt, sondern der sie zur Kenntnis nimmt und sie verstehend zu bewältigen versucht. Er ist ein – wir meinen es nicht im Sinne eines Kompromisses – mittlerer Weg, der aufgrund der heutigen Forschungslage kritisch verantwortbar ist. Er unterscheidet sich von der einseitigen Ekklesiologie einer ihren Voraussetzungen gegegenüber zu wenig kritischen Schuldogmatik, für die schon der vorösterliche Jesus eine (im Sinne des heutigen katholischen Kirchenrechts) organisierte Kirche beabsichtigt, bzw. dann durch eine formelle juridische Stiftung begründet hat. Er unterscheidet sich ebenso von der einseitigen Eschatologie einer ebenfalls ihren Voraussetzungen gegenüber zu unkritischen Schulexegese, für die der vorösterliche Jesus überhaupt nichts mit der Glaubensgemeinschaft der Kirche zu tun hat. Nicht wer möglichst *viele* Jesusworte der Evangelienüberlieferung als echt ansieht, ist der rechtgläubigste Theologe. Nicht wer möglichst *wenige* evangelische Jesusworte als echt ansieht, ist der kritischste Theologe. Kritikloser Glaube spricht in der Theologie ebenso an der Sache vorbei wie die ungläubige Kritik. Der wahre Glaube hindert die Kritik nicht, sondern stärkt sie. Die wahre Kritik zerstört den Glauben nicht, sondern befruchtet ihn.

Im Grunde wurde in diesem Kapitel nichts anderes getan, als der grundlegende und im Verhältnis zu früheren Lehräußerungen (besonders Antimodernismus) außerordentlich vorsichtig gehaltene Abschnitt 5 der Konstitution de Ecclesia aufgrund der heutigen Forschungslage theologisch begründet, expliziert und präzisiert: „Das Geheimnis der heiligen Kirche wird in ihrer Gründung offenbar. Denn der Herr Jesus machte den Anfang seiner Kirche, indem er *frohe Botschaft verkündigte*, die Ankunft nämlich des *Reiches Gottes*, das von Urzeiten her in den Schriften verheißen war: ‚Erfüllt ist die Zeit, und genaht hat sich das Reich Gottes' (Mk 1, 15; vgl. Mt 4, 17). Dieses Reich aber leuchtet im Wort, im Werk und in der Gegenwart Christi den Menschen auf. Denn das Wort des Herrn ist gleich einem Samen, der auf dem Acker gesät wird (Mk 4, 14): die es im Glauben hören und der kleinen Herde Christi (Lk 12, 32) beigezählt werden, haben das Reich selbst angenommen; aus eigener Kraft sproßt dann der Same und wächst bis zur Zeit der Ernte (vgl. Mk 4, 26–29). Auch die Wunder Jesu erweisen, daß das Reich schon auf Erden angekommen ist: ‚Wenn ich im Finger Gottes die Dämonen austreibe, ist wahrlich das Reich Gottes zu euch gekommen' (Lk 11, 20; vgl. Mt

12, 28). Vor allem aber wird dieses Reich offenbar in der Person Christi selbst, des Gottes- und Menschensohnes, der gekommen ist, ‚um zu dienen und sein Leben hinzugeben als Lösegeld für die Vielen' (Mk 10, 45). Als aber Jesus nach seinem für die Menschen erlittenen Kreuzestod auferstanden war, ist er als der zum Herrn, zum Messias und zum Priester auf immerdar Bestellte erschienen (vgl. Apg 2, 36; Hebr 5, 6; 7, 17–21) und hat den vom Vater verheißenen Geist auf die Jünger ausgegossen (vgl. Apg 2, 33). Von daher empfängt die Kirche, die mit den Gaben ihres Stifters ausgestattet ist und seine Gebote der Liebe, der Demut und der Selbstverleugnung treulich hält, die Sendung, das Reich Christi und Gottes anzukündigen und in allen Völkern zu begründen" (CE 5).

Es sollte auf diese Weise dem Glauben in der Ekklesiologie ein kritischer Weg eröffnet sein, auf dem sich heute verantwortlich und glaubwürdig weitergehen läßt, um das zu deuten, was vom Neuen Testament her gesehen Kirche ist. Es hat sich gezeigt, daß es auch auf dem Hintergrund der eschatologischen Erwartung durchaus einen legitimen Weg von der Botschaft der Gottesherrschaft zur Kirche gibt. Zugleich aber wäre es eine Illusion, bereits in der Botschaft Jesu selbst eine Kirchenverfassung und Kirchenordnung historisch feststellen zu wollen, von der her die auch schon im Neuen Testament feststellbaren Verfassungs- und Ordnungselemente in ein geschlossenes System gebracht werden könnten. Dies schließt aber wiederum nicht aus, daß die Botschaft Jesu Elemente enthält, in denen die junge Kirche auf ihrem sehr komplexen Entwicklungsgang erstrangige Ordnungsfaktoren zu erkennen vermag.

Aber auch bei aller Insistenz auf der historischen Fragestellung darf die existentielle nicht übersehen werden. Ob der Übergang von Jesus von Nazareth und seiner Botschaft zur Urkirche und ihrer Botschaft heute *historisch* als legitim erwiesen werden kann, ist wichtig. Aber abgesehen davon, daß das Entscheidende in diesem Übergang – die Heilsbedeutung des Kreuzes und Auferweckung des Gekreuzigten – nur glaubend erkannt werden kann, ist für die Glaubwürdigkeit der Kirche wichtiger, daß sie in *sachlichem* Zusammenhang mit der Botschaft Jesu und so mit Jesus selbst steht: daß sie nämlich seine Botschaft glaubend hört und überzeugend lebt. Tut sie dies nicht, nützt ihr der erwiesene historische Zusammenhang wenig. Nur wenn die Kirche die Botschaft Jesu lebt, kann sie für den Menschen, der der Botschaft Jesu selbst wenigstens nicht verschlossen gegenübertritt, glaubwürdig sein. Nur dann vermag sie auch die einleitend gestellte Frage Dostojewskis und so vieler anderer positiv zu beantworten. Die Forderung des sachlichen Zusammenhangs zwischen der Botschaft Jesu und der Kirche haben wir zum Abschluß dieses Kapitels zu verdeutlichen.

III. DIE ENDZEITLICHE HEILSGEMEINDE

1. Die Ekklesia als Versammlung, Gemeinde, Kirche

Ohne die Erweckung Jesu zum Leben ist nicht nur christliche Verkündigung und christlicher Glaube leer (1 Kor 15, 14–20). Ohne die Erweckung Jesu zum Leben ist auch die Gemeinde der Glaubenden, die Kirche, sinnlos. Erst durch die Gewißheit, daß der Gekreuzigte als der von Gott Verherrlichte lebt, ward das Rätsel der Person Jesu gelöst und war auch Kirche möglich und wirklich geworden. Die verschiedenen Einzelüberlieferungen von der Auferweckung – die anders als in Apokryphen von den kanonischen Evangelien nirgendwo beschrieben wird – stimmen im Detail nicht überein; das kann schon ein kurzer Vergleich der verschiedenen neutestamentlichen Überlieferungen zeigen. Nur eine den Text vergewaltigende Harmonisierung vermöchte sie zu einer künstlichen Übereinstimmung zu bringen. Aber das haben sie gerade nicht nötig, wollen sie doch nicht Polizeiprotokolle sein. Als Texte der Verkündigung sind sie kerygmatisch inspiriert, sind sie ausgeschmückt und appliziert worden. Im Entscheidenden aber stimmen sie überein: Jesus der Gekreuzigte lebt und ist in der Herrlichkeit Gottes; als der Verherrlichte hat er sich den Jüngern bezeugt. Nicht das genaue Wie, Wann und Wo ist hier wichtig, sondern das Daß.

Der älteste Jüngerkreis beruft sich mit aller Entschiedenheit auf Begegnungen, die er mit dem von Gott zum Leben erweckten Jesus wirklich und unzweifelhaft gehabt hat. Nicht von Einbildungen, nicht von einer grundlosen Gläubigkeit, sondern von wirklichen Erfahrungen des wahrhaft Lebenden, die man zwar ungläubig bestreiten, aber nicht aus dem Jüngerzeugnis hinweginterpretieren kann, hat die Kirche ihren Anfang genommen. Anstelle der Ahnung tritt nun die Gewißheit, anstelle des Zweifels das Bekenntnis. Aus dem verkündigenden Jesus wird der verkündigte Jesus, aus dem

Träger der Botschaft der zentrale Inhalt der Botschaft. Nun wird Jesus von seinen Jüngern erkannt und bekannt, als der er sich geoffenbart hat: der Messias (der gesalbte König – der Christos, später mit Jesus geradezu zu einem Doppelnamen verbunden), der vom Himmel kommende Menschensohn, der Davidssohn, der Knecht und Sohn Gottes, der – so besonders im hellenistischen Bereich – Kyrios, der Herr.

Mit dem glaubenden Bekenntnis wird nun aber zugleich eine *neue Gemeinschaft* Wirklichkeit. Die zerstreuten Jünger sammeln sich wieder in Jerusalem, dem Mittelpunkt der kommenden Gottesherrschaft. Die Erfahrung dieser neuen Gemeinschaft ist für die Jünger ein Anlaß zur Freude und zur Dankbarkeit; nirgendwo berichten die Quellen von irgendeiner Enttäuschung, als sei diese Gemeinschaft nur eine Verlegenheitslösung aufgrund der hinausgezögerten Parusie. Die Jünger feiern die gemeinsame Mahlzeit, das „Brotbrechen" in „Jubel" (Apg 2, 42–47), in eschatologischer Freude. Die neue Gemeinschaft kann die alttestamentlichen Verheißungen, die für die Endzeit gelten, auf sich beziehen. Ihr ist in Erfüllung der alten prophetischen Verheißungen die Gabe der Endzeit, der *Geist Gottes,* geschenkt: das ist der Sinn der Pfingsterzählung. Dieser Geist, der nach jüdischer Auffassung seit den letzten Propheten von Israel gewichen, aber für die Endzeit wieder verheißen ist, wirkt in der neuen Gemeinschaft in vielfältiger Weise: in den neuen Propheten, in den Sprachengaben und Machttaten, im rechten Wort vor Gericht. Von Anfang an wird als Aufnahmeritus in die neue Gemeinschaft die Taufe geübt, wie sie von Johannes vorgebildet wurde, ein die Umkehr bezeugendes Bad der Reinigung von der Sündenschuld im Hinblick auf die kommende Gottesherrschaft, gespendet nun auf den Namen Jesu.

So erweist sich die neue Jüngerschaft vielfältig als die *endzeitliche Heilsgemeinde*[44]. Immer deutlicher und tiefer versteht sie Jesu Gekommensein als das schlechthin entscheidende Ereignis, als das wahrhaftige eschatologische Geschehen. Im Osterglauben überwindet sie das Ärgernis des Kreuzes und erkennt in einer neuen Entscheidung für Jesus seinen Tod als Tod für die Sünder. Im Glauben an den Auferstandenen erkennt sie das Ereignis des Fluches –

[44] Vgl. Lit. unter A I, 3.

so haben die Juden den Kreuzestod verstanden – als Ereignis des Heiles: das Heilsereignis schlechthin. Tod und Auferstehung Jesu werden als die entscheidende eschatologische Tat Gottes erkannt. Sie lassen die irdische Vergangenheit des Gekommenen und die Zukunft des Kommenden in neuem Lichte sehen. Doch nicht erst in einer noch ausstehenden Zukunft, sondern schon in der mit der Auferweckung eröffneten neuen Gegenwart darf die Gemeinde die Macht des auferstandenen Christus erfahren. Er, dessen irdisches Wirken sie nun neu versteht, er, den sie als den kommenden Menschensohn erwartet, er herrscht schon jetzt als der von Gott Erhöhte.

Auf diese Weise erkennt sich die neue Jüngergemeinschaft als die von Gott berufene und erwählte Gemeinde der Endzeit. Die neue Entscheidung der Jünger für Jesus, die nach dem Kreuzestod notwendig geworden war, war nur möglich aufgrund von Gottes eschatologischer Tat in Jesus. So tragen die Glieder der Gemeinschaft mit Recht die eschatologischen Titel: „die Auserwählten" (ἐκλεκτοί), „die Heiligen" (ἅγιοι). Sie bilden die Gemeinschaft, die mit Fug und Recht den großen Titel der alttestamentlichen und zugleich der eschatologischen Gottesgemeinde übernehmen darf: kehal Jahwe, die „Gemeinde Gottes". Mit diesem Namen wurde im Judentum nicht nur Israel, sondern auch das eschatologische Gottesvolk bezeichnet, welches durch die Sammlung des in der Gegenwart zerstreuten und verborgenen Israel offenbar werden soll. Das entsprechende griechische Wort, welches sich als Name für die Gemeinde durchsetzte, war „Ekklesia Gottes" (ἐκκλησία τοῦ θεοῦ), heute kurz *„Kirche"* genannt.

Das Wort Kirche hat sich durch seine verschiedene Verwendung im Laufe der Jahrhunderte als ein sehr vieldeutiges und vielschichtiges Wort erwiesen. Das in den *germanischen* Sprachen übliche Wort (deutsch Kirche, engl. church, schwed. kyrka, vgl. slaw. cerkov) kommt nicht von „curia", wie Luther meinte (was nicht wenig zu seiner Abneigung gegen das Wort Kirche zugunsten von „Gemeinde" beigetragen hat). Das Wort kam nicht von Rom, sondern war aus dem Gotenreich Theoderichs des Großen donauaufwärts und rheinabwärts getragen worden. Sein Ursprung war die byzantinische Volksform κυρικῄ (statt κυριακῄ, zu ergänzen: οἰκία) und meint somit „dem Herrn gehörig", ergänzt: „Haus des Herrn"; kurz könnte man sagen: Kyriosgemeinde. Im Gegensatz zu den germanischen Sprachen haben die *romanischen* Sprachen den direkten Zusammenhang mit dem im Neuen Testament gebrauchten Wort bewahrt: lat. ecclesia, span. iglesia, franz. église, ital. chiesa. Sie alle stammen vom griechischen ἐκκλησία. Und was ist der Sinn dieses Wortes?[45]

Das Wort Ekklesia wird auch im profanen Griechisch gebraucht, wie im Zusammenhang der Erzählung vom Aufruhr gegen Paulus in Ephesus Apg 19, 32. 39 f. zeigt. Wenn etwa Thukydides, Platon, Xenophon und die Späteren von Ekklesia sprachen, wenn die griechischen Bürger auf den Inschriften von der Ekklesia lasen, dann war unmittelbar klar, was gemeint ist: die Bürger sind die ἔκ-κλητοι, die vom Herold Heraus- und Zusammengerufenen; die Ek-klesia ist also „das Herausgerufene", ist die Versammlung dieser Zusammengerufenen: die Volksversammlung. Ekklesia meint also direkt eine (bei allem religiösen Unterton) politische Versammlung, nicht eine kultisch-sakrale. Und Ekklesia meint die aktuelle Zusammenkunft, die jeweilige „Sitzung"; in der Zwischenzeit gibt es keine Ekklesia. Der Unterschied zwischen dieser Ekklesia und der Ekklesia im Sinne von Kirche ist offenkundig. Eine direkte Ableitung des neutestamentlichen Sprachgebrauches aus dem profanen Griechischen ist also unmöglich.

Maßgebend für den neutestamentlichen Ekklesia-Begriff ist gerade nicht die griechische Etymologie, sondern der Wortgebrauch in der griechischen Übersetzung des Alten Testaments. In der Septuaginta kommt das Wort etwa 100mal vor, und zwar fast immer für den an sich profanen hebräischen Begriff kahal = die einberufene Versammlung (eda = Volksgemeinde als Rechts- und Kultgemeinde wird meist mit συναγωγή wiedergegeben). Entscheidend wird ἐκκλησία qualifiziert durch die Beifügung „des Herrn" (bzw. Jahwes). Auch hier ist der Vorgang des Sichversammelns nicht vergessen. Doch nicht daß sich irgendwer und irgendwas versammelt, sondern wer und was sich versammelt, ist ausschlaggebend: daß nämlich Gott versammelt und die Ekklesia so zu einer Versammlung, zu einer Gemeinde *Gottes* wird (auch wenn dann oft nur einfach von der Ekklesia ohne Beifügung die Rede ist). Hier geschieht nicht mehr irgendein Sichversammeln irgendwelcher Menschen. Die Ekklesia Gottes ist mehr als das je ereignishafte Sichversammeln. Ekklesia ist

[45] Vgl. *K. L. Schmidt*, Art. ἐκκλησία in: ThW III, 502–539, und die Art. in den verschiedenen biblischen und theologischen Lexika.

die Versammlung der von Gott zuvor erwählten Schar, die sich um Gott als ihre Mitte versammelt. Ekklesia wird so schon in der Septuaginta zu einem religiös-kultischen Begriff, der dann immer mehr – wie auch das allerdings seltene kahal in den Qumranschriften bezeugt (z. B. 1 QSa 1, 4; 2, 4; Dam 12, 6) – eschatologisch verstanden wird: Ekklesia als die wahre Gottesgemeinde der Endzeit.

Indem die Urgemeinde die Bezeichnung Ekklesia übernahm, erhob sie bewußt den Anspruch, die wahre Gottesversammlung, die wahre Gottesgemeinde, das wahre Gottesvolk der Endzeit zu sein. Während das Wort nicht nur in den Evangelien (außer Mt 16, 18; 18, 17) fehlt, sondern auch in Tit, 2 Tim und Jud (vgl. aber 1 Tim 3, 5. 15; 5, 16), in 1 Jo und 2 Jo (vgl. aber 3 Jo 6. 9f) und schließlich in 1 Petr und 2 Petr (vgl. aber die Äquivalente in 1 Petr 2, 9f), spielt es eine besondere Rolle in der Apostelgeschichte und bei Paulus.

In der *Apostelgeschichte* ist zunächst die Rede von der Ekklesia in Jerusalem (Apg 5, 11; 8, 1. 3; dagegen 7, 38 vom Volk Israel in der Wüste), dann von der Ekklesia in ganz Judäa, Galiläa und Samaria (9, 31). Schon an dieser letzten Stelle sprechen einige Textzeugen von „Ekklesien" in der Mehrzahl, wie es dann auch an anderen Stellen allgemein geschieht (15, 41 mit wenigen Ausnahmen; besonders 16, 5). In der Folge ist dann die Rede von der Ekklesia in Antiochien, von der in Caesarea und von der in Ephesus (wichtig besonders 20, 28). Hier überall geht es – wenn auch nur einmal direkt ausgesprochen, sonst selbstverständlich vorausgesetzt – um die Ekklesia *Gottes:* Gott ist es, der die Seinen sammelt (vgl. 20, 28).

Auch *Paulus* spricht an zahlreichen Stellen von der Kirche in der Mehrzahl (z. B. 1 Kor 11, 16; 14, 33; 2 Kor 8, 18; 11, 8; 12, 13; Gal 1, 2. 22; Röm 16, 4. 16). Singular und Plural gehen vielfach ineinander über; der Artikel wird manchmal gebraucht, manchmal nicht. Der Ort der Ekklesia ist vielfach genannt. Oft ist es eine Stadt: Thessalonich (1 Thess 1, 1; 2 Thess 1, 1), Korinth (1 Kor 1, 2; 2 Kor 1, 1), Kenchreae (Röm 16, 1), Laodikea (Kol 4, 16). Oft aber ist es eine Landschaft: Asien (1 Kor 16, 19), Galatien (1 Kor 16, 1; Gal 1, 2), Makedonien (2 Kor 8, 1), Judäa (Gal 1, 22; 1 Thess 2, 14). Aber auch die kleine Hausgemeinde kann von Paulus Ekklesia genannt werden (Röm 16, 5; Philem 2; vgl. Kol 4, 15), ja, einfach neben die größeren Gemeinden gestellt werden (1 Kor 16, 19). Ausdrücklich ist bei Ekklesia an die zum Gottesdienst versammelte Gemeinde gedacht in 1 Kor 11, 18; 14, 23. 34. Das konkrete Zusammenkommen wird deutlich ausgedrückt in 1 Kor 11, 18. 20. 33f; 14, 23; vgl. 14, 26. Erst im Epheserbrief steht dann die Gesamtkirche in einem neuen Sinn im Vordergrund der Betrachtung, besonders im Zusammenhang mit der einen Kirche aus Juden und Heiden. Aber unter welcher Gestalt die Ekklesia auch immer erscheint, sie ist und wird vielfach ausdrücklich genannt: die Ekklesia Gottes (vgl. 1 Kor 12, 28). Gott handelt durch Jesus Christus. So sind die Kirchen des Neuen Testaments Versammlungen Gottes in Christus: Kirchen, die in Christus Jesus (1 Thess 2, 14; Gal 1, 22), Kirchen Jesu Christi sind (Röm 16, 16). Die germanische Wortgruppe für „Kirche" ist von daher gesehen die durchaus sachgemäße Übersetzung des neutestamentlichen ἐκκλησία. Sachlich meint Ekklesia nichts anderes als Herrengemeinde.

Was ergibt sich aus dem neutestamentlichen Befund des Wortes Ekklesia, den wir hier nur kurz andeuten konnten? Folgende Gesichtspunkte lassen sich festhalten[46]:

a) Ekklesia meint — wie „Versammlung" — zugleich den aktuellen *Vorgang des Versammelns* wie die *versammelte Gemeinde* selbst: Gerade das erste darf nie vergessen werden. Ekklesia ist nicht einfach dadurch, daß etwas einmal eingesetzt, gegründet wurde und dann unverändert so bleibt. Ekklesia ist nur dadurch, daß es immer wieder neu zum konkreten Ereignis des Zusammenkommens, der Versammlung und insbesondere der gottesdienstlichen Versammlung kommt. Die konkrete Versammlung ist die aktuelle Manifestation, Repräsentation, ja Realisation der neutestamentlichen Gemeinde. Umgekehrt ist die Gemeinde der bleibende Träger des immer wieder neu geschehenden Ereignisses der Versammlung. In manchen Sprachen wie im Deutschen wird das Wort „Kirche" auch noch im aktuellen Sinn der Versammlung gebraucht: „Es ist jetzt Kirche", „während, vor oder nach der Kirche" — hier überall ist die aktuelle Versammlung der Gemeinde, ihr Gottesdienst, gemeint.

b) *„Versammlung", „Gemeinde", „Kirche"* sind nicht gegeneinander auszuspielen, sondern in ihrem *Zusammenhang* zu sehen: Schon die unübersehbare Tatsache, daß das Neue Testament selbst,

---

[46] Vgl. Lit. unter A II, 2.

während wir von Versammlung oder Gemeinde oder Kirche reden, immer dasselbe Wort Ekklesia gebraucht, müßte uns davor warnen, hier Gegensätze zu konstruieren. Die drei Worte konkurrieren nicht miteinander, sondern ergänzen sich in der Übersetzung des so dicht gefüllten und vielschichtigen Wortes Ekklesia: „Versammlung" drückt aus, daß die Ekklesia nie nur als eine statische Institution, sondern nur durch das immer wieder neue Ereignis der konkreten Zusammenkunft existiert. „Gemeinde" betont, daß die Ekklesia nie nur eine abstrakt-ferne Hyperorganisation von Funktionären oberhalb der konkret versammelten Gemeinde ist, sondern immer sich an bestimmtem Ort zu bestimmter Zeit und zu bestimmtem Tun versammelnde Gemeinschaft. „Kirche" macht deutlich, daß die Ekklesia nie nur ein unverbundenes Nebeneinander isolierter und selbstgenügsamer religiöser Vereinigungen ist, sondern die untereinander im gegenseitigen Dienst geeinten Glieder einer umfassenden Gemeinschaft. Meist sind diese drei Worte und insbesondere die beiden letzten austauschbar. Zwar betont „Versammlung" mehr das Aktuell-Ereignishafte, „Gemeinde" mehr das Orthaft-Bleibende, „Kirche" mehr das Überörtlich-Gestiftete. Und so wird man in der Übersetzung von Ekklesia manchmal lieber das eine und manchmal lieber das andere gebrauchen. Doch grundsätzlich bleiben sie auswechselbar. Und wie statt von Ortsgemeinde auch von Ortskirche, so kann man statt von Gesamtkirche auch von Gesamtgemeinde sprechen.

c) Jede Ekklesia (= jede Einzelversammlung, -gemeinde, -kirche) *ist* zwar *nicht die* Ekklesia (= die Gesamtkirche, -gemeinde, -versammlung), aber *vergegenwärtigt* voll die Ekklesia: dies besagt zweierlei. *Einerseits:* Die Ortsekklesia ist nicht eine „Sektion" oder „Provinz" der Gesamtekklesia. Sie ist keineswegs eine Unterabteilung der eigentlichen „Kirche", die dann, weil das umfassendere Gebilde, als das rangmäßig Höhere und Primäre verstanden werden müßte. Es ist keine gute Gewohnheit, nur die Gesamtekklesia „Kirche" zu nennen — die Folge eines abstrakt-idealistischen Kirchenbegriffes. Als ob die Kirche nicht an jedem Ort *ganz* da wäre! Als ob ihr nicht die *ganze* Verheißung des Evangeliums und der *ganze* Glaube geschenkt wäre! Als ob ihr nicht die *ganze* Gnade des Vaters zugesprochen, als ob in ihr nicht der *ganze* Christus gegenwärtig sei und ihr nicht der *ganze* Heilige Geist verliehen wäre! Nein, die Ortskirche *gehört* nicht nur zur Kirche. Die Ortskirche *ist* Kirche. Nur von der Ortskirche und ihrem konkreten Vollzug her kann die Gesamtkirche verstanden werden. Die Ortskirche ist also nicht nur eine Aufbauzelle, die weder das Ganze darstellt noch einen Zweck in sich selber hat. Sondern sie ist wirklich Kirche, der an ihrem Platz alles verheißen und gegeben ist, was sie an ihrem Platz zum Heil der Menschen braucht: die Verkündigung des Evangeliums, die Taufe, das Herrenmahl, die verschiedenen Charismen und Dienste. — *Andererseits:* Die „Gesamtekklesia" ist nicht eine „Ansammlung" oder eine „Assoziation" von Ortsekklesien. Die Gemeinden an den verschiedenen Orten werden im Neuen Testament nacheinander und nebeneinander mit dem eigenen und gleichen Namen Ekklesia bezeichnet, wobei Singular und Plural promiscue gebraucht werden. Dabei gibt es in der Apostelgeschichte wie bei Paulus (und insbesondere im Epheserbrief) einen überörtlichen Gebrauch des Wortes Ekklesia. Wenn auch das Verhältnis von Ortskirche und Gesamtkirche im Neuen Testament weder theologisch noch rechtlich dargelegt wird, so ist doch sicher: Die einzelnen Ortskirchen eint mehr als ein gemeinsamer Name, mehr als ein äußerer Zusammenschluß, mehr als eine den Einzelkirchen übergeordnete Organisation. Allen Einzelgemeinden ist das eine und selbe Evangelium, dieselbe Zusage und Verheißung gegeben. Sie alle stehen unter der Gnade des einen und selben Vaters, haben den einen und selben Herrn, sind getrieben vom einen und selben Heiligen Geist der Charismen und Dienste. Sie alle glauben den einen und selben Glauben, sind geheiligt durch die eine und selbe Taufe und gesättigt durch das eine und selbe Mahl. Durch alles dies — und was sollte für sie wichtiger sein? — sind sie nicht nur äußerlich verbunden, sondern innerlich geeint, bilden sie alle nicht nur eine kirchliche Organisation, sondern eine Kirche. Kirche ist nicht ein Dachverband von Einzelgemeinden. Nicht eine Addition der einzelnen Ekklesien ergibt die Ekklesia; die Ekklesia zerfällt nicht in die einzelnen Ekklesien. Sondern an den verschiedenen Orten ist *die* Ekklesia Gottes. Es gibt nicht nur eine korinthische Ekklesia, eine Ekklesia der Korinther, oder eine Ekklesia Korinths, sondern: „die Ekklesia Gottes, wie sie in Korinth ist" (1 Kor 1, 2; 2 Kor 1, 1). Jede Ekklesia, jede Versammlung, Gemeinde, Kirche — sei sie noch so klein, noch so armselig, noch so erbärmlich — vergegenwärtigt voll *die* Ekklesia, die Versammlung, Gemeinde, Kirche Gottes.

d) Die Ekklesia ist als Versammlung von *Menschen* die Versammlung *Gottes:* Es geht in der Ekklesia um ein Zusammenkommen von Menschen, die sich im Glauben zu dieser Gemeinschaft bekennen. Deshalb kann man reden von einer „Ekklesia der Thessalonicher" (1 Thess 1, 1; 2 Thess 1, 1). Aber letztlich nur – wie von Paulus gleich hinzugefügt wird – „in Gott, dem Vater, und dem Herrn Jesus Christus". Ekklesia ist nicht einfach sich sammelnde, sondern gesammelte Glaubensgemeinschaft. Dieses Zusammenkommen von Menschen ist nicht eigenmächtig und willkürlich. Es ist ein gerufenes Zusammenkommen zur „Ekklesia Gottes". Selbst dann, wenn dieser Genitiv nicht ausdrücklich gesetzt ist, ist er zweifellos mitgedacht. Sowohl die Gesamtekklesia wie die Einzelekklesien – der Genitiv findet sich bei singularem wie pluralem Gebrauch – sind „Gottes". Nicht die einzelnen Menschen stehen am Anfang der Kirche. Kirche wird nicht durch die freie Assoziierung der Einzelnen. Kirche ist mehr als die Summe der Glieder. Selbstverständlich gibt es ohne die Entscheidung, ohne den Glauben der Einzelnen keine Kirche. Doch voraus geht die Berufung Gottes. Diese konstituiert die Kirche und macht den antwortenden Glauben überhaupt möglich. Der Mensch kann nicht ohne weiteres darüber verfügen. In diesem Sinne ist Ekklesia zugleich – gegen alles institutionalistische Mißverständnis – die Gemeinschaft der glaubenden Menschen *und* – gegen alles religionssoziologische Mißverständnis – die Stiftung, Setzung und Bestimmung des berufenden Gottes: nur als con-vocatio Dei die con-gregatio fidelium, nur als institutio Dei die communio sanctorum.

Das Ganze kann mit dem Vatikanum II in folgender Weise zusammengefaßt werden: „Diese *Kirche* (Ecclesia) Christi ist wahrhaft in allen rechtmäßigen *Ortsgemeinschaften* der Gläubigen (fidelium congregationes locales) anwesend, die in der Verbundenheit mit ihren Hirten im Neuen Testament auch selbst *Kirchen* (ecclesiae) *heißen.* Sie sind nämlich *an ihrem Ort das von Gott gerufene* (vocatus) *neue Volk* im Heiligen Geist und in reicher Fülle (vgl. 1 Thess 1, 5). In ihnen werden durch die Verkündigung der Frohbotschaft Christi die *Gläubigen versammelt* (fideles congregantur), in ihnen wird das *Mysterium des Herrenmahls* begangen, ‚auf daß durch Speise und Blut des Herrenleibes die ganze Brudergemeinschaft zusammengefügt werde' (Mozarabische Oration) ... In diesen Gemeinschaften, auch wenn sie oft klein und arm sind oder in der Zerstreuung leben, ist Christus anwesend, durch dessen Kraft die eine, heilige, katholische und apostolische Kirche zusammengehalten wird" (CE 26).

Das also ist die „Ekklesia, die Versammlung, Gemeinde, Kirche Gottes in Christus Jesus", wie sie durch Gottes Auferweckung des gekreuzigten Jesus von Nazareth zum Leben und zur Herrschaft und durch die Gabe des Geistes möglich und wirklich geworden ist. Für sie ist – und hier versagen alle Parallelen zum Spätjudentum und auch zur Qumrangemeinde – die entscheidende eschatologische Wende mit Jesus dem Christus schon eingetreten. Die Verheißungen Gottes sind erfüllt, seine Treue ist bestätigt worden: „Als aber die Fülle der Zeit kam, sandte Gott seinen Sohn" (Gal 4, 4). Eröffnet ist so die eschatologische Heilszeit und bald wird sie ihre Voll-Endung erfahren. Diese Endzeit zwischen dem Schon-Erfüllt und Noch-Nicht-Vollendet ist die vor-läufige, ist die Zwischen-Zeit der Kirche. Gerade die Erwartung der baldigen Parusie trägt das Interesse an der Sammlung und Gestaltung der Kirche. Gerade weil sich die Kirche zu Jesus als dem Herrn bekennt, hat sie die Zuversicht, daß der Herr selbst in dieser Endzeit die neue Gemeinde und mit ihr die Welt zu ihrem Ziele führe. So hat sich die Kirche von Anfang an als eschatologische Größe verstanden.

Doch dabei ist es nicht geblieben: Die eschatologische Erwartung erkaltete schon früh, das eschatologische Selbstverständnis der Kirche erlahmte. Christus ist immer weniger der Erwartete, sondern der gegenwärtig von der Kirche In-Besitz-Genommene. Die Kirche erkennt sich immer weniger als die vorläufige Gemeinde. Sie etabliert sich fest in dieser Welt. Es beginnt die Identifikation der Kirche mit dem Reiche Gottes, die sich durch die Jahrhunderte wiederholte und als Reaktion oft eine schlechthinnige Dissoziation von Kirche und Reich Gottes zur Folge hatte. Es ist hohe Zeit, nun aufgrund der bisherigen Untersuchungen das Verhältnis von Kirche und Gottesherrschaft genauer zu bestimmen.

2. *Unterschied und Zusammenhang von Kirche und Gottesherrschaft*

Ist nicht bereits im Neuen Testament – und dies könnte ja für manches in Kirchen- und Theologiegeschichte eine Entschuldigung sein – die ursprüngliche Botschaft Jesu von der Gottesherrschaft sehr bald in der Kirche und durch die Kirche verdrängt worden? Auch hier ist der einfache wortstatistische Befund aufschlußreich und zugleich beunruhigend: Im Lukasevangelium kam die Gottesherrschaft rund vierzigmal vor, in der ganzen *Apostelgeschichte* nur siebenmal (und zudem öfters mit dem Namen Jesu verbunden), in den ausgeführten Missionsreden der Apostelgeschichte überhaupt nicht. Die Basileia-Stellen klingen darüber hinaus recht allgemein und formelhaft.

Aber hier werden wir bereits auf etwas Entscheidendes aufmerksam: derselbe Lukas hat es offenkundig nicht als einen Widerspruch angesehen, in seinem Evangelium die Basileia an zahlreichen Stellen stehen zu lassen und sie in der Apostelgeschichte – wo er sie ja gerade in den Missionsreden leicht hätte zur Sprache bringen können – zurücktreten zu lassen. Warum also dieser offenkundige Unterschied zwischen dem Evangelium und der Apostelgeschichte? Was liegt da dazwischen? Dazwischen liegt Ostern! Und schon die Verkündigungsverben (εὐαγγελίζεσθαι, κηρύσσειν) zeigen, daß nun etwas anderes wichtiger geworden war. Diese haben nun viel öfters Jesus Christus als Objekt denn die Basileia! Gewiß, das Thema der Verkündigung Jesu soll nicht verleugnet, sondern beibehalten werden. Aber aus dem verkündigenden Jesus war durch Tod und Auferstehung der verkündigte Christus geworden. Dieser ist nun die Mitte der apostolischen Verkündigung: der gekreuzigte und von Gott auferweckte und in die Herrlichkeit Gottes eingesetzte Messias, der Christus, in welchem sich die Schriften erfüllt haben. Ihm, dem Herrn, ist die Herrschaft übertragen. Nein, die nachösterliche Gemeinde hat die Gottesherrschaft nicht vergessen. Aber sie hat sie neu verstanden: die Gottesherrschaft ist entscheidend wirksam geworden in der Herrschaft des erhöhten Jesus. In seiner Herrschaft kündet sich die kommende vollendete Gottesherrschaft bereits an. In seiner Herrschaft wirkt sie sich schon aus: in der eschatologischen Gabe der Sündenvergebung und der pfingstlichen Geistmitteilung für jeden, der glaubt und sich taufen läßt. So ist das christologische Verständnis der Gottesherrschaft, das sich schon bei Matthäus und Lukas im Zusammenhang mit dem Begriff der Herrschaft Christi (bzw. des Menschensohnes) findet, von Lukas in neuer Weise aufgenommen und weiterentwickelt worden.

Dieser Befund der Apostelgeschichte wird bestätigt durch *Paulus*. Auch er spricht auffallend selten von der Gottesherrschaft: in den unumstrittenen paulinischen Briefen nur achtmal, davon viermal in der stereotypen Wendung „das Gottesreich erben" (1 Kor 6, 9. 10; 15, 50; Gal 5, 21; vgl. Eph 5, 5). Die eschatologisch-zukünftige Basileia steht im Vordergrund (vgl. auch 1 Thess 2, 12; 2 Thess 1, 5; vgl.

Kol 4, 11), aber auch die gegenwärtige Wirksamkeit und Erfahrbarkeit der Gottesherrschaft wird von Paulus nicht übersehen: „Denn nicht auf Worten beruht die Gottesherrschaft, sondern auf Kraft" (1 Kor 4, 20); „die Gottesherrschaft besteht nicht im Essen und Trinken, sondern in Gerechtigkeit und Frieden und Freude im Heiligen Geist" (Röm 14, 17). Es ist so nicht verwunderlich, daß Paulus ausdrücklich von der gegenwärtigen Herrschaft des erhöhten Herrn in der Zeit zwischen Auferstehung und Parusie spricht: die Herrschaft, die Christus am Ende Gott, dem Vater, übergeben wird, wenn er jede Gewalt, Macht und Kraft wird zunichte gemacht haben; denn er muß herrschen, bis er alle Feinde und zuletzt den Tod unter seine Füße gelegt hat (1 Kor 15, 24–28; vgl. Kol 1, 13; Eph 5, 5; 2 Tim 4, 1. 18; Hebr 1, 8; 2 Petr 1, 11). Das wird die neue vollkommen erlöste Menschheit und die neue Welt sein, in der Gott alles in allem sein wird: die vollendete Gottesherrschaft.

Auf diese Weise ist auch bei Paulus im nachösterlichen Licht verdeutlicht, was Herrschaft Gottes ist: die gegenwärtige Herrschaft Christi, in der sich die kommende vollendete Gottesherrschaft – die nach Paulus ganz eindeutig den endgültigen offenbaren Sieg Christi, die Bekehrung Israels und die Auferweckung der Toten einschließt – bereits ankündigt und in der Gegenwart auswirkt; Jesus als der Christos und Kyrios wird Zentrum auch der paulinischen Verkündigung. Das ist der Grund, weswegen bei der Verkündigung des „Herrn Jesus Christus" der Begriff der Gottesherrschaft zurücktreten wird; im erhöhten Kyrios wird konkret, was die Gottesherrschaft bedeutet, unter der die Kirche steht. Das ist der Grund, weswegen Gottesherrschaft und Christusherrschaft in der paulinischen Verkündigung einander nicht entgegengesetzt, ja nicht einmal bewußt voneinander abgehoben werden: In der Herrschaft des erhöhten Herrn Jesus Christus ist keine andere Herrschaft am Werk als die Herrschaft Gottes selbst; durch Christus übt Gott selbst verborgen, aber höchst wirksam seine Herrschaft über Kirche und Welt aus. So ist von Paulus sachlich bereits vorausgenommen, was dann Lukas als „das Evangelium von der Herrschaft Gottes und vom Namen Jesu Christi" (Apg 8, 12) bezeichnet und womit er auch sein großes zweiteiliges Werk abschließt: Paulus „verkündigte die Herrschaft Gottes und lehrte von dem Jesus Christus mit aller Freimütigkeit ungehindert" (Apg 28, 31). Ähnlich auch 28, 23: „Und er legte ihnen die Herrschaft Gottes dar, indem er dafür Zeugnis gab und sie sowohl aus dem

Gesetz des Moses als aus den Propheten in bezug auf Jesus zu überzeugen suchte vom Morgen bis zum Abend" (Zum königlichen Herrschaftsanspruch im Johannesevangelium, wo statt der Basileia mit Ausnahme von 3, 3. 5; 18, 36 f andere Begriffe, vor allem „das [ewige] Leben" im Vordergrund stehen, vgl. besonders Jo 3, 35; 10, 28; 17, 2 f; aber auch 5, 27; 14, 6)[47].

a) Christi Herr-Sein kündet an und realisiert bereits, was Gottesherrschaft bedeutet. Gerade deshalb ist nun die Gefahr groß, daß in dieser Zwischenzeit die Basileia mit der Kirche gleichgesetzt wird. Die *Identifikation* von Kirche und Basileia liegt nahe, nachdem die Gottesherrschaft bei aller Zukünftigkeit zugleich eine präsentische Dimension aufweist, schon in die Gegenwart hereinbricht und so leicht als ein einfachhin gegenwärtiges und sich entwickelndes „Gottesreich" verstanden werden kann[48].

Vorbereitet durch die Einordnung des Gottesreiches in einen heilsgeschichtlichen Rahmen bei Irenäus und die stark spiritualistisch-ethische Auffassung des Gottesreiches bei Clemens von Alexandrien, hat schon *Origenes* die Gottesherrschaft vor allem als „Reich Gottes in uns", d. h. als Christi Autobasileia in der Seele des Einzelnen verstanden, wobei die Kirche platonisch als das irdische Abbild des himmlischen Gottesreiches erschien. Doch erst die weltgeschichtliche Wende unter Konstantin brachte die „christliche" religiös-politische Reichsidee, wie sie die byzantinischen Hoftheologen (Eusebios von Caesarea) nach dem Programm „ein Gott, ein Logos, ein Kaiser, ein Reich" entwickelten. Für sie ist das *christliche Imperium* die Erfüllung der messianischen Heilszeit. Die Kirche wird dabei dem Imperium als Staatskirche ein- und untergeordnet. Dieser imperialen Reichgottes-Theologie des Ostens war die episkopale Theokratie des Westens, wie sie von Athanasios, Ambrosius, Hilarius und den römischen Bischöfen gegenüber dem byzantinischen Caesaropapismus vertreten wurde, nur sehr bedingt entgegengesetzt. Denn auch diese besagte eine weitgehende Identifikation des Gottesreiches mit der irdischen Wirklichkeit, in diesem Falle mit der hierarchischen Kirche. Die kirchliche Theokratie war immerhin stark genug, um den Zerfall des römischen Imperiums zu überleben.

Augustinus war es, der in dieser Spätzeit die Reichstheologie in genialer Weise umfassend klärte, indem er sie zugleich gegen die konstantinische Kulturtheologie wie gegen die zeitgenössische Apokalyptik abschirmte. Für ihn ist die vom Kaiser regierte Christenheit nicht einfach die vorläufige

---

[47] Zur weiteren Explikation des biblischen Befundes vgl. die Lit. unter B I, 2, bes. *R. Schnackenburg*, Gottes Herrschaft, 181–245.

[48] Zur historischen Entwicklung Lit. unter A I, 2.

irdische Darstellung des endgültigen Gottesstaates. Staat und Kirche stehen für ihn vielmehr in einem Spannungsverhältnis zum endzeitlich-vollendeten Gottesstaat, der erst die Vollzahl der Erwählten erhalten wird. Die Kirche, bzw. deren verborgener Kern (die Auserwählten), erscheint nur als Anbruch des Gottesreiches, insofern die auserwählten Gläubigen schon jetzt mit Engeln und Heiligen an Christi Herrschaft teilnehmen. Aber andererseits wird der apokalyptische Chiliasmus von Augustin verkirchlicht, insofern die Kirche als die geschichtliche Gestalt des tausendjährigen Reichs und so als das Reich Christi gesehen wird. In der Kirche ereignet sich durch die heilsgeschichtliche Zeit hindurch – es ist das sechste Zeitalter seit Adam – der weltgeschichtliche Kampf des Gottesreiches, der civitas Dei, gegen das Reich der Finsternis, die civitas diaboli, in welchem das Gottesreich am Ende der Zeit seinen endgültigen Sieg feiern kann und den himmlischen Frieden erreichen wird.

Die hier nur grob skizzierte tiefsinnige Schau Augustins hatte im ganzen *Mittelalter* zwar einen immensen Einfluß, wurde aber gerade nicht in ihrer ganzen Differenziertheit übernommen. Das Mittelalter ist geprägt durch ein zum Teil recht massives Bewußtsein eines wirklichen Gottesreiches auf Erden; seine Durchsetzung mag wie im Frühmittelalter den Kaisern oder wie im Hochmittelalter vor allem den Päpsten (anders Dante) zugeschrieben worden sein. Die Deutungen wechselten und variierten, doch sowohl für die karolingische wie für die päpstliche Imperiumstheologie war die Christenheit, das von regnum und sacerdotium gelenkte corpus christianum, mit der civitas Dei praktisch identisch. Zur civitas diaboli gehören die Außenstehenden, die Ketzer, Juden und Heiden. So wurden nicht nur die Mission, sondern auch die Kreuzzüge als die Ausbreitung des Gottesreiches verstanden.

Diese Identifikation von Gottesreich und immer mehr verweltlichter Christenheit rief mannigfaltige – und zum Teil wieder in anderer Weise identifizierende – *Reaktionen* hervor: von seiten der apokalyptischen Bewegungen, darauf ist zurückzukommen; von seiten der *Mystik*, die von Eckhart über Tauler, Seuse und Ruysbroek bis zur devotio moderna das Gottesreich radikal verinnerlichte und es mit Gott selbst, erfahren im Seelengrund des Einzelnen, identifizierte; von seiten des *Humanismus* (etwa bei Erasmus), der das Gottesreich moralisierend interpretiert und es nach dem Ideal Christi in Tugend, Wissenschaft und menschlichem Fortschritt zum „Goldenen Zeitalter" herangewachsen sieht; Reaktion schließlich am heftigsten von seiten der *Reformatoren.* Zwingli nimmt allerdings die humanistische Interpretation des Gottesreiches auf, woraus wie bei manchen Anglikanern (Withgift, dann Hooker) eine Identifikation von Gottesreich und christlicher Gesellschaft (civitas christiana, christian commonwealth) folgt. Luthers recht komplexe Reich-Gottes-Auffassung jedoch nimmt in manchem Augustin wieder auf: Für ihn ist das Gottesreich das verborgene Reich des Glaubens, verwirklicht durch die Erlösungstat des Gekreuzigten in der Sündenvergebung, ausgebreitet allein durch das Wort der Verkündigung. Doch zugleich sieht Luther das Reich Gottes wirksam als das geistliche Regiment Gottes in der Welt, welches sich durch die Herrschaft Christi im Verborgenen durchsetzt.

Von hier aus kann er – in Defensive gegen die auf ihn sich berufenden Schwärmer – der weltlichen Obrigkeit theologisch eine starke Stellung zubilligen, die schließlich zu einer weitgehenden Verstaatlichung der Kirche führen wird. Bei Calvin, der unter den Reformatoren die umfassendste Reich-Gottes-Theologie ausgearbeitet hat, führt die Reichgottesauffassung umgekehrt zu einer Verkirchlichung des Staates (Genf!): Die Christokratie hat die ganze menschliche Gesellschaft, Kirche und Staat, zu durchdringen. Das Gottesreich ist der Raum, wo Gott seine Herrschaft durch Christus in Rechtfertigung und Heiligung aufrichtet und dynamisch zur Vollendung führt. Doch wie die anderen Reformatoren hat auch Calvin den entscheidend eschatologischen Charakter der Gottesherrschaft, der allein eine Identifikation nicht nur mit der institutionellen, sondern auch mit der verborgenen Kirche radikal ausschließt, nicht in seiner ganzen Bedeutung ernst genommen.

Die *Neuzeit* bringt dann mannigfaltige und widersprüchliche Ausgestaltungen des Reichgottes-Gedankens, verschieden in der lutherischen und reformierten Orthodoxie, verschieden wiederum in Pietismus und Aufklärung, verschieden dann auch in der katholischen Tübinger Schule (J. S. von Drey, J. B. Hirscher). Aufs Ganze gesehen aber zeichnete sich deutlich ein Zug zur Moralisierung und Verdiesseitigung und schließlich zur Säkularisierung und spekulativen Interpretation des Gottesreich-Gedankens ab. Ein langer und doch nicht unkonsequenter Weg führte so von der Aufklärung und von Kant über Fichte, Schelling, Hegel und Schleiermacher – wo überall das „Reich Gottes" eine höchst bedeutsame Rolle spielt – zu *R. Rothe*, nach welchem Christus von der Kirche befreit werden muß, damit sich das Reich Gottes im Staat als der höchsten Verkörperung von Sittlichkeit und Religiosität realisiere, und zu *A. Ritschl*, nach welchem das Reich Gottes die durch Jesus Christus geoffenbarte religiöse Idee und das sittliche Ideal des Christen ist, das höchste Gut und die Aufgabe gemeinschaftlicher Verwirklichung, zu realisieren nämlich innerhalb der natürlichen Ordnungen des Berufes und des Standes aus der Nächstenliebe heraus, wobei Staat und Kirche als Mittel zum Zweck der Erzeugung des sittlichen Geistes und der sittlichen Vollkommenheit erscheinen.

So war aus der neutestamentlichen Gottesherrschaft in Konsequenz und zugleich in Reaktion auf das Gottesreich, welches mit dem christlichen Imperium und mit der christlichen Kirche identifiziert worden war, schließlich das weithin mit der christlich-bürgerlichen Gesellschaft und Kultur identifizierte innerweltlich-ethische Gottesreich des Kulturprotestantismus geworden, der mit eschatologischer Erwartung nichts mehr anzufangen wußte. Es brauchte die Schockwirkung der Wiederentdeckung (englische Deisten, Reimarus und D. F. Strauß waren vorausgegangen) des streng eschatologisch-transzendenten Charakters der Basileia durch *Johannes Weiß* und *Albert Schweitzer* und den epochalen Umbruch der Theologie im Zusammenhang mit dem ersten Weltkrieg und der dialektischen Theologie („Theologie der Krisis"), um die Diastase zwischen Gottesherrschaft und christlicher Gesellschaft, Gottesherrschaft und Kirche wieder zu sehen und theologisch ernst zu nehmen.

Von der neutestamentlichen Botschaft her, wie sie uns die heutige Exegese wieder neu eröffnet[49], ist es unmöglich, von der christlichen Gesellschaft oder auch nur von der Kirche als dem „Gottesreich auf Erden", der „Jetztgestalt des Gottesreiches", der „Trägerin des Gottesreiches" zu reden. Ebenso ist es nicht richtig, zu sagen – auch wenn es gut gemeint ist –, daß die Kirche das Gottesreich aufbaue, auf der Erde ausbreite, arbeite an seiner Verwirklichung. Betet doch gerade diese Kirche nicht: Dein Reich laß uns verwirklichen! Sondern: Es komme dein Reich! Der transzendent-eschatologische Charakter der Gottesherrschaft als Herrschaft *Gottes* macht es unmöglich, hier eine Identität oder auch nur Kontinuität zu behaupten. Es gibt keine Identität („Kirche = Gottesreich"); denn die Gottesherrschaft im Sinne des Neuen Testaments ist die weltumfassende endzeitlich-endgültige Basileia. Und es gibt keine Kontinuität („Gottesreich entsteht aus der Kirche"); denn das Gottesreich entsteht nicht aus einer organischen Entwicklung, nicht aus einem Reifungs- und Durchdringungsprozeß, sondern aus dem neuen unableitbaren vollendenden Eingreifen Gottes, dem auf der Seite des Menschen Offenheit und Bereitschaft, Gehorsam und Wachsamkeit, Glaube und Umkehr entsprechen soll.

Es muß also statt der Identität der grundlegende *Unterschied* zwischen Kirche und Gottesherrschaft betont werden. Wird das, was im Neuen Testament von der Gottesherrschaft ausgesagt wird, auf die Kirche angewandt, so ist eine unerträgliche Glorifizierung der Kirche nicht zu umgehen. Eine Ecclesiologia gloriae, die die Kirche zum Ziele macht, als ob die Macht und die Herrlichkeit der Gottesherrschaft nicht noch erwartet würde, als ob alle Verheißungen in der Kirche schon erfüllt wären, als ob die Kirche statt zu wandern ruhen dürfte, als ob sie nicht eine Kirche aus Menschen und sündigen Menschen wäre, als ob ihr Wort, ihre Taufe, ihr Herrenmahl nicht etwas kündigten, dessen Vollendung noch aussteht!

Ekklesia ist etwas wesentlich Gegenwärtiges und in der Zukunft Aufgehobenes, Basileia etwas zwar in die Gegenwart Hereingebrochenes, aber zugleich entscheidend Zukünftiges. Ekklesia ist eine Pilgerschaft durch die endzeitliche Zwischenzeit, ein Provisorium, Basileia ist schließlich die endgültige Herrlichkeit am Ende aller Zeit,

---

[49] Vgl. Lit. unter B I, 2.

ein Definitivum. Ekklesia umfängt Sünder und Gerechte, Basileia ist das Reich der Gerechten und Heiligen. Ekklesia wächst von unten, ist irdisch organisierbar, ist Ergebnis einer Entwicklung, eines Fortschrittes, einer Dialektik, kurz, ist entscheidend Menschenwerk; Basileia bricht von oben herein, ist unableitbares Handeln, unverrechenbares Ereignis, kurz, ist entscheidend Gottes Werk. Gott ist Subjekt dieser Herrschaft, als der in königlicher Freiheit und Souveränität handelnde Herr und Vater. Gottesherrschaft ist *seine* Herrschaftswürde, seine Herrschaftstat und sein Herrschaftsbereich.

Nicht die Kirche, die vollendete Gottesherrschaft ist das unter so vielen Gleichnissen Angekündigte: der die Erde überschattende Baum, die reiche Ernte, das von Gott veranstaltete Festmahl, die eschatologische Hochzeitsfeier. Nicht die Kirche, die vollendete Gottesherrschaft ist das Ziel der Schöpfung: die neue Schöpfung, in der die Unterscheidung zwischen Kirche und Welt dahinfällt. Für diese vollendete kosmische Basileia (und für die entsprechenden Bilder) — nicht für die schon in der Gegenwart hereinbrechende — ist dann auch der Name „Reich Gottes", der auf etwas Fertiges und Abgeschlossenes verweist, angebracht.

b) Die Identifikation von Gottesherrschaft und Kirche schlägt sehr leicht in *Dissoziation* um. Zahllos sind die Spielarten gerade des apokalyptischen Utopismus, welcher gegen die Kirche als „Gottesreich auf Erden" protestiert, indem er gegen die Kirche an das künftige Gericht und das Gottesreich appelliert. Das Gottesreich wird hier nicht als Gegenüber der Kirche, sondern als Gegner, nicht als Gegenpol, sondern als Feind betrachtet. Dabei läßt sich nicht übersehen, daß die Apokalyptiker bei allen Abstrusitäten und Irrtümern den kritischen Charakter der Gottesherrschaft in Entscheidendem besser verstanden haben als ihre das kirchliche Establishment oft mit schonungsloser Gewalt verteidigenden Widersacher[50].

Das aus dem Neuen Testament übernommene apokalyptische Motiv — oft mit Naherwartung und Spekulation um das tausendjährige Reich der Apokalypse (Chiliasmus) verbunden — war zu Anfang, etwa bei den Apostolischen Vätern (Barnabasbrief, Ignatios) und den Apologeten (Justin), nicht gegen die Kirche gerichtet. Doch mit der wachsenden Institutionalisierung der Kirche wuchs die Kritik. Und schon im *Montanismus* und bei *Tertullian*

---

[50] Zur historischen Entwicklung Lit. unter A I, 2.

wird der enthusiastisch-pneumatische Reich-Gottes-Gedanke gegen die Großkirche gewendet, während Donatismus und Novatianismus das pneumatische Element in der Kirche betonen. Die mehr und mehr klerikalisierte Reichskirche forderte immer stärkere Opposition heraus. Insbesondere dann im *Hoch- und Spätmittelalter* – von den Spiritualen um den Abt Joachim von Fiore, welche „das dritte Zeitalter des Heiligen Geistes" erwarteten, bis zu dem am Vorabend der Reformation hingerichteten Dominikanermönch Savonarola – wirkte das apokalyptisch-chiliastische und schließlich sogar offen sozial-revolutionäre Reichgottes-Ideal mächtig gegen die verweltlichte Reichskirche. Es zeichnet sich eine Linie ab von Joachim von Fiore und den Spiritualen zu den hussitischen Taboriten und weiter zu den Böhmischen Brüdern und zu den reformatorischen Schwärmern.

Das Schwärmertum der *Reformationszeit* ist in diesem Sinn als Fortsetzung des mittelalterlichen Schwärmertums zu betrachten, empfing aber von Luther ganz neue und entscheidende Impulse. Führte der apokalyptische Reich-Gottes-Gedanke bei den einen (Th. Müntzer, M. Hofmann und den Täufern von Münster) zu einem revolutionären Kampf gegen natürliche Ordnung, Staat und Kirche, so bei den anderen (C. Schwenckfeld, S. Franck) zur mystischen Gleichgültigkeit gegenüber der Welt. Von den reformatorischen Schwärmern führen dann zahlreiche Linien zu den neuzeitlichen *apokalyptischen Sekten* (Irvingianern, Adventisten, Mormonen, Zeugen Jehovas), aber auch – und dies ist nicht weniger wichtig – zu den *säkularisierten Reichsutopien* der sozialistischen Endzeit (K. Marx, F. Engels und die russischen Revolutionäre) und des nationalistischen Messianismus (A. Hitlers „Drittes Reich" als das tausendjährige Reich des Nationalsozialismus). Alle diese Bewegungen waren radikal antikirchlich. Andererseits hatte auch die beginnende *Leben-Jesu-Forschung* und insbesondere die Wiederentdeckung der grundlegenden eschatologischen Dimension in der Verkündigung Jesu bei manchen englischen Deisten, bei Reimarus, Strauß und bei der „konsequenten Eschatologie" deutlich eine antikirchliche Tendenz. Die Kirche mußte ihr vielfach nur als Ersatz und Verlegenheitslösung der von Jesus verheißenen, aber nicht eingetroffenen Gottesherrschaft dienen. So wurde dann ja der von Loisy eingangs zitierte Satz oft verstanden. Aber gerade die hier nur angedeutete Geschichte des Schwärmertums zeigt, daß die Distanzierung von der Kirche noch nicht ohne weiteres näher zur Gottesherrschaft führt. Andererseits muß die Schuld für das Entstehen der meisten Schwarmbewegungen – wenn wir hier einmal von den persönlichen und lokalen „Zufälligkeiten" absehen – weithin im Versagen der verweltlichten Kirche vor Jesu Botschaft von der Gottesherrschaft gesehen werden. Eine vollständige Dissoziation von Gottesherrschaft und Kirche kann nur vermieden werden, wenn die Kirche sich gerade nicht selbst zum Gottesreich macht, wenn sie die Forderungen Jesu nicht in Besitz der Kirche ummünzt.

Die Botschaft Jesu, wie wir sie heute zu sehen vermögen[51], läßt

[51] Vgl. Lit. unter B I, 2.

wie keine Identifikation so auch keine Dissoziation von Kirche und Gottesherrschaft zu. Vom Neuen Testament her, so sahen wir, ist es unmöglich, die Kirche – wenn sie dem ihr bestimmten Wesen entspricht! – als Gegensatz oder Widerspruch zur Gottesherrschaft zu sehen. Diese endzeitliche Gemeinde der Glaubenden ist nicht Lückenbüßer, Verlegenheitslösung, Ersatzreich für das vergebens erwartete Gottesreich. Die endzeitliche Gemeinde der Glaubenden und die Gottesherrschaft stehen nicht feindlich gegeneinander, auch nicht beziehungslos nebeneinander, sondern die Kirche ist auf die Gottesherrschaft hingeordnet, ihr zugeordnet. Statt der Dissoziation muß in dieser Frontstellung der *Zusammenhang* zwischen Gottesherrschaft und Kirche betont werden. Die endzeitliche Gottesgemeinde der Glaubenden kommt von der Verkündigung der Gottesherrschaft her – die Gottesherrschaft ist ihr Anfang und Grund. Und sie geht auf die offenbarende Vollendung der Gottesherrschaft zu – die Gottesherrschaft ist ihr Ziel, ihre Grenze und ihr Gericht. Die Kirche ist nicht das Gottesreich, aber die Kirche schaut auf das Gottesreich aus, wartet darauf, nein, wandert ihm als Pilgervolk entgegen und kündigt es der Welt als Herold an.

Die Kirche ist auf diesem Weg der Pilgerschaft nicht gottverlassen und gottvergessen. Sie hat nicht in totalem Dunkel zu wandern. Sie ist zwar nicht das (zukünftige) Gottesreich, aber sie steht schon jetzt unter der hereingebrochenen Gottesherrschaft. Gewiß, der letzte Sieg der Gottesherrschaft steht für sie noch aus, aber den entscheidenden Sieg hat sie schon hinter sich: in Jesus dem Christus. Gewiß, sie wandert noch unter dem Todesschatten, aber sie hat die Auferstehung nicht nur vor sich, sondern auch schon entscheidend hinter sich: in Jesus dem auferstandenen Kyrios. Dieser lebendige Kyrios ist mit ihr, bleibt bei ihr alle Tage bis ans Ende der Welt, bis zum Kommen des Gottesreiches in Herrlichkeit. Bis dann also steht sie unter der Herrschaft dieses Kyrios, steht sie unter der Christusherrschaft, die wie sie selbst befristet ist durch die kommende Vollendung der Gottesherrschaft. Die Christusherrschaft, unter der verborgen auch die ganze Welt steht, wirkt sich aus in der Kirche: in der Verkündigung des Wortes, das schon jetzt Vergebung der Sünden wirkt, den neuen Menschen schafft und so die Vollendung aller Dinge ankündigt; in der Spendung der Taufe, die den Menschen schon jetzt mit sichtbarer Zeichenhandlung in die endzeitliche Gemeinde eingliedert, in der der alte Mensch in Buße begraben wird und im Glauben der neue Mensch aufersteht, um der neuen Schöpfung zuzugehören; in der Feier des Herrenmahles, welches, bis er wiederkommt, für die Erben des Gottesreiches das eschatologische Heilsmahl in der Herrlichkeit des Vaters ankündigt und repräsentiert. Ihr, der Kirche, ist schon jetzt der Heilige Geist geschenkt, wenn auch nur als Angeld. In ihr wirkt schon, wenn auch dauernd gefährdet, die Liebe, die bleiben wird.

So lebt, harrt und pilgert die Kirche als die eschatologische Heilsgemeinde unter der Herrschaft Christi, welche zugleich die in ihm bereits in der Gegenwart angebrochene Gottesherrschaft ist. So sind die Verheißungen und Kräfte der kommenden Gottesherrschaft durch Christus bereits in der Kirche wirksam und spürbar, hat die Kirche verborgen schon Teil an der anbrechenden Gottesherrschaft. So kann man die Kirche die Gemeinschaft der Anwärter auf das Gottesreich nennen. Aber besser nicht „Vorstufe" des Gottesreiches. Es gibt keine Kontinuität des Schreitens von Stufe zu Stufe, von Kirche zur endgültigen Gottesherrschaft, und die Zugehörigkeit zur Kirche garantiert ja nicht – in diesem Äon der Versuchung und Anfechtung – die Zugehörigkeit zum endgültigen Gottesreich.

Nicht Vor-Stufe, wohl aber *Vor-Zeichen* der definitiven Gottesherrschaft ist die Kirche: Zeichen für die in Jesus Christus schon gegenwärtige Wirklichkeit der Gottesherrschaft, Vorzeichen auf die noch zukünftige Vollendung der Gottesherrschaft hin. So liegt der Kirche ganzer Sinn nicht in sich selbst, nicht in dem, was sie ist, sondern in dem, worauf sie zugeht. Die Gottesherrschaft ist es, die die Kirche erhofft, bezeugt, verkündet. Nicht Bringerin und Trägerin, wohl aber Ausruferin, Ansagerin, *Herold* der kommenden und zugleich schon gegenwärtigen Gottesherrschaft ist die Kirche. Gott selber führt sie herbei. Die Kirche aber steht ganz in ihrem Dienst.

Aber steht die Kirche wirklich ganz in ihrem Dienst? Reden wir noch von der wirklichen Kirche? Ist der Dienst der Kirche an der Gottesherrschaft wirklich eine Tatsache, oder nur eine Theorie, nur ein Programm? Dienst an der Gottesherrschaft: Das ist jedenfalls der Kirche *Verpflichtung:* gegeben, um aufgegeben zu sein.

3. *Im Dienst an der Gottesherrschaft*

Das neutestamentliche und insbesondere das synoptische Kerygma beweist, daß hinter der Verkündigung von Jesus als dem gekreuzigten und auferstandenen Herrn die *Botschaft Jesu selbst* nicht vergessen wurde. Indem die Kirche die Botschaft von Jesus als dem Herrn verkündigt, nimmt sie die Botschaft von der Herrschaft Gottes in konzentrierter Form auf: Sie macht sich zur Sprecherin Jesu selbst. Sie übernimmt die radikalen Forderungen Jesu, sie verkündet sie weiter und wendet sie an. Für die Urchristenheit blieb Jesus der Verkündiger der Gottesherrschaft, der Verkündiger des kompromißlosen Eingehens auf Gottes Willen. Dieselben Forderungen Gottes, die Jesus unter dem Programmwort „Herrschaft Gottes" verkündet hat, verkündet die Kirche nun unter dem Programmwort „Jesus der Herr", weil eben dieser Jesus die Forderungen der Gottesherrschaft beispielhaft bis zum letzten erfüllt hat und so in die Herrlichkeit des Vaters erhöht wurde. Die Kirche will also nichts anderes verkünden, als Jesus selbst verkündete; sie will seine Predigt von der Gottesherrschaft gerade durch die Verkündigung von Jesu Herrschaft genuin fortsetzen. Ihr ist es gegeben, das Geheimnis der Gottesherrschaft zu verstehen (Mk 4, 11 f). So bleibt auch für die Kirche die Gottesherrschaft – in Christus erfüllt, konkretisiert und personifiziert – der Horizont, ja, die Mitte der Verkündigung, aus der die Kirche selber lebt und die sie wiederum der Welt zu bringen trachtet.

Will jedoch die Kirche *glaubwürdiger* Herold, Zeugin, Anzeigerin, Botschafterin im Dienst an der Gottesherrschaft sein, dann muß sie diese Botschaft Jesu immer wieder in erster Linie nicht der Welt, den Anderen, sondern sich selbst sagen, dann muß vor allem die Kirche die Botschaft von der in der Gegenwart hereinbrechenden zukünftigen Gottesherrschaft glaubend ernst nehmen und sich gehorsam immer wieder neu unter die schon gegenwärtige Gottesherrschaft, unter Gottes gnädigen und fordernden Heilswillen, stellen. Ihre ganze Glaubwürdigkeit – und was nützt ihr alles noch so geschäftige und energische Tun, wenn sie nicht glaubwürdig ist? – hängt an ihrer Treue zur Botschaft Jesu. Die fünf Perspektiven der Verkündigung der Gottesherrschaft durch Jesus, wie wir sie zu Beginn dieses Kapitels betrachtet haben, werden so zu ekklesiologischen Imperativen.

a) *Jesus* hat die Gottesherrschaft als eine entscheidend *zukünftige, endzeitlich-endgültige* verkündigt. Wenn die *Kirche* in der Nachfolge Christi die Gottesherrschaft als eine zukünftige, endzeitlich-endgültige verkündet, dann heißt dies als Imperativ für sie selbst:

Sie darf sich in dieser Endzeit nicht zur Mitte der Verkündigung machen, sondern sie hat von der in Christus erfüllten Gottesherrschaft herkommend hinauszuweisen auf die Gottesherrschaft, die sie erwartet als die kritische Vollendung ihres Auftrages. Sie geht der nicht nur partikulären, sondern universalen, der nicht nur vorübergehenden, sondern definitiven Offenbarung von Gottes siegender Herrlichkeit erst entgegen. Sie darf sich also nicht als Selbstzweck hinstellen, als ob sie je eine in sich selbst schwingende und beruhigte Herrlichkeit sein könnte! Als ob die Entscheidung des Menschen sich eigentlich nicht primär auf Gott, nicht auf Jesus den Christus, sondern auf die Kirche bezöge! Als ob *sie* das Ende und das Vollendete der Weltgeschichte, als ob sie das Definitivum wäre! Als ob *ihre* Definitionen und Deklarationen und nicht das Wort des *Herrn* in Ewigkeit bliebe! Als ob *ihre* Institutionen und Konstitutionen und nicht die Herrschaft Gottes die Zeiten überdauerte! Als ob die Menschen für die Kirche, und nicht die Kirche für die Menschen und gerade so für die Herrschaft Gottes da wäre!

Eine Kirche, die in dieser Endzeit vergißt, daß sie etwas Vorläufiges, Provisorisches, Zwischen-Zeitliches ist, die ist überfordert, sie ermüdet, erschlafft und stürzt, weil sie keine Zukunft hat. Eine Kirche aber, die immer daran denkt, daß sie ihr Ziel nicht in sich selbst, sondern im Gottesreich finden wird, die vermag durchzuhalten: Sie weiß dann, daß sie nicht überfordert ist, daß sie gar nichts Endgültiges zu erstellen, keine bleibende Heimat zu bieten braucht, daß sie gar nicht verwundert sein muß, wenn sie in ihrer Vorläufigkeit von Zweifeln geschüttelt, von Hindernissen blockiert und von Sorgen erdrückt wird. Ja, wenn sie das Endgültige zu sein hätte, müßte sie verzweifeln. Wenn sie aber nur das Vorläufige ist, darf sie Hoffnung haben. Ihr ist verheißen, daß sie die Pforten der Hölle nicht überwältigen werden.

b) *Jesus* hat die Gottesherrschaft als *mächtige Tat Gottes selbst* verkündet. Wenn die *Kirche* in der Nachfolge Christi die Gottesherrschaft als mächtige Tat Gottes selbst verkündet, dann bedeutet dies als Imperativ für sie selbst:

Sie darf in dieser Endzeit bei aller äußersten Anstrengung im Dienst an der Gottesherrschaft das Gottesreich nicht selbst schaffen wollen. Gott schafft es *für* sie. Auf sein, nicht auf ihr Tun darf sie ihr ganzes Vertrauen setzen. Die Kirche hat es nicht vollbracht, sie wird es nicht vollbringen, sie kann es nur bezeugen. Kann die Kirche in dieser Endzeit mehr tun, als um die Gottesherrschaft flehen, sie suchen, sich und die Welt auf die Gottesherrschaft wirkend und leidend intensiv vorbereiten? Kann sie selber je über das Kommen seines Reiches verfügen? Dürfte sie sich je selber verherrlichen und sich gegenüber Gott und den Menschen ihrer eigenen Lebens- und Gestaltungskraft rühmen? Dürfte sie je gegenüber Gott durch ihre Entschlüsse, Vorschriften und Vorstellungen Ansprüche erheben, statt für Gottes Anspruch in der Welt einzutreten? Könnte sie je der Gnade Gottes in kirchlicher Besserwisserei mißtrauen und auf eigene selbstgemachte Hoheit und Größe aus sein? Dürfte sie je gar selber Gnade zu schenken vermeinen, statt ihrer stets immer wieder zu bedürfen? Hat sie nicht die Gnade immer anspruchslos und vertrauend wie ein Kind mit leeren Händen zu empfangen? Hat sie sich nicht auch dann, wenn sie ihre Pflicht erfüllt hat, als unwürdige Magd zu betrachten?

Eine Kirche, die sich einbildet, *sie* schaffe in dieser Endzeit das Entscheidende, sie müsse aus eigener Kraft und Leistung das Gottesreich herbeiführen, aufbauen, errichten, die zerstreut und zerstört, weil es ihr am selbstlosen, ganz auf Gottes entscheidende Tat vertrauenden Glauben gebricht. Eine Kirche aber, die im vertrauenden Glauben überzeugt ist, daß Gott diese Endzeit inauguriert, trägt und beherrscht und daß er die neue vollendete Wirklichkeit der Welt und des Menschen schenken wird, die sammelt und baut auf, weil ihrem demütigen Vertrauen die Kraft geschenkt wird. Sie weiß dann, daß bei all ihrem Sichmühen letztlich nicht *ihre* Theorien und ihre Praktiken den Ausschlag geben, daß nicht ihr Leistungskatalog und ihre Glanzstatistiken das Kommen des Gottesreiches verbürgen, daß sie deshalb kein ausbleibendes Echo am weiteren Ruf verhindern, kein Mißerfolg sie trostlos machen darf. Ja, wenn sie selber den entscheidenden Sieg zu erkämpfen hätte, dann müßte sie aufgeben. Wenn ihr aber der letzte Sieg ohne ihr Zutun von oben geschenkt wird, dann kann sie in gläubiger Zuversicht schon jetzt das Letzte einsetzen und die Welt verändern. Ihr ist verheißen, daß ihr Glaube Berge zu versetzen vermag.

c) *Jesus* hat die Gottesherrschaft als eine *rein religiöse Herrschaft* verkündet. Wenn die *Kirche* in der Nachfolge Christi die Gottesherrschaft als eine rein religiöse Herrschaft verkündet, dann bedeutet dies als Imperativ für sie selbst:

Sie kann sich in dieser Endzeit nie und nimmer als eine religiös-politische Theokratie aufführen. Ihre Bestimmung ist die geistliche Diakonie. Statt ein Imperium geistlich-ungeistlicher Macht aufzurichten, ist ihr die Gnade gegeben, Ministerium in Knechtsgestalt zu sein: Gottesdienst als Menschendienst und Menschendienst als Gottesdienst. Wie könnte sie dann in dieser Endzeit je zu den Methoden weltlicher Machtergreifung und Machtdurchsetzung, politischer Strategie und Intrige Zuflucht nehmen? Wie könnte sie weltlichen Glanz und Prunk ausstrahlen, wie Ehrenplätze zur Rechten und zur Linken verteilen, wie weltliche Würdetitel und Auszeichnungen vergeben wollen? Wie könnte sie die Güter dieser Welt, Geld und Gold, über das Notwendige hinaus horten wollen? Wie könnte sie sich mit den Mächten dieser Welt verquicken, wie sich mit irgendeiner weltlichen Gruppierung, einer politischen Partei, einem kulturellen Zweckverband, einer wirtschaftlichen und sozialen Machtgruppe einfach identifizieren, wie sich für ein bestimmtes wirtschaftliches, soziales, kulturelles, politisches, philosophisches, weltanschauliches System unkritisch und unbedingt einsetzen können? Wie könnte sie diese weltlichen Mächte und Systeme mit ihrer revolutionären Botschaft nicht immer wieder beunruhigen, befremden, stören, in Frage stellen und gerade so dann auch ihren Widerstand und ihren Angriff erfahren müssen? Wie könnte sie um Leiden, Verachtung, Verleumdung, Verfolgung herumkommen? Wie könnte sie statt eines Kreuzweges einen Triumphweg gehen wollen? Wie könnte sie so die Außenstehenden je als ihre zu hassenden und zu vernichtenden Feinde sehen und nicht vielmehr als ihre mit verstehender und helfender Liebe zu umfangenden Nächsten?

Eine Kirche, die in dieser Endzeit übersieht, daß sie zum selbstlosen Dienst an den Menschen, an den Feinden, an der Welt da ist, verliert ihre Würde, ihre Geltung, ihre Existenzberechtigung, weil sie die wahre Nachfolge Christi aufgibt. Eine Kirche aber, die sich bewußt bleibt, daß nicht sie, sondern die Gottesherrschaft „in Macht und Herrlichkeit" kommen wird, die findet in ihrer Kleinheit ihre wahre Größe: sie weiß dann, daß sie gerade ohne Macht- und Prachtentfaltung groß ist, daß sie nur höchst bedingt und beschränkt mit der Zustimmung und Unterstützung der Mächtigen dieser Welt rechnen kann, daß ihr Dasein von der Welt immer wieder ignoriert, vernachlässigt und nur toleriert, oder aber bedauert, beklagt und weggewünscht wird, daß ihr Wirken immer wieder belächelt, verdächtigt, mißbilligt und gehindert wird, daß für sie aber trotzdem über allen anderen Herrschaften unangreifbar Gottes Herrschaft ist. Ja, wenn der Kirche Welt-Macht ihre Stärke zu sein hätte, dann müßte sie in der Welt verzagen. Wenn aber ihre Stärke im Kreuze Christi und in ihrem Kreuze liegt, dann ist ihre Schwäche ihre Stärke, und sie kann ohne Angst im Bewußtsein des von vorneherein garantierten Auferstehungssieges ihren Weg gehen. Ihr ist verheißen, daß sie, wenn sie ihr Leben hingibt, es gewinnen wird.

d) *Jesus* hat die Gottesherrschaft *als Heilsereignis für die Sünder* verkündet. Wenn die *Kirche* in der Nachfolge Christi die Gottesherrschaft als Heilsereignis für die Sünder verkündet, dann besagt das für sie als Imperativ:

Sie darf in dieser Endzeit bei allem Gegensatz zur Welt und ihren Mächten sich nie als drohende, einschüchternde und Unheil verkündigende, angstmachende Institution gebärden. Statt einer Unheilskunde soll sie der Welt die Heilsbotschaft, statt einer Drohansage die Freudenbotschaft, statt einer Kriegserklärung die Friedensbotschaft künden. Ist doch die Kirche nicht für die Frommen und Gerechten, sondern für die Sünder und Gottlosen da! Soll sie doch nicht verurteilen und verdammen, sondern bei allem Ernst der Botschaft heilen, verzeihen und retten! Sollen doch auch ihre oft unumgänglichen Mahnungen nie Selbstzweck, sondern Hinweis auf Gottes Gnadenangebot sein! Kann sie doch auch selbst bei allen ihr widerfahrenden Gnadenerweisen und gerade wegen dieser Gnadenerweise sich nie als selbstgerechte Kaste oder Klasse der Reinen und Heiligen aufspielen! Kann sie doch nie das Böse, Unheilige und Gottlose nur außerhalb ihrer selbst wähnen! Gibt es doch nichts an ihr, was vollkommen, was nicht gefährdet, gebrechlich, fragwürdig, was nicht immer wieder der Korrektur und der Überbietung bedürftig wäre! Geht doch die Front zwischen Welt und Gottesherrschaft mitten durch die Kirche, mitten durch das Herz des einzelnen Kirchengliedes!

Eine Kirche, die in dieser Endzeit nicht zur Kenntnis nehmen will, daß sie aus sündigen Menschen bestehend für sündige Menschen da ist, wird hartherzig, selbstgerecht und erbarmungslos; sie verdient weder das Erbarmen Gottes noch das Vertrauen der Menschen. Eine Kirche aber, die damit ernst macht, daß erst die vollendete Gottesherrschaft Weizen und Unkraut, gute und faule Fische getrennt haben wird, der wird aus Gnade die Heiligkeit und Gerechtigkeit geschenkt, die sie selber sich nicht zu verschaffen vermag. Eine solche Kirche weiß dann, daß sie der Welt kein hochmoralisches Theater vorzuspielen braucht, als ob bei ihr alles zum besten bestellt sei, daß sie ihre Schätze in sehr irdenen Gefäßen trägt, daß ihre Lichter bescheiden und flackernd, ihr Glaube schwach, ihr Erkennen zwielichtig und ihr Bekennen stammelnd ist, daß es keine einzige Sünde und Verfehlung gibt, die ihr nicht zur Verlockung werden kann und der sie nicht auch schon in dieser oder jener Weise erlegen ist, daß sie bei aller dauernden Distanzierung von der Sünde nie Anlaß hat, sich von den Sündern zu distanzieren. Ja, wenn die Kirche selbstgerecht auf Sünder und Zöllner herabblickt, dann kann sie nicht gerechtfertigt ins Gottesreich eingehen. Wenn die Kirche aber als Gemeinschaft der zur Gerechtigkeit und Heiligkeit Berufenen sich ihrer Schuld und Sünde bewußt bleibt, dann darf sie fröhlich und getrost von der Vergebung leben, dann dürfen in der anbrechenden Gottesherrschaft ihre Unheiligen Heilige sein und dann braucht sie trotz vieler fast unwiderstehlicher Versuchungen und ihr immer wieder unterlaufenden Fehlern und Mißgriffen sich nicht zu ängstigen. Ihr ist die Verheißung gegeben, daß, wer sich selbst erniedrigt, erhöht wird.

e) *Jesus* hat für die Gottesherrschaft die *radikale Entscheidung des Menschen für Gott* gefordert. Wenn die *Kirche* in der Nachfolge Christi für die Gottesherrschaft eine radikale Entscheidung für Gott fordert, dann bedeutet dies als Imperativ für sie selbst:

Auch die Kirche selbst ist in dieser Endzeit vor die Wahl gestellt: Gott und seine Herrschaft oder die Welt und ihre Herrschaft. Auch sie darf sich durch nichts von einer radikalen Entscheidung für Gott abhalten lassen. Gerade sie hat sich immer wieder von der Botschaft der Welt in Metanoia abzuwenden und unter die kommende Gottesherrschaft zu stellen, um sich von da her in Liebe der Welt und den Menschen zuzuwenden: nicht in asketischer Aussonderung aus der Welt also, sondern im radikalen Gehorsam der Liebe gegenüber Gottes Willen im weltlichen Alltag, nicht in Flucht vor der Welt, sondern in

Arbeit an der Welt. Vor diesem radikalen Gehorsam gegenüber Gottes Willen kann die Kirche sich nicht drücken. Als ob etwa das im Evangelium Geforderte nur der „bösen Welt" und nicht auch der immer wieder neu verweltlichten Kirche gelten würde! Als ob die Kirche den Gehorsam gegenüber Gottes heiligem Willen durch den Gehorsam gegenüber sich selbst ablösen könnte! Als ob sie ihre eigenen liturgischen, dogmatischen und rechtlichen Gesetze und Vorschriften, Überlieferungen und Gewohnheiten als Gebote Gottes ausgeben, sie über oder auch nur neben den Willen Gottes, wie er in Jesus Christus laut geworden ist, stellen dürfte. Als ob sie die je zeitbedingten Festsetzungen zu ewigen Normen erklären dürfte, die dann nur durch gekünstelte und gequälte Interpretation an die je neue Gegenwart angepaßt werden können. Als ob sie in Entscheidendem „Kamele verschlucken" und andererseits mit kleinlicher Kasuistik „Mücken seihen" dürfte! Als ob sie so die Last zahlloser Gesetze und Vorschriften auf die Schultern der Menschen legen dürfte, die diese nicht zu tragen vermögen! Als ob sie statt eines Herzensgehorsams aus Liebe zu Gott einen blinden Gehorsam aus Furcht verlangen dürfte, der nicht gehorcht, weil er die Forderung versteht und bejaht, sondern nur weil es geboten ist, und der anderes täte, wenn es nicht geboten wäre. Als ob es ihr je statt um die innere Gesinnung um die äußere Legalität, statt um die „Zeichen der Zeit" um die „Überlieferungen der Alten", statt um die Herzenslauterkeit um den Lippendienst, statt um den absoluten unverkürzten Gotteswillen um die „Gebote von Menschen" gehen dürfte.

Die Kirche, die in dieser Endzeit vergißt, wem sie zu gehorchen hat, die die Herrschaft an sich selbst reißt, die sich souverän macht, die sich zur Herrin aufwirft, die legt sich selbst in Ketten und versklavt sich. Die Kirche aber, die bei allem Versagen stets auf die Gottesherrschaft aus ist und daran denkt, wem sie gehört, für wen sie sich entschieden hat, für wen sie sich immer wieder neu kompromißlos und rückhaltlos zu entscheiden hat, die wird wahrhaft frei: frei zur Nachfolge des Dienstes Christi an der Welt, frei für den Gottesdienst, in welchem sie den Menschen dient, frei für den Menschendienst, in welchem sie Gott dient, frei für die Überwindung des Leides, der Sünde und des Todes durch das Kreuz des Auferstandenen, frei für die umfassende schöpferische Liebe, die die Welt verändert und erneuert, frei für die unerschütterliche tatkräftige Hoffnung auf das kommende Gottesreich der vollen Gerechtigkeit, des ewigen Lebens, der wahren Freiheit und des kosmischen Friedens, auf die endgültige Versöhnung der Menschheit mit Gott und die Aufhebung aller Gottlosigkeit! Ja, wenn die Kirche ihr Herz an die Welt oder an sich selbst hängt, macht sie die Menschen unglücklich, elend und versklavt. Wenn sie es aber an Gott den Herrn und an ihn allein hängt, dann macht sie durch Gottes freie Gnade die Unfreien frei, die Trauernden fröhlich, die Armen reich, die Elenden stark, die Lieblosen lieb. Ihr ist verheißen, daß, wenn sie sich bereit macht und bereit hält, Gott selber *alles neu* machen wird, um alles in allem zu sein.

Ist es nötig, abschließend nochmals zu betonen, daß die Kirche ihren unbeschreiblich großen Auftrag nur dann zu erfüllen vermag, wenn sie darum bittet, alle Morgen neu? Was sie von Natur nicht ist, das kann ihr aus Gnade geschenkt werden: „Dein Reich komme" (Mt 6, 10). Und wie manche Textzeugen hinzufügen: „Denn dein ist das Reich und die Kraft und die Herrlichkeit in Ewigkeit" (Mt 6, 13). Oder wie die Didache ältestes Gebetsgut der Kirche überliefert:

„Gedenke, Herr, deiner Kirche,
sie zu retten von allem Bösen
und sie zu vollenden in deiner Liebe.
Und führe sie von den vier Winden zusammen,
sie, die Geheiligte,
in dein Reich, das du ihr bereitet hast" (10, 5).

So muß Jesus mit seiner Botschaft und mit der Kraft seines Geistes immer wieder neu zur Kirche kommen. Nicht um sie zu „stören", außer dann, wenn sie wie der Großinquisitor meint, es ohne ihn und seine Botschaft besser machen zu können. Sondern um die zu wecken, die immer wieder müde und träge schlafen will; die zu erleuchten, die auf ihrem Pilgerweg so oft nicht mehr weiter weiß; die zu stärken, die so oft bei allen Schwierigkeiten, Hemmnissen und Angriffen ermatten möchte; die zu beleben, die an so manchen Orten und in so vielen Gliedern am Sterben ist; die zu retten für das Gottesreich, die so oft angesichts des gelobten Landes aufgeben möchte. Nein, nicht: „Warum kommst du, uns zu stören?" Sondern: „Herr, eile uns zu helfen!"

Hat die Kirche eine Zukunft, eine Zukunft in der modernen Welt? so wurde zu Beginn gefragt. Die grundlegende Antwort ist gegeben: *Wenn* die Kirche die Botschaft Jesu Christi glaubt, verkündet und überzeugend tätig lebt, dann hat sie auch in der modernen Welt und Menschheit eine Zukunft. Dann ist ihr über alle je moderne Zeit hinaus nicht nur eine, sondern *die* Zukunft, die einzige vollendete, die absolute Zukunft geschenkt: das Gottesreich. Mehr kann niemand versprechen und schenken.

Es dürfte in diesem Kapitel deutlich geworden sein, was Jesus eigentlich wollte, und inwiefern und unter welchen Bedingungen sich die Kirche auf Jesus berufen darf. Es dürfte auch deutlich geworden sein, daß auch nach dem Heilsereignis von Jesu Christi Tod und Auferstehung der Welt in dieser Endzeit Zeit gegeben ist: Zeit zur Verkündigung des Evangeliums, Zeit zum Antworten, zum Glauben, zur Umkehr, zum tätigen Dienst in Liebe. Das ist die Zeit der endzeitlichen Heilsgemeinde der Glaubenden und Liebenden, die Zeit der Kirche: eine befristete, aber eine wirklich geschenkte Gnadenzeit!

Das Entscheidende über der Kirche Wesen in der wechselnden Gestalt, über ihre Aufgabe trotz ihres Unwesens dürfte damit ausgesagt sein. Und sollte es nicht möglich sein, daß mindestens bis hierher – und das wäre schon unendlich viel – der Großteil der gespaltenen Christenheit in bezug auf die *entscheidenden* Linien zustimmen könnte, so daß die Differenzen mindestens keine *kirchenspaltenden* Differenzen zu sein bräuchten? Der kirchenspaltenden Differenzen blieben noch genug. Doch ließe sich denken, daß ein weiter Konsensus sich (bei allen den ungezählten theologischen *Schul*differenzen, die oft quer durch die verschiedenen christlichen Konfessionen gehen!) auch auf die – hier nun zu entfaltende – Grundstruktur der neutestamentlichen Gemeinde erstrecken könnte. Wie versteht sie sich denn selbst, diese Ekklesia, diese endzeitliche Heilsgemeinde, die wir bisher nur erst recht allgemein und umrißhaft kennengelernt haben? Wie umschreibt sie denn selber genauer ihr Wesen?

C. DIE GRUNDSTRUKTUR DER KIRCHE

I. KIRCHE ALS GOTTESVOLK

1. *Losgelöst vom Judentum?*

Die nachösterliche Jüngergemeinschaft Jesu – die endzeitliche Heilsgemeinde, die Ekklesia Gottes, die Versammlung, die Gemeinde, die Kirche Gottes? Sind diese und andere Attribute nicht alle etwas zu hoch gegriffen? Sieht die Wirklichkeit dieser „Kirche" nicht ganz anders aus? War diese „Kirche", nach ihrer äußeren Erscheinung und ihrem alltäglichen praktischen Handeln zu schließen, wirklich mehr als ein Konventikel messiasgläubiger Juden mit einem bestimmten Sonderbekenntnis? Waren sie mehr als etwa die Zeloten, die nach politischer Revolution riefen, oder die Pharisäer, die die moralische Reform nach dem Gesetz forderten, oder die Essener, die als die auserwählte Gemeinde in die Wüste zogen? Waren sie also mehr als eine religiöse Sonderrichtung, die eine religiöse Sonderauffassung bekannte und praktizierte, die aber im übrigen die Verbindung mit dem jüdischen Volksverband aufrechterhielt?[1]

---

[1] Vgl. die einschlägigen Abschnitte der Geschichten des Urchristentums (s. auch die zu Beginn von B II, 3 genannten Autoren), der biblischen und theologischen Lexika, der Theologien des NT (bes. *R. Bultmann*) und der Kommentare zur Apostelgeschichte (bes. die neueren v. *F. F. Bruce, E. Haenchen, B. Reicke, G. Stählin, A. Wikenhauser, C. S. C. Williams*); Forschungsbericht v. *E. Grässer* in: Theologische Rundschau 26 (1960) 93–167. Als neueste Darstellungen der apostolischen und nachapostolischen Zeit mit reichen Lit.-Angaben sind wichtig: von evangelischer Seite *L. Goppelt*, Die apostolische und nachapostolische Zeit. Die Kirche in ihrer Geschichte. Hrsg. v. K. D. Schmidt und E. Wolf. I (Göttingen 1962); von katholischer Seite *K. Baus*, Von der Urgemeinde zur frühchristlichen Großkirche, in: Handbuch der Kirchengeschichte I. Hrsg. v. H. Jedin (Freiburg i. Br. 1962); Geschichte der Kirche. Hrsg. v. L. J. Rogier, R. Aubert und M. D. Knowles. Bd. I: Von der Gründung der Kirche bis zu Gregor d. Gr., v. *J. Daniélou* und *H.-I. Marrou* (Einsiedeln-Köln 1963). Zur ntl. Ekklesiologie vgl. Lit. unter A I, 3 und B II, 3; zur historischen Entwicklung der Ekklesiologie unter A I, 2.

Selbst die vielfach idealisierende (vgl. Paulusbriefe) und als historische Quelle nur mit Vorsicht zu gebrauchende Apostelgeschichte – indirekt gibt auch die synoptische Überlieferung, welche verschiedentlich Verhältnisse der Gemeinde widerspiegelt, Auskunft – läßt deutlich durchblicken, daß die Jüngergemeinschaft Jesu auch nach Pfingsten einfach als eine religiöse Partei innerhalb der jüdischen Volksgemeinschaft erschien: „die Sekte, Partei (αἵρεσις) der Nazoräer" (Apg 24, 5; vgl. 24, 14; 28, 22). Eine Art von Sondersynagoge also, was es ja damals gab, oder eine besondere Lehrgruppierung.

Sonderten sich die Jünger Christi nicht weniger ab als etwa die Essener? Hielten sie ihre Versammlungen nicht im Tempelbezirk ab (Apg 2, 46)? Hielten sie nicht allem Anschein nach an den jüdischen Opferbräuchen (vgl. Mt 5, 23 f) und an der Tempelsteuer (vgl. Mt 17, 24–27) fest? Unterzogen sie sich nicht der synagogalen Rechtsprechung (vgl. Mk 13, 9; Mt 10, 17)? Hielten sie nicht – trotz der kritischen Distanz und relativen Freiheit ihres Meisters gegenüber den kultisch-rituellen Gesetzesforderungen – grundsätzlich am alttestamentlichen Gesetz fest (vgl. Mt 5, 17–19)? War dieses nicht grundsätzlich verpflichtend für alle Glieder der Gemeinde, seine Beobachtung Bedingung für die Teilhabe am Heil? Wäre die Jüngerschaft Jesu ohne dieses Festhalten am Gesetz überhaupt noch das auserwählte Volk der Endzeit, das sie repräsentieren wollte, geblieben? Hat man sich nicht auch nach der Apostelgeschichte zunächst der Heidenmission offenkundig nicht zugewandt? Wurde nach dem übereinstimmenden Zeugnis der Apostelgeschichte und der Paulinischen Briefe von den Heiden zunächst nicht ausdrücklich die Beschneidung und damit die Befolgung des Gesetzes gefordert (von eventuellen Ausnahmen – Cornelius, Apg 10? – abgesehen)? Wäre es ohne diese Forderung überhaupt zum Streit gekommen: zum Streit vermutlich schon mit den hellenistischen, der traditionellen jüdischen Frömmigkeit gegenüber kritischen Diaspora-Judenchristen in Jerusalem (vgl. Apg 6–7), dann mit den hellenistischen Gemeinden (vor allem Antiochien) und besonders mit Paulus und Barnabas, welche für die Heiden die Übernahme von Beschneidung und Gesetz ablehnten? Blieben so die ersten Jünger Jesu Christi nicht voll und ganz Glieder des Volkes Israel, die in der religiösen und gesetzlichen Praxis ihr Leben im jüdischen Volksverband weiterführten?

Die Jüngerschaft Jesu versteht sich als das *wahre* Israel! Aber tun dies nicht auch die Pharisäer, die Sadduzäer, die Zeloten und die

Essener? Es brauchte ja offenkundig Zeit und vielfältige geschichtliche Erfahrungen, bis Jesu Jüngerschaft sich mit voller Klarheit nicht nur als das wahre, sondern zugleich als das *neue* Israel verstand. Die Grundlage für dieses Verständnis aber war gegeben: der in der persönlichen Erfahrung des Auferstandenen begründete Glaube, daß mit dem Tod und der Auferstehung Jesu das schlechthin entscheidende eschatologische Heilsereignis geschehen ist! Die Gemeinschaft der an Christus Glaubenden hatte im Unterschied zu allen anderen „Parteien" das Entscheidende bereits hinter sich: für sie waren die alttestamentlichen Verheißungen erfüllt, ihr war der eschatologische Geist verliehen, ihr die im Gekommensein des Messias begründete Hoffnung auf die baldige Vollendung der Gottesherrschaft geschenkt. Sie *waren* bereits das neue Israel, auch wenn sie äußerlich sich kaum vom alten unterschieden. Von diesem bereits geschehenen entscheidenden Heilsereignis her konnten sie Glieder des Volkes Israel bleiben, konnten sie seinen Kult mitfeiern, sein Gesetz halten, seine Geschichte und seine Hoffnungen bejahen — und dies alles doch von Jesus Christus her grundsätzlich anders und neu verstehen. Sie konnten die jüdischen Formen beibehalten und ihnen von Jesus Christus her doch einen ganz neuen Inhalt geben, was dann früher oder später manche Formen sprengen mußte.

So war das wahre neue Israel mitten drin im alten Israel bereits Wirklichkeit geworden: äußerlich noch kaum verschieden, innerlich jedoch bereits unterschieden, wenn auch zugleich wartend auf die Metanoia und den Glauben des *ganzen* Volkes der Verheißung. Aber gerade dadurch, daß dieses Warten auf das ganze Israel nicht erfüllt wurde, trat das neue Israel immer deutlicher auch nach außen abgegrenzt als solches in Erscheinung. Bei aller Verbundenheit mit dem Volksganzen waren in der Urgemeinde höchst *entwicklungsfähige Eigenformen* angelegt:

1. Die *Taufe* der Umkehr und der Reinigung von den Sünden, im Hinblick auf die Gottesherrschaft gespendet auf den Namen Jesu: Sie ist von Anfang an der Aufnahmeritus in die neue Gemeinschaft (Apg 2, 38. 41; 8, 12. 16. 36. 38; 9, 18; 10, 48 usw.; vgl. 1 Kor 12, 13; Gal 3, 27; Röm 6, 1–11). Auf diese Weise ist bereits deutlich gemacht, daß die Gemeinde der Endzeit nicht nur eine unbestimmte Bewegung oder reine Gesinnungsgemeinschaft sein will, sondern Gemeinde in geschichtlicher Gestalt: Kirche. Die Taufe scheidet bereits formal vom jüdischen Gesamtvolk. Sie wird eine in neuer Weise

grundlegende Bedeutung gewinnen dann, wenn ihr später der Beschneidungsritus als Initiationsritus nicht mehr vorausgehen muß.

2. Der gemeinsame *Gebetsgottesdienst* der Gemeinde oder einzelner Gruppen in den Privathäusern (Apg 2, 46; 12, 12): dabei konnte das Vaterunser gebetet werden, konnten die heiligen Schriften ausgelegt, die Worte Jesu in Erinnerung gerufen und seine Geschichte im Lichte des Alten Testaments betrachtet werden. Dies alles mußte sich trennend auswirken. Insbesondere aber und grundlegend bedeutete die Anrufung des Auferstandenen als „Unser Herr" (Maranatha: 1 Kor 16, 22) eine neue Kultgemeinschaft mit einem neuen Kultobjekt, die sich früher oder später vom Judentum lösen mußte. Dieser Wortgottesdienst, der vom Synagogengottesdienst Anregungen empfing, ließ sich verselbständigen dort, wo die Jüngerschaft Jesu vom Synagogengottesdienst ausgeschlossen wurde.

3. Das gemeinsame eschatologische *Mahl* der Gemeinde: Dieses wurde — vermutlich oft in Verbindung mit dem einfachen Gebetsgottesdienst — gefeiert im Anschluß an die Tischgemeinschaft mit Jesus und sein letztes Abendmahl (vgl. die synoptische Überlieferung und 1 Kor 11, 20—29): ein frohes Mahl des Gedächtnisses und der Erwartung, wohl jenes „Brotbrechen" in eschatologischem „Jubel" (Apg 2, 42. 46). Auch dieses gemeinsame Mahl im bewußten Anschluß an das letzte Mahl Jesu — ein gemeinsames Mahl ohne diesen Anschluß läßt sich nicht erweisen — bedeutete eine Absonderung von der Gesamtheit des ungläubigen Volkes. Als Mahl der Erinnerung an den scheidenden Herrn und der Erwartung des bald in Herrlichkeit Kommenden läßt es das Bewußtsein, zum endzeitlichen Gottesvolk zu gehören und zur Teilnahme an der Gottesherrschaft berufen zu sein, immer wieder neu lebendig werden. Wenn das jüdische Passahmahl — das Abendmahl Jesu war aller Wahrscheinlichkeit nach ein Passahmahl — in Zukunft für die Heidenchristen wegfallen sollte, blieb noch immer diese eschatologische Mahlfeier der Gemeinde, von Paulus dann vertieft verstanden als „Herrenmahl".

4. Die eigene *Gemeindeleitung:* Sie wurde zunächst — immer unter Mitwirkung der Gemeinde — von den Zwölfen, den Repräsentanten des endzeitlichen Israels der zwölf Stämme, wahrgenommen, unter welchen Petrus nach der synoptischen wie der paulinischen und johanneischen Überlieferung die beherrschende Stellung hatte. Doch hatten neben ihm auch bald der Zebedaide-Johannes und der Herrenbruder Jakobus eine bedeutende Autorität; von Paulus wurden die

drei die „Säulen" genannt (vgl. Gal 1, 18f; 2, 9). Nachdem Petrus Jerusalem verlassen hatte, war Jakobus in Jerusalem maßgebend (Apg 12, 17; 21, 18; Gal 2, 12). Schon früh gab es neben den Zwölfen im Anschluß an jüdische Vorbilder ein Ältestenkollegium (Apg 11, 30; 15; 21, 18). Im Zusammenhang mit Petrus, den Jüngern und der Gemeinde finden wir die Vollmacht „zu binden und zu lösen" (Mt 16, 18f; 18, 15–18; Jo 20, 22f). Schon eine wenig ausgebildete, rudimentäre Gemeindeordnung mußte praktisch zu einer Absonderung der eschatologischen Heilsgemeinde von der Gesamtheit des Volkes führen. Doch wuchsen die Aufgaben der Gemeindeleitung, je mehr sich die junge Kirche auf sich selbst gestellt sah und je mehr sie sich über den jüdischen Kulturraum hinaus ausbreitete.

5. Die lebendige *Liebesgemeinschaft:* Die Koinonia (Apg 2, 42) verband die Glieder zu einer brüderlichen Lebensgemeinschaft, die sich in gegenseitiger Hilfe, im gemeinsamen Leiden und zum Teil auch im gemeinsamen Besitzen (Apg 2, 45; 4, 32–36) bewährte. Sie wird sich in ganz neuer Weise zu bewähren haben, wenn sie zwischen Jerusalem und den Heidenkirchen durchzuhalten sein wird.

Die kirchlichen Formen waren in der Urgemeinde nur minimal entwickelt; schon die Hoffnung auf die in Bälde erwartete Vollendung der Gottesherrschaft und die Wiederkunft des Herrn ließ ihren Ausbau zu einer kirchlichen „Heilsanstalt" nicht aufkommen. Das Wirken der endzeitlichen Heilsgemeinde beschränkte sich auf die jüdische Volksgemeinschaft. Aber sollte es dabei bleiben? Und was wäre aus ihr geworden, wenn sie diesen Rahmen nicht gesprengt hätte? Sie sollte nicht zu einer jüdischen Sekte werden. Für den *Loslösungsprozeß* war die junge Gemeinde, wie wir eben gesehen haben, gut vorbereitet. Er wurde sehr bald ausgelöst durch die Bildung eines gesetzfreien Heidenchristentums und nach wenigen Jahrzehnten abgeschlossen durch die Zerstörung Jerusalems und das Aufhören des Tempelkultes.

1. Die Bildung eines *gesetzfreien Heidenchristentums:* Aus der Mission der zum Teil wegen der Verfolgung aus Jerusalem geflohenen hellenistischen Judenchristen hervorgegangen (vgl. Apg 8, 4; 11, 19–21), erhielt es durch die zähen Bemühungen von Paulus und Barnabas die Anerkennung von seiten der Urgemeinde auf dem „Apostelkonzil" (Gal 2, 1–10; Apg 15; 21, 25). Diese Heidenchristen hatten sich also der Beschneidung nicht unterzogen und sich nicht auf das mosaische Gesetz verpflichtet. Sie wurden nicht Juden, ob-

wohl sie – in einer im Laufe der Entwicklung höchst verschiedenen Interpretation (vgl. Paulus – Hebräerbrief – Barnabasbrief – 1. Klemensbrief – Justin) – am Alten Testament festhielten.

Anders als viele seiner Zeitgenossen hatte sich *Jesus* in seiner ganzen Haltung und insbesondere in seiner Eschatologie nie von Haß- und Rachegedanken gegenüber den Heiden (und Samaritern) bestimmen lassen. Er hat sie nie grundsätzlich vom Heil ausgeschlossen, im Gegenteil. Allerdings hatte Jesus in der Zeit seiner öffentlichen Wirksamkeit – Ausnahmen bestätigen die Regel – seine eigene Tätigkeit wie auch die seiner Jünger streng auf Israel beschränkt. Daß er die Absicht bekundet habe, das Evangelium solle später auch den Heiden missionarisch verkündet werden, läßt sich historisch nicht erweisen. Die diesbezüglichen Worte sind alle umstritten. Das Verhalten der Urgemeinde läßt kaum zu, daß sie einen allgemeinen Missionsbefehl erhalten hat. In den Anfängen der Heidenmission beruft man sich auch nach der Apostelgeschichte nie auf ein Wort Jesu. Die vorliegende Fassung des (nachösterlichen!) Missionsbefehls dürfte von der bereits eingeleiteten Heidenmission her formuliert sein.

Trotzdem darf nicht übersehen werden: Jesus hat für die eschatologische Vollendung ein neues Gottesvolk erwartet (eschatologische Völkerwallfahrt zum Zionsberg?), welches nicht mehr auf menschlicher Abstammung von Abraham beruht. Seine Botschaft war in sachlicher Hinsicht durchaus universalistisch: Nicht die Abstammung von Abraham und nicht die Bestätigung durch Moses, sondern Glaube, Metanoia, Tun des Willens Gottes in Liebe wurden von ihm gefordert für das Heil, das allein Gottes Tat ist. Gott hat absoluten Anspruch auf den Menschen; der Mensch hat keinen Anspruch gegenüber Gott, weder aufgrund seiner Abstammung noch aufgrund seiner Gesetzesleistungen. Die Scheidung von Gottesvolk und Blutsverband war hier grundgelegt und mußte bei der Ablehnung der Botschaft durch die Masse des israelischen Volkes sich folgenschwer auswirken.

Doch der konkreten Implikationen und Konsequenzen dieses Universalismus von Jesu Botschaft mußte sich die eschatologische Gemeinde selber bewußt werden, durch neue geschichtliche Erfahrungen und schwere Konflikte hindurch. Dabei war gar nicht die Heidenmission als solche das zentrale Problem; Heidenmission trieben auch die Pharisäer. Sondern die Form der Aufnahme von Heiden:

ob nach vorausgegangener Beschneidung und Verpflichtung auf das mosaische Gesetz oder nicht. Durch das glaubende Bekenntnis zu Jesus dem gekreuzigten und auferstandenen Messias, dem Messias dieses Volkes, blieb die Gemeinde dem alten Gottesvolk verbunden. Aber durch dasselbe Bekenntnis war für sie auch bereits die Unterscheidung vom nichtglaubenden Volk grundgelegt. Die äußere Trennung wurde faktisch vollzogen an dem Tag, da Heiden ohne Beschneidung und Verpflichtung auf das Gesetz, also ohne den Umweg über das Judentum, in die Gemeinde aufgenommen wurden. Doch erst Paulus hat theologisch geklärt, daß durch Kreuz und Auferstehung Jesu Christi das Gesetz als Heilsweg erledigt sei und daß es allein auf den Glauben an Jesus Christus ankomme. Schon vor Paulus hatte man in den hellenistischen Gemeinden begonnen, das Evangelium Jerusalems von Jesus, dem verheißenen Messias Israels, welches die Geltung des mosaischen Gesetzes nicht antastete, zu einem Evangelium für Juden und Heiden zu entwickeln, ohne deshalb die Verbindung mit dem Alten Testament aufzugeben. Doch erst Paulus hat aufgrund einer Christusoffenbarung, wie er mit Nachdruck bezeugt, das Evangelium für Juden und Heiden grundlegend ausgeprägt und darnach die Grundgestalt der gesetzesfreien Heidenkirchen geschaffen. Die gesetzesfreien Kirchen hatten – trotz aller Opposition und Gegenpropaganda der judenchristlichen Eiferer, der Judaisten (vgl. Gal) – schon nach verhältnismäßig kurzer Zeit geistig und bald auch zahlenmäßig die Führung inne.

2. Die *Zerstörung Jeusalems* und das *Aufhören des Tempelkultes:* Rasch hatte sich die Situation verändert: Die Urgemeinde war rein judenchristlich (wenn auch zum Teil hellenistisch). Dann bildeten sich außerhalb Jerusalems gemischte Gemeinden. Allmählich wird das Judenchristentum an den Rand gedrängt, das Heidenchristentum gewinnt mehr und mehr die Oberhand. Der Prozeß der Loslösung erreichte seinen praktischen Abschluß durch die Katastrophe des jüdischen Krieges in den Jahren 66–70. Durch die Zerstörung des Tempels verlor das Judentum – nebst der von den Römern bisher anerkannten Selbstverwaltung – sein Kultzentrum. Die Tempelsteuer wurde von den Römern in eine Abgabe für den Jupiter Capitolinus in Rom umgewandelt!

Aber auch für die junge Christenheit hatte Jerusalem damit praktisch aufgehört, das kirchliche Zentrum zu sein. Die Christen Palästinas hatten am Aufstand gegen die Römer nicht teilgenommen.

Als Verräter verfolgt, flohen sie ins Ostjordanland und breiteten im syrisch-arabischen Grenzgebiet den christlichen Glauben aus. Nur ein Teil kehrte nach der Beendigung des Krieges nach Palästina zurück. Aber als Mutterkirche für die Heidenchristenheit, als Zentrum für die Gesamtkirche vermochte sich diese dezimierte Kirche nicht mehr durchzusetzen. Die Führung ging von Jerusalem auf Rom über. Schon bei der neronianischen Verfolgung 64 war die Kirche auch vor der Weltöffentlichkeit als eine vom Judentum geschiedene Religionsgemeinschaft erschienen. Seit der Zerstörung Jerusalems 70 zählte die Judenchristenheit praktisch nicht mehr. Die Geschichte der Kirche ist von nun an faktisch nur noch die Geschichte einer heidenchristlichen Kirche. Der Tragödie letzten Akt bildet – nach dem Aufstand der jüdischen Diaspora vor allem in Mesopotamien und Ägypten 116–117, in welcher die wirtschaftliche, politische und geistige Machtstellung des hellenistischen Judentums aufs stärkste erschüttert wurde – der jüdische Aufstand im Mutterland unter Bar-Kochba 132–135: Jerusalem – die heilige Stadt Israels! – wird als rein hellenistische Stadt wieder aufgebaut und erhält den Namen Aelia Capitolina. Den Juden, aber auch den (ebenfalls beschnittenen!) Judenchristen wird das Betreten der Stadt und ihrer Umgebung verboten. Unter Todesstrafe wird Beschneidung untersagt. Nur am Jahrestag der Zerstörung wird seit dem dritten Jahrhundert jüdischen Wallfahrern der Zutritt zur westlichen Tempelmauer (Klagemauer!) gestattet.

So war in einer dramatischen Geschichte die Kirche aus Juden zu einer Kirche aus Juden und Heiden und schließlich zu einer Kirche aus Heiden geworden. Zugleich zeigte sich das Judentum, welches Jesus abgelehnt hatte, feindlich gegenüber der jungen Kirche. Die Kirche antwortet auf die zahlreichen Anfeindungen zunächst mit Fürbitten. Doch außerhalb des palästinensisch-syrischen Raumes bemüht man sich schon um 80 nicht mehr um die Missionierung der Juden. Die Juden haben ihrerseits die Christen aus der Volksgemeinde ausgestoßen; vielleicht schon im zweiten Jahrhundert wurde die Verfluchung der „Ketzer und Nazaräer" in das täglich gebetete rabbinische Hauptgebet (Schmone 'Esre) aufgenommen.

In dieser dramatischen Geschichte haben sich Israel und Kirche vollständig auseinandergelebt. Aber sie bleiben, ob sie es wollen oder nicht, wissen oder nicht, aneinander gekettet. Wie könnte es anders sein, wenn diese Kirche das neue *Israel*, das neue *Volk Gottes* zu sein beansprucht?

2. *Vom alten zum neuen Gottesvolk*

Das neue Israel, das neue Gottesvolk war bereits als solches begründet, da es sich noch nicht als solches bezeichnete. Es war begründet, als die Jüngerschaft Jesu begann, nicht nur Jesu eigene Botschaft, sondern zugleich ihn selbst als Erfüllung dieser Botschaft glaubend zu verkünden und die Volksgenossen aufzufordern, sich ihr anzuschließen, Israel nicht zu verlassen, wohl aber ganz ernst zu nehmen: im endzeitlichen kehal Jahwe, in der wahren Heilsgemeinde der Endzeit. Aber als der Großteil des Volkes zur Botschaft der Jüngergemeinde nein sagte, war es auf die Dauer unvermeidbar, daß sich die Jüngergemeinde auch als das bezeichnete, was sie wirklich war: die wahre und neue „Ekklesia Gottes", das wahre und neue „Israel", das wahre und neue „Gottesvolk". Indem sich die Jüngergemeinde den alttestamentlichen Würdenamen der „Ekklesia Gottes" zulegte, hatte sie im Grunde auch bereits die sachlich weithin austauschbaren Ehrennamen „Israel" und „Gottesvolk" auf sich bezogen.

a) *„Israel"*[2] bedeutet wohl ursprünglich „Gott herrscht" und ist der Name des Zwölfstämmebundes. Von da wurde er vermutlich auf den Ahnherrn Jakob übertragen, als das Volk sich daran gewöhnt hatte, seine Erwählung in den Stammvätern vorgebildet zu sehen. Israel meint zugleich Volks- und Religionszugehörigkeit. Es ist so ein sakraler Name für die von Jahwe Erwählten und zu seiner Anbetung Vereinten. Nach der Aufspaltung des davidischen Großreiches 932 bildeten nur noch die nördlichen Stämme das Reich Israel, während sich die südlichen Stämme Reich Juda nannten. Doch nach dem Fall des Nordreiches und der Deportation 722 geht der Name Israel auf das übriggebliebene Südreich über und wird wieder Bezeichnung für das ganze Volk: eine nun nicht mehr primär politische Benennung, sondern eine religiöse Selbstbezeichnung für das

---

[2] Vgl. die Geschichten Israels *(A. Alt, M. A. Beek, J. Bright, E. L. Ehrlich, P. Heinisch, G. Ricciotti, C. Schedl* und bes. *M. Noth)*, die atl. Theologien *(W. E. Albright, O. J. Baab, A. B. Davidson, W. Eichrodt, P. Heinisch, E. Jakob, P. van Imschoot, G. A. F. Knight, L. Köhler, A. Lods, O. Procksch, G. von Rad, H. H. Rowley, E. Sellin, N. H. Snaith, Th. C. Vriezen)* und die biblischen und theologischen Wörterbücher, insbes. ThW III, 356–394 *(G. von Rad, K. G. Kuhn, W. Gutbrod)*; für das NT s. C I, 1.

auserwählte Gottesvolk, zu dem indessen nach wie vor nur die blutmäßigen Glieder dieses empirischen Volkes gehören können. Mit dieser Neuinterpretation war besonders seit der nachexilischen Zeit die wachsende Hoffnung auf die eschatologische Heilstat Gottes verknüpft, welche das Reich Israel der zwölf Stämme wiederherstellen wird. „Israel" wird so mehr und mehr eschatologisch interpretiert: im Hinblick auf die endzeitliche Wiederaufrichtung des Gottesvolkes.

Auch im Neuen Testament wird Israel für das alttestamentliche Gottesvolk gebraucht, wobei es eine religiös unbetonte gängige Bezeichnung des Volkes darstellen oder aber – so bei den Synoptikern (besonders Mt und Lk) und bei Johannes, in der Apostelgeschichte und bei Paulus – den spezifischen Gottesvolk-Charakter dieses Volkes hervorheben kann. Insofern der Name Israel das jüdische Volk in seiner Eigenschaft als Volk Gottes bezeichnet, unterscheidet er sich von der Bezeichnung „Jude", die im Neuen Testament wie im vorchristlichen und heidnischen Sprachgebrauch zwar nicht unbedingt etwas Herabsetzendes an sich hat, wohl aber die Verschiedenheit stark akzentuiert. Keines der Evangelien läßt eine Erweiterung des Namens auf das neue Gottesvolk der Kirche sichtbar werden. Doch erscheint in der Apostelgeschichte eine solche Erweiterung im Bereich des Möglichen, da Israel Name bleibt auch für das Gottesvolk, dem Christus das „Reich aufrichten wird" (1, 6; vgl. 28, 20), und da überdies das Israel, dem die Verheißung, und das Israel, dem die Erfüllung geschenkt wurde, das eine und selbe Gottesvolk sind (vgl. 13, 23).

Paulus braucht das Wort ebenfalls meist in spezifisch religiöser Bedeutung für das alte Gottesvolk (vgl. besonders Röm 9–11). Doch sieht er sich angesichts des Unglaubens des Großteils seines Volkes vor die schmerzliche Notwendigkeit gestellt zu unterscheiden: Blutmäßige Zugehörigkeit zum Geschlechte Israel reicht noch nicht aus, um wahrhaft zum Gottesvolk zu gehören (Röm 9, 6). So lag es für Paulus nahe, das ungläubige Israel „Israel dem Fleische nach" (1 Kor 10, 18) zu nennen, ohne indessen zu dem für ihn naheliegenden Ausdruck „Israel dem Geiste nach" weiterzugehen. Nur an einer Stelle wird im Neuen Testament der Name Israel, wenn auch nur polemisch am Rand, auf das neue Gottesvolk angewendet: dieses nur kann gemeint sein mit dem Ausdruck „das Israel Gottes" (Gal 6, 16).

Zweierlei lehrt uns dieser exegetische Befund: Der Name Israel kann auch nach Christus dem alten Gottesvolk nicht abgesprochen, weggenommen und ohne weiteres auf die neutestamentliche Ekklesia übertragen werden. Andererseits bleibt die neutestamentliche Ekklesia offenkundig nicht nur äußerlich-historisch, sondern innerlich-aktuell an das alte Gottesvolk Israel gebunden. Der Gebrauch des Namens Israel für die Kirche kann also nie den Charakter einer exklusiven Übertragung, sondern bestenfalls den einer erweiterten Anwendung haben: nach dem Ölbaum-Gleichnis des Paulus (Röm 11, 17—24) sind die Juden die rechtmäßigen Träger des Namens, und die Heiden sind nur die Pfropfzweige auf dem alten Stamm. All dies wird klarer, wenn wir uns dem biblischen Gebrauch des Titels „Gottesvolk" zuwenden.

b) *„Gottesvolk"* [3]: das entsprechende griechische Wort in Septuaginta und Neuem Testament für das hebräische am = Volk ist λαός. Während das zweite hebräische Wort für Volk, nämlich goj, bzw. ἔθνος, im allgemeinen für die Heidenvölker gebraucht wird, so wird am = λαός ziemlich regelmäßig für Israel gebraucht, in der griechischen Bibel noch deutlicher als in der hebräischen. Anders als im außerbiblischen Griechisch meint in der Septuaginta λαός nach seiner Hauptverwendung nicht Volk im Sinne von Bevölkerung, Volksmenge, Leute, sondern Volk im Sinne von Völkerschaft, völkischer Gemeinschaft. Es wird — zwar mit Ausnahmen, aber doch offenkundig und absichtlich — auf das Volk Israel beschränkt. Warum? Um die besondere Würde Israels möglichst schon in der Wortwahl auszudrücken: daß es nämlich *Gottes* Volk ist. Immer wieder kommt der Ausdruck „Volk Gottes" (λαὸς θεοῦ) vor, und mit diesem Grundton wird das altertümlich-feierlich klingende λαός auch dort gehört, wo der Genitiv θεοῦ fehlt.

---

[3] Vgl. die atl. und ntl. Theologien sowie die biblischen und theologischen Wörterbücher, bes. ThW IV, 29—57 *(H. Strathmann, R. Meyer)*, ebenso die unter A I, 3 und C I, 1 angegebene Lit.; bes. wichtig die Monographien v. *N. A. Dahl*, Das Volk Gottes (Oslo 1941); *A. Oepke*, Das neue Gottesvolk (Gütersloh 1950); *F. Asensio*, Yahveh y su Pueblo (Rom 1953); *H. J. Kraus*, Das Volk Gottes im AT (Zürich 1958); *H. Wildberger*, Jahwes Eigentumsvolk (Zürich-Stuttgart 1960); *R. Schnackenburg*, Die Kirche im NT (Freiburg i. Br. 1961); *W. Trilling*, Das wahre Israel. Studien zur Theologie des Matthäus-Evangeliums (München [3]1964); *L. Cerfaux*, La Théologie de l'Église suivant saint Paul (Paris [4]1965).

Wir stoßen beim Begriff des Volkes Gottes auf das Herz des israelischen Glaubens. Im Grunde kann der ganze israelische Glaube zusammengefaßt werden in der einen Aussage: Jahwe ist der Gott Israels und Israel Jahwes Volk. Das gilt, seit Israel durch Gottes gnädige Berufung aus Ägypten herausgeführt wurde und sich als völkische und religiöse Einheit verstehen gelernt hat. Das ist der Sinn der Sendung des Moses: „Ich bin Jahwe. Ich will euch von der Last der Fronarbeit Ägyptens freimachen und euch aus eurer Knechtschaft erretten und euch erlösen mit ausgerecktem Arm und durch gewaltige Gerichte. Ich will euch als mein Volk annehmen und will euer Gott sein" (Ex 6, 6f). Das ist auch der Sinn der Gottesoffenbarung am Sinai: „Wenn ihr meine Stimme hört und meinen Bund haltet, so sollt ihr vor allen Völkern mein Eigentum sein; denn mein ist die ganze Erde. Ihr sollt mir ein Königreich von Priestern werden und ein heiliges Volk" (Ex 19, 5f). Das ist auch der Sinn des Bundes: „Und ich werde mich euch zuwenden und euch fruchtbar machen und euch mehren und meinen Bund mit euch aufrechterhalten. Ich werde meinen Wohnsitz unter euch nehmen und keinen Widerwillen gegen euch hegen. Ich werde mitten unter euch wandeln und will euer Gott sein, und ihr sollt mein Volk sein" (Lev 26, 9. 11. 12).

Jahwe Gott Israels und Israel sein Volk — dies ist der Leitgedanke, der auch die weiteren Schriften des Alten Testaments bestimmt, der im Deuteronomium systematisch theologisch entfaltet (vgl. besonders 4; 7, 6—12), der in den Psalmen besungen (z. B. Ps 135) und in der prophetischen Predigt in verschiedenster Weise abgewandelt und angewandt wird. Es braucht hier nicht im einzelnen belegt zu werden, was das ganze Alte Testament durchzieht: Jahwe, der Herr der Erde und aller Völker, ist der Gott Israels, der Hebräer Gott, der Gott Abrahams, Isaaks und Jakobs, der Gott der Väter, unser Gott. Er ist der Herr, Vater, Schöpfer, König und Richter Israels, sein Helfer und Löser, sein Schild und Schutz, Burg und Fels. Und umgekehrt ist Israel das Volk Jahwes, sein Volk, sein Eigentum und Teil. Es gehört nicht sich selbst, sondern ist sein Eigentumsvolk, ein ausgesondertes, also heiliges, ihm angehörendes Volk. Jahwes Name ist über Israel genannt. Israel ist der Knecht, der Sohn Jahwes. Die Israeliten sind seine Knechte, Söhne und Töchter. Israel ist Jahwes Weinstock, sein Weingarten, seine Herde, seine Braut. Die Israeliten sind die Erwählten, Heiligen, Gerechten, Frommen, Rechtschaffenen, die Jahwe kennen, anrufen, suchen, fürchten, lieben, die auf ihn vertrauen, warten. So gehören Gott und sein Volk zusammen, sind sie miteinander durch den Bund verbunden, den Gott in seiner freien mächtigen Gnade mit diesem kleinen, geringen, schwachen, sündigen Volk geschlossen hat: ein Bund, der mehr ist als ein Vertrag, der eine Lebensgemeinschaft bedeutet. Des Volkes Sache ist Gottes Sache, und Gottes Sache ist des Volkes Sache. Des Volkes Sieg und Glück ist Gottes Ruhm und Ehre. Gott schenkt seinem Bundesvolk Leben und Segen. Israel schuldet dem Bundesgott Ehre und Gehorsam.

Die Zusammengehörigkeit von Gott und seinem Volk beruht also keineswegs auf naturhafter Notwendigkeit, sondern auf Gottes freiem geschichtlichem Handeln in der Geschichte seines Volkes. Von Gottes freier Wahl, Gnade, Liebe und Treue her hat Israel alles verstanden: Gott handelt, schon am Morgengrauen der Geschichte, in der Erwählung der Erzväter, denen die Verheißungen gegeben wurden. Er handelt in der Befreiung der Stämme aus der ägyptischen Fremdherrschaft, der Voraussetzung für die Volkwerdung Israels, und in der Bundschließung und Gesetzgebung am Sinai, wo das Bundesvolk als solches konstituiert wird. Er handelt aber auch in der Landnahme in Kanaan, in der Staatengründung, in der Begründung und Führung des Königtums, in der segnenden Gegenwart im Zionstempel. Gottes geschichtliches Handeln bestimmt Bund und Kult, Gesetz und Recht, Krieg und Frieden. Er macht das kleine Israel zur Mitte der Erde, zum Mittelpunkt der Geschichte und zum Ziel der Schöpfung, indem er an Israel sein Wort ergehen und durch die Propheten immer wieder neu verkündigen läßt.

Und doch: Israels Antwort entspricht keineswegs Gottes Handeln. Israels Geschichte ist immer wieder neu eine Geschichte des Versagens und Verratens, des Abfalls und der Untreue: eine Sündengeschichte. So aber geriet Israel immer mehr in die Krise, die zugleich eine politische und eine religiöse Krise war und im Untergang des Staates gipfelte, der als Strafe und Gericht für die Sünden des Volkes verstanden wurde. Die Propheten waren es, die dem ungetreuen Gottesvolk das Gericht und die Verwerfung Gottes und die dem besiegten und getretenen Israel die Barmherzigkeit und die neue Erwählung Gottes verkündeten.

Für das Volk, das von Gott abfällt, ist der Gottesvolk-Gedanke ein Motiv der Drohung und Verurteilung: „Gib ihm (dem Sohn) den Namen ‚Nicht-mein-Volk'; denn ihr seid nicht mein Volk und ich bin nicht euer Gott" (Os 1, 9). Für das Volk jedoch, das sich zu Gott bekehrt, ist der Gottesvolk-

Gedanke ein Motiv der Verheißung und des Trostes: „Siehe, es kommen Tage, spricht der Jahwe, da schließe ich mit dem Hause Israel und mit dem Hause Juda einen neuen Bund, nicht einen Bund, wie ich ihn mit ihren Vätern schloß, zu der Zeit, da ich sie bei der Hand nahm, sie aus dem Lande Ägypten herauszuführen; denn sie haben meinen Bund gebrochen, ich aber habe sie verworfen, spricht der Herr. Nein, das ist der Bund, den ich nach jenen Tagen mit dem Hause Israel schließen will, spricht der Herr: Ich werde mein Gesetz in ihr Inneres legen und es ihnen ins Herz schreiben; ich werde ihr Gott sein, und sie werden mein Volk sein. Da wird keiner mehr den anderen, keiner seinen Bruder belehren und sprechen: ‚Erkennet den Herrn!' sondern sie werden mich alle erkennen, klein und groß, spricht der Herr; denn ich werde ihre Schuld verzeihen und ihrer Sünden nimmermehr gedenken" (Jer 31, 31–34).

Immer mehr verlagerte sich so in der prophetischen Verkündigung der Akzent von der Gegenwart auf die Zukunft, in der eine neue endzeitliche Tat Jahwes erwartet wird. Je größer die Not wurde, desto größer die Hoffnung auf ein neues, von Gott neu geschaffenes Israel: „Und ich werde ihnen ein anderes Herz geben und einen neuen Geist in ihr Inneres legen; ich werde das steinerne Herz aus ihrem Leibe herausnehmen und ihnen ein fleischernes Herz geben, damit sie nach meinen Geboten wandeln und meine Satzungen halten und darnach tun. Dann werden sie mein Volk sein, und ich werde ihr Gott sein" (Ez 11, 19–20; vgl. 14, 11; 36, 28; 37, 23; Jer 7, 23; 24, 7; 30, 22; 32, 37–40).

Was früher als gegenwärtiger Besitz gepriesen wurde, wird nun – nach dem mannigfachen Versagen des Bundesvolkes – als Verheißung für die Zukunft ersehnt. Israel, Gottes Volk wird ein eschatologischer Begriff: Jahwe *wird* wieder Israels Gott, Israel *wird* wieder Jahwes Volk sein: Jahwe wird – die Endzeit stellt die Anfangszeit wieder her – nochmals Israel befreien, erretten, erlösen, erwerben. Er wird sich seines Volkes erbarmen und ihm seine Sünde vergeben. Und die Israeliten werden „Söhne des lebendigen Gottes" (Os 1, 10), „Priester des Herrn", „Diener unseres Gottes" (Is 61, 6) heißen. Sie werden ein neues Volk sein mit einem neuen Herzen und einem neuen Geist. Über das ganze Volk wird der Geist des Herrn ausgegossen werden (Joel 2, 28–32 usw.), und an die Stelle der Beschneidung des Fleisches wird die Beschneidung des Herzens treten (Jer 4, 4; 9, 24 f; vgl. Dt 30, 6).

Die hoffnungsvolle eschatologische Erwartung sprengt die völkische Beschränktheit. Bei allen Gedanken an Bestrafung und Vernichtung der Heiden erscheint nun, zugleich und ohne daß ein Ausgleich versucht wird, die Hoffnung auf Gnade und Heil für die Heiden: „Frohlocke und freue dich, Tochter Zion! denn siehe, ich komme und nehme Wohnung in deiner Mitte, spricht der Herr. Und viele Völker werden dem Herrn anhangen an jenem Tage und werden sein Volk werden; und er wird Wohnung nehmen in deiner Mitte, und du wirst erkennen, daß der Herr der Heerscharen mich zu dir gesandt hat" (Zach 2, 10f; vgl. Is 19, 21—25; 25, 6f; 42, 6; 55, 4f; 66, 18—24). Des Gottesknechtes Aufgabe wird es sein, als „Bundesmittler für das Volk, als Licht für die Völker" zu dienen (Is 42, 6; vgl. 49, 6). Alle eschatologische Hoffnung kulminiert in der Erwartung des Messias, des gesalbten Königs über das gesegnete Volk.

c) Mußte sich von daher — trotz aller (nationalistischer, rabbinischer, hellenistischer und apokalyptischer) Mißverständnisse des Gottesvolkes im Spätjudentum — die Anwendung des alttestamentlichen Gottesvolk-Begriffs auf die eschatologische Heilsgemeinde, die sich im Glauben an Jesus den Messias versammelt hatte, nicht geradezu aufdrängen? Immer deutlicher wurde dieser Gemeinde bewußt, daß sie im Glauben an Jesus den Messias das *wahre* Israel, das *wahre* Gottesvolk ist. Und aufgrund der Ablehnung ihrer Botschaft durch die Juden und ihrer gläubigen Annahme durch die Heiden wurde der Jüngergemeinde Jesu immer klarer, daß sie zugleich das *neue* Israel, das *neue* Gottesvolk ist: das neue Gottesvolk der Endzeit. So hat sie sich denn nicht gescheut, den alten, dichten und zentralen Begriff des Volkes Gottes auf sich selbst zu beziehen. Nicht der Name „Jünger" (μαθηταί) noch der Name „Christen" (χριστιανοί), der den Gemeindegliedern nach Apostelgeschichte 11, 26 zum ersten Mal in Antiochien (und zwar von Außenstehenden!) gegeben wurde, sind die charakteristischen Namen für die Christusgläubigen, sondern die alten Würdenamen Israels. Und da steht neben dem Namen „Ekklesia" der Name „Volk Gottes" an erster Stelle. Der Begriff des Gottesvolkes ist der älteste und grundlegende Begriff zur Umschreibung des Selbstverständnisses der Ekklesia. Ihm gegenüber sind Bilder wie das des Leibes Christi, des Tempels usw. sekundär. Vom Volk Gottes her muß die vielschichtige Grundstruktur der Kirche verstanden werden. Dabei darf nie vergessen werden, daß das lebendige Kirchenbewußtsein früher ist als der mehr oder weniger theoretische Kirchenbegriff.

Im Neuen Testament wird λαός zunächst wie in der Septuaginta gebraucht: Volk im gewöhnlichen Sinn der Völkerschaft, Nation und (besonders bei Lk) im Sinne schlicht der Volksmenge, der Bevölkerung, der Leute; Volk dann aber im spezifischen Sinne des Volkes Gottes für Israel im Gegensatz zu den Heidenvölkern, den ἔθνη (von dieser Unterscheidung wird nur zum Teil bei Lk und Jo aus besonderen Gründen abgewichen). Auch im Neuen Testament ist dieser technische Gebrauch von λαός religiös begründet: daß Israel und es allein von Gott auserwählt wurde, wie dies an manchen Stellen ausdrücklich gesagt wird, „sein Volk", „Gottes Volk" zu sein.

Doch wird nun im Neuen Testament über die Septuaginta hinaus ein folgenschwerer Schritt getan: λαός wird auch für die Jüngergemeinschaft, die Gemeinde Jesu Christi gebraucht. Dies geschieht zwar—was bei dem fast allgemeinen Fehlen des Ekklesiabegriffs nicht verwundert — nicht in den Evangelien, wohl aber in der übrigen neutestamentlichen Literatur. Der Titel wird Israel nirgendwo entzogen. Aber neben Israel tritt ein anderes Gottesvolk, ein Gottesvolk schließlich — und das ist revolutionär — aus Juden und Heiden. Nach dem kurzen Rückblick in die Geschichte des alttestamentlichen Gottesvolkgedankens läßt sich leicht erahnen, was Ungeheures es bedeutet, wenn nun die junge Kirche nicht zögert, sogar die alttestamentliche Grundformel auf sich anzuwenden. Zu *ihr* nun ist gesagt: „Ich will unter ihnen wohnen und wandeln, und ich will ihr Gott sein, und sie sollen mein Volk sein." So Paulus 2 Kor 6, 16, in Zusammenziehung das Sinaiwort Lev 26, 12 und das Prophetenwort Ez 37, 27 zitierend. So ähnlich auch der Verfasser des Hebräerbriefes 8, 10—12, wo er Jer 31, 31—34 auf das neue Bundesvolk bezieht. So schließlich auch Apk 21, 3 in der Vision vom neuen Jerusalem, mit Bezug wiederum auf Ez 37, 27. Der Gottesvolkbegriff wird auch an anderen Stellen unmittelbar auf die Christengemeinde angewendet. So in Apg 15, 4 das für jüdische Ohren schon terminologisch paradox und skandalös klingende Wort des Jakobus: Gott sei darauf bedacht gewesen, „aus den (Heiden-)Völkern (ἐξ ἐθνῶν) ein Volk (λαόν!) für seinen Namen zu gewinnen" (vgl. 18, 10). Weiter des Paulus kühne Anwendung zweier ursprünglich auf Israel bezogener Hoseasworte (2, 23; 1, 10) auf die Kirche aus Juden und Heiden: „Und als solche hat er uns auch berufen, nicht nur aus Juden, sondern auch aus Heiden, wie er auch bei Hoseas sagt: ‚Ich werde das Volk, das nicht mein Volk ist, mein Volk nennen und die Nichtgeliebte Geliebte.' ‚Und es wird geschehen an dem Ort, wo zu ihnen gesagt worden ist: Ihr seid nicht mein Volk, da werden sie Söhne des lebendigen Gottes genannt werden'" (Röm 9, 24–26). Schließlich in den späteren Schriften Tit 2, 14 („Eigentumsvolk"), Apk 18, 4 („mein Volk") und besonders 1 Petr 2, 9 f („heiliges Volk", „Eigentumsvolk", „Gottes Volk").

d) Aber nicht nur auf das für die neutestamentliche Gemeinde verhältnismäßig selten gebrauchte Wort λαός, sondern auf die *Wirklichkeit* des Gottesvolkes kommt es an. Im Grunde ließe sich nicht nur anhand der Apostelgeschichte, sondern auch anhand der Paulinischen Briefe eine immer deutlicher sich entwickelnde Gottesvolk-Theologie aufzeichnen.

Oder geht es etwa nicht um das neue Gottesvolk in jener ältesten uns erhaltenen Schrift des Neuen Testamentes, in *1 Thess*, wo „Israel" und λαός fehlen, die Gemeinde jedoch schon in der Anrede mit dem Würdetitel des alttestamentlichen Gottesvolkes, mit „Ekklesia", angesprochen wird (1 Thess 1, 1; vgl. 2 Thess 1, 1)? Was ist denn die „Ekklesia Gottes in Christus Jesus" hier (1 Thess 2, 14) und auch später anderes als das versammelte „Volk Gottes in Christus Jesus"? Ist die „Ekklesia in Christus" nicht die Erfüllung der alttestamentlichen „Ekklesia Gottes"? Beruht nicht wie das alte so auch das neue Gottesvolk auf Gottes „Erwählung" (1 Thess 1, 4), und ist so faktisch nicht schon hier der paulinische Erwählungsgedanke an den Gottesvolkgedanken gebunden? Wird vom Gottesvolkgedanken her die scharfe und hier nur negative Polemik gegen die nicht an Christus glaubende Synagoge (1 Thess 2, 14–16) nicht verständlich, gegen die Synagoge, die den vielfachen Abfall des Volkes im Alten Bund endgültig wahr macht?

Offenbar war in der Gründungszeit der Kirche manches wichtiger als die Beschreibung des Wesens der Kirche, das ja vermutlich auch nicht ein Thema der eigentlichen Missionspredigt war. Doch durch die aufkommenden Mißverständnisse und Fehlentwicklungen sah sich Paulus gezwungen, den Kirchenbegriff zu klären, gegenüber den Judaisten in Gal, gegenüber den Enthusiasten in den Korintherbriefen. Der Gottesvolkgedanke ist in beiden, an konkrete Gemeinden gerichteten Schreiben von großer Bedeutung.

In *Gal* steht die wahre Abrahamskindschaft im Mittelpunkt. Hier sieht Paulus den schärfsten Gegensatz, nicht zwischen Kirche und Altem Testament, sondern – mit Berufung auf das Alte Testament – zwischen Kirche und Synagoge: typisch dargestellt in Isaak, dem Sohn der Freien, welcher kraft der Verheißung gezeugt ist, und Ismael, dem Sohn der Magd, der nach dem Fleische gezeugt ist (Gal 4, 21–31). Nicht die Kontinuität des Blutes, sondern Gottes Treue zu seiner Verheißung, die in Christus erfüllt wurde, hält das wahre Gottesvolk zusammen. Das Judentum sieht in der fleischlichen Abstammung das Entscheidende der Abrahamskindschaft, Paulus aber in der Gerechtigkeit vor Gott: einer Gerechtigkeit, die dem Menschen wie

Abraham, dem Vater des Gottesvolkes, aufgrund des Glaubens geschenkt wird und nicht aufgrund der Werke des Gesetzes (3, 1–7). Nicht die Beschneidung, der Glaube ist entscheidend für die Zugehörigkeit zum wahren Gottesvolk. Aufgrund des Glaubens können auch die Heiden, ohne sich unter das jüdische Gesetz zu begeben, in das neue Gottesvolk, in das Israel der Verheißung, Eingang finden. Deshalb wurde Abraham, dem Vater der Glaubenden, verkündet, daß in ihm alle Heidenvölker gesegnet werden sollen (3, 8 f). So ist nicht die Gemeinde des Gesetzes (3, 15 – 4, 7), sondern die Gemeinde des Glaubens das „Israel Gottes" (6, 16). Gerade als vom Gesetz befreite Gemeinde hat sie im Geiste zu wandeln.

Auch in den *Korintherbriefen* spielt der Gottesvolkgedanke eine Rolle: Das „Israel nach dem Fleisch" (1 Kor 10, 18) wird dem neuen Gottesvolk – dem Gottesvolk nach dem Geist, müßte man sinngemäß ergänzen – als warnendes Beispiel vor Augen gestellt. Wie das alte kann auch das neue Gottesvolk von Gott abfallen und dem Gericht anheimgegeben werden (10, 1–13). Die Kontinuität zwischen altem und neuem Gottesvolk wird deshalb nicht geleugnet, sondern hervorgehoben. Was dem alten Bundesvolk schatten- und gleichnishaft im „Vor-Bild" gegeben war, das ist der Kirche in der eigentlichen Wirklichkeit gegeben. Wie die Israeliten in der Wüste durch die Wanderung unter der Wolke und den Zug durch das Meer auf Moses getauft und so zum Volke Gottes wurden und wie sie durch die geistliche Speise des Manna und den geistlichen Trank des Wassers genährt und erhalten wurden, so sind die Christen durch die Taufe auf Jesus Christus zum Volke Gottes geworden und werden sie durch die geistliche Speise des Herrenmahles erhalten. Oder wie Paulus 2 Kor 3 ausführt: Wie das alte Bundesvolk die vorläufige Offenbarung Gottes erhielt, so das neue die bleibende und endgültige. Und trotzdem ist die Gemeinde des Neuen Bundes nicht eine Gemeinde von Vollendeten, wie manche korinthische Enthusiasten meinten. Den Galatern mußte Paulus vor allem begreiflich machen, daß sie auch ohne das Gesetz wahre Kinder Abrahams sind und zum wahren Gottesvolk gehören; den Korinthern eher umgekehrt, daß sie nach wie vor fallen und wie Israel in der Wüste gerichtet werden können. Noch haben sie ja die Auferstehung nicht hinter sich, haben sie vielmehr ihren Christusglauben im Leben nach dem Geist zu bewahren und zu bewähren. Deshalb Pauli Ermahnungen bezüglich des Gottesdienstes, der Versammlung um das Wort (1 Kor 14) und im Herrenmahl (1 Kor 11, 17–34). Deshalb auch die Ermahnung zu einem geistlichen Leben (gegen Götzendienst, Unzucht, Streitsucht . . .), Ermahnungen, die nicht so sehr an den Einzelnen, sondern an die Gemeinschaft gerichtet sind. Alles dies basiert auf dem Indikativ, der den Imperativ im Gefolge hat: Ihr seid Gottes Volk (2 Kor 6, 16); deshalb sollt ihr als Gottesvolk leben (6, 17), um Gottes Volk zu sein (6, 18)!

Was in Gal wie in 1 und 2 Kor zum Ausdruck kommt, wird von Paulus in Röm breiter und positiver entfaltet: wie verhalten sich das geschichtliche Israel und die Kirche aus Heiden und Juden? Darauf ist zurückzukommen. Hier sei nur kurz ausgeführt, daß der Gottesvolkgedanke im Neuen Testament auch nach Paulus nicht vergessen wurde. Nirgendwo wird er so bildhaft-eindrücklich dargelegt wie im *Hebräerbrief*[4]. Der Gottesvolkgedanke kann geradezu als ein Leitmotiv dieses Briefes bezeichnet werden. Anhand typologischer Bilder aus dem Alten Testament wird in „alexandrinischer Exegese" das neutestamentliche „Volk Gottes" (4, 9; vgl. 2, 17; 11, 25; 13, 12) angesprochen. Der Gottesvolkgedanke wird auf die Kirche übertragen, indem der Neue Bund ins Feld geführt wird, zwar nicht gegen den (auf die Zukunft hin verstandenen) Alten Bund schlechthin, wohl aber gegen den mißverstandenen, d. h. konservierten und verabsolutierten und gegen die neue Zukunft verschlossenen Alten Bund der Synagoge.

Das durch die Wüste wandernde Israel ist das typologische Vorbild und Gegenbild des neuen Bundesvolkes (vgl. besonders Hebr 3, 7 bis 4, 13): Wie an jenes, so ist auch an dieses das „Wort" der Offenbarung ergangen (4, 12f), nicht damit es sich mit diesem „Besitz" zur Ruhe setze, sondern damit es, von ihm herausgerufen, sich gehorsam und glaubend auf den Weg mache. Wie jenes, so ist auch dieses keineswegs in Sicherheit, sondern hat es seinen Weg zu gehen durch Versuchung, Anfechtung und Sünde hindurch von Müdigkeit, Glaubensschwäche und Hoffnungslosigkeit bedroht. Wie jenem so ist auch diesem eine Verheißung geschenkt, die nach aller Mühe und Unrast eines langen Weges, die nach aller Bewährung in Glauben, in Durchhalten und Beharrlichkeit, in festem Vertrauen und unerschütterlicher Gewißheit durch Kampf, Leiden und Tod hindurch den Eingang in die Ruhe verspricht.

Und doch ist der Unterschied zwischen Typos und Antitypos groß und entscheidend: Das „Wort" der Offenbarung, das an das neue Bundesvolk ergangen ist, ist kein vorläufiges mehr, sondern ist das letzte und definitive. Die Gefährdung und Bedrohung kann deshalb das neue Gottesvolk nie in derselben Weise überkommen; ihm als solchem ist bei allem Schwachwerden das Heil gewiß. Die (zwar schon jetzt teilweise erfüllte, aber doch noch entscheidend zu vollendende) Verheißung, die dem neuen Gottesvolk gegeben ist, ist die eschato-

---

[4] Vgl. neben den neueren Kommentaren (bes. *J. Héring, O. Kuss, O. Michel, C. Spicq, H. Strathmann)* die zu C I, 1 b zitierten Monographien. Vgl. zum Gottesvolkgedanken in Hebr: *E. Käsemann*, Das wandernde Gottesvolk (Göttingen [4]1961); *F. J. Schierse*, Verheißung und Heilsvollendung. Zur theologischen Grundfrage des Hebräerbriefes (München 1955).

logische Verheißung, die nicht mehr außer Kraft gesetzt werden kann, die absolut sicher durch einen besseren Bund Gottes mit diesem Volk verbürgt ist und so eine getroste Wanderschaft gewährt.

So ist der Alte Bund, Schatten und Gleichnis des kommenden, zugleich bestätigt, aufgehoben und überboten. Dies hängt alles an der eschatologischen Heilstat Gottes, die geschehen ist in Jesus Christus, dem Führer und Vollender des Glaubens seines Volkes. Er ist der „Anführer des Heiles", der als Sohn „viele Söhne" und als Bruder seine „Brüder" zur Herrlichkeit führt (2, 1–18). Er ist der „Sohn", der nicht wie Moses das Haus (die Gottesgemeinde) nur treu verwaltet, sondern als ein von ihm selbst erworbenes zu eigen hat (3, 1–6). Er ist der neue Moses, der das neue Gottesvolk in das verheißene Land, in die Sabbatruhe führt (3, 7 – 4, 11). Er ist vor allem der wahre Hohepriester des Neuen Bundes, der, ein für alle Mal durch das blutige Opfer seiner selbst in das himmlische Heiligtum eingegangen, auch seinem Volk den Zugang geöffnet hat und unablässig für die Seinen eintritt (4, 14 – 5, 10; 7, 1 – 10, 18). So gehören Heilsführer und Brüder, Sohn und Söhne, Bundesmittler und Bundesvolk, sündenloser Hoherpriester und sündiges Volk zusammen.

Der Einzelne ist also nie allein und einsam. Er ist in die Gemeinschaft des „Gottesvolkes" (4, 9) eingegliedert, als „Christi Genosse" (3, 14). Nur in dieser Gemeinschaft, die wesentlich auch als Kultgemeinschaft verstanden wird, wird die Offenbarung geschenkt, gibt es für den Einzelnen Glauben, Leben, Vorwärtswandern. Von diesem wandernden Gottesvolk darf sich der Einzelne nicht isolieren, er verirrt sich sonst und bleibt endgültig zurück in der Wüste der Welt. Und gerade in dieser Welt hat ja das Gottesvolk keine bleibende Stadt. Die zukünftige Gottesstadt sucht es. Nur Gäste und Fremdlinge auf Erden, eine große Wolke von Zeugen, suchen sie alle gemeinsam die bessere, unverlierbare himmlische Heimat (Kap. 11): „den Berg Zion, die Stadt des lebendigen Gottes, das himmlische Jerusalem" (12, 18–22).

Ein großartiges Fresko entwirft so der Hebräerbrief vom wandernden Gottesvolk des Alten und Neuen Bundes. Neben ihm verblassen die Anspielungen auf den Gottesvolkgedanken, die wir in Apostelgeschichte, Pastoralbriefen und auch im Jakobusbrief finden. Nur eine Stelle sei hier abschließend genannt, die in ihrer Geballtheit zum locus classicus der Gottesvolk-Theologie geworden ist. Die großen alttestamentlichen Würdeprädikate Israels (besonders aus

Ex 19, 6; Is 43, 20; Os 2, 23, nicht mehr Os 1, 9!) werden hier gehäuft und fast im Überschwang auf die Kirche aus Heiden angewendet: „Ihr aber seid ‚das auserwählte Geschlecht, die königliche Priesterschaft, das heilige Volk, das Volk des Eigentums, damit ihr die herrlichen Taten dessen verkündigt', der euch aus der Finsternis zu seinem wunderbaren Licht berufen hat, euch, die ihr ehemals kein Volk waret, jetzt aber Gottes Volk seid, die ihr nicht begnadigt waret, jetzt aber begnadigt worden seid" (1 Petr 2, 9–10).

Deutlicher kann die Anwendung des Gottesvolkgedankens auf die neutestamentliche Kirche, ja gerade auf die Kirche aus Heiden, nicht mehr ausgesprochen werden! Die Scheidung vom alten Israel erscheint hier – fast zu deutlich – vollzogen. Das ganze Alte Testament wird in Zukunft in allen seinen positiven Aussagen auf die Kirche angewendet. Die Kirche weiß sich nun mit voller Klarheit, ohne im Grunde noch viel an das weiterlebende (verworfene?) alte Israel zu denken, als das neue eschatologische Gottesvolk, in dem alle Verheißungen Gottes an das alte Israel in Erfüllung gegangen sind. Sie ist so das wahre Israel Gottes (Gal 6, 16; Röm 9, 6), der wahre Samen Abrahams (Gal 3, 29; vgl. Röm 9, 7f), die wahre Beschneidung (Phil 3, 3), der wahre Tempel (1 Kor 3, 16). Über das Verhältnis des neuen Gottesvolkes zum alten Israel aber werden wir uns noch Gedanken machen müssen.

Doch zunächst ist zu fragen: Was bedeutet es für die heutige Kirche, wenn auch sie sich als das neue Volk Gottes verstehen will[5]?

3. Kirche – Gottesvolk heute

a) *Alle* Glaubenden sind Gottesvolk: eine *Klerikalisierung* der Kirche ist ausgeschlossen.

Wird die Kirche als Gottesvolk verstanden, so ist eindeutig: Kirche ist nie nur eine bestimmte Klasse oder Kaste, nie nur eine bestimmte Behörde oder Clique innerhalb der Gemeinschaft der Glaubenden.

---

[5] Neben der zu A II, 2 angeführten Lit. vgl. bes.: *A. Vonier*, The People of God (London 1937); *M. D. Koster*, Ekklesiologie im Werden (Paderborn 1940); Volk Gottes im Wachstum des Glaubens (Heidelberg 1950); *J. Ratzinger*, Volk und Haus Gottes in Augustins Lehre von der Kirche (München 1954); *H. Asmussen, H. Gross, I. Backes u. a.*, Die Kirche – Volk Gottes (Stuttgart 1961); *F. B. Norris*, God's Own People (Baltimore 1962).

Kirche ist immer und überall das *ganze* Gottesvolk, die *ganze* Ekklesia, die *ganze* Gemeinschaft der Glaubenden. *Alle* sind das auserwählte Geschlecht, die königliche Priesterschaft, das heilige Volk. Alle Glieder dieses Gottesvolkes sind von Gott berufen, in Christus gerechtfertigt, im Heiligen Geist geheiligt. Darin sind alle in der Kirche gleich. Und alle Glieder dieses Gottesvolkes sind durch Jesu Christi Botschaft zum Glauben, zum Gehorsam, zur vollen Hingabe der Liebe aufgefordert. Auch darin sind alle in der Kirche gleich. Diese grundlegende Gleichheit ist sehr viel wichtiger als alle die Unterschiede, die es im Volke Gottes auch gibt und die keineswegs geleugnet werden müssen.

Ist die Kirche wirklich Gottesvolk, so ist es unmöglich, die „Kirche" von den „Laien" je einmal zu scheiden, als ob gerade die Laien nicht im Vollsinn „Laos" wären. Dies wäre das *klerikalistische Mißverständnis* der Kirche. Man identifiziert dann die Kirche direkt oder indirekt, wenn auch vielleicht nicht bezüglich der Pflichten, wohl aber bezüglich der Rechte und Privilegien mit dem Klerus. Ist es nun aber nicht auffällig, daß das Wort λαός im Sinne von „Gottesvolk" so oft für die christliche Gemeinde gebraucht wird, daß aber das Wort λαικός „Laie" in der heidnischen Bedeutung der „nicht unterrichteten Masse" oder in der jüdischen Bedeutung des Mannes, der weder Priester noch Levit ist, im Neuen Testament schlechthin fehlt? Wie hätte man es auch ekklesiologisch gebrauchen können, nachdem im Neuen Testament nicht nur eine Gruppe, sondern alle „Erwählte", „Heilige", „Jünger", „Brüder" genannt werden, die alle nur einen Herrn und nur einen Meister haben! Das Wort λαός meint im Neuen Testament – wie auch schon im Alten Testament – keine Unterscheidung *innerhalb* der Gemeinschaft zwischen Priestern („Klerikern") und Volk („Laien", „Kirchenvolk"). Es meint vielmehr den Zusammenhalt aller in einer einzigen Volksgemeinschaft. Und von daher besagt es dann eine Unterscheidung nach *außen* hin: die Scheidung des (ganzen) Gottesvolkes vom „Nicht-Volk", von der „Welt", von den „Heiden". Erst seit dem dritten Jahrhundert stellt man eine Unterscheidung zwischen „Klerikern" und „Laien" fest.

Gewiß gibt es auch innerhalb des neutestamentlichen Gottesvolkes Unterschiede, auf die zurückzukommen sein wird: verschiedene Charismen, Dienste, Aufgaben, Funktionen. Aber so wichtig diese Unterschiede sein mögen: Sie werden nicht mit den Worten λαός oder λαικός gekennzeichnet, und sie sind zweitrangig gegenüber der grundlegenden Gleichheit. Mag einer diesen oder jenen besonderen Auftrag haben, entscheidend für ihn ist, ob er von Gott, bei dem es kein Ansehen der Person und kein Vorrecht des Blutes, der Rasse, des Standes, des Amtes gibt, angenommen wird, ob er wahrhaft glaubt, gehorcht, hofft, liebt. Nicht ob einer in der Kirche ein Amt hat und was für ein Amt er hat, ist letztlich ausschlaggebend, sondern ob er schlicht und einfach auch in seinem Amt ein „Gläubiger" ist, und das heißt ein Glaubender, Gehorchender, Liebender, Hoffender.

„‚Siehe, es kommen Tage, spricht der Herr, da schließe ich mit dem Hause Israel und mit dem Hause Juda einen neuen Bund . . . Ich werde mein Gesetz in ihr Inneres geben und in ihrem Herzen will ich es einschreiben und ich werde ihnen Gott sein, und sie werden mir zum Volke sein . . . *Alle* nämlich werden mich kennen, vom Kleinsten bis zum Größten, spricht der Herr' (Jer 31, 31–34). Diesen Neuen Bund hat Christus gestiftet, das Neue Testament nämlich in seinem Blute (vgl. 1 Kor 11, 25). So hat er sich aus Juden und Heiden ein Volk berufen, das nicht dem Fleische nach, sondern im Geiste zur Einheit zusammenwachsen und das neue Gottesvolk bilden sollte. *Die an Christus glauben,* werden nämlich, durch das Wort des lebendigen Gottes (vgl. 1 Petr 1, 23) wiedergeboren nicht aus vergänglichem, sondern unvergänglichem Samen, nicht aus dem Fleische, sondern aus dem Wasser und dem Heiligen Geist (vgl. Jo 3, 5 f), schließlich gemacht zu ‚einem auserwählten Geschlecht, einer *königlichen Priesterschaft,* einem heiligen Volk, einem Volk des Eigentums . . . Die einst kein Volk waren, sind jetzt Gottes Volk' (1 Petr 2, 9 f). – Dieses messianische Volk hat zum Haupte Christus, ‚der hingegeben worden ist wegen unserer Sünden und auferstanden ist um unserer Rechtfertigung willen' (Röm 4, 25) und jetzt voll Herrlichkeit im Himmel herrscht, da er den Namen über alle Namen erlangt hat. Dieses Volk ist geprägt durch die *Würde und die Freiheit der Kinder Gottes,* in deren Herzen der Heilige Geist wie in einem Tempel wohnt. Sein Gesetz ist das neue Gebot (vgl. Jo 13, 34), zu lieben, wie Christus uns geliebt hat" (CE 9; vgl. 10 f; 39 f).

b) Alle sind Gottesvolk durch *Gottes Berufung:* eine *Privatisierung* der Kirche ist ausgeschlossen.

Versteht sich die Kirche als Gottesvolk, so ist deutlich gemacht: Kirche ist nie einfach ein freier Verein religiös Gleichgesinnter. Kirche ist immer und überall wirklich aufgrund der vorausgehenden freien Erwählung und Berufung Gottes, der das Heil aller Menschen will. Keine Kirche ohne die freie Gnade und Liebe Gottes! Was sich allgemein vom Ekklesia-Begriff her ergab, wird hier von der Geschichte des Alten und Neuen Bundes her konkretisiert. Der

Anruf Gottes ist die entscheidende Initiative Gottes zum Heil des Menschen. Dies wird deutlich aus den Berufungsgeschichten des Alten Bundes: die Berufung der Propheten, wie sie bildmächtig von den Propheten selbst erzählt (Is, Jer, Ez) oder zum mindesten knapp berichtet (Os, Amos) wird; die Berufung aber auch von anderen Gottesmännern, wie sie von den Patriarchen (besonders Abraham), von Moses, Gideon, Samson, Samuel und von den Königen Saul, David, Salomo, Jeroboam, Jehu überliefert wird. Bei allen diesen Berufungen geht es nicht eigentlich um ein Privileg, um eine persönliche Auszeichnung, sondern um die Indienstnahme dieses Menschen durch Gott für sein Volk. Das Volk selbst ist ja, seit Abraham, Isaak und Jakob („Israel"!), seit Moses und der Befreiung aus Ägypten das berufene Volk. Und so ist es auch im Neuen Bund: die Berufungen, wie sie von einzelnen Jüngern in kürzeren oder längeren Anekdoten erzählt werden, sind Berufungen zum Dienst, zum Dienst nun allerdings am *eschatologischen* Gottesvolk, dem Gottesvolk, das wiederum als ganzes berufen ist. Das ganze ein „auserwähltes Geschlecht" (1 Petr 2,9)! Das ganze Gottesvolk besteht so aus „Begnadeten" (1 Petr 2, 10), aus „Berufenen Jesu Christi", aus „berufenen Heiligen" (Röm 1, 6f; 1 Kor 1, 2): „in Christus erwählt vor Grundlegung der Welt, damit wir heilig und untadelig vor ihm seien" (Eph 1, 4). Und Gott ist frei in seiner Wahl. Er beruft auch und gerade, was von der Welt als gering und töricht angesehen wird, damit niemand vor Gott sich rühme (1 Kor 1, 25—31). So ist gerade auch die Berufung der Heiden — wie auch die des Paulus (vgl. Apg 9, 1—31; 18, 10) — das freie Werk Gottes (vgl. Apg 15, 14; Röm 9—11). Das ganze Volk ist so berufen zum Dienst für Gott — ihn zu loben, für ihn zu zeugen, ihn zu verherrlichen — und zum Dienst an den Menschen in Liebe. Von dieser Berufung her muß das ganze Leben des Gottesvolkes, muß insbesondere auch der Bund, der Alte wie der Neue, verstanden werden: Gott und sein Volk schließen den Bund nicht *miteinander* auf gleicher Ebene, sondern *Gott* schließt den Bund mit dem Volk: der Bund ist wie die ganze Berufung Gottes Gnade und Gabe an das Volk.

Ist die Kirche wirklich Gottes Volk, so ist es unmöglich, den Ausgangspunkt der Kirche beim Einzelnen, beim gläubigen Christen zu sehen. Dies wäre das *privatisierende Mißverständnis.* Man löst dann die Kirche in eine Agglomeration frommer Individuen auf. Aber zum wesentlichen Unterschied von anderen orientalischen Erlösungsreligionen erwies die christliche Botschaft schon immer darin ihre

Überlegenheit, daß sie nicht nur auf das Heil des Einzelnen, auf die Erlösung der Einzelseele von Sünde, Leid und Tod ausgerichtet war. In der christlichen Botschaft geht es wesentlich um das Heil für die ganze Gemeinschaft des Volkes, in das der Einzelne eingegliedert ist. Nicht umsonst erscheint im Umkreis der Berufung des Christen das äußere Zeichen für die Berufung und Begnadigung des Menschen und seine Aufnahme in die Gemeinschaft des Gottesvolkes: die Taufe (vgl. Eph 4, 1–5). Da der Ruf Gottes allem Tun und auch dem Glauben des Einzelnen vorausgeht und dieser Ruf an das ganze Volk Gottes geht, so steht der Einzelne nie allein, sondern er steht innerhalb der Gemeinde, und die einzelnen Gemeinden wiederum stehen innerhalb der einen Gemeinde oder Kirche. So steht nicht der einzelne Fromme, sondern Gott am Anfang der Kirche. Wie sollte auch der einzelne Fromme durch sein Frommsein bewirken können, daß aus den vereinzelten sündigen Menschen Gottes Volk werde? Und wie sollte eine atomisierte Menge von Frommen dem heimatlosen vereinzelten Einzelnen von heute Heimat sein können?

Gewiß besteht die Kirche aus Einzelnen. Aber die Kirche kann nur insofern vom Einzelnen her verstanden werden, insofern der Einzelne auch und gerade als Glied der Kirche von *Gott* her verstanden wird. Nicht der Einzelne als solcher, sondern der *berufene* Einzelne wird und ist Glied der Kirche, die wesentlich mehr ist als die Summe der Einzelnen, auch mehr als das Produkt eines religiösen Gemeinschaftstriebes. Deshalb konnten auch so verschiedene Gruppierungen sich zur Kirche zusammenfinden, die sonst vielfach gegeneinander standen: Juden und Heiden, Freie und Sklaven, Männer und Frauen. Gott selbst sammelt sein Volk um sich, aus jedem Volk und Stand, aus jeder Stadt und jedem Dorf. Gott selbst hat die Initiative. Insofern kann man von der Kirche als von einer „Stiftung" oder (das Wort ist institutionalistisch belastet!) „Institution" reden. Es wird damit ausgedrückt, daß die Kirche nicht einfach auf dem gemeinsamen Willen oder dem „Gemeingeist" der Kirchenglieder beruht. Über das Daß und das Was der Kirche ist vorausbestimmt durch den Willen *Gottes*, von dem sie zugleich – anders als bei einer menschlichen Stiftung, wo der Stifter mit der Zeit abtritt – ganz und gar abhängig bleibt. Deshalb ist die Kirche nie einfach „eine Institution", sondern immer „die Institution Gottes".

„Zu aller Zeit und in jedem Volk ruht Gottes Wohlgefallen auf jedem, der ihn fürchtet und gerecht handelt (vgl. Apg 10, 35). Gott hat es aber gefallen, *die Menschen nicht einzeln*, unabhängig von aller wechselseitigen Verbindung, zu heiligen und zu retten, *sondern sie zu einem Volke zu machen*, das ihn in Wahrheit anerkennen und ihm in Heiligkeit dienen soll. So hat er sich das Volk Israel zum Eigenvolk erwählt, und hat mit ihm einen *Bund* geschlossen und es Stufe für Stufe unterwiesen. Dies tat er, indem er sich und seinen Heilsratschluß in dessen Geschichte offenbarte und sich dieses Volk heiligte. Dies alles aber wurde zur Vorbereitung und zum Muster jenes neuen und vollkommenen Bundes, der in Christus geschlossen, und der volleren Offenbarung, die durch das Wort Gottes selbst in seiner Fleischwerdung überbracht werden sollte" (CE 9).

c) Alle sind Gottesvolk durch ihre *menschliche Entscheidung:* eine *Hypostasierung* der Kirche ist ausgeschlossen.

Wird die Kirche als Gottesvolk verstanden, so ist eindeutig: Kirche ist nie ein über den konkreten Menschen und ihrer Entscheidung schwebendes Superwesen. Kirche ist immer und überall nur auf Grund der freien menschlichen Zustimmung. Gewiß, die Kirche ist Setzung Gottes. Aber nie ist Kirche ohne Menschen. Wie Kirche nur möglich ist aufgrund der gnädigen, liebenden Berufung und Erwählung Gottes, so auch nur – zugleich und in Abhängigkeit davon – aufgrund der glaubenden, gehorsamen Antwort und Zustimmung des Menschen. Wie kein Volk *Gottes* ohne Gottes freie Gnade und Liebe, so kein *Volk* Gottes ohne der berufenen Menschen freien Glauben und Gehorsam, der ständig wieder neu vollzogen werden muß! Dieses Gottesvolk, das da versammelt wird, ist alles andere als eine Herde willenloser Schafe.

Was sich schon im allgemeinen vom Ekklesia-Begriff her ergab, ließe sich auch hier von der Geschichte des Alten und Neuen Bundes her konkretisieren. Wie die genannten Berufungserzählungen des Alten Testamentes (Patriarchen, Moses und das Volk in Ägypten und in der Wüste, die Könige und Propheten) und des Neuen Testamentes (Maria und die Jünger) von der übermächtigen Gnade des ergangenen Wortes berichten, so doch und zugleich auch von der Notwendigkeit des Ja der berufenen Menschen. Das Fiat Marias, das „Es geschehe mir nach deinem Wort" (Lk 1, 38), wird von jedem erwartet, der „Gnade bei Gott gefunden" hat (1, 30). Ohne das Fiat Marias, ohne das Fiat der berufenen Jünger und Jüngerinnen gibt es keine Kirche. Menschen werden berufen, und sie sollen antworten. Sie werden erwählt, und sie sollen Ja sagen, sie sollen zu dem an sie ergangenen Ruf Gottes „Amen" sagen, und „Amen-Sagen" heißt nach der hebräischen Grundform nichts anderes als „Glauben", „Vertrauen". So hat sich nach Röm 4 Abraham für das Alte Testament als der „Vater der Glaubenden" erwiesen, so nach Lk 1 Maria für das Neue Testament als „selig, die geglaubt hat": beides nicht verstanden im Sinne eines selbständigen, selbstmächtigen Schaffens, wohl aber im Sinne eines demütig-selbstlosen Antwortens auf Gottes Wort, eines Empfangens der Gnade mit leeren, aber offenen Händen: beide so im Glauben ein Typos Ecclesiae als der Gemeinschaft der Glaubenden! Es gibt also keine Zugehörigkeit zur Kirche einfach durch Geburt, durch Abstammung, durch Tradition, ohne persönlichen Glauben. Auch die Taufe – auch die Kindertaufe! – dürfte nie so verstanden werden, als ob damit der Mensch um die persönliche Glaubensentscheidung herumkäme. Im Gegenteil, Taufe ist immer sichtbares Zeichen nicht nur der Gnade Gottes, sondern auch des Glaubens der Menschen („sacramentum fidei"): ein Glaubenszeichen, das vom Menschen gleichzeitig oder mindestens (bei Kindern) nachträglich personal ratifiziert werden muß.

Ist die Kirche wirklich Gottes Volk, so ist es unmöglich, sie als eine quasi-göttliche Hypostase zwischen Gott und den Menschen zu sehen. Das wäre das *hypostasierende Mißverständnis.* Die Kirche wird hier von den konkreten Menschen, die die Kirche bilden, abgelöst und verobjektiviert: eine Ecclesia quoad substantiam, eine suprapersonale Mittlerinstitution zwischen Gott und dem Menschen. Zweifellos ist die Kirche als Gemeinschaft wesentlich mehr als die Summe der Einzelnen. Aber sie ist und bleibt trotzdem immer die Gemeinschaft der glaubenden Menschen, die Gott zu seinem Volk versammelt hat. Ohne dieses Volk der Glaubenden ist die Kirche nichts. Nicht Gott, nicht Christus, nicht der Geist, *wir* sind die Kirche. Ohne uns, außerhalb von uns, über uns hat die Kirche keine Wirklichkeit. Immer wieder besteht die Gefahr, an sich richtige Unterscheidungen unseres Denkens zu verselbständigen und das zu trennen, was in Wirklichkeit nicht getrennt werden kann. So wenn man an sich richtig zwischen „Struktur" und „Leben" der Kirche unterscheidet, aber dann unter der „Struktur" nur Glaube, Sakramente und Ämter versteht und als geistliche Deposita substantialisiert, während man unter „Leben" die Gemeinschaft der Glaubenden versteht. Als ob es je Glaube, Sakramente und Ämter und alles „Institutionelle" ohne Menschen, vor oder oberhalb der Menschen gäbe! Alles dies gibt es in Wirklichkeit nur in der Gemeinschaft der

Glaubenden, die die Kirche *sind.* Gerade diese Gemeinschaft der Glaubenden, die mit dem neuen Gottesvolk identisch ist, macht die *Grundstruktur* der Kirche aus.

„Alle Erwählten aber hat der Vater vor aller Zeit ‚vorher gekannt und vorher bestimmt, gleichförmig zu werden dem Bild seines Sohnes, auf daß dieser der Erstgeborene sei unter vielen Brüdern' (Röm 8, 29). Die aber an Christus *glauben,* beschloß er in der heiligen Kirche zusammenzurufen" (CE 2). „Gott hat die *Versammlung* derer, die zu Christus als dem Urheber des Heils und dem Ursprung der Einheit und des Friedens *glaubend aufschauen,* als seine Kirche *zusammengerufen* und bestellt, damit sie allen und jedem das sichtbare Heilszeichen dieser heilbringenden Einheit sei" (CE 9).

d) Das Gottesvolk aller Glaubenden ist ein *geschichtliches* Volk: eine *Idealisierung* der Kirche ist ausgeschlossen.

Versteht sich die Kirche wirklich als Gottesvolk, so ist unübersehbar: Kirche ist nie eine statische und übergeschichtliche Größe, die unberührt über den irdischen Räumen und den weltlichen Zeiten west. Kirche ist immer und überall ein lebendiges, aus den Völkern dieser Welt immer wieder neu gesammeltes und mitten durch die Zeiten wanderndes Volk. Damit wird im Grunde nur präzisiert, was unter dem vorausgegangenen Punkte behandelt wurde. Kirche ist wesentlich auf dem Weg, auf der Wanderschaft, auf der Pilgerschaft. Kirche, die am Ort tritt, die nicht immer wieder neu nach neuen Horizonten Ausschau hält, die nicht immer wieder neu aufbricht, verfehlt ihren Auftrag. Als das wandernde Gottesvolk weist sich die Kirche immer wieder als geschichtliche Größe aus. Sie nimmt die Geschichte des alten Bundesvolkes auf, setzt sie fort, erfüllt sie in einem erneuerten Bund. Zugleich geht sie durch eine Zeit der vielfachen Unvollendetheit der letzten Vollendung, dem eschatologischen Gottesreich entgegen, zu dem Gott selbst sie hinführt. So ist sie wesentlich Kirche zwischen den Zeiten, Kirche im Übergang, und damit nicht etwa eine Kirche der Angst, sondern eine Kirche der Erwartung und der Hoffnung: eine Kirche, die aus ist auf die Vollendung der Welt durch Gott.

Ist die Kirche wirklich Gottesvolk, dann ist es unmöglich, sie als eine allem Irdischen, allem Irrtum und aller Sünde enthobene Größe zu sehen. Das wäre das *idealistische Mißverständnis* der Kirche. Die wirkliche Kirche der Geschichte verblaßt hier zu einem unwirklichen, weltfremden, von einer falschen Aureole umstrahlten Ideal. Diese Idealkirche hat keine Mängel und keine Fehler, sie kennt keinen Irrtum und keine Sünde; sie braucht deshalb auch keine Buße und keine Bekehrung. Sie ist das vollkommene Wesen selbst. Aber dieses vollkommene Wesen ohne Sünde und Irrtum ist Gott allein, ein anderes zweites gibt es nicht! Die Idealkirche existiert nicht, nicht im empirischen Leben dieser Welt, wie wir immer wieder zu unserem Leidwesen feststellen müssen. Aber auch nicht im Zeugnis der Heiligen Schrift. Diese kennt die Kirche nur als das Volk Gottes, das in der Nachfolge des alttestamentlichen Gottesvolkes sich immer wieder als ein Volk der Sünder erweist, das stets wieder neu der Vergebung bedarf. Dauernd durch das Dunkel des Versagens und Verirrens wandernd, ist die Kirche dauernd auf Gottes Erbarmen und Gnade angewiesen. Dauernd der Versuchung und der Anfechtung ausgeliefert, hat sie dauernd zur Demut und zur Metanoia allen Anlaß! Ecclesia semper reformanda ist nicht nur ein Programmwort für besonders schwierige Zeiten, sondern die alltägliche Forderung Gottes an sein Volk, das auf dem Weg ist und sich immer wieder neu um größere Treue zu bemühen hat. Nicht umsonst kommt in den liturgischen Texten „populus tuus" so oft im Zusammenhang mit der Buße vor. Das Gottesvolk hat sich zu bewähren. Auch wenn es als ganzes die Verheißung hat, ist doch Abfall möglich. Das in der Kirche gesammelte Gottesvolk deckt sich noch nicht mit der Gemeinde der Auserwählten im vollendeten Gottesreich. Auch die Kirche untersteht dem Gerichte Gottes. So ergeht an sie immer wieder die Mahnung, auf der Wanderschaft zur Sabbatruhe „die erschlafften Hände und die wankenden Knie wieder aufzurichten" (Hebr), in der irdischen „Fremde" sich der „fleischlichen Begierden zu enthalten" (1 Petr), bei der „Feindschaft" der vergehenden „Welt" und ihrer „Lust" den Willen Gottes zu tun (1 Jo), den „Kampf" gegen die dämonischen „Mächte" dieser Welt zu führen (Eph), die „Umkehr" von den bösen Werken zu vollziehen (Apk). So ist der Weg des Gottesvolkes nicht leicht, aber sein Kampf und seine Mühe, seine Ausdauer und sein Vertrauen stehen unter der Verheißung des sicheren Sieges.

„Während aber Christus ‚heilig, schuldlos, unbefleckt war' (Hebr 7, 26) und ‚Sünde nicht kannte' (2 Kor 5, 21), sondern allein die Sünden des Volkes zu sühnen gekommen ist (vgl. Hebr. 2, 17), umfaßt die Kirche Sünder in ihrem eigenen Schoße. Sie ist *zugleich heilig und stets der Reinigung bedürftig* und geht so immerfort den Weg der *Buße und Erneuerung*. Die Kirche ‚schreitet zwischen den Verfolgungen der Welt und den Tröstungen Gottes auf ihrem

Pilgerweg dahin' (Augustinus) und verkündet Kreuz und Tod des Herrn, bis er wiederkommt (vgl. 1 Kor 11, 26). Von der Kraft des auferstandenen Herrn aber wird sie gestärkt, um ihre Trübsale und Mühen, innere gleichermaßen wie äußere, durch Geduld und Liebe zu besiegen, und sein Mysterium, wenn auch schattenhaft, so doch getreu in der Welt zu enthüllen, bis es am Ende im vollen Lichte offenbar werden wird" (CE 8).

Aber reden wir nicht zu selbstverständlich von *dem* Gottesvolk, von der *Kirche* als Gottesvolk? Und Israel, die Juden? Haben wir Israel vergessen? Ja, wir hatten nicht die Juden, wohl aber Israel, nicht das alte, vorchristliche, wohl aber das weiterbestehende, weiterlebende Israel vergessen.

4. *Die Kirche und die Juden*

a) *Die Last der Vergangenheit*[6]: Durch lange Jahrhunderte hindurch hatte die Kirche Israel praktisch abgeschrieben. „Juden" — eine quantité négligeable, zahlenmäßig, wertmäßig. Für Paulus war das Verhältnis Kirche — Israel noch ein Zentralproblem, für die spätere Zeit schon bald ein Randproblem. War es der Untergang der jüdischen Metropole Jerusalem und damit verbunden der fast vollständige Ausfall des Judenchristentums, der für die junge Kirche das Problem zurücktreten ließ? Über das Weiterbestehen des jüdischen Volkes konnten auch die Kirchenväter nicht hinwegsehen. Aber immer mehr beschäftigten sie sich damit in antijüdischem Geist. Sicher haben die feindlichen Tendenzen und Maßnahmen der Synagoge zu dieser Entwicklung wesentlich beigetragen. So gründet die

---

[6] Das christlich-jüdische Schrifttum ist unübersehbar. Gute Bibliographien finden sich im *Freiburger Rundbrief* 12. Folge (1959/60) 101–106 (Sonderdruck) und von *A. L. Rueff* in: Israel und die Kirche (Zürich 1961) 85–93. Zu nennen sind die speziellen Schriftenreihen (Judaica, Studia Delitzschiana, Studia Judaica) und Periodika (Freiburger Rundbrief, Der Zeuge, The Bridge, The Hebrew Christian, Cahiers sioniens). Bes. wichtig sind die beiden Sammelwerke: The Christian Approach to the Jew. Addresses delivered at the Pre-Evanston Conference at Lake Geneva, Wisconsin (New York 1954); Juden – Christen – Deutsche. Hrsg. v. H. J. Schultz (Stuttgart - Olten - Freiburg 1961), mit wichtigen Beiträgen zur geschichtlichen Entwicklung *(O. Brachfeld, F. Heer, H. J. Kraus, R. Pfisterer)*, zum grundsätzlichen Verhältnis von Christen und Juden *(H. U. von Balthasar, H. Gollwitzer, A. Rosenberg, E. Rosenstock-Huessy)*, zu den theologischen Grundlagenfragen *(F. X. Arnold, S. Ben-Chorin, G. Ebeling, E. Käsemann, O. Michel, K. Rahner,*

Judenfeindlichkeit, die man dann – erst gegen Ende des letzten Jahrhunderts und eigentlich fälschlicherweise (auch die Araber sind Semiten!) – „Antisemitismus" nannte, schon in den ersten christlichen Jahrhunderten. Allerdings ist diese Judenfeindschaft nicht wie in der Moderne „rassisch" bedingt. Sie ist vielmehr durch das verschiedene Offenbarungsverständnis gegeben. Erst in der konstantinischen Reichskirche wurde der vorchristliche *heidnische* Antijudaismus mit „christlichem" Vorzeichen aufgenommen und dann später im Mittelalter noch verschärft.

K. Schubert, F. Stier, P. Tillich, C. Westermann, P. Winter, H. W. Wolff, W. Zimmerli), zum jüdischen Selbstverständnis *(H. G. Adler, M. Buber, H. Bergmann)*; schließlich: Der ungekündigte Bund. Neue Begegnung von Juden und christlicher Gemeinde. Hrsg. v. *D. Goldschmidt* und *H. J. Kraus* (Stuttgart 1962). – Neuere Arbeiten zur Problematik: *K. Barth*, Kirchliche Dogmatik, bes. II/2 § 34 (Zürich-Zollikon 1942), III/3 (1950) 238–256, IV/3 (1959) 1005–1007; *Ch. Journet*, Destinées d'Israël (Paris 1944); *H. Schmidt*, Die Judenfrage und die christliche Kirche in Deutschland (Stuttgart 1947); *J. M. Oesterreicher*, The Apostolate to the Jews (New York 1948); *J. Jocz*, The Jewish People and Jesus Christ (London 1949); A Theology of Election. Israel and the Church (London 1958); *P. Démann*, La catéchèse chrétienne et le peuple de la bible (Paris 1952); *G. Dix*, Jew and Greek (London 1953); *W. Maurer*, Kirche und Synagoge. Motive und Formen der Auseinandersetzung der Kirche mit dem Judentum im Laufe der Geschichte (Stuttgart 1953); *L. Goppelt*, Christentum und Judentum im 1. und 2. Jahrhundert (Gütersloh 1954); *G. Hedenquist* u. a., The Church and the Jewish People (London-Edinburgh 1954); *F. Lovsky*, Antisémitisme et mystère d'Israël (Paris 1955); *E. Sterling*, Er ist wie Du. Aus der Frühgeschichte des Antisemitismus (München 1956); *H. U. von Balthasar*, Einsame Zwiesprache. M. Buber und das Christentum (Köln-Olten 1958); *H. Gollwitzer*, Israel – und wir (Berlin 1958); *G. Jasper*, Stimmen aus dem neureligiösen Judentum in seiner Stellung zum Christentum und zu Jesus (Hamburg 1958); *F. W. Foerster*, Die jüdische Frage (Freiburg i. Br. 1959); *W. Sulzbach*, Die zwei Wurzeln und Formen des Judenhasses (Stuttgart 1959); *E. Peterson*, Frühkirche, Judentum und Gnosis (Freiburg 1959); *M. Barth*, Israel und die Kirche im Brief des Paulus an die Epheser (München 1959); *K. Kupisch*, Das Volk der Geschichte (Berlin 1960); *H. Diem*, Das Rätsel des Antisemitismus (München 1960); *D. Judant*, Les deux Israël (Paris 1960); Israel und die Kirche. Eine Studie im Auftrag der Generalsynode der Niederländischen Reformierten Kirche (Zürich 1961; holl. Original: Israël en de Kerk. Gravenhage 1959); *W. Marsch-K. Thieme* (Hrsg.), Christen und Juden (Mainz 1961); *G. Dellinger*, Die Juden im Catechismus Romanus (München 1963); *G. Baum*, Die Juden und das Evangelium (Einsiedeln 1963); *W. Seiferth*, Synagoge und Kirche im Mittelalter (München 1964); *Aug. Kard. Bea*, Die Kirche und das jüdische Volk (Freiburg i. Br. 1966). Vgl. weiter die zahlreichen Handbücher und Arbeiten zur Geschichte des Judentums und die Werke der jüdischen Autoren, die sich um die Deutung des Jüdischen bes. verdient gemacht haben *(L. Baeck, S. Ben-Chorin, M. Buber, H. Cohen, E. L. Ehrlich, A. Gilbert, J. Klausner, F. Rosenzweig, H. J. Schoeps, P. Winter)*; schließlich die Lexikonartikel zu Judentum und Judenchristentum. Lit. zu Röm 9–11 s. u. Die übrige Lit. s. unter C I, 2.

Es gab auch schon – besonders wegen des religiös-politischen Nonkonformismus der Juden – einen vorchristlichen, heidnischen Antijudaismus. Obwohl gegen die Christen bis ins 3. Jahrhundert hinein dieselben Vorwürfe erhoben worden waren, wuchs doch die Feindschaft zwischen Juden und Christen immer mehr. Verschiedene ineinandergreifende Faktoren spielten dabei eine Rolle: 1. die Entfremdung der Kirche vom alttestamentlichen Wurzelboden, die mit der Hellenisierung der christlichen Botschaft gegeben war; 2. die exklusive Beanspruchung des Alten Testaments durch eine Kirche, welche das Alte Testament nicht mehr in sich selbst würdigte, sondern es mit Hilfe der typologischen und allegorischen Schriftauslegung fast ausschließlich als Weissagung für die christliche Religion benutzte; 3. die Schuld am Kreuzestod Jesu, die allgemein den Juden und allen Juden zugeschrieben wurde, weswegen das ganze Volk von Gott verflucht, verstoßen und zur Zerstreuung verdammt worden sei; 4. der Abbruch des gegenseitigen Gespräches zwischen Kirche und Synagoge in *wechselseitiger* Isolierung, bei der der Dialog meist durch den apologetischen Monolog ersetzt wurde.

Die Bildung der *konstantinischen Reichskirche* brachte eine bedeutsame Weiterentwicklung. Aufgrund des Ausschließlichkeitsanspruches des im Alten Testament bezeugten einen und einzigen Gottes und insbesondere aufgrund ihrer Erwartung des Messias und des Gottesreiches hatten die Juden schon den hellenistischen und dann auch den römischen Kaiserkult samt der mystischen Reichsidee abgelehnt – ein wesentlicher Grund für den *heidnischen* Antijudaismus! Entsprechend lehnten sie nun auch die verchristlichte Reichsideologie ab, nach der der Kaiser und seine Herrschaft als Abbild und Folge der himmlischen Herrschaft Gottes dargestellt wurde. Die spezifisch heidnische Judenfeindschaft wird nun von der Reichskirche, die sich ihres eigenen Verfolgtseins nicht mehr erinnert, übernommen und durch christliche Motive ungemein verstärkt. Durch staatskirchliche Gesetze wird das Judentum aus dem sakralen Reich, zu dem man durch die Sakramente Zugang hat, faktisch ausgeschieden: Verbot von Mischehen, der Besetzung von Beamtenstellen durch Juden, des Baues oder der Erweiterung von Synagogen usw. So mußten die Juden auf dem Reichsgebiet faktisch außerhalb des Reiches leben. Während Theologen wie Augustin gegenüber den Juden noch eine missionarische Aufgabe sahen, predigten andere wie Chrysostomus bereits im Stile späterer antijüdischer Hetzprediger. Das Corpus iuris civilis Justinians, der die antijüdischen Maßnahmen insbesondere Theodosius' II. verschärfte, wurde für die mittelalterliche Judengesetzgebung maßgebend. Während das erstarkende Papsttum, besonders Gregor I., eine maßvolle Judenpolitik betrieb und Zwangstaufen ablehnte, kam es zu vielfachen, wenn auch bis zu den Kreuzzügen vereinzelten Gewaltmaßnahmen, besonders in Frankreich und Spanien (Isidor von Sevillas antijüdische Polemik!), wo schließlich die arabische Eroberung von den Juden als Befreiung begrüßt wurde.

Gewiß darf das über tausendjährige enge Zusammenleben von Christen und Juden nicht nur in seinen negativen Aspekten gesehen werden, oft bedeutete es ja gegenseitige Bereicherung. Doch gerade das *Hochmittelalter*, insbesondere – zusammen mit dem verschärften Kampf gegen die Häretiker

(Albigenser) – die *Kreuzzüge* (1096–1270) verschlimmerten die Lage der Juden beträchtlich. Sie wurden mit den Moslems auf die gleiche Stufe gestellt. Während der ersten drei Kreuzzüge gab es furchtbare Judenschlächtereien in Frankreich, im Rheinland, in Böhmen und in Palästina, wo die Kreuzfahrer mit den „Feinden Christi" aufräumten. Der große Innozenz III. und das bedeutendste Konzil des Mittelalters, die vierte Lateransynode von 1215, zeichneten sich besonders durch antijudaistische Maßnahmen aus: Es wurde den Juden eine besondere Kleidung vorgeschrieben, öffentliche Ämter untersagt, der Ausgang für die Kartage verboten. Infolge der Leiden der Kreuzzüge wanderten zahllose deutsche Juden nach Polen und Rußland aus. Auch die Errichtung der Inquisition und die Arbeit des mit ihr betrauten Dominikanerordens, der sich die „Bekehrung" der Juden zum Ziel setzte, wirkte sich verheerend aus. Clemens IV. versuchte, den Ghettozwang durchzusetzen.

Aber gerade die Kirche, die mit Hilfe der staatlichen Gewalt die Juden unterdrückte und verfolgte, zweifelte am wenigsten daran, daß sie die Nachfolgerin, Stellvertreterin, Erbin des nunmehr endgültig verworfenen Israel sei. Dieses verworfene Volk sind die „Juden", denen alle *Gerichte* und *Verfluchungen* des Alten Testamentes gelten. Die Kirche aber ist „Israel", dem alle *Verheißungen* des Alten Testamentes gelten: das wahre, geistliche Israel, *das* Gottesvolk schlechthin! Nach der Kreuzigung Jesu, an der die Juden schuld sind, hat das Judenvolk für diese Kirche faktisch aufgehört, Gottes Volk zu sein. Und das Judenvolk muß es bezahlen in einer Leidensgeschichte, die ihresgleichen in der Geschichte der Menschheit sucht. Nicht zuletzt aufgrund mancher schwerwiegender historischer Vorurteile sind die Jahrhunderte des Judentums nach den Kreuzzügen Jahrhunderte voll von Verurteilungen, Vertreibungen, Ausplünderungen, Foltern, Morden gewesen. Nur langsam – nicht durch die Reformation – bahnt sich in der Neuzeit eine Besserung an, die aber gerade im 20. Jahrhundert durch einen beispiellosen Massenwahn und Massenmord, dem ein Drittel der gesamten Judenheit zum Opfer fiel, auf monströse Weise durchkreuzt wurde.

Die bis in die jüngste Vergangenheit hinein wiederholten zum Teil alten, zum Teil mittelalterlichen *historischen Vorurteile* und ihre Unhaltbarkeit sind bekannt:

„Die Juden sind Geldmenschen": das Wort vom „Geldjuden" und vom „christlichen Juden". Als ob nicht die *Christen* die Juden nicht nur aus den hohen Staatsämtern, dem Richteramt und der Armee, sondern auch aus Landwirtschaft und Handwerk verdrängt hätten! Jüdische Grundbesitzer durften keine christlichen Arbeitskräfte beschäftigen, die christliche Zunftordnung verschloß den Juden die handwerklichen Berufe. So haben die Christen selbst die Juden ins Geldgeschäft hineingenötigt, da diese nur so überhaupt ihr Leben fristen konnten. Ungefähr alles – das Recht zum Kommen und Gehen, zum Kaufen und Verkaufen, zum gemeinsamen Beten, zum Heiraten, zum Gebären eines Kindes – mußte der Jude in Bargeld bezahlen. Erst der Staat Israel hat diejenigen glänzend widerlegt, welche die Juden der landwirtschaftlichen und handwerklichen Arbeit für unfähig hielten. – „Die Juden sind zur Zerstreuung verdammt": die Legende von dem wegen Jesus ruhelos wandernden, nicht sterben dürfenden Ahasver. Als ob die jüdische Diaspora nicht schon mehrere Jahrhunderte *vor* dem Tode Jesu begonnen hätte! Zur Zeit von Jesu Geburt lebte nur ein Bruchteil der Juden in Palästina. Und als ob dann nicht auch *nach* der Eroberung Jerusalems durch die Römer ebenso wie nach dem Bar-Kochba-Aufstand in Palästina noch eine große Zahl von Juden gelebt hätte! Erst die Kreuzfahrer haben ihnen bis auf einen kleinen Rest, der armselig sein Leben als Färber fristete, ein Ende bereitet. Auch hier hat erst die Gründung des Staates Israel die Glaubwürdigkeit dieser Legende ernsthaft erschüttert. – „Die Juden sind Verbrecher": die Fabeln von Ritualmorden, Brunnenvergiftungen, Hostienschändungen (die Gefährlichkeit jüdischer Ärzte, etwa noch die „Verschwörung" jüdischer Ärzte gegen das Leben Stalins 1953!). Als ob nicht alle diese allgemeinen Anklagen unbewiesen wären, als ob nicht Altes Testament und Talmud eine Scheu vor der Befleckung durch Blut zeigten, als ob nicht schon mittelalterliche Kaiser wie Friedrich II. und Päpste wie Innozenz IV. die Juden gegen solche Anklagen in Schutz genommen hätten!

Diese zum Teil lächerlichen, aber im Grunde höchst gefährlichen Vorurteile und Legenden haben ungezählten Juden das Leben gekostet. 1348/49 – es war die schwerste mittelalterliche Judenverfolgung – wurden im Elsaß und Rheinland, in Thüringen, Bayern und Österreich ungefähr 300 jüdische Gemeinden vernichtet, der Rest wurde nur noch geduldet. Warum? Von Südfrankreich war der Vorwurf ausgegangen, die Juden hätten die Brunnen vergiftet und seien so schuld an der ausgebrochenen Pestseuche! 1290 wurden die Juden aus England, 1394 aus Frankreich, 1492 aus Spanien, 1497 aus Portugal ausgewiesen.

Doch die grauenhaften Verfolgungen, Austreibungen und Massenmorde des Hoch- und besonders des Spätmittelalters beendete auch die *Reformation* keineswegs. Gerade Luther hat sich in seiner späteren Zeit gegen die Juden schlimmer als manche vor ihm ausgelassen. In seiner berüchtigten Schrift „Von den Juden und ihren Lügen" (1543) forderte er die Inbrandsteckung ihrer Synagogen, die Zerstörung ihrer Häuser, die Beschlagnahmung ihrer heiligen Schriften, Lehr- und Gottesdienstverbot unter Todesstrafe, Aufhebung des freien Geleites, Beschlagnahmung ihres Vermögens ...! Und wenn auch Calvin in seiner ganzen Theologie die Einheit des Bundes betonte und man im reformierten Raum unter humanistischem Einfluß dem Judentum viel Beachtung schenkte, so hat dies doch die reformierte Predigt und Katechese wenig beeinflußt.

Eine Änderung bereiteten vor: der *Humanismus*, der auf die hebräischen Quellen zurückging (Reuchlin, Scaliger) und die jüdische Geschichte vorurteilslos zu interpretieren versuchte; dann der *Pietismus* (Zinzendorf), der mit der Gründung des Institutum Judaicum von Halle dem Judentum mit

Sachlichkeit und Bruderliebe zu begegnen versuchte; schließlich die *Aufklärung* (die Toleranzerlasse Kaiser Josephs II., die Declaration of Rights der USA, die Déclaration des droits de l'homme der Französischen Revolution), die mit ihren Prinzipien der Humanität und der Toleranz die Emanzipation der Juden und ihre bürgerliche Gleichberechtigung einleitete. Dieser äußeren Emanzipation folgte vielfach die innere Assimilation und die Reform des synagogalen Gottesdienstes und der Lehre im liberalen Judentum. In Opposition zur Assimilation stand dann der Zionismus, der zur Gründung des Staates Israel führte und eine neue Form der Emanzipation darstellte.

Doch durch alle diese Veränderungen war der Antijudaismus in Kirche und Gesellschaft keineswegs innerlich überwunden worden. Nicht nur, daß besonders der Osten zahlreiche blutige Judenverfolgungen sah: wegen der russischen und polnischen *Pogrome* flohen viele Juden nach Westen und in die USA. Im deutschen Idealismus, gerade bei Hegel, erschien das Judentum als die Manifestation des bösen Prinzips. Und es brauchte nur die Rassentheoretiker vom Schlage Gobineaus und Houston Stewart Chamberlains, um die ideologische Grundlage für einen rassistischen „Antisemitismus" zu schaffen. Aufgrund verschiedener wirtschaftlicher, politischer und weltanschaulicher Faktoren kam es so zur beispiellosen dämonischen Explosion des „Antisemitismus" im *Nationalsozialismus:* Durch die nazistischen Greueltaten hat sich die Zahl der Juden in Europa um zwei Drittel, die der Juden in der Welt um ein Drittel vermindert. Ungefähr sechs Millionen jüdische Kinder, Männer, Frauen und Greise sind vergast und vernichtet worden. Um die Jahrhundertwende wohnten 80%, 1958 noch 34% aller Juden in Europa.

Eine vielhundertjährige, unbeschreiblich entsetzliche Leidens- und Todesgeschichte, die im nazistischen Millionenmord am Judenvolk monströs kulminierte: wie war das alles möglich? Wir fragen nun nicht mehr als Historiker, die die historische Genesis der Judenfeindschaft untersuchen. Auch nicht als Psychologen, welche die im Antijudaismus wirksamen psychologischen Motive (Störung der Persönlichkeitsstruktur, Gruppenfeindschaft, Sündenbock-Denken, Fremdkörper-Angst, Gegenideal, seelische Massenstörungen usw.) analysieren. Wie war dies alles möglich? Wir fragen dies jetzt schlicht als Christen, als Angehörige einer Gemeinschaft, die sich – im Gegensatz zum alten Gottesvolk – das neue Gottesvolk nennen will. Wir können diese Frage nicht fragen, ohne zu verstummen, vor Scham und Schuld. Könnten wir noch reden wollen, wo Millionen verstummt sind? Um uns zu rechtfertigen in verschämter oder unverschämter Apologetik, die moralisch (Auch die Juden haben Fehler gemacht? Gewiß!) oder historisch (Man muß alles aus der Zeit heraus verstehen! Alles?) oder theologisch (Das war nicht die wahre

Kirche selbst! Wer und wo ist denn diese wahre Kirche selbst?) oder gar politisch (Man mußte abwägen, es war opportuner nichts dagegen zu tun! War es auch christlich, evangelisch?) zu argumentieren versucht. Wie weit wird solche Selbstrechtfertigung kommen, beim unermeßlichen Bleigewicht der Schuld? Die Kirche hat Liebe gepredigt und mörderischsten Haß gesät, sie hat das Leben verkündet und den blutigsten Tod verbreitet. Und dies gerade an den leiblichen Brüdern dessen, von dem sie es hörte: „Was ihr dem geringsten meiner Brüder getan, das habt ihr mir getan" (Mt 25, 40)! Die Kirche stand so zwischen Israel und Jesus und hinderte Israel, ihn als seinen Messias zu erkennen.

Hier muß die Erklärung erwähnt werden, welche das zweite Vatikanische Konzil im Namen der Kirche abgegeben hat: „Im Bewußtsein des Erbes, das sie mit den Juden gemeinsam hat, beklagt die Kirche, welche alle Verfolgungen gegen welche Menschen auch immer verwirft, nicht aus politischen Gründen, sondern aus religiöser, evangelischer Liebe heraus alle Haßausbrüche, Verfolgungen, Manifestationen des Antisemitismus, die sich wann auch immer und von wem auch immer gegen die Juden gerichtet haben" (DR 4).

Gewiß kann nicht die ganze Schuld für das Leid der Juden der Kirche aufgebürdet werden. Oft war es das alte oder neue Heidentum, das gegen Israels Gott aufbegehrte. Und bei allem Heidentum, das auch in die Kirche selbst eingedrungen war, gab es hier doch immer wieder und gerade auch in neuester Zeit lauten christlichen Protest und mutigen Kampf gegen allen „antisemitischen" Haß und alle Unmenschlichkeit. Aber oft geschah dies nur durch Vereinzelte oder durch Außenseiter, während sich manche offizielle und oft gerade die höchsten Repräsentanten der Kirche in vorsichtiges opportunistisches, politisches Schweigen hüllten oder sich nur zögernd, leise, verklausuliert und diplomatisch zu Worte meldeten, ohne prophetische Kraft und ohne Bekennergeist, kurz: nicht auf der Höhe des Evangeliums Jesu Christi! Aber über den Einzelfall hinaus ist wichtiger zu sehen: Der nazistische Antisemitismus, sosehr er primär das Werk von Gottlosen, ja Verbrechern war, wäre ohne die fast zweitausendjährige Vorgeschichte des „christlichen" Antijudaismus, der denn auch die Christen an einem überzeugten und energischen Widerstand auf breiter Front hinderte, unmöglich gewesen.

Nicht umsonst beriefen sich katholische Kommentatoren der nazistischen Rassengesetzgebung auf „den unerschütterlichen Glauben, im Sinne des allmächtigen Schöpfers zu handeln", wie sich dann im Nürnberger Prozeß einer der nazistischen Haupttreiber gegen die Juden auf Martin Luther berief. Nicht zur Entschuldigung eines Regimes, das nicht entschuldigt werden kann, wohl aber zur Präzisierung der Schuldfrage darf es gesagt werden: Keine der antisemitischen Maßnahmen des Nazismus war neu: weder die Kennzeichnung durch besondere Kleidung noch der Ausschluß von Berufen und das Mischeheverbot, weder die Plünderung noch die Vertreibung und die Konzentrationslager, weder die Hinmetzelungen noch die Verbrennungen — dies alles gab es schon im „christlichen" Mittelalter und in der „christlichen" Reformationszeit. Neu waren nur die rassistische Begründung und die grauenhafte organisatorische Gründlichkeit, die technische Perfektion und die furchtbare „Industrialisierung" des Mordens.

b) *Die Aufgabe der Gegenwart:* Hier kann nur eines helfen: die radikale Metanoia, das Umdenken und Umkehren, das Einschlagen eines neuen Weges, nicht mehr weiter vom Judenvolk weg, sondern auf das Judenvolk zu: zum lebendigen Gespräch, das nicht auf Kapitulation, sondern auf das Verstehen der anderen Seite aus ist, zur gegenseitigen Hilfe, die nicht der „Mission" dienen will, zur Begegnung in offenem brüderlichem Geiste.

Das zweite Vatikanische Konzil wollte nicht beim bloßen Schuldbekenntnis stehenbleiben: „Da also das Christen und Juden gemeinsame geistliche Erbe so reich ist, will die heilige Synode die *gegenseitige Kenntnis und Hochschätzung* mit Nachdruck fördern, wie sie vor allem die Frucht biblischer und theologischer *Studien* sowie des brüderlichen *Gespräches* ist" (DR 4).

Ausdrücklich verwirft das Konzil jenes weitverbreitete theologische Mißverständnis, welches im Laufe der Kirchengeschichte am meisten Unheil gestiftet hat: die Juden — sie allein und sie alle — seien schuld am Kreuzestode Jesu: „Wenn auch die jüdische Obrigkeit mit ihren Anhängern auf den Tod Christi gedrungen hat, so kann man trotzdem die Ereignisse seines Leidens *weder unterschiedslos allen damals lebenden Juden noch den heutigen Juden zur Last legen.* Gewiß ist die Kirche das neue Volk Gottes, trotzdem darf man die Juden *nicht als von Gott verworfen oder verflucht* hinstellen, als ob sich dies aus der Heiligen Schrift ergebe. Darum sollen alle dafür Sorge tragen, daß sie weder in der Katechese noch bei der Predigt des Gotteswortes irgend etwas lehren, was mit der evangelischen Wahrheit und dem Geiste Christi nicht im Einklang steht" (DR 4). Jesu Tod ist um *aller* Menschen Sünden willen geschehen: „Im übrigen hat Christus, wie die Kirche immer lehrte und lehrt, um der Sünden *aller Menschen* willen Leiden und Tod freiwillig in unendlicher Liebe auf sich genommen, damit *alle* das Heil erlangen. So ist es die Aufgabe der Verkündigung der Kirche, das Kreuz Christi als das Zeichen der allumfassenden Liebe Gottes und als Quell aller Gnade anzukünden" (DR 4).

Zu dieser Begegnung war schon immer Zeit, ist aber heute besonders Zeit: nach der jüngsten furchtbarsten Katastrophe in der

Geschichte des Judenvolkes und zugleich nach dem unerwarteten hoffnungsvollen Neubeginn im Staate Israel. Jetzt, nach Jahrtausenden, hat dieses uralte und doch überraschend junge Volk wieder ein eigenes staatliches Leben begonnen – das wichtigste Ereignis der jüdischen Geschichte seit der Zerstörung Jerusalems und des Tempels, in seinen – positiven wie negativen – religiösen Folgen noch gar nicht abzusehen.

Dieses schwache und doch Jahrtausende überstehende, dieses beinahe vernichtete und noch stärker auferstandene Judenvolk ist der Welt und oft auch sich selbst ein *Rätsel.* Was sind sie, diese Juden? Eine Rasse und – bei der vielfachen Vermischung und den nicht eindeutigen Rassenmerkmalen – doch keine Rasse. Eine Sprachgemeinschaft und – da nur ein Teil das Hebräische beherrscht – doch keine. Eine Religion und – da viele Juden völlig säkularisiert oder aber getauft sind – doch keine Religion. Ein Staat und – da ihre übergroße Mehrheit nicht Bürger dieses Staates ist – doch keiner. Ein Volk und – da eine Großzahl anderen Völkern assimiliert ist – doch keines. So sind die Juden eine – vom einzelnen Juden meist bejahte, manchmal auch abgelehnte – rätselhafte Schicksalsgemeinschaft, deren Rätselhaftigkeit ein Hinweis zu sein vermag auf das verborgene *Geheimnis* der Juden. Der Juden Geheimnis ist – für den glaubenden Juden wie für den glaubenden Christen – die Berufung dieses Judenvolkes zum Gottesvolk inmitten der Völker. Diese Berufung wurde auch in den Zeiten, da die Kirche Israel nur für eine erledigte Vorform des wahren Gottesvolks der Kirche hielt, nie in Frage gestellt. Es gilt heute, über den bleibenden Gottesvolk-Charakter des Judenvolkes mehr nachzudenken, um gerade so das Verhältnis Israel – Kirche positiver bestimmen zu können.

Für das seit Jahrtausenden beinahe und doch nie ganz erloschene Gespräch zwischen Juden und Christen sind heute die Voraussetzungen in verschiedener Hinsicht besser, von beiden Seiten:

In der *Christenheit:* Schon bevor die Verbrechen des Hitler-Regimes der Christenheit die Augen öffnete für das ganze Leid und die Not des Judentums, hatte sich in der christlichen Theologie eine neue Offenheit für das Alte Testament und die hebräische Geisteswelt durchgesetzt. Anders als früher betonte man weniger den Gegensatz und mehr die Einheit von Altem und Neuem Testament: in ihrem Gottesbild, ihrem Menschen- und Weltbild. Die historisch-kritische Forschung führte dazu, das Alte Testament nicht mehr in kurzschlüssiger Allegorese „geistlich" auf das Neue Testament hin zu interpretieren, sondern die ihm eigene geschichtliche Wirklichkeit in sich selbst ernst zu nehmen. Gegenüber aller falschen Vergeistigung hat so alles, was Israel, Volk und Land betrifft, wieder einen neuen wirklichen Sinn bekommen. Dabei ist man gerade im Vergleich mit der griechisch-hellenistischen Welt auf die großen starken Seiten des hebräischen Denkens aufmerksam geworden: seine größere geschichtliche Dynamik, seine ganzheitliche Ausrichtung, seine gläubige Welt-, Leib- und Lebensfreundlichkeit, seine eschatologische Ausrichtung auf das kommende Königreich Gottes. Von daher erscheint auch die Gestalt Christi nicht mehr nur als die Verwirklichung vereinzelter sporadischer alttestamentlicher Prophetien, sondern vielmehr als die Erfüllung des ganzen Alten Bundes und der mit Israel und der Thora verbundenen Heilsabsicht Gottes.

Im *Judentum* hat sich die geistige Lage, wie sich dies besonders in der erstaunlichen Wiederherstellung von Israels selbständiger staatlicher Existenz offenbart, ebenfalls sehr gewandelt: Die Rabbinen und ihre kasuistische Gesetzesfrömmigkeit haben – und dies erleichtert das Gespräch – ihren Einfluß auf die übergroße Mehrheit der heutigen Juden und vor allem der jungen Generation verloren. Gegenüber der früheren Alleingültigkeit des Talmud hat die Bibel im Leben wenigstens einer kleinen Elite wieder ihren zentralen Platz zurückerhalten. Eine gemeinsame jüdisch-christliche Erforschung des Alten Testamentes hat sich angebahnt. Die lebendige Gestaltung des jüdischen Gottesdienstes wie des christlichen hat die Verwandtschaft sichtbar werden lassen. Das Bewußtsein einer gemeinsamen jüdisch-christlichen Basis ist im Werden begriffen. Auch das Neue Testament wird von vereinzelten Juden gelesen. Und selbst in bezug auf die Person Jesu sind Haß und Verachtung im Schwinden, Verständnis und Hochachtung für ihn als großen Sohn und Propheten Israels im Zunehmen, wenn auch seine Ablehnung als Messias im allgemeinen so fanatisch ist wie eh und je. Sehr lang ist die Liste von Autoren und Schriften über Jesus von Nazareth, die im Staat Israel in der letzten Zeit veröffentlicht worden sind. Große Geister des Judentums – Frauen wie Simone Weil und Edith Stein, Männer wie Hermann Cohen, Martin Buber, Franz Rosenzweig, Leo Baeck, Max Brod, Hans Joachim Schoeps, Schalom Ben-Chorin, mehr indirekt aber auch Sigmund Freud, Albert Einstein, Franz Kafka, Ernst Bloch – haben es im 20. Jahrhundert verstanden, den Christen das Eigentümlich-Jüdische verständlicher zu machen.

Das Gespräch zwischen Christen und Juden muß – soll es ernsthafte Begegnung und nicht nur oberflächliches Fraternisieren besagen – auf der Grundlage der *Bibel* geführt werden. Es wird dadurch nicht leichter. Das Gespräch zwischen Christen und Juden erweist sich als unendlich viel schwieriger als das zwischen den getrennten Christen, die in der Bibel mindestens eine gemeinsame Basis haben. Der Konflikt zwischen Christen und Juden aber geht mitten durch die Bibel, spaltet sie in zwei Testamente, von denen die einen das erste und die anderen das zweite vorziehen. Und hätte es einen Sinn, hier am eigentlichen Kontroverspunkt vorbeizusehen? Jesus von Nazareth, der für das Neue Testament der im Alten

Testament verheißene und vom Großteil Israels abgelehnte Messias Israels ist! Hier scheiden uns nicht nur „zwei Glaubensweisen" — darüber ließe sich leichter reden —, sondern dieser Jesus, der für uns der Messias ist, sein Tod und seine Auferstehung. Zwischen Christen und Juden steht unübersehbar — für ein Sichfinden ein anscheinend unübersteigbares Hindernis — das Kreuz, für die Juden ein Ärgernis, für die Christen Gottes Kraft und Weisheit. Von *daher* — und dies sollte man nicht wegdiskutieren — durchzieht das ganze Neue Testament eine antijüdische Frontstellung, die Evangelien so gut wie die Paulusbriefe, die natürlich auch Abwehr gegen die die Existenz der Kirche bedrohende Haltung des Pharisäertums sind. Die Frage ist nicht unberechtigt, ob nicht das Neue Testament selbst dem späteren kirchlichen Antijudaismus mindestens Vorschub geleistet habe. Die Frage wird dabei weniger an die Verkündigung Jesu selbst als an die des *Paulus* gerichtet, der den Kampf für die Kirche aus Heiden in der Urchristenheit geführt und gewonnen hat. So müssen wir uns — die früheren Schriften haben wir bereits betrachtet — insbesondere dem Römerbrief zuwenden, dessen Kapitel 9—11 der locus classicus zur Beschreibung des Verhältnisses Kirche — Israel geworden sind. Folgende entscheidende Gedankenlinien sind hier hervorzuheben, die nur zusammengesehen die ganze Wahrheit aussagen[7].

c) *Die Hoffnung der Zukunft:* (1) Israels Verheißung: Ist Israel seiner Sonderstellung als des Gottesvolkes nach dem Tode Jesu verlustig gegangen? Keineswegs, sagt Paulus. Gottes Treue gibt Israel auch in dessen Untreue nicht auf (Röm 3, 3). Die Erwählung dieses Gottesvolkes ist bleibend, unaufhebbar, unwiderruflich. Die Juden sind und bleiben Gottes auserwähltes Volk, seine Lieblinge. Die neue Bruderschaft in der Kirche hebt die alte nicht auf (9, 3). Den Juden — hier mit dem heilsgeschichtlichen Ehrennamen „Israeliten" (9, 4)

---

[7] Vgl. neben den neueren Kommentaren zum Römerbrief (*P. Althaus, H. Asmussen, C. K. Barrett, J. Huby - St. Lyonnet, J. Knox, O. Kuss, F. J. Leenhardt, A. Nygren, K. H. Schelkle* und bes. *O. Michel*): *E. Weber*, Das Problem der Heilsgeschichte nach Röm 9—11 (Leipzig 1911); *F. W. Maier*, Israel in der Heilsgeschichte nach Röm 9—11 (Münster 1929); *K. L. Schmidt*, Die Judenfrage im Lichte der Kapitel 9—11 des Römerbriefes (Zollikon - Zürich 1943); *G. Schrenk*, Der göttliche Sinn in Israels Geschick (Zollikon - Zürich 1943); Die Weissagung über Israel im NT (Zürich 1951); *W. Vischer*, Das Geheimnis Israels (Zürich 1950; = Judaica 6, 2); *K. H. Schelkle*, Paulus, Lehrer der Väter (Düsseldorf 1956); *J. Munck*, Christus und Israel. Eine Auslegung von Röm 9—11 (Kopenhagen 1956).

angeredet – gehören: die „Sohnschaft" – die Einsetzung des Volkes Israel zu Gottes „erstgeborenem Sohn" (vgl. Ex 4, 22); die „Herrlichkeit" – die Glorie der Gegenwart Gottes bei seinem Volk; die „Bundesschließungen" – der immer wieder erneuerte und bestätigte Bund Gottes mit seinem Volk; die „Gesetzgebung" – die von Gott seinem Volke gegebenen guten Lebensordnungen als Zeichen seines Bundes; der „Gottesdienst" – der wahre Gottesdienst des priesterlichen Volkes; die „Verheißungen" – die Aussagen von Gottes Gnade und Heil; die „Väter" – die Väter der Vorzeit in der Gemeinschaft des einen wahren Glaubens; und schließlich alles andere an Bedeutung weit übertreffend: der „Messias", Jesus der Christus, geboren aus israelischem Fleisch und Blut, gehört in erster Linie dem Volke Israel (vgl. 9, 4f).

Das zweite Vatikanische Konzil bekennt: „Bei ihrer Besinnung auf das Geheimnis der Kirche gedenkt die heilige Synode des Bandes, wodurch das Volk des Neuen Bundes mit dem Stamme Abrahams geistlich verbunden ist. – Denn die Kirche Christi anerkennt, daß sich nach dem Heilsgeheimnis Gottes die Anfänge ihres Glaubens und ihrer Erwählung schon bei den Patriarchen, bei Moses und den Propheten finden. Sie bekennt, daß alle Christusgläubigen, Söhne Abrahams dem Glauben nach, in der Berufung dieses Patriarchen miteingeschlossen sind und daß in dem Auszug des auserwählten Volkes aus dem Land der Knechtschaft das Heil der Kirche geheimnisvoll im Zeichen vorgebildet ist. Deshalb kann die Kirche nicht vergessen, daß sie durch jenes Volk, mit dem Gott aus seinem unsagbaren Erbarmen den Alten Bund zu schließen sich gewürdigt hat, die Offenbarung des Alten Testamentes empfing und von der Wurzel des guten Ölbaumes, in welchem die Heiden als Wildlinge eingepfropft sind, genährt wird. Die Kirche glaubt ja, daß Christus, unser Friede, durch das Kreuz Juden und Heiden versöhnt und in ihm beide vereinigt hat. – Die Kirche hat auch stets die Worte des Apostels Paulus vor Augen, der von seinen Stammverwandten sagt, daß ‚ihnen die Sohnschaft, die Herrlichkeit, die Bundschließungen, die Gesetzgebung, der Gottesdienst und die Verheißungen zuteil geworden sind, denen die Väter angehören und aus denen der Messias dem Fleische nach stammt' (Röm 9, 4f), der Sohn der Jungfrau Maria. Auch hält sie sich gegenwärtig, daß aus dem jüdischen Volk die Apostel stammen, die Grundfesten und Säulen der Kirche, sowie die meisten jener ersten Jünger, die das Evangelium Christi der Welt verkündet haben" (DR 4).

Dies alles bleibt den Juden, auch wenn sie Jesus als Messias abgelehnt haben, was Paulus mit „großer Trauer" und „ununterbrochenem Schmerz" erfüllt, wie er feierlich nach seinem „Gewissen" und im „Heiligen Geist" bezeugt, so daß er – schon Moses, David und die Propheten haben stellvertretend für das Volk gelitten – sich selbst gerne als Sühnopfer für sein Volk anböte. Ist hier nicht aller

Antisemitismus radikal unmöglich gemacht? Der Jude Paulus gibt als Christ sein Judentum nicht auf. Er erfüllt es nur – und meint dabei das Alte Testament hinter sich zu haben – mit neuem, freierem, umfassenderem Geist: im Lichte nämlich des auch schon im Alten Bunde immer wieder neu, unerwartet neu handelnden Gottes. Dieser Gott, der in Jesus von Nazareth in entscheidend neuer Weise an seinem Volk gehandelt hat und den Paulus in seiner Botschaft verkündet, ist kein anderer als der Gott Abrahams, Isaaks und Jakobs. Der Gott der Kirche Christi ist und bleibt der Gott Israels. Und dieses Gottes alte wie neue Botschaft ist zunächst an Israel ergangen. Die Kirche ist in das in Abraham erwählte Volk eingefügt. Gottes Plan für Israel dauert im Neuen Testament fort.

Aus diesem Grund kann es für die Kirche nie darum gehen, „Judenmission" zu treiben. Den Juden kann das Evangelium nicht als etwas ihnen Fremdes von außen zugetragen werden. Die Juden haben ja bisher nicht falsch geglaubt, sie haben schon vor der Kirche an den einen wahren Gott geglaubt, und sie haben vor der Kirche – und nicht erst durch die Kirche – das Evangelium vernommen. Sie waren und sind die Erstangesprochenen. Die junge Kirche kommt aus den Juden. Aber – haben sie in ihrer Mehrzahl das Evangelium nicht abgelehnt?

(2) Israels Schuld und Dienst: Es läßt sich nach Paulus nicht verschweigen: Die Juden – jedenfalls der Großteil – haben das Evangelium abgelehnt. Diese haben damit ihre „Sohnschaft", ihre besondere Erwählung und Berufung im entscheidenden Augenblick verleugnet. Sie haben die „Herrlichkeit", wie sie in Jesus dem Messias erschienen ist, nicht erkannt. Sie haben den Neuen „Bund" in seinem Blute zurückgewiesen. Sie haben die Erfüllung des „Gesetzes", das Gott seinem Volk ins Herz schreibt, nicht wahrhaben wollen. Sie haben den wahren „Gottesdienst", zu dem sein Geist befähigt, verkannt. Sie sind für die Erfüllung der „Verheißungen" in der Gestalt des leidenden Gottesknechtes blind gewesen und haben den verstoßen und den Heiden ausgeliefert, auf den ihre „Väter" gewartet haben. Paulus scheut sich nicht, beim Ernst der Lage – wie schon die Propheten! – von „Verblendung", „Verhärtung", „Verstockung", „Betäubung", ja „Verwerfung" zu reden.

Es bleibt dabei bestehen, daß durch das Versagen des Volkes „Gottes Wort nicht hinfällig geworden" ist (9, 6). Doch ist ebenfalls nicht zu verkennen, daß durch die Ablehnung Jesu als des Messias eine

Scheidung innerhalb Israels selbst eingesetzt hat: „Nicht alle, die aus Israel sind, sind Israel“ (9, 6). Gottes Verheißungen, Israels Vorzüge, sind keineswegs der selbstverständliche Heilsbesitz eines jeden Israeliten, auf den er in Sicherheit pochen könnte. Es muß – wie im Grunde schon im Alten Testament, aber jetzt in eschatologischer Dringlichkeit – unterschieden werden: zwischen einem Israel des Fleisches und einem Israel der Verheißung, zwischen einem erwählten und einem nicht erwählten Israel (vgl. 9, 8–13). Hier wird die Ebene der rein menschlichen Entscheidungen überschritten. Hier wirkt, für den Menschen unerforschlich, ja skandalös, Gottes souveräne Freiheit und unbegründete Gnade (vgl. 9, 14–29). Gewiß wird dabei die Schuld des Menschen vorausgesetzt, ja von Paulus ausdrücklich bejaht, aber Gottes souveräner Akt umfaßt sie. Gott erwählt in Freiheit Isaak vor Ismael, Jakob vor Esau, Moses vor dem Pharao. Mit Gott kann der Mensch darüber nicht rechten. Allerdings: Nicht um Erwählung oder Verwerfung, Heil oder Unheil der *Einzelpersonen* geht es Paulus, wie man von Augustin über das Mittelalter bis zu Luther und Calvin es falsch verstand. Es geht ihm vielmehr in geschichtstheologischer Perspektive um die Erwählung der *Volksgemeinschaft* als solcher, um die Erwählung des Volkes Gottes Israel. Gott ist souverän auch gegenüber den Vorzügen Israels. Gottes Heilsplan schließt Auswahl ein, auch wenn seine Verheißung dem ganzen Volke angeboten ist. Er erwählt und verwirft frei, ohne die Absicht seiner Gnade und Liebe, ganz Israel zum Heil zu führen, im geringsten aufzugeben. Die Vorzüge Israels bleiben bestehen, doch müssen sie – im Lichte gerade auch schon der prophetischen Botschaft – vom Kreuze Christi her neu verstanden werden, von diesem Kreuze her, welches allen menschlichen Selbstruhm, alle heilschaffenden Werke und alle selbstgerechten Ansprüche als unfromme Illusion des frommen Menschen entlarvt.

Gott hat aus dem erwählten Volk nur einen „Rest“ (9, 28), einen „Samen“ (9, 29) ausgesondert, dem die Verheißung der Rettung gilt. Doch führt er seinen Ratschluß auf die Weise durch, daß er in der umfassenden Weite seiner Gnade sich die Freiheit nimmt, aus einem verworfenen Volk, den Heiden, ein erwähltes Volk zu machen (9, 22–26). Das Israel „nach dem Fleische“ – wie Paulus es verstand und erfahren hatte – hat an die Stelle des selbstlos vertrauenden Glaubens an die Verheißung seine eigenen frommen Werke und Leistungen setzen wollen. So meinte es vor Gott Gerechtigkeit erlangen, nämlich seine *eigene* Gerechtigkeit aufrichten zu können, anders als Abraham und mit ihm das ganze alte Israel „nach dem Geist", das wie er auf die Verheißung vertraute.

Jetzt soll ja in der Verkündigung des Evangeliums überschwänglich *Gottes* Gerechtigkeit offenbar werden: und zwar für einen *jeden,* der *glaubt,* sei er Jude oder Heide. Der Glaube entscheidet sich am gekreuzigten Jesus. Er ist der von Gott gesetzte „Stein des Anstoßes", an dem diejenigen zu Fall kommen, die Gerechtigkeit aus der eigenen frommen Leistung suchen. Er ist aber zugleich das Heilszeichen für alle, die auf ihn ihr glaubendes Vertrauen setzen (vgl. 9, 30—33). So wird die Werkgerechtigkeit von der Glaubensgerechtigkeit, die Leistung als Verdienst vom Glauben ohne Verdienst, der Selbstruhm vom Gottesruhm abgelöst! Christus ist das Ende des Gesetzes. Er ist das neue Bundeszeichen. Von ihm her gesehen sind die Verheißungen nicht mehr an das Gesetz gebunden. Abgeschlossen ist die Herrschaft des Gesetzes, es beginnt die Herrschaft der Gnade für jeden, der glaubt. So steht jetzt Christus dort, wo früher das Gesetz stand (vgl. 10, 1—13). Israel ist in seinem ungläubigen Ungehorsam, auch und gerade vom Zeugnis des Alten Bundes her, unentschuldbar, weil es die Erfüllung der Verheißung nicht erkannte (10, 14—21).

Doch gerade so steht Israels Verwerfung im Dienst der Erwählung der Heiden. „Hat Gott sein Volk etwa verstoßen? Das sei ferne! ... Gott hat sein Volk, das er vorher erwählt hat, nicht verstoßen" (11, 1 f). Gott hat zwar — abgesehen von einem „Rest" (vgl. 11, 2 bis 10) — Israel verhärtet, betäubt, verfinstert, aber nicht verstoßen: aus seinem Heilsplan hat er es nicht entfernt. Er hat — das Gericht seiner Gerechtigkeit ist das Gericht seiner Gnade — noch immer etwas vor mit ihm. Gott bestätigt also seine Erwählung, aber nicht so, wie Israel es erwartet hat. „Ich frage nun: Sind sie etwa gestrauchelt, damit sie zu Fall kämen? Nimmermehr! Sondern durch ihren Fall ist das Heil zu den Heiden gekommen, um sie zum Nacheifern zu reizen" (11, 11). Gerade im glaubenden „Rest", im Judenchristentum, liegt der Erweis, daß Gottes Verheißung nicht hinfällig geworden ist. Israels Verblendung ist interimistisch, sein Straucheln nicht endgültig. Das Straucheln der Masse Israels dient der Bekehrung der Heiden. Gewiß, die judaistische Überheblichkeit ist unbegründet: Nicht Abstammung und nicht irgendwelche guten Werke, sondern allein der Glaube an Jesus Christus entscheidet über die Zugehörigkeit zum Gottesvolk. Aber die heidenchristliche Überheblichkeit ist noch weniger begründet: Der Heide hat noch weniger Vorzüge als der Jude, sein einziger Halt im Gottesvolk ist der Glaube an Jesus Christus. Die Heidenchristen haben also nicht den geringsten Anlaß, sich gegenüber Israel überheblich und gar feindlich zu zeigen. Alles Sichrühmen, alle Verachtung, aller Spott, aller Hochmut, alle Rache gegenüber den Juden (und vielleicht auch gegenüber den Judenchristen), aller Antijudaismus verkennt die Lage gründlich! Nicht die Menschen haben über die Schuld zu richten, sondern Gott allein. Und dieser Gott wird sein Gericht über Israel gnädig zum Guten lenken. Der Baum ist nicht ausgehauen, auch wenn Zweige ausgebrochen sind und nur wenige verbliebene Zweige das gläubig gewordene Israel vertreten. Die gegen die Natur auf den edlen Baum aufgepfropften wilden Zweige aus den Heiden aber tragen nicht die Wurzel, sondern umgekehrt. Die Erwählung der Heiden ist reine Gnade. „Wenn aber einige von den Zweigen herausgebrochen sind, du aber, obwohl du vom wilden Ölbaum stammst, unter sie eingepfropft bist und mit teilhast an der fettspendenden Wurzel des Ölbaumes, so rühme dich nicht gegen die Zweige. Wenn du dich aber gegen sie rühmst, so laß dir gesagt sein: nicht du trägst die Wurzel, sondern die Wurzel trägt dich!" (11, 17 f). Darüber hinaus können auch die Heiden, genau wie die Juden, ausgebrochen werden. Alle stehen unter dem Gericht, und jeder bleibt eingepflanzt nur im Glauben, der nicht auf sich und seine eigene Kraft, sondern auf Gott und seine Gnade sich verläßt (11, 19–22). Und schließlich das Allerüberraschendste: „Auch jene, die Juden, werden, wenn sie nicht im Unglauben verharren, wieder eingepfropft werden, denn Gott hat die Macht, sie wieder einzupfropfen" (11, 23). Wie für den heute glaubenden Heiden die letzte Möglichkeit des Versagens gegeben ist, so für den heute nicht glaubenden Juden die letzte Möglichkeit der Rettung. Erwählung ist und bleibt reine Gnade, nicht Rechtstitel.

(3) Das Heil aller: Die Perspektiven weiten sich hier gewaltig. Gerade weil auf ihrem Heilsweg nicht nur die Heiden an die Juden, sondern auch die Juden an die Heiden gebunden sind! Gerade weil die Berufung Israels kein unbedingtes Vorrecht mehr ist, sondern sich als Verheißung der unbedingten Gnade für die *Gesamtmenschheit* erwiesen hat, in welche Israel eingeschlossen ist! Wenn aber schon durch Israels „Fehltritt" solcher „Reichtum für die Welt"

entsteht, wenn schon Israels „Ausfall" solchen „Reichtum für die Heidenvölker" bringt, was wird erst ihre eschatologische Vollzahl für einen Segen bedeuten (vgl. 11, 14)? Und wenn schon die „Verwerfung" Israels „die Versöhnung der Welt" bedeutet, wie viel mehr müßte ihre gnädige „Annahme" das „Leben aus den Toten" mit sich bringen (11, 15)! So ist die Heilsordnung radikal umgestellt worden: Christus ist der Schnittpunkt. Die immer weitere Einengung im Alten Bund auf einen Rest weicht einer immer umfassenderen Ausdehnung.

Dies jedoch ist des Paulus eschatologisches „Geheimnis": „... schließlich wird ganz Israel gerettet werden!" (11, 26). Die Verstockung Israels ist befristet, bis zum Gerettetwerden der Vollzahl der Heiden. Aus der teilweisen Verstockung Israels folgt durch Gottes freie Gnade die Rettung der „Vollzahl der Heiden", aus dieser wiederum durch Gottes selbe Gnade die Rettung von „ganz Israel", von Israel als Ganzem (11, 25 f). Nicht vom Einzelnen als Einzelnen und von einer magischen Heilsgarantie, sondern von den heilsgeschichtlichen Gruppen als ganzen und ihrer gnädigen Erwählung ist auch hier die Rede.

Nur dialektisch läßt sich also von den Juden reden: Sind sie wegen ihrer Ablehnung des Evangeliums „Feinde" Gottes zum Heil der Heiden, so sind sie doch im Hinblick auf die Erwählung nach wie vor Gottes „Lieblinge" um ihrer Väter willen (11, 28). Denn Gott ist beständig und getreu: „Unwiderruflich sind die Gnadengaben und die Berufung Gottes" (11, 29). Wie die Heiden ungehorsam waren, so sind es nun auch die Juden. Wie aber Gott sich jetzt der Heiden erbarmte, so wird er sich auch der Juden erbarmen. Der Unglaube der Juden diente dem Heil der Heiden, der Glaube der Heiden soll dem Heil der Juden dienen. Heiden wie Juden sind vor Gott schuldig, gerecht ist Gott allein. Seine Gnade allein vermag Heiden wie Juden, Juden wie Heiden zu rechtfertigen und zu retten. So ist Israel nicht nur um seiner selbst, sondern um der Kirche aus Juden und Heiden willen da, und die Kirche wiederum nicht nur um ihrer selbst, sondern um Israels und der Welt willen. Gottes unveränderlich durchgehaltener Heilswille kommt auf diese Weise mit seinem Volke zum Ziel. Gegen den Ungehorsam der Gesamtmenschheit siegt Gottes die Gesamtmenschheit umfassendes gnädiges Erbarmen: „Gott hat *alle* in den Ungehorsam hineinverschlossen, damit er sich *aller* erbarme" (11, 32).

Zu dieser umfassenden Hoffnung bekennt sich auch das Vatikanum II: „Wie die Schrift bezeugt, hat Jerusalem die Zeit seiner Heimsuchung nicht erkannt, und die Juden haben zu einem großen Teil das Evangelium nicht angenommen, ja nicht wenige haben sich seiner Ausbreitung widersetzt. Nichtsdestoweniger *bleiben* die Juden nach dem Zeugnis des Apostels *Gottes Lieblinge* um der Väter willen; sind doch seine Gnadengaben und seine Berufung unwiderruflich. Mit den Propheten und demselben Apostel erwartet die Kirche den Tag, der Gott allein bekannt ist, an dem *alle Völker* mit einer Stimme den Herrn anrufen und ihm ‚Schulter an Schulter dienen' (Soph 3, 9)" (DR 4).

Wundersam ist das Schicksal von Juden und Heiden, von Israel und Kirche ineinander verknotet. Niemand hat Grund zum Hochmut, alle Grund zur Hoffnung. Für alle steht am Ende das gemeinsame eschatologische Heil, in dem Erwählung und Verwerfung, Verwerfung und Erwählung sich ausgleichen. Der Horizont des neuen Gottesvolkes wie der des alten ist so im Dunkel der Gegenwart bestimmt durch die helle Hoffnung, die für beide dieselbe ist: die Hoffnung auf das Kommen des Heiles für die gesamte Menschheit. Nicht das Heil der Juden ist das Endziel von Gottes Heilswillen. Nicht das Heil der Heiden ist sein Endziel. Das Endziel ist das Heil *aller*, das Heil des einen und *ganzen* Volkes Gottes aus Juden und Heiden. Paulus kann nicht anders als mit einem — alttestamentliche und hellenistische Formeln verbindenden! — Lobpreis enden, mit einem Lobpreis auf Gottes jetzt offenbaren und doch noch immer geheimnisvoll verhüllten Heilsratschluß: „Welche Tiefe des Reichtums, der Weisheit und der Erkenntnis Gottes! Wie unerforschlich sind seine Gerichte und wie unauffindbar seine Wege! Denn wer hat des Herrn Sinn erkannt? Oder wer ist sein Ratgeber gewesen? Oder wer hat ihm etwas zuvor gegeben, daß Gott es ihm vergelten müßte? Denn aus ihm und durch ihn und auf ihn hin sind alle Dinge; ihm gebührt Ehre in Ewigkeit. Amen" (Röm 11, 33–36).

Wie weit sind wir hier entfernt von allem Antijudaismus, der die Juden als ein verworfenes Volk betrachtet! Wie sehr wird hier Israels Erwählung, die auch durch sein Versagen nicht aufgehoben wird, ernst genommen! Und doch — wird der Jude den Juden Paulus begreifen? Da darf man sich keinen Illusionen hingeben. Um den Juden Paulus zu begreifen, müßte der Jude — ohne aufzuhören, Jude zu sein, ohne Deserteur und Überläufer zu einem „anderen Glauben" zu sein, sondern gerade in letzter Treue zum Gott Abrahams, Isaaks und Jakobs — wie Paulus Christ werden: sich neu entschließen zum Glauben an den einen und gleichen Gott, der dieses Mal eschatologisch entscheidend im Juden Jesus von Nazareth gehandelt hat zum Heil für Israel und die Welt. Dann würde er auch verstehen können, inwiefern das neue Gottesvolk bei aller Entgegensetzung nun doch entscheidend Fortsetzung, bei aller Neuschöpfung zugleich eschatologische Erfüllung des alten Gottesvolkes ist.

Auch der heutige Jude kann in Jesu Botschaft nicht die Zusammenfassung der prophetischen Verkündigung und in Jesus selbst, in seiner Freiheit, in seiner Vollmacht, in seiner Hingabe nicht den Messias, den Christus erkennen. Aber es ist ein tröstliches Zeichen gegenseitigen Verstehens, wenn gerade den bedeutendsten jüdischen Denkern Jesus wieder zu einer echten *Frage* geworden ist. Dafür nur zwei Zeugnisse:

Martin Buber: „Jesus habe ich von Jugend auf als meinen großen Bruder empfunden. Daß die Christenheit ihn als Gott und Erlöser angesehen hat und ansieht, ist mir immer als eine Tatsache von höchstem Ernst erschienen, die ich um seinet- und um meinetwillen zu begreifen suchen muß . . . Mein eigenes brüderlich aufgeschlossenes Verhältnis zu ihm ist immer stärker und reiner geworden, und ich sehe ihn heute mit stärkerem und reinerem Blick als je. Gewisser als je ist es mir, daß ihm ein großer Platz in der Glaubensgeschichte Israels zukommt und daß dieser Platz durch keine der üblichen Kategorien umschrieben werden kann.“ [8]

Schalom Ben-Chorin: „Wenn Jesus von Nazareth auch das alles nicht ist, was er vielen von Ihnen wohl sein sollte, so ist er doch auch für mich, für mich als Juden, eine zentrale Gestalt, die ich aus meinem Leben nicht wegdenken kann – auch und gerade nicht aus meinem jüdischen Leben. Martin Bubers Wort, er habe Jesus von Jugend auf als seinen großen Bruder empfunden, ist berühmt geworden. Ich möchte dieses Wort übernehmen dürfen, aber dahin ergänzen, daß ich der Gestalt Jesu immer näher und näher gekommen bin, je weiter ich auf dem Pfad des Lebens fortschritt. An jeder Biegung dieses Weges stand er, und immer wieder stellte er mir die Frage von Cäsarea Philippi: ‚Wer bin ich?‘ Und immer wieder mußte ich ihm Rede und Antwort stehen. Und ich bin sicher, daß er weiter mit mir schreiten wird, solange ich auf meiner Straße gehe, und daß er mir immer wieder entgegentreten wird, wie er – nach der Legende – dem Petrus auf der Via Appia entgegentrat und wie er nach dem Zeugnis der Apostelgeschichte dem Paulus vor Damaskus begegnet ist. Immer und immer wieder begegne ich ihm, und immer und immer wieder haben wir Zwiesprache aus der Gemeinsamkeit des jüdischen Ursprungs und der jüdischen Hoffnung auf das Reich. Und seit ich aus dem christlichen Europa in das jüdische Israel übergesiedelt bin, ist er mir noch viel näher gekommen; denn ich lebe in seinem Lande und unter seinem Volke, und seine Aussprüche und Gleichnisse sind mir so nah und so lebenswarm, als wäre dies alles heute hier geschehen. Wenn ich zum Passahmahle den Kelch erhebe und das ungesäuerte Brot breche, dann tue ich,

---

[8] *M. Buber,* Zwei Glaubensweisen (Zürich 1950) 11.

wie er getan, und weiß mich ihm näher als mancher Christ, der das Mysterium der Eucharistie von seinem jüdischen Ursprung ganz abgelöst feiert." [9]

Eine neue Zeit des Zusammenlebens von Kirche und Israel hat begonnen. Zweierlei ist dafür aus all dem Gesagten deutlich geworden: 1. Für die Kirche als dem neuen Gottesvolk ist es unmöglich, in irgendeiner Form gegen das alte Gottesvolk zu reden oder zu handeln. Sicheres Zeichen dafür, daß man gegen den einen wahren Gott ist, ist dies, daß man gegen die Juden ist. Israel bleibt Zeuge für die Wirklichkeit des lebendigen Gottes. Und der Vater Jesu Christi und der Kirche bleibt der Gott Israels. 2. Für die Kirche als dem neuen Gottesvolk ist es notwendig, in jeder Weise mit dem alten Gottesvolk in verstehenden Dialog einzutreten. Auch von Paulus her ist dieser Dialog nicht abgeschlossen, sondern offen; und wir Heutige brauchen nicht einfach bei Paulus stehenzubleiben. Die gemeinsame Basis von Israel und Kirche ist sichtbar geworden: Der eine und selbe Gott ist es, der beide führt. Eines ist ihr Ursprung, eines ihr Weg, eines ihr Ziel. Wie Israel so will die Kirche in seiner Nachfolge wanderndes Gottesvolk sein: immer wieder neu im Auszug aus der Knechtschaft begriffen, immer wieder neu auf der Wanderung durch die Wüste dieser Zeit, immer wieder neu – in der Spannung des dankbaren Gedenkens und des hoffenden Erwartens – sich vorbereitend auf den Einzug ins gelobte Land, das messianische Reich, das Ziel, das immer wieder vertagt wird.

Eines nur ist auf dieser gemeinsamen Wanderschaft erlaubt: nicht „tolerieren", nicht „missionieren", nicht „konvertieren", wohl aber „zur Eifersucht reizen" (vgl. Röm 11, 11. 14 παραζηλοῦν): Die Kirche darf Israel eifersüchtig machen auf das ihr widerfahrene „Heil" (11, 11), um Israel zur Nacheiferung zu reizen. Wie? Die Kirche müßte *in ihrer ganzen Existenz* das Wahrzeichen des erlangten Heiles sein! Sie müßte in ihrer ganzen Existenz Zeugnis ablegen von der *messianischen* Erfüllung! Sie müßte in ihrer ganzen Existenz mit Israel wetteifernd darum ringen, mit Vollmacht und Liebe in der gottfremden Welt zu zeugen vom *erfüllten* Wort, von der *geoffenbarten* Gerechtigkeit, von der *ergriffenen* Gnade, von der *hereingebrochenen* Gottesherrschaft. Ihr überzeugend gelebtes Leben selbst müßte der

[9] *Schalom Ben-Chorin*, Jüdische Fragen um Jesus Christus, in: Juden – Christen – Deutsche, 147 f.

Ruf sein, der frohen Botschaft zu glauben und umzudenken, sich mit ihr und so mit ihrem Messias zu vereinen.

Hier – nicht in der theoretischen Debatte, sondern im *existenziellen* Dialog, nicht im unverbindlichen Wortstreit, sondern im engagierten Wettstreit – fällt die Entscheidung zwischen Kirche und Israel! Die Kirche müßte also durch ihr ganzes gelebtes Leben zeugen von der *Wirklichkeit der Erlösung.* Tut sie das? Tut sie das wirklich? Die Juden glauben dies nicht. Der Anspruch der Kirche überzeugt sie nicht. Die Wirklichkeit der Erlösung, wie sie vom Neuen Testament her behauptet wird, scheint ihnen, gerade vom Alten Testament her, eine Illusion zu sein.

„So müssen wir also von der Bibel her fragen, ob sich die Botschaft des Alten Testamentes nicht allein im Neuen Testament als Erfüllung gibt, sondern ob sie sich in der Geschichte – in der von uns und unseren Vorfahren erlebten und erlittenen Geschichte – erfüllt hat. Und da, meine christlichen Leser, müssen wir verneinend das Haupt schütteln: Nein, da ist kein Reich und kein Friede und keine Erlösung, und es steht noch in der Ferne oder Nähe der Zukunft (das kann nach jüdischem *und* christlichem Glauben keiner fixieren), wann die ‚Malchuth Schaddaj', das Reich Gottes, anbrechen wird." [10]

Die Unerlöstheit der Welt und der Kirche läßt die Juden Jesus als den gekommenen Erlöser verneinen. Nun ist auch die Kirche Christi der Überzeugung, daß die endgültige, offenbare Erlösung der Welt, das Reich Gottes, noch aussteht. Auch sie behauptet mit Israel ein „Noch nicht" und betet mit Israel um das in der Zukunft erwartete Kommen des Reiches. Aber dieses „Noch nicht" setzt für die Kirche ein entscheidendes „Doch schon" voraus. Gerade weil die Kirche – anders als Israel, aber auch und zuerst für Israel – an die bereits geschehene verborgene Erlösung der Welt in Jesus dem Christus glaubt, hofft sie – mit Israel und so schließlich auch für Israel – auf die offenbare und endgültige Erlösung der Welt.

Täuscht sich die Kirche aber nicht, wenn sie an eine bereits geschehene Erlösung glaubt? Das ist die bleibende Frage Israels an die Kirche, die Frage, die uns sehr viel tiefer in der Kirche Wesen, in ihre Grundstruktur einzuführen vermag.

---

[10] *Schalom Ben-Chorin*, a. a. O. 142.

II. KIRCHE ALS GEISTESGESCHÖPF

1. *Die neue Freiheit*

Sind die Christen Erlöste, Befreite? Erweisen sie sich als das? „Bessere Lieder müssen sie mir singen, daß ich an ihren Erlöser glauben lerne: erlöster müßten mir seine Jünger aussehen ... Wahrlich, ihre Erlöser kamen nicht aus der Freiheit und der Freiheit siebentem Himmel!"[11]

In der Urkirche wurde die Christusbotschaft als eine Erlösung, als eine Befreiung verkündet, vernommen, ja erfahren. So sagt es Paulus: „Christus hat uns zur Freiheit frei gemacht" (Gal 5, 1). So verheißt es Johannes: „Wenn nun der Sohn euch frei macht, werdet ihr wirklich frei sein" (Jo 8, 36).

Diese Freiheit ist für den Glaubenden keine Illusion. Sie ist Wirklichkeit. Und dies nicht nur als eine leere, formale Freiheit *von* etwas, sondern zugleich als eine gefüllte, bestimmte Freiheit *für* etwas. Dies soll, im Sinne der paulinischen Botschaft, konkretisiert werden[12].

a) Wer ist denn frei? Das ist die Frage des Menschen von damals und von heute. Ist der frei, der unabhängig ist von jeder Art von Tyrannei und entsprechend denkt und handelt? So dachte es sich der Grieche der klassischen Zeit, der seinen Freiheitsbegriff vor allem an der griechischen Polis maß. Oder ist nicht vielmehr der frei, der als denkender Mensch — sei er nun politisch-sozial frei *oder* unfrei — unabhängig ist von allen bedrohlichen Leidenschaften und Affekten? So dachte es sich der Stoiker, als die politische Freiheit des griechischen Staatswesens untergegangen war. Oder ist nicht schließlich der wahrhaft frei, der unabhängig ist von der heillosen Welt und den widergöttlichen Mächten, die das Schicksal des Menschen bestim-

---

[11] *F. Nietzsche,* Also sprach Zarathustra, II, 4.

[12] Vgl. die exegetischen und theologischen Wörterbücher zu den Stichworten Freiheit, Sünde, Gesetz, Tod. Grundlegend sind darüber die Ausführungen bei *H. Schlier,* Art. ἐλεύθερος, in: ThW II, 484–500 (Lit.); Über das vollkommene Gesetz der Freiheit: *Ders.,* Die Zeit der Kirche (Freiburg i. Br. [4]1966) 193–206, und *R. Bultmann,* Theologie des NT (Tübingen [3]1958) 226–270, 332–353 (Lit.). Vgl. zum weiteren: *H. Küng,* Freiheit in der Welt (Einsiedeln 1964).

men? So dachte es sich der hellenistische Gnostiker, der sein Heil durch die Mysterienreligion zu finden hoffte, sei es in asketischer Enthaltsamkeit von den Gütern dieser Welt, sei es in libertinistischer Ungebundenheit im Leben dieser Welt.

Wer ist wirklich frei? Dies dürfte klar sein: Der Mensch ist noch längst nicht frei, wenn er von aller Bedrohung und allem Zwang von außen frei ist. Die eigentliche Bedrohung seiner Freiheit – da sieht der Stoiker richtig – erfolgt von innen, von ihm selbst her. In seiner Seele muß der Mensch sich seine Freiheit erringen. Erringen? Kann er das? Ist denn der wirkliche Mensch dieses ideale, reine Vernunftwesen der Stoiker, das dem Gesetz der Vernunft zu folgen vermag? Ist denn der Mensch wirklich dieser überlegene Freie, als der er sich immer wieder so gern aufspielt? Sieht der wirkliche Mensch, wenn er sich so zu erkennen wagt, wie er ist, nicht ganz anders aus? Sehr wenig unabhängig, überlegen, souverän, sondern immer wieder gefangen und gefesselt: an die Dinge und Lüste, Güter und Mächte dieser Welt? Gefesselt vor allem an sich selbst, an das Selbst, das er bisher aus sich gemacht hat? „Das Wollen liegt auf der Hand, das Vollbringen des Guten aber nicht. Denn nicht das Gute, das ich will, tue ich, sondern das Böse, das ich nicht will, eben das tue ich ... Ich entdecke dieses Gesetz: mir, der das Gute tun will, kommt das Böse zur Hand ... Ich unglücklicher Mensch, wer wird mich erlösen aus diesem Todesleib?" (Röm 7, 18–24).

Immer wieder verfehlt der Mensch das Gute, das er tun sollte, und trachtet nach dem Bösen, das er nicht tun sollte. Er, der „im Fleisch" „nach dem Geist" leben soll, lebt dann „nach dem Fleisch": er richtet sich nach dem Vergänglichen, Hinfälligen, Irdischen, Nur-Menschlichen. Er verfällt der Welt, ihren Gütern, ihren Lüsten, sich selbst. Er lebt im Widerspruch. Er sucht den Quell des Lebens dort, wo er ihn nicht findet: in der geschaffenen Welt, ihren Gütern, in sich selbst. Er verschreibt sich der geschaffenen Welt, die ihm nicht Kraft und Norm zum Leben zu geben vermag. Er versagt sich dadurch Gott, dem er und die Welt das Leben verdanken und schulden. Weil er sich so der Welt und sich selbst zuwendet, verkennt er seine und der Welt Geschöpflichkeit, verleugnet er Gott als den Schöpfer. Statt aus Gott, will er aus sich selber leben: sei es, daß er – wie vor allem der Heide – in moralischer Leichtfertigkeit und weltlichem Genuß Gottes Forderungen ignoriert oder übertritt, sei es, daß er – wie vor allem der Jude – in moralischer Betriebsamkeit und weltlichem

Leistungsvertrauen Gottes Forderungen aus eigener Kraft zu erfüllen trachtet. Auf diese wie auf jene Weise findet er das Leben nicht, fällt er von Gott ab. Der Abfall von Gott zur Schöpfung, zu den Mächten dieser Welt, zur eigenen Kraft, und so der Ungehorsam gegen Gottes Willen und die Feindschaft mit Gott (Röm 8, 6—8): das ist die Sünde.

Wer also ist frei? Wer frei von der *Sünde* ist (vgl. Röm 6, 18—23; Jo 8, 31—36)! Wer also nicht aus sich selbst, durch sich selbst und für sich selbst, sondern wer aus Gott und gerade so für den Mitmenschen leben will. Aber – soll sich der Mensch an seinen eigenen Haaren aus dem Sumpf der Unfreiheit herausziehen, herausziehen können? Wie soll er denn selber sein eigenes knechtisches, sündhaftes Selbst abstreifen und ein neues, freies Selbst gewinnen können? „Ich unglücklicher Mensch, wer wird mich erlösen aus diesem Todesleib?" (Röm 7, 24). Und des Glaubenden Antwort: „Dank sei Gott durch Jesus Christus, unseren Herrn!" (Röm 7, 25).

Gott selbst muß den unfreien, zur Freiheit unfähigen Menschen frei machen, zur Freiheit befreien. Er nur kann aus „Knechten der Sünde" „Knechte Gottes", die „von der Sünde frei sind", machen (Röm 6, 20. 22). Und Gott tut dies für den glaubenden Menschen, sei er Jude oder Heide, im eschatologischen Heilsereignis in Jesus Christus. In ihm, dem neuen freien Menschen, hat Gott allen Menschen den Zugang zur neuen wahren Freiheit zugesprochen, eröffnet, geschaffen. Der sündige Mensch meint, seine Freiheit zu finden dadurch, daß er selbstmächtig über sich verfügen kann. Ihm wird gesagt, daß er die Freiheit nur dann gewinnt, wenn er über sich verfügen läßt: nicht von Menschen — die würden ihn zum Sklaven erniedrigen —, wohl aber von Gott, der ihn als sein Kind aufnimmt. Scheinfreiheit ist, wenn der Mensch tut, was er will. Wahre Freiheit ist, wenn er will, was Gott tut. Gewiß ist die Freiheit von der Macht der Sünde keine automatisch eintretende Sündelosigkeit, die ein ernsthaftes Versuchtwerden zur Sünde ausschlösse. Der Mensch kann nach wie vor sündigen, aber er muß nicht mehr. Die Sünde hat keine Gewalt mehr über ihn. Gegenüber allem Zwang zur Sünde ist ihm nun die Möglichkeit gegeben, Gottes Forderung aus seiner Gnade heraus zu entsprechen. Und diese Möglichkeit ist keine abstrakte Theorie oder leere Illusion. Die Freiheit, zu der uns Christus befreit hat, läßt sich erfahren, läßt sich leben. Wie verschieden ist doch das Leben eines eigenmächtigen Knechtes der Welt und das Leben des freien Kindes Gottes in der Welt!

Der knechtische Mensch „sorgt sich": „er sorgt sich um die Dinge der Welt" (1 Kor 7, 33). Aber kann er sich durch sein eigenes Sorgen Leben und Zukunft sichern? Der freie Mensch sorgt sich nicht um die Dinge der Welt, sondern „um die Dinge des Herrn" (1 Kor 7, 32) und gerade so „um nichts" (Phil 4, 6)! Weiter: Der knechtische Mensch „begehrt": er „begehrt nach dem Bösen" (1 Kor 10, 6). Aber kann er bei all seinem Begehren in den „Werken des Fleisches" (Gal 5, 19) Ruhe und Frieden finden? Der freie Mensch begehrt nicht nach den Werken des Fleisches, sondern darnach, „mit Christus zu sein" (Phil 4, 6f)! Weiter: Der knechtische Mensch „rühmt sich": er „rühmt sich" eigener Kraft, eigener Leistungen und Werke (1 Kor 4, 7). Aber hat er bei all seinem Eigenruhm irgend etwas aus sich selbst? Der freie Mensch rühmt sich nicht seines Eigenen, sondern „des Herrn" (2 Kor 10, 17) und gerade so seiner „Schwachheit" (2 Kor 11, 30). Weiter: Der knechtische Mensch „setzt sein Vertrauen auf das Fleisch": er „setzt sein Vertrauen auf sich selbst" (2 Kor 1, 9). Aber hat er in all seinem Selbstvertrauen einen letzten Halt an sich selbst? Der freie Mensch setzt sein Vertrauen nicht auf sich selbst, sondern „auf Gott, der die Toten auferweckt" (2 Kor 1, 9).

Der in Christus befreite Mensch „gehört nicht sich selbst" (1 Kor 6, 19). Lebend „nicht nach dem Fleisch, sondern nach dem Geist" (Röm 8, 4), sich also haltend nicht an das Sichtbar-Vergängliche, sondern an das Unsichtbare, Unvergängliche, lebt er für Gott. Damit wird zugleich deutlich: Die neue Freiheit ist nicht hemmungslose ungebundene Willkür: „Ihr seid doch zur Freiheit berufen, Brüder. Nur lasset die Freiheit nicht zu einem Anlaß für das Fleisch werden" (Gal 5, 13). Freiheit bedeutet Verpflichtung: sich nicht nach dieser Welt, sondern nach dem Willen Gottes zu richten (vgl. Röm 12, 2). Die neue Freiheit bedeutet ein neues „Dienen" (Röm 7, 6): ein „Dienen dem lebendigen Gott" (1 Thess 1, 9) oder „Christus" (Röm 14, 18; 16, 18) und gerade so ein „Dienen einander" (Gal 5, 13; vgl. 1 Kor 9, 19). Freiheit des Christen bedeutet Freiheit, dienendes Offensein für Gott und den Anderen. Und so wird ihm, der nicht mehr um sich selbst besorgt ist, „die Angst" (Röm 8, 15) genommen und „Friede und Freude" (Röm 14, 17; 15, 13; Gal 5, 22) geschenkt.

b) Aber kann denn das *Gesetz* das Böse nicht verhindern? Braucht Gottes Gesetz nicht nur gehalten zu werden, um Weg zum Heil zu sein? Paulus gibt seinen Stammesgenossen ohne weiteres zu: „Das Gesetz ist heilig und ebenso das Gebot heilig, gerecht und gut" (Röm 7, 12).

Das Gesetz soll den Menschen „zum Leben" führen (Röm 7, 10; vgl. 10, 5; Gal 3, 12): Es ist „die Verkörperung der Erkenntnis und der Wahrheit" (Röm 2, 20), es ist „geistlich" (7, 14). Die „Gesetzgebung" gehört zu Israels

Vorzügen (9, 4). Paulus zählt zum „Gesetz" sowohl die sittlichen wie die kultisch-rituellen Gebote des Alten Testamentes. Ja, „Gesetz" kann für ihn das ganze Alte Testament sein, sofern es als Gesetz, als Forderung Gottes aufgefaßt wird, der der Mensch Gehorsam entgegenzubringen hat. Unter der Forderung Gottes stehen, obwohl sie kein geschriebenes Gesetz haben, auch die Heiden: Die Hauptsache des alttestamentlichen Gesetzes, nämlich seine sittlichen Forderungen, insbesondere den Dekalog (vgl. 2, 1 – 3, 20; 13, 8–10; Gal 5, 14), können auch die Heiden vernehmen. Ihnen ist das vom Gesetz geforderte Werk ins Herz geschrieben und wird auch vom Gewissen bezeugt (Röm 2, 14 f). So werden Juden wie Heiden nach ihren Werken gerichtet (1, 18 bis 3, 20; 1 Kor 3, 12–15). Und „nicht die Hörer des Gesetzes sind vor Gott gerecht, sondern die Täter des Gesetzes werden gerecht gesprochen werden" (Röm 2, 13). Deshalb muß auch der Christ beachten: „Wir müssen alle vor dem Richterstuhl Christi offenbar werden, damit ein jeder empfange, je nachdem er während seines leiblichen Lebens gehandelt hat, es sei gut oder böse" (2 Kor 5, 10).

Darf man also das Gesetz noch als Knechtschaft empfinden? Ist nicht gerade das Gesetz Weg zur Befreiung, zur Erlösung? Und kann man von daher die Haltung mancher Rabbinen nicht verstehen, daß ein einziger Tag vollkommener Gesetzeserfüllung durch das ganze Volk den Tag Jahwes, die Erlösung, brächte?

Das Gesetz Weg zum Heil, zur Gerechtigkeit, zu Gott? Nein! Mit schneidender Schärfe wiederholt Paulus immer wieder, was er am Ende seiner langen Ausführungen über die Heilswege der Heiden und der Juden (Röm 1, 18 – 3, 20) in die kurze Konklusion gefaßt hat: „Aufgrund von Gesetzeswerken wird kein Fleisch vor Gott gerechtfertigt werden!" (3, 20; vgl. Gal 3, 10). Im Gegenteil: Faktisch erweist sich das gute Gesetz Gottes nun doch als „Gesetz der Sünde und des Todes" (Röm 8, 2). Der Dienst des Gesetzes ist ein „Dienst des Todes", ein „Dienst der Verurteilung" (2 Kor 3, 7. 9); „der Buchstabe tötet" (3, 6).

Niemand kann also, ja niemand darf also durch Gesetzeswerke das Heil erlangen? Niemand. Denn: „Wenn aber aus Gnade, dann nicht mehr aus Werken, weil sonst die Gnade nicht mehr Gnade ist!" (Röm 11, 6). In Jesus Christus, in seinem Kreuz und seiner Auferstehung ist Gottes Gnade offenbar, wirksam geworden für jeden, der nicht auf sich selbst, auf das Gesetz und seine Werke, sondern auf Gott und seine Gnade vertraut, für einen jeden also, der glaubt, sei er unter dem geschriebenen Gesetz oder nicht, sei er Jude oder Heide. Und deshalb gilt: „Christus ist das Ende des Gesetzes, damit jeder, der glaubt, zur Gerechtigkeit gelange" (10, 4). Und umgekehrt:

„Ihr seid von Christus losgetrennt, wenn ihr durch das Gesetz gerechtfertigt werden wollt; ihr seid aus der Gnade herausgefallen" (Gal 5, 4).

Ist dies alles nicht unnötige Schärfe? Des Paulus Haltung zum Gesetz folgt unmittelbar aus seiner Haltung zur Sünde. Sünde und Gesetz gehören zusammen. Gesetz führt zur Sünde: Reizt das Gesetz nicht die Begierde des Menschen zur sündhaften Übertretung? „Ich hätte die Sünde nie kennengelernt außer durch das Gesetz; denn ich hätte die Begierde nie kennengelernt, wenn das Gesetz nicht sagen würde: ‚du sollst nicht begehren!'" (Röm 7, 7; vgl. 7, 8–13; 3, 20). Und noch mehr: Bietet das Gesetz dem Menschen nicht die Möglichkeit zum falschen Eifer in der Gesetzeserfüllung aus eigener Kraft, zur eigenmächtigen Selbstrechtfertigung? „Wenn ein Gesetz gegeben worden wäre, welches Leben verleihen könnte, dann käme die Gerechtigkeit tatsächlich aus dem Gesetz" (Gal 3, 21; vgl. 3, 22–25). Selbstmächtigkeit, Selbstsucht und so Gottesflucht ist das eine wie das andere: die anarchische Übertretung wie die nomistische Leistung.

So mehrt sich durch das Gesetz die Sünde (Röm 5, 20) – damit der Mensch gerade dadurch vor Gottes Gnade gestellt werde, die nicht durch Leistung, sondern im Glauben zu erlangen ist: „Wo aber die Sünde sich mehrte, da ist die Gnade überreich geworden" (5, 20). So liegt gerade in der *negativen Funktion* des guten Gesetzes, der guten Weisung Gottes, seine *positive Finalität:* „Somit ist das Gesetz unser Zuchtmeister bis zu Christus hin geworden, damit wir aufgrund des Glaubens gerechtfertigt werden sollten. Nachdem aber der Glaube gekommen ist, stehen wir nicht mehr unter dem Zuchtmeister" (Gal 3, 24 f).

Wer also ist frei? Wer *frei vom Gesetz* ist! Und indem wir von der Sünde befreit sind, sind wir auch vom Gesetz befreit. In diesem Sinne vor allem ist gemeint: „Zur Freiheit hat uns Christus befreit" (Gal 5, 1). Das ist die Freiheit, zu der „ihr berufen seid" (5, 13), die wir „in Christus Jesus haben" (2, 4). Für den an Gottes gnädige Heilstat in Christus Glaubenden hat wie das Fleisch und die Sünde so auch das Gesetz die Macht verloren: „Die Sünde wird keine Herrschaft mehr über euch haben; denn ihr steht nicht (mehr) unter dem Gesetz, sondern unter der Gnade" (Röm 6, 14; vgl. 7, 5 f). Sollte das Gesetz auch für den an Christus Glaubenden wiederum als Heilsweg gefordert werden, so ist entschieden Widerstand zu leisten: „Stehet also fest und laßt euch nicht wieder in das Joch der Knechtschaft spannen" (Gal 5, 1). Christus ist jetzt der Heilsweg.

Auch die Freiheit vom Gesetz bedeutet keine wilde, subjektive Willkür. Gerade auch die Freiheit vom Gesetz darf „nicht zu einem Anlaß für das Fleisch werden" (Gal 5, 13). Für den vom Gesetz Befreiten behalten zwar nicht die kultischen und rituellen Gebote des Alten Testamentes, wohl aber – allerdings in entscheidend neuer Grundhaltung – die sittlichen Forderungen Gottes ihre Gültigkeit. Es geht in jedem Fall darum „zu prüfen, was der Wille Gottes ist: das Gute und Wohlgefällige und Vollkommene" (Röm 12, 2; vgl. Phil 1, 10).

Der Christ darf und soll den Willen Gottes in der profanen Welt erfüllen. Er braucht die Güter der Welt nicht aufzugeben. Er darf nur sich selber nicht an sie weggeben. Sich weggeben, sich hingeben kann der Christ nur an Gott. Er braucht also die Welt keineswegs zu verlassen, er darf ihr nur nicht verfallen. Nicht äußere räumliche, sondern innere personale Distanz zu den Dingen dieser Welt ist gefordert. Für den vom Gesetz Befreiten gilt das große Wort: „Alles ist mir erlaubt" (1 Kor 6, 12). Doch zugleich: „Aber ich darf mich von nichts beherrschen lassen" (1 Kor 6, 12). In der Welt ist „nichts an und für sich unrein" (Röm 14, 14; vgl. Tit 1, 15: „Den Reinen ist alles rein"). Aber ich kann meine Freiheit an irgend etwas in der Welt verlieren und mich von ihm, als einem Götzen, beherrschen lassen. Dann gilt zwar noch immer: „Alles ist mir erlaubt." Aber „nicht alles ist heilsam" (1 Kor 6, 12). Und ein zweites ist zu beachten: Auch das, was mir erlaubt *und* heilsam ist, kann doch zum Schaden des Mitmenschen sein. Auch dann gilt noch immer: „Alles ist erlaubt." Doch zugleich: „Aber nicht alles baut auf! Niemand suche das Seine, sondern das des Anderen!" (1 Kor 10, 23 f). Von daher kann die Freiheit des Christen in der Nachfolge Christi auch immer wieder Freiheit zum Verzicht werden: „Obwohl ich allen gegenüber frei bin, habe ich mich allen zum Knecht gemacht" (1 Kor 9, 19). Hier wird die Freiheit des Christen nicht verleugnet, sondern im Gegenteil maximal beansprucht.

Wahre Freiheit ist nie rücksichtslos: „Sehet zu, daß diese eure Freiheit für die Schwachen nicht zu einem Anstoß werde" (1 Kor 8, 9). Der Christ dient den Anderen (1 Kor 9, 19; Gal 5, 13). Aber ohne die Freiheit aufzugeben: „Werdet nicht Sklaven von Menschen" (1 Kor 7, 23). In letzter Instanz ist der Christ nie an Meinungen und Urteile,

Traditionen und Wertmaßstäbe der Anderen gebunden: „Denn warum sollte meine Freiheit von einem fremden Gewissen gerichtet werden?" (1 Kor 10, 29). Mein eigenes Gewissen, das um Gut und Böse Bescheid weiß, bindet mich (1 Kor 8, 7–12; 10, 25–30).

In ihrer paradoxen Verbindung von Unabhängigkeit und Verpflichtung, Macht und Verzicht, Selbständigkeit und Dienst, Herrsein und Knechtsein ist die Freiheit des Christen der Welt – und auch dem Juden – ein Rätsel. Für den Christen aber ist dieses Rätsel gelöst durch das, was der Kern dieser Freiheit ist: die Liebe. In der Liebe, in der der Glaube wirksam wird (Gal 5, 6), in der die Unterschiede von Beschnittensein und Unbeschnittensein aufgehoben sind, wird der Herr zum Knecht und der Knecht zum Herrn, wird Unabhängigkeit zur Verpflichtung und Verpflichtung zur Unabhängigkeit. Offensein für die Anderen, Dasein für die Anderen, selbstvergessene Liebe ist Realisierung der Freiheit: „Ihr seid doch zur Freiheit berufen, Brüder. Nur lasset die Freiheit nicht zu einem Anlaß für das Fleisch werden, sondern dienet einander durch die *Liebe!* Denn das ganze Gesetz wird in dem *einen* Wort erfüllt: ‚Liebe deinen Nächsten wie dich selbst!'" (Gal 5, 13 f). Was immer Gott selbst durch das Gesetz fordert, zielt auf die Liebe. Die Liebe ist die Erfüllung des Gesetzes: „Bleibt niemandem etwas schuldig, außer daß ihr einander liebt. Denn wer den Anderen liebt, hat das Gesetz erfüllt. Denn das Gebot: ‚Du sollst nicht ehebrechen, nicht töten, nicht stehlen, nicht begehren', und jedes andere derartige Gebot ist in diesem Wort zusammengefaßt: ‚Du sollst deinen Nächsten lieben wie dich selbst!' Die Liebe tut dem Nächsten nichts Böses; demnach ist die Liebe die Erfüllung des Gesetzes" (Röm 13, 8–10). Das „Gesetz Christi" ist also nichts anderes als die Freiheit der Liebe: „Traget einer des anderen Last, und so werdet ihr das Gesetz Christi erfüllen" (Gal 6, 2). Wer an Gott und gerade so an den Nächsten gebunden ist, ist befreit zur wahren Freiheit.

c) In all seinem sündhaften Sichsorgen, Begehren, Sichrühmen, Aufsichvertrauen jagt der Mensch nach dem Leben. Er sucht es jedoch in der Welt, in sich selbst, eigenmächtig, ohnmächtig. Dieser Schein des Lebens trügt, es lauert darunter die Leere des Todes. Weil der Mensch den Quell des Lebens eigensinnig sucht, wo er nicht ist, und nicht sucht, wo er ist, verfehlt er das Leben, läuft er in seinen Tod hinein. Gott ist Leben, und er allein gibt Leben. Weil der Mensch

Hans Küng: Bibliographie der deutschen Bücher

Rechtfertigung. Die Lehre Karl Barths und eine katholische Besinnung. Einsiedeln 1957. 4. erw. Aufl. 1964

Konzil und Wiedervereinigung. Erneuerung als Ruf in die Einheit. Wien–Freiburg–Basel 1960. 7 Aufl. 1964

Damit die Welt glaube. Briefe an junge Menschen. München 1962. 5. Aufl. 1968

Strukturen der Kirche. Freiburg–Basel–Wien 1962. 2. Aufl. 1963

Kirche im Konzil. Freiburg–Basel–Wien 1963. 2. erw. Aufl. 1964

Freiheit in der Welt. Sir Thomas More. Einsiedeln 1964

Theologe und Kirche. Einsiedeln 1964

Kirche in Freiheit. Einsiedeln 1964

Christenheit als Minderheit. Die Kirche unter den Weltreligionen. Einsiedeln 1965

Gott und das Leid. Einsiedeln 1967

Die Kirche. Freiburg–Basel–Wien 1967. 3. Aufl. 1969

Wahrhaftigkeit. Zur Zukunft der Kirche. Freiburg–Basel–Wien 1968. 8. Aufl. 1970

Menschwerdung Gottes. Eine Einführung in Hegels theologisches Denken als Prolegomena zu einer künftigen Christologie. Freiburg–Basel–Wien 1970

Unfehlbarkeit? Eine Anfrage. Einsiedeln–Zürich–Köln 1970

Was ist Kirche? Freiburg–Basel–Wien 1970, München–Hamburg 1970

Wozu Priester? Eine Hilfe. Zürich–Einsiedeln–Köln 1971

Freiheit des Christen. Hamburg 1971

Was in der Kirche bleiben muß. Zürich–Einsiedeln–Köln 1973

Fehlbar? Eine Bilanz (mit Beiträgen von A. Antweiler u. a.). Zürich–Einsiedeln–Köln 1973

Christ sein. München 1974, vgl. Anzeige!

20 Thesen zum Christsein. München 1975, vgl. Anzeige!

Was ist Firmung? Zürich–Einsiedeln–Köln 1976

Jesus im Widerstreit. Ein jüdisch-christlicher Dialog (mit Pinchas Lapide). Stuttgart–München 1976

Gottesdienst – warum? Zürich–Einsiedeln–Köln 1976

Heute noch an Gott glauben? (zusammen mit Walter Scheel, Mut zu kritischer Sympathie) Zwei Reden. München 1977

Existiert Gott? Antwort auf die Gottesfrage der Neuzeit. München 1978, vgl. Anzeige!

24 Thesen zur Gottesfrage. München 1979, vgl. Anzeige!

Kirche – gehalten in der Wahrheit? Zürich–Einsiedeln–Köln 1979

Kunst und Sinnfrage. Zürich–Einsiedeln–Köln 1980 (Februar)

Theologie bei Piper

Das Buch der Bücher
Altes Testament
Einführungen, Texte, Kommentare. Mit einer Einleitung von Gerhard von Rad.
Herausgegeben von Hanns-Martin Lutz/Hermann Timm/Eike Christian Hirsch.
4. Aufl., 22. Tsd. 1984. 573 Seiten. Serie Piper 347

Das Buch der Bücher
Neues Testament
Einführungen, Texte, Kommentare. Herausgegeben von Gerhard Iber in Verbindung mit Hermann Timm. Mit einer Einführung von Günther Bornkamm.
3. Aufl., 15. Tsd. 1984. 496 Seiten. Serie Piper 348

Albert Görres
Kennt die Religion den Menschen?
Erfahrungen zwischen Psychologie und Glauben.
1983. 140 Seiten. Serie Piper 318

Helmut Gollwitzer
Was ist Religion?
Fragen zwischen Theologie, Soziologie und Pädagogik.
1980. 78 Seiten. Serie Piper 197

Norbert Greinacher
Die Kirche der Armen
Zur Theologie der Befreiung.
2. Aufl., 10. Tsd. 1980. 177 Seiten. Serie Piper 196

Hans Küng
Christ sein
11. Aufl., 133. Tsd. 1983. 676 Seiten. Geb.

Hans Küng
Ewiges Leben?
3. Aufl., 70. Tsd. 1983. 327 Seiten. (Auch in der Serie Piper 364 lieferbar)

PIPER

Theologie bei Piper

Hans Küng
Existiert Gott?
Antwort auf die Gottesfrage der Neuzeit.
2. Aufl., 73. Tsd. 1984. 878 Seiten. Geb.

Hans Küng
Die Kirche
3. Aufl., 19. Tsd. 1985. 605 Seiten. Serie Piper 161

Hans Küng
24 Thesen zur Gottesfrage
3. Aufl., 35. Tsd. 1980. 134 Seiten. Serie Piper 171

Hans Küng
20 Thesen zum Christsein
6. Auf., 100. Tsd. 1980. 75 Seiten. Serie Piper 100

Helmut Thielicke
Goethe und das Christentum
1982. 107 Seiten. Kt.

Helmut Thielicke
Mensch sein – Mensch werden
Entwurf einer christlichen Anthropologie.
3. Aufl., 19. Tsd. 1981. 526 Seiten. Kt.

Heinz Zahrnt
Aufklärung durch Religion
Der dritte Weg. 1980. 122 Seiten. Serie Piper 210

Heinz Zahrnt
Westlich von Eden
Zwölf Reden an die Verehrer und die Verächter der christlichen Religion.
1981. 238 Seiten. Kt.

PIPER

nicht mehr auf Gott hin sein will, weil er nur bei den Dingen, bei sich selbst bleiben will, gibt er mit Gott, dem Ursprung des Lebens, auch sein eigenes Leben preis. Der Welt und sich selbst verfallen, verfällt seine Existenz, wird sie zu einem dem Tode verfallenen Dasein.

So erscheint der Tod schon im Alten Testament als *Strafe* für die Sünde, die der Mensch begangen. Die Sünder „sind des Todes würdig" (Röm 1, 32). Für Paulus gilt: Aus dem Gesetz die Sünde, aus der Sünde der Tod: „Der Stachel des Todes aber ist die Sünde, und die Kraft der Sünde liegt im Gesetz" (1 Kor 15, 56); „der Buchstabe tötet" (2 Kor 3, 6; vgl. 3, 7). Der Tod ist der „Sold", mit dem die Sünde ihren Knecht, den Menschen, bezahlt (Röm 6, 23). Oder umgekehrt: Mit dem Tode bezahlt der sündige Mensch seine Schuld (6, 7). Und dieser Tod bedeutet nicht nur das zeitliche Sterben (vgl. 5, 12—21), sondern zugleich die definitive Verurteilung Gottes zum Verderben (2, 6—11).

Die vom Gesetz geweckte Begierde ist es, durch die das Gesetz den Menschen in den Tod führt: Die Sünde betrügt den Menschen, er werde durch die Begierde das Leben gewinnen, wobei der Mensch, ohne zu wissen, was er vollbringt, sich den Tod einlöst, der für den Menschen in der Sünde bereits Gegenwart wird (7, 7—25). So wird deutlich: Der Tod ist nicht nur die äußere Strafe, sondern geradezu die *innere Folge* der Sünde. „Wer auf sein Fleisch sät, wird vom Fleisch Verderben ernten" (Gal 6, 8). Wer sich an das Vergängliche, Hinfällige, Sterbliche, Nichtige hält, wird mit dem Vergänglichen selbst vergehen: „Denn wenn ihr nach dem Fleische lebt, müßt ihr sterben" (Röm 8, 13). Bis in die Natur hinein, die auf den Menschen als ihren Sinn bezogen ist, wirkt sich die Sünde des Menschen aus; Gottes Abwesenheit im Leben des Menschen manifestiert sich unter Seufzen, Schmerzen und Ängsten in der gesamten Schöpfung geschöpflicher Verweslichkeit (Röm 8, 19—23). Die Sünde trägt den Tod in sich. Das fleischliche, sündige Leben bringt den Tod als Frucht hervor: „Denn als wir im Fleische waren, wirkten sich die durch das Gesetz erregten sündhaften Leidenschaften in unseren Gliedern in der Weise aus, daß wir für den Tod Frucht brachten" (7, 5). Das Ende des Sündenlebens ist der Tod (6, 21).

Wer also ist letztlich frei? Wer *frei vom Tode* ist! Der glaubende Mensch, der sich im Glauben das Wort von Christi Tod und Auferstehung gesagt sein läßt, der den Gekreuzigten als seinen Herrn anerkennt und sich unter seine Herrschaft stellt, der also in der Nachfolge seines Herrn selber das Kreuz übernimmt und es zur bestimmenden Macht seiner Existenz werden läßt, der wird auch Anteil an seinem neuen Leben haben. Die dem Menschen in Christus geschenkte Freiheit von Sünde und Gesetz ist zugleich Freiheit vom Tod, der Sold und Frucht der Sünde ist. Indem der Glaubende von der Sünde erlöst wird, wird er auch von der Verfallenheit seines Daseins befreit. Indem ihm die Vergebung gewährt wird, wird ihm auch das Leben geschenkt. Ein neues Leben für Gott, das den Tod hinter sich hat: „Wenn wir mit der Ähnlichkeit seines Todes verwachsen sind, so werden wir es auch mit der seiner Auferstehung sein. Wir erkennen ja: Unser alter Mensch ist mitgekreuzigt worden, damit der Leib der Sünde kraftlos gemacht werde, auf daß wir nicht mehr der Sünde dienen. Denn wer gestorben ist, der ist von der Herrschaft der Sünde freigesprochen. Sind wir aber mit Christus gestorben, so vertrauen wir darauf, daß wir auch mit ihm leben, da wir wissen, daß Christus, von den Toten auferweckt, nicht mehr stirbt" (Röm 6, 5—9; vgl. 1 Kor 15, 20—22).

Erst die *Zukunft* wird die Freiheit vom Tode offenbaren. Erst am „Tag des Herrn" (1 Kor 1, 8 u. ö.) wird die endgültige Erlösung in der Auferstehung der Toten manifest werden: der Anbruch der Herrlichkeit Gottes, in der der Tod überwunden und Gott alles in allem sein wird (1 Kor 15, 20—27). Wie dieser Zustand sein wird, wird von der jüdischen Apokalyptik wie von der gnostischen Mythologie ausgemalt, von Paulus nicht. Nur allgemein umschreibt er ihn als ein Sein-mit-Christus (1 Thess 4, 17 u. ö.), als Schauen im Gegensatz zum Glauben (2 Kor 5, 7), als Schauen nicht im rätselvollen Spiegelbild, sondern von Angesicht zu Angesicht, nicht in teilweisem, sondern vollkommenem Erkennen (1 Kor 13, 12), als Offenbarung der Herrlichkeit (2 Kor 4, 17; Röm 8, 18). Dann erst wird geoffenbart: „die Freiheit der Herrlichkeit der Kinder Gottes" (Röm 8, 21). Erst die Zukunft wird also die volle Erlösung bringen (Röm 8, 23) — nach der Zeit also des Glaubens, der Leiden und Betrübnisse. „Auf Hoffnung hin sind wir gerettet worden" (Röm 8, 24). Erst am Ende dieser letzten Zeit wird der letzte Feind, der Tod, vernichtet (1 Kor 15, 26).

Und doch hat diese letzte Zeit als die Zeit der Auferstehung und des Lebens in der *Gegenwart* begonnen: mit ihm, dem Auferstandenen und dem Lebendigen, der nicht nur Anfang, sondern Ursprung der Auferstehung und des Lebens ist (1 Kor 15, 21 f). Der Glaubende kann schon jetzt das paradoxe Wort sagen: „Ich lebe, aber nicht mehr ich, sondern Christus lebt in mir" (Gal 2, 20). Der alte Mensch mit seinen Leidenschaften und Lüsten *ist* bereits gekreuzigt (Röm 6, 6; Gal 5, 24; 6, 14). Der neue Mensch *ist* bereits Wirklichkeit geworden: „Wenn also jemand in Christus ist, so ist er eine neue Schöpfung: das Alte ist vergangen, siehe, Neues ist geworden!" (2 Kor 5, 17). Und deshalb die Mahnung: „So sollt auch ihr euch als solche ansehen, die für die Sünde tot sind, aber für Gott leben in Christus Jesus, unserem Herrn" (Röm 6, 11).

Mit dem Tod ist auch das *Leid* grundsätzlich überwunden. Das Leid mahnt den Glaubenden an die Herrschaft des Todes und die Vergänglichkeit alles Irdischen. Das Leid fordert ihn auf, sich nicht auf sich selbst, sondern auf Gott zu verlassen; sich nicht zu überheben, sondern es an Gottes Gnade genug sein zu lassen; sich seiner Schwachheit zu rühmen, damit in der Schwachheit die Kraft zur Vollendung komme (2 Kor 12, 7—9): „Gerade wenn ich schwach bin, bin ich stark" (2 Kor 7, 10). In der Gemeinschaft mit dem Leiden Christi wird der Christ dem Tode Christi gleichgestellt (Phil 3, 10; vgl. Gal 6, 17). Schwach in Christus, wird der Christ mit ihm aus der Kraft Gottes leben, in Gemeinschaft auch mit den anderen Leidenden, so daß im Leiden keiner mehr allein ist (2 Kor 13, 4). So begrüßt der Glaubende im Leiden die Auferstehung. In der Freiheit vom Leid, das sich zur Gnade wandelt, und vom Tod, der seinen Stachel und seinen Sieg verloren hat, kulminiert die Freiheit des Christen: „Ist Gott für uns, wer mag wider uns sein? . . . Wer will uns scheiden von der Liebe Christi? Trübsal oder Angst oder Verfolgung oder Hunger oder Blöße oder Gefahr oder Schwert? . . . In diesem allem obsiegen wir weit durch den, der uns geliebt hat. Denn ich bin dessen gewiß, daß weder Tod noch Leben, weder Engel noch Gewalten, weder Gegenwärtiges noch Zukünftiges, noch Kräfte, weder Hohes noch Tiefes, noch irgendein anderes Geschöpf uns zu scheiden vermag von der Liebe Gottes, die in Christus Jesus ist, unserem Herrn" (Röm 8, 31—39).

d) Ist der Christ wirklich ein Erlöster, ein Befreiter? Bei all dem, was an Offenbarung und Vollendung der Erlösung noch aussteht und was der Jude zusammen mit dem Christen mit Recht noch erwartet, erfährt sich der glaubende Christ doch schon jetzt als ein erlöster, ein von Sünde, Gesetz und Tod befreiter Mensch. Gewiß läßt sich dies nur aus dem Glauben heraus verstehen und erst recht nur aus dem Glauben heraus leben. Aber *wenn* ein Mensch die Botschaft von der Freiheit in Christus im Glauben angenommen, *wenn* er sie aus demselben Glauben heraus zu leben trachtet, dann erfährt er die Freiheit wirklich, dann ist er in einer Weise ein freier Mensch geworden, wie es der noch immer auf die Befreiung wartende Jude unter dem Gesetz nicht sein kann. Dieser mag vieles gegen Paulus einzuwenden haben, aber kann er einem Glaubenszeugnis den Respekt, ja vielleicht doch auch Zustimmung, Glauben versagen, hinter dem nicht nur ein Reden, sondern ein Leben, Leiden und Sterben steht?

Ist es nicht eine überlegene *Freiheit im Leben,* die sich ganz engagiert, die sich freut mit den Sichfreuenden und weint mit den Weinenden (Röm 12, 15), die in diesem Leben in alles und jedes eingeweiht ist, in Ärmlichkeit wie im Überfluß zu leben versteht (Phil 4, 11—13) und die gerade so aus der Bindung an Gott heraus eine letzte Unabhängigkeit in der Welt bewahrt?

„... Die, welche Frauen haben, seien so, als hätten sie keine,
und die Weinenden, als weinten sie nicht,
und die Fröhlichen, als freuten sie sich nicht,
und die Kaufenden, als behielten sie es nicht,
und die, welche die Welt benützen, als nützten sie sie nicht aus"
(1 Kor 7, 29—31).

Ist es nicht eine tröstliche *Freiheit im Leiden,* die das Leiden keineswegs wegdiskutiert, sondern die es geduldig bejaht und die so in der Schwachheit ihre eigentliche Stärke offenbart?

„Werden wir geschmäht, so segnen wir;
werden wir verfolgt, so dulden wir;
werden wir gelästert, so begütigen wir" (1 Kor 4, 12 f).
„Als Verführer und doch wahrhaftig,
als Unbekannte und doch erkannt,
als Sterbende, und siehe, wir leben,
als Gezüchtigte und doch nicht getötet,
als Betrübte, aber allezeit fröhlich,
als Arme, die aber viele reich machen,
als solche, die nichts haben und doch alles besitzen" (2 Kor 6, 8—10).

Ist es nicht eine sieghafte *Freiheit im Sterben,* für die Christus Leben und Sterben Gewinn ist (Phil 1, 21), die nicht für sich lebt und nicht für sich stirbt (Röm 14, 7—9), die weder Leben noch Tod von der Liebe Gottes in Christus scheiden kann (Röm 8, 38 f)?

„Alles ist euer ...,
es sei Welt oder Leben oder Tod,
es sei Gegenwärtiges oder Zukünftiges:
Alles ist euer,
ihr aber seid Christi,
Christus aber ist Gottes" (1 Kor 3, 21–23).

Dies ist das kühne Zeugnis des Paulus, der in einer geradezu atemberaubenden Dialektik der Freiheit das Beste des Alten Testamentes – das unbedingte vertrauende Sichverlassen auf Gott – aufgenommen und zugleich alle jüdische Verengung gesprengt hat: Der Jude Paulus – in der jungen Kirche *der* Zeuge der Freiheit, zu der uns Christus befreit hat! Und – so fragen nun nicht nur Juden, sondern auch Christen – und die *Kirche selbst?* Ist Paulus nicht doch ein nur wenig Gefolgschaft findender, idealistisch-enthusiastischer Einzelgänger? Die Kirche – ist sie wirklich die Gemeinschaft der Freien? Die Gemeinschaft der von Sünde, Gesetz und Tod wahrhaft befreiten Menschen? Erweist sie sich wirklich als Raum der Freiheit? Damals, heute[13]?

Die Frage ist ernst: Die Freiheit war in der Kirche schon zu des Paulus Zeiten ernsthaft bedroht, und zwar nicht so sehr von außen als von innen (vgl. Gal, Röm 14, 1 Kor 8. 10). Sie ist immer bedroht geblieben. Wenige Vorwürfe werden so oft und so leidenschaftlich gegen die Kirche Christi gerichtet wie der: die Kirche ist Ort der Unfreiheit! Freiheit von der Sünde? Nein, noch tiefere Sündhaftigkeit: alle menschlichen Laster *und* der Mißbrauch des Heiligsten, Verstoß nicht nur gegen die guten Sitten, sondern Abfall von dem Evangelium, auf das sie sich beruft! Freiheit vom Gesetz? Nein, eine neue Gesetzlichkeit: Legalismus mit christlichem Vorzeichen, Autoritarismus, Absolutismus, ja Totalitarismus; viel Personenkult, blinder Gehorsam, Servilität! Freiheit vom Tode? Nein, eine noch trügerischere Lebenssicherheit: ein um die Vergänglichkeit und Verfallenheit alles Irdischen sehr wenig bekümmerter kirchlicher Triumphalismus und ein in diesem Äon allzu solide etablierter, verweltlichter Institutionalismus!

Es ist nicht damit getan, gegen die Einseitigkeit und Ungerechtigkeit der Anklagen zu protestieren. Sie sind oft einseitig, ungerecht; oft, leider längst nicht immer. – Es ist auch nicht damit getan, gegen-

[13] Vgl. zum folgenden *H. Küng*, Kirche in Freiheit (Einsiedeln 1964).

über der Handgreiflichkeit der Gegenargumente auf die Kirche als Glaubenswirklichkeit zu rekurrieren. Die Kirche ist eine Glaubenswirklichkeit, und die Freiheit von Sünde, Gesetz und Tod ist nur für den Glaubenden überzeugend. Und doch müßte diese Freiheit sichtbar werden, ausstrahlen, mindestens echte Aufforderung, Einladung zum Glauben sein. – Es ist schließlich auch nicht damit getan, gegenüber den unwiderlegbaren Beweisen von Unfreiheit in der Kirche sich auf die Menschlichkeit der Kirche zu berufen. Ein aufrichtiges, ungeschminktes Schuldbekenntnis für die gegen die Freiheit der Kinder Gottes begangenen Sünden wird die Kirche zwar immer wieder nüchtern auszusprechen haben, und es hätte ihr wohl angestanden, es öfter zu tun, als sie es tat. Aber bei einem tatenlosen Schuldbekenntnis darf es nicht bleiben.

Glaubwürdig kann die Kirche als Ort, als Hort, ja als Heimat der neuen Freiheit nur sein, wenn sie durch ihr dunkles, unfreies Unwesen hindurch immer wieder ihr helles, freies Wesen für die Gutwilligen und Gutgläubigen aufleuchten läßt. Gewiß ist die Kirche als Kirche aus sündigen Menschen der Unfreiheit der Welt nie einfach enthoben. Die Front zwischen Freiheit und Unfreiheit verläuft nicht zwischen Kirche und Welt, sondern durch das Herz des Einzelnen. Und trotzdem und gerade deswegen müßte die Kirche immer wieder neu erweisen, daß sie ist, was sie zu sein vorgibt: die Gemeinschaft der Freien, die Kirche der Freiheit, die Kirche, die nicht nach dem Bild der Hagar, der Unfreien, zur Knechtschaft gebiert, sondern nach dem Bild der Sara, der Freien, des oberen, freien Jerusalems, Kinder der Verheißung hervorbringt (Gal 4, 21–30). „Wir sind nicht Kinder der Sklavin, sondern der Freien" (Gal 4, 31). So hat die Kirche die große Aufgabe, in ihrer ganzen Existenz zu zeugen gegen die Sklaverei der Sünde für die Freiheit der rettenden Gnade Gottes, gegen den Zwang des Gesetzes für die Freiheit der Herrschaft Gottes und des Dienstes des Menschen, gegen die Macht des Todes für das ewige Leben in der Herrlichkeit Gottes.

In Dankbarkeit darf es – vor der Welt und auch den Juden – gesagt sein: Die großartige Freiheit der Söhne und Töchter Gottes wurde tatsächlich in der Kirche immer wieder bezeugt, erfahren, gelebt: meist unauffällig und weltgeschichtlich nur indirekt konstatierbar, mehr von den Kleinen als von den Großen. Trotz aller Mängel haben ungezählte Glaubende von der apostolischen Zeit bis auf den heutigen Tag diese Freiheit in Glaube und Gehorsam ergriffen, in

Liebe und Freude gelebt, in Hoffnung und Geduld erlitten, erkämpft, erwartet. In dieser Freiheit haben ungezählte Unbekannte in den großen und kleinen Entscheidungen des Lebens, in Trübsal, Angst und Verfolgung, in Hunger, Blöße, Gefahr und Tod je und je Halt und Trost, Stärke, Hoffnung, Freude, Friede gefunden. Eine erstaunliche Freiheit, die immer wieder die eine Frage aufsteigen läßt: Woher nahmen sie die Kraft, die übermenschliche Kraft?

2. *Die Kirche des Geistes*

Freiheit kann nur deswegen der Kirche Aufgabe sein, weil sie zunächst Gabe ist. Der Imperativ vermag den Indikativ nicht zu begründen: Nicht weil die Freiheit beschafft, errungen werden soll, ist sie dann auch gegeben. Sondern der Indikativ ermöglicht den Imperativ: Weil Freiheit gegeben ist, soll, kann sie auch gelebt werden. Die wahre Freiheit bricht nicht aus dem menschlichen Dasein selbst auf, sondern kommt ihm von außen zu.

Freiheit ist Gabe, Gabe Gottes. Grund und Ursprung der Freiheit des Menschen liegen nicht im Menschen selbst, sondern in der Freiheit Gottes, in der Freiheit seiner uns in Christus befreienden Gnade. „Zur Freiheit hat uns Christus frei gemacht" (Gal 5, 1): insofern Christus nämlich im Gehorsam gegen Gottes Willen ein Leben für die Anderen bis in den Tod hinein gelebt hat und gerade so von Gott befreit und erhöht worden ist. Und wie kommt diese Freiheit zum Menschen? Dies geschieht durch den Ruf des Evangeliums: „Denn ihr seid zur Freiheit gerufen" (Gal 5, 13). Dies geschieht zugleich unter der Wirksamkeit des *Geistes,* der in Wort und Sakrament sich unser bemächtigt und seine Freiheit in uns erweckt: „Wo der *Geist des Herrn* ist, da herrscht Freiheit" (2 Kor 3, 17). Der *Geist* schenkt dem Glaubenden die dreifache Freiheit von Sünde, Gesetz und Tod: „Denn das Gesetz des Geistes des Lebens hat mich in Christus Jesus frei gemacht von dem Gesetz der Sünde und des Todes ... Das Trachten des Fleisches bedeutet Tod, das Trachten des Geistes aber Leben und Frieden ... Ihr jedoch seid nicht im Fleische, sondern im Geiste, wenn anders Gottes Geist in euch wohnt. Wenn aber jemand Christi Geist nicht hat, der ist nicht sein. Ist dagegen Christus in euch, so ist der Leib zwar tot um der Sünden willen, der Geist aber ist Leben um der Gerechtigkeit willen. Wenn aber der

Geist dessen, der Jesus von den Toten auferweckt hat, in euch wohnt, so wird er, der Christus von den Toten auferweckt hat, auch eure sterblichen Leiber lebendig machen durch seinen Geist, der in euch wohnt" (Röm 8, 2–11). Die Freiheit wird uns geschenkt, indem wir uns auf den Geist einlassen, der uns trägt, der der Geist Gottes, der Geist Christi ist. Der Mensch ist in seiner Weltverfallenheit Fleisch. „Wir aber haben nicht den Geist der Welt empfangen, sondern den Geist, der aus Gott ist, um das zu erkennen, was uns von Gott aus Gnade geschenkt worden ist" (1 Kor 2, 12). Der Geist Gottes entzieht den Menschen der Welt und sich selbst und stellt ihn unter Gottes Gnade. Die Herrschaft der Welt wird abgelöst durch die wahre Herrschaft Christi. Der Geist des Herrn ergreift von uns Besitz, erschließt uns das Unvergängliche, das Leben, die Zukunft. Er schenkt uns so die wiederhergestellte Kindschaft: die neue Freiheit von Sünde, Gesetz und Tod in Friede, Freude und Leben. Dem Einzelnen aber ist der Geist nur geschenkt, indem er der Gemeinde, der Kirche geschenkt wird. Was bedeutet es für die Kirche, daß ihr der Geist geschenkt ist? Was bedeutet für sie der Geist überhaupt? [14]

a) *Der Geist als Gabe der Endzeit:* Nicht nur einzelne Propheten und Weise, Krieger, Sänger und Könige, sondern das ganze Volk sollte nach der prophetischen Heilserwartung in der messianischen Heilszeit vom Geiste Gottes, von Gottes neuschaffender Lebenskraft und Lebensmacht, erfüllt werden.

„Ich gieße Wasser auf durstiges Land und rieselnde Bäche über das Trokkene. Ich gieße meinen Geist aus über deine Kinder und meinen Segen über

---

[14] Zum biblischen Geistverständnis: Unter den bibl. Lexikonartikeln vor allem *H. Kleinknecht, F. Baumgärtel, W. Bieder, E. Sjöberg* und bes. *E. Schweizer*, in: ThW VI, 330–453 (Lit.); *E. Käsemann*, in: RGG³ II, 1272–1279; *F. Mußner*, in: LThK VIII, 572–576; unter den Theologien des NT vor allem *R. Bultmann*; neben den älteren Arbeiten von *H. Bertrams, F. Büchsel, E. Fuchs, H. Gunkel, H. Leisegang, W. Reinhard, P. Volz, N. A. Waanink* sind unter den neueren Monographien wichtig: *C. K. Barrett*, The Holy Spirit and the Gospel Tradition (London 1947); *E. Schweizer*, Geist und Gemeinde im NT (München 1952); *S. Zedda*, L'adozione a figli di Dio e lo Spirito Santo (Rom 1952); *H. von Campenhausen*, Kirchliches Amt und geistliche Vollmacht in den ersten drei Jahrhunderten (Tübingen 1953); *N. Q. Hamilton*, The Holy Spirit and Eschatology in Paul (London 1957); *R. Schnackenburg*, Die Kirche im NT (Freiburg i. Br. 1961); *I. Hermann*, Kyrios und Pneuma (München 1961); *K. Stalder*, Das Werk des Geistes in der Heiligung bei Paulus (Zürich 1961); *L. Cerfaux*, La Théologie de l'Église suivant saint Paul (Paris ⁴1965). – Im übrigen vgl. die Kommentare zu Apg und den Paulusbriefen. Lit. zu den Charismen s. C II, 3.

deine Sprößlinge" (Is 44, 3; vgl. 63, 14). „Meinen Geist werde ich in euer Inneres legen und machen, daß ihr in meinen Satzungen wandelt und meine Gesetze getreulich erfüllt" (Ez 36, 27; vgl. Zach 4, 6).

Die urchristlichen Gemeinden, die paulinischen ebenso wie die Urgemeinde in Jerusalem, haben die prophetische Erwartung in ihrer eigenen Wirklichkeit erfüllt gesehen. Die Austeilung des Geistes ist das Signal für den Beginn des endzeitlichen Geschehens – die Geistausgießung über *alles* Fleisch: nicht nur über die Söhne, sondern auch über die Töchter, nicht nur über die Greise, sondern auch über die Jünglinge, nicht nur über die Herren, sondern auch über die Knechte und Mägde (Joel 2, 28f). Geist (πνεῦμα) ist in diesem Zusammenhang sowohl im Alten wie im Neuen Testament nicht mehr – wie das Wort ja häufig gebraucht wird – der Lufthauch, der Engel oder Dämon (bzw. das Gespenst, der Abgeschiedene), auch nicht nur die Seele oder Lebenskraft, auch nicht der Sinn oder das wissende und wollende lebendige Ich des Menschen. Nein, in diesem Zusammenhang ist der Geist *Gottes* gemeint, der *Heilige* Geist, der als heilig vom Geist des Menschen und der Welt scharf unterschieden wird: nicht irgendein magisches, mysteriös-übernatürliches Fluidum dynamistischer oder auch ein Zauberwesen animistischer Art, sondern *Gott selbst* in seiner besonderen personalen Zuwendung und Gabe, nämlich als sich schenkende, aber nicht verfügbare Macht und als lebenschaffende Kraft. Es ist Gott selbst, sofern er als gnädige Macht über das Innere, das Herz des Menschen, ja den ganzen Menschen Herrschaft gewinnt, ihm innerlich gegenwärtig ist und sich dem Menschengeist wirksam bezeugt.

Auf die im Neuen Testament feststellbaren Spannungen im Verständnis des Pneuma ist hier nicht des näheren einzugehen. Schematisierend wird gesagt: Die *alttestamentlich-jüdische* Tradition kommt mehr von „animistischen" Vorstellungen her: Geist vorgestellt als selbständiges personhaftes Subjekt, das vom Menschen Besitz ergreifen und ihn zu besonderen Kraftleistungen befähigen kann; das Wirken des Geistes ist hier mehr auf bestimmte Situationen und Handlungen und nicht auf einen Dauerzustand ausgerichtet. Die *hellenistische* Auffassung hingegen ist mehr von „dynamistischen" Vorstellungen geprägt: Geist vorgestellt als eine unpersönliche Kraft oder himmlische Substanz, die den Menschen mit einer Art Fluidum erfüllt, und zwar nicht nur vorübergehend, sondern bleibend.

Doch entscheidend sind diese Unterschiede nicht; denn: 1. schließen die beiden Vorstellungen sich gegenseitig nicht aus, sondern ergänzen sich: mindestens ansatzweise finden sich animistische wie dynamistische Vorstellungen im alttestamentlichen wie im hellenistischen Bereich; 2. ist im

Neuen Testament eine saubere Scheidung der Traditionen erst recht nicht möglich: die beiden Vorstellungsweisen werden nie gegeneinander ausgespielt, finden sich vielmehr sehr oft beide bei demselben Schriftsteller durcheinander; 3. ist im Neuen Testament der magische Naturalismus im allgemeinen vermieden: auch dort, wo man ihn vermuten kann, geht es darum, die Wirkmacht des Geistes in bezug auf den Menschen in seiner Ganzheit zum Ausdruck zu bringen; 4. besteht im Neuen Testament bei allen Unterschieden der dahinter liegenden Vorstellungsweise eine bedeutende Einheitlichkeit in der Grundauffassung: a. Pneuma wird im Neuen Testament nicht platonisch-idealistisch dem Leib oder der Natur entgegengesetzt, sondern ist die wunderbare göttliche Macht, die im Gegensatz zu allem Menschlichen steht; b. Pneuma wird im ganzen Neuen Testament als eschatologische Gabe verstanden, dies allerdings in verschiedener Weise.

Der Geist ist die *eschatologische Gabe*, mit der die Gemeinde wie der Einzelne, der durch die Taufe in die Gemeinde aufgenommen wird, in der Endzeit gesegnet werden. Bei *Markus* und *Matthäus* finden sich verhältnismäßig wenige und meist christologische Geistaussagen. Sie wollen im allgemeinen Jesus nicht etwa – wie es an sich möglich gewesen wäre – als den ersten Pneumatiker der Gemeinde hinstellen, sondern vielmehr Jesu einzigartige eschatologische Stellung zum Ausdruck bringen, daß nämlich in Jesus Gott selbst in einmaliger Weise auf dem Platze ist. Nur Mk 1, 8 spricht von der allgemeinen eschatologischen Geistbegabung: „Ich habe euch mit Wasser getauft", sagt Johannes der Täufer, „er aber wird euch mit Heiligem Geiste taufen." Erst die nachösterliche Gemeinde hat die Mitteilung des Geistes erfahren als Gottes Zeichen, das sie zum Volk der Endzeit bestimmte.

Während bei Markus und Matthäus das Auftreten des Geistes wie im Alten Testament meist als etwas Außergewöhnliches erscheint, so ist für den Hellenisten *Lukas*, der sich weniger auf die Parusie Christi als auf die Missionsgeschichte der Kirche einstellt, der Geist allen Gemeindegliedern, und zwar bleibend gegeben. Geistbegabung erscheint vielfach als selbstverständliche Folge des Gläubigwerdens, bzw. der Taufe (Apg 2, 38f; 9, 17; 10, 44; 19, 6). Hinter der von Lukas breit ausgestalteten Pfingsterzählung, gegen die manche historische Einwände erhoben werden, steht eine entscheidende Erfahrung einer Geistmitteilung in der Urkirche, verbunden wohl mit ekstatischem Reden der Jünger: „alle wurden mit Heiligem Geist erfüllt", um so „die großen Taten Gottes zu verkünden" (Apg 2, 4. 11). Nach rabbinischer Lehre war der Geist mit dem letzten Schriftpropheten erloschen; Apokalyptiker verbargen ihr Pneumatikertum hinter Pseudonymen; unter den Zeloten traten einzelne Propheten auf. Die Apostelgeschichte aber verkündet die Geistausgießung über die ganze Gemeinde als geschehen. Das ekstatische Lobpreisen, das vom Geist der Endzeit gewirkt wird, offenbart die Jüngergemeinde als die endzeitliche Heilsgemeinde, für die die Joel-Verheißung der eschatologischen Geistausgießung in Erfüllung gegangen ist (Apg 2, 14–21; vgl. Joel 3, 1–5). Zwar ist auch nach Lukas Pfingsten nicht einfach die „Geburtsstunde" der Kirche, das ist Ostern. Die Gemeinde Jesu Christi existiert auch nach Lukas zeitlich schon vor Pfingsten (Apg 1, 15). Ja, nach dem vierten Evangelisten, der wie die anderen Evangelisten und Paulus kein Pfingsten nach Ostern kennt, wird der Geist schon an Ostern mitgeteilt (Jo 20, 22). Aber durch die Geistmitteilung hat sich die Gemeinde als endzeitliche Gemeinde erfahren und bezeugt. So ist die Zeit der Kirche, die Lukas als eine wesentlich missionierende Kirche sieht, eine Zeit des Geistes. Der Geist gibt Befähigung, Vollmacht, Legitimität. Der Geist als göttliche Vollmacht gibt Anteil an der einen Kirche und verleiht Kontinuität. Er leitet die Urkirche und ihre Missionare, setzt ins Amt ein (Apg 20, 28), erläßt durch die Kirche kirchenrechtliche Dekrete (15, 28), erteilt Aufträge (6, 6; 13, 2f), er bindet sich an die Handauflegung (6, 6; 13, 2f), er legitimiert der Kirche Zeugnis (5, 32). Zahlreiche Wunder bekräftigen der Kirche und ihrer Boten Legitimation.

Anders als die Apostelgeschichte macht *Paulus* deutlich, daß der Geist nicht nur eine besondere Gabe für bestimmte zusätzliche Taten bedeutet, sondern daß er die Existenz des Glaubenden schlechthin bestimmt. In der Apostelgeschichte wird der Geist dem Glaubenden geschenkt; bei Paulus wird der Glaube selbst auf den Geist zurückgeführt. In der Apostelgeschichte wird um den Geist gebetet, für Paulus ist das Gebet selbst Tat des Geistes. Für Paulus gilt: Ohne den Geist keine neue eschatologische Existenz überhaupt! Ohne den Geist nicht nur eine Gemeinde ohne missionarischen Auftrag, sondern keine Gemeinde überhaupt! „Alle, die vom Geist Gottes getrieben werden, sie sind Söhne Gottes. Denn ihr habt nicht den Geist der Knechtschaft empfangen, so daß ihr euch wieder fürchten müßtet, sondern den Geist der Sohnschaft, in welchem wir rufen: Abba, Vater! Eben dieser Geist bezeugt samt unserem Geist, daß wir Kinder Gottes sind. Sind wir aber Kinder, so sind wir auch Erben Gottes und Miterben Christi, wenn wir nämlich mit ihm leiden, damit wir auch mit ihm verherrlicht werden" (Röm 8, 14—17). So erweist sich der Geist in einer sehr viel tieferen Weise als die eschatologische Heilsgabe Gottes (vgl. bezüglich der von Paulus abhängigen Literatur Hebr 6, 4f; 1 Petr 1, 2).

Wie kommt Paulus zu dieser Vertiefung des Geistverständnisses? Paulus versteht den Geist ganz und gar vom entscheidenden Heilsereignis her, das für ihn die große eschatologische Wende bedeutet: Christi Tod und Auferstehung. Die Mitteilung des Geistes ist an dieses eschatologische Ereignis gebunden; in Jesus dem Christus hat Gott selbst gehandelt. Deshalb ist der Geist keine obskure, namenlose Kraft im Sinne hellenistischer Gnosis. Nein, dieser Geist ist, weil es der in *Christus* handelnde Geist Gottes ist, zugleich der Geist Christi (Röm 8, 9), der Geist Jesu Christi (Phil 1, 19), des Sohnes (Gal 4, 6), des Herrn (2 Kor 3, 18). Durch die Auferstehung ist Jesus der erhöhte Kyrios geworden, der des Pneumas mächtig über das Pneuma verfügen kann. Das Pneuma ist ihm so sehr zu eigen geworden, daß er selbst als Pneuma verstanden werden kann. Von daher laufen die Wendungen „im Geist" und „in Christus" oder auch „der Geist" und „Christus in uns" parallel. Christus selbst wird „geistlicher Felsen" (1 Kor 10, 4) genannt. Die Auferstehung Jesu Christi ist es, die die Lage grundlegend verändert hat. Dadurch wurde Christus zu einem „lebenschaffenden Geist" (1 Kor 15, 45). Ja, „der Herr ist der Geist" (2 Kor 3, 17). Nicht die schlechthinnige Identität zweier personaler Größen ist hier gemeint. Sondern der Kyrios erscheint in der Existenzweise des Pneumas. Der Kyrios erscheint mit dem Pneuma identisch, sobald er nicht an sich, sondern in seinem Handeln, in seinem Handeln an der Gemeinde und am Einzelnen betrachtet wird. Von daher versteht es sich, warum die Gleichsetzung von Kyrios und Pneuma *und* die Unterordnung des Pneumas unter den Kyrios nebeneinanderstehen können (2 Kor 3, 17f). In der Begegnung von „Theos", „Kyrios" und „Pneuma" mit dem Glaubenden geht es letztlich um die eine und selbe Begegnung: „Die Gnade des Herrn Jesus Christus und die Liebe Gottes und die Gemeinschaft des Heiligen Geistes sei mit euch allen!" (2 Kor 13, 13; vgl. 1 Kor 12, 4—6; Gal 4, 4—6; Röm 5, 1—5). Überall geht es um das eine Handeln Gottes selbst!

Der Geist ist so die irdische Gegenwart des erhöhten Herrn. Im Geist wird Christus der Herr seiner Kirche. Im Geist handelt an der Gemeinde wie am Einzelnen der Auferstandene selbst. Seine Auferstehungsmacht ist mehr als eine Kraft der Ekstase und des Wunders; sie führt eine neue Schöpfung herauf. Der Geist eröffnet dem Glaubenden den Zugang zum Heilshandeln Gottes in Christus. Er tut das nicht als eine magische Kraft, der der Mensch gar nicht widerstehen kann. Sondern er schafft ihm die Möglichkeit, ein verantwortliches, erkennendes Ja zu sagen. Er schenkt ihm in der Erkenntnis des Gekreuzigten die Einsicht, daß in Jesus Christus Gott selber für ihn ist. Er läßt ihn an Kreuz und Auferstehung Christi glauben und läßt ihn so als Glaubenden leben. Er ist der „Geist des Glaubens" (2 Kor 4, 13; vgl. 2 Kor 5, 5. 7). Der Geist ist also nicht des Menschen eigene Möglichkeit, sondern ganz das Geschenk, die Kraft und Macht Gottes. Als *Gottes* Geist ist der Heilige Geist vom eigenen Geist des *Menschen*, seinem menschlichen Ich, zu unterscheiden. Er ist der nicht mit dem Menschengeist zu verwechselnde, zu vermischende, von aller Sünde freie *Heilige* Geist. Der Heilige Geist bleibt immer ganz Gottes Geist und geht nie auf in dem jedem Menschen gegebenen individuellen Geist (vgl. Röm 8, 16; 1 Kor 2, 10f). Aber zugleich kann Gottes Geist über den Menschen so Macht und Herrschaft gewinnen, daß er zum innersten Ich desjenigen Menschen wird, der nun nicht mehr aus sich selbst, sondern aus Gott lebt (vgl. Röm 8, 9–15. 26f). Gerade so wirkt der Geist Gottes nicht wie in der Gnosis als eine automatisch vergöttlichende Substanz. Als die Kraft, die den Glauben schafft, ist der Geist vielmehr zugleich die Norm, nach der zu leben der Glaubende gerufen ist und bleibt: „Wenn wir im Geiste leben, so laßt uns auch im Geiste wandeln" (Gal 5, 25; vgl. 6, 8). Die pneumatische Existenz des Glaubenden ist eingespannt in die Dialektik von Indikativ und Imperativ.

Der Geist gliedert den Glaubenden in den Christusleib ein. Er schafft selbst die Einheit dieses Leibes, der aus verschiedenartigen Trägern verschiedenartiger Geistesgaben besteht (vgl. 1 Kor 12). So sichert der Anschluß an Christus durch den Geist den Glaubenden die pneumatische Existenz. Nicht nur, daß Gott durch seinen im Auferstandenen wirkenden Geist dem Glaubenden in der *Gegenwart* ewiges Leben schenkt (Röm 8, 1–10). In des Gekreuzigten Auferstehung ist der Tod grundsätzlich besiegt worden. Durch denselben lebendigmachenden Geist wird Gott uns auch in der *Zukunft* ewiges Leben schenken: „Wenn aber der Geist dessen, der Jesus von den Toten auferweckt hat, in euch wohnt, so wird er, der Christus von den Toten auferweckt hat, auch eure sterblichen Leiber lebendig machen durch seinen Geist, der in euch wohnt" (Röm 8, 11). Der Geist ist die Macht der Zukünftigkeit. Das Werk des Geistes Gottes in Christus vollendet sich – anders als in der Gnosis – erst in der Zukunft, nämlich in der erlösten Auferstehungsleiblichkeit (Röm 8, 23), so daß am Ende alles Christus und dem Vater unterworfen ist (vgl. 1 Kor 15, 27 f).

So ist der der Kirche und dem Einzelnen geschenkte Geist Gottes, der zugleich der Geist des auferstandenen Herrn ist, das Zeichen dafür, daß die Endzeit hereingebrochen und erfüllt und doch nicht abgeschlossen und vollendet ist. Seit der Auferstehung Jesu ist für die glaubende Gemeinde die endzeitliche Auferstehung aller nicht mehr eine unbestimmte Hoffnung, sondern feste Gewißheit. Die Wirklichkeit des gegenwärtigen Geistes bürgt für die Wirklichkeit der kommenden Herrlichkeit. Der Geist erscheint – anders als in der Qumrangemeinde, die ebenfalls schon in der Gegenwart eine gewisse Geistmitteilung kennt – als Angeld, Unterpfand und Siegel der noch ausstehenden und doch schon anbrechenden Vollendung: Gott „hat uns auch versiegelt und den Geist als Angeld in unsere Herzen gegeben" (2 Kor 1, 22; vgl. 5, 5). „Wir, die wir die Erstlingsgabe des Geistes haben, seufzen in uns selbst und warten auf die Sohnschaft, auf die Erlösung unseres Leibes" (Röm 8, 23). „In ihm, Christus, seid auch ihr, nachdem ihr das Wort der Wahrheit, die Frohbotschaft von eurer Rettung vernommen habt und zum Glauben gekommen seid, mit dem verheißenen Heiligen Geist versiegelt worden, der das Angeld unseres Erbes ist für die Erlösung seiner Eigentumsgemeinde zum Lobpreis seiner Herrlichkeit" (Eph 1, 13 f). „Und betrübet nicht den heiligen Geist Gottes, in welchem ihr auf den Tag der Erlösung versiegelt seid" (4, 30; vgl. Tit 3, 6 f).

Die Ekklesia ist das eschatologische Volk Gottes, das Volk Gottes der Endzeit: in einer ganz neuen Perspektive ist uns dies nun bewußt geworden. Gott hat sein Volk nicht nur berufen und versammelt als ein Außenstehender, Fremder. Seinen neuen Bund mit ihm hat er nicht geschlossen als ein in seiner persönlichen Existenz unengagierter Vertragspartner. Nein, Gott selbst hat sich mit seiner ganzen lebendigen Kraft als gegenwärtig erschlossen. Er hat in seiner schenkenden Macht über sein Volk die Herrschaft beansprucht. Er selbst ist – durch seinen Geist, der zugleich der Geist Jesu Christi ist – in der Ekklesia präsent, effizient geworden. Seine unverfügbare, schenkende Macht ist in seinem Volk offenbar geworden, hat es in seiner ganzen Existenz ergriffen, gewandelt, ja begründet. Seine Macht trägt es und führt es dem Ziele zu. So haben – davon zeugt nicht nur die Apostelgeschichte, sondern auch die Paulinischen und Johanneischen Schriften – die jungen Gemeinden getröstet und gestärkt, in Freude und Hoffnung Gottes Macht im Geist *erfahren*, was immer im übrigen die (vielfach zeitgebundenen) Phänomene dieser Erfahrung gewesen sein mögen. Darin haben sie einen wesentlichen Unterschied gesehen zu manchen anderen religiösen Gruppierungen im Judentum (apokalyptische Sekten, Qumrangemeinde) und im Hellenismus (Gnostizismus, Mysterienreligionen): Nur die Gemeinde Jesu Christi hat durch den erhöhten Herrn Gottes Geist als Angeld und Erstlingsfrucht des Heiles empfangen. Nur sie kann so den „Erweis des Geistes und der Kraft" (1 Kor 2, 4; vgl. 1 Thess 1, 5) erbringen.

Damit dürfte der biblische Hintergrund aufgezeigt sein für das, was das Vatikanum II über den Geist, der die Kirche heiligt, ausgesagt hat: „Als das Werk vollendet war, das der Vater dem Sohn auf Erden zu tun aufgetragen hatte (vgl. Jo 17, 4), ward am Pfingsttag der Heilige Geist gesandt, auf daß er die Kirche immerfort heilige und die Glaubenden so durch Christus in einem Geiste Zugang hätten zum Vater (vgl. Eph 2, 18). Er ist der Geist des Lebens, die Quelle des Wassers, das zu ewigem Leben aufsprudelt (vgl. Jo 4, 14; 7, 38f); durch ihn macht der Vater die von der Sünde ertöteten Menschen lebendig, um endlich ihre sterblichen Leiber in Christus aufzuerwecken (vgl. Röm 8, 10–11). Der Geist wohnt in der Kirche und in den Herzen der Gläubigen wie in einem Tempel (vgl. 1 Kor 3, 16; 6, 19), er betet in ihnen und legt Zeugnis ab für die Annahme an Kindes Statt (vgl. Gal 4, 6; Röm 8, 15f. 26). Er führt die Kirche in alle Wahrheit ein (vgl. Jo 16, 13), eint sie in Gemeinschaft und Dienstleistung, ordnet und lenkt sie durch die verschiedenen hierarchischen und charismatischen Gaben und zeichnet sie durch seine Früchte aus (vgl. Eph 4, 11f; 1 Kor 12, 4; Gal 5, 22). Durch die Kraft des Evangeliums läßt er die Kirche allezeit sich verjüngen, erneut sie immerfort und führt sie zur vollkommenen Vereinigung mit ihrem Bräutigam. Denn der Geist und die Braut sagen zum Herrn Jesus: ‚Komm!' (vgl. Apk 22, 17). So erscheint die ganze Kirche als ‚das von der Einheit des Vaters und des Sohnes und des Heiligen Geistes her geeinte Volk' (Cyprian, Augustin, Johannes von Damaskus)" (CE 4). – Es klingen aber in diesem Text einige Gedanken an, die, wiederum vom Neuen Testament her, einer weiteren Erklärung bedürfen.

b) *Kirche als Geistesbau:* Die Kirche ist zum Werk und Werkzeug, zum Zeichen und Zeugnis des Gottesgeistes geworden, der sie erfüllt. Sie ist, wenn man es mit der Schrift in einem Bild umschreiben will, ein Tempel, ein Bauwerk, das vom Geist erfüllt, durchwaltet ist: kurz ein *Geistesbau*. Wie ist dieses biblische Bild von der Kirche zu verstehen? Der Bilderkreis von der Kirche als Tempel, der von Gott, Christus oder Geist gebaut wird, findet sich an verschiedenen Stellen des Neuen Testamentes (vgl. Matth 16, 18; Mk 14, 58; Jo 2, 19; Hebr 3, 2–6; 10, 21; Apk 21, 22). Im besonderen Zusammenhang aber mit dem Geist weisen uns drei klassische Texte auf drei wichtige Perspektiven hin:

1. Die *Einzelgemeinde* ist Geistesbau (1 Kor 3, 16 f): Das Bild vom Geistestempel ist kein Idealbild, gebraucht von einer Idealkirche. Das wird schon daraus deutlich, weil das Bild dort, wo es im Neuen Testament zum ersten Mal erscheint, von der Einzelgemeinde gebraucht wird. Es wird gebraucht von der uns besonders gut bekannten Gemeinde von Korinth, deren „Heilige" sich nach beiden paulinischen Briefen nur zu oft als unheilig erwiesen haben. Gerade diese unheilige heilige Gemeinde wird – und es ist eine Mahnung – als Geistestempel angesprochen: „Wißt ihr nicht, daß ihr ein Tempel Gottes seid und der Geist Gottes in euch wohnt?" (1 Kor 3, 16).

Daß die Kirche Geistesbau ist, meint also keineswegs eine Geisteskirche im spiritualistischen Sinne. Diese Menschen, diese Gemeinde mit all dem Menschlichen, was sie aufweist, sie ist Tempel Gottes. Obwohl diese Kirche gemahnt werden muß, nach dem Geist zu leben, so ist sie doch im Geist, bzw. der Geist wohnt in ihr: Gottes formende Macht und lebendige Kraft hat durch Christus von ihr Besitz genommen, hat sie in ihrer ganzen Existenz ergriffen und durchdrungen. Im Geist ist Gott selbst, ist der Kyrios in der Gemeinde der Glaubenden trotz aller Menschlichkeiten wirksam gegenwärtig. Die Kirche ist der Ort von Gottes besonderer Weltgegenwart. Wie einst Gott im steinernen Tempel des jüdischen oder heidnischen Kultus wohnend gedacht wurde, so wohnt er jetzt in der Gemeinde Christi. Sie braucht nicht die steinernen Tempel, sie ist selbst der neue geistige Tempel. Aber gerade daraus folgt die Verpflichtung, den Tempel in brüderlicher Einigkeit zu erhalten. „Wenn jemand den Tempel Gottes verderbt, den wird Gott verderben; denn der Tempel Gottes ist heilig, und der seid ihr" (3, 17). Wer wie die Korinther durch Parteiungen die Einheit der Gemeinde auflöst, der vertreibt den Geist. Wer den Geist vertreibt, der zerstört den Tempel, der zerstört die Gemeinde, der zerstört aber auch letztlich sich selbst. Daß die Kirche, die Gemeinde, ein Geistesbau ist, besagt für die

Glieder der Gemeinde die Forderung: die da geistig sind, sollen auch geistig leben.

2. Die *Gesamtkirche* ist Geistesbau (Eph 2, 17—22): Was in 1 Kor 3, 16f von der Einzelgemeinde ausgesagt wurde, wird in Eph 2, 17—22[15], entsprechend der heilsgeschichtlichen Gesamtkonzeption des Briefes, von der Gesamtkirche, im Hinblick auf Juden und Heiden, die „Nahen" und die „Fernen", ausgeführt: „Und er kam und verkündete Frieden euch den Fernen und Frieden den Nahen; denn durch ihn haben wir beide in *einem* Geist Zugang zum Vater. So seid ihr nun nicht mehr Fremde und Beisassen, sondern ihr seid Mitbürger der Heiligen und Hausgenossen Gottes, aufgebaut auf dem Fundament der Apostel und Propheten, wobei der Schlußstein Christus Jesus ist, in dem jeder Bau zusammengefügt hinanwächst zu einem heiligen Tempel im Herrn, in dem auch ihr miteingebaut werdet zu einer Wohnung Gottes im Geist."

Die innere Struktur des Geistesbaues wird hier genau umschrieben. Welches ist das „Fundament" dieses Geistesbaues? Die „Apostel und Propheten", die Propheten des Neuen Testamentes, von denen sowohl bei Paulus wie in Apostelgeschichte, Apokalypse und Didache öfters die Rede ist. Also die direkt beauftragten und gesandten apostolischen Autoritäten wie die charismatischen prophetischen Autoritäten: alle diejenigen, die grundlegend das Wort vom Christus (der ja anderwärts selbst als Fundament der Kirche bezeichnet wird; vgl. 1 Kor 3, 11) gebracht haben, sie sind das Fundament des Geistesbaues der Kirche. — Und welches sind die Steine? „Ihr"! Sie alle, die an Christus glauben, sie sind die lebendigen Steine. Nicht nur die Juden, sondern auch die Heiden, die vorher Landfremde und Nichtbürger waren, jetzt aber Vollbürger und Hausgenossen des Hauses Gottes sind, sie werden „miteingebaut" zur Wohnung Gottes im Geist. — Und welches ist der „Schlußstein"? „Christus Jesus", er ist — wie die meisten heutigen Exegeten übersetzen — nicht der Eckstein (wie 1 Kor 3, 10f), sondern der Schlußstein: der Stein, der das ganze Gewölbe abschließt, zusammenhält und zusammenfaßt. — Und was soll aus dem Bau werden? „Ein heiliger Tempel im Herrn" oder — und das ist das Gleiche — „eine Wohnung Gottes im Geist". Das „im Herrn" entspricht dem „im Geist". Der „Herr" ist es, der das

[15] Unter den neueren Kommentaren zu Eph vgl. bes. *H. Schlier*, Der Brief an die Epheser (Düsseldorf ²1958) 118—145.

Ganze zusammenhält, ihm Halt und Richtung gibt. Der „Geist" ist es, aus dessen Kraft und Macht der ganze Bau existiert. Die Kirche ist also ein Bau, der kraft des Geistes des Herrn, der im Geist und durch den Geist Bestand hat. Der verherrlichte Herr erst schenkt seinen Geist und macht dadurch seine Jüngergemeinschaft zur Kirche. Und gerade die Versöhnung Christi zwischen Juden und Heiden wird wirksam, fruchtbar durch den Geist. In dem *einen* Geist im *einen* Leib haben alle Zutritt zum einen Gott. So macht der Geist die Kirche zu einer durch und durch pneumatischen Wirklichkeit. Anstatt „Wohnung, Tempel, Bau im Pneuma", kann man auch von einem „pneumatischen Tempel, Bau, Haus" reden. Gerade vom „pneumatischen Haus" ist im dritten klassischen Text die Rede.

3. Die Glaubenden *werden erbaut* und *bauen selbst* den Geistesbau (1 Petr 2, 4–7): Noch mehr als im Bild vom Schlußstein tritt im Bild vom Eckstein die grundlegende Bedeutung des auferstandenen Herrn für die Kirche als Geistesbau oder – wie es hier heißt – als „geistigem Haus" hervor: „Zu ihm hinzutretend, dem lebendigen Stein, der zwar von Menschen verworfen, bei Gott aber auserlesen kostbar ist, sollet auch ihr selber, gleichsam als lebendige Steine, euch erbauen lassen als geistiges Haus zu heiliger Priesterschaft, um geistige, Gott wohlgefällige Opfer darzubringen durch Jesus Christus. Darum steht in der Schrift: Siehe, ich lege in Zion einen erwählten, kostbaren Eckstein, und wer an ihn glaubt, soll nicht zuschanden werden. Euch also, die ihr glaubet, gilt die Ehre" (1 Petr 2, 4–7)[16]. Auch hier ist der Indikativ die Voraussetzung für den Imperativ: Die Kirche ist Gottes Haus, ein geistiges Haus. Christus ist – so ergibt sich vor allem aus dem angeführten Isaias-Zitat – der Hauptstein, der als Stein an der Ecke das Haus trägt und zusammenhält: ein lebendiger Stein, weil Christus als der Verworfene und Gekreuzigte der Auferstandene, der Lebendige ist. Nur durch Christus, den Lebendigen, sind auch die Christen als vom Tod Befreite lebendige Steine. So wird auf dem Grundstein Christus aus den Glaubenden die Kirche auferbaut – als *geistiges* Haus: nicht als ein irdisch-stofflicher Tempel, aber auch nicht nur als ein spiritualisiert-geistiger Tempel, sondern als ein pneumatisch-geistlicher Tempel, der aus

---

[16] Unter den neueren Kommentaren zu 1 Petr vgl. bes. *K. H. Schelkle*, Die Petrusbriefe (Freiburg i. Br. ^{2}1964) 57–63.

dem Pneuma existiert und bis in jedes Glied hinein vom Pneuma erfüllt und belebt ist.

Aber gerade als die lebendigen Steine, die wir sind, sollen wir uns als die lebendigen Steine *auferbauen lassen:* die griechische Form des Verbs mag indikativisch oder imperativisch sein, ihr Sinn ist jedenfalls imperativisch. Nicht als ob die Christen als fromme Menschen aus eigener Kraft das Haus erbauen sollten, ein anderer baut aus ihnen und mit ihnen. Aber sie sollen sich im Glauben zur Verfügung stellen. Sie sollen als Glaubende dem Hause dienen. Wie? Das Bild vom geistigen Haus, dem geistigen Tempel geht in das Bild von der Tempel-Priesterschaft über: Die Glaubenden sollen Gott Opfer bringen. Aber auch hier nicht irdisch-stoffliche Opfer, Tiere, Speisen und Rauchwerk, sondern pneumatisch-geistliche Opfer: Gebet, Dank und Lob, Buße, Früchte des Glaubens und der Liebe. Nicht aus eigener Kraft, sondern durch Christus, den Hohenpriester, sollen diese Opfer dargebracht werden. Dann sind sie Gott wohlgefällig und ihre Annahme ist gewiß. Dann erweisen sich die Glaubenden selbst als wahre „heilige Priesterschaft".

Das Vatikanum II sagt folgendes über das Bild vom Geistesbau: „Des öfteren wird die Kirche auch Gottes *Bauwerk* genannt (1 Kor 3, 9). Der Herr selbst hat sich mit dem Stein verglichen, den die Bauleute verworfen haben, der aber zum Eckstein geworden ist (Mt 21, 42 par; vgl. Apg 4, 11; 1 Petr 2, 7; Ps 117 [118], 22). Auf diesem Fundament wird die Kirche von den Aposteln erbaut (vgl. 1 Kor 3, 11), von ihm empfängt sie Festigkeit und Zusammenhalt. Dieser Bau trägt verschiedene Benennungen: Haus Gottes, worin die *Familie* Gottes wohnt, Wohnstatt Gottes im Geist (Eph 2, 19. 22), Zelt Gottes unter den Menschen (Apk 21, 3), vor allem aber heiliger *Tempel,* aus dessen Darstellung die heiligen Väter die steinernen Heiligtümer preisen, und der in der Liturgie mit Recht verglichen wird mit der heiligen Stadt, dem neuen Jerusalem. Wir selbst werden ihr schon auf Erden als lebendige Steine eingefügt (1 Petr 2, 5). Johannes aber sah in seinen Gesichten diese heilige Stadt bei der Neuschaffung der Welt aus dem Himmel von Gott herabsteigen, bereitet wie eine Braut, die geschmückt ist für ihren Mann (Apk 21, 1 f)" (CE 6).

So erweist sich der durch den erhöhten Herrn vermittelte Geist Gottes in vielfacher Hinsicht als Existenzgrundlage, Lebensprinzip und Gestaltungsmacht der Kirche, die vom Geist aus der Kraft und Macht Gottes erfüllt, belebt, getragen und geführt wird. Ihm verdankt die Kirche in all dem, was sie ist und was sie hat, Ursprung, Dasein, Fortbestand. In diesem Sinne ist die Kirche sein Geschöpf, ein *Geistesgeschöpf.* Aber gerade der Ausdruck Geistesgeschöpf besagt nicht nur eine *Einheit* von Geist und Kirche, wie sie in den beschriebenen Bildern vom Geistesbau eindrücklich aufscheint, sondern zugleich eine nicht weniger wichtige *Differenz.* Gerade diese Differenz wird in der Schrift überall vorausgesetzt und zum Teil – wir sahen es – ausdrücklich hervorgehoben. Auf diese Differenz muß gerade um der Einheit willen für die Kirche von heute besonderes Gewicht gelegt werden[17].

c) *Die Kirche unter dem Geist:* Die Differenz von Geist und Kirche hat ihren Grund in der Göttlichkeit des Gottesgeistes oder – so kann man auch sagen – in seiner Freiheit. Geist und Kirche stehen bei aller Verbundenheit nicht auf gleicher Ebene, sondern die Kirche steht *unter* dem Gottesgeist. Diese Differenz der Freiheit läßt sich in vier Sätzen deutlich machen:

1. Der Geist *ist nicht* die Kirche: Es wäre gefährlich, den Heiligen Geist und die Kirche zu identifizieren: Der Heilige Geist ist nicht der Kirche, sondern Gottes Geist. Darin ist des Heiligen Geistes grundlegende *Freiheit* begründet. Sowenig wie der Heilige Geist bei allem Innewohnen einfachhin der Geist eines Christen ist, so wenig ist er der Geist der Kirche. Er ist der Geist Gottes. Nirgendwo im Neuen Testament ist der Heilige Geist „Geist der Kirche" genannt, sondern immer nur „Geist Gottes" oder „Geist Jesu Christi". Weder aus der Kirche noch aus einem Christen geht dieser Geist hervor, sondern aus Gott selbst. Er ist nicht Zuwendung und Gabe, Macht und Kraft der Kirche, sondern Gottes. Durch ihn handelt Gott *an* der Kirche, bezeugt sich *der* Kirche, kommt *zur* Kirche, begründet und

[17] Neben den allgemeinen systematischen Arbeiten zum Kirchenverständnis (s. A II, 2) und den betr. Abschnitten in den Dogmatiken (bes. *K. Barth,* Kirchliche Dogmatik IV/1 [Zollikon - Zürich 1953] 718–726) sind als neuere Monographien zum Verhältnis Geist – Kirche zu nennen: *A. Vonier,* L'Esprit et l'Épouse (Paris 1947); *P. Nautin,* Je crois à l'Esprit Saint dans la Sainte Église (Paris 1947); *R. Prenter,* Le Saint-Esprit et le renouveau de l'Église (Neuchâtel - Paris 1949); *K. Rahner,* Das Dynamische in der Kirche (Freiburg i. Br. [3]1965); *J. G. Davies,* Der Heilige Geist, die Kirche und die Sakramente (Stuttgart 1958); *S. Tromp,* Corpus Christi quod est Ecclesia, vol. I–III (Rom 1937 ff); *O. Ertis,* Die Erneuerung der Gemeinde durch den Geist (Kassel 1960); *H. Volk,* Gott alles in allem (Mainz 1961) 86–112; *P. Brunner,* Pro Ecclesia I (Berlin - Hamburg 1962) 213–224; *H. Mühlen,* Der Heilige Geist als Person (Münster 1963); Una mystica persona. Die Kirche als das Mysterium der Identität des Heiligen Geistes in Christus und den Christen (München - Paderborn - Wien 1964).

erhält *die* Kirche. Er durchwaltet die Kirche. Aber er wird nicht der Kirche eigener Geist. Durchwaltetsein meint kein dynamisches Ineinanderfließen. Er bleibt Gottes eigener Geist. Deswegen ist und bleibt er der *freie* Geist.

Die Kirche sind wir, wir Menschen, wir, die Gemeinschaft der an Christus glaubenden Menschen. Wir, die Kirche, sind ein menschliches Gebilde. Der Heilige Geist aber ist kein menschliches Gebilde, er ist der göttliche Geist. Es gibt bei aller Verbundenheit keine Identität, sondern einen fundamentalen Unterschied zwischen dem Gottesgeist und dem menschlichen Gebilde der Kirche. Doch dieser Unterschied ist nicht nur abstrakt-allgemein die ontische Differenz zwischen Göttlichem und Menschlichem. Wir sprechen ja von der wirklichen Kirche. Und die wirkliche Kirche ist nicht nur eine Kirche aus Menschen, sondern aus sündigen Menschen. Die wirkliche Kirche ist nicht nur menschliche Kirche, sondern zugleich sündige Kirche. Die Kirche sind ja wir: wir allesamt gerechtfertigte und doch immer wieder sündige Menschen, wir, die Gemeinschaft der gerechtfertigten und doch immer wieder neu auf Vergebung angewiesenen Menschen: communio sanctorum gewiß, aber auch und leider immer wieder communio peccatorum. Die Kirche, wir, sind ein sündhaftes Gebilde. Der Geist Gottes aber ist nicht ein sündhafter, sondern nur gerade der heilige, der durch und durch heilige Geist. Deswegen ist er noch einmal, und jetzt in wesentlich tieferem Sinne, der *freie* Geist: der von Sünde, Schuld und Tod wahrhaft freie Geist.

Von diesem freien Gottesgeist her darf die Kirche verstanden werden, dürfen sich die Glaubenden als durch Gottes Geist Befreite verstehen. Aber der freie Geist Gottes darf nicht einfach zur Kirche gerechnet, nicht einfach mit der Kirche verrechnet werden.

Um eine Vermischung von Geist und Kirche auszuschließen, spricht man besser nicht von der Kirche als einer „göttlichen" Wirklichkeit. Auch der einzelne glaubende Mensch wird ja nicht, weil er vom Geist erfüllt und durchwaltet wird, zur „göttlichen" Wirklichkeit. Um eine Vermischung von Geist und Kirche zu vermeiden, spricht man auch besser nicht von einer organischen Entwicklung und Entfaltung der Kirche und ihres Geistes. Die romantisch-idealistische Sicht der Kirchengeschichte übersieht die grundlegende Differenz von vollkommenem Gottesgeist und unvollkommener Kirche. Wegen des Unterschiedes von Geist und Kirche schließt die Entwicklung der Kirche auch immer wieder Fehlentwicklung, der Fortschritt der Kirche immer wieder Rückschritt ein. Um eine Vermischung von Geist und Kirche zu vermeiden, spricht man schließlich auch besser nicht vom „Glaubenssinn der Kirche" (sensus fidelium) als von einer Offenbarung des Heiligen Geistes. Nie kann der Glaubenssinn der Kirche Quelle und Norm für die Offenbarung des Geistes werden. Vielmehr umgekehrt: Immer ist und bleibt die Offenbarung des Geistes Quelle und Norm für den Glaubenssinn der Kirche. Hier überall zeigt sich ganz konkret, daß der Heilige Geist in der Kirche ein freier Geist ist und bleibt.

Ist nicht offenkundig, wie wichtig es ist, den Unterschied zwischen Geist und Kirche zu sehen? Die Kirche vertritt nicht von vorneherein und in jedem Fall den Heiligen Geist, vielmehr muß sich ihre Heiligkeit in der Tat erweisen. Nur im Unterschied kann das Menschlich-Allzumenschliche, das Verfehlen und Versagen, die Sünde und die Schuld der Kirche in der richtigen befreienden Weise ernst genommen werden. Eine Kirche, die sich mit dem Heiligen Geist identifiziert, kann nun einmal kein Confiteor sprechen. Sie kann und darf nicht zugeben, daß sie gefehlt hat in Gedanken, Worten und Werken, viel gefehlt durch ihre Schuld, durch ihre übergroße Schuld. Sie ist vielmehr immer wieder zu faulen theologischen Ausflüchten und einer niemanden überzeugenden Apologetik gezwungen. Kurz: sie muß einem idealistisch-triumphalistischen Kirchenbegriff voller Illusionen verfallen. Sie wird gerade so keine *freie* Kirche sein.

Nur so kann aber auch das Hören auf Gottes Wort im Heiligen Geist, der Gehorsam gegenüber dem Heiligen Geist, in der wahren, befreienden Weise ernst genommen werden. Eine Kirche, die sich mit dem Heiligen Geist identifiziert, braucht nun einmal nicht mehr zu hören, zu glauben, zu gehorchen. Sie macht sich selbst zur Offenbarung. Sie weiß schon alles, tut schon alles. Sie braucht nur auf sich selbst zu hören, sich selbst zu gehorchen, an sich selbst zu glauben, und die *Anderen* außerhalb der Kirche zum Hören, Glauben und Gehorsam aufzufordern. Kurz: sie muß einem selbstherrlich-egozentrischen Kirchenbegriff verfallen. Sie wird gerade so wiederum keine *freie* Kirche sein.

Eine Kirche aber, die den Unterschied zwischen Heiligem Geist und Kirche sieht, darf auch in der Kirche die Sünde und das Versagen ernst nehmen: in Realismus, in Demut, aber auch in der befreienden Hoffnung der bereits Gerechtfertigten auf neue Vergebung. Eine Kirche, die den Unterschied zwischen Heiligem Geist und Kirche sieht, darf in Glaube, Gehorsam und in Hoffnung alle Hoffnung nicht auf sich selbst, wohl aber auf Gottes Heiligen Geist setzen. So ist die Kirche, die sich stolz mit dem freien Geiste Gottes identifiziert, eine Kirche, die bei all ihrer vermeintlichen Stärke letztlich schwach, bei aller vorgetäuschten Freiheit letztlich unfrei ist. Die Kirche aber, die sich demütig vom freien Geiste Gottes unterscheidet, ist eine Kirche, die bei aller unleugbaren Schwäche letztlich stark, bei aller sichtbaren Unfreiheit letztlich frei ist.

So glauben wir *an* den Heiligen Geist (credo *in* Spiritum Sanctum). Im Unterschied dazu glauben wir *die* heilige Kirche (credo sanctam Ecclesiam). Wir glauben nicht *an* die Kirche, wir glauben nie letztlich an uns selbst. Wir, die Kirche, glauben an den Heiligen Geist, wie wir eben an Gott glauben, von dem der Heilige Geist nicht verschieden ist. In diesem Glauben an den Heiligen Geist ist dann auch für die heilige Kirche aufs beste vorgesorgt[18].

2. Der Geist *geht* der Kirche *voraus:* Der Heilige Geist ist nicht ein Akzidens, das zur Kirche hinzukommt, als ob die Kirche etwa auch ohne Heiligen Geist Kirche wäre, wenn auch vielleicht nur in unvollkommener und unlebendiger Weise. Wenn die Kirche in der Schrift Geistesbau, Tempel des Heiligen Geistes genannt wird, so heißt das nicht, die Kirche sei Gestalt, Rahmen, Form, in welchen der Geist als der lebenschaffende Inhalt einzugehen hätte. Die Kirche ist also keineswegs etwas, was einige tüchtige und geschickte kirchliche Organisatoren, Administratoren und Manager schon organisieren, gestalten könnten, damit *dann* der Heilige Geist gleichsam einen Wirkplatz oder Ruheplatz finden könne.

Nein, zuerst ist der Geist Gottes, in dem Gott in Freiheit die Kirche *schafft,* sie schafft immer wieder neu aus denen, die glauben: „Niemand kann sagen: Herr ist Jesus, außer im Heiligen Geist" (1 Kor 12, 3). Indem der Geist wirkt, wird die Kirche und wird sie jeden Tag neu: Emitte Spiritum tuum – et creabuntur! Keine christliche Existenz gibt es, die nicht eine solche *wird* und immer wieder werden muß; keine aber *wird,* ohne daß der Geist wirkt. Keine Kirche gibt es, die nicht eine solche *wird* und immer wieder werden muß; keine aber *wird,* ohne daß der Geist wirkt. Gewiß, es gibt keine Kirche ohne das freie Zusammenkommen und die Entscheidung der Glaubenden. Aber die Glaubenden, die zur Kirche zusammenkommen, rufen sich nicht selbst zusammen. Ja, sie rufen sich nicht einmal selbst zum Glauben. Gott selbst ruft sie durch Christi Wort in der

---

[18] Vgl. A II, 2.

Kraft des Heiligen Geistes zum Glauben und so zur Kirche als der Gemeinschaft der Glaubenden. Gott im Heiligen Geist tut es in vollkommener Freiheit. Der Anfang bleibt bei ihm wie der Fortgang und das Ende. Alles bleibt bei ihm, der in der Freiheit seiner Macht und Kraft der souveräne Herr der Kirche ist.

3. Der Geist wirkt, *wo* er will: Der Geist Gottes kann in seiner Wirksamkeit von der Kirche nicht beschränkt werden. Der Geist wirkt nicht nur in den kirchlichen Ämtern, sondern wo er will: im ganzen Volke Gottes. Er wirkt nicht nur in der „heiligen Stadt", sondern wo er will: in allen Kirchen der einen Kirche. Er wirkt nicht nur in der katholischen Kirche, sondern wo er will: in der ganzen Christenheit. Und er wirkt schließlich nicht nur in der Christenheit, sondern wiederum wo er will: in der ganzen Welt.

Die Macht des Geistes Gottes durchdringt *alle* Mauern, auch alle Kirchenmauern. Gewiß, der Heilige Geist hat in der Kirche seine Wohnung, seinen Tempel. Er erfüllt und durchwaltet sie. Hier tut sich seine Macht in besonderer Weise kund, insofern in der Kirche und durch die Kirche das Wort Gottes verkündet und seine Sakramente gespendet werden. Aber der Geist Gottes, obwohl er in der Kirche sein Domizil hat, ist nicht in der Kirche domestiziert. Er ist und bleibt der freie Geist des freien Herrn nicht nur der „heiligen Stadt", nicht nur der kirchlichen Ämter, nicht nur der katholischen Kirche, nicht nur der Christenheit, sondern der ganzen Welt.

Fragen steigen hier auf: Wären die *Christen* nicht etwas vorsichtiger, offener und gerechter in ihrem Urteilen und Handeln etwa gegenüber den großen nichtchristlichen Weltreligionen, wenn sie ganz und gar überzeugt wären, daß der Heilige Geist, der sich in der Kirche und durch die Kirche offenbart, der freie Geist des Herrn der ganzen Welt ist, der wirken kann, wo er will? Wären die *Katholiken* nicht etwas zurückhaltender, offener und freundlicher in ihrem Urteilen und Handeln gegenüber den anderen christlichen Kirchen, wenn sie ganz und gar überzeugt wären, daß der Heilige Geist, auf den sie in der katholischen Kirche ihre ganze Hoffnung setzen oder setzen sollten, auch die Hoffnung und Kraft der ganzen Christenheit ist und in Freiheit sein will! Und wären die *Amtsträger* nicht etwas bescheidener, offener und demütiger in ihrem Urteilen und Handeln gegenüber den anderen Christen, wenn sie ganz und gar überzeugt wären, daß der Heiligen Geist, der sicher auch dem kirchlichen Amt versprochen ist, nun doch nicht ein Amtsgeist ist, der nur bestimmten Privilegierten reserviert wäre, sondern vielmehr der Geist Gottes, der in alle glaubenden und liebenden Herzen ausgegossen ist und in allen Herzen und auch Köpfen frei handeln kann und will? Der freie Geist wirkt, wo *er* will.

4. Der Geist wirkt, *wann* er will: Gewiß, der freie Geist Gottes ist nicht ein Geist der Willkür, der Scheinfreiheit, sondern der wahren Freiheit; ist nicht ein Geist des Chaos, sondern der Ordnung, nicht des Widerspruchs, sondern des Friedens: nicht nur in der Welt, sondern auch in der Kirche! Das mußte den Korinthern, die die Kirchenordnung mit Berufung auf ihre Geistesgaben vernachlässigten, gerade von Paulus entgegengehalten werden: „Gott ist nicht ein Gott der Unordnung, sondern des Friedens!" (1 Kor 14, 33). Willkür, Unordnung, Chaos in der Kirche kann sich also gewiß nicht auf den Heiligen Geist berufen!

Und doch besagt das nicht: Gottes Geist weht, wann er *muß*. Vielmehr gilt: wann er *will*. Keine Kirchenordnung in Lehre und Praxis etwa zwingt ihn, jetzt zu handeln oder jetzt nicht zu handeln. Gewiß, Gott ist absolut frei, er ist frei auch seiner eigenen Freiheit gegenüber. Er ist so überwältigend frei, daß er auch eine Bindung nicht zu scheuen braucht. Und er bindet sich tatsächlich: an Wort und Sakrament. Aber indem er sich an Wort und Sakrament bindet, bestätigt er nicht seine Gebundenheit und Unfreiheit, sondern seine übermächtige, überschwängliche Freiheit.

Gottes Geist steht unter keinem anderen Gesetz als dem Gesetz seiner eigenen Freiheit; unter keinem anderen Recht als unter dem Recht seiner eigenen Gnade; unter keiner anderen Macht als unter der Macht seiner eigenen Treue. Gottes Geist steht also jedenfalls nicht unter dem Gesetz der *Kirche*, dem Recht der Kirche, der Macht der Kirche. Gottes Geist wird nicht regiert vom Kirchengesetz, vom Kirchenrecht und der Kirchenmacht. Er selbst regiert und beherrscht souverän Kirchengesetz, Kirchenrecht und Kirchenmacht. Wer also in der Kirche meinte, sich mit irgendwelchen Mitteln des Gesetzes, des Rechtes und der Macht des Geistes zu bemächtigen, muß notwendig scheitern. Die Kirche kann sich des Geistes nicht bemächtigen, ihn nicht eigentlich „besitzen", nicht über ihn verfügen, ihn nicht beschränken, steuern, meistern.

Die Kirche kann dies alles nicht, weder durch ihr Wort noch durch ihr Sakrament. Und noch einmal: Gott bindet sich im Geist an Wort und Sakrament der Kirche; aber dies geschieht nicht aufgrund eines Gesetzes der Kirche, sondern aufgrund von Gottes Freiheit; nicht aufgrund eines kirchlichen Rechtes, sondern aufgrund seiner freien Gnade; nicht aufgrund einer kirchlichen Macht, sondern aufgrund seiner Treue. Das bedeutet: Wenn er sich an Wort und Sakrament der Kirche bindet, ist das nicht eine Verpflichtung für ihn, sondern für uns. Nicht wir fordern ihn, sondern er fordert uns! Er fordert unseren bedingungslosen *Glauben!* Weder das Wort noch das Sakrament wirken automatisch: Finden sie keinen Glauben, wirken sie sich nicht aus. Wer mit Wort oder Sakrament, aber auch mit Gesetz und Recht, Macht und Ordnung den Heiligen Geist meinte herbeizwingen zu können, ließe es gerade an jenem Glauben mangeln, den der Geist von ihm fordert: an jenem Glauben nämlich, der sich gerade nicht an sein oder der Kirche Recht und Gesetz, seine oder der Kirche Macht und Ordnung hält, sondern an Gottes freie Gnade und Treue. Es bleibt also auch in der Kirche wahr: Der Geist weht, nicht wann er muß, sondern wann er will.

Auch hier steigen einige Fragen auf: Würde katholische Sakramentenlehre ihre Opus-operatum-Theorie nicht differenzierter und richtiger vortragen, wenn sie überall davon ausginge, daß auch das opus operatum den Spiritus operans nicht zwingen kann, sondern sich ihm in Glauben unterziehen muß? Würde katholisches Kirchenrecht mit all den Kanones und Vorschriften (etwa im Sakramentsverständnis) nicht sehr viel zurückhaltender operieren, wenn es überall realisierte, daß diese Kanones und Vorschriften, solange sie sinnvoll und zweckentsprechend sind, als Konkretisierung der Forderung Gottes an uns verstanden werden können, nie aber als Forderungen der Kirche an den Heiligen Geist, als ob er nur hier und nur so handeln dürfte? Würde katholisches Urteil etwa bezüglich des Wortes und der Sakramente der anderen christlichen Kirchen (z. B. bezüglich der Gültigkeit oder Ungültigkeit ihrer Eheschließung, Ordination oder Eucharistiefeier) nicht etwas vorsichtiger sein, wenn es auch hier ausginge von der Freiheit des Heiligen Geistes, der weht, wo und wann er will, von der Freiheit des Geistes, die in den allermeisten Fällen ein sicheres *negatives* Urteil unmöglich macht?

Die Kirche hat nicht dem Geist zu befehlen und ihn zu reglementieren. Sie darf beten und bitten: Veni! Gewiß, Gottes Geist wohnt im Bau der Kirche, gewiß, er bleibt bei ihr und wirkt durch sie. Aber er wohnt dort, bleibt dort, wirkt dort nicht aufgrund eines Gesetzes, weil er muß, sondern aufgrund seiner Treue, weil er will. „Getreu ist, der euch beruft, er wird es auch vollenden" (1 Thess 5,24).

Sollten wir, die wir die Kirche sind, je einmal vergessen können, daß wir, obwohl gerechtfertigt, Sünder sind und immer wieder neu uns als Sünder vorfinden, daß wir also zu Gottes Geist im Widerspruch sind, daß wir ihn „betrüben" und von uns aus gesehen verlieren können? Sollen wir vergessen, daß auch unser Glaube, obwohl er uns Gewißheit gibt, immer wieder neu angefochten und bedroht ist, daß wir uns immer wieder neu allein an die Treue und Gnade Gottes halten können? Daß es also so ganz und gar nicht selbstverständlich ist, daß der Geist bei uns, bei der Kirche, bleibt? Gibt es für uns etwas anderes, als immer wieder bußfertig zu rufen nicht nur: veni Sancte Spiritus, sondern auch: mane Sancte Spiritus: bleibe bei uns, in deiner Treue trotz unserer Untreue! Die Kirche hat den freien Geist Gottes trotz ihres dauernden Versagens in allen ihren Gliedern nicht verloren. Das ist nicht eine Selbstverständlichkeit, sondern das Wunder der Treue Gottes, einer Treue, die nicht vorausgesetzt werden darf, sondern immer wieder neu geglaubt und erbetet sein will.

Aber noch ist das Werk des Heiligen Geistes in der Kirche viel zu allgemein beschrieben. Der Geist ist der *Gemeinde* gegeben, gewiß. Aber die Gemeinde besteht aus den einzelnen Glaubenden, die durch die Taufe in sie aufgenommen sind. Das Wirken Gottes im Geist gilt in der Kirche diesem Einzelnen. Es ist konkret, individuell! Das wird sogleich deutlich werden, wenn wir die pneumatische Wirklichkeit der Kirche umschreiben mit dem, was man ihre charismatische Struktur nennen kann.

3. Die bleibende charismatische Struktur

Wenn man in der katholischen Theologie und Kirche lange Zeit theoretisch wie praktisch die charismatische Struktur der Kirche weitgehend verkannt hat, so hat das seinen Grund *erstens* in jenem Klerikalismus und Iuridismus, der in neuester Zeit auch innerhalb der katholischen Kirche so oft getadelt wurde. Klerikalistische Haltung kann eigentliche und entscheidende Aktivität und Initiative nur im Klerus und nicht in allen Gliedern des Gottesvolkes sehen. Iuridistisches Denken ist zutiefst mißtrauisch gegenüber der nicht von vorneherein zu reglementierenden Dynamik des freien Geistes Gottes, der in der Kirche weht, wo und wie er will.

Das Verkennen der charismatischen Struktur der Kirche hat aber *zweitens* seinen besonderen Grund darin, daß die Ekklesiologie der katholischen Schulbücher sich einseitig auf die Ekklesiologie der Pastoralbriefe (und der Apostelgeschichte) stützte und die spezifisch paulinische Ekklesiologie der unumstritten paulinischen Briefe weitgehend vergessen hatte, auch wenn sie formal öfters paulinische

Texte zitierte. Die Vielfalt und innere Spannung innerhalb des Neuen Testamentes wurde übersehen oder in unzulässiger Weise harmonisiert. Dabei sind – wie wir schon öfters konstatierten – die vielfachen Unterschiede bezüglich der Auffassung der Kirche, des Geistes, des Charismas unübersehbar. Es sei hier nur noch auf den Wortgebrauch von *„Charisma"* hingewiesen.

Die älteste Schrift des Neuen Testaments – früher als selbst Markus und Matthäus – ist zusammen mit den beiden Thessalonicherbriefen der erste Korintherbrief. Keine andere Schrift des Neuen Testaments gibt so ursprünglich und so eingehend zugleich Auskunft über die äußere und innere Verfassung einer Kirche. 1 Kor, der wie alle unumstritten paulinischen Briefe weder von „Presbytern" und „Episkopen" (einzige späte Ausnahme Phil 1, 1: Episkopen und Diakone!) noch von Ordination oder Handauflegung spricht, dieser Brief nennt wiederholt die „Charismata" oder „Pneumatika", die nach Paulus entsprechend dem Maß der Gnade jedem Christen geschenkt sind, und bringt lange Kapitel über die charismatische Struktur der Kirche, die überall in den paulinischen Briefen vorausgesetzt wird und durchscheint. Im Gegensatz dazu tritt in den Pastoralen, die zu den spätesten Schriften des Neuen Testaments gehören, die paulinische Auffassung, daß jeder Christ den Geist und seine Gaben empfangen hat, deutlich zurück hinter einer stark akzentuierten Amtstheologie. Der Geist wird in der Ordination mitgeteilt. Bei aller Berufung auf Paulus ist auffällig, daß das paulinische Wort πνευματικός in den Pastoralen wie auch in der Apostelgeschichte des Lukas, die chronologisch zwischen den paulinischen Briefen und den Pastoralen liegen dürfte, gar nicht auftaucht und daß das Wort „Charisma", das in der Apostelgeschichte ebenfalls überhaupt nicht erscheint, in den Pastoralen nur zweimal gebraucht wird (1 Tim 4, 14 und 2 Tim 1, 6), beidemal bezeichnenderweise in Zusammenhang mit der Ordination! Das ist einer der zahlreichen und gewichtigen Unterschiede zwischen den paulinischen Briefen und den Pastoralen, die auch katholische Exegeten an der paulinischen Urheberschaft der Pastoralen zweifeln lassen, welche Frage bekanntlich nicht mit dogmatischen, sondern mit historischen Argumenten zu beantworten ist.

Der katholische Theologe, der davon überzeugt ist, daß auch die Pastoralen wie andere „frühkatholische" Schriften von der alten Kirche nicht ohne guten Grund in den Kanon der neutestamentlichen Schriften aufgenommen wurden, wird aus dieser Sachlage nicht den von manchen evangelischen Forschern vertretenen Schluß ziehen, daß die Pastoralen bestenfalls als „Kontrastprogramm" zum eigentlichen „Evangelium", wie es von Jesus gepredigt und von Paulus am tiefsten interpretiert worden ist, zu berücksichtigen seien. Katholische Hermeneutik fordert, das Neue Testament καθ'ὅλου, das Neue Testament als *Ganzes*, in *allen* seinen Schriften ernst zu nehmen, offen und frei zu sein für die ganze umfassende Wahrheit des Neuen Testaments. Auch die „frühkatholischen" Schriften wie Apostelgeschichte und Pastoralen fordern also eine sachgemäße positive Berücksichtigung. Bei ihrer Exegese ist allerdings zu berücksichtigen, daß die paulinischen Briefe den Primat der Ursprünglichkeit, der sich sowohl in einer größeren zeitlichen Nähe wie in der Authentizität des apostolischen Verfassers wie in einer größeren Sachnähe zum Evangelium Jesu manifestiert, für sich haben, wogegen sich Apostelgeschichte und Pastoralen, die sich ja auf Paulus berufen, als *abgeleitete* Zeugnisse erweisen. Gerade so aber sind sie wirklich und positiv ernst zu nehmen, was gerade den geschichtlich denkenden Theologen am wenigsten schwerfallen dürfte[19].

Braucht es nach diesen hermeneutischen Vorbemerkungen zu der Frage der Charismen noch lange Erklärungen, um deutlich zu machen, daß eine vor allem an Apostelgeschichte und Pastoralen orientierte Ekklesiologie, welche die paulinischen Texte entweder nur kommemorierte oder nur zur Stützung ihrer anderswoher geholten Thesen benützte, die Charismen aller Christen vernachlässigen *mußte?* Daß man nur noch die „hierarchische" Struktur der Kirche und nicht mehr zugleich ihre pneumatische und charismatische Struktur betrachtete? Die Wiederentdeckung der Charismen ist eine Wiederentdeckung der spezifisch paulinischen Ekklesiologie. Die Bedeutung dieser Tatsache kann sowohl für die innerkatholische wie für die ökumenische Problematik nicht leicht überschätzt werden. Die paulinische Ekklesiologie bedarf eingehendster theologischer Erforschung, um ihre ganze Fruchtbarkeit in der heutigen Situation zu zeigen. Hier soll es nur darum gehen, die bleibende charismatische Struktur der Kirche von der paulinischen Ekklesiologie her zu erhellen. Zuerst sollen drei Mißverständnisse des Charismas, die sich

---

19 Vgl. A I, 3.

immer wieder einstellen, untersucht werden, um dann zu einer positiven Umschreibung des Charismas vorzudringen[20].

a) *Außerordentliche oder alltägliche Erscheinungen?* Ein erstes Mißverständnis des Charismas wäre zu meinen, Charismen seien vor allem außerordentliche, mirakulöse, sensationelle Phänomene. Der Prototyp des Charismas wäre dann – neben den Dämonenaustreibungen, Heilungen, Machttaten, Wundern – die in diesem Zusammenhang oft zitierte Glossolalie: das Reden ἐν γλώσσῃ, bzw. ἐν γλώσσαις (1 Kor 12–14; Apg 10, 46; 19, 6; Mk 16, 17), jenes vom Geist eingegebene ekstatische, in unverständlicher Sprache und sogar in unartikulierten Lauten sich äußernde (1 Kor 14, 6–11. 23) Beten oder Singen, Loben und Danken (1 Kor 14, 15 f; vgl. Eph 5, 19; Kol 3, 16).

Wie verhält sich Paulus gegenüber diesen außerordentlichen Charismen, wie sie sich bei religiösen Erweckungsbewegungen auch außerhalb der Kirche finden können? Die Glossolalie fand sich ja gerade auch in der ekstatischen Mystik des Hellenismus, besonders bei der delphischen Pythia und bei den Sibyllen, die in ihrer enthusiastischen Mantik unheilvolle Sprüche murmelten.

Es wäre falsch zu meinen, Paulus verhielte sich gegenüber diesen außerordentlichen Gaben von vorneherein ablehnend oder auch nur mißtrauisch. Alle Gaben des Geistes nimmt er mit Freuden auf. Ist er doch selber in ausgezeichnetem Maße glossolalisch begabt (1 Kor 14, 18). Eindringlich jedoch *relativiert* er diese aufsehenerregende Gabe:

---

[20] Neben der unter C II, 2 genannten Lit. und den Art. Charisma bzw. Geist in den bibl. und theol. Lexika vgl. vor allem *F. Grau*, Der ntl. Begriff χάρισμα. Seine Geschichte und seine Theologie (Diss. Tübingen 1946); *J. Brosch*, Charismen und Ämter in der Urkirche (Bonn 1951); *E. Lohse*, Die Ordination im Spätjudentum und im NT (Berlin 1951); *H. von Campenhausen*, Kirchliches Amt und geistliche Vollmacht in den ersten 3 Jahrhunderten (Tübingen 1953); *K. Rahner*, Das Dynamische in der Kirche (Freiburg i. Br. 1958); *E. Schweizer*, Gemeinde und Gemeindeordnung im NT (Zürich 1959); *R. Bultmann*, Theologie des NT (Tübingen ³1958); *E. Käsemann*, Amt und Gemeinde im NT, in: Exegetische Versuche und Besinnungen I (Göttingen 1960) 109–134; *G. Eichholz*, Was heißt charismatische Gemeinde? 1 Kor 12 (München 1960); *O. Perels*, Charisma im NT, in: Fuldaer Hefte 15 (Berlin 1964) 39–45; *H. Schürmann*, Die geistlichen Gnadengaben, in: De Ecclesia. Beiträge zur Konstitution „Über die Kirche" des 2. Vatikanischen Konzils. Hrsg. von G. Baraúna (Freiburg i. Br. - Frankfurt 1966) 494–519. Die nachfolgenden Ausführungen fußen auf meinem Artikel: Die charismatische Struktur der Kirche, in: Concilium 1 (1965) 282–290.

sie ist nichts ohne das Charisma der Auslegung, erbaut aus sich allein weder die Gemeinde noch hilft sie dem Verstand des Beters selbst. Deshalb ist sie der Prophetie unterzuordnen und in der Gemeinde nur mit manchen Einschränkungen zu gebrauchen (1 Kor 14). In der Charismentafel 1 Kor 12, 28 wird sie an den Schluß gerückt. Im Römerbrief, der vermutlich in Korinth geschrieben wurde, erwähnt sie Paulus in der Charismentafel 12, 6–8 überhaupt nicht mehr.

Paulus relativiert nicht nur enthusiastische Charismen wie die Glossolalie, er kritisiert die mirakulösen hellenistischen „Pneumatika", diese Kräfte der Ekstase und des Wunders: statt dieses weitverbreiteten hellenistischen Ausdruckes gebraucht er bestimmt nicht ohne Absicht meist das Wort „Charismata". Wo er „Pneumatika" braucht (1 Kor 12, 1; 14, 1), weist er auf das unterscheidend Christliche hin. Auch Dämonen, stumme Götzen können mit ihrer Macht Menschen unwiderstehlich anziehen (12, 2). Zeichen und Wunder können auch außerhalb der Kirche geschehen, können auch vom Antichrist vollbracht sein. Neben wahren Propheten wirken Lügenpropheten und neben wahren Aposteln Lügenapostel. Was bedeutet dies? Zeichen und Wunder sind kein eindeutiges Zeichen des Heiligen Geistes, des echten Charismas.

Da es nun einmal verschiedene Geister, verschiedene Geistphänomene gibt, ist eine *„Unterscheidung der Geister"* (1 Kor 12, 10) immer wieder notwendig. Wie aber kann der Geist, der von Gott kommt, erkannt werden? Zwei Kriterien stehen bei Paulus im Vordergrund: das erste grundlegende wird gleich zum Beginn seiner Ausführungen über die Charismen 1 Kor 12, 2 f ausgesprochen: Wer den Geist von Gott hat, der sagt im Bekenntnis ja zu Jesus als dem Herrn! Nur „im Heiligen Geist" vermag der Mensch zu bekennen „Kyrios ist Jesus!" Der Geist, der von Gott kommt, bindet an Jesus und seine Herrschaft. Jesus Christus ist Mitte aller Verkündigung und alles Handelns der Gemeinde. Hier liegt die Unterscheidung des Spezifisch-Christlichen: Wo Jesus – und nicht eine andere Person oder Macht dieser Welt – Herr ist, da ist der Geist von Gott (vgl. 1 Jo 4, 2 f).

Und das zweite Kriterium ist der Dienstcharakter des Charismas: Das echte Charisma ist nicht einfach, wo Wunder ist, sondern wo Dienst ist: verantwortungsbewußter Dienst zur Erbauung, zum Nutzen der Gemeinde. Charisma ist gemeindebezogen. „Jedem aber wird die Offenbarung des Geistes zum Nutzen (der Gemeinde) gegeben" (1 Kor 12, 7). Paulus spricht so denn auch von wenig auffälligen Charismen wie den Charismen des Ermahnens und Tröstens (Röm 12, 8), des Dienens (Röm 12, 7), des Lehrens (Röm 12, 7; 1 Kor 12, 28f), der Weisheitsrede und der Wissenschaft (1 Kor 12, 8), des Glaubens (1 Kor 12, 9), der Unterscheidung der Geister (1 Kor 12, 10), des Helfens und Leitens (1 Kor 12, 28) usw.

Die Charismen sind also keineswegs nur außerordentliche, sie sind vielmehr durchaus alltägliche Erscheinungen im Leben der Kirche. Nach den größeren Charismen sollen wir eifern. Und die größeren Charismen sind gerade nicht die auffälligen wie die Glossolalie, sondern die alltäglichen. „Eifert aber nach den größeren Charismen! Und ich zeige euch einen noch weit trefflicheren Weg", sagt Paulus im Anschluß an seine Charismenaufzählung 1 Kor 12, 31. Und dieser „weit trefflichere Weg", dieses größte und beste aller Charismen ist gerade das unauffälligste, das alleralltäglichste: die *Liebe.* Ohne die Liebe ist auch die Zungenrede und die Prophetie, ist selbst der Glaube, der Verzicht auf alles Eigentum und das Martyrium nichts: „Wenn ich in den Zungen der Menschen und der Engel rede, habe aber die Liebe nicht, so bin ich ein tönendes Erz oder eine klingende Schelle. Und wenn ich die Rede aus Eingebung habe und alle Geheimnisse weiß und alle Erkenntnis, und wenn ich allen Glauben habe, so daß ich Berge versetze, habe aber die Liebe nicht, so bin ich nichts. Und wenn ich alle meine Habe zur Speisung austeile und wenn ich meinen Leib hingebe, damit ich verbrannt werde, habe aber die Liebe nicht, so nützt es mir nichts" (1 Kor 13, 1–3). Dieses Charisma aller Charismen, das alle anderen Charismen reguliert, manifestiert sich unauffällig in den tausend sehr wenig sensationellen Situationen des Alltages und bringt das fertig, wozu der Mensch von Natur aus sich immer wieder als unfähig erweist: „Die Liebe ist langmütig, sie ist gütig; die Liebe eifert nicht, die Liebe prahlt nicht, sie bläht sich nicht auf, sie tut nichts Unschickliches, sie sucht nicht das Ihre, sie läßt sich nicht erbittern, sie rechnet das Böse nicht an; sie freut sich nicht über die Ungerechtigkeit, sie freut sich aber mit der Wahrheit; sie erträgt alles, sie glaubt alles, sie hofft alles, sie erduldet alles. Die Liebe vergeht niemals" (1 Kor 13, 4–8; 14, 1).

Die Konstitution „Über die Kirche" des Vatikanum II spricht ausdrücklich von „Charismen, seien sie sehr auffällig oder aber einfacher und allgemeiner verbreitet". Und zugleich wird mahnend hinzugefügt: „Außerordentliche Gaben aber dürfen nicht unbedacht erstrebt werden, noch dürfen von ihnen vermessen Früchte für die apostolische Tätigkeit erwartet werden." Zugleich wird hervorgehoben, daß die wahren Charismen „für die Erneuerung und den weiteren Aufbau der Kirche bedeutsam" sind (CE 12).

Die Alltäglichkeit der Charismen wird uns noch mehr bewußt werden, wenn wir die verschiedenen Arten des Charismas betrachten.

b) *Einerleiheit oder Mannigfaltigkeit?* Ein zweites Mißverständnis des Charismas wäre es zu meinen, es gäbe nur eine bestimmte Art von Charismen, zum Beispiel die mit irgendeiner Ordination verbundenen. Das in den Pastoralen einzig und mit Nachdruck genannte Charisma, „das in dir ist durch die Handauflegung meiner Hände" (2 Tim 1, 6), „das dir gegeben ist durch Weissagung unter Handauflegung des Presbyteriums" (1 Tim 4, 14), wäre dann das einzige echte Charisma des Geistes. Es gäbe so im Grunde nur in irgendeiner Weise „sakramentales", in irgendeiner Weise institutionalisiertes Charisma statt einer bunten Fülle verschiedenartigster Geistesgaben für verschiedenartigste Dienste.

Daß dies nicht stimmen kann, ergibt sich schon aus der Tatsache, daß in den paulinischen Briefen, wo das Charisma die größte Rolle spielt, die Ordination nach den Texten überhaupt keine Rolle spielt. Paulus liegt alles näher als irgendeine Versakramentalisierung oder Vereinerleiung des Charismas und damit des Geistwirkens. Ganz im Gegenteil ist für ihn das Wirken der Gnade und des Geistes Gottes gekennzeichnet durch Reichtum, Fülle, Vielfalt, Überschwang: „Ihr seid ja in ihm reich geworden in allem . . ., so daß ihr nicht zurücksteht in irgendeinem Charisma . . ." (1 Kor 1, 5. 7); „Wie ihr in allem überreich seid . . ." (2 Kor 8, 7); „Gott aber vermag jede Gnade im Überfluß über euch zu bringen, damit ihr in allem allezeit alles zur Genüge habt . . ." (2 Kor 9, 8).

Man braucht nur die verschiedenen paulinischen Charismentafeln (besonders 1 Kor 12, 28–31; Röm 12, 6–8; vgl. Eph. 4, 11 f) anzusehen, um die Verschiedenartigkeit der Charismen festzustellen. Es lassen sich nach Paulus – neben den bereits genannten Gaben der Glossolalie, der wunderbaren Heilungen und des Exorzismus – besonders folgende *Gattungen* unterscheiden[21].

---

[21] Vgl. *E. Käsemann*, I, 114 f.

1. Charismen der *Verkündigung:* dazu zählen die Funktionen der Apostel, Propheten, Lehrer, Evangelisten, Mahner;

2. Charismen der *Hilfsdienste:* dazu zählen die Funktionen der Diakone und der Diakonissen, der Almosengeber und Krankenpfleger, der im Dienste der Gemeinde stehenden Witwen;

3. Charismen der *Leitung:* Erstlinge, Vorsteher, Episkopen, Hirten.

Aber nicht als ob damit die Vielfalt der Charismen erschöpft wäre! Wenn auch zum Beispiel im direkten Kontext das Wort Charisma fehlt, so zeigt doch 2 Kor 4, 7—12, daß auch das Leiden als Charisma zu betrachten ist (vgl. Kol 1, 24). Im Grunde ist *jede „Berufung"* eine *„Austeilung"* (vgl. 1 Kor 7, 17) des *Charismas* (vgl. Röm 12, 3. 6): „Ein jeder hat sein eigenes *Charisma* von Gott, der eine so, der andere anders . . .; wie der Herr einem jeden *zuteilt,* wie Gott einen jeden *berufen* hat, so wandle er" (1 Kor 7, 7. 17). Charisma ist etwas anderes als Begabung (für Musik, Mathematik), die man „hat" oder nicht hat. Charisma wird verliehen, ausgeteilt, zugeteilt nicht in erster Linie für sich, sondern für die Anderen. So ist Charisma nicht einfach natürliche Begabung, sondern gnädige Berufung, Berufung zum Dienst. Aber gerade in diesem Sinne kann dann auch die natürliche Fähigkeit, ja — so scheint es nach Paulus — auch das Verheiratetsein und das Unverheiratetsein (1 Kor 7, 7), das Beschnittensein und das Unbeschnittensein (1 Kor 7, 18—20), das Freisein und das Knechtsein (1 Kor 7, 20—24) zum Charisma werden: als Berufung zum Dienst. In dieser Perspektive versteht sich leichter, weswegen Paulus in den Charismentafeln ohne weiteres von der Aufzählung des Apostolats und öffentlicher Gemeindefunktionen zu privaten Tugenden übergehen kann (vgl. 1 Kor 12, 28—31; Röm 12, 6—8). Charismen sind vom Geiste Gottes angesprochene, aufgerufene, erweckte, geschaffene Möglichkeiten.

So ist *jede* Gabe des Geistes, welcher Art auch immer, so ist *jede* Berufung ein Charisma. So kann selbst das Essen und Trinken zum Charisma werden: nicht von Natur aus, sondern wenn es „im Herrn" und „für den Herrn" getan wird; wenn man also im Gehorsam gegenüber dem Herrn, wenn man dem Herrn zuliebe ißt oder fastet, Vorschriften hält oder nicht hält, lebt oder stirbt (vgl. Röm 14); wenn es — nach Röm 14, 22f — aus Glauben, aus dem Gewissen heraus geschieht. So wird also der *ganze* Mensch mit all seinen menschlichen Gaben in Dienst genommen und zugleich werden ihm vom Geiste

Gottes neue Gaben geschenkt, erweckt und seinem Leben ein Ziel gegeben.

Die Konstitution „Über die Kirche" hebt hervor, daß die Charismen den einzelnen Christen nach dem freien Willen des gnädigen Gottes zugeteilt werden: „seine Gaben ‚den Einzelnen zuteilend, wie er will' (1 Kor 12, 11)". Gerade so machen die Charismen bereit, die *Vielfalt* der Dienste, auf die die Gemeinde angewiesen ist, zu leisten: durch die Charismen „macht er (der Heilige Geist) sie (die Gläubigen) bereit, die *verschiedenartigen* Werke und Dienste zu übernehmen, die für die Erneuerung und den weiteren Aufbau der Kirche bedeutsam sind". Charismen und Sakramente, zu denen auch die Ordination gehört, werden bewußt unterschieden (CE 12).

Mit der unendlichen Mannigfaltigkeit der Charismen ist ihre allgemeine Verbreitung in der Kirche gegeben.

c) *Nur einzelne oder alle Charismatiker?* Ein drittes Mißverständnis des Charismas wäre es zu meinen, die Charismen seien auf einen bestimmten Personenkreis beschränkt, so daß es einen bestimmten Stand, eine bestimmte Klasse von Charismatikern gäbe. Es ist ja nun gerade nicht so, als ob die unendliche Vielfalt der Charismen in einigen Personen, zum Beispiel den Gemeindeleitern, konzentriert und zentralisiert wäre.

Die Charismen sind, das ist im Grunde bereits aus den bisherigen Ausführungen deutlich geworden, in der Kirche kein limitiertes, sondern ein allgemeines Phänomen. Mit der Alltäglichkeit und der Mannigfaltigkeit der Charismen ist auch ihre Allgemeinheit gegeben.

Eine Beschränkung der Charismen auf die Amtsträger ist nach dem Neuen Testament ganz unmöglich. Hier ist von vorneherein zu beachten, daß Paulus die Frage nach der Einteilung und der Reihenfolge der „Hierarchie" ganz anders beantwortet, als wir dies heute zu tun gewohnt sind. Mit Nachdruck numerierend sagt er: „Und Gott hat erstens die einen in der Kirche zu *Aposteln* bestimmt, zweitens (andere) zu *Propheten,* drittens (noch andere) zu *Lehrern,* dann Wunderkräfte, dann Heilungsgaben, Hilfeleistungen, Leitungsgaben, Arten von Zungenreden. Eifert aber nach den größeren Charismen" (1 Kor 12, 28–31).

In dieser charismatischen Ordnung kommen also zuerst die *Apostel* (welche für Paulus nicht nur die Zwölfe sind: vgl. Röm 16, 7; 1 Kor 9, 5): sie sind die ursprünglichen Zeugen des auferstandenen Herrn, von ihm selbst gesandt und bevollmächtigt zur Verkündigung. An zweiter Stelle kommen – in Eph 2, 20 zusammen mit den Aposteln als Fundament der Kirche bezeichnet – die *Propheten:* sie durchleuchten in freier, verkündender, geistgewirkter Rede den Weg der Gemeinde wie des Einzelnen in Gegenwart und Zukunft; auch sie sind von Gott gesetzt und so bevollmächtigt. An dritter Stelle nennt Paulus die *Lehrer:* sie überliefern und interpretieren die Christusbotschaft, erklären ihre Glaubenssätze und Gebote und legen das Alte Testament im Sinne der jungen Kirche aus; auch sie reden wie die Propheten vom apostolischen Urzeugnis her für Gegenwart und Zukunft der Gemeinde, aber nicht wie diese intuitiv kündigend, sondern mehr theologisch-systematisch entwickelnd.

Die Kirche aber, die die Charismen empfängt, befindet sich in der Zwischensituation des „Noch nicht" und des „Doch schon". Kein Gemeindeglied hat alle Charismen in Fülle. Bei der Aufzählung ist es Paulus daran gelegen – obwohl er weiß, daß sich die Charismen in einem Einzelfall wie bei ihm selber häufen können –, daß keiner alles zu sein beanspruchen darf. Charismatische Ordnung schließt jedes Einmannsystem aus. Der eine hat diese und der andere jene Gabe: „Sind etwa alle Apostel? Sind etwa alle Propheten? Sind etwa alle Lehrer? Haben etwa alle Wunderkräfte? Haben etwa alle Gnadengaben zu Heilungen? Reden etwa alle in Zungen? Legen etwa alle aus?" (1 Kor 12, 29 f)

Daß einer nicht alles sein kann, gilt gerade auch für die Christen mit *Leitungsfunktionen.* Es fällt auf, daß die Leitungsgaben (κυβερνήσεις = Steuermanns-, Lenkungskunst) zusammen mit den Hilfeleistungen nicht an erster, sondern an zweitletzter Stelle genannt werden. Was mit diesen Funktionen inhaltlich gemeint ist, ist schwierig zu bestimmen. Paulus spricht von der Unterordnung gegenüber den „Erstlingen" (die Erstlinge Achaias in Korinth: 1 Kor 16, 15 f; vgl. Röm 16, 5: Erstlinge Asiens). In Phil 1, 1 – vermutlich einem seiner letzten Briefe – begrüßt Paulus bereits „Episkopen und Diakone", über deren Stellung in der Gemeinde wir aber nichts wissen. Aber schon 1 Thess 5, 12 und Röm 12, 8 ist die Rede von „Vorstehern". Ihnen soll, fordert Paulus, Anerkennung und Hochschätzung entgegengebracht werden: „Wir bitten euch aber, ihr Brüder, die anzuerkennen, die sich unter euch abplagen und euch im Herrn vorstehen und euch zurechtweisen, und sie in Liebe hoch und wert zu halten um ihres Werkes willen" (1 Thess 5, 12 f).

Die Leitungsgaben führen jedenfalls in den paulinischen Kirchen keinesfalls zu einer „Führungsschicht", zu einer Aristokratie von

Geistträgern, die sich von der Gemeinde abhebt und sich über sie erhebt, um über sie zu herrschen. Das ganze Neue Testament vermeidet ja für die Gemeindefunktionen geflissentlich die weltlichen Worte für Amt, weil sie alle ein Herrschaftsverhältnis ausdrücken. Statt dessen und im Gegensatz dazu spricht das Neue Testament von „Dienst" (διακονία). Umfassender noch ist für Paulus gerade der Begriff des Charismas (vgl. Röm 12, 6–8), der – wie wir das gleich noch sehen werden – das Wesen aller kirchlichen Dienste und Funktionen theologisch genau umschreibt. Das Charisma kann nicht unter das kirchliche Amt subsumiert werden, aber die kirchlichen Ämter können unter das Charisma subsumiert werden[22].

Damit ist nun aber sehr deutlich geworden: die Charismen sind nicht auf einen bestimmten Personenkreis beschränkt, sondern sind allen und jedem Christen geschenkt. Jeder Christ hat *sein* Charisma! Jeder Christ ist ein Charismatiker: „*Jeder* hat eine eigene Gabe von Gott, der eine so, der andere so" (1 Kor 7, 7); „*jedem* aber wird die Offenbarung des Geistes zum Nutzen (der Gemeinde) gegeben" (1 Kor 12, 7); „wie *jeder* ein Charisma empfangen hat, so dienet einander als gute Haushalter der mannigfaltigen Gnade Gottes" (1 Petr 4, 10).

Der Geist ist nach Apg 2 „über alles Fleisch" ausgegossen. Und wer am Geist Anteil hat, hat auch an des Geistes Gaben Anteil. So ist das Charisma nicht die Auszeichnung einzelner – sei es enthusiastischer, sei es amtsmäßiger – Auserwählter, sondern die Auszeichnung der ganzen Kirche als der Gemeinschaft aller Glaubenden. Wo in einer Kirche, wo in einer Gemeinde nur Amtsträger und nicht alle Gemeindeglieder tätig sind, ist ernsthaft zu fragen, ob hier mit den Charismen nicht auch auf den Geist verzichtet wird.

Die Konstitution „Über die Kirche" betont die Allgemeinheit der Charismenzuteilung: „seine Gaben ‚den Einzelnen zuteilend, wie er will' (1 Kor 12, 11), verteilt er (der Heilige Geist) *unter den Gläubigen jeglichen Standes* auch besondere Gnaden". Und dafür wird ebenfalls das Schriftwort angeführt: „Jedem aber wird die Offenbarung des Geistes zum Nutzen (der Gemeinde) gegeben" (1 Kor 12, 7). Den Satz aber, den die Konstitution auf „jene, die in der Kirche vorstehen" bezieht, sagt Paulus – das ist nach dem Text unzweifelhaft – der ganzen Gemeinde und so jedem einzelnen Christen: „den Geist löschet nicht aus ... Alles aber prüfet, das Gute behaltet!" (1 Thess 5, 19–21) (CE 12.)

---

[22] Vgl. weiter unter E.

d) *Charismatische Gemeinde:* Die Mißverständnisse dürfen nun als geklärt gelten: Die Charismen sind nicht eine primär außerordentliche, sondern eine alltägliche, sind nicht eine einförmige, sondern eine vielförmige, sind nicht eine auf einen bestimmten Personenkreis beschränkte, sondern in der Kirche ganz und gar allgemeine Erscheinung. Und dies alles heißt zugleich: sie sind nicht nur eine damalige (in der Urkirche mögliche und wirkliche), sondern eine höchst gegenwärtige und aktuelle, sind nicht nur eine periphere, sondern eine höchst zentrale und wesenhafte Erscheinung in der Kirche. Man muß in diesem Sinne von einer *charismatischen Struktur der Kirche* reden, welche *die Ämterstruktur umgreift und über sie hinausgreift.* Die theologische wie praktische Tragweite dieser Tatsache kann nicht übersehen werden.

Die fundamentale Bedeutung des Begriffes des Charismas für die paulinische Ekklesiologie wird dadurch unterstrichen, daß er sich — was man kaum von einem anderen Begriff so sicher sagen kann — als ein *spezifisch paulinischer Begriff* erweist[23]. Das griechische Wort hat einerseits keine hebräischen Äquivalente und ist andererseits, obwohl möglich, in vorchristlicher Zeit nicht sicher zu erweisen. Nachdem das Wort außerhalb der paulinischen Tradition in keiner Weise als Fachausdruck gebraucht wurde für Geschenk und Hulderweis, ist Paulus, soviel wir wissen, der erste gewesen, der dieses sehr selten gebrauchte Wort technisch verwendet und in die Theologie eingeführt hat.

Wie kann Charisma nun nach allem, was wir von ihm gehört haben, kurz theologisch umschrieben werden? Charisma in seinem umfassendsten Sinn ist *der an den Einzelnen ergehende Ruf Gottes zu einem bestimmten Dienst in der Gemeinde, der zugleich zu diesem Dienst befähigt.* Wir haben gesehen, wie Charisma, Berufung, Dienst miteinander zusammenhängen und terminologisch zum Teil ineinander übergehen; 1 Kor 12, 4—6 wechseln die „Charismen" mit den „Diensten", Röm 11, 29 und 1 Kor 7, 7. 17 mit der „Berufung". Voraussetzung für die „Dienste" sind die „Charismen", ist die „Berufung".

Versteht man Charisma so und nicht einfach als ein seltsames außerordentliches wunderbares Vermögen, so kann man Charisma auch kurz mit „Gnadengabe" übersetzen (ihm ist diese „Gabe" ge-

[23] Vgl. *E. Käsemann*, I, 109 f.

schenkt, er hat diese „Berufung": auch im weltlichen Bereich sind diese beiden Worte oft beinahe Synonyma). Voraussetzung ist allerdings, daß man das Charisma als „Gnadengabe" nicht autonom werden läßt und es vom Gebenden ablöst. Alle Charismen sind Ausdruck von Gottes Gnadenmacht im Geist. Sie alle beziehen sich auf das eine große Charisma Gottes in der Endzeit, auf das neue Leben, das in Christus uns geschenkt ist: „Das Charisma Gottes aber ist das ewige Leben in Christus Jesus, unserem Herrn!" (Röm 6, 23; vgl. Röm 5, 15 f). In Christi Gnadenfülle ist uns der Reichtum geistlicher Gaben eröffnet (vgl. 1 Kor 12, 4–6; vgl. Eph 4, 8. 11; Jo 1, 16). Möge einer also Apostel, Prophet, Lehrer, Evangelist, Episkope, Diakon sein, möge er trösten, mahnen, vergeben, lieben . . .: es ist alles Gabe in Jesus Christus und verweist so auf den, der dies alles in seiner Person primär und ursprünglich ist und tut. Charismen sind so die Manifestation, Konkretion und Individuation der Charis, von Gottes Gnadenmacht, die uns ergreift, um uns zum Dienen zu führen und uns gerade so unseren individuellen Anteil an der Herrschaft Christi zu geben. Und insofern uns der gegenwärtige Anteil an der Gnade und der Herrschaft Christi im Geist gegeben ist, sind die Charismen als Kraftwirkungen (ἐνεργήματα) „die Offenbarung des Geistes" (1 Kor 12, 6 f): „Alles dies aber wirkt ein und derselbe Geist, der jedem für sich zuteilt, wie er will" (1 Kor 12, 11). Die Charismen sind so reine Geschenke des Geistes und doch darf und soll der Christ zugleich nach den größeren Charismen „eifern" (1 Kor 12, 31), darf und soll er um sie beten (vgl. 1 Kor 14, 13).

Und damit haben wir im Grunde auch schon die Antwort auf die Frage gegeben: Wie kann denn in diesem so ungeheuer vielfältigen Kosmos der Charismen, der die Kirche erfüllt, bei aller Verschiedenheit noch die Einheit, bei aller Freiheit noch die *Ordnung* gewahrt werden? Die grundlegende Antwort muß hier sein: Der Geist schafft die Einheit und schafft die Ordnung: „Es gibt Verschiedenheiten in der Zuteilung von Charismen, doch nur einen und denselben Geist; jedem aber wird die Offenbarung des Geistes zum Nutzen (der Gemeinde) gegeben" (1 Kor 12, 4. 7).

Das heißt für die Menschen, denen die Charismen geschenkt sind: Einheit und Ordnung werden nicht dadurch hergestellt, daß die Verschiedenheiten eingeebnet werden. Nein, es dient gerade der Einheit und der Ordnung, daß jeder *sein* Charisma hat. *Jedem das Seine:* das ist ein grundlegendes Prinzip charismatischer Kirchenordnung. Keiner soll sich über die anderen erheben und sich alles aneignen und unterordnen wollen. Wer jedem das Seine nicht lassen, sondern nehmen will, schafft gerade so nicht Ordnung, sondern Unordnung (1 Kor 12, 12–30). Allerdings hat jeder sein Charisma nicht für sich, sondern für die Anderen. *Miteinander füreinander:* das ist ein zweites Prinzip charismatischer Kirchenordnung. Mehr noch als die „Früchte des Geistes" (Gal 5, 22), die sich vor allem auf die Heiligung des Einzelnen beziehen (Friede, Freude, Geduld, Freundlichkeit, Güte, Treue, Sanftmut, Beständigkeit), sind die Charismen auf die „Erbauung der Kirche" (1 Kor 14, 12) ausgerichtet (vgl. Eph 4, 12 f). Der Christ soll also sein Charisma nicht als Waffe gebrauchen, um sich Positionen und Macht in der Kirche zu erobern, sondern als Gabe für den Dienst an den Anderen und am Ganzen. Deshalb ist die erste Frucht des Geistes (Gal 5, 22) und das höchste der Charismen die Liebe (1 Kor 13); Charisma ruft auf zur Nachfolge des Kreuzes, des Dienens, der Liebe. *Gehorsam dem Herrn:* das ist – wir erinnern uns des Kriteriums zur Unterscheidung der Geister – ein drittes Prinzip charismatischer Kirchenordnung. Dies also bedeutet für den einzelnen Christen die Ordnung in der Kirche: im einen Geist mit dem je eigenen Charisma in Liebe gegenseitiger Dienst im Gehorsam unter dem einen Herrn[24]. Alle Charismen haben den Ursprung im einen und gleichen Geber: Gott selbst durch Christus im Geist. Alle Charismen unterstehen dem einen und selben „Gesetz": der Liebe. Alle Charismen haben das eine und selbe Ziel: die Erbauung der Gemeinde.

Charismatisch bestimmte Kirchenordnung bedeutet also weder Enthusiasmus, der in Willkür und Unordnung ausartet, noch Gesetzlichkeit, die in Gleichordnung und Uniformität erstarrt. Also weder Willkür noch Uniformität, weder Gleichordnung noch Unordnung, sondern Ordnung in Freiheit. „Wo der Geist des Herrn ist, da herrscht Freiheit" (2 Kor 3, 17). Auch die in Anlehnung an die jüdische Synagogalverfassung in der palästinensischen Tradition sich ausbildende Ältestenverfassung, die sich nicht ohne Grund relativ früh bereits auch in den paulinischen Gemeinden durchsetzen konnte (vgl. die Presbyter-Episkopen in Apg und die Ansätze in Phil 1, 1) und das Problem der Apostelnachfolge löste, muß – wenn sie nicht

---

[24] Vgl. *E. Käsemann*, I, 119–121.

zu einem klerikalen Herrschaftssystem degenerieren soll – immer auf dem Hintergrund der fundamentalen charismatischen Struktur der Kirche gesehen werden[25].

Aber auch diese charismatische Grundstruktur hat vorläufigen Charakter. Auch sie steht unter dem „Schon – noch nicht" der eschatologischen Zeit. Auch sie gehört zum „Stückwerk" der Zwischenzeit und wird abgelöst durch die Fülle der Vollendung: „Wenn aber das Vollkommene kommen wird, dann wird das Stückwerk abgetan werden" (1 Kor 13, 10).

Damit dürfte die neutestamentliche Grundlage genügend geklärt sein, um den Haupttext (es gibt zahlreiche andere Hinweise) des Vatikanum II über die Charismen im Zusammenhang anführen und auch richtig verstehen zu können: „Derselbe Heilige Geist heiligt außerdem das Gottesvolk nicht nur durch Sakramente und Dienste, er führt es nicht nur und bereichert es mit Tugenden, sondern ‚teilt den Einzelnen, wie er will' (1 Kor 12, 11), seine Gaben zu und verteilt unter den Gläubigen jeglichen Standes auch besondere Gnaden. Durch diese macht er sie geeignet und bereit, verschiedenartige Werke und Dienste zu übernehmen, die für die Erneuerung und den weiteren Aufbau der Kirche bedeutsam sind, gemäß dem Wort: ‚Jedem wird die Offenbarung des Geistes zum Nutzen gegeben' (1 Kor 12, 7). Solche Charismen, ob sie nun sehr auffällig oder aber einfacher und allgemeiner verbreitet sind, sollen in Dankbarkeit und Freude angenommen werden, da sie den Nöten der Kirche gar sehr angepaßt und nützlich sind. Außerordentliche Gaben aber dürfen nicht unbedacht erstrebt werden. Man darf auch nicht vermessen Früchte für die apostolische Tätigkeit von ihnen erwarten. Das Urteil über ihre Echtheit und ihren geordneten Gebrauch steht bei jenen, die in der Kirche vorstehen und denen es in besonderer Weise zukommt, den Geist nicht auszulöschen, sondern alles zu prüfen und das Gute zu behalten (vgl. 1 Thess 5, 12. 19–21)" (CE 12)[26].

Werden die Charismen der einzelnen Christen ernst genommen, entdeckt, gefördert, zur Entfaltung gebracht: was für eine Dynamik, was für eine Bewegung, was für ein Leben muß in eine solche Gemeinde, muß in eine solche Kirche kommen! „Löschet den Geist nicht aus! Prophetische Reden verachtet nicht!" (1 Thess 5, 19f). Aber der Nachsatz läßt auch schon sichtbar werden, daß das Wirken des Geistes und der geistbewegten Menschen zu Spannungen und Schwierigkeiten führen kann: „Prüfet alles, das Gute behaltet! Mei-

---

25 Vgl. E.

26 Vgl. *Kard. L. Suenens*, Die charismatische Dimension der Kirche, in: Konzilsreden. Hrsg. von Y. Congar, H. Küng und D. O'Hanlon (Einsiedeln 1964) 24–28.

det das Böse in jeder Gestalt!" (5, 21 f). Einem Phänomen, welches in der ganzen Geschichte der Kirche von Anfang an eine große Rolle gespielt hat, müssen wir hier unsere besondere Aufmerksamkeit zuwenden: dem Schwärmertum.

4. Die Kirche und die Schwärmer

Auch in den *johanneischen* Schriften ist der Geist eschatologische Gabe, aber mit einem neuen Akzent. Geist ist hier nicht mehr wie im gemeinchristlichen Gebrauch göttliche Macht zu außerordentlichen Taten noch wie bei Paulus die Kraft und Norm christlicher Existenz. Für Johannes ist der Geist die Kraft der christlichen Verkündigung und Erkenntnis in der Gemeinde. Mag der „Paraklet" der Abschiedsreden (Jo 14, 16 u. ö.) im Sinne jüdischer Tradition als Fürbitter oder im Sinne gnostischer Tradition als Helfer oder Beistand verstanden werden: er ist dies entscheidend als der „Geist der Wahrheit" (14, 17; 15, 26; 16, 13; 1 Jo 4, 6). Was bedeutet dies? Der Geist wirkt, indem er „alles lehrt" (Jo 14, 26), „in die ganze Wahrheit führt" (16, 13), so daß die von ihm Erfüllten „die Wahrheit kennen" (1 Jo 2, 20f) und es „nicht nötig haben, daß jemand sie belehrt" (1 Jo 2, 27). Was Jesus selber noch nicht sagen konnte, das sagt der Geist: „Noch vieles habe ich euch zu sagen, aber ihr könnt es noch nicht tragen. Wenn aber jener kommt, der Geist der Wahrheit, wird er euch in die ganze Wahrheit führen" (Jo 16, 12 f).

Ist es da verwunderlich, daß die Schwärmer aller Zeiten sich mit Vorliebe gerade auf Johannes berufen haben? Aus diesen und ähnlichen johanneischen Worten haben sie abgeleitet, daß der Geist sie eine besondere Wahrheit lehrt, die über das, was Jesus selbst gesagt hat, hinausgeht. Der Geist wirkt in ihnen und offenbart ihnen persönlich die Wahrheit in Unmittelbarkeit. Unmittelbarkeit in doppelter Hinsicht, und dies deutet bereits die in verschiedener Form und Akzentuierung vorgetragene Opposition an: unmittelbar im Gegensatz zu einer Offenbarung, die wesentlich an das *Wort der Schrift* gebunden ist, und unmittelbar im Gegensatz zu einer Geistvermittlung, die durch das *kirchliche Amt* geschehen soll.

Wir verstehen hier den Ausdruck „Schwärmer" nicht im engsten Sinn (im Gegensatz zu reinen Spiritualisten und Täufern), sondern im weiten Sinn. So umfaßt er alle Varianten vom rein spiritualistischen Schwärmertum, für welches das Äußere gleichgültig ist, bis zum sozialrevolutionären Schwärmertum, für welches der Geist sich auch im Äußeren auswirkt. Allen diesen ist gemeinsam, daß sie sich auf das unmittelbare Wirken des Geistes berufen, daß für sie die biblische Botschaft nur bedingt maßgebend ist und daß sie über eine Offenbarung verfügen, die über den Christus des Neuen Testamentes hinausgeht.

Die Schwärmerbewegungen sind so alt wie die Kirche selbst. Schon Paulus war in einem ausgesprochenen Zweifrontenkrieg: nicht nur gegen die jüdische (und hellenistische) Gesetzlichkeit, sondern zugleich gegen das hellenistische (und jüdische) Schwärmertum. Besonders in Korinth hatte er einen schweren Stand gegenüber den auf ihren Geistbesitz pochenden gnostischen Enthusiasten. Und die erste große innere Krise, die die heidenchristlichen Gemeinden im zweiten Jahrhundert zu bewältigen hatten und – mit Hilfe der Glaubensregel, des Schriftkanons und eines verstärkten kirchlichen Amtes – bewältigt haben, ist gerade der christlich-hellenistische *Gnostizismus*, der den christlichen Glauben in die Religionsvermischung hineinziehen und zu einer synkretistischen Mysterienreligion machen wollte: eine höhere, mythologisch-philosophische Erkenntnis, eine die Welträtsel enthüllende Gnosis der Eingeweihten im Gegensatz zur einfachen Pistis der Gemeinde, eine Offenbarung, die sich auf eigene Propheten, eigene heilige Schriften, eigenen Kultus, eigene esoterische Geheimtraditionen und gelehrte theologische Untersuchungen stützte. Aber auch nach diesem ersten Ausbruch des Schwärmertums, der zu einer deutlich wahrnehmbaren Verfestigung von Lehre, Kultus und Verfassung führte, kam es immer wieder erneut zu Durchbrüchen des geistunmittelbaren Schwärmertums. Schon von daher ist deutlich, daß es falsch wäre, das Schwärmertum als ein unbedeutendes Randphänomen kirchlichen Lebens abzutun. Hier ist das Wesen der Kirche selbst in Frage gestellt, gerade weil ihr Verständnis von Geist und Offenbarung in Frage gestellt ist. Es ist deshalb auch für die Gegenwart wichtig, sich über einige typische Durchbrüche des Schwärmertums in Altertum, Mittelalter und Neuzeit – eine Geschichte des Schwärmertums würde unseren Rahmen bei weitem sprengen[27] – Gedanken zu machen.

---

[27] Vgl. neben der unter A I, 1 genannten Lit., neben den die einzelnen Autoren betreffenden Abschnitten aus den kirchen- und dogmengeschichtlichen Hand-

Auf folgende typische Beispiele sei — mehr ist nicht beabsichtigt — hingewiesen:

1. *Im Altertum:* Nach der Ausscheidung des Gnostizismus war die nächste große innerkirchliche Krise der *Montanismus.* Bezeichnend für diese nach der Mitte des 2. Jahrhunderts in Phrygien (Kleinasien) entstandene Bewegung des Montanus (nach Hieronymus ein ehemaliger Priester der Magna Mater) ist der Name, den sie sich selbst gegeben hat: „die neue Prophetie". Nach dem Glauben der Montanisten ist Montanus selbst der „Paraklet", der die höhere, abschließende Offenbarung bringt. Die Orakel der neuen Prophetie verbessern, überbieten die alttestamentliche und neutestamentliche Offenbarungsstufe. Zusammen mit Prophetinnen (Maximilla und Priscilla) wird die verblaßte urchristliche Parusieerwartung schwärmerisch erneuert: in ekstatisch-visionärer Rede wird das baldige Weltende angekündigt. Darauf soll man sich vorbereiten in größter Sittenstrenge: Der asketische Rigorismus des Montanus verschärft die Fastenvorschriften, verbietet die Ehe (später: die zweite Ehe), drängt zum Martyrium.

Die montanistische Schwarmbewegung verbreitete sich rasend rasch überall im römischen Reich und machte der Kirche schwer zu schaffen, besonders nachdem zu Beginn des 3. Jahrhunderts in Karthago der große Tertullian sich ihr angeschlossen hatte. Dabei trat die Naherwartung zugunsten einer verschärften Bußpraxis zurück. Zugleich wurde gegen die Verdrängung der Geistträger als Spender der Sündenvergebung durch das kirchliche Amt angekämpft. Bemerkenswert ist, daß Gegner des Montanismus (die „Aloger") das Johannesevangelium und die Apokalypse als gnostisch entschieden ablehnen zu müssen meinten.

2. *Im Mittelalter:* Die bedeutendste apokalyptisch-prophetische Schwarmbewegung des Mittelalters war der *Joachitismus.* Ihr Begründer war der bedeutende Abt Joachim von Fiore († 1202). Grundlegend für seine apokalyptische Geschichtsdeutung war eine grübelnde historisch-typologische Schrift-

---

büchern und den diesbezügl. Lexikonartikeln bes. folgende allgemeine Werke: *R. A. Knox,* Enthusiasm (Oxford 1951), deutsch: Christliches Schwärmertum (Köln 1957); *W. Maurer,* Luther und die Schwärmer, in: Schriften des Theologischen Konvents Augsburgischen Bekenntnisses Heft 6 (Berlin 1952); *K. G. Steck,* Luther und die Schwärmer (Zollikon - Zürich 1955); Der linke Flügel der Reformation. Glaubenszeugnisse der Täufer, Spiritualisten, Schwärmer und Antitrinitarier. Hrsg von *H. Fast* (Bremen 1962); *H. Grundmann,* Ketzergeschichte des Mittelalters (Göttingen 1963); *A. Hilgenfeld,* Die Ketzergeschichte des Urchristentums, urkundlich dargestellt (Darmstadt 1963; Nachdruck der Ausgabe von 1884); *E. Benz,* Ecclesia spiritualis. Kirchenidee und Geschichtstheologie der franziskanischen Reformation (Darmstadt 1964; Nachdruck der Ausgabe von 1934). — Spezialliteratur: zum *Montanismus: N. Bonwetsch* (1881), *P. de Labriolle* (1913), *W. Schepelern* (1929); zum *Joachitismus: H. Grundmann* (1927; 1950), *H. Bett* (1931), *E. Buonaiuti* (1931), *J. Ch. Huck* (1938), *F. Russo* (1954; 1959); zu *Th. Müntzer: P. Wappler* (1908), *E. Bloch* (1921), *H. Böhmer* (1922), *J. Zimmermann* (1925), *A. Lohmann* (1931), *A. Meusel* (1952), *C. Hinrichs* (1952), *M. S. Smirin* ([2]1956), *W. Elliger* (1960).

auslegung, die durch Zahlenmystik (Siebenzahl, Dreizahl) und Zahlenberechnungen gekennzeichnet war. So entwarf Joachim eine großangelegte Dreizeitalterlehre: auf das alttestamentlich-synagogale Zeitalter des Vaters (Vorherrschen der Verheirateten und Laien) folgte das neutestamentlich-klerikale Zeitalter des Sohnes (Vorherrschen der Priester); diesem soll folgen – berechnet auf das Jahr 1260! – das mönchisch-spirituale Zeitalter des Heiligen Geistes (Vorherrschen der Mönche; Joachim selbst hatte einen Orden gegründet, der bis ins 17. Jahrhundert hinein Bestand hatte). Die Kirche dieses dritten Zeitalters soll nicht mehr die petrinisch-klerikale sein, sondern die johanneische: eine reformierte Geistkirche, der urchristlichen ähnlich. Dann wird das „ewige Evangelium" (Apk 14, 6) verkündet werden und das pneumatische, geistliche Schriftverständnis sich durchsetzen; die Bergpredigt wird eingehalten werden und der Geist der Armut siegen; Kriege wird es nicht mehr geben, die griechische Kirche wird sich mit der lateinischen wieder vereinen und die Juden werden sich bekehren.

Honorius Augustodunensis, Rupert von Deutz und Anselm von Havelberg hatten die Dreizeitalterlehre (und das damit verbundene Siebenerschema) vorbereitet; Gerhohs und Arnos von Reichersberg reformerische Gedanken waren denen des Abtes Joachim ähnlich. Joachim selbst war nicht antihierarchisch ausgerichtet; die traditionelle Kirchenlehre wollte er nur „geistig" verstehen. So stand er bei Päpsten und Königen als Exeget und prophetischer Denker in hohem Ansehen. Kritisch wurde die Lage erst, als die joachitischen Ideen einerseits bei den papstfeindlichen Ghibellinen (für die nun nicht mehr der Kaiser wie bei Joachim, sondern der Papst der Antichrist ist), und anderseits bei der strengeren Richtung des jungen Franziskanerordens Eingang gefunden hatten. Für diese „Spiritualen" wurde das Schrifttum Joachims selbst zum „ewigen Evangelium"; die Päpste schritten gegen sie ein. 1260 kam es in Italien zu einer großen Geißlerwallfahrt; und es entstand die Schwärmergemeinschaft der „Apostelbrüder", die als Kirche der Armen die römische Kirche als die babylonische Hure der Apokalypse ansahen; ihr Stifter Segarelli wurde verbrannt, gegen seine Anhänger ein Kreuzheer ausgesandt. Später folgen dann die Sekten der Amalrikaner und die „Brüder und Schwestern des freien Geistes" und andere in Frankreich und Deutschland. Cola di Rienzo aber wandte sich von der spiritualistischen Endzeiterwartung ab und erstrebte die politische Reformation. Dieser politische Messianismus sollte noch oft Wiederholung finden. Die Auswirkungen des Joachitismus lassen sich bis zum deutschen Idealismus (Philosophie des Geistes, Reich des Geistes, Vorliebe für das Johannesevangelium) und zu den totalitären Systemen des 20. Jahrhunderts verfolgen: die säkularisierte Idee des „Duce" (der novus dux Joachims) und des „Dritten Reiches".

3. *Im Protestantismus:* Die Anfangsjahre der lutherischen Reformation waren von einem gewaltigen Ausbruch des Schwärmertums gekennzeichnet. Mußte sich Luther zunächst gegen Rom wehren, so bald nach der anderen Seite hin nicht weniger gegen die „Rotten und Schwärmer", verkörpert in Gestalten wie A. Karlstadt, Th. Müntzer, C. Schwenckfeld, S. Franck. Gewiß können diese Schwärmer als Fortsetzung des mittelalterlichen Schwärmertums angesehen werden. Aber man sollte nicht leugnen, daß sich gerade bei

dem jungen Luther Konzeptionen fanden, die Weg zum Schwärmertum wurden. Auf Luther berief man sich von Karlstadt bis zu den Antinomern. Das Schwärmertum (und im Zusammenhang damit der Bauernaufstand) zwang Luther, sich nach 1525 immer mehr nach dieser Richtung abzusichern und ursprünglich radikale Positionen zu mäßigen.

Aufschlußreich ist in unserem Zusammenhang die Gestalt von *Thomas Müntzer* († 1525). Wie Luther ein gelehrter Mönch und begeisternder Prediger hatte Müntzer Joachim von Fiore gelesen. Luther selbst hatte ihn 1520 als Pfarrer nach Zwickau empfohlen, wo er unter den Einfluß der „Zwickauer Propheten" geriet. An die Stelle des Bibelwortes setzten diese die unmittelbare Erleuchtung des Heiligen Geistes, an die Stelle der Rechtfertigung durch den Glauben die Erfahrung des Kreuzes, bzw. seelische Qualen. So verdrängte bei Müntzer der Geistglaube (Wort Gottes als innere, übernatürliche Erleuchtung, Visionen und Träume, alles verbunden mit einer phantastischen Schriftauslegung) die lutherische Auffassung der Schriftdeutung. Aus dem Geistglauben und der Kreuzeserfahrung heraus fand Müntzer Sicherheit für sein praktisches und nun bald auch politisches Handeln. 1521 abgesetzt, flieht er nach Böhmen: im „Prager Manifest" betont er die Gaben des lebendigen Geistes; erst dieser läßt den toten Buchstaben der Schrift zum lebendigen Wort werden. Gegen die Kirche der „Pfaffen und Affen" fordert er die Kirche „der auserwählten Freunde Gottes".

Müntzer drängte auf die Verwirklichung seiner Ideen. 1523 nach Deutschland zurückgekehrt stellte er sich sofort in heftigen Gegensatz zu Luther. Nicht die äußere Taufe, die innere nur „in Wasser und Heiligem Geiste" sei notwendig. Nachdem Müntzer die Fürsten für seine Pläne nicht zu gewinnen vermochte, nutzte er die sozialrevolutionären Tendenzen der deutschen Bauernschaft für seine rein religiös-schwärmerischen Ziele. Die letzte Phase der Weltgeschichte, das Zeitalter des Heiligen Geistes war für ihn angebrochen. Mit der Erwartung des baldigen Weltendes verband sich die Hoffnung auf die Errichtung eines Gottesstaates. Luther war gezwungen, an die Fürsten von Sachsen einen „Brief von dem aufrührerischen Geist" zu schreiben. Müntzer gegen Luther: „Schutzrede und Antwort wider das geistlose sanftlebende Fleisch in Wittenberg"! Doch immer mehr verwickelte sich Müntzer in die politischen Wirren. Er hetzte mit seiner Predigt die Bauern zum Krieg, stellte sich als prophetischer Anführer an die Spitze des Heeres. So wurde er gefangen und nach grausamer Folterung hingerichtet.

Nur auf gewaltsame Weise ist Luther mit dem Schwärmertum fertig geworden, das sich auf ihn selbst berief. Zu breit war die gemeinsame Basis: die vom Geist geführte individuelle Schriftauslegung, die bestimmte Interpretation des allgemeinen Priestertums, die Abwertung des Sakramentalen und des kirchlichen Amtes. Die Schwärmer radikalisierten Luthers Ansätze – mit Berufung auf den freien Heiligen Geist!

Es ist kein Zweifel, daß das Schwärmertum faktisch weitgehend über Luther gesiegt hat. Zu den genannten Schwärmern kamen ja schon im 16. Jahrhundert zahllose andere hinzu: die beinahe unübersehbare Gruppe der „Täufer", die ausgehend von Zürich sich rasch bis nach Mähren und den Niederlanden (Mennoniten) ausbreiteten: sie beriefen sich auf das „innere

Licht", die eigene prophetische Erleuchtung, und lehnten die Kindertaufe ab; sie wurden zuerst als aufrührerische Sekten, aber auch noch als friedliche Gemeinden von Protestanten wie Katholiken blutig verfolgt und weisen Tausende von Märtyrern auf; dann die mystisch-spekulativen Spiritualisten wie Sebastian Franck (später Valentin Weigel, Giordano Bruno und Jacob Böhme) und die Sekten der Familisten und Schwenckfeldianer (vertrieben, später in Pennsylvanien); schließlich die radikalen religiösen Strömungen, besonders die Antitrinitarier (Michael Servet, unter Calvin lebendig verbrannt, und die Sozinianer). – Das Weiterwirken und Neuaufbrechen schwärmerischer Bewegungen kann hier nicht weiter verfolgt werden. Zu nennen wären: der radikale Pietismus in Deutschland, der kongregationalistische Independentismus, die Baptisten und Quäker sowie später die Irvingianer und die Plymouth-Brüder in England, schließlich die verschiedenen Revivals in den Vereinigten Staaten bis hin zu den Mormonen und Adventisten. Manche von den verschiedenen Sekten konnten sich sehr zahlreiche Anhänger erwerben. Nicht uninteressant ist in unserem Zusammenhang das Schwärmertum der „Pfingstbewegung", die von den Vereinigten Staaten ausging, wo 1906 „das Feuer Gottes" auf eine Versammlung von Gläubigen in Los Angeles fiel. Der von seltsamen Phänomenen und Zungenrede begleitete Geistempfang erregte weite Aufmerksamkeit. Bald sah man diese Geisttaufe nach dem Rechtfertigungserlebnis und der Heiligung als das dritte, das höchste Werk des Geistes an. Die Pfingstbewegung zählt heute viele Hunderttausende sehr aktiver Anhänger in Nordamerika, Südamerika und Europa.

Die Frage, die heute auch in der evangelischen Theologie diskutiert wird, soll hier wenigstens angemerkt werden: „Wie kommt es aber, daß das Schwärmertum über Luther faktisch gesiegt hat? Vielleicht ist daran zu einem erheblichen Teil die Art und Weise schuld, wie man den Kampf gegen die römische Kirche geführt hat. Es sind im Kampf gegen Rom wesentliche Sachverhalte deshalb nicht ernst genommen worden, weil sie in der römisch-katholischen Kirche vorhanden sind. Dabei wird die Kirche anfällig für das Entgegengesetzte, und wir merken nicht, wie wir umzingelt sind." So wurde in einem lutherischen Theologenkonvent ausgeführt im Anschluß an das Referat von W. Maurer über „Luther und die Schwärmer" [27a].

4. *Im nachtridentinischen Katholizismus:* Das eben Dargelegte dürfte nicht zum Irrtum verleiten, als ob es Schwärmertum nur im protestantischen Raum gäbe. Wie schon in Altertum und Mittelalter, so gab es auch im nachtridentinischen Katholizismus Schwärmer. Das spezifisch katholische Schwärmertum hat gewiß eine andere Gestalt als das protestantische: es erscheint als mehr in der Kirche domestiziert und von daher als weniger gefährlich. Aber auch hier appelliert man an eine höhere Offenbarung, eine neue Prophetie, etwas, das früher noch nicht ertragen werden konnte, jetzt aber geoffenbart wurde: eine besondere Offenbarung, welche über die von Christus gebrachte hinausgeht. So fanden denn in diesen schwärmerischen Kreisen die Berichte

[27a] A. a. O. 89.

und Bücher über neue „Offenbarungen", „Erscheinungen", „Wunder" sehr viel mehr Interesse und Gehör als die ursprüngliche christliche Botschaft, wie sie in der Heiligen Schrift bezeugt ist. Zwischen diesen beiden Phänomenen besteht eine Interdependenz: Je mehr die Schrift zurücktrat, um so mehr drangen die neuen Offenbarungen vor, und je mehr die neuen Offenbarungen vordrangen, um so mehr wurde die Schrift zurückgedrängt. Daß diese Entwicklung, die schon im Mittelalter vielfach zum Durchbruch gekommen war, durch die – vom Vatikanum II glücklicherweise korrigierte – polemische Haltung der gegenreformatorischen Theologie sowie durch die (bis ins 19. Jahrhundert hinein immer wieder erneuerten) Verbote der Bibellesung in der Volkssprache gefördert wurde, sei nur am Rand vermerkt.

Wichtiger für unseren Zusammenhang ist: Hinter den neuen Offenbarungen trat nicht nur die Bibel, das Evangelium zurück, sondern zugleich auch der, der das Evangelium verkündet hat, der in der Bibel bezeugt wird. Es ist auffällig, daß Christus selbst in allen diesen „Offenbarungen", „Erscheinungen" und „Wundern" nur selten erschien. Er trat zurück hinter den „Heiligen", manchmal auch einfach hinter irgendeinem neuen Ordensstifter oder der Stifterin einer neuen Kongregation. So hatte diese Spielart des Schwärmertums gar nicht mehr nötig, sich zu seiner Rechtfertigung auf den Heiligen Geist zu berufen. Für die neue, unmittelbare Offenbarung genügte es, sich auf einen heiligen Menschen zu berufen, der als der neue „Paraklet" in die neue Wahrheit einführt und das sagt, was man vordem nicht zu tragen vermochte.

Es geht hier keineswegs darum, die Wahrheit mystischer Erlebnisse, wunderbarer Erfahrungen, geheimnisvoller Einsichten zu bestreiten. Problematisch wird dies alles für die Kirche jedoch dann, wenn es 1. nicht nur für die betroffenen Einzelnen, sondern für die Kirche Verbindlichkeit beansprucht, 2. wenn es der ursprünglichen Offenbarung in Christus faktisch gleichwertig an die Seite gestellt und praktisch sehr oft übergeordnet wird. Wie viele Katholiken gab es doch in der nachtridentinischen Zeit, die jeder neuen „Offenbarung" – oft war es Einbildung oder gar Betrug – nachliefen, die große Bücher über neue Verheißungen lasen und in religiöser Sensationsgier auf die neuesten Wunderberichte aus waren, die aber in ihrem ganzen Leben nicht einmal die ganze Heilige Schrift von vorn bis hinten durchgelesen hatten! Wie viele Katholiken der nachtridentinischen Zeit gab es auch, die an allen möglichen Gebeten, Novenen und Andachten zu irgendeinem Heiligen sehr viel mehr Geschmack fanden als an der Teilnahme am eucharistischen Mahl und für die Christus als der einzige Mittler zwischen Gott und *allen* Menschen faktisch abgedankt hatte! Bei allem oft höchst bewundernswerten apostolischen Eifer und Einsatz drohte jedoch eine höchst gefährliche (weil vielfach unbemerkte und gutgläubige) Dezentralisierung und Paganisierung des christlichen Glaubens.

Dies wird noch deutlicher, wenn wir der Verwandtschaft des nachtridentinischen Schwärmertums mit den übrigen Formen des Schwärmertums kurz nachgehen. Nur auf wenige Parallelen sei hingewiesen: (1) Wie der *Montanismus* waren auch nachtridentinische Schwärmer sehr oft von apokalyptischen Vorstellungen bestimmt (Prophezeiungen des baldigen Weltendes, eines großen Krieges, einer apokalyptischen Katastrophe oder der Bekehrung Rußlands), durch welche – ein Grund ihres oft verblüffenden Erfolges – die Frommen sowohl geängstigt wie zugleich angezogen und fasziniert wurden. Wie die Montanisten so erhoben auch manche nachtridentinische Schwärmer ausgesprochen rigoristische Moralforderungen: Verurteilung der Welt schlechthin und Gebot außerordentlicher äußerer Bußwerke unter Androhung von Strafen. Wie im Montanismus waren auch im nachtridentinischen Schwärmertum Prophetinnen am Werk, die besonders als weissagende Offenbarungsträgerinnen sich betätigten. – (2) Wie im *Joachitismus* wurde im nachtridentinischen Schwärmertum, besonders wenn dieses auch in die Theologie eingebrochen war, eine willkürliche typologisch-allegorische Schriftauslegung angewandt; Altes und Neues Testament mußten oft für verstiegene Spekulationen herhalten. Wo der Text das Gewünschte nicht hergab, berief man sich auf den Heiligen Geist, der mehr hineingelegt habe und das jetzt offenbare, was man ursprünglich nicht zu tragen vermochte. Wie im Joachitismus wurde oft mit Zahlenmystik und Vorausberechnungen operiert: Wichtige Ereignisse geschahen oft am 13. des Monats; vieles geschieht oder muß drei, sieben, zwölf oder dreißig Male – ohne Unterbrechung nacheinander – geschehen. Wie im Joachitismus wurde auch oft eine neue Kongregation für notwendig erachtet, um diese Ideen zu verbreiten, wobei – anders als bei den großen traditionellen Orden – oft eine Spezialität der Frömmigkeit (Bild, Andacht, Medaille) ebenso wichtig war wie das in der Schrift bezeugte Wort Gottes. – (3) Wie im *protestantischen Schwärmertum* finden wir auch im nachtridentinischen Schwärmertum eine Vernachlässigung des Schriftwortes, aber auch – wie bei Müntzer – eine Vernachlässigung der Taufe: Eine bestimmte „Weihe" an einen Heiligen, auf welche Prädikate der Taufe vielfach übertragen wurden, oder auch ein Ordensgelübde, bei welcher der in der Taufe gegebene Name aufgegeben wurde, hat oft im Bewußtsein des Einzelnen die Bedeutung der Taufe in den Schatten gestellt. Wie im protestantischen so war auch im nachtridentinischen Schwärmertum das Verhältnis zum kirchlichen Amt problematisch: Zwar konnte man vielfach in „Kirchentreue" nicht genug tun und verketzerte diejenigen, die von einer bestimmten „Offenbarung" oder einem bestimmten religiösen „Heilmittel" nichts hielten, als „unkirchlich". Aber sobald das kirchliche Amt sich einmal in die entgegengesetzte Richtung bewegte – zum Beispiel im Vatikanum II –, dann wurde diese oberflächliche „Kirchentreue" zutiefst erschüttert und schlug in zahlreichen Fällen ins Gegenteil um. Man vergaß dann sehr rasch den vielzitierten Gehorsam und berief sich gegen Konzil und Papst auf bestimmte Verheißungen und Frömmigkeitsformen. Während manche kritisch eingestellte Katholiken sich ihrer Kirche gegenüber auch in schwierigen Zeiten loyal verhielten, haben diese Schwärmer öfters dann die Loyalität aufgekündigt, wenn sich das kirchliche Amt zum ersten Mal gegen sie entschieden hatte.

Wie soll dem Schwärmertum begegnet werden? Die erste Antwort ist die: *nicht durch negative Bekämpfung.* Warum? (1) Negative Bekämpfung hat im allgemeinen keinen Erfolg. Schwärmer können wohl dezimiert, aber kaum ausgerottet werden, auch nicht gewaltsam. Dies mußte Konstantin erfahren, als er sich mit Gesetzeserlassen gegen die Montanisten durchsetzen wollte, wie auch Augustin, der mit seinem „Compelle intrare" (Lk 14, 23!) gegen die Sekten die Staatsgewalt anrief. Ebenso Innozenz III., der gegen die Albigenser greuelvolle Kriege und Inquisition unterstützte, wie Alexander IV., der eine Anzahl joachitischer Minoriten mit lebenslänglicher Klosterhaft bestrafte. Ebenso Luther und Calvin, die für Schwärmer die Todesstrafe forderten, wie Paul III., der gegen die evangelischen Strömungen in Italien die Inquisition erneuerte. — (2) Negative Bekämpfung führt zur Sektenbildung: Schwärmerische Gruppen innerhalb der Kirche fühlen sich, wenn negativ gegen sie vorgegangen wird, erst recht unverstanden und ausgestoßen; sie kapseln sich ab und igeln sich ein; ihre Probleme aber werden nicht gelöst. — (3) Negative Bekämpfung übersieht die positive Herausforderung: Schwärmerische Ausbrüche sind immer Zeichen einer Krise, einer Krise meist der schriftgebundenen Lehre oder aber der kirchlichen Ordnung. Der Montanismus und viele altkirchliche Sekten wandten sich mit Recht gegen das Verblassen der eschatologischen Erwartung und gegen die fortschreitende Verweltlichung in der alten Kirche. Der Joachitismus und viele mittelalterliche Schwarmbewegungen protestierten mit Recht gegen eine ungeistig gewordene, verpolitisierte und verinstitutionalisierte Machtkirche. Das reformatorische Schwärmertum wandte sich mit Recht nicht nur gegen die Veräußerlichung, den Sakramentalismus und Ritualismus der mittelalterlichen Kirche, sondern zugleich gegen die Verquickung der reformatorischen Kirchen mit dem jeweiligen politischen System, mit den Kräften der sozialen Reaktion, mit dem „Establishment". Das nachtridentinische Schwärmertum schließlich wies direkt und indirekt auf schwere Mängel und Fehlentwicklungen in der mittelalterlichen und nachtridentinischen Kirche hin: Zu oft seltsamen neuen Andachten und Frömmigkeitsformen kam es, weil die offizielle Liturgie der Kirche erstarrt, unlebendig und unverständlich geworden war. Zur Überbewertung von neuen Offenbarungen kam es, weil die Heilige Schrift in Theologie und Verkündigung in einem erschreckenden Ausmaß vernachlässigt war. Zu merkwürdigen Erscheinungsformen des Charismatischen kam es, weil kirchliches Leben und kirchliche Ordnung in einer ungewöhnlichen Weise verfestigt waren. — Ist es in all diesen Fällen mit negativer Kritik getan? Das Wirken des Geistes mag – wie in Korinth – manchmal wenig sympathische Nebenerscheinungen haben: hat man aber das Recht, den Geist zu löschen, wenn man dagegen nur den Buchstaben setzen kann? Hier hilft nur: die Herausforderung des Schwärmertums annehmen und das Gute besser machen.

Wie soll dem Schwärmertum begegnet werden? Die zweite Antwort muß demnach sein: *durch Konzentration auf das Evangelium Jesu Christi.* Statt negativ zu polemisieren, muß das Evangelium, das *ganze* Evangelium positiv verkündigt und gelebt werden. So sollen die vom Evangelium gedeckten Forderungen der Schwärmer energisch aufgenommen und verwirklicht werden. Zugleich soll ihnen auf diese Weise – wenn sie nicht aus anderen (psychologischen, soziologischen, politischen) Gründen daran gehindert werden – von selbst aufgehen, daß das ganze Evangelium unendlich reicher, tiefer und höher ist denn alles, was als „neue Offenbarung" und „höhere Weisheit" angeboten wird; daß nichts von dem, was da später von falschen oder auch wahren Propheten und Prophetinnen verkündet wurde, das an Höhe und Tiefe, Kraft und Trost übertrifft, was Jesus selbst verkündet und getan und die Gemeinde ursprünglich bezeugt und gelebt hat; daß so alle neue Offenbarung – falls und insoweit sie wahr sein sollte – bestenfalls eine mehr oder weniger gelungene Bestätigung und Bekräftigung jenes Evangeliums sein kann, welches selbst das Evangelium aeternum ist; daß unser Heil schließlich allein in Jesus Christus, dem gekreuzigten und auferstandenen Herrn, und in keinem anderen Menschen zu finden ist, daß er allein „*der* Weg, *die* Wahrheit und *das* Leben" ist (Jo 14, 6) und er allein den Heiligen Geist zu schenken vermag, der nun einmal sein eigener Geist ist.

Wie blaß erscheint doch das, was da oft als „Offenbarung" irgendeines frommen Menschen ausgegeben wird, gegenüber dem einen Evangelium des Johannes vom geoffenbarten Logos! Wie uninteressant sind doch alle wunderbaren Erscheinungsberichte gegenüber irgendeinem Paulusbrief! Wie leer doch alle sensationellen Prophezeiungen und Verheißungen gegenüber den unbegreiflichen Verheißungen der Bergpredigt! Kann man da Menschen nicht verstehen, die mit all diesem Sekundären wenig anzufangen wissen und die entscheidend nur an dieser einen Offenbarung, Erscheinung, Wundertat interessiert sind, die Gott „ein für allemal" in Jesus Christus Ereignis werden ließ?

Der Heilige Geist ist bei aller Freiheit, in der er weht, wo und wann er will, kein wild schwärmerischer Geist, sondern der Geist, der an das definitive eschatologische Heilsereignis in Jesus Christus gebunden ist. Gerade dies wird im Johannesevangelium in unübertrefflicher Konzentration deutlich gemacht: Der Geist ist an das Offenbarungswort Jesu Christi gebunden[28]. Manche andere Aspekte des Pneumas fehlen bei Johannes (der Bezug zur Auferstehung und Leiblichkeit, die Charismen), andere treten stark zurück (der Bezug zur Taufe, zur Kirche). Aber dafür tritt dieses eine unübersehbar in das Zentrum: der Zusammenhang von Geist und Wort. Der Geist erscheint als die Macht der christlichen Verkündigung, die zur Erkenntnis Jesu als des Erlösers und so zur Erkenntnis des lebendigen Gottes führt. Der Geist also ist die Kraft, über die der Mensch selber nicht verfügen kann, die aber den Menschen das erkennen läßt, was er aus sich selber nie erkennen kann: daß ihm hier wirklich Gott selbst begegnet. Im Zeugnis des Geistes bezeugt sich Gott selbst (vgl. 1 Jo 5, 6–12). Nur durch den Geist wirkt das Wort Leben (Jo 6, 63; 3, 6): Was das Fleisch, das Irdische nicht schafft, das schafft der Geist durch das Wort: Glaube, Wiedergeburt, ewiges Leben. Der Geist ist nicht einfach mit Jesus identisch; er kommt ja zur Gemeinde als solcher erst, nachdem Jesus gegangen ist (16, 7; 7, 39), und er wird bei den Glaubenden bleiben als der „andere Paraklet" (14, 16). Aber gerade indem der Paraklet Jesus nach seinem Weggehen vertritt, kommt in Wahrheit Jesus selbst zu den Seinen (16, 12–24).

In der Verkündigung wird die Erkenntnis, die der Geist schenkt, neu lebendig; in der Verkündigung wird die Offenbarung des Geistes neu Ereignis: Der Geist wird „von mir zeugen; aber auch ihr seid Zeugen"! (15, 26 f). Aber damit ist nun auch deutlich geworden, daß der Geist auch und gerade nach Johannes nie der Deus ex machina ist, der das rechtfertigt, was sich vom ursprünglichen Offenbarungswort her nicht rechtfertigen läßt. Gerade das Wort vom Geist, der die Kirche in die ganze Wahrheit einführt, das Wort also, aus welchem am meisten für die Schwarmgeisterei in Lehre und Leben abgeleitet wurde, zeigt unmißverständlich, daß Geist und Wort Jesu

---

[28] Vgl. unter den neueren Kommentaren zum Johannesevangelium: *C. K. Barrett, R. Bultmann, E. C. Hoskyns, R. H. Lightfoot, R. Schnackenburg, H. Strathmann, M. C. Tenney* sowie die betr. Abschnitte der ntl. Theologien. Allgemeine Lit. zum bibl. Geistverständnis unter C II, 2. Zum Geistverständnis des Jo s. bes. *R. Bultmann*, Theologie des NT, 440–445 (Lit.); *E. Schweizer*, ThW VI 436–443 (Lit.).

zusammengehören (Jo 16, 12f). Nach zwei Seiten hin ist dieses Wort gegen Mißverständnisse in der Kirche abzuschirmen, nicht nur gegen modernistische Schwärmer, sondern auch gegen traditionalistische Orthodoxe. Dieses Wort wurde ja auch mißbraucht von solchen, die meinten, mit Berufung auf den Heiligen Geist, der die Kirche sicher führt, alles träge beim alten lassen zu können, dann allerdings mißbraucht auch von denen, die umgekehrt meinten, mit Berufung auf denselben Geist alle Neuheit in der Kirche als Offenbarung des Geistes ansehen und akzeptieren zu dürfen. Die ersten wie die zweiten verstehen das Wort anders, als es gemeint ist.

Die ersten, die traditionalistischen „Orthodoxen", die mit Berufung auf den Geist in der Kirche alles Gewordene verteidigen, übersehen die Sätze, die jenem einen Satz vom Geist, der in die ganze Wahrheit einführt, *vorausgehen:* daß nämlich der Geist immer wieder kommt, um „die Welt (und es ist hier die böse, sündige, gottfremde Welt gemeint) zu überführen in bezug auf Sünde, Gerechtigkeit und Gericht" (16, 8). Die Welt, ja, aber auch die Kirche, die in dieser Welt ist und die nur zu oft als verweltlichte Kirche erscheint. Auch der verweltlichten Kirche muß der Geist immer wieder neu die Schuld aufdecken. Er muß ihr die Augen öffnen über Sünde, Gerechtigkeit und Gericht! Über die Sünde, die zutiefst Unglauben gegenüber Jesus Christus ist. Über die Gerechtigkeit, die in der Überwindung der gottfeindlichen Welt durch Jesus besteht. Über das Gericht, das in Tod und Auferstehung Christi bereits über die gottfeindliche Welt ergangen ist. Darin zeigt der Geist seine Freiheit.

Immer wieder hat auch die Kirche — und das sind wir alle — allen Grund zu fragen, ob sie dem Glauben an Jesus Christus entspricht, ob sie von seiner Gerechtigkeit her lebt, ob sie mit dem ergangenen Gericht rechnet. Immer wieder hat die Kirche allen Grund zum Sündenbekenntnis, zur Besinnung und zu neuer besserer Treue: zum neuen „Bleiben in ihm" (15, 4).

Die Kirche, die glaubt an den freien Geist Christi, der sie immer wieder in die Wahrheit einführt, weiß, daß sie der Geist immer wieder gerade auch vor ihre eigene Sünde, vor die Gerechtigkeit Christi und vor das Gericht stellt. Sie weiß, daß der Geist sie gerade so wieder zu neuem Glauben an Christus, zu einer größeren Treue zum Evangelium, zu einem ernsteren Leben nach seiner Botschaft fordert. In diesem Sinne darf es die Kirche unter dem Geist nun gerade nie einfach beim alten bleiben lassen, sondern muß sie immer wieder alles neu werden lassen in diesem Geist, der das Angesicht der Erde und auch der Kirche erneuert, der der Geist dessen ist, von dem es heißt: „Siehe, ich mache alles neu!" (Apk 21, 5).

Das Wort vom Geist, der die Kirche in alle Wahrheit einführt, wird aber falsch verstanden nicht nur von denen, die meinen, mit der Berufung auf den Geist, der in alle Wahrheit einführt, alles beim alten lassen zu können, sondern auch von den anderen, die meinen, mit Berufung auf denselben Geist alle Neuheit in der Kirche als Wahrheit des Geistes annehmen zu können. Solche in welcher Weise auch immer modernistische *Schwärmer* übersehen die Sätze, die jenem einen Satz vom Geist, der in die ganze Wahrheit einführt, *nachfolgen:* daß nämlich der Geist „nicht von sich aus reden wird, sondern was er hört, wird er reden, und das Zukünftige wird er euch verkündigen. Er wird mich verherrlichen; denn aus dem Meinigen wird er es nehmen und euch verkündigen. Alles, was der Vater hat, ist mein; deshalb habe ich gesagt, daß er es aus dem Meinigen nimmt und euch verkündigen wird" (Jo 16, 13–15).

Was der freie Geist Gottes also der Kirche zu sagen hat, sind nicht irgendwelche *neue* Offenbarungen, *neue* Lehren, *neue* Verheißungen, die überbietend oder auch nur ergänzend etwas hinzufügten zu dem, was Jesus selbst gesagt hat. Es heißt vom Geiste nicht, er werde in *neue* Wahrheiten, sondern er werde in die *ganze* Wahrheit führen. Dies ist ja die Grundüberzeugung des Evangelisten: Jesu Wort ist das absolut entscheidende Wort, das über Leben und Tod entscheidet: „Nie hat ein Mensch so geredet, wie dieser Mensch redet", entschuldigen sich die Knechte bei den Hohenpriestern, als sie Jesus nicht gefangen genommen hatten (Jo 7, 46). Hier spricht nicht einer der alttestamentlichen Propheten, deren Worte *jeweils* neu vom Geist inspiriert werden, sondern hier spricht einer, der *ständig* aus der Einheit mit Gott heraus redet und handelt! Kein Prophet hat absolute Bedeutung: Propheten folgen aufeinander, einer dem anderen. Auf Jesus aber folgt kein neuer Offenbarer: in ihm ist ein für allemal die Offenbarung Gottes der Welt gegeben.

Diese Offenbarung ist gewiß unerschöpflich. Aber was an neuen Erkenntnissen der Kirche geschenkt wird durch den Geist, das ist nicht eine Ergänzung oder Überbietung dessen, was Christus als Offenbarer gesagt hat. Es ist nur Erinnerung an das, was Jesus gesagt hat: der Geist wird an das „erinnern", was Jesus gesagt hat (14, 26); er wird nicht „von sich aus" reden, sondern nur sagen, was er „gehört" hat (16, 13); er wird „aus dem Meinigen nehmen" (16, 14); er wird von Jesus „zeugen" (15, 26), wird Jesus „verherrlichen" (16, 14). *Mehr* als Jesus kann der Geist auch nicht sagen; denn so spricht Jesus bei seinem Abschied: „*Alles,* was ich von meinem Vater gehört habe, das habe ich euch kundgetan" (15, 15).

Der Geist wird also *nicht neue* Offenbarung schenken, wohl aber wird er alles, was Jesus gesagt und getan hat, durch die Verkündigung seiner Zeugen immer wieder *in neuem Licht* geoffenbart sein lassen. Den Geist braucht es nicht, weil Jesu Lehre quantitativ nicht vollständig wäre, sondern weil Jesu Lehre qualitativ immer wieder neu durch die Verkündigung Offenbarung werden muß. Offenbarung ist ja kein abgeschlossenes Lehrsystem, ist auch keine abgeschlossene Geschichte, sondern muß durch den Geist immer wieder neu Wirklichkeit, Ereignis werden: nicht nur „ich habe ... kundgetan", sondern zugleich: „ich werde ... kundtun, damit die Liebe, mit der du mich geliebt hast, in ihnen sei und ich in ihnen" (17, 26). Was würde es uns sagen, wenn die Offenbarung eine Art Florilegium von Sprüchen Jesu wäre, die zur Erbauung immer wieder neu vorgelesen und erklärt werden müßten? Offenbarung muß stets neu den Glaubenden herausfordern, innerlich ergreifen, Glauben finden nicht nur als Menschenwort, sondern als Gotteswort. Und gerade dies kann nur geschehen durch das Zeugnis des Geistes selbst, der nicht sensationelle Neuigkeiten, eine höhere Offenbarung bringt, sondern der in seiner unverfügbaren Macht an Jesu Worte „erinnert", damit sie stets neu im Glauben ergriffen werden. So bleibt Gottes Offenbarung als Jesu Wort die gleiche. Aber als die gleiche wird sie durch den Geist stets wieder neu lebendig für den Hörenden und Glaubenden.

Ein Schwärmertum, das sich über Jesu Wort hinweg auf den „Geist" berufen will, wird sich vielleicht auf irgendeinen Geist, aber bestimmt nicht auf Jesu Christi Geist berufen können. Deshalb ist wie schon von Paulus so auch von Johannes der Einzelne wie die *ganze* Gemeinde aufgefordert, die Geister zu prüfen: „Geliebte, glaubet nicht jedem Geist, sondern prüfet die Geister, ob sie von Gott stammen; denn viele falsche Propheten sind in die Welt ausgegangen. Daran erkennt ihr den Geist Gottes: Jeder Geist, der bekennt, daß Jesus Christus im Fleisch gekommen ist, stammt von Gott. Und jeder Geist, der Jesus zunichte macht, stammt nicht von Gott, und das ist der Geist des Antichrists, von dessen Kommen ihr gehört habt, und jetzt ist er schon in der Welt" (1 Jo 4, 1–3).

Der Geist ist an das Wort gebunden. Das muß allem Schwärmertum entgegengehalten werden. Aber der Geist ist nicht auf das Wort reduziert. Das muß dem Schwärmertum zugestanden werden. Eine Kirche, die die Bindung an das Wort aufgibt und sich allein an den Geist halten will, verfällt dem Schwärmertum: der Schwarm-Geisterei. Aber auch umgekehrt: Eine Kirche, die sich nur an das Wort halten will und dabei den Geist auf das Wort reduzieren will, verfällt ebenfalls dem Schwärmertum: der Wort-Schwärmerei. Und wie der Geist isoliert ein Mythos werden kann, so kann auch das Wort isoliert zum Mythos werden. Das Neue Testament kennt keine exklusive Einspurigkeit: Mit dem Sohn gibt es den Geist, mit dem Glauben die Liebe, mit der Rechtfertigung die Heiligung, mit der Verkündigung die tätige Hilfe, mit dem Wort das Bild oder – und darauf kommt es uns nun an – mit dem Wort das Sakrament. Wir sprachen von der Kirche als Ekklesia, als Gottesvolk, als Geistesgeschöpf: überall mußten wir Taufe und Herrenmahl nennen. Ohne Taufe und Herrenmahl keine Kirche! Aber was bisher nur obenhin genannt wurde, muß nun zwar kurz, aber doch etwas gründlicher zur Sprache kommen. Damit eröffnet sich uns zugleich eine neue Perspektive: Kirche ist nicht nur Gottesvolk, nicht nur Geistesgeschöpf, sie ist – und damit reden wir von nichts anderem, aber doch vom selben anders – Christusleib.

III. KIRCHE ALS CHRISTUSLEIB

1. Eingegliedert durch die Taufe

Keine Kirche ohne Taufe[29]? Kann man das historisch gesehen sagen, wenn man bedenkt, daß Jesus selber und nach den Berichten der synoptischen Evangelien (anders Jo 4, 2) auch die Jünger vor Ostern nicht getauft haben, daß aber auch der Taufbefehl des österlichen Herrn nach vielen Exegeten historisch nichts Verifizierbares

[29] Zur Lehre von der *Taufe:* Neben den betr. Lexikonartikeln (bes. LThK: bes. *R. Schnackenburg, B. Neunheuser;* RGG: bes. *E. Dinkler, F. H. Kettler, E. Sommerlath, W. Kreck;* EKL: *M. Barth, W. Andersen, W. Kreck;* ThW I: *A. Oepke*), den bibl.

liefert: daß Mk 16, 15 f zum Nachtragskapitel gehört, Jo 3, 5 unsicher bezeugt ist und der Matthäus-Schluß gerade in seiner trinitarischen Form auch nach bedeutenden katholischen Exegeten (J. Schmid, R. Schnackenburg, A. Vögtle) auf eine Gemeindeüberlieferung, bzw. Gemeindepraxis zurückgeht? Ist es nicht verwunderlich, daß sonst im ganzen apostolischen Zeitalter jede Berufung auf eine Stiftung der Taufe durch Jesus fehlt?

Aber mit diesen Feststellungen ist die historische Frage keineswegs erledigt. Denn auch kritische Exegeten wie Bultmann sind heute der Meinung, daß es in der Kirche – anders als man es früher zum Teil vermutete – gerade keine tauflose Anfangszeit gab. Von einer solchen ist jedenfalls nichts bekannt. Offenkundig hat man in der Urgemeinde sehr bald nach Ostern zu taufen begonnen. Zwar wird von der Taufe der Apostel selbst kaum etwas Zuverlässiges berichtet, wenn wir davon absehen, daß mehrere Jünger Jesu die Johannestaufe empfangen haben und daß andere, insbesondere Paulus (Apg 9, 18; vgl. 1 Kor 12, 13), im Anschluß an ihre Bekehrung getauft wurden. Aber gerade das Zeugnis des Paulus liefert uns eine kostbare Auskunft. Im Frühjahr 56 oder 55 oder sogar 54 – dies steht mit größter Wahrscheinlichkeit fest – schrieb Paulus aus Ephesus (1 Kor

---

Theologien und den Lehrbüchern der Dogmatik und Dogmengeschichte s. unter den neueren Monographien: *H. G. Marsh*, The Origin and Significance of the NT Baptism (Manchester 1941); *F. J. Leenhardt*, Le baptême chrétien (Neuchâtel 1946); *K. Barth*, Die kirchliche Lehre von der Taufe (München 1947); *O. Cullmann*, Die Tauflehre des NT (Zürich 1948); *W. F. Flemington*, The NT Doctrine of Baptism (London 1948); *R. Schnackenburg*, Das Heilsgeschehen bei der Taufe nach dem Apostel Paulus (München 1950); *P. Brunner*, Die evangelisch-lutherische Lehre von der Taufe (Berlin 1951); *J. Beckmann*, Die Heilsnotwendigkeit der Taufe (Stuttgart 1951); *G. W. H. Lampe*, The Seal of the Spirit (London 1951); *F. Gruenagel* (Hrsg.), Was ist Taufe? (Stuttgart 1951); *M. Barth*, Die Taufe – ein Sakrament? (Zollikon-Zürich 1951); *J. Schneider*, Die Taufe im NT (Stuttgart 1952); *A. Benoît*, Le baptême chrétien au 2e siècle des Pères (Paris 1953); *H. Schlier*, Die Zeit der Kirche (Freiburg i. Br. ⁴1966) 47–56, 107–129; *B. Neunheuser*, Taufe und Firmung (Freiburg i. Br. 1956); *J. Jeremias*, Die Kindertaufe in den ersten 4 Jhh. (Göttingen 1958); Nochmals: Die Anfänge der Kindertaufe (München 1962); *A. Stenzel*, Die Taufe. Eine genetische Erklärung der Taufliturgie (Innsbruck 1958); *A. Gilmore* (Hrsg.), Christian baptism. A Fresh Attempt to Understand the Rite in Terms of Scripture, History and Theology (London 1959); *P.-Th. Camelot*, Spiritualité du baptême (Paris 1960); *H. Mentz*, Taufe und Kirche in ihrem ursprünglichen Zusammenhang (München 1960); *E. Käsemann*, Exegetische Versuche und Besinnungen I (Tübingen 1960) 34–51; *G. Delling*, Die Zueignung des Heils in der Taufe (Berlin 1961); Die Taufe im NT (Berlin 1963); *K. Aland*, Die Säuglingstaufe im NT und in der alten Kirche (München 1961; ²1963); *G. R. Beasley-Murray*, Baptism in the NT (London 1962).

16, 8) an die Gemeinde von Korinth: „Denn wir sind durch *einen* Geist alle zu *einem* Leib *getauft worden* (ἐβαπτίσθημεν), wir seien Juden oder Griechen, Knechte oder Freie, und sind alle mit *einem* Geist getränkt worden" (1 Kor 12, 13). Dieses Zeugnis führt biographisch etwa in das Jahr 33 nach Christus, also in die Zeit unmittelbar nach dem Tode Jesu zurück! Bestätigt wird uns die Angabe in Röm 6, 3 (geschrieben vermutlich in Korinth, im Frühjahr 56 oder 57): „Oder wißt ihr nicht, daß wir alle, die wir auf Christus getauft wurden, auf seinen Tod getauft worden sind?" Aber wie soll dann die Schwierigkeit gelöst werden: auf der einen Seite kein historisch verifizierbarer Taufbefehl Jesu, auf der anderen Seite trotzdem keine tauflose Anfangszeit der Kirche? Wie kam es zur Taufe?

Die Wurzeln der christlichen Taufe liegen nach allen bisherigen Angaben jedenfalls nicht im hellenistischen, sondern im jüdischen Bereich. Die Evangelien selbst weisen auf das Vorbild hin: die Johannestaufe! Ist es nicht schon für die Johannestaufe charakteristisch, daß sie geprägt ist von der eschatologischen Erwartung, daß sie Aufruf zur Umkehr ist, daß sie durch den Täufer und nicht durch den Täufling geschieht, daß sie nur einmal und nicht wiederholt vollzogen wird, daß sie nicht zur Begründung einer Sekte, sondern für das *ganze* Volk gefordert wird? Mußte von daher nicht die junge geisterfüllte Gemeinde Christi sich selbst verstehen als die, in der die eschatologische Erwartung des Johannes von einem Kommen des Messias und der Herstellung eines reinen Gottesvolkes in Erfüllung gegangen ist?

Neben diesen deutlichen Parallelen zur Johannestaufe verblaßt die Parallelität zu den sühnenden Tauchbädern der Qumrangemeinde. Nicht nur weil die Verbindung zwischen Johannes und der Sekte am Toten Meer nach wie vor nicht einwandfrei erwiesen wurde, sondern vor allem weil in Qumran die Selbsttaufe (und zwar wiederholt in esoterischer Ausschließlichkeit) aus mehr ritueller als eschatologischer Grundhaltung heraus geübt wurde. Auch die Parallelen zur jüdischen Proselytentaufe sind verhältnismäßig schwach: Nicht nur weil diese vor dem Jahre 80 nach Christus nicht sicher bezeugt (wenn auch durchaus möglich) ist, sondern vor allem weil der eschatologische Charakter bei dieser Taufe fehlt und statt dessen der rechtlich-rituelle Charakter der Aufnahme in die Gemeinde im Mittelpunkt steht. Höchstens sekundär könnte die Proselytentaufe auf die Gestaltung der Taufe Einfluß gehabt haben, die aufs Ganze gesehen eine durchaus originale Schöpfung des Johannes sein dürfte, der nicht umsonst den Beinamen „der Täufer" erhalten hatte.

Diese Bezeichnung wurde anscheinend für den Vorläufer gebildet und ausschließlich für ihn verwendet. Das Hauptwort τὸ βάπτισμα ist auf den christlichen Sprachgebrauch beschränkt. Das Verb βαπτίζειν (im Profangriechischen „wiederholt untertauchen") hat nur im Neuen Testament den technischen Sinn von taufen. Das naheliegende ὁ βαπτισμός aber wird nur für rituelle Waschungen gebraucht. So wird schon durch die sehr eigenwillige Wortwahl auf die Besonderheit dieses Taufgeschehens hingewiesen.

Daß Jesus durch Johannes getauft wurde (Mk 1, 9—11 par), wird auch von der kritischen Exegese im allgemeinen zugegeben. Was bedeutet dies für das Taufverständnis? Sehr viel: daß nämlich Jesus das prophetische Wirken des Johannes bejaht hat. Er selber nimmt den eschatologischen Bußruf des Täufers auf und radikalisiert ihn durch seine Predigt von der hereinbrechenden Gottesherrschaft und der Forderung des glaubenden Sichunterstellens unter Gottes Willen. Die Gemeinde ist so davon überzeugt, daß Jesus zu dieser „Taufe der Umkehr zur Vergebung der Sünden" (Mk 1, 4) ja sagte, indem er ihr sich selber unterzog und zudem den göttlichen Auftrag des Täufers bestätigte (vgl. Mk 11, 27—33), der durch dieses Zeichen der Umkehr und der Sündenvergebung den willigen Menschen für das neue Gottesvolk zeichnet. Im Johannesevangelium wird dies so ausgedrückt, daß Jesus selbst oder wenigstens seine Jünger tauften (3, 22; 4, 2).

Die Gemeinde kann also taufen in Erinnerung nicht nur an die Johannestaufe, sondern auch an Jesus selbst, der die Johannestaufe bejaht und auf sich genommen hat. Aber durch Ostern hat diese Taufe einen ganz neuen Sinn bekommen: Jesus ist nun der auferstandene Messias und Herr, dem gegenüber das Tun des Täufers nur noch als vorläufige Wegbereitung erscheinen kann. Das eschatologische Heil ist ja jetzt durch Jesu Tod und Auferstehung Wirklichkeit geworden. Und wenn jetzt Taufe auch gewiß noch immer „Taufe der Umkehr zur Vergebung der Sünden" bleibt, bekommt sie doch einen ganz neuen Sinn dadurch, daß „Gott ihn (Jesus) zum Herrn und Messias gemacht hat" (Apg 2, 36). Muß nun Umkehren nicht heißen: zu *ihm* sich kehren? Bedeutet nun Sündenvergebung nicht, daß *er* dazu die Vollmacht hat? Hat Gott nicht durch *ihn* das verheißene Heil geschenkt, die neue eschatologische Heilsgemeinde geschaffen, den Heiligen Geist verliehen?

So wird nun „auf den Namen Jesu" getauft, wie die Apostelgeschichte (2, 38; 8, 16; 10, 48) und Paulus (1 Kor 1, 13–15; Gal 3, 27; Röm 6, 3) übereinstimmend berichten. Darin unterscheidet sich die Taufe der christlichen Gemeinde von ihren Vorstufen in Proselyten-, Qumran- und Johannestaufe wie ihren Entsprechungen in den außerbiblischen Religionen. Was heißt „auf den Namen Jesu"? „Name" ist in diesem Zusammenhang ein Rechtsbegriff, der Autorität und Rechtsbereich meint. Wird der Name über dem Täufling genannt, so wird dieser Jesus zugeeignet, dem auferstandenen Herrn übereignet, unter seine Herrschaft und unter seinen Schutz gestellt. Er wird Eigentum des auferstandenen Herrn und erhält damit Teil an ihm, seinem Leben, seinem Geist, seinem Sohnverhältnis zu Gott. In diesem Sinne ist die nur Mt 28, 19 bezeugte trinitarische Formel die Weiterentwicklung des Gehaltes der christologischen Formel.

So ist die Taufe – wie immer es um die Historizität des Taufbefehles stehen mag – alles andere als ein Phantasieprodukt, eine freie Erfindung oder auch nur ein Willkürakt der Gemeinde. Diese ist vielmehr des Glaubens, daß sie – selbst wenn keine bestimmte Weisung vorgelegen haben sollte – den Willen ihres Herrn erfüllt, indem sie tauft in Erinnerung an das von Jesus bejahte Tun des Täufers Johannes, in Erinnerung an Jesu Taufe selbst, in Antwort nicht nur auf bestimmte Auftragsworte, sondern auf Jesu Verkündigung als ganze, welche zu Umkehr und Glauben aufruft und Sündenvergebung und Heil verheißt. So tauft die Gemeinde im Sinne ihres Herrn, in Erfüllung seines Willens, in Antwort auf sein Wort. Und so tauft sie in seinem Namen, in seiner Autorität, in seinem Auftrag. So ist die Gemeinde von ihrem Herrn zur Taufe ermächtigt. Und in der Mitte des Taufgeschehens steht „sein Name", in den hinein „getaucht", auf den hin „getauft" wird. In ihm ist die Gottesherrschaft angebrochen, in ihm der Ruf zur radikalen Glaubensentscheidung für Gott und seine Herrschaft ergangen, in ihm ist der Mensch gegen alle Gesetzlichkeit zur Erfüllung seines Willens in der Liebe Gottes und des Nächsten herausgefordert worden. In ihm ist so Gottes Herrschaft, Gottes Forderung, Gottes Wille, Gottes Wort und dadurch Gott selbst auf den Plan getreten. Dies ist denn auch der Sinn der trinitarischen Taufformel: Die Taufe geschieht auf den Namen und im Namen dessen, in dem Gott selbst durch den Geist bei uns ist.

So wird der Mensch in das eschatologische Heilsgeschehen hineingenommen, bzw. er begibt sich selbst ins Heilsgeschehen hinein. Wie das verkündigte Wort so vergegenwärtigt das sichtbare Zeichen für den Glaubenden das Heilsgeschehen; dieses sichtbare Zeichen wird ja selbst wesentlich durch das verkündigte und zugesprochene Wort konstituiert, in welchem der glaubende Mensch (nicht ein zu „konsekrierendes" Wasser) angesprochen wird: Taufe ist kein stummes Zeichen, sondern ein Wort-Zeichen, nicht eine magisch-sakrale Handlung, sondern eine Glauben fordernde Verkündigungshandlung. Die Taufe wurde vermutlich am Anfang nur durch Untertauchen gespendet. Dadurch wurde bildhaft real zum Ausdruck gebracht, was die Taufe ursprünglich besagt: ein in Buße übernommenes Bad der Reinigung von der Sündenschuld als unerläßliche Bedingung für den Eintritt in die heilige Gemeinde der Endzeit und in die Gemeinschaft mit ihrem Herrn. „Und es ist in keinem anderen Heil; denn es ist auch kein anderer Name unter dem Himmel für die Menschen gegeben, durch den wir gerettet werden sollen" (Apg 4, 12). „Wer glaubt und sich taufen ließ, wird gerettet werden; wer nicht glaubt, wird verurteilt werden" (Mk 16, 16).

Aber daraus wird nun zugleich deutlich: die Taufe aus sich allein nützt nichts. Taufe und Metanoia, Taufe und Glaube gehören zusammen. Der Glaube begründet zwar nicht einfach die Taufe; Taufe ist mehr als nur Glaubens- und Bekenntniszeichen, welches nur den Glauben bestätigt. Aber auch umgekehrt: Die Taufe begründet nicht einfach den Glauben; der Glaube ist nicht einfach selbstverständliches Ergebnis oder automatische Frucht der Taufe. Weder das erste noch das zweite entspricht dem neutestamentlichen Befund. Und der eigentliche Grund ist der: Weder der Glaube noch die Taufe haben ihren Grund in sich selbst, sondern Glaube und Taufe haben ihren Grund in der Heilstat Gottes in Christus. Das eschatologische Heilsgeschehen umgreift und begründet beides. Gerade von diesem ihrem Grund her sind dann beide aufeinander bezogen: Die Taufe kommt vom Glauben her, und der Glaube führt auf Taufe hin. Oder genauer formuliert: Einerseits ist der *Glaube* als Akt der radikalen Hingabe des Menschen und des vertrauensvollen Ergreifens der Gnade die *Bedingung* der Taufe. Für das Taufgeschehen wird vom Menschen dieser Akt der vollen persönlichen Hingabe an Gott und des Ergreifens seiner Gnade gefordert und durch Gottes Gnade selbst ermöglicht. Andererseits ist die *Taufe* als Sichtbarmachung und Bezeugung des Glaubens wie als Verbürgung und Vergegenwärtigung von Gottes rechtfertigender Gnade die *Konsequenz* des Glaubens. Vom Menschen her gesehen ist die Taufe der individuelle, geistig-leibliche, sichtbare Ausdruck der Umkehr und des Vertrauens, der Hingabe und des Bekenntnisses; so ist sie die Sichtbarmachung und Bezeugung des Glaubens vor der Gemeinde für den Eintritt in die Gemeinde. Von Gott her gesehen ist die Taufe das sichtbare, gerade diesem individuellen Menschen geltende Gnadenzeichen und die dem glaubenden Menschen verkündete und geschenkte Verbürgung und Vergegenwärtigung von Gottes rechtfertigender Gnade.

Für das christliche Taufverständnis ist somit wesentlich, daß Taufe nicht nur Tat des Menschen ist, zu der sich der Mensch selbst als zu seinem Akte des Glaubens und des Bekenntnisses entschließen muß, sondern zugleich Tat Gottes. Der Glaubende tauft sich nicht selbst, sondern läßt die Taufe an sich geschehen. Und so geschieht ihm nach dem Zeugnis des Neuen Testamentes gerade dies, was er selber nicht wirken, was er nur von Gottes Gnade mit leeren, aber offenen Händen, eben im Glauben, empfangen kann: die Vergebung der Sünden, die Versiegelung mit dem Eigentumsmal des Namens Jesu, die Verleihung des Geistes. Dabei hat gerade Paulus darauf geachtet, daß der Taufe keine magische Wirkung zugeschrieben wird, als ob sie etwa das Heil garantieren könnte. „Darum wer zu stehen meint, der sehe zu, daß er nicht falle" (1 Kor 10, 12), so warnt Paulus die korinthischen Enthusiasten mit dem Hinweis auf die Wüstengeneration, die in Wolke und Meer auf Moses getauft wurde und doch verlorenging (10, 1–11).

Woher der ebenfalls von Paulus ausgesprochene Gedanke, daß die Taufe Teilnahme an Tod und Auferstehung Christi besagt, kommt, ist umstritten. In der hellenistischen Welt brauchte die Taufe nur als Initiationsritus der Gemeinde ernst genommen zu werden, um sie in Parallele zu den hellenistischen Initiationsriten als ein Mitsterben und Mitauferstehen mit der Gottheit verstehen zu können. Doch wird heute wieder mehr der alttestamentlich-jüdische Hintergrund dieser Vorstellung beachtet. In neuer und tieferer Weise wird so die Taufe jedenfalls mit dem eschatologischen Heilsereignis des Todes und der Auferstehung Christi in Beziehung gebracht: „Oder wißt ihr nicht, daß wir alle, die wir auf Christus Jesus getauft wurden, auf seinen Tod getauft worden sind? Wir sind also durch die Taufe auf seinen Tod mit ihm begraben worden, damit, wie Christus durch die Herrlichkeit des Vaters von den Toten auferweckt worden ist, so auch wir in einem neuen Leben wandeln. Denn wenn wir mit der Ähnlichkeit seines Todes verwachsen sind, so werden wir es auch mit der seiner Auferstehung sein, indem wir das erkennen, daß unser alter Mensch mitgekreuzigt worden ist, damit der Leib der Sünde kraftlos gemacht werde, auf daß wir nicht mehr der Sünde dienen" (Röm 6, 3–6). Auf diese Weise konnte das neue Leben nicht nur als zukünftig, sondern als schon gegenwärtig verstanden werden: die Taufe ist ja die Vergegenwärtigung des Heilsgeschehens in Christus. Das Zukünftige ist damit bereits verpflichtende Gegenwart: „So haltet euch selbst für tot der Sünde gegenüber, für Gott aber lebend in Christus Jesus, unserem Herrn" (Röm 6, 11). Wer in Christus ist, der ist schon jetzt „eine neue Schöpfung" (2 Kor 5, 17). Und die Taufe kann deshalb in der paulinischen Tradition (Tit 3, 5; vgl. 1 Petr 1, 3. 23) wie in der johanneischen (Jo 3, 3–5) als Wiedergeburt verstanden werden. So ist christliche Existenz in neuer Weise bestimmt durch das ein für alle Male (Röm 6, 10) geschehene Heilsereignis des Todes und der Auferstehung Christi. Gerade aus der Teilhabe an Tod und Auferstehung Christi heraus ist aber die getaufte Existenz nicht in einer festen Zuständlichkeit, sondern in Bewegung auf ihr Ziel, die eigene Auferweckung hin (vgl. Phil 3, 10–14).

Doch die Taufe ist nie nur ein individueller Akt, der allein zwischen Christus und dem Täufling spielt. Der Glaubende tauft sich nicht selbst, er wird getauft von der Gemeinde, und er wird getauft für die Gemeinde. Indem der Glaubende getauft wird, wird er der Gemeinde eingegliedert: Dadurch, daß dem Täufling die Sünden vergeben werden, wird er aufgenommen in die Gemeinschaft der Heiligen; dadurch, daß er mit dem Eigentumsmal des Namens Jesu versiegelt wird, wird er zum Glied der Eigentumsgemeinde bestimmt; dadurch, daß ihm der Geist verliehen wird, wird er als lebendiger Stein dem Geistesbau der Gemeinde eingefügt; dadurch, daß er an Tod und Auferstehung Christi teilhat, wird er der österlichen Gemeinschaft der Glaubenden und Liebenden einverleibt. So bedeutet Taufe Aufnahme in die Gemeinde; die Taufe ist seminarium Ecclesiae. Zur Taufe gehört deshalb das öffentliche Glaubensbekenntnis; das Glaubensbekenntnis ist aus dem Taufritus herausgewachsen, ist ursprünglich Taufsymbolon.

Daß die Gemeindegliedschaft des Glaubenden durch die Taufe begründet wird, besagt: der Eintritt in die Gemeinde ist nicht zu verstehen als Beitritt zu einer Vereinigung, den der Mensch allein aus eigenem Entschluß, etwa kraft seines Glaubens, vollziehen könnte. In die Gemeinde wird man auch nicht einfach hineingeboren; man wird nicht Gemeindeglied wie man normalerweise Staatsbürger wird. Gewiß soll sich der Mensch im Glauben zum Eintritt in die Gemeinde frei entschließen (oder im Fall der Kindertaufe seine Aufnahme in die Gemeinde nachträglich in irgendeiner Weise in bewußtem Glauben ratifizieren). Aber des Menschen Tun ist nur möglich als Antwort auf Gottes Berufung. Wer willig zur Taufe kommt, ist von Gottes Gnade gezogen und getragen. So macht sich der Glaubende nicht selbst zum Glied der Gemeinde, sondern er wird zum Glied gemacht. Dies wird durch die Taufe ausgedrückt: Die Menschen müssen die Gemeinde nicht erst durch ihre eigenen Kräfte schaffen; sie können sie nur deshalb erbauen, weil sie schon da ist. Andererseits drückt das „sichtbare" Wort der Taufe unverwechselbar aus, daß das Geschehen der Gnade gerade diesen und keinen anderen Menschen trifft, daß so die Gliedschaft gerade ihm und keinem anderen geschenkt ist. Das Getauftsein ist so nicht nur Bedingung, sondern zugleich Bürgschaft für das Eingefügtsein in die Kirche. Der Mensch ist nun der Einsamkeit seines Ichs entrissen und hat in der Gemeinde eine Heimat gefunden. Aufgrund dieses Zeichens darf er dieser Gliedschaft gewiß sein, sich ihrer freuen. Durch das Zeichen des Wassers wird ihm das Wort der Gnade bestätigt, die an ihm geschieht. So radikal wird der Mensch durch die Taufe geprägt, daß sie schon immer nur einmal gespendet wurde. Der Getaufte kann die Taufe nicht widerrufen, aufheben oder rückgängig machen. Er kann sich nur zur Taufe bekennen oder aber sie verleugnen. Auch der aus der Kirche Ausgetretene behält ein fortdauerndes, allerdings verkehrtes Verhältnis zur Kirche bei. Kehrt er zurück, braucht er nicht neu getauft zu werden. Dieselbe Taufe, die Grund seiner Gewißheit ist, Glied der Kirche zu sein, ist dann auch Grund dafür, daß er wieder aufgenommen wird.

Doch Paulus vertieft den Gedanken der Eingliederung in die Kirche durch die Taufe in einer für ihn charakteristischen Weise, wie sich dies bereits im Galaterbrief ankündigt. Hier führt Paulus aus, wie die Herrschaft des Gesetzes durch Christus und den Glauben an ihn beendet wurde (3, 1–25). Was bedeutet dies für die Glaubenden? Alle, die durch den Glauben an Jesus Christus Söhne Gottes geworden sind (3,26), haben in der Taufe Christus angezogen: „Denn ihr alle, die ihr auf Christus getauft wurdet, habt Christus angezogen" (3, 27). Und dies bedeutet für die Gemeinde die beglückende Erfahrung einer neuen Gemeinschaft, in der alle natürlichen Unterschiede ihre Geltung verlieren: „Da ist nicht Jude noch Grieche, da ist nicht Sklave noch Freier, da ist nicht Mann und Frau; denn ihr alle seid einer in Christus Jesus" (3, 28). Läßt sich die Verbundenheit, ja die Einheit der Getauften noch stärker ausdrücken als durch dieses „Einer in Christus Jesus"? Von Leib ist hier nicht die Rede, aber werden wir nicht unmittelbar an eine ähnliche Stelle ebenfalls im Zusammenhang mit der Taufe erinnert, wo es verdeutlicht heißt: „Denn auch wir sind in *einem* Geist alle zu *einem Leib* getauft worden, ob Juden oder Griechen, Sklaven oder Freie, und sind alle mit einem Geist getränkt worden" (1 Kor 12, 13)?

„Gottes Sohn hat in der mit sich geeinten Menschennatur durch seinen Tod und seine Auferstehung den Tod besiegt, den Menschen erlöst und ihn umgestaltet zu einem neuen Geschöpf (vgl. Gal 6, 15; 2 Kor 5, 17). Indem er nämlich Anteil gab an seinem Geist, hat er seine Brüder, die er aus allen Völkern zusammenrief, in geheimnisvoller Weise gleichsam zu seinem *Leib* gemacht. – In jenem Leibe strömt Christi Leben auf die Gläubigen über, die durch die Sakramente auf verborgene und doch wirkliche Weise dem leidenden und verherrlichten Christus geeint werden. Durch die *Taufe* werden wir ja Christus gleichgestaltet: Denn in einem Geist sind wir alle getauft in einen Leib hinein (1 Kor 12, 13). Durch diesen heiligen Ritus wird die Vereinigung mit Tod und Auferstehung Christi dargestellt und verwirklicht: Wir sind nämlich durch die Taufe auf seinen Tod begraben worden; wenn wir aber mit der Ähnlichkeit seines Todes verwachsen sind, so werden wir es auch mit der seiner Auferstehung sein (Röm 6, 4–5)" (CE 7).

Was ist es denn um diese Auffassung von der Gemeinde, von der Kirche als Leib, welche den Hintergrund gerade des paulinischen Taufverständnisses ausmacht?

2. *Geeint in der Mahlgemeinschaft*

Keine Kirche ohne Herrenmahl?[30] Ist es denn so sicher, daß es schon seit dem Anfang eine Wiederholung des letzten Mahles Jesu mit seinen Jüngern gab? Es sei hier zunächst auf das hohe Alter der

---

[30] Zur Lehre vom *Herrenmahl:* Neben den betr. Lexikonartikeln (bes. LThK: *H. Schürmann,* Abendmahl, Einsetzungsbericht; *J. Betz,* Eucharistie; RGG: *E. Schweizer - H. Grass - E. Sommerlath - W. Kreck,* Abendmahl; EKL: *W. Marxsen -*

Abendmahlsüberlieferung hingewiesen, welche vier Varianten aufweist: 1 Kor 11, 23—25; Mk 14, 22—25; Mt 26, 26—29; Lk 22, 15—20. Abgesehen davon, daß die Mt-Stelle deutlich als Redaktion des Mk-

---

W. Pannenberg, Abendmahl), den bibl. Theologien und den Lehrbüchern der Dogmatik und Dogmengeschichte unter den neueren Monographien: *E. Gaugler*, Das Abendmahl im NT (Basel 1943); *O. Cullmann*, Urchristentum und Gottesdienst (Zürich 1944); La foi et le culte dans l'Église primitive (Neuchâtel 1963); *G. Söhngen*, Das sakramentale Wesen des Meßopfers (Essen 1946); *F. J. Leenhardt*, Le sacrement de la sainte Cène (Neuchâtel 1948); Ceci est mon corps (Neuchâtel 1955); *W. Marxsen*, Die Einsetzungsberichte zum Abendmahl (Diss. Kiel 1949); Das Abendmahl als christologisches Problem (Gütersloh [2]1965); *H. de Lubac*, Corpus mysticum. Eucharistie et l'Église au Moyen âge (Paris [2]1949); *K. Rahner*, Die vielen Messen und das eine Opfer (Freiburg 1951); *ders.*, Schriften zur Theologie IV (Einsiedeln - Köln 1960) 312—397; *A. J. B. Higgins*, The Lord's Supper (London 1952); *H. Schürmann*, Der Paschamahlbericht Lk 22, 7—18 (Münster 1953); Der Einsetzungsbericht Lk 22, 19—20 (Münster 1955); Jesu Abschiedsrede Lk 22, 21—38 (Münster 1957); *E. L. Mascall*, Corpus Christi (London 1953); *H. Lessig*, Die Abendmahlsprobleme im Lichte der ntl. Forschung seit 1900 (Diss. Bonn 1953); *F. Heiler*, Das Sakrament der kirchl. Einheit (Basel 1954); *R. Erni - H. Haag* u. a., Das Opfer der Kirche. Exegetische, dogmatische und pastoraltheol. Studien zum Verständnis der Messe (Luzern 1954); *A. Tamborini*, L'eucaristia (Mailand 1954); *J. Betz*, Die Eucharistie in der Zeit der griechischen Väter (Freiburg i. Br. 1955 ff); *E. Bizer - W. Kreck*, Die Abendmahlslehre in den reformatorischen Bekenntnisschriften (München 1955); *A. Piolanti*, Il mistero eucaristico (Florenz 1955); *N. Moccia*, L'istituzione della S. Eucaristia secondo il metodo della storia delle forme (Neapel 1955); *H. C. Schmidt-Lauber*, Die Eucharistie als Entfaltung der Verba Testamenti (Kassel 1957); *R. Koch*, Erbe und Auftrag. Das Abendmahlsgespräch in der Theologie des 20. Jhs. (München 1957); *A. Piolanti* (Hrsg.), Eucaristia (Rom 1958); *G. Bornkamm*, Studien zu Antike und Urchristentum II (München 1959) 138—176; *M. Thurian*, L'Eucharistie (Neuchâtel 1959); *H. Schillebeeckx*, Christus, Sacrament van de Godsontmoeting (Bilthoven [3]1959); *P. Neuenzeit*, Das Herrenmahl. Studien zur paulin. Eucharistieauffassung (München 1960); *B. Neunheuser* (Hrsg.), Opfer Christi und Opfer der Kirche (Düsseldorf 1960); *J. Jeremias*, Die Abendmahlsworte Jesu (Göttingen [3]1960); *E. Käsemann*, Exegetische Versuche und Besinnungen I (1960) 11—34; Pro Mundi Vita. Festschrift zum Eucharistischen Weltkongreß 1960. Hrsg. von der Theologischen Fakultät der Ludwig-Maximilians-Universität München (München 1960); *P. Meinhold - E. Iserloh*, Abendmahl und Opfer (Stuttgart 1960); *M. Schmaus* (Hrsg.), Aktuelle Fragen zur Eucharistie (München 1960); *D. C. Fandal*, The Essence of the Eucharistic Sacrifice (River Forest, Ill. 1961); *G. Sola*, Tractatus dogmaticus de eucharistia (Barcelona 1961); *H. U. von Balthasar*, Sponsa Verbi (Einsiedeln 1961) 502—524; *Th. Sartory* (Hrsg.), Die Eucharistie im Verständnis der Konfessionen (Recklinghausen 1961); *E. Schweizer*, Neotestamentica (Zürich 1963) 344—369; *V. Vajta* (Hrsg.), Kirche und Abendmahl (Berlin 1963); *J. Galot*, Eucharistie vivante (Brügge 1963); *J.-M. R. Tillard*, L'eucharistie, pâques de l'Église (Paris 1964); *A. Winklhofer*, Eucharistie als Osterfeier (Frankfurt 1964); *W. L. Boelens*, Die Arnoldshainer Abendmahlsthesen. Die Suche nach einem Abendmahlskonsens in der Evangelischen Kirche in Deutschland 1947—1957 und eine Würdigung aus katholischer Sicht (Assen 1964); *O. Koch*, Gegenwart oder Vergegenwärtigung Christi im Abendmahl (München 1965).

Berichtes erscheint, sind Priorität und die traditionsgeschichtliche Entwicklung der Texte heftig umstritten. Immerhin ist eindeutig, daß die älteste schriftliche Fixierung des Abendmahlsberichtes (und einer Selbstaussage Jesu überhaupt), die uns erhalten geblieben ist, nämlich 1 Kor 11, 23—25, ziemlich sicher aus den Jahren 54—56 stammt und dabei verweist auf die Weitergabe dieser Überlieferung an die Korinther zu Beginn der paulinischen Missionstätigkeit in Korinth (vermutlich 49). Doch beruft sich Paulus darauf, daß die Tradition auf den Herrn selbst zurückgeht, der als der Urheber der Tradition angedeutet wird. Mag Paulus den Bericht schon in der Damaskusgemeinde (Gal 1, 17) oder dann in der Gemeinde von Jerusalem (Gal 1, 18) oder spätestens in Antiochien empfangen haben, sein Bericht konnte in Korinth jedenfalls mit dem Bericht noch lebender Augenzeugen (unter anderen vermutlich Petrus, zu dem ein Teil der Gemeinde eine besondere Beziehung hatte: 1 Kor 1, 12) verglichen werden; Paulus selber lebte lange Jahre mit Jerusalemern (Barnabas, Markus, Silas) zusammen und nahm in verschiedenen Gemeinden am Herrenmahl teil. Sein Bericht mußte mit dem der Augenzeugen im Wesentlichen übereinstimmen und ging indirekt oder wahrscheinlich sogar direkt auf die Urgemeinde zurück. Der Mk-Bericht enthält wegen seines stärker semitischen Kolorits nach vielen Exegeten sogar noch den ursprünglicheren Wortlaut als der paulinische. Die Abweichungen gerade zwischen dem paulinischen und markinischen Bericht sind zu groß, als daß sie auf eine gemeinsame griechische Quelle zurückgehen könnten. Andererseits ist ihre inhaltliche Übereinstimmung so, daß man auf eine gemeinsame (aramäische oder hebräische) Quelle schließen muß. Selbstverständlich haben die Berichte, gerade auch unter dem Einfluß der liturgischen Verwendung, Umformungen erfahren (etwa bezüglich des Wiederholungsbefehls, der bei Mk-Mt auffälligerweise fehlt, bei Paulus aber zweimal erscheint). Doch ist der Kern der Berichte im Wesentlichen übereinstimmend überliefert.

Es ist unmöglich, auf die äußerst komplexen exegetischen Probleme der Überlieferungsgeschichte einzugehen: Der lukanischen Kurztext in Codex D wird heute fast allgemein als sekundär angesehen; weitgehende Folgerungen, die aus diesem Kurztext abgleitet wurden, erscheinen damit als gegenstandslos. Das Nebeneinander von zwei völlig verschiedenen Abendmahlstypen (jerusalemisch — paulinisch; bzw. jerusalemisch — galiläisch) ist nicht erwiesen worden. Daß in den hellenistischen Gemeinden das Herrenmahl als Totengedächtnismahl gefeiert wurde, darf heute ebenfalls als eine weithin aufgegebene Hypothese angesehen werden. Bezüglich des fehlenden johanneischen Abendmahlsberichtes werden verschiedene Hypothesen vorgetragen (die damals weitverbreitete Esoterik, die heilige Formeln vor Profanierung schützte usw.). Die Meinung, daß es sich in der Rede Jesu vom Lebensbrot, in welchem das Skandalon der Menschwerdung kulminiert (Jo 6, 51–58), um einen redaktionellen Zusatz handle, konnte sich nicht durchsetzen (vgl. auch 19, 34b; 21, 13; 1 Jo 5, 6–8).

Manches, was früher in den Abendmahlsberichten eher kritisch betrachtet wurde, hat durch die gleichzeitige Existenz einer „Gemeinde des Neuen Bundes" in den Qumrantexten, die in neutestamentlicher Zeit ebenfalls Mahlfeiern mit Segnung von Brot und Wein zu halten pflegte, neue Glaubwürdigkeit erhalten (vgl. Dam 20, 12; 1 QS 6, 4–6).

Das Mahl Jesu, von dem die verschiedenen Zeugen berichten, ist das letzte einer langen Reihe von täglichen Mahlzeiten mit den Jüngern. Schon immer bedeutete die Mahlgemeinschaft für den orientalischen Menschen Friede, Vertrauen, Lebensgemeinschaft. Aber in der Mahlgemeinschaft mit Jesus – dies bezeugen alle Evangelien übereinstimmend mit Nachdruck – ging es um mehr: Gemeinschaft gerade auch mit den Zöllnern, den Sündern und den Verachteten, im Zeichen der hereingebrochenen Gottesherrschaft und der geforderten Liebe. Doch dieses letzte Mahl war etwas Besonderes: nach den Angaben der Synoptiker (anders Jo) ein rituelles Passahmahl oder aber – eventuell eine Nacht früher (nach Jo) – ein festliches Abschiedsmahl, welches bereits im Schatten des Passahgedankens stand und jedenfalls im Ausblick auf das kommende Gottesreich gefeiert wurde. Ob Passahmahl oder nicht, jedenfalls paßten die besonderen Worte Jesu über Brot und Wein leicht in den rituell geregelten jüdischen Mahlablauf hinein: das Brotwort im Anschluß an das Tischgebet vor der Hauptmahlzeit, wo der Hausvater über dem Brotfladen den Lobspruch sprach und für jeden ein Stücklein abbrach und austeilte; das Weinwort dann im Anschluß an das Dankgebet, das der Hausvater nach dem Mahl über den Becher sprach. Jesus hat so vermutlich eine religiös bedeutsame Form aufgenommen, um sie mit neuem Inhalt zu füllen. Von daher wurden seine Worte für die Jünger unmittelbar verständlich: Jesus deutete Brot und Wein auf sich selbst, er meint sich selbst, seine Person: Dies ist mein Leib, dies ist mein Blut. Angesichts seines bevorstehenden Todesschicksals, dem er sich stellte, redet er von sich selbst als Opfer: Wie der Brotfladen zerrissen wird, so wird mein Leib gebrochen werden; wie der rote Wein ausgegossen wird, so wird mein Blut vergossen werden. Und wozu? Alle vier Texte verstehen Jesu Tod übereinstimmend als sühnend und als bundstiftend. „Leib" ist schon bei Mk (Mt) in Parallele zu „Wein—Blut" die Opfermaterie (= „Fleisch"); bei Lk — Paulus ist dies verdeutlicht durch „für euch"; und Lk fügt hinzu: „dahingegeben". „Blut" ist schon bei Mk (Mt) „Blut des Neuen Bundes, vergossen für viele" (Mt: „zur Vergebung der Sünden"); bei Paulus und Lk ist der „Neue Bund in meinem Blut" sogar hervorgehoben. Nach jüdischem Verständnis hat jedes Sterben, besonders aber unschuldiges Sterben, unschuldiges Blut, Sühnecharakter. Jesus konnte sein unschuldiges Leiden nicht anders werten.

Auf zwei grundlegende alttestamentliche Vorstellungen ist hier Bezug genommen. Zunächst die Vorstellung vom Bundesopfer in Ex 24, 8: „Dann nahm Moses das Blut, besprengte das Volk damit und sprach: ‚Seht, das ist das *Blut des Bundes,* den der Herr aufgrund all dieser Gebote mit euch geschlossen hat'"; darauf folgte auf dem Sinai für Moses, Aaron und die Ältesten ein Mahl: „sie schauten Gott und aßen und tranken" (24, 11); das Wort vom „*Neuen* Bund" verweist auf Jer 31, 31—34. Die zweite Vorstellung, die hinter den Abendmahlsworten steht, ist die Vorstellung vom Sühneleiden des Gottesknechtes in Is 53: „Dafür daß er sein Leben zum Tode *ausgoß* und sich zu den Missetätern zählen ließ, während er doch die Sünden der *Vielen* trug und für die Missetäter eintrat" (53, 12). So erscheint Jesu Tod als Heilstod dessen, der als Gottesknecht in Sühne für die Vielen (= die Gesamtheit, die viele umfaßt) den Neuen Bund durch sein eigenes Blut in Kraft setzt und den Anbruch der Enderlösung einleitet. Die Jünger erscheinen so als die Repräsentanten des neuen Bundesvolkes.

Aber Jesu Worte sind mehr als Gleichnis und Belehrung. Jesus spricht nicht nur, sondern sprechend reicht er die Gaben zum Essen und Trinken dar. Wenn bei einem jüdischen Gastmahl unter dem Sprechen des Tischsegens die Gaben ausgeteilt werden, dann erhält der Essende und Trinkende Anteil am Tischsegen. Wenn nun aber Jesus nicht nur den Tischsegen spricht, sondern das gebrochene Brot und den roten Wein als sein Fleisch und Blut zum Genusse reicht, so bedeutet dies, daß er ihnen Anteil an seinem dahingegebenen Leib und seinem vergossenen Blut, Anteil an der sühnewirkenden und bundstiftenden Kraft seines Sterbens, Anteil am Heilswerk seines Todes geben will. Dem Orientalen ist geläufig, daß Essen und Trinken göttliche Gaben vermittelt; in der eschatologischen Bildsprache und gerade im Neuen Testament selbst sind die Bilder von Brot, Becher, Wein, vom Heilsmahl, das die Heilsgaben Gottes schenkt, sehr verbreitet. So steht dieses letzte Mahl zugleich im Zeichen des drohend nahen Todes Jesu und im Zeichen des künftigen Gottesreiches, vorgestellt unter dem Bild der eschatologischen Tischgemeinschaft.

Der Kreuzestod Christi wird im ganzen Neuen Testament als Sühneopfer für die Sünden verstanden. Christus hat es dem Vater dargebracht, ja, der Vater selbst hat es in der Dahingabe seines Sohnes ans Kreuz dargebracht. Dieses einzigartige Opfer darf deshalb nicht im alttestamentlichen oder heidnischen Sinn verstanden werden. Dieses Opfer besagt keine versöhnende Beeinflussung eines zornigen Gottes: Nicht Gott, der Mensch muß versöhnt werden durch eine Versöhnung, die ganz Gottes Initiative ist: „Das alles hat in Gott seinen Ursprung, der uns durch Christus mit sich versöhnte" (2 Kor 5, 18). Diese Versöhnung geschieht nicht, indem persönlicher Groll, sondern indem das reale Feindschaftsverhältnis zwischen Gott und Mensch, entstanden aus der Sünde, beseitigt wird. Der Mensch kann diese Versöhnung nur *empfangen* (Röm 5, 11), sie sich zu eigen machen (2 Kor 5, 20). Christi Tod ist das Ende aller Opfer, durch die die Menschen Gott zu versöhnen suchen. – Das Opfer Christi besagt auch nicht die Darbringung von äußeren Gaben: Nicht Früchte oder Tiere, sich selbst opfert Jesus. Sein Opfer ist die personale Hingabe seiner selbst (vgl. Phil 2, 7 f: „sich selbst"). Christi Tod ist das Ende aller Opfer, in denen der Mensch Sühneopfer darbringen will. Der Hebräerbrief hat die Erkenntnis, die das ganze Neue Testament durchzieht, reflex deutlich gemacht, daß das Opfer Jesu als das vollkommene Opfer *ein für alle Male* (ἐφάπαξ) dargebracht wurde und damit, anders als die alttestamentlichen Opfer, weitere Sühneopfer überflüssig gemacht hat. Auch der erhöhte Herr bringt sich nicht nochmals als Opfer dar, sondern als der am Kreuz ein für alle Male Geopferte ist der erhöhte Herr der ewige Hohepriester, der vor Gott unablässig für die Seinen eintritt.

Doch dieses einmalige Opfer Jesu wirkt sich in seiner Gemeinde aus. Gott gibt ihr Anteil an dem Sühneopfer, das Christus für sie in einmaliger Weise vollbracht hat. Christus selber schenkt sich im Mahl der Gemeinde, die er durch sein eigenes Blut erworben hat. Und in den unterschiedenen Gaben von Brot und Wein schenkt er sich als der, der sein Leben für sie geopfert hat. Indem er so im Mahl Anteil an seinem einmaligen Sühneopfer gibt, nimmt er die Gemeinde hinein in den neuen Bund, der durch sein Opferblut für die Vielen gestiftet wurde. Deshalb bedienen sich auch die Abendmahlsberichte der Opferterminologie. Das Herrenmahl gibt Anteil am einmaligen Kreuzesopfer Christi und ist gerade deshalb keine Wiederholung oder Ergänzung oder gar Überbietung dieses einmaligen Sühneopfers. Das Herrenmahl verweist immer neu auf das einmalige Kreuzesopfer Christi, läßt es gegenwärtig und wirksam werden. Deshalb bedeuten und sind die Gaben des Herrenmahles Zueignung des Opfers Christi an die Seinen.

Doch gerade vom Opfer Christi her ist dann auch die Gemeinde zum Opfer aufgefordert: Auch von ihr werden nicht nur äußere Gaben, sondern das Opfer, die Hingabe des Menschen selbst erwartet; nicht stoffliche Opfer, sondern geistliche Opfer des Gotteslobes, des Dankes, des Glaubens, des Gehorsams, der Liebe: ein Lob- und Dankopfer der Hingabe, das nicht beschränkt bleibt auf die gottesdienstliche Versammlung, sondern das täglich Opfer zu sein hat im weltlichen Alltag. Die Gemeinde stellt dadurch kein zweites Sühneopfer neben Jesu Sühneopfer, wohl aber preist sie dankend Christi ein für alle Male geschehenes Opfer, an dem ihr durch das Herrenmahl Anteil gegeben ist.

Ostern schenkte der Jüngerschaft Jesu die Gewißheit, daß der Gekreuzigte als der Auferstandene lebt, daß der Erhöhte unter ihnen weiterlebt. Ostern gab den Anstoß, die Tischgemeinschaft wieder aufzunehmen. Sie tun dies in der Gewißheit, daß der Auferstandene die Verheißung seiner Gegenwart unter den in seinem Namen Versammelten (vgl. Mt 18, 20) wahrmachen wird. Die frühere Tischgemeinschaft mit Jesus bekam dadurch einen vertieften Sinn. Diese neue Tischgemeinschaft war nach den neutestamentlichen Zeugnissen besonders gekennzeichnet durch eschatologische Freude (vgl. bes. Apg 2, 46): Freude über das Erlebnis einer neuen Gemeinschaft, Freude dann aber besonders im Bewußtsein der Gemeinschaft mit dem erhöhten und zugleich beim Mahl der Gemeinde anwesenden Christus, Freude vor allem in der gespannten Erwartung des nahen Gottesreiches.

Im Rahmen unserer Betrachtung kommt es letztlich nicht darauf an, bei dem höchst komplexen exegetischen Befund die Urform der Abendmahlsworte und ihre genaue Entwicklung, über die die widersprechendsten exegetischen Meinungen bestehen, zu eruieren. Es wird unmöglich sein, im einzelnen zu bestimmen, wie weit und inwiefern Jesus selbst beim Abendmahl das Kommen der vollendeten Gottesherrschaft, die Zuwendung der sühnenden und bundstiftenden Kraft seines Todes an seine Jünger, den Ausblick auf die Mahlgemeinschaft im künftigen Reich in Worten ausgedrückt hat. Unsere vorausgehenden Bemerkungen wollten nur andeuten, daß für die Annahme einer so oder anders verstandenen wesentlichen Kontinuität zwischen Jesu Abendmahl und der Mahlfeier der nachösterlichen Gemeinde genügend Gründe bestehen. Nur so gibt es ja auch eine befriedigende Erklärung für die apostolische Wiederholung dieses Mahles und die allgemeine Berufung der Gemeinden auf das vorbildliche und maßgebende Tun Jesu selbst bei seinem letzten

Abendmahl. Auch das Herrenmahl ist keine freie Erfindung oder auch nur ein Willkürakt der Gemeinde. Diese ist vielmehr der Überzeugung, daß sie – wie immer es um die Historizität des Wiederholungsbefehls stehen mag – im Sinne ihres Herrn, in Erfüllung seines Willens, in Antwort auf sein Wort die Tischgemeinschaft mit ihm fortsetzt und das Herrenmahl feiert. Uns kommt es deshalb vor allem darauf an, den theologischen Sinn des Abendmahles Jesu zu erkennen, wie er in der Verkündigung der Urkirche aufscheint. In sämtlichen vier Überlieferungsvarianten sind drei Motive wirksam, die von Anfang an, ob ausgesprochen oder nicht, sachlich zusammenhingen und die nun nach drei Dimensionen hin schon innerhalb des Neuen Testamentes theologisch entfaltet werden:

1. Die Perspektive der *Vergangenheit:* das Herrenmahl ist *Gedächtnis-* und *Dankesmahl.* Im Herrenmahl schaut die Gemeinde jedesmal zurück auf das, was geschehen ist. Das Herrenmahl selbst – nicht allein die es unter Umständen begleitende Wortverkündigung – ist Verkündigung des Todes Jesu: „Denn so oft ihr dieses Brot eßt und den Kelch trinkt, verkündet ihr den Tod des Herrn" (1 Kor 11, 26). Aber dieser Tod, der laut verkündigt, proklamiert wird, ist immer verstanden als der Tod des Auferstandenen (vgl. 1 Kor 15). Und der Tod des Auferstandenen wird in allen vier Berichten verkündet als der „für" die Teilnehmer am Mahl geschehene: die Heilsfrucht dieses Todes wird ihnen damit zugesprochen und zugeeignet. Das nachösterliche Abendmahl ist nie Trauermahl, sondern *Freudenmahl.*

2. Die Perspektive der *Gegenwart:* das Herrenmahl ist *Bundes-* und *Gemeinschaftsmahl.* Im Herrenmahl sieht die Gemeinde auf das Gegenwärtige. Im Bundesblut des Todes Jesu war der neue Bund geschlossen worden; er selber wird im Herrenmahl wieder gegenwärtig. In jedem Mahl wird der Bund Gottes mit der Gemeinde neu verkündigt und bekräftigt. Dieser Bund manifestiert sich in der Tischgemeinschaft, die eine Tischgemeinschaft nicht mit einem Vergangenen und Gestorbenen, sondern mit einem Gegenwärtigen und Lebendigen ist. Jesus hatte ja durch seinen Ruf zur Metanoia die Abgefallenen zur Gemeinschaft mit Gott zurückgerufen. Und dadurch, daß Jesus zusammen mit den Sündern und Verachteten aß und trank, machte er Gottes Gnade offenbar. Gott aber stand zu seinem Messias und Freund der Sünder, indem er den Erniedrigten

erhöhte. Im Herrenmahl wird nun die frühere Tischgemeinschaft mit Jesus durch die Gemeinde wieder aufgenommen. Und die Gemeinschaft mit dem erhöhten Herrn wird zugleich erlebt als eine Gemeinschaft der Teilnehmer untereinander. Das nachösterliche Abendmahl ist nicht ein einsames Mahl des einzelnen, sondern das in Liebe gehaltene Mahl der Gemeinschaft: ein *Liebesmahl.*

3. Die Perspektive der *Zukunft:* das Herrenmahl ist *Vorwegnahme des eschatologischen Messiasmahles.* Im Herrenmahl schaut die Gemeinde immer wieder neu in die Zukunft, die kommen wird. Es ist bei aller Verkündigung des Todes Jesu zugleich die Verkündigung seiner Wiederkunft: „Denn so oft ihr dieses Brot eßt und den Kelch trinkt, verkündet ihr den Tod des Herrn, *bis daß er kommt*" (1 Kor 11, 26). Nach den Synoptikern aber wird Jesus „vom Gewächs des Weinstockes nicht mehr trinken bis zu jenem Tage, wo ich es neu trinken werde im Reiche Gottes" (Mk 14, 25; Mt 26, 29; Lk 22, 18). Die Erwartungen eines endzeitlichen Mahles, die im Spätjudentum weitverbreitet waren, werden hier aufgenommen, wie dies auch in Apg 2, 46 bezeugt wird, wo als die Grundstimmung der Urgemeinde beim Brotbrechen das typisch eschatologische „Frohlocken" angegeben wird. Von der neuen Gemeinschaft mit dem Auferstandenen, Lebendigen und Vollendeten her ist der Gemeinde das Herrenmahl die anhebende Erfüllung des endzeitlichen Mahles. Christi Gegenwart in diesem Mahl ist die Gegenwart des Kommenden. Hier dürfte der alte aramäische Ruf „Marana-tha" (1 Kor 16, 22; vgl. Didache 10, 6) aufgeklungen sein: „Unser Herr, komm!" So ist das nachösterliche Abendmahl nicht ein nach rückwärts gerichtetes Totengedächtnismahl, sondern das nach vorwärts offene Mahl der zuversichtlichen *Hoffnung.*

Wir sprechen hier von *„Herrenmahl"*, weil dieser Ausdruck sehr sachgemäß in allen drei Dimensionen gebraucht werden kann und zudem im ältesten Zeugnis vom Abendmahl gebraucht wird (1 Kor 11, 20: κυριακὸν δεῖπνον). Ob das *„Brotbrechen"* (Apg 2, 42. 46; 20, 7. 11) als technische (esoterische?) Bezeichnung für das Herrenmahl gebraucht wird, ist umstritten.

Der Ausdruck *„Agape"* wird für Mahl (Liebesmahl), abgesehen von Jud 12, im Neuen Testament nicht gebraucht, wohl aber von Ignatios. Wie aus den Synoptikern und Paulus hervorgeht, waren Sättigungsmahl und Herrenmahl miteinander verbunden. Die ursprüngliche Reihenfolge scheint gewesen zu sein: Brotwort – Sättigungsmahl – Kelchwort (vgl. 1 Kor 11, 23–26, um ca. 55). Die zweite Phase der Entwicklung: Sättigungsmahl – Brotwort – Kelchwort (Mk 14, 22–24? Didache 9 f in der ersten Hälfte des 2. Jahrhunderts).

Die dritte Phase: Sättigungsmahl und Herrenmahl sind vollkommen getrennt (so bei Justin um ca. 150). Der Terminus Agape wird nun für das gemeinsame Sättigungsmahl der Christen gebraucht, als Ausdruck der Bruderliebe, der Geselligkeit und Wohltätigkeit von wohlhabenden Gemeindegliedern veranstaltet.

Der ebenfalls sachgemäße Name *„Eucharistia"* (Danksagung) wird in der Schrift noch nicht für das Herrenmahl gebraucht, wohl aber in Didache 9, 10, bei Ignatios und bei Justin. Er meint im 2. Jahrhundert zunächst das große Dankgebet des Herrenmahles für die Heilstaten Gottes, das im Einsetzungsbericht kulminiert und dem der Genuß der Gaben durch die ganze Gemeinde unmittelbar folgte. Das Herrenmahl bestand zu dieser Zeit nur aus dem frei geformten Eucharistiegebet, welches den Kern des späteren „Meßkanons" ausmacht, dabei aber durch die eingefügten, das Wesentliche verdeckenden Fürbitten (Memento vivorum, mortuorum, martyrum) auseinandergerissen wird. Das älteste fixierte Formular des noch immer einheitlichen Eucharistiegebetes in der römischen Liturgie stammt von Hippolyt von Rom (ca. 215). Schon früh wurde mit der Mahlfeier auch öfters ein Wortgottesdienst verbunden, wie dies bei Justin bezeugt wird.

Der Name *„Messe"* schließlich ist der weitaus jüngste und mit großem Abstand inadäquateste Ausdruck für das Herrenmahl. Das spätlateinische missa meint missio, dimissio = Entlassung, Verabschiedung nach einer Versammlung. Missa wird deshalb im kirchlichen Gebrauch für den abschließenden Segen, Ende des 4. Jahrhunderts für den Segen überhaupt und so – da jeder Gottesdienst einen Segen umschloß – für jeden Gottesdienst in Anspruch genommen. Erst seit der Mitte des 5. Jahrhunderts wird missa vorzugsweise für die Eucharistiefeier gebraucht. Seit dem 6. Jahrhundert wird er allgemein üblich und verdrängt die anderen Bezeichnungen weithin (eucharistia, oblatio, sacrificium usw.). Es war ein weiter Weg, den der Ritus der römischen Messe von der einfachen, leicht verständlichen, in der Volkssprache gefeierten Haus-Eucharistie der Gemeinde des 2. Jahrhunderts ging zur stark verfeierlichten, aber noch immer in der Volkssprache zelebrierten Basilikamesse des 5./6. Jahrhunderts, und von dort wieder zur Messe, bzw. zu den (gleichzeitig in derselben Kirche in der lateinischen Fremdsprache für das Volk „gelesenen") Messen des Hochmittelalters, bei denen allein der Priester die Gaben genoß, und so schließlich zu der vom Trienter Konzil restaurierten mittelalterlichen Messe der Gegenreformation. Erst das Vatikanum II hat wieder neu auf den Ursprung verwiesen und den Zusammenhang mit dem Herrenmahl der Urkirche wieder neu sichtbar werden lassen[31].

Über das „ist" in den Sätzen „Das ist mein Leib, das ist mein Blut" ist im Lauf der Kirchengeschichte immer wieder neu gestritten worden. Jesus selber hat es nach allem, was wir heute davon wissen,

---

[31] *J. A. Jungmann*, Missarum sollemnia. Eine genetische Erklärung der römischen Messe. Bd. I–II (Wien ^{5}1962).

ziemlich sicher überhaupt nicht gesprochen, da im Aramäischen die Copula nicht gebraucht wird. Die Frage nach den Elementen wird im Neuen Testament nicht gestellt. Doch waren jüdisches wie hellenistisches Verständnis des Herrenmahles von vorneherein bestimmten Möglichkeiten des Verstehens und Mißverstehens ausgesetzt: Das stark von juridischen Kategorien bestimmte jüdische Denken, für welches Bluttrinken ein horrender Gedanke war, stand in Gefahr, das Herrenmahl nur für ein Tun als ob anzusehen. Das mehr von naturhaften Kategorien herkommende hellenistische Denken aber, welches jede Kraft substanzhaft auffaßte, war in Gefahr, das Herrenmahl als eine magisch-zauberhafte Umwandlung mißzuverstehen. Jede der beiden Vorstellungsweisen aber war geeignet, die andere zu korrigieren: Das Herrenmahl – so mahnt hellenistisches Denken – ist nicht nur ein bloßes Bild für eine gänzlich geschiedene Sache, die man auch ohne das Bild haben kann. Das Herrenmahl – so mahnt jüdisches Denken – ist aber auch nicht ein mit naturhaften Kategorien zu beschreibender mysteriöser Naturvorgang. Auch vom jüdisch Denkenden konnte das Herrenmahl als Vergegenwärtigung Christi und seiner Heilstat verstanden werden, da für ihn auch schon Jahwes Taten im Gottesdienst nicht nur als ferne Vergangenheit, sondern als wirkliche Gegenwart gefeiert wurden. Andererseits zeigt das Beispiel des Paulus, daß auch im hellenistischen Denken die Gefahr des magischen Mißverständnisses durchaus ins Auge gefaßt werden kann, wie ja auch Johannes im Anschluß an die Rede Jesu vom Lebensbrot deutlich die Mahnung ausspricht: „Der Geist ist es, der lebendig macht; das Fleisch hilft nichts; die Worte, die ich zu euch geredet habe, sind Geist und sind Leben" (Jo 6, 63).

Wie in der Taufe so ist auch im Herrenmahl das *Wort* das Bestimmende. Die Elemente aus sich allein bedeuten nichts. Nicht von den Elementen, sondern vom Wort her ist das Herrenmahl zu verstehen. Und dieses Wort ist nicht primär konsekrierendes und verwandelndes, sondern verkündigendes und bezeugendes Wort. Aber gerade so ist es ein Wort, dem die Verheißung Gottes mitgegeben ist, Gottes Wort und als solches wirkkräftiges Wort, verbum efficax. Könnte da ein rein symbolisches Verständnis des Herrenmahles ausreichen? Die Worte Jesu wie auch die von Paulus und Johannes besagen deutlich mehr. Gewiß, Brot und Wein *sind* „Symbole", aber *wirklichkeitsgefüllte* Symbole. Sie *sind* Zeichen, aber *wirkkräftige*

Zeichen. Sie enthalten, was sie bezeichnen. Dürfte nun aber statt dessen ein handgreiflich realistisches Verständnis Platz greifen? Paulus wehrt sich gegen die eingebildete Sicherheit der Korinther, nach welchen diese Gaben die Heilsfülle vermittelten und der Versuchlichkeit und der Sünde von vorneherein enthöben. Nach Johannes wendet sich Jesus gegen das Mißverständnis der Leute von Kapharnaum, die Jesu Worte vom Fleischessen und Bluttrinken handgreiflich wörtlich nehmen. Gewiß, es geht um die Wirklichkeit Christi, um ihn selbst. Aber gerade so nicht einfach um ein verfügbares „Etwas", um magische „Gegenstände", um eine Gabe, die je vom Geber losgelöst und verselbständigt werden könnte. Die Gaben geben Anteil am Herrn selbst. Gerade so sichern sie nicht vor Abfall und nicht vor göttlicher Verwerfung; sie sind keine Garantie des Heils, sondern Möglichkeit des Gehorsams, Ruf zum Gehorsam gegenüber dem Herrn (vgl. 1 Kor 10, 1–13).

Christus wird gegenwärtig nicht durch die eigene Kraft des Brotes oder des Weines, sondern durch das beim Herrenmahl verkündigte Wort, welches wirkkräftige Tat ist. Im verkündigten Wort kommt er selbst, wird er selbst, jedesmal neu, real-spiritual präsent: er selbst durch den Geist. Dies geschieht gewiß zunächst durch das Wort der Predigt. Aber im Herrenmahl gewinnt diese Gegenwart eine ganz andere leibhafte Präsenz, in der Verbindung mit der Leiblichkeit Jesu. Und auch die Antwort des Glaubenden selbst wird im Herrenmahl ganz anders leibhaftig, total, nämlich durch gläubiges Essen und Trinken. Das Herrenmahl erweist sich – um hier eine augustinische Formel aufzunehmen – als „sichtbares Wort" (verbum visibile), und dieses macht im Empfang – deutlicher als das „hörbare Wort" (verbum audibile, bzw. sacramentum audibile) – unzweifelhaft gewiß, daß unverwechselbar ich selbst und kein anderer gemeint ist. In den Gestalten von Brot und Wein läßt der Herr seine Gegenwart über alles Hörbare des Wortes hinaus für den Glaubenden sichtbar werden. Und im gläubigen Essen und Trinken läßt der Glaubende seinen Glauben in seiner ganzen Existenz über alle Innerlichkeit hinaus bis in seine Leiblichkeit hinein, sichtbar werden. Und indem dies nun nicht nur der Einzelne als Einzelner tut, sondern die ganze Gemeinde als solche, so wird damit sichtbar gemacht, daß die Gemeinde durch Brot und Wein Anteil an Leib und Blut Christi, ja Anteil an Christus selbst erhält, daß sie so unter der Herrschaft und dem Segen Christi lebt. Im Herrenmahl wird die Herrschaft des

Kyrios aufgerichtet und anerkannt und die Gemeinde ihr immer aufs neue unterstellt.

So wird der Herr selbst im Herrenmahl in besonderer Weise gegenwärtig. Es ist in einem — wenn man diese Terminologie gebrauchen will — Realpräsenz, Spiritualpräsenz und Personalpräsenz! Brot und Wein sind die Zeichen seiner wirklichen und wirksamen Gegenwart. Im Herrenmahl begegne ich nicht nur Brot und Wein, auch nicht nur Leib und Blut, sondern dem aktuell an der Gemeinde und so an mir handelnden Herrn. Dem Glaubenden schenkt sich in den gespendeten Gaben der Spender selbst. Er ist als Geber zugleich Gabe. Gewiß, der Herr ist im Herrenmahl nicht gegenwärtig, wie er als geschichtlicher Mensch auf Erden war. Gewiß, er ist auch nicht so gegenwärtig, wie er als der erhöhte Herr wiederkommen wird. Aber er ist gegenwärtig als der im Geist, der sein Geist ist, durch das Herrenmahl Handelnde. Entscheidend ist das im Glauben bejahte *Daß* der besonderen handelnden Gegenwart Christi im Herrenmahl, im Essen und Trinken seines Leibes und Blutes. Die theologische Beschreibung des *Wie* ist dagegen sekundär. Bei der Erklärung, „wie das zugeht", ist die theologische Neugierde zwar immer wieder gereizt worden, aber auch immer wieder rasch an die Grenzen des Geheimnisses gestoßen. Die Gegenwart Christi ist jedenfalls eine wirkliche und nicht nur eine scheinbare Gegenwart. Aber es geht dabei nicht um eine vorliegende Sache, sondern um ein gnadenhaftes Ereignis, nicht um selbstwirksame heilige Gegenstände, sondern um die Begegnung mit einer Person, nicht um einen wundersamen Naturvorgang, sondern um das Handeln Jesu Christi selbst an der versammelten glaubenden Mahlgemeinschaft und am Einzelnen. Von diesem Mahlgeschehen dürfen die Gaben nicht isoliert werden. Sie sind nicht zuerst für sich, zum Anschauen und Anstaunen, da, sondern zum gläubigen Essen und Trinken, zum Mahl der Gemeinde. Das Herrenmahl ist so wenig wie das letzte Abendmahl Jesu ein individuelles Geben und Nehmen, sondern ein Zusammensein vieler zu wirklicher Tischgemeinschaft, zu gemeinsamem Beten, Geben, Nehmen und Teilen, Essen und Trinken. Nicht für den Einzelnen, sondern für die Gemeinde und so für den Einzelnen ist das Mahl da. Werden die Gaben dem Einzelnen, etwa dem kranken Gemeindeglied, zugetragen, so weil der ohne Schuld Abwesende Glied der Mahlgemeinde bleibt. „Krankenkommunion" ist richtig verstanden nicht eine vom Mahl losgelöste individuelle Seelenspeise, sondern die Auswirkung der Mahlfeier der Gemeinde. Dasselbe gilt von den in der Kirche aufbewahrten Gestalten.

Im Glauben sollen wir, seinen Leib und sein Blut essend und trinkend, den Herrn selber aufnehmen. Ohne Glauben empfängt niemand den Segen des Herrenmahles. Und trotzdem hängt die Gegenwart des Herrn im Herrenmahl nicht an meinem Glauben. Nicht der Glaube des Empfängers, nicht das Bekenntnis der Gemeinde macht ihn gegenwärtig, sondern die Verheißung und die Zusage des erhöhten Herrn selbst, der sich selber in den Gaben von Brot und Wein schenkt und der ja selber durch sein Wort den Glauben erweckt. Der Unglaube des Menschen kann Gottes Verheißung nicht zerstören. Er kann des Herrn Gegenwart nicht ungeschehen machen. Aber der Ungläubige ißt und trinkt dann nicht zu seinem Heil, sondern zu seinem Gericht: „Wer daher in unwürdiger Weise das Brot ißt oder den Kelch des Herrn trinkt, wird am Leib und Blut des Herrn schuldig werden. Ein jeder prüfe sich aber selbst, und so esse er von dem Brot und trinke aus dem Kelch. Denn wer ißt und trinkt, ißt und trinkt sich selbst ein Gericht, wenn er den Leib (des Herrn) nicht (von gewöhnlicher Speise) unterscheidet" (1 Kor 11, 27–29).

So ist jeder Glaubende in der Gemeinde zum Mitessen und Mittrinken, zum Mitdanken, Mitloben und Mitbitten aufgefordert. Immer wieder neu erhält die Gemeinde Anteil am Sühnetod Jesu: „Der Kelch der Danksagung, über dem wir Dank sagen, ist er nicht Gemeinschaft mit dem Blute Christi?" (1 Kor 10, 16). Immer wieder neu wird die Gemeinde mit Christus und untereinander zusammengeschlossen: „Das Brot, das wir brechen, ist es nicht Gemeinschaft mit dem Leibe Christi?" (10, 16). Und nochmals vertieft Paulus – er hat zu diesem Zwecke wohl die Doppelformel umgestellt – den Gedanken: „Weil (es) *ein* Brot (ist), so wir, die Vielen, *ein Leib;* denn wir sind alle des einen Brotes teilhaftig" (10, 17).

Das Herrenmahl ist also wesentlich *Gemeinschaft, Koinonia, Communio,* und dies in doppeltem Sinne. Herrenmahl ist in erster Linie *Christusgemeinschaft:* Die Christen sind berufen zur Gemeinschaft mit dem Sohn, dem Herrn (1 Kor 1, 9). Communio mit dem Erhöhten! Es ist die tiefe und innige Verbindung, die Paulus mit den zahlreichen συν-Composita ausdrückt: mit Christus mitleben (Röm 6, 8; 2 Kor 7, 3), mitleiden (Röm 8, 17), mitgekreuzigt werden (Röm 6, 6; Gal 2, 19), mitsterben (2 Kor 7, 3; vgl. Röm 6, 8), mitbegraben werden (Röm 6, 4; Kol 2, 12), mitverherrlicht werden (Röm 8, 17), mitauferweckt werden (Kol 2, 12; 3, 1; Eph 2, 6), mitlebendig gemacht werden (Kol 2, 13; Eph 2, 5), mitherrschen (vgl. 2 Tim 2, 12). Diese Gemeinschaft mit Christus auf Leben und Tod manifestiert sich nun aber in besonderer Weise im Herrenmahl. Hier wird die im Glauben und in der Taufe grundgelegte Gemeinschaft in neuer Weise wirklich in der „Gemeinschaft mit dem Leibe Christi" und der „Gemeinschaft mit dem Blute Christi" (1 Kor 10, 16). Während die Teilnehmer an heidnischen Opfermahlzeiten, am „Tisch der Dämonen" (1 Kor 10, 21), „Genossen der Dämonen" (10, 20) werden (Mysterienmahle?), so werden die Teilnehmer am Herrenmahl, am „Tisch des Herrn" (10, 21), Genossen Christi. Herrenmahl ist Christusgemeinschaft und gerade so dann auch *Christengemeinschaft:* Die Verbindung mit Christus führt von selbst zu einer Verbindung der Mahlgenossen untereinander. Communio der Christen untereinander! Das eine ist nicht echt möglich ohne das andere: gerade weil sie alle des einen Brotes, Christus, teilhaftig sind (10, 17; die Gemeinschaft der Christen untereinander wird öfters durch das Verb κοινωνεῖν ausgedrückt). Deshalb ist das Herrenmahl auch als „Synaxis" bezeichnet worden: als Zusammentreten der Christen, das eine Selbstdarstellung der Gemeinde bedeutet. So ist die Kirche geeint durch die Mahlgemeinschaft mit ihrem Herrn und untereinander.

Dies ist nun deutlich: Im Herrenmahl hat die Kirche und ihr vielfältiger Gottesdienst ihren Mittelpunkt. Hier ist die Kirche ganz bei sich selbst, weil sie ganz bei ihrem Herrn ist. Hier versammelt sich die Kirche Christi zu ihrer innigsten Gemeinschaft, nämlich als Tischgemeinschaft. Hier in dieser Gemeinschaft sammelt sie die Kraft für ihren Dienst in der Welt. Weil dieses Mahl ein Gedächtnis- und Dankesmahl ist, ist Kirche wesentlich dankbar gedenkende Gemeinde. Und weil dieses Mahl ein Bundes- und Gemeinschaftsmahl ist, ist die Kirche wesentlich unermüdlich liebende Gemeinde. Und weil schließlich dieses Mahl eine Vorwegnahme des endzeitlichen Mahles ist, ist Kirche wesentlich zuversichtlich erwartende Gemeinde. Die Kirche ist also wesentlich Mahlgemeinschaft, ist wesentlich Koinonia oder Communio, ist wesentlich Christusgemeinschaft und Christengemeinschaft, oder sie ist nicht Kirche Christi. Im Herrenmahl kommt es unvergleichlich deutlich zum Ausdruck, daß die Kirche Ekklesia, Versammlung, Gemeinde Gottes ist. Im Herrenmahl wird die Kirche ganz eigentlich immer wieder neu konstituiert. Wenn es die Kirche der Taufe verdankt, daß sie Kirche *ist* und es nicht erst durch ihre eigenen frommen Werke werden muß, so verdankt es die Kirche dem Herrenmahl, daß sie trotz allem Abfall und Versagen Kirche *bleibt*. Das bedeutet von Gott her gesehen: Ist die Taufe für die Kirche vor allem das Zeichen der erwählenden und rechtfertigenden Gnade, so ist für sie das Herrenmahl das Zeichen der bewahrenden und vollendenden Gnade. Und von den Menschen her: Ist die Taufe für die Kirche vor allem das Zeichen des antwortenden Glaubens und Gehorsams, so ist für sie das Herrenmahl das Zeichen der antwortenden Liebe und Hoffnung.

Aber Paulus will mit dem Satz: „Weil *ein* Brot, so sind wir, die Vielen, *ein Leib*" (1 Kor 10, 17) noch mehr sagen: Durch die communio werden die Teilnehmer zu einem *Leib* verbunden, weil das Brot der Leib Christi ist. Die den Leib des Herrn essen, werden selbst ein Leib. Indem die Gemeinde den Leib des Herrn empfängt, stellt sie sich selber als ein Leib dar. Der Anteil am Leib Christi macht die glaubend Essenden zum Christusleib. Im Herrenmahl wird die Gemeinde als Leib konstituiert. Nicht als ob die Gemeinde nur in der Feier des Herrenmahles Christusleib wäre! Aber in der Feier des Mahles, wo alle das eine Brot, alle den einen Leib des Herrn essen, tritt wie nirgendwo sonst konkret in Erscheinung, daß die Gemeinde Christusleib ist. Deshalb ist es für Paulus so wichtig, daß das Herrenmahl wirkliches Mahl ist. Wo es nicht wirklich zur Tischgemeinschaft kommt, wo Spaltungen sind, wo jeder sein eigenes Mahl vorausnimmt und der eine hungert und der andere betrunken ist und niemand auf den anderen wartet (11, 17—34), da kann keine echte Tischgemeinschaft aufkommen, da kann auch kein echtes Herrenmahl sein, da kommt man zusammen „zum Gericht" (11, 34). Auch im Herrenmahl geht es ja um Wortverkündigung, um ein „Verkündigen" (11, 26). Aber über alles Verkündigen des Wortes hinaus wird im gemeinsamen Mahl konkret sichtbar gemacht, daß die Glaubenden zusammengehören, eine wirkliche Gemeinschaft, ja — und das ist nun die eigentümliche Sicht des Paulus selbst — einen Leib bilden.

„Beim Brechen des eucharistischen Brotes gewinnen wir wirklichen Anteil am Leib des Herrn und werden zur Gemeinschaft mit ihm und untereinander erhoben. ‚Denn ein Brot, ein Leib sind wir, die Vielen, alle, die an dem einen Brote teilnehmen' (1 Kor 10, 17). So werden wir alle zu Gliedern jenes Leibes (vgl. 1 Kor 12, 27), ‚die Einzelnen aber untereinander Glieder' (Röm 12, 5). Wie aber alle Glieder des menschlichen Leibes, obschon sie viele sind, dennoch den einen Leib ausmachen, so auch die Gläubigen in Christus (vgl. 1 Kor 12, 12)" (CE 7).

Was ist es denn um diese Auffassung von der Gemeinde, von der Kirche als Christusleib, welche den Hintergrund gerade des paulinischen Abendmahlsverständnisses ausmacht?

3. Ortsgemeinde und Gesamtkirche als Christusleib

Kirche — Gottesvolk oder Christusleib? Die Unterschiede zwischen beiden Vorstellungen sind beträchtlich; dies wird bald von selbst deutlich werden. Beim „Gottesvolk" stehen zeitliche Kategorien im Vordergrund: Als Gottesvolk ist die Kirche auf dem Weg, von der alttestamentlichen Erwählung durch die Gegenwart auf die Zukunft hin. Beim „Christusleib" regiert die räumliche Vorstellung: die Verbundenheit der Kirche mit ihrem erhöhten Herrn als die bleibende Gegenwart.

Aber schon die Tatsache, daß beide Vorstellungen für Paulus typisch sind und bei ihm ohne Bruch vereint sind, zeigt, daß sie sich nicht zu widersprechen brauchen. Beide Kirchenbegriffe wollen die Verbindung der Kirche mit Christus und der Glieder untereinander zum Ausdruck bringen. Allerdings wird es darauf ankommen, daß die als Christusleib interpretierte Kirche nicht von einer abstrakten Leib-Idee her, sondern als das von Christus her in die Geschichte hineingestellte Gottesvolk verstanden wird. Das Verständnis der Kirche als Gottesvolk ist in jeder Beziehung grundlegend: Die Gottesvolk-Idee ist nicht auf Paulus beschränkt, sie ist die älteste Umschreibung für die Ekklesia und sie stellt die entscheidende Kontinuität mit Israel und dem Alten Testament heraus. Vom Gottesvolk her nur kann die Kirche als Christusleib richtig verstanden werden. Dann wird der Begriff „Leib Christi" allerdings das Neuartige und Einzigartige des neuen Gottesvolkes trefflich zum Ausdruck bringen. So ist die Kirche nur als Gottesvolk Leib Christi, aber als das durch Christus neu konstituierte Gottesvolk ist sie wahrhaft Leib Christi. Gerade von ihrer jüdischen Wurzel her haben die beiden Kirchenbegriffe miteinander zu tun[32].

---

[32] Zum bibl. Soma-Begriff. Neben der unter A I, 3 genannten allgemeinen ekklesiologischen Lit. von den bibl. Lexikonartikeln vor allem: *H. Schlier* in: LThK VI, 907–910; *ders.* in: Reallexikon für Antike und Christentum III (Stuttgart 1957) 437–453; *ders.*, Der Brief an die Epheser (Düsseldorf ²1958) bes. 90–96 (Rez. *E. Käsemann* in: Theol. Lit.-Zeitung 86, 1961, 1–8); *E. Schweizer, F. Baumgärtel* in: ThW

Vieles und Verschiedenes wird in der weitläufigen Diskussion über die *Herkunft* des Leib-Christi-Gedankens bei Paulus ausgeführt. Der Ursprung wird im Hellenismus gesucht (im gnostischen Erlösermythos oder in der stoischen Bildsprache) oder aber im Alten Testament (im Verständnis des Stammes oder Volkes als Gesamtpersönlichkeit und in der rabbinischen Adamsspekulation) oder schließlich im Neuen Testament selbst (im Wort Jesu vom Tempel seines Leibes oder im Abendmahl). Es dürfte gut sein, sich hier an das historisch Belegbare zu halten und nicht an Vermutungen und Konstruktionen, die sich auf keine sicher vorchristlichen Texte stützen können. Aufgrund des Quellenbefundes steht bezüglich der Kirche als σῶμα Χριστοῦ zweierlei fest:

In der *Gnosis* gibt es keine einzige Parallele zum paulinischen Gebrauch von σῶμα; solche gibt es nur in der von Paulus direkt abhängigen Literatur (Ignatios, Hirt des Hermas, 2. Clemensbrief). Aus den sehr seltenen, späten und selbst da nicht eindeutigen Stellen für die Idee des „vollkommenen Menschen", der die erlösten Menschen in sich birgt, läßt sich für den Leib-Christi-Gedanken bei Paulus ebenfalls nichts Sicheres ableiten. Von einer Identität des Erlösers mit den Erlösten scheint man in der Gnosis nichts zu wissen.

In zweifellos zeitgenössischen und vorchristlichen Dokumenten des *Spätjudentums* hingegen lassen sich folgende eschatologische Erwartungen eindeutig nachweisen: a) die eschatologische Schar der Erwählten wird nach dem Gericht und der Reinigung von den Sünden die Herrlichkeit des Urmenschen Adam wiedererlangen (Qumran); b) die göttliche Weisheit tritt als Offenbarerin auf und wird den Menschen, der seinen himmlischen Ursprung vergessen hat, an seinen göttlichen Ursprung erinnern; c) ein neuer Stammvater (Henoch, Noe und besonders Jakob-Israel) wird nach dem Ende der verschuldeten und verlorenen Menschheit ein neues Gottesvolk der Endzeit heraufführen; d) das Gesamtgeschlecht wird als ein individueller Mann vorgestellt.

Schon vor Paulus hat man vermutlich Jesus als Menschensohn mit dem Urmenschen Adam verbunden. Jedenfalls hat Paulus selbst

---

VII, 1024–1091; in diesem Zusammenhang ebenfalls von *E. Schweizer*, Die Kirche als Leib Christi in den paulinischen Homologumena; Die Kirche als Leib Christi in den paulinischen Antilegomena, beides in seinem Sammelband: Neotestamentica (Zürich 1963) 272–316. – Neuere Monographien: *A. Wikenhauser*, Die Kirche als der mystische Leib des Christus nach dem Apostel Paulus (Münster ²1940); *L. S. R. Thornton*, The Common Life in the Body of Christ (London 1942); *E. Percy*, Der Leib Christi in den paulinischen Homologumena und Antilegomena (Lund 1942); *W. Goossens*, L'Église Corps du Christ d'après saint Paul (Louvain 1949); *Th. Soiron*, Die Kirche als der Leib Christi (Düsseldorf 1951); *J. A. T. Robinson*, The Body (London 1952); *R. Bultmann*, Theologie des NT (Tübingen ³1958) bes. 182 f, 311, 465, 502–504; *E. Best*, One Body in Christ (London 1955); *F. Mußner*, Christus, das All und die Kirche (Trier 1955); *J. J. Meuzelaar*, Der Leib des Messias (Assen 1961); *L. Cerfaux*, La Théologie de l'Église suivant saint Paul (Paris ⁴1965).

den Menschensohn als den eschatologischen Adam verstanden, dessen Schicksal sein ganzes Volk teilt (Röm 5, 15; 1 Kor 15, 21 f. 45–49). So lag es für Paulus von den spätjüdischen Gegebenheiten her nahe, den Begriff des „Leibes Christi" zu schaffen, der seine ureigene Schöpfung ist; nur in den paulinischen und in den von ihm direkt abhängigen Schriften findet sich ja dieser Ausdruck. Was hat Paulus zur Übernahme des im hellenistischen Sprachgebrauch üblichen Bildes bewogen?

Seit der Begegnung des Spätjudentums mit dem Hellenismus wurden vielfach zeitliche Konzeptionen (diese Welt – zukünftige Welt) räumlich interpretiert (unten – oben). Im hellenistischen Sprachgebrauch aber war es gängig, mit „Leib" die Einheit eines aus verschiedenen Gliedern bestehenden Ganzen (z. B. Staat, Kosmos, Rede, Melodie, Weinrebe) zu umschreiben; ja, für manche Stoiker ist auch die Volksversammlung, die Ekklesia, ein „Leib", der aus vielen Körpern besteht. Den Begriff „Leib" auf die Ekklesia Christi anzuwenden mußte um so weniger schwerfallen, als dem „Blute Jesu" (= seinem Opfertod) schon vor Paulus eine andauernde Heilswirkung für die Gemeinde der Gegenwart zugeschrieben wurde. Wenn dies Paulus nun auch für den Parallelbegriff „Leib Jesu" tut, ist nicht zu vergessen, daß für Paulus der Auferstehungsleib der Kreuzesleib ist, insofern diesem eine andauernde Wirksamkeit zukommt. Von daher ist für Paulus möglich, mit „Leib Christi" sowohl den am Kreuz hängenden Leib Jesu wie den im Abendmahl gegenwärtigen Leib wie schließlich die in den Kreuzesleib eingegliederte Kirche zu bezeichnen. Im Leib Christi am Kreuz geschieht das Ereignis seines Heilstodes. Im Leib Christi des Abendmahles wird das Ereignis seines Todes fruchtbar. Im Leib Christi der Kirche aber ist der Bereich und Raum bezeichnet, in welchem Segen und Herrschaft dieses Todes wirksam sind und bleiben. Am einen Leib des gekreuzigten und auferstandenen Christus erhalten die Glaubenden durch die Taufe, in der sie mit Christus begraben und auferweckt werden, Anteil. Mit demselben Leib identifizieren sich die Getauften leibhaft im Herrenmahl essend und trinkend. Indem sie sich mit diesem einen Leib identifizieren, werden sie selber unter sich eins, werden sie selber „*ein* Leib in Christus", „ein Leib Christi".

Doch nun ist es notwendig genauer zu bestimmen, was Christusleib im Zusammenhang mit der Kirche besagen will. Wer ist „Leib Christi"? Nach den allgemein anerkannten Briefen des Paulus, die

die ältesten sind, ist dies ganz eindeutig: Leib Christi ist die Ortsgemeinde.

a) *Die Ortsgemeinde als Christusleib:* Daß Paulus die Ortsgemeinde meint, ergibt sich aus dem für das Herrenmahl zitierten Text 1 Kor 10, 16f ebenso wie aus dem für die Taufe zitierten Text 1 Kor 12, 13 (vgl. 12, 12. 14–27; 6, 5–17). Beides sind nicht Aussagen einer abstrakten Allgemeinheit, sondern sind an die Gemeinde von Korinth gerichtet: diese Gemeinde ist es, die durch Taufe und Mahl als Leib Christi begründet und verwirklicht wird. Auch die dritte klassische paulinische Stelle zum Christusleib, Röm 12, 4f, ist von der Ortsgemeinde, der von Rom, ausgesagt.

Überall sind die Glieder des Christusleibes als Träger von Charismen gesehen. 1 Kor 12 und Röm 12 sind ja auch die klassischen Texte für die charismatische Struktur der Kirche; was also über die Kirche als Geistesgeschöpf entwickelt wurde, ist hier in besonderer Weise vorauszusetzen. Die Aussagen über Christusleib und Geistesgeschöpf gehen ineinander über und ergänzen sich. Durch die Verbindung der Aussagen über die Charismen mit denen über den Christusleib hat Paulus jedenfalls deutlich gemacht, daß die Kirche nie – wie dies in Korinth offenkundig manche meinten – eine Ansammlung von Charismatikern sein kann, die ihr eigenes privates Christusverhältnis unabhängig von der Gemeinde haben und genießen. Nach Paulus sind alle Charismatiker eingefügt in den Christusleib der Gemeinde. Daß alle Charismatiker Glieder eines Leibes sind, bedeutet bestimmt keine Uniformität, sondern gerade eine Vielfalt von Gaben und Berufungen. Allerdings, grundsätzlich sind die einzelnen Glieder als Getaufte gleichgestellt. Gegenüber dieser grundsätzlichen Gleichheit sind alle Unterschiede letztlich bedeutungslos (vgl. 1 Kor 12, 12f).

Auffällig ist, daß der Kontext der Ausführungen über die Gemeinde als Christusleib nie die Christologie oder Soteriologie noch auch nur eine ausdrücklich theoretische Ekklesiologie ist. Der Kontext ist vielmehr die Ermahnung, die Paränese. So sehr Paulus aus den Ideen und Vorstellungen der Umwelt lernt und schöpft, so versteigt er sich nirgendwo in scheinbar geistreiche Spekulationen. Es liegt ihm nicht daran, geheimnisvolle mystische Ausdrücke um ihrer selbst willen zu gebrauchen. Er will vielmehr gerade durch die Idee des Christusleibes der Gemeinde helfen, ihr konkretes Leben ganz leibhaft vom Christusereignis her zu leben. Wie nach Plutarch Menenius Agrippa die auf den Mons sacer ausgewanderte Plebs mit der bekannten Fabel vom Magen und den übrigen Teilen des Körpers zur Rückkehr zu bewegen suchte, so will Paulus mit dem Bild vom Leib die Gemeindeglieder zur Einheit, zu gegenseitiger Hilfe und zur Sympathie zueinander auffordern: „Denn wie der Leib *einer* ist und viele Glieder hat, alle Glieder des Leibes aber, obgleich es viele sind, *einen* Leib bilden, so auch Christus. Denn auch wir sind in *einem* Geist alle zu *einem* Leib getauft worden, ob Juden, ob Griechen, ob Sklaven, ob Freie, und sind alle mit *einem* Geist getränkt worden. Denn auch der Leib ist nicht *ein* Glied, sondern viele. Wenn der Fuß sagt: Weil ich nicht Hand bin, gehöre ich nicht zum Leibe, so gehört er darum doch zum Leibe. Und wenn das Ohr sagt: Weil ich nicht Auge bin, gehöre ich nicht zum Leibe, so gehört es darum doch zum Leibe. Wenn der ganze Leib Auge wäre, wo bliebe das Gehör? Wenn er ganz Gehör wäre, wo bliebe der Geruch? Nun aber hat Gott den Gliedern eine Bestimmung gegeben, einem jeden von ihnen am Leibe, wie er gewollt hat. Wären aber alle *ein* Glied, wo bliebe da der Leib? Nun aber gibt es viele Glieder, doch nur *einen* Leib. Das Auge kann aber nicht zur Hand sagen: Ich bedarf deiner nicht, oder wiederum der Kopf zu den Füßen: Ich bedarf euer nicht. Sondern im Gegenteil, die Glieder des Leibes, die die schwächeren zu sein scheinen, sind notwendig, und die uns die weniger ehrbaren am Leib zu sein scheinen, die umgeben wir mit desto größerer Ehre, und die unanständigen an uns haben desto größere Wohlanständigkeit; die wohlanständigen an uns aber bedürfen ihrer nicht. Aber Gott hat den Leib so zusammengefügt, daß er dem im Nachteil befindlichen Glied desto größere Ehre gab, damit keine Spaltung im Leibe wäre, sondern die Glieder die gleiche Sorge füreinander tragen sollten. Und wenn *ein* Glied leidet, so leiden alle Glieder mit; wenn *ein* Glied besonders geehrt wird, so freuen sich alle Glieder mit. Ihr aber seid Christi Leib und, als Teile betrachtet, Glieder" (1 Kor 12, 12—27; vgl. Röm 12, 4f).

Nur ein einziges Mal gebraucht Paulus in den allgemein anerkannten Briefen den Ausdruck „Leib Christi" (1 Kor 12, 27) und dies auch noch unbestimmt, ohne Artikel. Sonst sagt Paulus nur: „*ein* Leib" oder „*ein* Leib *in* Christus". Damit nimmt er den allgemeinen griechischen Sprachgebrauch auf. Ihm geht es ja an all diesen Stellen über den Leib Christi gar nicht darum, das Verhältnis des Leibes zu einem Haupt ontologisch zu beschreiben. Es geht ihm vielmehr um das richtige Verhältnis des einen Leibes zu den vielen Gliedern und der Glieder untereinander im konkreten geschichtlichen Leben der Gemeinde. Wenn er zur Warnung vor Überheblichkeit bzw. vor Minderwertigkeitsgefühlen auf das Verhältnis von Haupt und Füßen zu sprechen kommt, so ist hier das Haupt ein Glied unter anderen Gliedern. Christus wird in diesen Briefen nie Haupt der Kirche genannt.

Die Gemeindeglieder *sollen* „ein Leib" sein. Aber sie *sollen* „ein Leib" sein, weil sie in Christus bereits „ein Leib" *sind.* Dies würden die Griechen, die keine geschichtliche Abhängigkeit der Gemeinschaft von einem (dazu noch am Kreuze hingerichteten) geschichtlichen Leib kennen, nicht sagen. Wie bei der Existenz des einzelnen Glaubenden, so ist auch bei der Kirche als Christusleib der Imperativ nach Paulus begründet im Indikativ: Weil die Glaubenden in der Taufe durch den einen Geist in den Christusleib eingegliedert *sind,* weil sie durch das Mahl in einem Leib geeint *sind,* deshalb *sollen* sie im Alltag als Glieder des einen Leibes leben und die Einheit des einen Leibes verwirklichen. Der Leib Christi ist also nicht das Ergebnis von Bemühungen der Gemeindeglieder, die sich zu einem Leib zusammengeschlossen haben und die so selbst durch ihre Liebe und ihren Willen zur Einheit den Leib Christi konstituieren. Der Leib Christi ist durch Christus selbst konstituiert und in diesem Sinne vorgegeben. So steht denn am Anfang der Ermahnungen von 1 Kor 12, 12–27 ein indikativischer Satz: „Weil der Leib *einer ist* und doch viele Glieder hat, alle Glieder des Leibes aber, obwohl sie viele sind, doch *ein* Leib *sind,* so auch Christus." Die Glaubenden sind ein Leib von Christus her: sie sind einer – wenn man auf den Ursprung sieht – *durch* Christus; sie sind einer – wenn man auf die Gegenwartsbeziehung schaut – *in* Christus. Sie sind einer – in stark abgekürzter Formulierung – „so auch Christus": Der Leib Christi selbst ist gegenwärtig, wo immer die Gemeinde „in Christus" lebt, wo immer sie nämlich im Bereich des Heilstodes des Auferstandenen, unter seinem Segen und der in ihm aufgerichteten Herrschaft lebt. „In Christus sein" (Röm 8, 1; 2 Kor 5, 17; Gal 2, 17) ist ja nicht primär eine christologische, sondern eine ekklesiologische Formel, meint also nicht primär eine individuell-mystische Verbundenheit mit Christus, sondern das Eingefügtsein in den Leib Christi (vgl. Gal 3, 28; 1, 22; Röm 16, 7. 11; 1 Kor 1, 30; 1 Thess 2, 14). Der

Kreuzesleib wird gegenwärtig und wirkt in die Gegenwart hinein im Raum der Gemeinde. So sind alle, wie es in Röm 12, 5 heißt, „*ein* Leib *in* Christus". Vermutlich schwingt aber im „so auch Christus" (1 Kor 12, 12) für Paulus noch mehr mit, was er dann am Ende des Abschnittes durch die weitergehende Formel ausspricht: „Ihr seid Leib Christi" (12, 27): Die Gemeinde ist in Schicksal und Weg Christi eingeschlossen, wie Stamm und Volk im Schicksal und Weg des Stammvaters eingeschlossen sind. Die Zusammengehörigkeit von Christus und Kirche als Leib ist nicht eine physisch-substanzielle wie in der Gnosis, allerdings auch nicht nur eine bildlich-symbolische einem stoischen Verständnis entsprechend, sondern eine geschichtlich-reale im Sinne des Alten Testamentes.

„Wie aber alle Glieder des menschlichen Leibes, obschon sie viele sind, dennoch einen Leib bilden, so auch die Gläubigen in Christus (vgl. 1 Kor 12, 12). Auch im Aufbau des Leibes Christi gilt die Verschiedenheit der Glieder und der Dienste. Der eine Geist ist es, der seine vielfältigen Gaben gemäß seinem Reichtum und den Erfordernissen der Dienste zum Nutzen der Kirche austeilt (vgl. 1 Kor 12, 1–11). Unter diesen Gaben ragt die Gnadenberufung der Apostel heraus, deren Autorität der Geist selbst auch die Charismatiker unterordnet (vgl. 1 Kor 14). Derselbe Geist eint durch sich und durch seine Kraft wie durch die innere Verbindung der Glieder den Leib; er bringt die Liebe der Gläubigen untereinander hervor und treibt sie an. Folglich leiden, wenn ein Glied leidet, alle Glieder mit, und wenn ein Glied geehrt wird, freuen sich alle Glieder mit (vgl. 1 Kor 12, 26)" (CE 7).

b) *Die Gesamtkirche als Christusleib:* Für 1. Korinther- und Römerbrief ist Leib Christi die Einzelgemeinde, für Kolosser- und Epheserbrief ist es die Gesamtkirche. Bezüglich der paulinischen Autorschaft weniger des Kolosserbriefes und mehr des Epheserbriefes, wo eine für Paulus ungewöhnliche Konzentration auf die Ekklesiologie unter Vernachlässigung von Rechtfertigungslehre, Eschatologie und Anthropologie statthat, sind die Exegeten bekanntlich geteilter Auffassung. Die Frage kann hier nicht diskutiert werden und ist für uns auch nicht entscheidend. Jedenfalls dürfte auch bei Bejahung der paulinischen Autorschaft nicht nur die „Altersreife" des Apostels, sondern auch eine stark veränderte kirchliche Lage für die sehr erheblichen Unterschiede zu den allgemein anerkannten Paulinen gerade auch bezüglich der Christusleib-Auffassung verantwortlich gemacht werden. Christus ist in Epheser- und Kolosserbrief die Antwort auf das die Gemeinden bedrückende Problem, daß den Menschen der Kosmos entglitten ist. Wenn aufgewiesen werden soll, daß der

Kosmos in Christi Hand ist, reicht es nicht aus, nur von der Ortskirche her zu denken. Die – zweifellos sehr idealisierte – *weltweite* Kirche ist deshalb in Epheser- und Kolosserbrief der Leib Christi. In dieser Betrachtung ist dann nicht so sehr das Verhältnis der Einzelglieder untereinander, sondern das Verhältnis Leib – Haupt im Blickpunkt der Betrachtung. Christus erscheint nun ausdrücklich als „Haupt" (κεφαλή) der Kirche.

Vermutlich steht im Hintergrund gerade des *Kolosserbriefes* ein kosmisches Verständnis des Leibes Christi. Kol 1, 15–18 dürfte ein kosmischer Hymnus zugrunde liegen, der aber vom Verfasser des Briefes geschichtlich, vom Kreuzestod Jesu als dem entscheidenden Heilsereignis her, korrigiert wird. Der Leib Christi wird gerade nicht kosmisch, sondern ekklesiologisch verstanden. Christus ist zwar Haupt auch über die Welt; aber nicht das All, sondern die Kirche wird Leib Christi genannt (Kol 1, 18. 24; 3, 15; vgl. 2, 19). Die Versöhnung des Kosmos geschieht nicht ontologisch, sondern geschichtlich, in der Predigt des Evangeliums nämlich unter den Völkern (1, 23). So wächst der Leib Christi, die Kirche, in die Welt hinaus (vgl. 1, 6; 1, 23–29; 2, 19).

Auch im *Epheserbrief* ist Christus Herrscher über das All (Eph 1, 22 f). Aber bei allen kosmischen Perspektiven auch dieses Briefes bezeichnet auch hier „Leib" nicht den Kosmos, sondern die Kirche (1, 22 f; 2, 12–16; 4, 4. 12–16; 5, 23. 30). Auch hier wächst der Leib Christi durch die Völkermission und überhaupt durch den Dienst der Kirche an der Welt (vgl. 2, 21 f; 4, 11 f. 15 f). Als der Leib Christi ist die Kirche die „Fülle", das Pleroma dessen, der „alles in allem" erfüllt (1, 22 f); mit all den Lebenskräften, die von ihm ausgehen, durchherrscht Christus, dessen Leib die Kirche ist, das All. Es geht hier nicht um eine pantheistisch verstandene griechische Alleinheit, sondern um ein Durchdringen des Alls in Herrschaft entsprechend dem jüdischen Untertanenverhältnis, welches Dienst und Gehorsam besagt.

Was sagen die beiden Briefe des näheren über das Verhältnis von Christus und Kirche? 1. Insofern Christus und Kirche als Haupt und Leib bezeichnet werden, ist ihre unzertrennliche Zusammengehörigkeit ausgesprochen (Eph 1, 22 f; Kol 1, 18 u. ö.). Diese tiefe Zusammengehörigkeit, ja Schicksalsgemeinschaft, bestätigen die bereits zitierten συν-Composita, die in unseren Briefen besonders häufig sind: Gott hat „uns, die wir tot waren durch die Übertretungen, mitlebendig gemacht durch Christus – durch Gnade seid ihr gerettet – und mitauferweckt und miteingesetzt im Himmel in Christus Jesus" (Eph 2, 5 f; vgl. Kol 2, 12 f; 3, 1). – 2. Christus ist als Haupt Ursprung und Ziel des Wachsens der Kirche: „Wir sollen vielmehr, die Wahrheit in Liebe festhaltend, in allen Stücken hinanwachsen zu ihm, der das Haupt ist, Christus. Und von ihm aus vollbringt der ganze Leib, durch alle sich unterstützenden Gelenke zusammengefügt und zusammengehalten, nach der jedem einzelnen Gliede zugemessenen Wirksamkeit das Wachstum des Leibes zu seiner eigenen Auferbauung in Liebe" (Eph 4, 15 f; vgl. Kol 1, 18; 2, 19). – 3. Christus ist als Haupt der Kirche als Leib in Herrschaft übergeordnet; die Kirche als Leib ist Christus als dem Haupt in Gehorsam untergeordnet: „Diese (seine Stärke) hat er (Gott) an Christus wirksam werden lassen, als er ihn von den Toten auferweckte und zu seiner Rechten in der Himmelswelt setzte über jede Gewalt und Macht und Kraft und Hoheit und jeden Namen, der genannt wird nicht allein in dieser Welt, sondern auch in der zukünftigen. Und alles hat er seinen Füßen unterworfen und hat ihn zum Haupt über alles der Kirche gegeben, die sein Leib ist, die Fülle dessen, der alles in allem erfüllt" (Eph 1, 20–22; vgl. 5, 24; Kol 1, 18; 2, 10. 14 f. 19).

„Das Haupt dieses Leibes ist Christus. Er ist das Bild des unsichtbaren Gottes, und in ihm ist alles geschaffen. Er ist vor allen und alles hat in ihm Bestand. Er ist das Haupt des Leibes, welcher die Kirche ist. Er ist der Anfang, der Erstgeborene aus den Toten, auf daß er in allem den Vorrang habe (vgl. Kol 1, 15–18). Durch die Größe seiner Macht herrscht er über Himmlisches und Irdisches, und durch seine alles überragende Vollkommenheit und Wirksamkeit erfüllt er den ganzen Leib mit dem Reichtum seiner Herrlichkeit (vgl. Eph 1, 18–23). – Alle Glieder müssen ihm gleichgestaltet werden, bis Christus Gestalt gewinnt in ihnen (vgl. Gal 4, 19). Deshalb werden wir aufgenommen in die Geheimnisse seines Lebens, werden ihm gleichgestaltet, sterben mit ihm und werden mit ihm auferweckt, bis wir endlich mit ihm herrschen werden (vgl. Phil 3, 21; 2 Tim 2, 11; Eph 2, 5 f; Kol 2, 12 usw.). Solange wir auf Erden pilgern und in Trübsal und Verfolgung seinen Spuren folgen, haben wir mit seinen Leiden Gemeinschaft wie der Leib mit dem Haupt; wir leiden mit ihm, um mit ihm verherrlicht zu werden (vgl. Röm 8, 17). – Von ihm her ‚wächst der ganze Leib, durch die Gelenke und Bänder unterstützt und zusammengehalten, im Wachstum Gottes' (Kol 2, 19). Er ordnet in seinem Leib, der Kirche, die Dienstgaben immerfort, vermöge deren wir durch seine Kraft uns untereinander Dienste leisten zum Heil, um – indem wir die Wahrheit in Liebe tun – in allen Dingen auf ihn hinzuwachsen, der unser Haupt ist (vgl. Eph 4, 11–16). – Damit wir aber in ihm unablässig erneuert werden (vgl. Eph 4, 23), gab er uns von seinem Geiste, der als der eine und gleiche im Haupt und in den Gliedern wohnt und den ganzen Leib so lebendig macht, eint und bewegt, daß die heiligen Väter sein Wirken vergleichen konnten mit der Aufgabe, die das Lebensprinzip, die Seele, im menschlichen Leibe erfüllt" (CE 7).

Aber dadurch ist der große gedankliche Reichtum gerade des Epheserbriefes zum Thema des Leibes Christi noch nicht ausgeschöpft. Auf zwei Gesichtspunkte legt der Verfasser besonderes Gewicht. Der erste ist die *Einheit,* die in einer zweifachen Dimension gesehen wird. Einheit soll sein zwischen den vielen Gliedern, den Trägern der verschiedenen Gaben und Dienste: „... mit Langmut einander in Liebe ertragend, bemüht, die Einheit des Geistes durch das Band des Friedens zu bewahren. *Ein* Leib und *ein* Geist, wie ihr auch berufen worden seid zu *einer* Hoffnung eurer Berufung. *Ein* Herr, *ein* Glaube, *eine* Taufe; *ein* Gott und Vater aller, der über allen und bei allen und in allen ist. Jedem einzelnen unter uns aber ist die Gnade nach dem Maß der Gabe Christi verliehen worden" (Eph 4, 2–7; vgl. 4, 11–13). Einheit soll sein insbesondere zwischen den beiden einst getrennten Menschheitsgruppen, Juden und Heiden, welche Christus durch seinen Kreuzestod in *einem* Leib versöhnt hat: „Denn er (Christus) ist unser Friede, der beide Teile zu einem Ganzen gemacht und die Scheidewand des Zaunes, die Feindschaft, gebrochen hat in seinem Fleisch, in dem er das Gesetz der in Satzungen bestehenden Gebote abgetan hat, um die zwei in ihm selbst zu *einem* neuen Menschen zu schaffen, dadurch, daß er Frieden stiftete, und um die beiden in *einem* Leib mit Gott zu versöhnen durch das Kreuz, nachdem er durch dieses die Feindschaft getötet hatte. Und er kam und verkündigte als frohe Botschaft Frieden euch den Fernen und Frieden den Nahen; denn durch ihn haben wir beide den Zutritt in *einem* Geist beim Vater" (Eph 2, 14–18; vgl. 3, 6; 4, 4). So weitet sich der Leib des Gekreuzigten und Auferstandenen durch den Geist zum ekklesiologischen „Leib Christi". Der „eine neue Mensch" ist der ganze Christus, „Haupt" und „Leib" (vgl. 4, 13).

Der zweite wichtige Gesichtspunkt ist die *Liebe,* die unter dem Bild der Ehe von Mann und Frau das tiefste Geheimnis der Einheit von Christus und Kirche ausmacht (Eph 5, 22–32). Bei allem bleibenden Unterschied zwischen Christus und Kirche, bei aller bleibenden Herrschaft des Hauptes über den Leib, geht es letztlich doch um eine Einheit in gegenseitiger Hingabe. Christus und Kirche – das in der

Spätantike weitverbreitete (und in dieser Unterordung der Frau unter den Mann zeitgebundene) Bild von der „heiligen Ehe" wird hier aufgenommen – verhalten sich wie Mann und Frau, wobei die Frau als Leib des Mannes, der das Haupt ist, erscheint (schon 1 Kor 6, 12–20 war die Verbundenheit von Christus und Gemeinde analog der geschlechtlichen gesehen worden). „Die Kirche ist Christus untertan" (Eph 5, 24), sie soll wie die Frau vor dem Mann „Ehrfurcht haben" (vgl. 5, 33). Doch ist dies kein einseitiger Akt. Wie sich die Kirche Christus hingeben soll, so hat Christus sie zuerst geliebt und sich für sie dahingegeben. Er ist ja nicht nur „Haupt", sondern auch „Erlöser seines Leibes" (5, 23). Er „hat die Kirche geliebt und sich für sie dahingegeben, um sie zu heiligen, indem er sie durch das Wasserbad im Wort reinigte, damit er selbst sich die Kirche herrlich hinstellte, die weder Flecken noch Runzeln oder dergleichen hätte, vielmehr damit sie heilig und makellos sei" (5, 25–27). So „nährt und hegt" Christus seine Kirche (5, 29). Das Wasserbad, durch das die Kirche wie eine Braut hindurchgeht, ist die Taufe; es ist nicht ausgeschlossen, daß mit der Nahrung, durch die die Kirche „genährt" wird, die Eucharistie gemeint ist. So also weist die Liebe zwischen Mann und Frau – welch großes Geheimnis – auf die Liebe zwischen Christus und Kirche: „Wer seine Frau liebt, der liebt sich selbst. Denn niemand hat je sein eigenes Fleisch gehaßt, sondern er nährt und hegt es, wie auch Christus die Kirche. Denn wir sind Glieder seines Leibes, ‚von seinem Fleische und von seinen Gebeinen'. ‚Deswegen wird ein Mensch Vater und Mutter verlassen und seiner Frau anhangen, und die zwei werden *ein* Leib sein.' Dieses Geheimnis ist groß, ich aber deute es auf Christus und auf die Kirche" (Eph 5, 28–32; vgl. 2 Kor 11, 2).

„Christus aber liebt die Kirche als seine Braut; er ist zum Urbild des Mannes geworden, der seine Gattin liebt wie seinen eigenen Leib (vgl. Eph 5, 25–28). Die Kirche ihrerseits ist ihrem Haupte untertan (5, 23 f). ‚Denn in ihm wohnt die ganze Fülle der Gottheit leibhaftig' (Kol 2, 9). Die Kirche, die sein Leib und seine Fülle ist, erfüllt er mit seinen göttlichen Gaben (vgl. Eph 1, 22 f), damit sie selbst sich ausstrecke und gelange zur ganzen Fülle Gottes (vgl. Eph 3, 19)" (CE 7).

c) *Christus und Kirche:* Um Mißverständnisse mit weitreichenden Folgen zu vermeiden, soll aufgrund des biblischen Befundes das Verhältnis Christus und Kirche noch genauer bestimmt werden. Folgende Gesichtspunkte wollen durchgehend und zugleich beachtet werden[33]:

1. Christus ist *in der Kirche gegenwärtig:* Der gekreuzigte Jesus ist als der auferstandene Herr in der Kirche gegenwärtig. Christus ist nicht ohne die Kirche, die Kirche nicht ohne Christus. Christus ist für die Kirche nicht nur das Ereignis einer immer ferner werdenden Vergangenheit und auch nicht nur das Ereignis einer unbestimmten nahen oder fernen Zukunft. Er, dem als dem Kyrios von allem die ganze Menschheit, ob sie es weiß oder nicht, unterstellt ist, er ist gegenwärtig in seiner Kirche. Die Kirche lebt nicht nur von dem damals getanen und abgeschlossenen Werk Christi, auch nicht nur von der erwarteten, zukünftigen Vollendung seines Werkes, sondern sie lebt von des wirkenden Christus lebendiger Gegenwart. In der Verkündigung des Evangeliums wird nicht nur von der einstigen Heilstat Gottes in Christus berichtet, sondern im Wort der Verkündigung ist Christus selbst am Werk. Wo zwei oder drei in seinem Namen versammelt sind, ist er mitten unter ihnen (Mt 18, 20); er ist bei uns alle Tage bis ans Ende der Welt (28, 20). Nicht nur der Ertrag seiner Wirksamkeit, nicht nur die Bedeutsamkeit seiner Geschichte, nein, er selbst in Person wirkt in der Kirche, durch ihn, in ihm, auf ihn hin existiert sie.

Christus ist gegenwärtig im ganzen Leben der Kirche. Aber in aus-

[33] Neben den allgemeinen systematischen Arbeiten zum Kirchenverständnis, s. A II, 2, und den betr. Abschnitten in den Dogmatiken die neueren systematischen Monographien zum Leib-Christi-Begriff: *S. Tromp,* Corpus Christi quod est ecclesia I–III (Rom 1937 ff); *C. Feckes,* Die Kirche als Herrenleib (Köln 1949); *H. de Lubac,* Corpus mysticum (Paris ²1949); *E. Mersch,* La Théologie du Corps Mystique I–II (Paris ³1949); *ders.,* Le Corps Mystique du Christ (Paris ³1951); *A. Mitterer,* Geheimnisvoller Leib Christi nach St. Thomas von Aquin und Papst Pius XII. (Wien 1950); *E. Sauras,* El cuerpo místico de Cristo (Madrid 1952); *E. L. Mascall,* Corpus Christi (London 1953); *F. García Martínez,* El cuerpo místico de Cristo (Barcelona 1959); *G. MacGregor,* Corpus Christi (London 1959); *H. Schauf,* De Corpore Christi Mystico sive de Ecclesia Christi Theses. Die Ekklesiologie des Konzilstheologen Clemens Schrader ... (Freiburg i. Br. 1959); *F. Malmberg,* Ein Leib – ein Geist (Freiburg i. Br. 1950); *A. Cervia,* Unica persona mystica (Rom 1960); *Ph. L. Hanley,* The Life of the Mystical Body (Westminster 1961); *E. Mersch,* Le Christ, l'homme et l'univers. Prolégomènes à la théologie du corps mystique (Brügge 1962); *M. J. Le Guillou,* Le Christ et l'Église. Théologie du mystère (Paris 1963); *K. E. Skydsgaard* (u. a.), The Church and the Body of Christ (Notre Dame/Indiana, 1963); *H. Mühlen,* Una mystica persona (München-Paderborn-Wien 1964); unter den systematischen Lexikonartikeln s. bes. *J. Ratzinger* in: LThK VI, 910–912; vgl. schließlich die Kommentare zur Enzyklika Pius' XII. Mystici Corporis.

gezeichneter Weise handelt Christus als der Gegenwärtige in der *gottesdienstlichen Versammlung,* zu der er uns ruft durch sein Evangelium, in die wir durch die Taufe aufgenommen sind, in der wir das Herrenmahl feiern und von der wir wieder hinausgesandt werden zum Dienst an der Welt. In der gottesdienstlichen Versammlung geschieht in besonderer Weise Gottes Dienst an der Kirche und der Kirche Dienst vor Gott. Hier redet Gott durch sein Wort mit der Kirche und die Kirche mit Gott durch die Antwort ihres Gebetes und ihres Lobgesanges. Hier vergegenwärtigt sich der gekreuzigte und auferstandene Herr durch sein Wort und durch sein Sakrament, und hier übereignen wir uns ihm: indem wir sein Evangelium glaubend hören, indem wir unsere Sünde bekennen, Gottes Gnade loben und im Namen Jesu den Vater bitten, indem wir am Mahl des unter uns gegenwärtigen Herrn teilnehmen und indem wir unseren gegenseitigen Dienst grundlegen durch das Glaubenszeugnis voreinander und das Fürbitten füreinander. Hier, ganz ursprünglich, ist, geschieht Ekklesia, Versammlung, Gemeinde, Kirche Gottes! Hier erinnert sich Gottes neues Volk, in Dankbarkeit und Freude laut kündend, der großen Taten und Verheißungen Gottes: von der Schöpfung und Erhaltung der Welt und des Menschen, der Berufung und Führung Israels bis zur eschatologischen Heilstat in Christi Tod und Auferstehung und zur Vollendung der Welt und der Menschheit. Hier werden auf dem lebendigen Eckstein Christus die glaubenden Getauften als lebendige Steine in das geistige Haus, den Bau und Tempel des Heiligen Geistes eingegliedert. Hier werden wir als ein Leib, als Leib Christi auferbaut, indem wir gedenkend, dankend und erwartend im Mahl der Freude, der Liebe und der Hoffnung, zu dem uns Christus geladen, den Leib Christi selbst empfangen.

Weil Christus so in jeder gottesdienstlichen Versammlung *ganz* gegenwärtig ist, ist jede gottesdienstliche Versammlung der Ortsgemeinde in vollem Sinn Ekklesia Gottes, Leib Christi. Gewiß ist die einzelne Ortsgemeinde nicht einfach *die* Ekklesia, *der* Leib Christi, insofern es ja auch andere Ortsgemeinden gibt, die ebenfalls Ekklesia, Leib Christi sind. Aber sie ist wahrhaft Ekklesia, Leib Christi, weil der Herr in ihr wahrhaft, ganz und ungeteilt gegenwärtig ist. Und weil es derselbe Herr ist, der sich hier und in allen Gemeinden wahrhaft, ganz und ungeteilt schenkt, deshalb sind auch diese Gemeinden nicht nur unverbunden nebeneinander, auch nicht in losem Verband miteinander, sondern sind sie alle zusammen im selben Geist die eine Ekklesia Gottes, der eine Leib Christi, durch die Koinonia, Communio, Gemeinschaft mit dem einen Herrn in Koinonia, Communio, Gemeinschaft untereinander.

Wie also ist das Verhältnis von Christus und Kirche zu bestimmen? Zwischen Christus und Kirche herrscht nicht ein nur ethisch verbundenes Gegenüber, auch nicht nur eine Polarität, in der sich Kirche und Christus als Subjekt und Objekt äußerlich entgegenstehen. Sondern zwischen Christus und Kirche besteht eine *Einheit*, insofern Christus der Kirche *innerlich* personal *gegenwärtig* ist. Aber das ist nur die halbe Wahrheit.

2. Christus *geht nicht in der Kirche auf:* Wo die neutestamentlichen Aussagen über den Christusleib von Leib *und* Haupt handeln, da liegt der Ton weniger auf dem Leibsein der Kirche als solchem, sondern auf dem Hauptsein Christi für die Kirche. Im Kolosser- und Epheserbrief liegt der Akzent nicht darauf, daß die Kirche der Christus repräsentierende Leib ist, sondern daß Christus das lebendig wirkende Haupt der Kirche ist; wenn schon auf die Kirche als Leib reflektiert wird, dann besonders auf ihre durch das Haupt im Geist geschenkte Einheit.

Gewiß, es besteht eine innige Einheit zwischen Christus und der Kirche, aber das Verhältnis kann nicht verkehrt werden: als ob die Kirche jemals Haupt des Leibes, jemals ihr eigenes Haupt werden könnte! In diesem Sinne gibt es keine autokephalen und autonomen Kirchen! Gewiß, Christus gibt sich der Kirche hin, aber nie geht Christus im Leib auf. Christus ist Haupt, und er bleibt Haupt. Das Haupt regiert den Leib. Im Begriff des Hauptes schwingt das Herrscherliche immer mit. Der Leib kann nur in totaler Abhängigkeit von ihm existieren. Und es wird für die Kirche ganz entscheidend darauf ankommen, daß sie Christus ihr Haupt sein läßt, wenn sie sein Leib sein will.

Bei aller Gegenwart in der Kirche ist und bleibt Christus der Herr der Kirche. Orientiert man sich hier einseitig an organischen Bildern (Haupt – Leib; Weinstock – Reben usw.), dann übersieht man, daß jedes der biblischen Bilder, wenn man es isoliert und verabsolutiert, falsch wird. Die organischen Bilder für das Verhältnis Christus und Kirche sind immer ergänzt und korrigiert zu denken von den personalen Bildern her (Bräutigam – Braut, Mann – Frau). Das Lebensverhältnis zwischen Christus und Kirche schließt personales Gegenüber ein. Von Christus erhält die Kirche ihr Leben und zugleich seine Verheißung und Weisung bzw. Verheißung und Weisung und gerade so das Leben. Die Kirche ist und bleibt normativ an Christus gebunden. Ihre ganze Autonomie besteht in dieser Heteronomie.

Von daher sind Bezeichnungen der Kirche als „gottmenschliches" Wesen, „gottmenschliche" Wirklichkeit mißverständlich und irreführend. Sie betonen die Einheit unter Vernachlässigung des Unterschiedes. Sie erwecken den Eindruck, als ob Christus einfachhin Teil der Kirche sei, als ob er nicht mehr Herr der Kirche, Haupt seines Leibes sei, als ob er in der Kirche aufgegangen sei. Zwischen Christus und Kirche aber besteht keine hypostatische Union, so wenig wie zwischen Christus und den einzelnen Christen. Die Kirche bleibt die Gemeinschaft der Glaubenden, *an Christus* glaubenden Menschen; dieses Verhältnis des Glaubens wird nie aufgehoben. Die Kirche bleibt gerade als die von Christus geheiligte immer wieder die aus sündigen Menschen bestehende und deshalb sündige Kirche, die immer wieder ihr „Confiteor", ihr „Domine non sum dignus" zu sprechen hat.

Wenn es in der katholischen Kirche seit dem Mittelalter üblich geworden ist, vom „corpus Christi mysticum" zu reden, dann ist das Wort „mystisch" entsprechend Eph 5, 32 schlicht mit „geheimnisvoll" zu übersetzen (im Gegensatz zum „corpus Christi naturale" am Kreuz und zum „corpus Christi sacramentale" im Herrenmahl, wobei es jedoch immer um das „corpus Christi *verum*" geht). Doch ist das Wort vom „mystischen" Leib Christi mißverständlich, weil es sehr oft im Sinne des modernen Mystik-Begriffes verstanden wird und dann ein die menschliche Geschöpflichkeit und Sündigkeit vernachlässigendes Einswerden mit der Gottheit, also eine falsche Unmittelbarkeit zu Christus und Identität mit Christus meint.

Gewiß können Haupt und Leib nicht real getrennt werden, aber noch weniger können sie schlechthin identifiziert werden. Es gibt bei aller Innigkeit ein Gegenüber von Christus und Kirche, das nie überwunden wird. Die Kirche bleibt beständig und in allem auf Christus angewiesen, ist von ihm in jedem Augenblick ihrer Existenz abhängig, ist seiner Gnade und Vergebung bedürftig. Sie lebt, aber nicht sie, sondern Christus lebt in ihr. Sie ist stark nur in dem, der sie in ihrer Schwäche stark macht. Sie ist frei nur in dem, der sie jeden Morgen neu zur Freiheit befreit.

Wie also ist das Verhältnis von Christus und Kirche zu bestimmen? Zwischen Christus und Kirche herrscht nicht ein physisch notwendiges In- und Durcheinander, auch nicht eine ontische Identität, in der Christus und Kirche ihr Eigensein aufgeben, sondern zwischen Christus und Kirche besteht eine *Einheit,* in der bei aller Gegenwart Christi in der Kirche Christus und Kirche personal *unterschieden* sind. Es geht hier also um eine ganz eigenartige und einzigartige Einheit, die nur mit *verschiedenen* Bildern umschrieben werden kann: eine Einheit in der Zweiheit und eine Zweiheit in der Einheit. Aber dies alles nicht in ontologischer Statik, sondern in geschichtlicher Dynamik! Versuchen wir deshalb, dasselbe nochmals anders zu sagen und in der mehr geschichtlichen Perspektive zu verdeutlichen.

3. Die Kirche *entwickelt sich in Gehorsam* gegenüber Christus: Der Christusleib wächst, dies ist eine wichtige Aussage des Kolosser- und Epheserbriefes. Er wächst *vom Haupte her,* „von dem aus der ganze Leib, durch die Gelenke und Bänder unterstützt und zusammengehalten, das Wachstum vollzieht, das Gott gibt" (Kol 2, 19). Christus ist als „Haupt des Leibes", als „der Erstgeborene von den Toten" der „Anfang" des Wachstums (Kol 1, 18). Und der Leib wächst *auf das Haupt hin,* wachsend „in allen Stücken zu ihm hin, der das Haupt ist, Christus" (Eph 4, 15). Christus ist als der „vollkommene Mann", in dem alle Glieder zusammengefügt sind, das Ziel des Wachstums (Eph 4, 13). Der Leib Christi wächst nach *innen:* im Wachstum des Glaubens, der Erkenntnis, der Liebe, in den „Leiden", durch die das „aufgefüllt" wird, „was den Trübsalen Christi noch aussteht für seinen Leib, der die Kirche ist" (Kol 1, 24). Und der Leib wächst nach *außen:* durch die neuen Glieder, die aufgrund der Verkündigung des Evangeliums in der Taufe in ihn eingegliedert werden. So ist die Kirche „die Fülle dessen, der alles in allem erfüllt" (Eph 1, 23); sie ist die Fülle Christi, der alles mit seinem Leib erfüllt.

Aber damit ist bereits klar: Das Wachstum des Leibes Christi ist nicht ein *organisches* Wachsen, das sich mit ontologischer Notwendigkeit vollzöge. Eine Kirche in dauernder Entwicklung, Entfaltung, Vervollkommnung, bei der alles aufwärts geht und immer besser wird? Eine solche optimistisch-idealistische Auffassung der Kirchengeschichte ist vom Neuen Testament und von der Kirchengeschichte her unhaltbar. Solange Christus der Kirche Haupt und damit Ursprung und Ziel ihres Wachstums bleiben soll, ist ein Wachsen nur in *Gehorsam* gegenüber diesem ihrem Haupt möglich. Ist die Kirche ihrem Haupt und seinem Wort nicht gehorsam, so wächst sie – trotz allen vielleicht sehr geschäftigen Treibens – nicht, sondern verkümmert. Dann erweist sich alle noch so augenfällige Entwicklung zutiefst als Fehlentwicklung, aller noch so grandiose Fortschritt zuletzt als verderblicher Rückschritt. Diejenige Bewegung in der Kirche ist echt, die ein Bewegtwerden durch Gottes Gnade ist. Es gibt also kein automatisches ontologisches Wachstum der Kirche, sondern nur ein geschichtliches. Die Kirche wächst wahrhaft, wenn Christus durch das geschichtliche Handeln seiner Kirche die Welt durchdringt: sei es nach außen in die Weite durch die Heidenmission, in der das Geheimnis Christi, die Erwählung aller Menschen in ihm, offenbar wird; sei es nach innen in die Tiefe, in dem Christus seine Herrschaft in der Welt aufrichtet durch die glaubenden und liebenden Menschen, die als solche handeln in allen Bereichen ihres weltlichen Alltags, so daß die Welt als der entdämonisierte Herrschaftsbereich Christi und die Schöpfung Gottes erwiesen wird. Dies ist die Botschaft gerade des Kolosser- und Epheserbriefes. Alles kirchliche Entwicklungsdenken, in dem die Herrschaft Christi verdunkelt oder gar domestiziert wird, kann vor der neutestamentlichen Botschaft nicht bestehen. Höchst mißverständlich ist es, von der Kirche als „fortlebendem Christus" oder als einer „andauernden Menschwerdung" zu reden. Hier identifiziert sich die Kirche in einer Weise mit Christus, daß dieser als ihr Herr und Haupt zurücktritt hinter seiner Kirche, die sich nun selbst als den Christus der Gegenwart in ständiger neuer Menschwerdung ausgibt. Christus hat hier als Herr und Haupt abgedankt zugunsten einer Kirche, die sich selber an seinen Platz gestellt hat, seine autonome Stellvertreterin in allem geworden ist und ihn damit zugleich in vornehmer Weise überflüssig gemacht hat. Christi Werk in und durch die Kirche wird zum Werk der Kirche selbst. Dieser fortlebende Christus der jeweiligen Gegenwart hat den ursprünglichen Christus im Grunde nur noch als den abgelebten Christus der Vergangenheit nötig. Als ob der *wahre* fortlebende Christus nicht eben der erhöhte Christus in der Herrlichkeit des Vaters wäre, der gerade nicht zugunsten einer Kirche abgedankt hat, sondern der durch die Auferstehung seine Herrschaft über Kirche und Welt fest begründet hat und sie nicht aus den Händen gibt, bis er sie am Ende dem Vater übergeben wird (vgl. 1 Kor 15, 20–28)!

Gewiß, die Kirche, die sich selbst als fortlebender Christus ausgibt, will Christus nicht leugnen. Im Gegenteil, sie bejaht ihn, indem sie sich mit ihm identifiziert. Die Menschen brauchen sich eigentlich nur noch an sie zu halten und sie halten sich damit an Christus selbst. Diese Kirche hat sich auf die scheinbar selbstloseste Weise emanzipiert, ist in der demütigsten Pose selbst-ständig, ist bei aller Bescheidenheit autonom geworden. Aus der Glaubenden ist eine Wissende, aus der Bedürftigen eine Besitzende, aus der Gehorsamen die Autorität schlechthin geworden. Vielleicht nicht in der Theorie, nicht im Prinzip, aber in der Praxis, faktisch. Da führt sie sich als ihre eigene Herrin auf und braucht keinen Herrn mehr. Als der fortlebende Christus ist sie nurmehr sich selbst verantwortlich, sie gibt ihre eigenen sehr menschlichen Weisungen als die Weisungen Christi aus und macht die Menschengebote zu Gottesgeboten. Eine solche Kirche ist eine Karikatur ihrer selbst. Gibt es sie nicht? Wer wollte bestreiten, daß sie immer wieder zum mindesten als eine große und fromme Versuchung besteht, diese eigenmächtige und selbstherrliche Kirche, die sich selbst zu Christus gemacht hat?

Gerade an die katholische Kirche wird der Vorwurf gerichtet, sie hätte sich Christi bemächtigt, indem sie in einem langen und komplexen Prozeß sich selbst mit Christus und seiner Offenbarung identifiziert habe. Sie habe das *ursprüngliche* Zeugnis von der Offenbarung Christi, die Heilige Schrift, in seiner grundlegenden Einzigartigkeit nicht bestehen lassen. Anstatt dieses ursprüngliche Zeugnis von Christus als für sie maßgebende Autorität anzuerkennen, habe sie ihm ihre eigene kirchliche Tradition beigeordnet. Diese ihre eigene Tradition habe sie immer weiter gefaßt, bis schließlich alles kirchliche Leben, insbesondere das der Kirche der Gegenwart, als Tradition gelten konnte. So sei mit der Zeit immer deutlicher die gegenwärtige Kirche und ihr Lehramt als die Tradition erschienen. In Trient sei die Schrift zurückgedrängt worden durch die Tradition, im Vatikanum I die wirkliche, historische Tradition durch das gegenwärtige kirchliche Lehramt. Was die Schrift lehrt, zeigt die Tradition, so sage das Tridentinum. Was Tradition ist, lehrt die Kirche – so sage das Vatikanum I. Diese so bestimmte „Lehre der Kirche" und damit sich selbst habe die katholische Kirche für identisch mit der Offenbarung Christi erklärt. Diese mit der Offenbarung Christi identische Kirche brauche dann nicht mehr zu hören, sondern nur noch zu lehren; bzw. sie brauche nur noch zu hören, was sie selber lehrt, um zu wissen, was Gott sagt. Sie sei so der heute redende, regierende, handelnde und entscheidende Christus. Und J. A. Möhler habe die katholische Kirche durchaus richtig definiert, wenn er sie als „den unter den Menschen in menschlicher Form fortwährend erscheinende ... Sohn Gottes, die andauernde Fleischwerdung desselben" beschrieben habe. Eine solche Kirche könne nicht anders als die Prärogative Gottes, die Unfehlbarkeit, für sich usurpieren. Das Vatikanum I habe konsequenterweise nur noch die Frage entschieden, welches in concreto der Mund dieser mit der Offenbarung Christi identischen unfehlbaren Kirche sei. Das sind die Vorwürfe, die insbesondere Karl Barth, aber auch F. Loofs, H. Rückert, H. Diem, G. Ebeling, W. von Löwenich u. a.

in Schärfe formuliert haben. Eine Antwort darauf wurde an anderer Stelle versucht[34]. Für unseren besonderen Zusammenhang sei bezüglich der neueren Entwicklung der Problematik angemerkt: 1. *J. A. Möhler* wollte mit seinem Satz nicht die Kirche definieren (er definiert sie als Gemeinschaft der Glaubenden!), sondern er wollte mit diesem (allerdings sehr mißverständlichen und zu vermeidenden) Satz das Fortwirken *Christi* im Raum der Kirche deutlich machen[35]. 2. *Das Vatikanum I* hat den Ausdruck vom „fortlebenden Christus" nicht aufgenommen, vielmehr hat es in seiner Mehrheit abgelehnt, in der Beschreibung der Kirche vom Begriff des „Leibes Christi" auszugehen. Als Aufgabe des Petrusamtes wurde angegeben, „die Heilslehre Christi ... unversehrt und rein zu bewahren" (D 1836); den Nachfolgern Petri sei der Beistand des Heiligen Geistes nicht versprochen, damit sie eine „neue Lehre offenbarten", sondern damit sie „die durch die Apostel überlieferte Offenbarung heilig bewahren und treu auslegen" (D 1836). 3. *Die Enzyklika „Mystici corporis"* bedauert, daß sich in die Lehre vom Leibe Christi ein „falscher Mystizismus eingeschlichen hat, der die unverrückbaren Grenzen zwischen Haupt und Leib, zwischen Gott und Geschöpf zu beseitigen sucht und so die Schrift verfälscht"[36]. 4. *Das Vatikanum II* stellt zurückhaltend fest, daß nur „wegen einer nicht unbedeutenden Analogie" (= Ähnlichkeit, bei der die Unähnlichkeit größer ist als die Ähnlichkeit) die Kirche „dem Mysterium des fleischgewordenen Wortes *ähnlich*" sei. Von einer Identifikation kann keine Rede sein. „Wie nämlich die angenommene Natur dem göttlichen Wort als lebendiges ihm unlöslich geeintes Heilsorgan dient, so *dient* auf eine nicht unähnliche Weise das soziale Gefüge der Kirche dem Geist Christi, der es belebt, zum Wachstum seines Leibes (vgl. Eph 4, 16)" (CE 8). Der Glaubenssinn des gläubigen Volkes („sensus fidei", vgl. CE 12) dürfte nicht so verstanden werden, als ob der Glaube der Gläubigen die Offenbarung Christi darstellte, zeugte und normierte und nicht umgekehrt der Glaube der Gläubigen von der Offenbarung Christi gezeugt würde und sich nach der Offenbarung zu richten habe. Die Konstitution „Über die Offenbarung" hat die von Barth aufgerissene Problematik zweifellos nicht mit der nötigen Schärfe gesichtet. Doch bedeutet das 6. Kapitel „Über die Heilige Schrift im Leben der Kirche" einen neuen positiven Anfang. In unserem Zusammenhang wird auch der folgende Satz nicht übersehen werden: „Das Lehramt (der Kirche) ist nicht über dem Worte Gottes, sondern dient ihm ..." (De Revelatione 10).

Die Kirche befindet sich gegenüber Christus und seiner Offenbarung in einem Gehorsamsverhältnis, aus dem sie keinen Augenblick entlassen wird, das durch keine Entwicklung der Kirchengeschichte je zum Herrschaftsverhältnis werden darf, in dem die

---

[34] Strukturen 319–355.

[35] Vgl. *W. Kasper*, Die Lehre von der Tradition in der Römischen Schule (Freiburg i. Br. 1962) 141 f.

[36] *Pius XII.*, Enzyklika „Mystici Corporis", in: Acta Apostolicae Sedis 35 (1943) 197.

Kirche über Christus und sein Wort verfügt. Noch immer ist die Kirche gescheitert, wenn sie sich oft auf recht seltsamen und verdeckten Umwegen Christus und seines Wortes bemächtigen wollte, es zu „besitzen" als ihr Eigentum. Noch immer aber hat sie neues Leben gefunden, wenn sie, meist unter mannigfachen Widerständen, wieder zu Christus heimgefunden hat, indem sie sich wieder neu unter sein Wort stellte, um immer wieder neu das zu werden, was sie ist: Christi Besitz und Eigentum, sein Leib. Auch die Lehrautorität der Kirche kann nie eine unmittelbar-ursprüngliche, sondern immer nur eine von Christus und seinem Wort abgeleitete sein. Christi Wort, das von der Kirche nie absorbiert und domestiziert werden kann, ist zugleich Grund und Grenze kirchlicher Lehre. Vergottet die Kirche ihre eigene Lehrautorität, entleert sie sie, weil sie dann nicht mehr Christi Wort über sich hat, die Quelle, aus der sie gespeist wird. Ordnet sich die Kirche aber der Autorität des Wortes Christi demütig, bescheiden und dankbar unter, will sie nicht ihr eigenes, sondern Christi Wort hören, verkünden, ausführen, so gewinnt sie die Autorität, die ihr Menschen nicht geben können. Nein, die Kirche braucht kein „fortlebender Christus" zu sein; sie ist damit überfordert. Dies aber darf sie und soll sie ganz sein: Christi Leib.

4. Die Kirche und die Häretiker

Leib Christi besagt – im 1. Korinther- und Römerbrief ebenso wie im Kolosser- und Epheserbrief – ganz wesentlich *Einheit: ein* Leib. Kirche *ist* ein Leib, Kirche *soll* ein Leib sein. Die Mahnung zur Einheit klingt durch die Feststellung der Einheit immer hindurch und zeigt auf, daß die Einheit des Leibes Christi eine ständig bedrohte ist. Sie ist bedroht durch die *Häresie*[37]. Und wenn wir nicht nur

[37] Neben den Handbüchern der Fundamentaltheologie (bes. *A. Lang, M. Nicolau - J. Salaverri, T. Zapelena*) und des Kirchenrechts (bes. *Eichmann-Mörsdorf*) und den Lexikonartikeln in LThK (Häresie: *J. Brosch*; Häresiengeschichte: *K. Rahner*), RGG *(E. Wolf)*, EKL *(E. Altendorf)*, HTG *(O. Karrer)*, ThW *(H. Schlier)*: *W. Bauer*, Rechtgläubigkeit und Ketzerei im ältesten Christentum (Tübingen 1934, ²1964); *W. Nigg*, Das Buch der Ketzer (Zürich 1949); *H. E. W. Turner*, The Pattern of Christian Truth. A Study in the Relation between Orthodoxy and Heresy in the Early Church (London 1954); *J. Brosch*, Das Wesen der Häresie (Bonn 1956); *A. Böhm* (Hrsg.), Häresien der Zeit (Freiburg i. Br. 1961), hier bes. der Beitrag von K. Rahner.

abstrakt, sondern konkret geschichtlich von der Kirche als Leib Christi reden wollen, dann müssen wir uns über diese grundlegende Bedrohung des Leibes Christi Rechenschaft geben. Die Kirche und die Häretiker: ein schwieriges Thema und allzuoft in einseitiger Frontstellung abgehandelt! Die benachbarten Themen: die Kirche und die Juden, die Kirche und die Schwärmer, haben uns für dieses Thema schon Wertvolles lehren können.

Schon die Tatsache, daß die junge Kirche selbst als „Häresie" bezeichnet wurde, müßte die Kirche in ihrem Verhältnis zu den Häretikern zur Vorsicht und Zurückhaltung mahnen. Die größere Zahl der Gläubigen ist nicht von vorneherein das Zeichen für den wahren Glauben, weil ja Gott nun einmal nicht von vorneherein mit den größeren Armeen ist. Die kleine unbedeutende Urkirche wurde als jüdische „Häresie", die „Häresie der Nazoräer" (Apg 24, 5; vgl. 24, 14; 28, 22) angesehen; wir haben gesehen, inwiefern sie sich nun doch ungefähr in allem Äußerlichen nicht vom Judentum löste. Αἵρησις – wörtlich Wahl, Auswahl, Sondermeinung – bedeutet im Hellenismus eine selbsterwählte philosophische Lehre, Schule, Schulrichtung, im Judentum eine religiöse Schule oder Partei wie die der Pharisäer, der Sadduzäer, der Essener (vgl. Apg 5, 17; 15, 5; 26, 5).

Aber sehr viel bestürzender denn die Bezeichnung der jungen Kirche als „Häresie" ist die zweite Tatsache, daß *innerhalb* der jungen Kirche schon von allem Anfang an „Häresien" festzustellen sind. Dies zeigt an, daß es sich bei der Häresie nicht um ein historisches Zufallsphänomen handelt, sondern um etwas, was mit dem Wesen der Kirche zu tun hat. Paulus sieht sich schon im Galaterbrief genötigt, unter den „Werken des Fleisches" neben Feindschaften, Streit, Zwietrachten auch die „Häresien" aufzuzählen (5, 20). Und schwingt nicht vielleicht doch auch Resignation mit, wenn er in den gleichen Jahren nach Korinth schreibt: „Es *müssen* auch Häresien unter euch offenbar werden" (1 Kor 11, 19)? Später schreibt Tit 3, 10 vor, daß der ein- oder zweimal vermahnte „häretische Mensch" zu meiden sei. Und in 2 Petr 2, 1 f am Ende der neutestamentlichen Zeit tönt es dann mit großer Schärfe: „Es traten aber auch falsche Propheten unter dem Volk auf, wie es auch unter euch falsche Lehrer geben wird, die heimlich verderbliche Häresien einführen werden, indem sie sogar den Herrn, der sie erkauft hat, verleugnen, wodurch sie rasches Verderben über sich bringen. Und viele werden ihren Ausschweifungen folgen, und um ihretwillen wird der Weg der Wahrheit gelästert werden." Die Warnungen vor den falschen Propheten und Lehrern durchziehen das ganze Neue Testament, von der Synopse bis zu den Johannesbriefen.

a) Wenn der Ausdruck Häresie im Neuen Testament nicht neutral für Schule, Partei, sondern ausgesprochen negativ verstanden wird, meint er mehr als das sinnverwandte Wort „Schisma" (vgl. 1 Kor 1, 10; 11, 18; 12, 25), womit eine vor allem durch persönliche Streitereien bedingte „Spaltung" in der Gemeinde bezeichnet wird. „Häresie" aber meint eine das Glaubensfundament der Ekklesia durch ein „anderes Evangelium" (vgl. Gal 1, 6–9) in Frage stellende Gemeinschaft, die deshalb in Gegensatz zur Ekklesia geraten ist. Nicht wie in der Philosophie von einem vorgegebenen richtigen (ὀρθός) System, sondern von der wahren rettenden Botschaft aus wird geurteilt. Häresie geschieht, wenn einer „einen anderen Jesus predigt, den wir nicht gepredigt haben, oder ihr einen anderen Geist empfangt, den ihr nicht empfangen habt, oder ein anderes Evangelium, das ihr nicht bekommen habt" (2 Kor 11, 4; vgl. Gal 1, 6–9). Nach dem 1. Johannesbrief erkennt man die „Gotteskinder" einmal an ihrem wahren Christusbekenntnis (2, 22; 3, 14; 4, 2f; 5, 1) und zugleich an ihrer Bruderliebe (2, 9–11; 3, 14; 4, 20f; 5, 2). Die falschen Propheten erkennt man so an ihrem schlechten Gesamtverhalten, ihren schlechten „Früchten" (Mt 7, 15–20).

Für die alte Kirche haben die gegnerischen häretischen Gruppen eine Verwandtschaft mit den jüdischen Parteien oder den hellenistischen Philosophenschulen. Auch Schwärmer, die sich auf eine unmittelbare Offenbarung des Heiligen Geistes berufen, sind vielfach Häretiker, müssen es aber nicht sein, solange sie nicht aufgrund eines verschiedenen Glaubensverständnisses im Gegensatz zur Kirchengemeinschaft stehen. Als der erste aller Ketzer galt den Kirchenvätern der Samaritaner Simon Magus (Apg 8, 9–25), welcher mit Geld die Kraft des Heiligen Geistes kaufen wollte und so der „Simonie" den Namen gab, welche später immer als eine Art von Häresie angesehen wurde. Doch nach der Bedrohung der Einheit der Kirche durch den Gegensatz zwischen den strengen Judenchristen und den Heidenchristen, der zur Abspaltung von kleinen judaistischen Sekten (Ebioniten usw.) führte, waren von kirchengeschichtlicher Bedeutung vor allem drei häretische Bewegungen: die verschiedenen Gruppen des Gnostizismus und der Montanismus, von denen wir im Zusammenhang mit dem Schwärmertum gehört haben, und dann – und dies ist eine sehr aufschlußreiche Häresie zur Beurteilung der Häresie überhaupt – die Gegenkirche des Markion.

Nach Simon Magus galt für die Kirchenväter *Markion*[38] als der Erzketzer: „der Erstgeborene des Satans" (Polykarp). Der reiche, gebildete und gescheite Reeder aus Sinope in Pontus wollte keine Häresie, sondern die Kirchenreform: die judaisierte Kirche sollte zum Ursprung zurückgeführt werden! Eine radikale Konzentration auf das Evangelium Jesu, die nicht möglich schien ohne eine radikale Reduktion im Sinne des Paulus, erwies sich ihm als unumgänglich. Paulus ist für Markion der Apostel, der als einziger Jesus wirklich verstanden hat, währenddem schon die anderen zwölf Apostel judaisierten (vgl. Gal 2, 11–16). Paulus lehrt die Christen, das Evangelium vom Gesetz zu unterscheiden. Und dies bedeutet für Markion die radikale Verwerfung des Alten Testamentes *und* seines Gottes. Der Judengott ist der Demiurg, der Weltschöpfer, der diese miserable Welt geschaffen hat und der nach dem Grundsatz „Aug um Aug, Zahn um Zahn" als Gott der Gerechtigkeit handelt. Der christliche Gott ist der ganz andere: Es ist der der Schöpfung wie dem Schöpfer unbekannte, der *fremde* Gott, der sich aus reiner Gnade des Menschen, der ihn eigentlich nichts angeht, erbarmt. Dieser wahre Gott der Liebe erscheint in Christus. Im Scheinleib aus Materie wird er aber vom Judengott aus Unkenntnis gekreuzigt, womit dieser Gott der Gerechtigkeit ins Unrecht gesetzt wird. Jetzt herrscht der Gott der Liebe: aufgehoben ist das Gesetz, allein an den Glauben ist das Heil gebunden. – In seinen nur in Bruchstücken erhaltenen „Antithesen" legt Markion seine Gedanken dar. Aus diesen Einsichten heraus hatte sich Markion aber auch zu einer kühnen Bibelkritik im Sinne seines radikalen Paulinismus entschlossen. Als Ersatz für das verworfene Alte Testament schafft er einen neutestamentlichen Kanon, bestehend aus dem „Euangelion" (= das vermeintlich paulinische, von Judaismen purgierte Lukasevangelium) und das „Apostolikon" (= 10 ebenfalls purgierte Paulusbriefe; schon Markion verwarf die Pastoralen als unpaulinisch).

Markion war 138–139 nach Rom gekommen, wo er 144 (?) nach einer Verhandlung mit den Presbytern aus der Gemeinde ausgeschlossen wurde. Markion schuf darauf in kurzer Zeit mit beträchtlichem organisatorischem Geschick eine Gegenkirche, die, im 2. und 3. Jahrhundert, vom Euphrat bis zur Rhone verbreitet, der katholischen Großkirche hart zusetzte. Ob man Markion als Gnostiker zu betrachten hat, hängt von der Definition des Wortes Gnostiker ab. In seinem Grundansatz war er ungnostisch: er berief sich auf keine der einfachen Pistis übergeordnete Gnosis; statt auf Geheimtraditionen, Äonenspekulationen und Mysterienmagie beruft er sich auf

---

[38] Neben den Handbüchern der Dogmengeschichte (bes. *A. Harnack)* vgl. die Monographien über Markion von *A. Harnack* (1920, ²1924. Neudruck 1960), *R. S. Wilson* (1933), *A. Hollard* (1935), *J. Knox* (1942), *E. C. Blackman* (1949); ebenso der Art. von *G. Bardy* in: DBS V, 862–877.

das Evangelium Jesu, auf Paulus. In seinen Konsequenzen allerdings trifft er sich mit den Gnostikern (Einfluß des Kerdon?): Ablehnung des Alten Testamentes, Annahme zweier Götter, Schöpfungs-, Materie- und Leibfeindlichkeit, rigoristische Askese (Verbot der Ehe, von Fleisch- und Weingenuß), Ablehnung der Auferstehung von den Toten.

Für unseren Zusammenhang ist es nicht wichtig (obwohl es reizvoll wäre) darzulegen, inwiefern manche moderne, ja zeitgenössische Strömungen, gerade auch in den hermeneutischen Prinzipien bis zum überspitzten Paulinismus, zum System des Markion überraschende Parallelen aufweisen (A. von Harnack: Markion, „der erste Protestant"). Wichtig ist für uns diese erste richtig greifbare, zur „internationalen" Gegenkirche ausgewachsene Häresie also solche: was ist von daher zum Verhältnis Kirche—Häresie zu sagen?

Schon hier lassen sich einige grundsätzliche Feststellungen über das Verhältnis Kirche und Häresie bzw. Häretiker machen. Folgendes ist zu beachten:

1. *Die Wahrheit in der Häresie:* Wo ein Gläubiger von der ursprünglichen Botschaft in Entscheidendem abwich, wurde er von der Kirche, auch wenn sie in der ersten Zeit eine erstaunliche Vielfalt kannte, schon immer abgelehnt: das gilt von der apostolischen Urgemeinde (vgl. Mt 7, 15—23; 24, 11) so gut wie von Paulus (Gal 1, 6—9) und Johannes (1 Jo 4, 1—6). Oft erwiesen sich die von der Botschaft Abweichenden bestimmten Zeitströmungen verhaftet, die mit der Botschaft im Widerspruch standen.

Aber mit der Ablehnung durch die Kirche ist die Frage der Häresie noch nicht erledigt. Lebt eine Häresie nur vom Irrtum? Wir reden hier nicht vom Sektierer, der sein individuelles Schicksal zum allgemeinen Gesetz zu machen versucht. Die *echte* Häresie lebt nicht nur vom Irrtum, sonst könnte sie kaum lange leben. Und doch wie lange leben Häresien! Sie scheinen unausrottbar. Warum? Sie leben von einer Wahrheit, oft sogar—man braucht nur näher hinzusehen—von viel Wahrheit.

Markion irrte in seiner Dialektik der zwei Götter, in seiner modalistischen und doketistischen Christologie, in seinem materiefeindlichen Dualismus, seinem moralischen Rigorismus und seinem zwar nicht rassisch, wohl aber religiös fundierten Antijudaismus. Und doch: Hatte Markion nicht ein tiefes Empfinden für die Einzigartigkeit des Evangeliums, für das ganz Andere des christlichen Gottesbildes, für das Unbegreifliche der erbarmenden Liebe Gottes, für das Unvergleichliche der Christusgestalt, für die grundlegende Entgegensetzung von Gesetz und Evangelium, für die Kirche als Liebesgemeinschaft? Ist da nicht einer auf den Plan getreten, der ganz anders als etwa die zeitgenössischen Apologeten, die verdienstvollen Begründer der christlichen Theologie, einen scharfen und tiefen Blick hat für das Unterscheidend-Christliche, für das spezifisch Paulinische, für das unerwartet Neue der christlichen Botschaft? Versucht er nicht auch in seiner kritischen Sondierung und Zusammenstellung der urchristlichen Schriften (daß die katholische Kirche einen neutestamentlichen Kanon gebildet hat, verdankt sie zu einem schönen Teil ihm) zum Zentralen vorzustoßen? Gewiß, Markion übertreibt, übersteigert, überspitzt das alles, er wählt willkürlich aus und vermischt ebenso willkürlich. Er übersieht das „Evangelische" im Alten Testament ebenso wie das Alttestamentliche im Evangelium Jesu; er begreift vor allem die paulinische Dialektik nicht. In all dem irrt er. Aber darf man diesem großen Häretiker um seiner Wahrheiten willen nicht auch einige Unwahrheiten nachsehen (nicht billigen!), wie man umgekehrt seinen zahlreichen orthodoxen Gegnern — bei näherem Zusehen — einiges nachsehen muß, das vielleicht nicht gegen die formale Orthodoxie, wohl aber gegen die Fülle und zugleich Konzentriertheit der christlichen Botschaft verstößt?

„Glaubt doch nicht, Brüder, daß Häresien durch irgendwelche kleine Seelen entstehen könnten! Nur große Menschen haben Häresien hervorgebracht."[39] Die „Auswahl", welche die Häresie wesentlich darstellt, führt nicht *nur* zum Irrtum, sondern sehr oft zu einer imponierenden Konzentration, in der ein Zug, vielleicht ein entscheidender Zug, ja sogar — wie bei Markion — die eigentliche Mitte der christlichen Botschaft in einer Weise zum Leuchten gebracht wird, wie dies in der Kirche nur zu oft versäumt worden ist. Und damit kommen wir zum zweiten, komplementären Aspekt der Problematik.

2. *Der Irrtum in der Kirche:* Die Aussage, daß die Kirche potentiell alle Wahrheit bewahrt, ist so abstrakt wie die Aussage, daß jeder Mensch potentiell alles ist (anima est in potentia omnia). Auch die Häresie könnte dies an sich beanspruchen, insofern auch sie unbeschränkt entwicklungsfähig ist und sich schon öfters so entwickelt hat, daß sie sich nur noch verbal von der Kirche unterschieden hat (z. B. im Arianismusstreit bestimmte Homoiousianer, die sich immer mehr auf die Homoousianer hin entwickelten).

Wenn also die Kirche sagt, sie bewahre grundsätzlich alle Wahrheit, so ist dies zunächst ein Programm, und zwar ein gutes, ja optimales Programm. Alles wird davon abhängen, wieviel an diesem Programm Wirklichkeit wird. Was nützen die Talente, die vergraben sind? Die *ungehobenen* Schätze, die *unbewußten* Weisheiten, die *unerfüllten* Forderungen? Aber noch mehr: Weil die Kirche — nicht

[39] *Augustinus*, Enarrationes in Ps. 124(5), in: CC XL, 1839.

anders als die Häresie – aus Menschen und sündigen Menschen besteht, gab es in der Kirche schon immer neben den ungehobenen Schätzen auch viel Geröll und oft sogar Unrat, neben den unbewußten Wahrheiten auch manche Irrtümer, neben den unerfüllten Forderungen auch viel Sünde und Laster. Dies alles war für die Häresie – nicht allein, aber oft entscheidend – Anlaß, Ursache, Angriffsfläche.

Die Kirche war von der ursprünglichen christlichen Botschaft her gesehen im Recht, wenn sie sich gegen die gnostische Kosmogonie und Soteriologie des Markion, seine Verwerfung des Alten Testaments und seinen latenten Polytheismus zur Wehr setzte. Aber kann man, wenn man historisch gerecht sein will, daran vorbeisehen, daß sich bereits in der Kirche des 2. Jahrhunderts eine nicht unbedeutende Wandlung vollzogen hat, die man als Verflachung bezeichnen muß? Wie bestürzend rasch hat man doch das Herz der paulinischen Theologie, die Rechtfertigungslehre, nicht mehr ursprünglich schlagen hören, war die Botschaft von der Freiheit des Glaubenden vom Gesetz durch einen neuen Legalismus überspielt worden! Erst Augustin hat diese Themen wieder ernergisch, wenn auch in verschiedener Perspektive, aufgegriffen. Betont man nicht schon zur Zeit der apostolischen Väter vor allem den Monotheismus und die hohe Moral des Christentums, so daß der christliche Glaube weithin als ein „neues Gesetz“ und Christus als Offenbarer des Monotheismus und neuer „Gesetzgeber“ erscheint? Betrachten dann nicht auch die Apologeten den christlichen Glauben vielfach als eine Art christlicher Philosophie und höherer Weisheitslehre, als eine geoffenbarte „Lehre“ *über* Gott, Logos, Welt und Menschen?

Gewiß, das alles war nicht einfach Irrtum. Im Gegenteil, die Aufnahme hellenistischer Begriffe, Anschauungen und Methoden war faktisch ein unvermeidlicher Prozeß. Gegenüber dem heidnischen Polytheismus war die Lehre der Apologeten eine große Befreiung, gegenüber der ursprünglichen Botschaft jedoch eine Verflachung. Entscheidende Linien der ursprünglichen Botschaft Jesu, des Paulus und des Johannes sind nicht mehr richtig zum Tragen gekommen. Falsche Akzentuierungen und eigentliche Fehlentwicklungen gerade auch in der nun immer mehr vergesetzlichten Volksreligion waren die Folge. Auf diese wunden Punkte der Kirche seiner Zeit hat Markion seinen Finger gelegt. Deswegen hat seine Häresie bei all ihren Irrtümern einen solchen Erfolg gehabt. Nicht eine durch böse Mächte verursachte „Verschwörung“ gegen die Wahrheit des Evangeliums hatte stattgefunden, wie Markion meinte, wohl aber eine „Entwicklung“ im Sinne einer Hellenisierung und Judaisierung bzw. einer Intellektualisierung und Moralisierung, die abzuschätzen uns erst die historische Forschung des vergangenen und jetzigen Jahrhunderts gelehrt hat.

Schon Augustinus hat bemerkt, daß die Häretiker Wahrheiten aus der Kirche hinausschleppen, die der Kirche gehören. Warum ist dies möglich? Weil diese Wahrheiten in der Kirche nicht genügend beachtet und geachtet wurden. Zu allen Zeiten war die Kirche am Aufkommen der großen Häresien mitverantwortlich: fast immer durch Vernachlässigung, oft sogar durch Verschüttung und Verfälschung des Evangeliums. Wahrheiten kann man nicht nur dadurch aufgeben, daß man sie leugnet, sondern auch dadurch, daß man sie dürr oder grau werden läßt. In diesem Sinne hat die Häresie für die Kirche eine mahnende und warnende Funktion. Sie ist dadurch noch nicht gerechtfertigt. Aber wäre die Kirche gerechtfertigt, wenn sie die Häresie nicht als einen Ruf zur Selbstkritik, zur Reform und Erneuerung nach dem Evangelium ernst nehmen würde? Erst so wird die Kirche zu einer echten Auseinandersetzung mit der Häresie — und die ist notwendig — wirklich fähig. Erst so kann sie dem irrenden Menschen — ohne mit dem Irrtum Kompromisse zu schließen — gerecht werden. Am Anfang der Auseinandersetzung mit der Häresie muß die demütige Erkenntnis stehen, daß *jeder* Christ in der Kirche potentiell ein Häretiker ist und daß auch die Kirche voll von „kryptogamen Häresien" ist.

3. *Der gute Glaube des Häretikers:* Warum wird man denn Häretiker? Diese Frage haben sich die Ketzerbekämpfer verhältnismäßig selten gestellt, und wenn sie sie stellten, rasch beantwortet. Die Gründe konnten von vorneherein nur unehrenhafte gewesen sein, so hat man ziemlich selbstverständlich vorausgesetzt. Warum also wird man denn Häretiker? Durch die Wirkung des Satans, der den Abfall von der orthodoxen Lehre bewirkt, so antworten schon die frühen Ketzerbekämpfer (Justin, Ignatios, Irenäus usw.). Durch Zweifel und Unglaube, oft im Zusammenhang mit der griechischen Philosophie, hat man, auf die psychologischen Motive verweisend, hinzugefügt. Von daher war dann bald kein Schimpfwort und kein Mittel zu schlecht, um den Häretiker moralisch zu erledigen. So ist aus dem Häretiker bald eine erschreckende, abstoßende Gestalt geworden. Und man brauchte einen Menschen nur der Häresie zu bezichtigen, um ihn moralisch ins Herz zu treffen. Ungezählte gute Ansätze und Anläufe in der Kirche sind so, bevor sie sich auch nur auswirken konnten, abgewürgt worden.

Doch das bisher Dargelegte hat bereits gezeigt, daß sich Licht und Schatten nicht so leicht einseitig auf Kirche und Häresie verteilen lassen. Oder wirkt die Macht des Bösen etwa nur *außerhalb* der Kirche und gibt es Glaube nur innerhalb? Glaube des Häretikers? Zur Verteidigung des Häretikers, der sich gegen die kategorische moralische Disqualifizierung nur schlecht wehren konnte, haben manche moderne Forscher die Entstehung der Häresie so erklärt: Häresie entsteht aus dem Kampf zwischen Mehrheit und Minderheit in der Kirche, bei der die siegende Mehrheit die besiegte Minderheit zu Häretikern stempelt. Aber so zufällig werden die Auseinandersetzungen der Kirchengeschichte nicht entschieden: wer die ursprüngliche Botschaft hinter sich hat, dies dürfte für die Bildung der Mehrheit und den Ausgang der Schlacht nicht gleichgültig sein! Aber an dieser extremen simplifizierenden Lösung dürfte mindestens das eine erwägenswert sein: Fast die ganze frühere Ketzergeschichtsschreibung — von Irenäus, Hippolyt, Zephyrin über Epiphanios, Theodoret, Filastrius und Augustin zu Liberatus und Johannes von Damaskus, Germanos I. und den späteren byzantinischen und gegenreformatorischen Ketzergeschichtsschreibern — ist vom Standpunkt des kirchengeschichtlichen Siegers aus geschrieben und damit in durchaus ehrlicher Weise zur — Selbstrechtfertigung! Wie aber würde dieselbe Geschichte — audiatur et altera pars! — vom Standpunkt der Besiegten aus sich anhören?

Was würden sie uns wohl antworten auf die Frage, warum sie zu Häretikern wurden? Wenn es nicht nur selbstbezogene Sektierer oder pathologische Querulanten sind — und die sind in diesem Felde recht zahlreich —, sondern echte, große Häretiker, dann würden sie uns wohl, abgesehen von allen Sachfragen und allen psychologischen und anderen Gründen, dies sagen: sie hätten es gut gemeint mit der Kirche, sie hätten in gutem Glauben gehandelt. Aber die meisten gerade der älteren Häretiker können nicht mehr sprechen, ihre Schriften wurden brutal vernichtet, und so ist es leicht, ihnen den guten Glauben abzusprechen. Aber darf dies der Christ? Hat er diesen guten Glauben nicht — die interpretatio benigna gilt doch wohl auch gegenüber den Häretikern — vorauszusetzen, nachdem wir unseren eigenen guten Glauben ja auch nicht und niemandem *beweisen* können? Dafür gibt es nur Zeichen. Und da fällt dies auf: Die großen Häretiker haben es sich im allgemeinen nicht leicht gemacht, sie haben sich *ganz* eingesetzt, sie haben die Kosten nicht gescheut und ihrem Glauben alles untergeordnet, sie haben ihm alles geopfert und von dort her eine ungewöhnliche Stoßkraft entwickelt. Darin waren die großen Häretiker ähnlich — den großen Heiligen! Die einen wie die anderen werden nie verstanden von den religiös Gleichgültigen, aber auch nicht von den kirchenpolitisch Klugen und den kleinen und großen Kirchendiplomaten, die alle nicht zum Martyrium geboren sind.

Es ist auffällig, wie oft man von markionitischen Märtyrern liest. Nicht der heidnische Staat, sondern die Kirche bzw. der christliche Staat vermochte ihnen ein Ende zu bereiten. Es gibt zahllose Märtyrer unter den Häretikern, und zwar nicht nur die von den Heiden, sondern auch die von der Kirche gequälten und gemordeten! Und noch größer ist die Zahl der confessores, der kleinen und großen Bekenner. Wie viele von ihnen waren nun einmal wie Markion – aber dann auch Arius und Pelagius, Gottschalk und Eriugena, Wyclif und Hus, Giordano Bruno und Blaise Pascal – zutiefst von Gott erfaßt, ja von der Botschaft des Evangeliums getroffen! Und was wird *letztlich* vor Gott zählen?

Der Ketzer unterwirft sich der Autorität der Kirche nicht. Darin unterscheidet er sich von den Heiligen, die auch öfters in Konflikt mit der Autorität in der Kirche kamen, aber sich ihr letztlich in Demut und Duldung gefügt haben. Der Ketzer lehnt sich auf, er meint auf seiner Überzeugung beharren zu müssen und entschließt sich zur Rebellion. Nach seinem Gewissen würde er die Wahrheit verraten und sich selber aufgeben. Wer kann darüber *letztlich* urteilen? Leicht hat man ihm die Gewissensentscheidung selten gemacht. Sie bedeutete für ihn innere und äußere Krise, Kampf, Tragödie, oft den Tod. Wer kann darüber urteilen? Irrtümer lassen sich verurteilen, irrende Menschen nie. Was man ihnen, die oft mutig, kompromißlos, heldenhaft, mit letztem Einsatz ihrer Wahrheit die Treue gehalten, die glühend ganze Generationen entflammt und schöpferisch auch der Kirche indirekt zahlreiche Impulse geschenkt haben, was man ihnen trotz ihrer Exaltiertheit, Maßlosigkeit und Hartnäckigkeit, trotz ihrer Irrtümer und Einseitigkeiten, trotz der oft für die Kirche verheerenden Konsequenzen nicht nehmen sollte: den guten Glauben.

b) Mit der Staatskirche, die sich seit der konstantinischen Zeit bildete, setzte das *gewaltsame Vorgehen* gegen die Häretiker ein. Immer mehr hatte man sich daran gewöhnt, die Häresie nicht in erster Linie an der Botschaft des Evangeliums selbst als an bestimmten theologischen Doktrinen und Systemen, an der „Orthodoxie" zu messen. Doch waren die Kirchenväter der verfolgten Kirche (Cyprian, Origenes, Tertullian, Lactantius u. a.) gegen die gewaltsame Bekämpfung andersdenkender Christen aufgetreten. Freilich hatten die kirchlichen Ketzerbekämpfer schon früh begonnen, das Hauptgebot der Liebe in Glaubensfragen auszuschalten und die Andersdenkenden und Andersglaubenden zu beschimpfen und zu schmähen. Wer aber Haß säte, mußte früher oder später Blut ernten. Die herrschende Kirche gab bald die Toleranz auf, um die die verfolgte Kirche gefleht hatte. Mit Hilfe des „christlichen" Staates begann sie, diejenigen zu verfolgen, die sie um Toleranz baten. Durch Jahrhunderte hindurch war das vorbereitet worden, was als eine der furchtbarsten Erscheinungen der Kirchengeschichte und einer der unbegreiflichsten Flecken am Leib Christi betrachtet werden muß: die Inquisition. Ihre Problematik ist durch das Erlöschen der Scheiterhaufen noch nicht erledigt.

Es erübrigt sich, hier die zahllosen trinitarischen und christologischen Häresien des griechischen Ostens wie dann auch die soteriologischen und anthropologischen Häresien des lateinischen Westens aufzuzählen, derer sich die Kirche in der nachkonstantinischen Zeit kaum erwehren konnte. Die Kirche verschmähte in diesem Kampf um die Reinheit der Lehre und ihre eigene Existenz die Hilfe des Staates und seiner Methoden je länger desto weniger. Seit Theodosius dem Großen († 395) gilt Häresie als Staatsverbrechen: Der Feind der Kirche ist auch Feind des Reiches und wird entsprechend bestraft. 385 wird der spanische Häretiker Priscillian mit sechs Gefährten wegen Häresie in Trier hingerichtet. Martin von Tours und andere hatten Einspruch erhoben; Ambrosius, Papst Siricius und die Christenheit ganz allgemein verurteilten dieses, wie es scheint, erste Töten von Christen durch andere Christen wegen verschiedenen Glaubens. Aber man gewöhnte sich daran. Schon Leo der Große äußert sich befriedigt über dieses Vorgehen. Und im Gegensatz zu seinen eigenen früheren Auffassungen rechtfertigte im Alter der große Augustinus, der in seiner Auseinandersetzung mit den Donatisten erfolglos war, die Gewaltanwendung gegen die Häretiker mit Berufung auf Lk 14, 23. Doch lehnte er die Todesstrafe ab. Diese wird seit dem Beginn des 5. Jahrhunderts in Einzelfällen über Manichäer und Donatisten ausgesprochen. Insbesondere Justinian I. hat die römisch-byzantinische Ketzergesetzgebung weiter ausgebaut. Augustin und Justinian hatten einen sehr beträchtlichen Einfluß auf die Ketzergesetzgebung des Mittelalters. Allerdings haben die Häretiker, wo sie die Mehrheit — was später selten vorkam — besaßen, sehr oft nicht weniger schlimm gehaust als ihre orthodoxen Brüder. Die Grausamkeiten der Häretiker (z. B. der Arianer) brauchen in unserem Zusammenhang nicht ausgeführt zu werden. Das Verhalten der Kirche wird dadurch nicht gerechtfertigt.

Was in der alten Kirche Einzelfall war — nach dem Zerfall des Imperiums ging man wieder mehr mit rein kirchlichen Mitteln gegen die Häretiker vor —, wurde in der hochmittelalterlichen Kirche zu einer regulären Institution. Was in der Kirche des 4. Jahrhunderts verabscheut wurde, wurde in der Kirche des 12. und 13. Jahrhunderts befohlen. Mit dem Wachstum der mittelalterlichen Machtkirche hatten die Häretiker in einem bedrohlichen Ausmaß zugenommen (neben den Waldensern vor allem die verschiedenen Richtungen des Katharertums in Südfrankreich und Norditalien, von denen das deutsche Wort „Ketzer" abgeleitet wird). Die neugegründeten Bettelorden konnten die evangelischen Strömungen nur zum Teil auffangen. Zur grundlegenden Kirchenreform, die hier allein hätte helfen können, kam es nicht. Man griff statt dessen zur Gewalt. Bischöfe, Könige, Päpste haben das vorbereitet, was dann unter dem Schreckensnamen der *Inquisition* viele der dunkelsten Seiten der Kirchengeschichte füllt[40]: die systematische gerichtliche Verfolgung der Häretiker durch ein kirchliches Glaubensgericht, das die Unterstützung der weltlichen Macht genoß (inquisitio haereticae pravitatis). 1209 hatte Innozenz III. gegen die katharischen Albigenser Südfrankreichs den Kreuzzug proklamiert, was zu den greuelvollen Albigenserkriegen führte. Auf seine Veranlassung hin hatte 1215 das 4. Laterankonzil scharfe Bestimmungen gegen die Häretiker erlassen. Entscheidenden Einfluß auf die Ausbildung der Inquisition im Mittelalter hatten dann Kaiser Friedrich II., der die Häretiker aus politischen Gründen kaltblütig hinmorden ließ, und Papst Gregor IX., der die bisher vor allem bischöfliche Ketzerbekämpfung als päpstliche organisierte und für die Aufspürung der Ketzer im Jahre 1231 päpstliche Inquisitoren ernannte. Innozenz IV. ermächtigte die Inquisition, zur Erzwingung des Geständnisses die Folter durch die weltliche Obrigkeit anwenden zu lassen; welche konkreten Qualen dies bedeutete, spottet jeder Beschreibung. Aber man gewöhnte sich selbst daran, hartnäckige und rückfällige Häretiker zu verbrennen.

Die Inquistion hat in verschiedenen Ländern verschieden stark gewütet: in Deutschland, wo das erregte Volk einen der ersten Inquisitoren Gregors IX., Konrad von Marburg, nach zweijähriger grausamer Wirksamkeit erschlagen hat, verhältnismäßig wenig, in England kaum. In Frankreich wird die Inquisition nicht nur gegen Waldenser und Katharer, sondern auch gegen den Templerorden eingesetzt, in Holland gegen die Beginen und Begarden sowie die Brüder und Schwestern vom Gemeinsamen Leben. Am schlimmsten wütete die Inquisition in Spanien: allein in Sevilla sind in 40 Jahren 4000 verbrannt worden; bis zum Jahre 1783 wird die Zahl der Verbrannten mit über 31 000 angegeben. Besonders verheerend wirkte sich schließlich die Verbindung der Inquisition mit der Hexenjagd aus, die im katholischen wie im evangelischen Raum erschreckende Ausmaße annahm und erst verhältnismäßig spät abgebaut wurde (erst die Jesuiten A. Tanner und F. von Spee und im evangelischen Raum Pietismus und Aufklärung traten wirksam gegen die Hexenverbrennungen auf). Die Reformation

[40] Vgl. *J. Vincke,* Zur Vorgeschichte der spanischen Inquisition (Bonn 1941); *H. Maisonneuve,* Études sur les origines de l'Inquisition (Paris 1942, ²1960); *B. Llorca,* La Inquisición en España (Madrid ²1946); *C. Reviglio della Veneria,* L'inquisizione medievale ed il processo inquisitorio (Turin ²1951); *M. de La Pinta Llorente,* La inquisición española y los problemas de la cultura y de la intolerancia (Madrid 1953); *W. Plöchl,* Geschichte des Kirchenrechts I–II (Wien 1953–55); *E. van der Vekené,* Versuch einer Bibliographie der Inquisition (Luxemburg 1959); *P. Mikat,* Art. Inquisition, in: LThK V, 698–702; *H. E. Feine,* Kirchliche Rechtsgeschichte (Köln-Graz ⁴1964); *A. S. Turberville,* Mediaeval Heresy and the Inquisition (London 1964).

(Luther, Melanchthon und besonders Calvin) hatte vor der gewaltsamen Verfolgung der Ketzer (insbesondere der Schwärmer) ebensowenig zurückgeschreckt wie die Gegenreformation. Derselbe Papst, der das Konzil von Trient einberief, Paul III., hatte 1542 die päpstliche Inquisition nach spanischem Vorbild erneuert und sie einer Kardinalskongregation unterstellt, die als Zentralinstanz für alle Länder über die Reinheit des Glaubens zu wachen hatte (Congregatio Romanae et universalis Inquisitionis, später Sanctum Officium Sanctissimae Inquisitionis; erstes Todesurteil 1545).

Ziel der Inquisition ist die Vernichtung der Häresie, die als kriminelles Vergehen, das schärfste Bestrafung verdient, angesehen wird. Der Inquisitionsprozeß ist dadurch gekennzeichnet, daß nicht einfach auf Anklage hin gehandelt wird (Akkusationsprozeß), sondern daß das Gericht selbst aufgrund seiner Amtspflicht die Häresie feststellen und erfragen (inquirere) muß, was natürlich Denunziationen (selbst von Häretikern) nicht ausschloß. Zwei Denunzianten genügten, um einen Angeklagten für schuldig zu erklären. Einen Verteidiger hatte er nicht. Der Gerichtsvorsitzende war faktisch Ankläger, Richter und Beichtvater in einer Person. Er war niemandem Rechenschaft schuldig. Ein Appellationsrecht gegen das Urteil gab es nicht. Um der Folter zu entgehen, blieb oft nichts anderes als ein falsches Geständnis übrig. Gab der Angeklagte, sehr oft unter der Folter, seine Schuld zu, konnten ihm schwere Bußwerke, Kennzeichnung der Kleider durch gelbe Kreuze, selbst lebenslängliche Kerkerhaft und meist Güterkonfiskation (die Inquisition lebte aus solchen Einkünften) auferlegt werden. Blieb er, auch nach furchtbaren Folterungen, hartnäckig, wurde er dem weltlichen Arm zur Verbrennung übergeben. In südeuropäischen katholischen Staaten wurde die Inquisition erst im 19. Jahrhundert abgeschafft (im Kirchenstaat 1870). Die geheimen Inquisitionsprozesse der römischen Inquisition, die zum Verbot von Lehr- und Publikationstätigkeit, Verbannung von Theologen und anderem mehr führen konnten, dauerten bis zum 2. Vatikanischen Konzil. Papst Paul VI. hat das kirchengeschichtliche Verdienst, das Sanctum Officium in eine Kongregation für die Glaubenslehre umgewandelt zu haben.

Es geht hier nicht darum, über Vergangenes selbstgerechte Urteile zu fällen. Ein Jahrhundert der Konzentrationslager und der Gasöfen hat keinen Anlaß, die Jahrhunderte der Scheiterhaufen zu verachten. Für unseren ekklesiologischen Zusammenhang ist nicht die *historische* Beurteilung der Inquisition vorrangig. Selbstverständlich muß dabei die gesamte mittelalterliche Gesellschafts- und Lebensanschauung berücksichtigt werden, insbesondere die Einheit von Kirche und Staat im Sacrum Imperium, die allgemeine Grausamkeit der mittelalterlichen Justiz, die religiösen Massenneurosen und psychopathischen Erscheinungen des Mittelalters (Dämonenangst, Hexenwahn usw.). Wir haben auch nicht abzuklären, welche Motive im einzelnen überwogen, die religiös-theologischen oder politisch-soziologischen oder die wirtschaftlich-finanziellen (Güterkonfiskation). Im Zusammenhang mit dem Wesen der Kirche ist vielmehr die *theologische* Beurteilung vorrangig: Kann es vom Evangelium Jesu Christi selbst her je einmal gestattet sein, den irrenden Bruder notfalls mit Gewalt zu „überzeugen"? Können Feuer und Schwert Mittel sein zur Verbreitung und Erhaltung des wahren Glaubens? Verfügt die Kirche über so viel göttliche Erkenntnis oder Erleuchtung, um in dieser Weise über das Gewissen eines Menschen zu urteilen? Welches ist die richtige Weise, in der sich die Kirche mit der Häresie auseinandersetzen soll? Es kann nicht bestritten werden, daß die Theologie, die hier eine eminent kritische und aufbauende Funktion hätte wahrnehmen müssen, in der Frage Kirche – Häretiker weithin versagt hat! Es ist beschämend zu sehen, welche Argumente große mittelalterliche Theologen gerade aus der Bibel zusammengesucht haben, um *theologisch* die geistige Vergewaltigung, die Folterung und Tötung von andersdenkenden Mitmenschen zu rechtfertigen. Man sage nicht, anderes sei nicht möglich gewesen! Theologen und Bischöfe wie Martin von Tours, Ambrosius, Chrysostomos, später auch führende Männer der cluniazensischen Reform und Franz von Assisi haben erkannt, daß man die Häretiker nicht mit Gewalt erledigen könne. Nur aufgrund eines langen verderblichen Entwicklungsprozesses wurde schließlich die Stimme des christlichen Gewissens bis weit in die Neuzeit hinein kaum noch vernommen.

Die Frage des Verhältnisses von Kirche und Häretikern ist eine bleibende Frage, weil eben die Häresien bleiben werden, weil schließlich jeder Christ potentiell nicht nur ein Häretiker, sondern auch ein Inquisitor ist. Mit Kirche sind gerade nach Paulus Häresien gegeben, und es ist eine Frage, welche auf das gesamte kirchliche Leben und Lehren Einfluß hat: Wie soll sich die Kirche mit der Häresie auseinandersetzen? Denn sie soll sich ja jedenfalls nicht mit ihr einfach abfinden! Doch der Beginn einer Auseinandersetzung mit der Häresie kann nach all dem Furchtbaren, was geschehen ist, nur ein befreiendes Schuldbekenntnis sein. Vor den brennenden Menschenfackeln und den zahllosen gebrochenen menschlichen (und gerade auch theologischen!) Existenzen kann die Kirche Demut und Selbstbescheidung lernen. Aus dem Bewußtsein der Schuld ist dann auch die Metanoia möglich, die ja nicht nur Abkehr von der Ketzerverbrennung, sondern auch vom Ketzerhaß, von der Ketzerverachtung und -mißachtung sein muß, eine Abkehr also nicht nur von den grauenhaften *Strafen* der Inquisition, sondern vom *Geist* der Inquisition, der diese Grausamkeiten überhaupt erst möglich gemacht hat. Eine Metanoia also weg vom Haß zur Liebe und gerade so zur Einheit des Leibes Christi. Was bedeutet dies?

1. *Liebe auch in Glaubensfragen:* Das Evangelium Jesu Christi gipfelt in der Liebe, in der grenzenlosen Liebe, die niemanden, selbst den Feind nicht, ausschließt. Jesu Liebe ist die Offenbarung der Liebe Gottes selbst und zugleich Aufforderung der Menschen zur Liebe. Nach Jesus soll dem irrenden und sündigenden Menschen mit besonderer Liebe nachgegangen werden, wie der Hirte gerade dem

verlorenen Schaf nachgeht (Mt 18, 12—14), wie der Vater seine besondere Liebe dem verlorenen Sohn entgegenbringt, dessen selbstgerechter älterer Bruder am Ende der Parabel als der verlorene Sohn dasteht (Lk 15, 11—32). Selbst auf das ungastliche Samariterdorf, das Jesus nicht aufnahm, soll, anders als es die verblendeten Jünger wünschten, kein Feuer vom Himmel fallen (Lk 9, 51—56). Vor Gott sind keine Menschen grundsätzlich weniger Sünder als andere (Lk 13, 1—5). Siebzigmal siebenmal, also ohne Ende, soll Petrus seinem Bruder vergeben (Mt 18, 22). Auch Paulus, der ein „anderes Evangelium" mit größter Entschiedenheit ablehnt, sagt: „Ihr Brüder, wenn auch ein Mensch von einem Fehltritt übereilt wird, so helft ihm als Geistmenschen mit dem Geist der Sanftmut wieder zurecht; und dabei siehe dich vor, daß nicht auch du versucht werdest" (Gal 6, 1). Auch wer dem Apostel ungehorsam ist, soll nicht für einen Feind gehalten, sondern soll wie ein Bruder zurechtgewiesen werden (2 Thess 3, 15). Hätte einer alles Wissen und allen Glauben, würde er selbst seinen Leib zur Verbrennung hingeben, hätte aber die Liebe nicht, würde es ihm nichts nützen (1 Kor 13, 2f).

Vom Evangelium Jesu Christi her, auf das sich die Kirche beruft, ist es also ganz und gar unmöglich, um der Einheit der Kirche willen auch nur einen Augenblick von der Liebe abzusehen; die Liebe ist es ja, die den Leib Christi zusammenhält. Und wer es an dieser Liebe mangeln läßt, schädigt und zerstört gerade die Einheit. Deshalb hat denn auch wenig der Kirche und ihrer Einheit so viel geschadet wie die gewaltsame Behandlung der Häretiker, welche Ungezählte durch ihre Lieblosigkeit an der Wahrheit irre gemacht und aus der Kirche hinausgetrieben hat. Um der „reinen Lehre" willen ist es unmöglich, über Leichen zu gehen. Der Glaubenseifer darf nicht in doktrinäre Ideenbesessenheit pervertiert werden. Nur ein kleiner Schritt ist es ja von der „Orthodoxie" zum rücksichtslosen und blinden religiösen Fanatismus, der die Seele alles Inquisitorentums ist. Historisch und psychologisch läßt sich manches an der Inquisition verstehen, vor dem Evangelium Jesu Christi rechtfertigen läßt sie sich nie! Eine Kirche fällt in dem Moment vom Evangelium ab, da sie ihre Opposition durch physischen oder geistigen Mord zu liquidieren versucht und aus einer Gemeinde der Liebe zu einer Religion der Henker wird. Sie scheitert, wenn sie vor dem Ende das Unkraut aus dem Weizen aussondern und sich Gottes Weltgericht anmaßen will. Soll es in einer Kirche, die der Leib Christi in Liebe sein will, überhaupt noch Argumente brauchen, um deutlich zu machen, daß ihr auch nur schon der Gedanke einer Ketzervernichtung, sei es im physischen oder „nur" im geistigen Sinn, gar nicht in den Sinn kommen darf?

2. *Verstehen und Verwirklichen:* Die Grundhaltung für eine Auseinandersetzung in Glaubensfragen wird mit 1 Kor 13, 4—7 treffend umschrieben: „Die Liebe ist langmütig, sie ist gütig; die Liebe eifert nicht, die Liebe prahlt nicht, sie bläht sich nicht auf, sie tut nichts Unschickliches, sie sucht nicht das Ihre, sie läßt sich nicht erbittern, sie rechnet das Böse nicht an; sie freut sich nicht über die Ungerechtigkeit, sie freut sich aber mit der Wahrheit; sie erträgt alles, sie glaubt alles, sie hofft alles, sie erduldet alles." Was bedeutet also Liebe der Kirche bezüglich der Häretiker, wenn man sie nicht nur negativ als Ablehnung aller Gewalttätigkeit, sondern positiv umschreiben will?

Das eine Notwendige ist das *Verstehen:* Das „Entlarven und Widerlegen" der häretischen Lehren — seit Irenäus Hauptziel kirchlicher Häresiologen — verhindert meist das Kennenlernen. Wer schon mit Polemik anfängt, wird nie verstehen. Aber wie oft hat man die anders Glaubenden gekannt und doch nicht gekannt! Wie oft hat man nur vom Hörensagen und aufgrund unzuverlässiger Gewährsmänner und Quellen über sie geurteilt! Wie oft hat man ihre Bücher nur in Auszügen gelesen und weiter kolportiert, wie oft ihre Gedanken aus dem Zusammenhang gerissen, ihre Gedankengänge verzerrt wiedergegeben und falsche Konsequenzen aus ihnen abgeleitet! Statt dessen würde Verstehen bedeuten: überlegen, wie der andere zu seiner Auffassung gekommen ist; das punctum veritatis in seinen Auffassungen aufspüren und die Berührungspunkte feststellen; unter falschen Sätzen das wahre Anliegen entdecken; die abweichenden Aussagen nicht an der eigenen Theologie, sondern an der ursprünglichen evangelischen Botschaft messen. Auf diese Weise wird nicht mehr die Karikatur eines Häretikers gezeichnet und verurteilt, sondern tritt seine wahre Gestalt vor unsere Augen, sie wird verständlich und — in manchem — entschuldbar.

Das andere Notwendige ist das *Verwirklichen:* Die Auseinandersetzung der Kirche mit den Häretikern darf nicht nur ein Reden sein, sondern muß zum Handeln werden. Die Kirche soll die Häretiker und ihre Anliegen nicht nur kennenlernen und verstehen, sondern sichten, prüfen und, sofern sie vom Evangelium Jesu Christi her gerechtfertigt sind, verwirklichen. Einen Anderen richtig verstehen heißt ja von ihm lernen. Und von einem Anderen wirklich lernen heißt sich ändern. Das über die Wahrheit in der Häresie und den Irrtum in der Kirche Gesagte findet hier seine praktische Anwendung. Die Verwirklichung der berechtigten Forderungen, Wünsche und Anliegen der Anderen! Was bereits im Zusammenhang mit dem Verhältnis Kirche – Schwärmer gesagt wurde, braucht hier nicht mit besonderem Akzent auf der Lehre für das Verhältnis Kirche – Häretiker wiederholt zu werden; es versteht sich von selbst. Gewaltsames Vorgehen mag oft wirksamer erscheinen; ist es doch etwa gelungen, fast die gesamte häretische Literatur der ersten Jahrhunderte zu vernichten, so daß uns nur Zitatfetzen in den Schriften ihrer Gegner erhalten geblieben sind. Aber ausgerottet wurden die Häresien dadurch nicht. Sie sind zahlreicher geworden. Durch Verwirklichung der berechtigten Anliegen der Häresien aber werden von der Kirche nicht nur Symptome behandelt, sondern das Übel an den Wurzeln angepackt. Nicht die ganze oder teilweise postume Rehabilitation von Häretikern, wie sie manche Ergebnisse der historischen Forschung mit Recht darlegen, ist für die Kirche der Gegenwart das Entscheidende, sondern die nicht nur teilweise, sondern ganze Realisation ihrer Forderungen und Anliegen im Lichte des Evangeliums Jesu Christi.

Gewiß, ein echtes Verstehen ist nicht ungefährlich. Oft haben ja die Häretiker bei allen Irrtümern ihre orthodoxen Gegner an Intelligenz und Scharfsinn, aber oft auch an theologischem Tiefgang und an Frömmigkeit übertroffen, und ihre echten Anliegen haben eine faszinierende Sogkraft entwickelt. Auch ein echtes Verwirklichen der berechtigten Anliegen der Häretiker ist nicht ungefährlich. Die Kirche kommt dadurch selbst in Bewegung, und es ist nicht immer abzusehen, wohin dies führt. Die positive Auseinandersetzung mit der Häresie durch Verstehen und Verwirklichen ist also in jedem Fall ein Risiko – wie so manches im Leben der Kirche und des Einzelnen. Aber auch dieses Risiko wird überwunden durch das Wagnis der Liebe, die sich paart mit kritischem Denken und der Gabe der Unterscheidung der Geister. Auf diese Weise ist nun auch deutlicher geworden, daß die Häresie im Leben der Kirche eine positive Funktion haben kann. Paulus drückt es so aus, und wir merken jetzt, daß der Satz keineswegs aus der Resignation heraus gesprochen sein muß: „Es *müssen* auch Häresien unter euch sein, damit die Bewährten unter euch offenbar werden" (1 Kor 11, 19). Häresien haben die Funktion, die Kirche vor Erstarrung und Versteinerung in Lehre und

Leben zu behüten, sie vor fauler Sattheit und eitlem Selbstgenügen zu bewahren, sie in geistiger Bewegung zu halten, sie vorwärts zu treiben, sie zu größerer Treue zum Evangelium herauszufordern. Wie oft waren die Häresien Wegbereiter des guten Neuen in der Kirche, wie oft aber auch Wegweiser zurück zur guten alten Tradition! Zur „Bewährung" der Kirche müssen Häresien sein! In diesem Sinn kann das Auftreten einer Häresie für die Kirche wie so mancher Sturm eine Gnadenstunde sein – wenn er nämlich in der Kraft der Liebe überwunden wird. Auch so wird schließlich und endlich der eine Leib Christi auferbaut.

3. *Herausforderung zur neuen Einheit:* Die Häresien vertreten eine andere Auffassung von Evangelium, gewiß eine abgelehnte, besiegte, und trotzdem eine ernst zu nehmende. Die Kirche kann sie nicht akzeptieren: Das entwickeltere Glaubensbewußtsein der späteren Kirche empfindet vielleicht eine Auffassung, die früher tragbar war und gleichsam archaisch zurückgeblieben ist, später als häretisch. Die legitime Vielfalt der Lehre war ja in der frühen Kirche beträchtlich größer als in der späteren; und was wir heute Häresie nennen, bestand ursprünglich sehr oft nicht so sehr im Abfallen von einer fest fixierten Lehre, sondern im Entwickeln einer Möglichkeit der Lehre, die noch ungeklärt war. Aber vielleicht kann die Kirche eine bestimmte Auffassung des Evangeliums *noch nicht* akzeptieren: Das Glaubensbewußtsein der Kirche braucht vielleicht Zeit, um eine neue Interpretation zu verstehen, und diese neue Interpretation muß vielleicht selbst deutlicher, gereifter, ausgeglichener, unmißverständlicher werden; die Entwicklung der Lehre vollzieht sich ja faktisch in der Interdependenz, der reziproken Wirkung von orthodoxen und heterodoxen Lehrmeinungen. Lang ist in der Tat die Liste der Punkte, in denen Häretiker *nachträglich* Recht bekommen haben: von praktischen Forderungen etwa wie Volkssprache und Laienkelch, die schon mittelalterliche Häretiker gefordert hatten, angefangen bis zu manchen Lehraussagen, die später – oft in anderem Kontext, anderem Wortlaut und Akzent – von der Kirche aufgegriffen worden sind.

Nicht einfach ist es, in der Dynamik der Geschichte – wir sahen es bereits – Wahrheit und Irrtum, Kirche und Häresie eindeutig abzugrenzen. Dies mahnt die Kirche von neuem, den Häretikern gegenüber bei aller unter Umständen notwendigen Abgrenzung vorsichtig und zugleich entgegenkommend zu sein. Solange der Häretiker die Gemeinschaft mit der Kirche nicht selbst aufgibt, soll sie die Kirche möglichst nicht auflösen. Rasch ist die Kirchengemeinschaft gelöst, nur schwer wieder hergestellt: die Tragödie der Ketzergeschichte belegt dies in trauriger Weise. Es mag allerdings Fälle geben – in der heutigen pluralistischen Gesellschaft mit ihrer religiösen Freiheit und Toleranz wohl weniger denn je –, wo Leben und Ordnung der Gemeinde durch die Irrlehre tödlich bedroht sind (z. B. auch unter totalitären politischen Systemen). Dann kann die Kirche in der geistlichen Vollmacht ihres Herrn zum Schutz und zur Erhaltung der Gemeinde ihrerseits unter Umständen die Gemeinschaft mit dem oder den Häretikern auflösen. Schon die Kirche des Neuen Testaments hat eine Exkommunikation[41] des Einzelnen (nicht einer Gemeinde!) gekannt (Mt 18, 15–18; 1 Kor 5, 1–5; Tit 3, 10; 2 Jo 10f; vgl. Mt 16, 18f; Jo 20, 23), in den späteren Schriften des Neuen Testaments auch im Zusammenhang nicht nur mit sittlichen Verfehlungen, sondern mit der falschen Lehre. Später hat man sich oft auf den Ausschluß von der Abendmahlsgemeinschaft beschränkt. Aber viel ist durch Mißbrauch der Exkommunikation gesündigt worden: nicht nur wo sie zur Eintreibung von Geldforderungen, Steuern usw. verwendet wurde, sondern vor allem wo sie aus prinzipieller Unduldsamkeit und Ausschließlichkeit unter Mißachtung des guten Glaubens des Betroffenen und der Liebe geübt wurde. Soll eine Exkommunikation gerade für Häretiker heute in Einzelfällen überhaupt noch in Frage kommen, dann nur in einem genau umgrenzten Sinne.

Folgende Bedingungen müßten unter theologischem Gesichtspunkt beachtet werden: 1. Die Exkommunikation darf nie als definitives Verdammungsurteil über einen Menschen verstanden werden; dafür ist Gott allein zuständig. 2. Die Exkommunikation darf auch nicht schlechthin als Ausschluß aus der Kirchengemeinschaft verstanden werden; auch der Exkommunizierte bleibt ein getaufter Christ; sein guter Glaube ist zu präsumieren selbst dann, wenn das für andere Feststellbare auf das Gegenteil hinzuweisen scheint. 3. Die Exkommunikation im Sinne eines Ausschlusses aus der Abendmahlsgemeinschaft darf nur als äußerstes Mittel in Frage kommen; zunächst sind nach Mt 18, 15–17 alle anderen seelsorgerlichen Mittel auszuschöpfen (brüderliches Gespräch, seelsorgliche Mahnung usw.). 4. Die berechtigten Forderungen eines Häretikers müssen zunächst anerkannt werden (vgl. 1 Kor 9, 27: „damit ich nicht etwa, nachdem ich anderen Herold gewesen bin, selbst verwerflich werde"). 5. Die Exkommunikation darf nur eine provisori-

---

[41] Vgl. Die Handbücher des Kirchenrechts und der Kirchenrechtsgeschichte *(H. E. Feine, W. Plöchl)* sowie die exegetische Literatur unter E II, 2.

sche disziplinäre Maßnahme im Hinblick auf die Wiederversöhnung und die Wiederherstellung der Einheit des Glaubens sein. 6. Die Exkommunikation darf nicht automatisch auf die unschuldigen Nachfahren des betreffenden Exkommunizierten übertragen werden.

Die Häresie darf nicht primär als eine Herausforderung zum Abbruch der Kirchengemeinschaft betrachtet werden. Sie muß vielmehr als eine – vielleicht sehr versteckte, sehr unglücklich und mißverständlich vorgetragene – Herausforderung zu einer neuen, vertieften und erneuerten Kircheneinheit verstanden werden. Und insofern jede Häresie auf ihre Weise eine Aufforderung zur Besinnung und zur Reform ist, wird es zur Wiederherstellung der vollen Einheit nie um ein einfaches Zurück, sondern immer um ein Vorwärts gehen müssen.

c) Und hier müßten wir nun nochmals zurückkehren zur historischen Betrachtung, und zwar dorthin, wo sich die historische wie die systematische Problematik von Kirche und Häresie zuspitzt und wo diese Problematik zugleich gesprengt wird: die Spaltung zwischen Westkirche und Ostkirche und die durch die protestantische Reformation hervorgerufene Spaltung der Kirche. In beiden Fällen handelt es sich um Spaltungen, die nicht in erster Linie das Werk eines Einzelnen sind und die auch nicht einfach die Abspaltung von relativ kleinen häretischen Gruppen am Rande der Großkirche darstellen. Nein, hier ist – wie immer man dies theologisch beurteilen mag – die Großkirche selbst gespalten worden. Und die Konzeption der Kircheneinheit selbst ist radikal in Frage gestellt worden. Deshalb soll diese Problematik in einem nächsten Kapitel, bei der Umschreibung der Einheit der Kirche, weiter verfolgt werden.

Als Überleitung zurückblickend und vorausblickend soll indessen kurz auf das hingewiesen werden, was bei *Johannes* dem Bild vom Leib Christi entspricht: das Bild vom Weinstock und den Reben. Zur Begründung der Verbrennung von Häretikern war unter anderem folgender Satz aus dem Johannesevangelium[42] benützt worden: „Wer nicht in mir bleibt, wird weggeworfen wie die Rebe und verdorrt, und man sammelt sie und wirft sie ins Feuer, und sie verbrennen" (15, 6). Kann man sich einen schlimmeren Mißbrauch gerade dieses Evangeliums vorstellen?

Wie in den johanneischen Schriften das Wort „Ekklesia" (ab-

[42] Vgl. Anm. 28.

gesehen von 3 Jo 6, 9f) fehlt, so auch das Wort „Leib Christi". Aber wie trotzdem ein lebendiges Interesse für die Ekklesia da ist (dies zeigt besonders 1 Jo, aber in anderer Weise auch 2 Jo und 3 Jo), so auch für die mit Christusleib gemeinte Wirklichkeit: die Gemeinschaft der Glaubenden mit Christus und untereinander. Gewiß, es geht Johannes um den Einzelnen und seine Glaubensentscheidung gegenüber dem Offenbarer und seinem Wort. Und so werden statt der gewohnten singularen Bezeichnung (Ekklesia, Gottesvolk, Geistesbau, Christusleib) für die in der Kirche Geeinten einfachhin die Bezeichnungen „Jünger" Jesu (Jo 13, 35; 15, 8 u. ö.), seine „Freunde" (15, 13–15), „die Seinen" (13, 1) gebraucht. Die Kirche ist so die Gemeinschaft der gesammelten Einzelnen, sie ist die „Herde" (vgl. 10, 1–30), bestehend aus den Schafen, die die Stimme des von Gott, dem eigentlichen Besitzer der Herde, beauftragten Hirten hören. Die Seinen, in der Welt zerstreut, müssen gesammelt werden in die Einheit mit ihm (7, 21f). Sie sind „die Seinen", wenn sie dem Ruf des Hirten folgen; so werden sie – aus Israel und den Heiden – „*eine* Herde und *ein* Hirt sein" (10, 16).

Es braucht hier nicht entschieden zu werden, ob bei Johannes gnostische Vorstellungen von Pneumatikern sich ausprägen, die als die Träger der präexistenten Lichtfunken bereits eine potentielle Einheit bilden, dann aber vom Erlöser gesammelt und mit ihm vereint werden. Von manchen Exegeten wird heute wieder mehr der alttestamentliche Hintergrund der johanneischen Vorstellungen gerade im Zusammenhang mit der Weinstock-Rede hervorgehoben: Israel als Gottes Weinberg (Is 5, 1–7; 27, 2–6) oder Edelrebe (Jer 2, 21; Ps 80, 9–16) und Christus als Repräsentant des wahren Israel (Christus als „Gesamtpersönlichkeit"?). Was immer der historische Hintergrund der Rede von Christus als dem wahren, dem echten Weinstock, dem Ursprung des wahren Lebens, ist: es geht hier nicht um eine individualistische Mystik, sondern – bei aller Konzentration auf Christus – um die Heilsgemeinschaft der Kirche. Hier vollzieht es sich ja, daß die Jünger durch ihre Glaubenstreue in Christus bleiben und er in ihnen! In der Gemeinde erfüllt sich die tiefste Christusgemeinschaft, aus der allein das wahre Leben, das Wachsen und Fruchtbringen in der Lebendigkeit des Glaubens kommt. Deshalb erfolgt in 1 Jo 2, 19 eine so scharfe Absetzung gegenüber den von der Gemeinde ausgegangenen „Antichristen": „Von uns sind sie ausgegangen, aber sie gehörten nicht zu uns; denn wenn sie zu uns gehörten, wären sie bei uns geblieben. Aber es mußte offenbar werden, daß sie nicht alle zu uns gehören" (1 Jo 2, 19).

Mit dem „Bleiben" in Christus ist die Treue der stets neu durchgehaltenen Glaubensentscheidung, in der der Mensch sich ganz auf Gott verläßt, gemeint. Wie der Schoß sich an die Rebe hält, weil er ganz von der Rebe gehalten wird, so verharrt der Glaubende in der Treue zu Christus, weil er ganz von Christus getragen und umfangen ist. Das Bleiben geschieht innerhalb der Jüngergemeinschaft der Kirche, aber es ist nicht ein Bleiben in der Kirche, sondern in Christus: „Bleibet in mir und ich in euch!" (Jo 15, 4) Aber auch innerhalb der Kirche kann sich einer von Christus trennen, indem er äußerlich zur Kirche gehört, innerlich aber die Treue zu Christus aufkündigt. Also nicht von dem Exkommunizierten und erst recht nicht von dem zu Verbrennenden gilt jener mißbrauchte Satz, sondern von dem, der – auch wenn er zur Kirche gehört – sich vom Leben schenkenden Stamme in Untreue losreißt und so der Vernichtung verfällt: „Wer nicht in mir bleibt, wird weggeworfen wie die Rebe und verdorrt, und man sammelt sie und wirft sie ins Feuer, und sie verbrennen" (Jo 15, 6). Wer treu ist, hat das Leben und bringt reiche Frucht. Wer sich vom Leben abschneidet, verfällt dem Tode.

Aber in Christus bleiben – und hier zeigt sich der letzte Unsinn der Inquisition ebenso wie der letzte Sinn der Kirche – kann man nur, wenn man in der *Liebe* bleibt: „Wie mich der Vater geliebt hat, habe auch ich euch geliebt. Bleibet in meiner Liebe! Wenn ihr meine Gebote haltet, werdet ihr in meiner Liebe bleiben, wie ich die Gebote meines Vaters gehalten habe und in seiner Liebe bleibe. Dies habe ich zu euch geredet, damit meine Freude in euch sei und eure Freude vollkommen werde. Das ist mein Gebot, daß ihr einander lieben sollt, wie ich euch geliebt habe. Größere Liebe hat niemand als die, daß einer sein Leben hingibt für seine Freunde" (15, 9–13).

Dies also ist das Gebot – in der Fußwaschung nochmals exemplarisch vorgelebt (vgl. 13, 1–35) –, welches alle anderen Gebote umfassend in der Kirche herrschen soll: nicht einander hassen, sondern einander lieben; nicht ein isolierter Glaube ohne Liebe, sondern ein Glaube, der in Liebe treu, lebendig und fruchtbringend ist; nicht Sein des Menschen oder der Gemeinschaft für sich, sondern in der ganzen Existenz Sein für die Anderen. So ist die Liebe die Kraft der *Einheit*, die die Kirche zusammenhält. Des Vaters Liebe, die ganz dem Sohne gilt, gilt auch allen, die in Gemeinschaft mit dem Sohne stehen (vgl. 16, 27). Des Vaters Liebe, die Vater und Sohn eint, eint auch alle und soll einen alle, die in der Kirche an den Sohn glauben: „Nicht für diese allein aber, sondern auch für die, welche durch ihr Wort an mich glauben, bitte ich, daß alle eins seien, wie du, Vater, in mir bist und ich in dir, daß auch sie in uns eins seien, damit die Welt glaubt, daß du mich gesandt hast. Und ich habe die Herrlichkeit, die du mir gegeben hast, ihnen gegeben, damit sie eins seien, wie wir eins sind – ich in ihnen und du in mir –, damit sie vollkommen eins seien, auf daß die Welt erkennt, daß du mich gesandt hast und sie geliebt hast, wie du mich geliebt hast. Vater, ich will, daß da, wo ich bin, auch die bei mir seien, die du mir gegeben hast, damit sie meine Herrlichkeit sehen, die du mir gegeben hast, weil du mich geliebt hast vor Grundlegung der Welt. Gerechter Vater – die Welt hat dich nicht erkannt; ich aber habe dich erkannt, und diese haben erkannt, daß du mich gesandt hast. Und ich habe ihnen deinen Namen kundgetan und ich werde ihn kundtun, damit die Liebe, mit der du mich geliebt hast, in ihnen sei und ich in ihnen" (17, 20–26).

Damit hat unsere Darstellung der Grundstruktur der Kirche ihr Ziel erreicht. Dadurch, daß die Ekklesia als Gottesvolk, als Geistesgeschöpf und als Christusleib bestimmt wurde – und wir haben versucht, dies nicht nur in einer abstrakten „Wesensschau", sondern in konkreter geschichtlicher Betrachtung vom Neuen Testament her mit dem Blick auf die Gegenwart zu tun –, haben wir *im Grunde* alles Entscheidende gesagt, was über der wirklichen Kirche geschichtliches Wesen zu sagen ist.

Alles weitere muß deshalb als Explikation, Entfaltung dessen betrachtet werden, was bereits gesagt ist. Wenn wir in den beiden abgeschlossenen Kapiteln vor allem (nicht ausschließlich) vom Ursprung her die Kirche betrachtet haben, um von da aus wieder die Kirche der Gegenwart zu Gesicht zu bekommen, so werden wir nun vor allem (auch nicht ausschließlich) von der Kirche der Gegenwart her das Wesen der Kirche betrachten, wobei uns der Ursprung der Kirche dauernd gegenwärtig bleiben soll.

D. DIE DIMENSIONEN DER KIRCHE

I. EINE KIRCHE

1. Die Frage nach der wahren Kirche

Seit dem Konzil von Konstantinopel 381 bekennt die Kirche den Satz aus dem Symbolum Nicaeno-Constantinopolitanum (D 86), das in Ephesos und Chalkedon bestätigt wurde: „Wir glauben ... (an) die eine, heilige, katholische und apostolische Kirche" (εἰς μίαν, ἁγίαν, καθολικὴν καὶ ἀποστολικὴν ἐκκλησίαν).

Das Wesen, das der Kirche durch Gottes eschatologisches Heilshandeln in Christus gegeben ist, ist derselben Kirche verantwortlich aufgegeben. Aus der Glaubensentscheidung muß dieses Wesen in der Geschichte immer wieder neu durch Menschen verwirklicht werden, neu Gestalt annehmen. Die Kirche, die in der Geschichte existiert, kommt um diese immer wieder neue Gestaltwerdung nicht herum. Gestaltwerdung bedeutet Gestaltwandel durch menschliche Entscheidung und Verantwortung hindurch. Gott setzt das Wesen der Kirche nicht einfach gegenständlich, er überfällt sie auch nicht mit mystischer Unausweichlichkeit, und er wirkt auch nicht durch organische Entfaltung, sondern er ruft die Menschen zur je neuen Glaubensentscheidung, zur freien Verantwortlichkeit, zum liebenden Dienst. Es ist unmöglich, die erste Gestalt der Kirche, wie sie sich in der Urkirche ausprägte, einfach für alle Zeiten festzuhalten. Neue Zeiten fordern neue Gestalten. Und doch muß bei allem Wechsel der Gestalten die durch Gottes Heilshandeln in Christus gegebene Grundstruktur der Kirche, soll sie wahre Kirche bleiben, durchgehalten werden. Nicht jeder Gestaltwandel ist von daher wesensgemäß. Durch das Versagen der Menschen in ihrer freien Verantwortlichkeit kann es zur Diskrepanz von Wesen und Gestalt kommen: zu Fehlgriffen und Fehlschritten, Fehlschlüssen und Fehlentwicklungen. Es kann somit wesensgemäße *und* wesenswidrige Gestalt, wesensgemäße *und* wesenswidrige Verwirklichung und in diesem Sinne wahre *und* falsche Kirche geben. Und da stellt sich die Frage nach den Kriterien, nach denen zwischen wahrer und falscher Kirche unterschieden werden kann.

a) Können Einheit, Heiligkeit, Katholizität und Apostolizität die Wahrzeichen der wahren Kirche sein? Angesichts der Fehlentwicklungen, des Schwärmertums und der Häresien, ja der Möglichkeit einer Pseudo-Kirche, kann diese Frage nicht von vorneherein als illegitim abgetan werden, ja stellt sie sich vielmehr immer wieder neu: wo, wer ist die wahre Kirche? Diese Frage verlangt nach Antwort. Gewiß, die wahre Kirche ist geglaubte Kirche, ist Kirche der Glaubenden für die Glaubenden; anders als im Glauben läßt sie sich nicht erkennen als das, was sie ist. Aber gerade diese Kirche – und die Frage ist nicht nur an die Gesamtkirche, sondern auch an die Ortskirche gerichtet – darf und muß sich nach ihrer Legitimation fragen lassen. Gerade für den Glaubenden bekommt die Frage Gewicht: Ist denn diese oder jene Kirche, die sich Kirche Christi *nennt, wirklich* Christi Kirche? Die Kirche als Ekklesia der Glaubenden, so sahen wir, ist nicht einfach unsichtbar, sondern sichtbar-unsichtbar. Gerade als Volk *Gottes* ist die Kirche wesentlich *Volk* und deshalb sichtbar. Gerade als Bau im *Geist* ist sie wahrhaft *Bau* und so wiederum sichtbar. Gerade als Leib *Christi* ist die Kirche wirklich *Leib* und auch so schließlich sichtbar. Der Glaube im alttestamentlichen und neutestamentlichen Sinn klammert das Sichtbare nicht aus, sondern bewährt sich im Sichtbaren. Als Gottes-Volk, Geistes-Bau, Christus-Leib also ist Kirche als Kirche erkennbar.

Wo ist die wahre Kirche? Die Frage kann auf das Individuum in der Kirche oder auf die Kirche als Gemeinschaft gezielt sein. Jede Vermischung dieser beiden Fragen verwirrt. Die Frage nach dem *Individuum* ist gewiß auch für das Neue Testament zu stellen, gerade im Hinblick auf die falschen Brüder, die Irrlehrer, die Lügenpropheten, ja ganz allgemein die Sünder. Sie alle machen die Frage dringend: Ist denn diese sichtbare Kirche wirklich *ganz* Kirche? Gerade die Volks- und Massenkirche muß ja diese Frage wachrufen. Und so ist es nicht erstaunlich, daß sie gerade beim Entstehen der Volkskirche, bei Augustin, und wiederum bei ihrem Niedergang im Spätmittelalter, bei Wyclif, Hus und den Reformatoren, außerordentlich verschärft wurde. Insofern die Kirche nicht ohne, vor oder über, sondern *in* den Gliedern existiert, kann die Frage nicht abgewiesen oder auf eine unwirkliche Idealkirche abgeschoben werden. Aber kann sie beantwortet werden? Die Antwort mag mit diesen oder jenen Unterscheidungen arbeiten (Zugehörigkeit zur Kirche actu oder in potentia, zu Leib oder Seele der Kirche, bzw. nicht zum Leib, aber zur Seele; zur Seele, aber nicht zum Leib usw.), immer kommt es schließlich darauf hinaus, daß die konkrete, empirische Kirche nicht einfach ganz Kirche ist, daß es neben den echten Kirchengliedern auch scheinbare, heuchelnde geben kann, daß somit die konkrete, empirische Kirche auf diese oder jene Weise ein corpus permixtum, ein Gemisch aus Weizen und Unkraut, guten und faulen Fischen ist. Äußere freiwillige Kirchenzugehörigkeit und wirkliche innere Gliedschaft decken sich keineswegs von vorneherein. Aber ist damit die Frage beantwortet? Gehört nun dieser oder jener individuelle Mensch zur Kirche und wirklich zur Kirche? Es soll nicht bestritten werden: Es lassen sich bestimmte Anzeichen erkennen, auch durch die Kirche selbst äußere Richtlinien festlegen und disziplinäre Urteile fällen. Aber jedes Wort der Kirche und des Einzelnen in dieser Sache wird ein vorläufiges, ein bedingtes Wort bleiben. „Richtet nicht, damit auch ihr nicht gerichtet werdet" (Mt 7, 1). Dies gilt auch und gerade bezüglich Glaube und Unglaube, dem grundlegenden Kriterium für die Zugehörigkeit zur Kirche. Nicht nach dem Kanon des Glaubens, vielmehr nach dem Kanon der Liebe wird gerichtet; uns inzwischen ist der Kanon der Hoffnung gegeben! Der Mensch steht ja nicht so sehr in Zuständlichkeiten (Glaube – Unglaube), sondern in Bewegung, die offen ist auf Zukunft hin. Das letzte, unbedingte, definitive und unfehlbare Wort kann nur einer sagen, der allein aufgrund seiner Gnade beruft, rechtfertigt und richtet. „Darum richtet nichts vor der Zeit, bis der Herr kommt, der auch das Verborgene der Finsternis ans Licht bringen und die Ratschläge der Herzen offenbar machen wird; und dann wird einem jeden das Lob zuteil werden von Gott" (1 Kor 4, 5).

Wo ist wahre Kirche? Unsere Frage zielt nicht auf das Individuum, seine faktische Zugehörigkeit zur Kirche, sondern auf die *Kirche als solche:* ob diese bestimmte *Gemeinschaft* wahre Kirche ist. Anders als das Herz des Individuums, das Gott allein kennt, ist Zustand und Verfassung einer Gemeinschaft erkennbar. Es gibt Wahrzeichen der Kirche, die erkennbar sind: wahrnehmbar für jedermann. Auch der Nichtglaubende wird sie wahrnehmen, aber sie als Nichtglaubender letztlich mißdeuten; er wird sie erkennen und sie doch in ihrer eigentlichen Bedeutung verkennen. Für ihn sind sie in ihrer tieferen Wirklichkeit verhüllt und nicht offenbar. Er sieht und sieht doch nicht, weil er nicht versteht, was sich da in dieser menschlichen Wirklichkeit von Gott her ereignet. Nur dem Glaubenden offenbaren diese sichtbaren Zeichen die eigentliche Wirklichkeit: Gottes Handeln selbst in der Kirche an den Menschen und durch die Menschen. Ein bewußt kritisch-ablehnendes Erkennen, auch ein neutral-indifferentes Erkennen wird die Wegweiser und ihre Inschrift sehen, ihre Schrift aber nicht entziffern können. Das kann nur das positiv engagierte Erkennen. Die Wahrzeichen der wahren Kirche, obwohl weithin sichtbar, können nun doch nicht wie Hausnummern in objektiver Unbeteiligtheit als vorhandene abgelesen werden, sondern nur im Wagnis der glaubenden Hingabe wahrhaft erkannt und verstanden werden. Aber an welchen Zeichen ist denn die Kirche erkennbar? Können Einheit, Heiligkeit, Katholizität und Apostolizität als Erkennungsmerkmale dienen? Aus den vier Eigenschaften des Symbolums sind in der Theologie seit Spätmittelalter und Reformation immer mehr vier apologetische Unterscheidungsmerkmale geworden[1].

In früheren Erklärungen des Symbolums hatte man die Eigenschaften der Kirche kommentiert und expliziert, aber nicht apologetisch verwendet. Gegenüber den frühen Abspaltungen hatte man sich wie im 1. Klemensbrief (42, 1–4) auf den apostolischen Auftrag berufen oder wie Ignatios (Smyrn 8, 1–2) auf den Zusammenhang mit dem Bischof oder wie Irenäus[2] auf die Lehrüberlieferung der Apostel, garantiert durch die apostolischen Kirchen und die Amtsnachfolge ihrer Bischöfe (wobei der römischen Kirche die potentior principalitas zukommt) oder wie Cyprian[3] auf den Zusammenhalt des Gesamtepiskopats. Augustinus hatte gegenüber den Donatisten neben der Heiligkeit der Kirche ihre weltweite Universalität betont[4], gegenüber den Manichäern neben der Weisheit der Kirche die Übereinstimmung der Völker und Stämme, die durch Wunder begründete, durch Hoffnung genährte, durch Liebe vermehrte und durch Alter bestätigte Autorität der Kirche, dann die

---

[1] Zu den einzelnen Notae s. die Lehrbücher der Fundamentaltheologie (bes. *A. Lang, M. Nicolau-J. Salaverri, T. Zapelena*) und der Dogmatik (vor allem *M. Schmaus* III/1, *K. Barth* IV/1, *E. Brunner* III, *O. Weber* II) und die entsprechenden Lexikonartikel, bes. *A. Kolping*, Art. Notae Ecclesiae, in: LThK VII, 1044–1048 (Lit.); unter den neueren Monographien bes. *G. Thils*, Les Notes de l'Église dans l'apologétique catholique depuis la Réforme (Gembloux-Paris 1937).

[2] *Irenäus*, Adv. haer. III, 3, 2; PG 7, 849.

[3] *Cyprian*, Ep. 43, 3; CSEL 3/2, 592.

[4] *Augustinus*, De vera religione; PL 34, 128.

Amtsnachfolge der Bischöfe und schließlich ihre unbestreitbare Bezeichnung als die katholische[5].

Aber aufs ganze gesehen hat man bis zum Spätmittelalter die Häresie durch Widerlegung ihrer Irrtümer bekämpft. Die Frage nach der Wahrheit einer selbständigen Kirche stellte sich in neuer Weise erst durch das andere Kirchenverständnis von Wyclif und Hus. Was Johannes von Ragusa in seinem Tractatus de Ecclesia (1431) gegen Hus vorbereitet hat, wird erstmals von Juan de Torquemada in seiner Summa de Ecclesia (1486) entwickelt und später dann gegen die Reformatoren gewandt: Einheit, Heiligkeit, Katholizität und Apostolizität sind die vier Bedingungen der wahren Kirche. Also nicht mehr allgemein Eigenschaften (proprietates), sondern unterscheidende Eigenschaften, Kennzeichen und Merkmale (signa, criteria, und besonders seit Gregor von Valencia: notae)! Bei St. Hosius (Confessio catholicae fidei 1553) und im Katechismus Tridentinus bildet die Vierzahl das Einteilungsprinzip. Aber man fand noch mehr notae. D. Gravina 6, P. Pázmány 7, F. Suárez 8, R. Bellarmin 15, T. Bozi 100! Seit dem 17. Jahrhundert jedoch beschränkte man sich wieder mehr auf die vier klassischen Attribute, seit 1800 sind sie allgemein gebräuchlich. Das Vatikanum I legt dann darüber hinaus besonderes Gewicht darauf, daß die Kirche durch sich selbst „ein großes und bleibendes Motiv für ihre Glaubwürdigkeit und göttliche Sendung" sei (D 1794).

Die Reformatoren hatten die vier Prädikate der Kirche nicht geleugnet; hielten sie doch ausdrücklich an den altkirchlichen Symbolen fest. Aber ihnen schien – im Hinblick auf die Gemeinden und die Reform der Kirche – etwas anderes entscheidend zu sein. Auch sie fragen: wo ist wahre Kirche? Ihre zugleich theologische wie polemische Antwort jedoch war: da wo das Evangelium rein gelehrt und die Sakramente recht verwaltet werden!

Artikel VII der Confessio Augustana 1530 lehrt von der Kirche: „Ebenso wird gelehrt, daß die eine, heilige Kirche immer bleiben werde. Es ist aber die Kirche die Versammlung der Heiligen, in der das Evangelium rein gelehrt und die Sakramente recht verwaltet werden." Rein meint hier schriftgemäß, recht meint auftragsgemäß. So lehrt man auch im reformierten (Confessio Helvetica posterior 1562) und im anglikanischen Raum (Artikel 19 der Articles of Religion der Church of England 1562).

Auch diese beiden Unterscheidungszeichen hat man entfaltet und ergänzt. Luther hatte in seinem Traktat „Von den Konziliis und Kirchen" 1539[6] sieben Kennzeichen gefordert: 1. die Predigt des wahren Wortes Gottes, 2. die rechte Spendung der Taufe, 3. die rechte Form des Abendmahles, 4. die Schlüsselgewalt, 5. die rechtmäßige Berufung und Ordinierung der Amtsträger, 6. das Beten und Psallieren in der Muttersprache, 7. die Verfolgungen.

---

[5] *Augustinus*, Contra ep. Manichaei; PL 42, 175.
[6] *Luther*, WA 50, 628–642.

In seiner heftigen Streitschrift „Wider Hans Worst" 1541[7] fordert er noch darüber hinaus: das apostolische Symbolon und den Glauben der alten Kirche, Achtung der weltlichen Macht, Hochschätzung des Ehestandes, Duldung und Gebet für die Verfolger (rechtmäßige Berufung der Amtsträger wird weggelassen). Zugleich rechnet er der römischen Kirche nach, was an Neuerungen und Verfälschungen des wahren Evangeliums sie in den vergangenen Jahrhunderten eingeführt habe.

b) Aber ist diese exklusive Problemstellung nicht überholt? Ist heute nicht die Problematik sowohl der katholischen wie der evangelischen Wahrzeichen offenkundig geworden?

Die Problematik der *evangelischen* Wahrzeichen: Gegen die beiden klassischen evangelischen Merkmale hatte die katholische Theologie nie etwas Positives einzuwenden: Eine wahre Kirche ohne schriftgemäße Verkündigung des Evangeliums und auftragsgemäßen Vollzug der Sakramente gibt es auch nach katholischer Auffassung nicht; beides ist gerade von der katholischen Kirche unbedingt gefordert. Eingewandt wurde nur *negativ*, daß diese beiden Eigenschaften der wahren Kirche keine echten unterscheidenden Merkmale seien. Sie seien nicht sichtbar und täten mehr kund, wo die Kirche verborgen sei, als wo sie wahrhaft sei. Wenn man auf den konkreten Zustand der spätmittelalterlichen Kirche schaute, die Vernachlässigung und Verdeckung der ursprünglichen evangelischen Botschaft in Verkündigung, Theologie und Leben der Kirche ebenso wie die zahlreichen Mißstände im Sakramentenvollzug (bes. Messe und Beichte), dann mochten die beiden Kriterien der schriftgemäßen Verkündigung des Evangeliums und des auftraggemäßen Vollzugs der Sakramente allerdings keineswegs so unwirksam sein, wie man dies auf katholischer Seite gerne darstellte; man wird dies heute leichter zugeben als damals. Andererseits aber läßt sich nicht leugnen, daß es aufgrund dieser beiden Kriterien immer schwieriger wurde, sich sowohl von den Schwärmern wie von der katholischen Kirche abzugrenzen. Gerade die Schwärmer pochten ja darauf, das reine Evangelium zu verkünden und die Sakramente richtig zu verwalten. Und auch die katholische Kirche hat durch die tridentinische und erst recht durch die neueren Reformen ein globales negatives Urteil über ihre Evangeliumsverkündigung und Sakramentenvollzug unmöglich gemacht. Jedenfalls kann die Frage nach der Wahrheit der katholischen

[7] *Luther*, WA 51, 469–572.

Kirche nicht mehr von allgemeinen Prinzipien her kurzerhand entschieden werden. Auch die evangelischen Kirchen kommen nicht darum herum, heute neu ganz konkret auf die ursprüngliche Botschaft kritisch-selbstkritisch zurückzufragen, um sich bezüglich der katholischen Kirche eine neue differenzierte Antwort zu bilden[8].

Die Problematik der *katholischen* Wahrzeichen: Gegen die vier klassischen Kirchenattribute hatte — wir bemerkten es bereits — die reformatorische Theologie nichts Grundsätzliches einzuwenden. Drücken sie doch etwas aus — nicht zuletzt gegenüber allem Schwärmertum —, was die beiden evangelischen Kriterien nicht ausdrücken. Aber unsere Frage wird uns hier zurückgegeben: Woran ist denn die wahre Einheit, Heiligkeit, Katholizität und Apostolizität zu erkennen? Genügt hier und überall der Verweis auf die kanonische Legalität des kirchlichen Amtes? Die vier Kennzeichen müssen jedenfalls, wenn sie echt sein wollen, auf den beiden anderen aufruhen: Was soll eine Einheit, Heiligkeit, Katholizität und Apostolizität der Kirche, die nicht auf dem reinen Evangelium, der wahren Taufe und dem sinngemäß gefeierten Herrenmahl beruht? Immer und überall kommt es für die Kirche darauf an, daß sie sich in sachlicher Übereinstimmung mit der ursprünglichen neutestamentlichen Botschaft befindet! Würde sich eine Kirche noch so laut als eine, heilige, katholische und apostolische Kirche bekennen und würde sie es nicht im Sinne der neutestamentlichen Botschaft tun, so wäre es bestenfalls eine leere und nicht überzeugende Proklamation. Die einzelnen Wahrzeichen können in einer Kirche verdeckt sein. Sie können so vorhanden sein, daß sie von außen und vielleicht sogar von innen nicht mehr als überzeugend erfahren werden, weil sie nämlich ihre Leuchtkraft verloren haben, so daß man nicht mehr wegen der Kirche glaubt, sondern entweder wegen der Kirche nicht glaubt oder trotz der Kirche glaubt. Einheit, Heiligkeit, Katholizität und Apostolizität sind also nicht nur Gaben, die der Kirche aus Gottes Gnade zukommen, sondern zugleich Aufgaben, von deren verantwortlicher Erfüllung Entscheidendes abhängt.

Worauf also kommt es bezüglich der einen wie der anderen Merkmale an? Nicht auf apologetische Argumente, die denn auch weder in katholischer noch in evangelischer Form je zu Massenkonversionen

---

[8] Vgl. zur weiteren Auseinandersetzung über die Frage nach der wahren Kirche Strukturen 105–205.

geführt haben! Sondern auf die lebendige Verwirklichung der Wahrzeichen im Leben der Kirche! Was nützte es einer Kirche, wenn sie die Heilige Schrift „hat" und die Macht und Kraft des Evangeliums in ihr doch nicht vernommen werden; wenn sie die Sakramente „hat" und diese aber entartet und von Aberglauben und Götzendienst überwuchert sind; wenn ihre Einheit, Heiligkeit, Katholizität und Apostolizität institutionell solide begründet und sichtbar gemacht sind und diese Institutionen doch ausgehöhlte Formen ohne Leben sind? Also nicht das formale Vorhandensein bestimmter Eigenschaften, sondern ihr Gebrauch und ihr Vollzug ist ausschlaggebend: daß das Wort des Evangeliums wirklich verkündet, gehört und befolgt wird, daß die Sakramente wirklich gebraucht werden, daß Einheit, Heiligkeit, Katholizität und Apostolizität von lebendigen Menschen in einer lebendigen Kirche gelebt werden, daß also die notae Ecclesiae in irgendeiner Form notae Christianorum sind! Für die lebendige Verwirklichung ihrer *eigenen* Wahrzeichen hat *jede* Kirche für sich genug zu tun, sie mag die einen oder die anderen in den Vordergrund stellen. Und bemüht sich jede Kirche bei der Verwirklichung ihrer je eigenen Merkmale um die sachliche Übereinstimmung mit derselben neutestamentlichen Botschaft, so geschieht es je länger desto weniger, daß die eine die andere als die unwahre Kirche ausschließen kann.

Aus allen diesen Gründen reden wir hier nicht mit apologetischer Zielsetzung von Wahrzeichen der Kirche, sondern in theologischer Zielsetzung von *Dimensionen* der Kirche. Wo diese Dimensionen realisiert sind, ist zunächst eine offene Frage. Beantwortet wird sie im Grunde nur durch diejenige Kirche, die sich lebendig darüber ausweist, deren „Rede" und „Predigt" analog der des Apostels „nicht in überredenden Weisheitsworten, sondern im Erweis des Geistes und der Kraft" (1 Kor 2, 4) besteht.

Aber reden wir hier nicht allzu selbstverständlich von verschiedenen Kirchen? Es ist Zeit, von der Einheit der Kirche zu reden.

2. *Einheit in der Vielheit*

a) Kann man denn bestreiten, daß es nicht nur eine, sondern eine *Vielzahl* von Kirchen gibt? Über 200 Kirchen allein sind es, die dem Weltrat der Kirchen angehören, abgesehen also von der katholischen

Kirche und manchen protestantischen Kirchen strenger lutherischer, reformierter oder baptistischer Observanz, die dem Weltrat nicht angehören. Diesem ist das imponierende und höchst dankenswerte Werk gelungen, die übergroße Mehrheit der nichtkatholischen Kirchen, die sich früher oft nur dem Namen nach kannten, zur gemeinsamen brüderlichen Beratung und Hilfe zu versammeln: die orthodoxen Kirchen (die griechische und russische bis zur koptischen und zu den übrigen autokephalen Kirchen) zusammen mit den lutherischen und reformierten, der Anglican Communion, den Altkatholiken und der großen Zahl der Freikirchen (Methodisten, Baptisten, Disciples of Christ usw.). Dadurch ist ein gemeinsames Vorgehen der getrennten Kirchen entscheidend erleichtert worden; gemeinsame Studienarbeit, gegenseitige Unterstützung bei der weltweiten evangelistischen und missionarischen Aufgabe und ein vertieftes ökumenisches Bewußtsein in der ganzen Christenheit sind Wirklichkeit geworden. Der Weltrat der Kirchen verdient die aktive Unterstützung aller Kirchen und Christen.

Aber bei aller bewundernswerten Arbeit für die Einheit der Kirche – eines ist der Weltrat gerade nicht: eine Kirche! Das will er auch nicht sein. Er ist nach § 1 seiner Verfassung „eine Gemeinschaft (fellowship) von Kirchen, die unseren Herrn Jesus Christus gemäß der Heiligen Schrift als Gott und Heiland bekennen und die gemeinsam zu erfüllen trachten, wozu sie berufen sind, zu Ehren Gottes des Vaters und des Sohnes und des Heiligen Geistes". Dies ist „mehr als eine bloße Formel der Übereinstimmung", aber doch „weniger als ein Bekenntnis" (Erklärung von Evanston). Daß es zwischen diesen Kirchen tiefe Gräben gibt, im Bekenntnis des Glaubens, im Gottesdienst, in der Kirchenordnung, daß es sich um eigentlich glaubensverschiedene Kirchen handelt, kann niemand bestreiten. Der Weltkirchenrat ist keine Verschmelzung von Kirchen oder Kirchenverbänden (panorthodoxe Konferenz, Lutherischer Weltbund, Reformierte Weltallianz, Lambeth Conference, Weltbünde der Methodisten, Baptisten usw.), er ist keine „Weltkirche" oder „Superkirche". Seine Erklärungen und Entscheidungen haben gegenüber den Mitgliedkirchen keine verbindliche Kraft; diese können sie annehmen, ablehnen oder ignorieren. Der Weltkirchenrat darf sich nicht einmal auf den Boden einer besonderen Auffassung der Kirche stellen und darf keine bestimmte Lehre über das Wesen der kirchlichen Einheit mit exklusivem Geltungsanspruch versehen. Doch glauben alle Mitgliedkirchen aufgrund des Neuen Testamentes, daß die Kirche Christi *eine* ist. Kurz: Die Kirchen des Weltrates sind eine gegensätzliche Vielheit von Kirchen, die die Einheit der Kirche *suchen!* Dazu soll der Weltrat nicht Unionsverhandlungen einleiten, wohl aber die Kirchen miteinander in lebendigen Kontakt bringen und Untersuchungen und Aussprachen über Fragen der kirchlichen Einheit in Gang setzen. Auf diesem Wege hat er – neuerdings nun auch in Zusammenarbeit mit der katholischen Kirche – Außerordentliches erreicht. Und trotzdem, kann man es der Welt, dem theologisch unvoreingenommenen Beobachter verübeln, daß er empirisch die Aufspaltung nicht nur der Christenheit, sondern der Kirche Jesu Christi feststellt? Die Auswirkungen dieser gegensätzlichen Vielheit von Kirchen – dies ist zu offenkundig, als daß es hier ausführlich dargelegt werden müßte – sind verheerend: Am weitgehenden Mißerfolg der christlichen Weltmission, insbesondere in Asien, mit ihren im Vergleich zur Gesamtbevölkerung minimalen Christenzahlen ist nicht zuletzt die Zersplitterung und die gegenseitige Kompromittierung der christlichen Kirchen schuld. Aber nicht nur in der Auseinandersetzung mit den alten Religionen, sondern auch in der Konfrontation mit den modernen Quasireligionen und Säkularismen, den verschiedenen Atheismen und Agnostizismen haben die gespaltenen, sich gegenseitig konkurrierenden Kirchen einen schweren Stand: an welche von ihnen soll man sich schon halten? Aber auch dringend notwendige innerkirchliche Reformen sind durch die versteiften konfessionellen Fronten durch Jahrhunderte hindurch blockiert worden. Nach außen und nach innen hat so die Glaubwürdigkeit der Kirche und ihrer Botschaft durch das Nebeneinander gegensätzlicher Kirchen unbeschreiblich gelitten. Bis in das konkrete Leben von Millionen von Familien hinein, die nicht gemeinsam denselben Gottesdienst besuchen und am selben Abendmahl teilnehmen können, wirkt sich die Kirchenspaltung aus. Ungezählte Menschen sind durch die Kirchenspaltung der Kirche selbst entfremdet worden

Aber über diese Gründe hinaus ist letztlich ausschlaggebend: daß nach *Gottes* Auftrag und Willen, in dem die Kirche ihren Existenzgrund hat, diese Kirche *eine*, unwidersprüchlich *eine* sein soll. Von *einem* Heilsereignis und *einer* Botschaft kommt sie her, *eine* Gemeinschaft der Jünger, Zeugen und Diener soll sie sein. Christus hat nicht nur den Widerspruch zwischen den Menschen und Gott, sondern auch die Feindschaft unter den Menschen aufgehoben; er ist der Grund der Einheit seiner Kirche. Oder dürfte etwa nach dem ursprünglichen biblischen Zeugnis die eine *Ekklesia Gottes* ein buntes Nebeneinander und Gegeneinander von größeren und kleineren Ecclesiolae sein, die sich gegenseitig falschen Glauben, falschen Gottesdienst und falsche Ordnung vorhalten? Könnte das eine große *Volk Gottes* je aufgespalten sein in häßlich viele größere und kleinere Völklein, die in früher heißem und jetzt kaltem Krieg, in früher offenem und jetzt verdecktem Konkurrenzkampf sich gegenseitig zum Schaden der Menschen unglaubwürdig machen? Dürfte der kunstvoll eine *Leib Christi* je einmal auseinanderfallen in Glieder, die, obwohl sie nur im Ganzen schön und sinnvoll sind, nun ein möglich-unmögliches Leben in der Zerstreuung führen? Könnte der eine wunderbar gefügte *Tempel des Heiligen Geistes* je einmal aufgelöst werden in eine Vielzahl von Tempelchen, Kapellchen und Heiligtümern aller Art, in denen man sich gegenseitig das Wasser abgräbt, die Gläubigen abwirbt und die Glaubwürdigkeit des einen und einzigen Gottes und Vaters selbst diskreditiert?

„Nur eine einzige Kirche hat Christus der Herr gegründet, und doch erheben mehrere christliche Gemeinschaften den Anspruch, das wahre Erbe Jesu Christi darzustellen. Sie alle bekennen sich als Jünger des Herrn, aber sie denken verschieden und gehen verschiedene Wege, als ob Christus selbst geteilt wäre. Eine solche Spaltung widerspricht ganz offenbar dem Willen Christi, sie ist ein Ärgernis für die Welt und ein Schaden für die heilige Sache der Verkündigung des Evangeliums vor allen Geschöpfen" (DOe 1).

Nein, die Kirche — und wir meinen hier wie immer die Ortskirche und die Gesamtkirche, die Ortsgemeinde und die Gesamtgemeinde! — ist wesentlich und entscheidend *eine* Ekklesia, *ein* Gottesvolk, *ein* Christusleib, *ein* Geistesgeschöpf[9]. Die gesamte neutestamentliche Botschaft zeugt davon. Alles, was wir über die Grundstruktur der

[9] Zur *Einheit der Kirche* vgl. die unter A I, 3 und A II, 2 aufgeführte exegetische und systematische Lit. zur Ekklesiologie im allgemeinen und die Dogmatiken (bes. *M. Schmaus* III/1, 544–602 und *K. Barth* IV/1, 746–765) sowie das noch immer wichtige Werk von *J. A. Möhler*, Die Einheit in der Kirche (Ausgabe J. R. Geiselmann [Darmstadt 1957]). Aus der uferlosen ökumenischen Lit. vgl. bes. die neueren Monographien: *Y. Congar*, Chrétiens désunis (Paris 1937); *J. Casper*, Um die Einheit der Kirche (Wien 1940); *H. B. Murdoch*, Church, Continuity and Unity (Cambridge 1945); *S. Hanson*, The Unity of the Church in the NT (Uppsala 1946); *M. P. Boegner*, Le problème de l'unité chrétienne (Paris 1946); *H. R. T. Brandreth*, Unity and Reunion; a Bibliography (Toronto 1948); *O. Karrer*, Um die Einheit der Christen (Frankfurt/Main 1953); *L. Newbigin*, The Household of God (London

Kirche zu berichten hatten, belegt es auf vielfältige Weise; es hätte wenig Sinn, es hier zu wiederholen. Die klassischen neutestamentlichen Texte über die Einheit der Kirche sind bekannt: 1 Kor 1, 10–30 (Warnung vor Parteiungen und Mahnung zur Einheit auf dem einen Fundament, Christus); 1 Kor 12 (Einheit des Geistes in der Mannigfaltigkeit der Gaben, ein Leib in den vielen Gliedern); Gal 3, 27f (alle ohne Unterschied der Rasse, der sozialen Stellung und des Geschlechtes sind einer in Christus); Röm 12, 3–8 (die Vielen ein Leib in Christus); Apg 2, 42 (das Verharren in der Lehre der Apostel und in der Gemeinschaft, im Brotbrechen und im Gebet); 4, 32 (die Menge der Gläubiggewordenen ein Herz und eine Seele); Jo 10, 16 (ein Hirt und eine Herde); 17, 20–26 (alle eins wie der Vater und der Sohn). Als sehr sachgemäße Zusammenfassung alles dessen, was nach dem Neuen Testament die Einheit der Kirche begründet, sei nur Eph 4, 1–6 wörtlich angeführt: „Ich ermahne euch nun ..., würdig der Berufung zu wandeln, durch die ihr berufen worden seid, mit aller Demut und Sanftmut, mit Langmut einander in Liebe ertragend, bemüht, die Einheit des Geistes durch das Band des Friedens zu bewahren. *Ein* Leib und *ein* Geist, wie ihr auch berufen worden seid zu *einer* Hoffnung eurer Berufung. *Ein* Herr, *ein* Glaube, *eine* Taufe; *ein* Gott und Vater aller, der über allen und bei allen und in allen ist."

1953); *E. Wolf*, Peregrinatio (München 1954), bes. 146–182; *Th. Sartory*, Die ökumenische Bewegung und die Einheit der Kirche (Meitingen 1955); *H. Schlier*, Die Zeit der Kirche (Freiburg i. Br. 1955) 287–299; *N. Schiffers*, Die Einheit der Kirche nach J. H. Newman (Düsseldorf 1956); *G. Baum*, That They May Be One (London 1958); *M. Roesle - O. Cullmann* (Hrsg.), Begegnung der Christen (Stuttgart - Frankfurt/Main 1959); *L. Zander*, Einheit ohne Vereinigung (Stuttgart 1959); *J. Beckmann, K. G. Steck u. F. Viering*, Von Einheit und Wesen der Kirche (Göttingen 1960); *H. Asmussen - A. Brandenburg*, Wege zur Einheit (Osnabrück 1960); *H. Volk*, Gott alles in allem (Mainz 1961) 175–222; *R. Slenczka*, Ostkirche und Ökumene. Die Einheit der Kirche als dogmatisches Problem in der neueren ostkirchlichen Theologie (Göttingen 1962); *J. Daniélou*, L'unité des chrétiens et l'avenir du monde (Paris 1952); *P. Brunner*, Pro Ecclesia (Berlin - Hamburg 1962/66) I, 225–234, II, 195–322; *A. Hastings*, One and Apostolic (London 1963); *Y. Congar*, Chrétiens en dialogue (Paris 1964); *W. Marxsen* (Hrsg.), Einheit der Kirche? (Witten 1964; wichtig neben dem Beitrag von *Marxsen* bes. die Beiträge von *K. Aland* und *E. Kinder*). Wichtig sind auch die zahlreichen Dokumente des Weltrates der Kirchen sowie der konfessionellen Weltbünde, dann die verschiedenen Geschichten der ökumenischen Bewegung (bes. *P. Conord, G. Gloege, W. R. Hoog, W. Menn, S. C. Neill - R. Rouse, G. H. Tavard, G. Thils*) sowie die Einführungen in den Ökumenismus (bes. *A. Bellini, C. Boyer, C.-J. Dumont, M.-J. Le Guillou, E. F. Hanahoe, B. Lambert, W. H. van de Pol, M. Villain, G. Weigel*).

Die Einheit der Kirche hat nichts zu tun mit dem mythologischen Zauber der Zahl Eins, mit der Faszination der Einheit an sich. Sie ist nicht einfach eine naturhafte Größe, ist nicht einfach moralische Einmütigkeit und Eintracht, ist erst recht nicht soziologische Einheitlichkeit und Einförmigkeit. Sie wird von vornherein mißverstanden, wenn sie von Äußerlichkeiten (Kirchenrecht, Kirchensprache, Kirchenverwaltung usw.) her gesehen wird. Die Einheit der Kirche ist eine geistliche Größe. Sie ist nicht in erster Linie eine Einheit der Glieder untereinander, sie ruht letztlich nicht in sich selbst, sondern in der Einheit Gottes selbst, die wirksam ist durch Jesus Christus im Geist. Es ist der eine und selbe Gott, der die an allen Orten und zu allen Zeiten Zerstreuten zu einem Gottesvolk versammelt. Es ist der eine und selbe Christus, der alle durch sein Wort in der einen Gemeinschaft durch seinen Geist vereint. Es ist die eine und selbe Taufe, durch die alle in denselben Leib Christi eingegliedert werden, das eine und selbe Herrenmahl, in dem alle mit Christus und untereinander geeint bleiben. Es ist das eine und selbe Bekenntnis des Glaubens an den Kyrios Jesus, dieselbe Hoffnung auf die Herrlichkeit, dieselbe Liebe, erfahren in der Einheit der Herzen, derselbe Dienst an der Welt. Die Kirche *ist* eine und *soll* deshalb auch eine sein.

„Darin ist unter uns die Liebe Gottes erschienen, daß der eingeborene Sohn Gottes vom Vater in die Welt gesandt wurde, damit er, Mensch geworden, das ganze Menschengeschlecht durch die Erlösung zur Wiedergeburt führe und in eins versammle. Bevor er sich selber auf dem Altar des Kreuzes als makellose Opfergabe darbrachte, hat er für alle Glaubenden zum Vater gebetet, ‚daß alle eins seien, wie du, Vater, in mir, und ich in dir, daß auch sie in uns eins seien: damit die Welt glaubt, daß du mich gesandt hast' (Jo 17, 21). Und er hat in seiner Kirche das wunderbare Sakrament der Eucharistie gegründet, durch das die Einheit der Kirche bezeichnet und bewirkt wird. Seinen Jüngern hat er das neue Gebot der gegenseitigen Liebe gegeben und den Geist, den Beistand, verheißen, der als Herr und Lebensspender in alle Ewigkeit bei ihnen bleiben sollte. – Nachdem der Herr Jesus am Kreuze erhöht und verherrlicht war, hat er den verheißenen Geist ausgegossen, durch den er das Volk des Neuen Bundes, das die Kirche ist, zur Einheit des Glaubens, der Hoffnung und der Liebe berufen und versammelt hat, wie der Apostel lehrt ... (Eph 4, 4–5; Gal 3, 27 f). Der Heilige Geist, der in den Glaubenden wohnt und die ganze Kirche erfüllt und regiert, schafft diese wunderbare Gemeinschaft der Gläubigen und verbindet sie in Christus so innig, daß er selbst das Prinzip der Einheit der Kirche ist. Er selbst wirkt die Verschiedenheit der Gaben und Dienste, indem er die Kirche Jesu Christi mit mannigfaltigen Gaben bereichert ‚zur Vollendung der Heiligen im Werk des Dienstes, zum Aufbau des Leibes Christi' (Eph 4, 12)" (DOe 2).

b) Wenn aber *jede* Ortskirche eine Einheit, wenn *jede* Ortskirche auf ihre Weise Ekklesia, Gottesvolk, Geistesgeschöpf, Christusleib ist, kann dann die *Vielheit* der Kirchen an sich etwas Verwerfliches sein? Die Einheit der Kirche darf nicht einfach außerhalb der örtlich sich versammelnden Gemeinde gesucht werden. Gerade die Einheit einer Ortskirche, die ja auch eine bestimmte Geschlossenheit (nicht Abgeschlossenheit) besagt, schließt, da diese Ortskirche ja nicht die einzige ist, eine Vielheit von Kirchen ein. Die Einheit der Kirche setzt also das Zusammenleben von Ortskirche zu Ortskirche voraus. So wird denn Ekklesia im Neuen Testament ganz selbstverständlich im Plural gebraucht und mit örtlichen Namen verbunden, die unter Umständen verschiedene Welten bezeichnen können: Jerusalem und Korinth, Antiochien und Rom.

Es gibt also die Vielheit *örtlicher* Kirchen (die Kirchen von Ephesos, Philippi, Thessalonich ...), in denen sich die eine Kirche manifestiert: die Kirchen einzelner Städte und Dörfer. Und es gibt die Vielheit *regionaler* Kirchen (die Kirche in Judäa, Galiläa und Samaria, in Galatien, Makedonien, Asien ...), in denen wiederum die eine Kirche gegenwärtig ist: die Kirchen einzelner Provinzen, Diözesen, Länder, Nationen, Kontinente. Und es gibt schließlich die Vielheit *typenmäßig* ausgeprägter Kirchen (die hellenistischen, die judenchristlichen Kirchen ...), die oft mit regionalen Kirchen zusammenfallen, vielleicht aber auch (aufgrund von bestimmten Bevölkerungsbewegungen) quer durch verschiedene Regionen gehen: die Kirchen einzelner Riten oder Denominationen.

So setzt die Einheit der Kirche die Vielheit der Kirchen voraus: Die verschiedenen Kirchen brauchen nicht zu verleugnen, woher sie kommen und wo sie stehen. Ihre Sprache, ihre Geschichte, ihre Sitten und ihr Brauchtum, ihre Lebens- und Denkweise, ihre personale Zusammensetzung sind von vorneherein verschieden. Niemand hat das Recht, ihnen dies zu nehmen. Das Gleiche schickt sich keineswegs für jede jederzeit und jedenorts. Die Einheit der Kirche setzt aber die Vielheit der Kirchen nicht nur voraus, sondern bringt sie auch neu hervor: aus der Verschiedenheit der Berufungen Gottes, aus der Mannigfaltigkeit der ihr geschenkten Geistesgaben und der Unterschiedlichkeit der Glieder Christi und ihrer Funktionen. Was mit den Begriffen des Gottesvolkes, des Christusleibes, des Geistesgeschöpfes von den verschiedenen Menschen ausgesagt wird, kann analog von den verschiedenen Kirchen ausgesagt werden. Niemand hat hier das Recht, die Berufungen einzuengen, den Geist zu dämpfen, die Gliedkirchen einzuebnen.

Die Kirche Christi ist nach dem Neuen Testament keine Kirche einer zentralistisch egalitären oder gar totalitären Einheitlichkeit. Sie kennt nicht die freud- und freiheitslose Uniformität einer Einheitsorganisation oder eines Einheitstypus. Zum Wesen der Kirche gehört weder ein uniformer Gottesdienst noch eine uniforme Kirchenordnung noch eine uniforme Theologie. Vielmehr das Gegenteil könnte man im Anschluß an Eph 4, 4–6 formulieren. Vielfalt im *Gottesdienst:* Ein Gott, ein Herr, eine Taufe und ein Herrenmahl — aber: verschiedene Völker, verschiedene Gemeinden, verschiedene Sprachen, verschiedene Riten und Frömmigkeitsformen, verschiedene Gebete, Lieder und Gewänder, verschiedene Kunststile und in diesem Sinne verschiedene Kirchen! Vielfalt aber auch in der *Theologie:* Ein Gott, ein Herr, eine Hoffnung und ein Glaube — aber: verschiedene Theologien, verschiedene Systeme, verschiedene Denkstile, Begriffsapparate und Terminologien, verschiedene Schulen, Überlieferungen und Forschungsrichtungen, verschiedene Universitäten und verschiedene Theologen, und in diesem Sinne wiederum verschiedene Kirchen! Vielfalt schließlich auch in der *Kirchenordnung:* Ein Gott, ein Herr, ein Geist und ein Leib — aber: verschiedene Lebensordnungen, verschiedene Rechtsordnungen, verschiedene Nationen und Traditionen, verschiedene Sitten, Bräuche und Verwaltungssysteme, und so schließlich auch in diesem Sinne verschiedene Kirchen!

Hier überall können „die Einheit des Geistes" und „das Band des Friedens" bewahrt werden, „mit aller Demut und Sanftmut, mit Langmut einander in Liebe ertragend" (Eph 4, 2f). Bei all dieser Vielheit und Verschiedenheit braucht nirgendwo Streit, Feindschaft und Zwietracht zu herrschen. Hier kann man ja auch um der Liebe und des Friedens willen im gegebenen Fall auf eine bestimmte Eigenheit und Besonderheit verzichten und sich gegenseitig etwas zugeben. Solange alle denselben Gott, Herrn, Geist und Glauben und nicht ihren je eigenen Gott, Herrn, Geist und Glauben haben wollen, ist alles in Ordnung.

So gibt es vom Neuen Testament her grundsätzlich verschiedene geschichtliche Erscheinungsformen der einen Kirche, die alle legitim sein können: in verschiedenster Hinsicht verschieden strukturierte Ausprägungen und Gestalten der einen Kirche. Solange sich diese verschiedenen Kirchen gegenseitig als rechtmäßig anerkennen, solange sie in der je anderen die eine und selbe Kirche erkennen, solange sie also kirchliche Gemeinschaft und besonders Gottesdienst- und Abendmahlsgemeinschaft miteinander halten, solange sie von daher dann auch sich gegenseitig helfen, zusammenarbeiten und in Not und Verfolgung zusammenstehen, solange ist gegen ihre Vielheit nichts einzuwenden. Alle die tiefgehenden Unterschiede zwischen den verschiedenen Kirchen sind dann umfangen von der Gewißheit, daß man in der Einheit der Kirche Christi eins ist. So sind denn diese Unterschiede, mögen sie noch so augenfällig und noch so tiefverwurzelt sein, nicht *kirchentrennender* Art. Sie bedeuten keine Kirchenspaltung!

Nicht jedes Nebeneinander verschiedener Kirchen stellt also die Einheit der Kirche in Frage, nur das Nebeneinander, das kein Miteinander und Füreinander, sondern zutiefst ein Gegeneinander ist. Von Übel sind also nicht die Verschiedenheiten an sich, sondern die ausschließenden, *exklusiven* Verschiedenheiten. Da sind diese Verschiedenheiten nicht mehr Ausdruck der legitimen Vielheit der Kirchen, sondern da werden sie *gegen* die anderen als notae Ecclesiae angeführt, da erhalten sie gegenüber den anderen Kirchen eine derart unbedingte Geltung, daß die anderen nicht mehr als legitime Ausprägung der einen Kirche angesehen werden können, sondern als Verfälschung der Kirche Christi betrachtet werden müssen. Solche Verschiedenheiten schließen einander aus und machen Kirchengemeinschaft unmöglich. Da werden die verschiedenen Ortskirchen, Regionalkirchen, Denominationskirchen zu verschiedenen Konfessionskirchen: Kirchen nicht nur eines verschiedenen Ortes, einer verschiedenen Region, einer verschiedenen Denomination, sondern einer *gegensätzlichen Konfession.* Gegensätzlich ist ihr Glaubensbekenntnis und von dorther auch ihr Gottesdienst und ihre Grundordnung, so daß die Einheit der Glaubens-, Tauf- und Mahlgemeinschaft gesprengt wird.

Ist es immer nur Engstirnigkeit, Kleinherzigkeit, Rechthaberei, wenn es so zur Kirchenspaltung kommt? Oft ist dies der Fall, immer nicht. Es kann auch geschehen aus der ehrlichen Überzeugung heraus, daß man sonst das Evangelium Jesu Christi verraten würde. Den Beteiligten scheint dann die Spaltung unvermeidlich zu sein. Auf diese Weise kann es zu Spaltungen kommen, die mit dem Begriffspaar Kirche — Häresie nicht mehr umschrieben werden können, wo es nämlich nicht mehr um die Abspaltung von einzelnen oder relativ kleinen Gruppen von der einen großen Kirche geht – Abspaltungen, die meist keinen bleibenden Charakter haben und mit der Zeit wieder verschwinden –, sondern um Aufspaltung – so muß man es empirisch betrachtet sagen – der einen großen Kirche selbst. Zwei Spaltungen haben diesen Charakter: die Spaltung zwischen West- und Ostkirche und die Spaltung zwischen der (westlichen) katholischen Kirche und den reformatorischen Kirchen.

3. *Die Einigung der Kirchen*

Kann es zu einer wenigstens beschränkten Einigung der getrennten christlichen Kirchen je kommen? Wir sind mitten drin in einer beispiellosen und anscheinend unaufhaltsamen Entwicklung zur Einheit nicht nur in der Welt, sondern auch in der Kirche. Die Arbeit des Weltrates der Kirchen einerseits und des zweiten Vatikanischen Konzils andererseits tragen Früchte. Neue Beziehungen zwischen den großen kirchlichen Zentren der Christenheit, zwischen Rom, Konstantinopel, Moskau, Genf, Canterbury und ungewöhnliche Annäherungen der christlichen Kirchen sind Wirklichkeit geworden. Kirchen, die sich als „konfessionell" verschieden meinten gegenseitig ausschließen zu müssen, erkannten sich als nur „denominell" verschieden und haben die Union ihrer Kirchen vollzogen oder mindestens geplant. Bezüglich der großen Spaltungen allerdings – zwischen Ost- und Westkirche und insbesondere zwischen katholischer Kirche und protestantischen Kirchen – ist eine Union in noch weiter Ferne.

a) Gerade diese grundlegenden Spaltungen, die zu verschiedenen bleibenden Grundformen des Christentums geführt haben, zwingen uns zu Überlegungen, die über das bezüglich Kirche und Häretiker Gesagte hinausgehen. Auch hier dürfen wir nicht abstrakt theoretisch reden, sondern müssen uns den geschichtlichen Hintergrund der tiefgehenden Spaltung präsent halten. Eine Einigung der getrennten christlichen Kirchen ist unmöglich ohne die kritische historische Reflexion, die die Augen vor der Schuld der eigenen Kirche an der Spaltung nicht schließt. Die systematische Theologie hat als Grundlage ihrer weiteren Überlegungen zur Kenntis zu nehmen, was eine unvoreingenommene sachliche kirchengeschichtliche Forschung erarbeitet hat. Dies gilt besonders bezüglich der Spaltung zwischen Ost- und Westkirche.

Was hat das *Schisma zwischen Ost- und Westkirche* hervorgerufen? Ob politische, kulturelle oder theologische Faktoren wichtiger waren, ist schwierig auszumachen. Sicher ist, daß es sich um einen höchst komplexen jahrhundertelangen *Entfremdungsprozeß* handelt. Wie schon *vor* dem berühmten Datum 1054, da der päpstliche Legat die Exkommunikationsbulle gegen den Patriarchen Kerullarios auf dem Altar der Hagia Sophia in Konstantinopel niederlegte, verschiedene Aufhebungen der Kirchengemeinschaft zwischen Rom und Konstantinopel stattgefunden hatten (so 484—519 und unter Photios ab 867), so waren auch *nach* 1054 keineswegs alle Verbindungen abgebrochen worden. Welche Faktoren haben das Schisma vorbereitet und schließlich vollziehen lassen? Wir können nur in Stichworten darauf verweisen[10]:

1. *Kirchenpolitische Faktoren:* Zunächst die Verlegung der Reichshauptstadt von Rom nach dem „neuen Rom" (Konstantinopel) und die sehr weitgehende Identifizierung der östlichen Kirchen mit dem byzantinischen Imperium unter dem Basileus als dem (allerdings nicht unbeschränkten) Herrn und Gesetzgeber der Kirche, besonders seit Justinian („Cäsaropapismus"); gleichzeitig im Westen Grundlegung eines einheitlich organisierten lateinischen Kirchensystems unter dem Primat des Bischofs der alten Reichshauptstadt („Papalismus"). Dann die Bekehrung der barbarischen Könige und Völker, auf die sich die Westkirche mehr und mehr stützte (Pippin und der Kirchenstaat), die auf einer Fälschung beruhende Idee der Donatio Constantini an die Päpste und besonders die Krönung Karls d. Gr. 800 zum römischen (in Wirklichkeit germanischen!) Kaiser neben dem eigentlichen (= byzantinischen) römischen Kaiser, was im Osten den Eindruck des „Verratenseins" durch die Lateiner verstärkte; andererseits der systematische Ausbau der Machtstellung des jetzt „ökumenisch" genannten Patriarchen von Konstantinopel. Dann die islamischen Eroberungen, die im Osten den Nationalismus der einzelnen Kirchen förderten, die die Verbindung zwischen Ost- und Westkirche erschwerten und in Byzanz zu einer politischen und kirchlichen Versteifung führten. Schließlich die unglückseligen Kreuzzüge, die 1182 zu einem Blutbad unter den Lateinern in Konstantinopel und 1204 zu einer Eroberung Konstantinopels durch die Lateiner, die Einsetzung eines lateinischen Kaisers, eines lateinischen Patriarchen und lateinischer Erzbischöfe und zu einer weitgehenden Latinisierung der eroberten

---

[10] Die geeignetste Einführung in die historisch-theologische Problematik bietet Y. *Congar*, Neuf cents ans après. Notes sur le „Schisme oriental" (Chevetogne 1954). Dazu die allgemeinen Werke zum Orientalischen Schisma (bes. *L. Bréhier, F. Dvornik, J. Gay, M. Jugie, C. Lagier, B. Leib, A. Michel, W. Norden, S. Runciman*) sowie die allgemeine Lit. über die Ostkirchen, darunter als neuere Einführung *P. Bratsiotis* (Hrsg.), Die Orthodoxe Kirche in griechischer Sicht I–II (Stuttgart 1960); *B. Spuler*, Die Morgenländischen Kirchen (Leiden-Köln 1964).

Gebiete führte (Gehorsamseid aller griechischen Geistlichen gegenüber der römischen Kirche). Mit 1204 war das Schisma vollzogen und der Gedanke einer Wiedervereinigung ruiniert; die späteren politisch orientierten Unionsversuche (2. Konzil von Lyon 1274, Konzil von Florenz 1439) änderten nichts daran. Als dann 1453 Konstantinopel in die Hand der Türken fiel, war das Mißtrauen und die Abneigung der Orientalen gegenüber den Lateinern vollständig. Gegenüber ihrem Proselytismus auch in den folgenden Jahrhunderten hörte man das Wort: Lieber den Tod als Rom! Lieber den Turban als die Mitra!

2. *Kulturell-religiöse Faktoren:* Die verschiedenen Sprachen von West- und Ostkirche, die vielfach zur gegenseitigen geistig-kulturellen Abkapselung und zu zahlreichen Mißverständnissen bis in die theologische Terminologie hinein führten; die verschiedenen Kulturen, die die Griechen den Lateinern als spitzfindig und hinterlistig und die Lateiner den Griechen als ungebildet und barbarisch erscheinen ließen; die verschiedenen „Riten", die für die Orientalen gerade nicht nur ein verschiedenes liturgisches Zeremoniell bedeuten, sondern eine eigenständige und gleichberechtigte gesamthafte (Theologie, Gottesdienst, Frömmigkeit, Verfassung und Organisation umfassende) kirchliche Lebens- und Glaubensform.

3. *Theologische Faktoren:* Gegenüber dem östlichen Platonismus und Traditionalismus die verschiedene theologische Methode, die sich besonders seit dem Ende des 11. Jahrhunderts im Westen bemerkbar macht: Wendung zum Kreatürlichen und Empirischen, zur rationalen Analyse und zur wissenschaftlichen Forschung; gegenüber der vorwiegend kontemplativ-monastischen Theologie des Ostens die rationale Universitätstheologie (Scholastik) des Westens; gegenüber der östlichen Unbestimmtheit, Beweglichkeit und Zurückhaltung in Glaubensaussagen der westliche Drang zum Definieren und Dogmatisieren; gegenüber der östlichen Vielfalt in Theologie und Kirche die seit dem Niedergang des Imperiums und besonders seit dem 12. Jahrhundert entscheidend verschärfte Vereinheitlichung und Zentralisation der westlichen Kirche und Theologie (lateinisch-römische Liturgie, Theologie, Frömmigkeit, Rechtsordnung, Verwaltung).

So ist die in Theorie und Praxis immer mehr akzentuierte und schließlich dogmatisierte Lehre von Primat und Unfehlbarkeit des Papstes zum Inbegriff aller Differenzen zwischen Ost- und Westkirche geworden. Positiv versteht sich die orthodoxe Kirche als die mit der Urkirche identisch gebliebene wahre Kirche Christi, die den von Christus geoffenbarten, den Aposteln bezeugten und den Kirchenvätern interpretierten Glauben unverändert bis heute bewahrt hat (orthodox = in rechter Weise glauben). Hat sie damit recht? Die in vielfacher Hinsicht gewaltige Distanz von lateinischer *und* griechischer Patristik und Kirche von der ursprünglichen Botschaft und Kirche des Neuen Testaments wird in der östlichen Kirche noch weniger gesehen als in der westlichen; die vielgelobte Kontinuität der östlichen Tradition mit dem Neuen Testament hält der kritischen Überprüfung in wichtigen Punkten nicht stand. Beide Kirchen, die westliche und die östliche, haben nach ihrer Vorgeschichte jedenfalls Grund genug, selbstkritisch in sich zu gehen und Wege zu neuer Gemeinschaft zu suchen (das Dekret über den Ökumenismus nimmt im einleitenden Abschnitt über die Ostkirchen auf die eigenständige Geschichte der Orientalen Bezug. DOe 14).

Nicht weniger notwendig ist die kritische Reflexion auf die — in ihrem Ansatz und in ihren Konsequenzen um vieles radikalere — protestantische Reformation, die bei aller inneren Gespaltenheit neben der östlichen und der westlich-lateinischen zu einer neuen dritten Grundform des Christentums, bzw. der Kirche, geführt hat.

Wie kam es zur *protestantischen Reformation?*[11]

1. In universalgeschichtlicher Betrachtung muß die Reformation auf dem Hintergrund einer *umfassenden Neugestaltung Europas* gesehen werden, die im 16. Jahrhundert zum Durchbruch gekommen ist. Insofern haben verschiedene Faktoren die Reformation bestimmt: politische (die Zerstörung des mittelalterlichen Kaisertums durch die Päpste und dadurch Sturz der päpstlichen Weltherrschaft und Heraufkommen der autonomen Nationalstaaten, bzw. Landesfürsten; ungeheure Erweiterung des räumlichen Horizontes durch die Entdeckungen), wirtschaftliche (Verlagerung von der Natural- auf die Geldwirtschaft), kulturelle (aufstrebende Laienwelt in den aufblühenden Städten, neue Teilnahme am Geistesleben ermöglicht durch die Buchdruckerkunst, unasketisches neues Lebensideal), allgemein-geistige (neues Weltbild, im allgemeinen Lebensgefühl die Erwartung großer Umwälzungen, Vordrängen des philosophischen Monotheismus gegenüber dem naiven praktischen Polydämonismus). Doch im Zentrum des umfassenden Umbruchs stand die religiös-kirchliche Auseinandersetzung, die durch die Mitschuld der katholischen Kirche und den religiösen Aufbruch Martin Luthers gekennzeichnet ist. Auch dazu nur einige Stichworte:

2. *Die Mitschuld der katholischen Kirche:* Der Niedergang des *Papsttums:* Abendländisches Schisma und die 3-Päpste-Herrschaft, die Angriffe der konziliaren Bewegung, die Verweltlichung, moralische Verkommenheit und Verkennung ihres Amtes bei den Renaissance-Päpsten, die italienische Politik, der absolutistische Zentralismus, die hemmungslose Finanzpolitik und Unsittlichkeit der Kurie, der Widerstand gegen alle Reform. — Die hoffnungslose Lage der *Kirche überhaupt:* die Ergebnislosigkeit der Konzilien und ihrer Reformversuche, die Rückständigkeit kirchlicher Einrichtungen (Zinsverbot, kirchliche Steuerfreiheit und Gerichtsbarkeit, Schulmonopol, Förderung des Bettelunwesens, zu viele kirchliche Feiertage usw.), die Überwucherung der Kirche durch das kanonische Recht, die ungeheure Verweltlichung der reichen Fürstbischöfe und Klöster, das viel zu zahlreiche ungebildete und arme geistliche Proletariat, erschreckender Aberglaube, religiöse

[11] Das klassische katholische Werk zur Reformationsgeschichte ist *J. Lortz,* Die Reformation in Deutschland I–II (Freiburg i. Br. 1948). Hier reiche Literaturangaben; für die neueste Lit. vgl. vom selben Verf. Art. Reformation, in: LThK VIII, 1069–1082. Weitere prot. Lit. s. *W. Maurer,* Art. Reformation, in: RGG V, 858–873, und bes. *H. Bornkamm - G. Ebeling,* Art. Luther, in: RGG IV, 480–520.

Nervosität, oft in schwärmerisch-apokalyptischen Formen, veräußerlichte Liturgie und vergesetzlichte Frömmigkeit des Volkes. – Die Dekadenz der *Theologie:* endlose, periphere Schulstreitigkeiten der spätmittelalterlichen Scholastik, Vernachlässigung der entscheidenden theologischen Fragen (Christus und Rechtfertigung des Sünders, Wort und Sakrament, Gesetz und Evangelium), nicht wenige Irrtümer pelagianischer Art über die Werke des Menschen, den Ablaß, das Meßopfer. – Diese allgemeine Zersetzung der katholischen Kirche (bei manchen positiven Ansätzen selbstverständlich!) ließ die Kritik an der Kirche in einem noch nie dagewesenen Ausmaß anschwellen: die Kritik der radikalen Geister des 14. Jahrhunderts (Ockham, Marsilius von Padua, die Spiritualen), die Universität Paris als kritische Instanz gegenüber dem päpstlichen und bischöflichen Lehramt, die Verbindung von Nominalismus und Gallikanismus, die individualistische Mystik, die Kritik, Indifferenz oder auch Skepsis der Humanisten, aber auch ihr Zurückgehen auf die Quellen, schließlich das Nachwirken der wyclifitischen und hussitischen Sekten sowie eine kritische Einstellung gegenüber Papst und Kirche sowohl unter den städtischen Gebildeten wie im hart bedrängten Bauernstand. Auf dem Reichstag zu Nürnberg 1523 ließ Papst Hadrian VI. durch seinen Legaten ein öffentliches Schuldbekenntnis ablegen, wie es spätere Päpste in dieser Deutlichkeit leider nicht mehr taten.

3. *Der reformatorische Aufbruch Luthers:* Luther hat das überschwengliche religiöse Verlangen des Spätmittelalters und die starken positiven Kräfte in Mystik, Nominalismus und Volksfrömmigkeit in seiner genialen, tiefgläubigen Persönlichkeit aufgefangen, geläutert, zielsicher zentriert und mit unerhörter Sprachgewalt formuliert. Ihm ging es nicht nur um den Kampf gegen die unbeschreiblichen kirchlichen Mißstände und in diesem Zusammenhang um die Befreiung vom Papsttum. Sein persönlicher reformatorischer Impetus wie seine weltgeschichtliche Sprengwirkung kamen aus dem einen: Rückkehr der Kirche zum Evangelium Jesu Christi, wie es in der Heiligen Schrift ursprünglich bezeugt ist. Doch nicht die Kirchenfrage als solche, sondern die Heilsfrage war Luthers persönlicher Ausgangspunkt: ob und wie der Mensch seines Heiles gewiß sein könne. Luther fand die Antwort für sich und für so viele damals Fragende vor allem im Römerbrief: Der Mensch wird gerechtfertigt durch Gottes schenkende Gerechtigkeit aus freier Gnade, die nicht mit frommen Werken verdient, sondern nur in vertrauendem Glauben ergriffen werden kann. Erst von dieser Neuentdeckung der paulinischen Rechtfertigungslehre her ergab sich für Luther das neue Kirchenverständnis und die radikale Kritik an Lehre und Praxis der vom Evangelium abgewichenen, verweltlichten und vergesetzlichten Kirche, ihrer Auffassung der Sakramente (Meßopfer, das Gnaden verdient!), des Christus verdrängenden kirchlichen Amtes, der von der Schrift nicht gerechtfertigten kirchlichen Traditionen, der frommen Werklerei des katholischen Alltags (Heiligenverehrung, Reliquien usw.). Der Ablaßstreit war nur der äußere Anlaß für die sich rasch zuspitzende Auseinandersetzung mit Rom, welche zu Luthers Exkommunikation führte, aber die zu einer radikalen Neugestaltung des gesamten kirchlichen Lebens nach dem Evangelium fortschreitende Reformationsbewegung nicht mehr aufhalten konnte. Ihr weite-

rer Verlauf, der weithin von politischen Faktoren mehr bestimmt war als von theologisch-kirchlichen, braucht hier nicht beschrieben zu werden.

Daß Luther (und entsprechend dann auch die anderen Reformatoren) die Kirche wieder neu auf die Norm des Evangeliums aufmerksam gemacht, daß er die Kirche wieder neu in den Glauben an das Werk Christi und dessen einziges Mittlertum gewiesen, daß er in seiner gesamten Theologie ursprünglichen neutestamentlichen Perspektiven (Herrschaft der Gnade, allgemeines Priestertum der Gläubigen, Amt als Dienst, Bedeutung des Wortes, der Gegensatz von Gesetz und Evangelium, das Ethos des Alltags und des Berufes usw.) zum Durchbruch verholfen, daß er so einen entscheidenden Beitrag zur Reform der Kirche (indirekt auch der katholischen) geleistet hat, ist unbestreitbar und wird heute auch von katholischen Historikern und Theologen zugegeben. Aber: Die Einheit der Kirche, deren Reform Luther angestrebt hatte, ist zerstört worden! Und der großen Spaltung sind auf evangelischer Seite immer mehr Spaltungen, unübersehbare Spaltungen gefolgt. Das ist eine furchtbare Hypothek, und die aus der Reformation hervorgegangenen Kirchen kommen nicht darum herum, nach ihrem Teil der Schuld zu fragen! War es nur Luthers ungestümes, maßloses Temperament, das die Spaltung unvermeidlich machte? Haben die Reformatoren ganz allgemein nicht oft das Echt-Katholische verkannt? Hat man nicht bestimmte Dimensionen des Neuen Testaments einseitig betont und andere vernachlässigt? Hat man sich nicht in fast allen Bereichen des an sich berechtigten „Allein" („allein" die Schrift, die Gnade, der Glaube!) zu Übertreibungen hinreißen lassen, die das „Allein" bald so mißverständlich erscheinen ließen wie das katholische „Und" („und" die Tradition, der freie Wille, die Werke!)? Hat man nicht bei besten Ansätzen unbesehen Kurzschlüsse gemacht: bezüglich allgemeinem Priestertum und Amt, Gewissensfreiheit und consensus Ecclesiae ...? Auch bezüglich der Reformation haben alle Kirchen genügend Anlaß zur Selbstbesinnung und Selbstkritik.

b) Die Lage der gespaltenen Christenheit scheint so anormal, so widersprüchlich, so verzweifelt zu sein, daß man wohl begreifen kann, wie man nach Ausflüchten suchte, die das rechtfertigen sollten, was nicht zu rechtfertigen war:

Eine *erste* Ausflucht ist es, von der gespaltenen sichtbaren Kirche zu einer ungespaltenen *unsichtbaren* Kirche zu fliehen. Aber läßt sich die wirkliche Kirche platonisch aufspalten in eine sichtbar-empirische und eine unsichtbar-ideale Kirche? Haben wir nicht gesehen, daß wirkliche Kirche immer beides in einem ist? Und ist es, wenn die sichtbare gespalten ist, nicht auch die unsichtbare, die mit ihr eins ist? Und will die Einheit der Kirche etwa nur innerlich „erlebt" und nicht auch vor der Welt „praktiziert" werden? Nein, es ist eine oberflächliche spiritualistisch-dualistische Verharmlosung der Spaltung und damit zugleich die Erschwerung ihrer Überwindung, wenn man sie nicht in ihrer ganzen Tiefe sieht und die Einheit ins Unsichtbare verflüchtigt. Gewiß kann die Einheit dem Nichtglaubenden nicht andemonstriert werden. Wohl aber kann und soll sie von den Glaubenden in der Welt *glaubwürdig bezeugt* werden, damit die Einheit der Kirche in der Welt wirksam und dadurch bei aller Unsichtbarkeit auch sichtbar wird.

Eine *zweite* Ausflucht ist es, die Kirchenspaltungen als eine von Gott gewollte normale *Entfaltung der Kirche* zu erklären und die Versöhnung der Kirche bestenfalls für die eschatologische Vollendung zu erwarten. Aber ist es denn nach dem Neuen Testament angängig, hier von einer organischen Entwicklung zu reden? Muß dies alles vom Neuen Testament her nicht viel mehr eine höchst unorganische, abnormale, widersinnige Fehlentwicklung genannt werden, die alles idealistische Entwicklungsdenken als fehl am Platz erweist? Ist es aber schließlich nicht auch ein allzu billiger Trost, sich vor der Verpflichtung zur Einheit hier und heute zu entschuldigen mit dem Verweis auf die eschatologische Vollendung? Als ob die Kirche Christi so, in dieser Zerspaltenheit, begonnen hätte, wie sie – vorläufig mindestens – geendet hat! Als ob dies alles ihrem Auftrag und ihrem Anfang nicht glatt zuwiderliefe! In dieser Zerspaltenheit ist sie bestimmt nicht begründet worden; das gehört nicht einfach zu ihrer Vorläufigkeit zwischen den Zeiten. Für falsche menschliche Entscheidungen läßt sich keine theologische Rechtfertigung finden! Man sollte die Spaltung der Kirche weder durch geschichtstheologische Spekulation noch durch eschatologische Vertröstung zu perpetuieren versuchen. Gerade angesichts einer falschen Entwicklung ist uns angesichts der eschatologischen Vollendung aufgetragen, *jetzt* unsere Aufgabe wahrzunehmen.

Eine *dritte* Ausflucht – mit der zweiten verwandt – ist es, die durch die Kirchenspaltung entstandenen gegensätzlichen Kirchen als die drei oder vier großen Äste an einem Baum zu erklären: „Tropen" (so Zinzendorff) oder „Branches" (so manche Anglikaner) der einen Kirche. Daran ist bestimmt viel Wahres, solange die Kirchen in Gemeinschaft miteinander stehen. Aber können solche Kirchen Äste oder Zweige am gleichen Baum sein, die sich gegenseitig ausschließen, ja vielleicht um der Wahrheit des Evangeliums willen ausschließen müssen? Kann denn in der einen und gleichen Kirche Widersprüchliches im Wesentlichen gleichzeitig wahr sein: im Glaubensbekenntnis, im Gottesdienst, in der kirchlichen Grundordnung? Kann denn das, was hier Wahrheit ist, dort Irrtum heißen, was hier Dogma, dort Häresie? Kommt denn eine Kirche, die nicht einfach mit der Welt sich vermischen will, um eine Grenzziehung in irgendeiner noch so weiten und vagen Form herum, außerhalb derer für sie nicht mehr wahre Kirche ist? Wo man sich einen verschiedenen Geist vorhält, da kann kein wahrer, da kann höchstens ein fauler Friede sein! Nur wo man *zusammen* beten, *zusammen* das Wort Gottes hören und den Glauben bekennen, *zusammen* Mahl halten kann, da ist *eine* Kirche. Nur da bekennt man sich schließlich nicht zu vielen Herren, sondern zu *einem* Herrn, nicht zu vielen Geistern, sondern zu *einem* Geist, nicht zu vielen Göttern, sondern zu *einem* Gott!

Eine *vierte* Ausflucht ist es, die Kirchenspaltung dadurch zu erklären, daß *eine* empirische Kirche sich schlechthin mit der Kirche Christi identifiziert und alle anderen Kirchen als Kirchen nicht zur Kenntnis nimmt. Ein entschiedener Protest gegen alle indifferentistische Gleichmacherei innerhalb der verschiedenen Kirchen, gerade um der Wahrheit der Kirche Christi willen, wird bestimmt immer wieder notwendig sein. Aber ist der Protest auf diese Weise gut begründet? Wird diese eine Kirche – sie sei welche auch immer – mit ihrem absoluten Identitätsanspruch den anderen christlichen Kirchen gerecht, denen man nicht nur die wahre Taufe und damit die Eingliederung in den Christusleib, sondern auch noch viel anderes einfachhin nicht abstreiten kann? Wird diese eine Kirche sich selber gerecht, wenn sie großzügig darüber hinwegsieht, daß auch bei ihr manches nicht Ecclesia, sondern nur vestigium Ecclesiae ist, und daß umgekehrt das, was bei ihr nur „spurhaft" da ist, bei den anderen wirklich realisiert da sein kann? Überschätzt sich also eine solche Kirche nicht in pharisäischer Selbstsicherheit, Selbstgerechtigkeit und Unbußfertigkeit? Dürfte es so sein – ein anglikanischer Vorwurf gegenüber den Katholiken, der leicht auch gegen die Orthodoxen gewendet werden könnte –, daß bei einem zerbrochenen Teller mit dem Monogramm P derjenige, der das Stück mit dem Monogramm erwischt hat, behaupten kann, er habe den *ganzen Teller*, bzw. es sei gar nichts zerbrochen worden? Wer den Bruch nicht zur Kenntnis nimmt und sich selbst für das Ganze ausgibt, obwohl das Ganze nur alle sind, wird in neuer Weise an der Aufrechterhaltung der Spaltung mitschuldig.

Das Vatikanum II hat die Haltung der katholischen Kirche gegenüber den anderen christlichen Kirchen, bei manchen bleibenden Unklarheiten, in entscheidenden Punkten revidiert: 1. Während die katholische Kirche früher nur (im Grunde böswillige) Häretiker und Schismatiker kannte, spricht sie nun die anderen Christen allgemein als *getrennte Brüder* an. 2. Während sie früher nur einzelne Christen außerhalb der Kirche zur Kenntnis nahm, anerkennt sie nun die Existenz von *Gemeinschaften* von Christen außerhalb der katholischen Kirche („christianae communiones": DOe 1). 3. Sie versteht diese Gemeinschaften nicht nur als soziologische Größen, sondern als „*kirchliche Gemeinschaften*" oder „*Kirchen*" („Ecclesiae vel communitates ecclesiasticae" CE 15; vgl. DOe 3). 4. Sie anerkennt auch die Verbindung dieser Kirchen untereinander in der ökumenischen Bewegung, die außerhalb der katholischen Kirche entstanden ist, wobei die Basis-Formel des Weltkirchenrates ausdrücklich zitiert wird: „Von dieser Gnade sind heute überall sehr viele Menschen ergriffen, und auch unter unseren getrennten Brüdern ist unter der Einwirkung der Gnade des Heiligen Geistes eine sich von Tag zu Tag ausbreitende Bewegung zur Wiederherstellung der Einheit aller Christen entstanden. Diese Einheitsbewegung, die Ökumenische Bewegung genannt wird, wird von Menschen getragen, die den dreieinigen Gott anrufen und Jesus als Herrn und Erlöser bekennen, und zwar nicht nur als einzelne, jeder für sich, sondern auch als Gemeinschaften, in denen sie die frohe Botschaft vernommen haben und die sie ihre Kirche und Gottes Kirche nennen" (DOe 1). 5. Sie identifiziert sich somit, trotz mancher anders lautender Formulierungen, nicht mehr schlechthin mit der Kirche Christi. An einem Punkte wenigstens ist eine ausdrückliche Revision erfolgt: Statt der zunächst durch die Kommission vorgeschlagenen Identitätsformel: „die einzige Kirche, die wir im Glaubensbekenntnis als die eine, heilige, katholische und apostolische bekennen, ... *ist* (est) die katholische Kirche, vom Nachfolger Petri und von den Bischöfen in Gemeinschaft mit ihm geleitet", wurde die Formulierung angenommen: „... *existiert in* der katholischen Kirche" (subsistit in. CE 8). Als Begründung dieses erstmaligen folgenreichen Abrückens von der Identitätsformel gab die Kommission an: „damit dieser Ausdruck besser übereinstimmt mit der Bejahung von kirchlichen Elementen, die anderswo da sind"[12]. Damit sind die in CE 15 genannten „Kirchen oder kirchlichen Gemeinschaften" gemeint. Die neue Formulierung wurde ganz bewußt so vage wie möglich gehalten, um die weitere theologische Klärung, die in dieser schwierigen Frage unbedingt nötig ist, nicht zu behindern.

Will man alle Ausflüchte vermeiden, bleibt eigentlich nur eines übrig: die Kirchenspaltung gerade nicht theologisch zu rechtfertigen. Man sollte die Kirchenspaltung nicht rechtfertigen, wie man auch die Sünde nicht rechtfertigt, sondern als ein dunkles Rätsel, ein absurdes, sinnloses, möglich-unmögliches Faktum, das gegen Gottes

---

[12] Schema Constitutionis De Ecclesia (Rom 1964) S. 15, 25.

Willen und des Menschen Heil ist, „hinnimmt". Und sofern die Kirchenspaltung gegen Gottes Willen und des Menschen Heil ist, ist sie in ihrem Tiefsten – sei es des einzelnen, sei es der Gemeinschaft, jedenfalls kaum einmal nur der *einen* „Partei" – Versagen, Schuld, Sünde. Mögen die Mißverständnisse noch so groß, mögen die historische Genesis des Auseinanderlebens und die Umstände des Bruches noch so verständlich sein: so weit, zur Spaltung der Kirche, hätte es nicht kommen dürfen, unter Christen nicht! Eine Kirchenspaltung ist ein Skandal und eine Schande! Wer immer dies nicht verhindert hat, wer immer in irgendeiner Form dazu Anlaß gegeben hat, ist – über das Ausmaß soll man nicht rechten! – mitschuldig. Gewiß können die Fehler der Damaligen nicht einfach den Heutigen persönlich angerechnet werden. Gewiß gibt es nicht eine alle in gleicher Weise treffende Kollektivschuld. Aber eine gemeinsame Verantwortung gibt es, und eine gemeinsame Schuld nicht nur für die Verursachung, sondern auch für die Aufrechterhaltung der Spaltung. Diese Schuld lastet auf den gespaltenen Kirchen, wie sie auf gespaltenen Familien lastet, die sich nicht versöhnt haben.

„In dieser einen und einzigen Kirche Gottes sind schon von den ersten Zeiten an Spaltungen entstanden, die der Apostel aufs schwerste tadelt und verurteilt; in den späteren Jahrhunderten aber sind noch größere Zwistigkeiten entstanden, und es kam zur Trennung großer Gemeinschaften von der vollen Gemeinschaft der katholischen Kirche, oft nicht ohne *Schuld der Menschen auf beiden Seiten.* Den Menschen jedoch, die jetzt in solchen Gemeinschaften geboren sind und in ihnen den Glauben an Christus erlangen, darf die Schuld der Trennung nicht zur Last gelegt werden – die katholische Kirche betrachtet sie als Brüder, in Verehrung und Liebe" (DOe 3).

Freilich, von der Schuld vor Gott können sich die Kirchen nicht selbst befreien, sondern nur befreien lassen: sie sind auf Vergebung angewiesen. Und deshalb wird der erste Schritt zur Aufhebung der Spaltung immer das Bekenntnis der Schuld und die Bitte um Vergebung sein: Gott, dem Herrn der Kirche, gegenüber und zugleich den Brüdern gegenüber: „Vergib uns unsere Schuld, wie auch wir vergeben unseren Schuldigern!" Indem wir um Vergebung bitten, bitten wir um Wegnahme der Spaltung, und indem wir um Vergebung bitten, erklären wir uns bereit, gegen die Spaltung zu tun, was Gottes Wille ist: Metanoia!

„Es gibt keinen echten Ökumenismus ohne *innere Bekehrung.* Denn aus dem Neuwerden des Geistes, aus der Selbstverleugnung und aus dem freien

Strömen der Liebe erwächst und reift das Verlangen nach der Einheit. Deshalb müssen wir vom göttlichen Geiste die Gnade aufrichtiger Selbstverleugnung, der Demut und des geduldigen Dienstes sowie der brüderlichen Herzensgüte zueinander erflehen... Auch von den Sünden gegen die Einheit gilt das Zeugnis des heiligen Johannes: ‚Wenn wir sagen, wir hätten nicht gesündigt, so machen wir ihn (Christus) zum Lügner, und sein Wort ist nicht in uns' (1 Jo 1, 10). In Demut *bitten wir also Gott und die getrennten Brüder um Verzeihung*, wie auch wir vergeben unseren Schuldigern. Alle Christgläubigen sollen sich bewußt sein, daß sie die Einheit der Christen um so besser fördern, ja üben, je mehr sie nach einem reinen *Leben gemäß dem Evangelium* streben" (DOe 7).

c) Aus der selbstkritischen Einsicht in die Tiefe der Spaltung und dem gemeinsamen Bekenntnis der gemeinsamen Schuld stellt sich deutlich die Aufgabe für unser Handeln. Allerdings nicht so, als ob wir mit unseren Händen die Einheit zu schaffen hätten: durch unser Wollen und Mühen, unsere Diskussionen und Aktionen, unsere Arbeitsgemeinschaften und Kommissionen, Konferenzen, Kongresse und Konzilien, Kirchenbünde, Weltallianzen und Unionen oder aber auch nur durch unsere Toleranz und freundliche Offenheit. Wenn es bereits Kircheneinheit gibt und wenn es immer wieder neu Kircheneinheit geben soll, dann ist dies grundlegend Gottes Werk. Die Einheit — das dürfen wir gerade in der notwendigen Bemühung um Einheit keinen Augenblick vergessen — ist uns von Gott in Christus *gegeben!* Und davon dürfen wir — ohne uns unnötig Gedanken zu machen, ob und inwiefern all unser Mühen Erfolg haben wird — vertrauensvoll ausgehen, wenn wir nun kurz einige theologische Leitsätze für den ökumenischen Weg aller Kirchen — denn es ist uns an allen gelegen — zu formulieren versuchen.

1. *Die bestehende gemeinsame kirchliche Wirklichkeit ist anzuerkennen:* In *Christus* sind wir — aller widersprüchlichen Vielheit der Kirchen zum Trotz — bereits geeint. Dies wissen wir im Glauben; die Einheit der Kirche ist geglaubte Einheit. In ihm ist allen Kirchen, mögen sie noch so sehr untereinander streiten, der *eine* Herr und zugleich im *einen* Geist, seinem Geist, der *eine* Vater, sein Vater, gegeben. In ihm ist allen Kirchen, mögen sie es noch so verschieden verstehen, das eine Evangelium, seine frohe Botschaft, geschenkt. Und wenn diese Kirchen schon — was niemand bestreitet — gültig auf seinen Namen taufen, in welche Ekklesia sollen denn die Getauften eingegliedert sein als eben in seine, die eine Ekklesia, in welchen Leib als eben in seinen, den einen Leib Christi? Und wenn

diese Kirchen auch – was man nur von einigen bestreitet – gültig das Herrenmahl feiern, welchen Leib sollen sie dann essen und in welchem Leib denn geeint sein als in seinem, dem einen Leib? Und gibt es denn von daher nicht auch im – so verschiedenen – Glauben und Hoffen der Kirche so viel Gemeinsames, sehr viel mehr Gemeinsames, als es Trennendes gibt? Und kann nicht die Liebe in den verschiedenen Kirchen die Verschiedenheit des Glaubens zwar nicht auslöschen, wohl aber umfangen? Wenn also die verschiedenen Kirchen die Einheit der Kirche suchen, dann bestimmt nicht als etwas noch in keiner Weise Gefundenes, sondern auf der breiten Basis der bereits gefundenen, nein, geschenkten Einheit. Die Einheit der Kirche ist also nicht bloß Ziel, sondern schon Wurzel des unbedingt notwendigen Bemühens um die Einheit der Kirche. So geschieht es wahrhaftig nicht ohne Grund, daß sich die verschiedenen christlichen Kirchen *Kirchen* nennen. Und gerade weil alle christlichen Kirchen Kirchen *sind*, ist ihnen die Einheit der Kirche – im Glauben an Christus – als Aufgabe gestellt.

Als *Gemeinsamkeiten* werden im Dekret über den Ökumenismus ausgeführt: Glaube an Christus und Taufe und dadurch Rechtfertigung und Eingliederung in den Leib Christi, wodurch alle zu echten Christen und unseren Brüdern im Herrn werden, dann das geschriebene Wort Gottes, das Leben der Gnade, Glaube, Hoffnung und Liebe, andere innere Gaben des Heiligen Geistes und sichtbare Elemente, schließlich liturgische Handlungen, die das Leben der Gnade und den Zutritt zur Gemeinschaft des Heiles vermitteln. So haben denn alle diese Kirchen und kirchlichen Gemeinschaften als Mittel des Heiligen Geistes Bedeutung und Gewicht im Heilswerk Christi (DOe 3).

Die von Rom getrennten *orthodoxen* Kirchen wurden auch in der römischen Kurialsprache schon immer Kirchen genannt (DOe 3 verweist auf das 4. Laterankonzil 1215, das 2. Konzil von Lyon 1274, das Konzil von Florenz 1439). Das Vatikanum II hat es glücklicherweise vermieden, die episkopale Kirchenverfassung (bzw. die damit verbundene Eucharistiefeier) zum *Kriterium der Benennung „Kirche"* zu machen. Dieses Kriterium wäre in der Tat willkürlich und würde der Problematik der protestantischen Reformation nicht gerecht. Bei vielen Kirchengemeinschaften mit episkopaler Kirchenverfassung, wie etwa bei der Anglikanischen Kirche oder der Lutherischen Kirche Schwedens, wäre schwierig zu sagen, ob sie „Kirche" oder nur „kirchliche Gemeinschaft" genannt werden sollen (die Ungültigkeit der anglikanischen Weihen ist auch nach der – nicht definitiven und infalliblen – Entscheidung Leos XIII. historisch umstritten geblieben, und die Ungültigkeit der Eucharistiefeier außerhalb der katholischen Kirche und der orthodoxen Kirchen ist nicht so leicht theologisch zu beweisen, wie dies kirchenrechtlich den Anschein hat). In die Definition dessen, was Kirche ist, lassen sich vom Neuen

Testament her gesehen nicht beliebig viele Elemente und Bedingungen einfügen, wenn man nicht einer unbiblischen Verengung des Kirchenbegriffs zum Opfer fallen will (wie dies etwa bei Bellarmin der Fall war, der auch noch die Unterwerfung unter den Primat des Papstes in die Kirchendefinition hineinnahm und so konsequenterweise nicht einmal die orthodoxen Kirchen als Kirchen anerkennen konnte). Nach unserer Darlegung über die Grundstruktur der Kirche ist es theologisch richtig und zugleich ökumenisch fruchtbar, von einem minimalen, aber grundlegenden Rahmenbegriff auszugehen. Kirche könnte in diesem Falle genannt werden jede auf dem Boden der Heiligen Schrift geordnete Gemeinschaft von getauften Christen, die an Christus, den Herrn, glauben, die das Herrenmahl feiern wollen, nach dem Evangelium zu leben trachten und Kirche genannt sein wollen (nicht alle protestantischen Gemeinschaften wollen das Letztere; insofern ist es richtig, zwischen „Kirchen" und „kirchlichen Gemeinschaften" zu unterscheiden). Gerade die Herausstellung dieser grundlegenden ekklesialen Gemeinsamkeit ist eine eindringliche Aufforderung, die Gemeinsamkeit und den ekklesialen Charakter der Gemeinschaft zu vertiefen.

2. *Die geforderte gemeinsame kirchliche Wirklichkeit ist zu suchen:* Gerade die Anerkennung der in Christus bereits bestehenden Einheit ruft zum Suchen der Einheit. Weil wir sie aber nicht aus eigener Kraft finden können, muß nicht nur am Anfang des Suchens, sondern auf dem ganzen Weg das Gebet stehen, das Gebet zu dem, der wie das Wollen so auch das Tun und das Vollenden schenkt: das gemeinsame Gebet um die Erlösung von dem Übel der Spaltung, von allen Vorurteilen und Mißverständnissen, allem Mißtrauen und aller Fremdheit ... Braucht es heute noch die Mahnung an die Kirchen, nicht gegeneinander (für den eigenen Sieg!), sondern füreinander (um gegenseitige Liebe!) zu beten? Nicht für das Geschehen des eigenen, sondern des göttlichen Willens sollen wir beten: die Einigung der Kirche möge geschehen, nicht wie wir es uns vorstellen, sondern wie Gott es will.

„Die Bekehrung des Herzens und die Heiligkeit des Lebens ist in Verbindung mit dem privaten und öffentlichen *Gebet* für die Einheit der Christen als die Seele der ganzen ökumenischen Bewegung anzusehen; sie kann mit Recht geistlicher Ökumenismus genannt werden" (DOe 8). Nicht nur das Gebet der Katholiken unter sich, sondern auch das gemeinsame Gebet mit den übrigen Christen wird nicht nur erlaubt, sondern gewünscht; eine Gottesdienstgemeinschaft innerhalb bestimmter Grenzen ist grundsätzlich möglich (ebd.).

Aus der oratio kommt dann die wahre actio. Es ist nicht eine actio, die sich im Äußerlichen verliert, die vielleicht noch immer meint, für die Einigung etwas mit Gewalt, nicht mit roher Gewalt, aber gesetzlichem Zwang (Einheit der Religion um der Einheit der Nation willen!), mit politischem oder sozialem Druck erreichen zu können. Als ob der Staat der Einigung der Kirchen durch seine Parteinahme nicht gerade schaden würde. Als ob eine Kirche, die sich um der Einheit des Glaubens willen staatlicher Machtmittel bedient, nicht sich und ihren Glauben unglaubwürdig machte. Taktisch-praktisches Handeln aus kirchenfremden Beweggründen und Interessen hat alles Bemühen um kirchliche Einigung schließlich erfolglos sein lassen. Schon viele Versuche der Wiedervereinigung scheiterten letztlich (wie die genannten Unionskonzilien von Lyon und Florenz, aber auch verschiedene protestantische Religionsgespräche), weil sie politisch inspiriert waren. Die Einigung der Kirchen kann überhaupt nicht von oben dekretiert werden, sondern muß von unten her, von den Gemeinden und den Einzelnen her, innerlich wachsen. Und deswegen wird es nicht nur im Großen, sondern auch im Kleinen darauf ankommen, daß man sich gegenseitig – auch das ist schon viel, und es hat lange genug gedauert, bis es begann, selbstverständlich zu werden – duldet und respektiert, daß man sich gegenseitig – und zwar gerade im Wesentlichen, im Glauben – kennenlernt und aufeinander hört, daß man sich eins fühlt und zusammenarbeitet, wo immer dies möglich ist, daß man gemeinsam vor der Welt Christus bezeugt und bekennt, wo immer man es verantworten kann. Diese actio wird gewiß nie ohne passio abgehen, das Handeln nicht ohne Leiden: das ganz konkrete Leiden an der Kirchenspaltung und dem immer wieder neuen Versagen der eigenen Kirche und der anderen. Aber gerade diese scheinbar unnütze passio wird – richtig durchgestanden – zur fruchtbringenden actio werden. So kommt es dazu, aufgrund des Gemeinsamen, das – entscheidender als alles Trennende! – realisiert *ist,* in jeder Weise das Gemeinsame zu suchen und zu finden, das *realisiert werden kann.*

„Die Sorge um die Wiederherstellung der Einheit ist *Sache der ganzen Kirche,* sowohl der Gläubigen wie der Hirten, und geht einen jeden an, je nach seiner Fähigkeit, sowohl in seinem täglichen christlichen Leben wie auch in der theologischen und historischen Forschung. Diese Sorge macht schon in etwa deutlich, daß eine brüderliche Verbindung zwischen allen Christen *schon vorhanden ist;* sie ist es, die schließlich nach dem gnädigen Willen Gottes zur vollen und vollkommenen Einheit *hinführt*" (DOe 5). Über die Notwendigkeit des gegenseitigen Sichkennenlernens und des Dialogs auf gleicher Ebene vgl. DOe 9; über die ökumenische Ausrichtung der

Theologie und der praktischen Ausbildung DOe 10; über das gemeinsame Zeugnis der Christen vor der Welt und die praktische Zusammenarbeit im öffentlichen Leben DOe 12.

3. *In der eigenen Kirche im Blick auf die anderen ist das Gemeinsame zu verwirklichen:* Man würde die Spaltung nicht ernst nehmen, wenn man beim Suchen nach dem Gemeinsamen nicht von der Kirche ausginge, der man in der Taufe eingegliedert wurde und in der man zum Glauben kam: nicht um in der Besonderheit zu erstarren, sondern um in der Besonderheit das Gemeinsame zu sichten. Es wäre eine Illusion, wollte man aus der *eigenen* Kirche aussteigen, um in einer anderen Kirche der Einheit der Kirche zu dienen. Gewiß können Einzelkonversionen zur einen oder anderen Kirche die Lösung in einem schweren Gewissenskonflikt sein; aber sie werden nicht — wir haben nun eine vielhundertjährige Erfahrung hinter uns — die ersehnte Einheit der Kirche Christi bringen. Es wäre aber auch eine Illusion, wollte man aus der eigenen Kirche aussteigen, um außerhalb oder oberhalb *aller* Kirchen die Einheit der Kirche zu verwirklichen. Von einem solchen „neutralen" Standpunkt aus läßt sich gewiß unverbindlich reden, womit aber für die Kircheneinheit nichts gewonnen ist. Dieser neutrale Ort bleibt dann eben ein Niemandsland, wo man die Einheit der Kirche gerade nicht findet. Oder aber die Aufgabe wird ernsthaft angepackt, und dann muß die Neutralität früher oder später aufgegeben werden, das heißt: es bildet sich so oder anders eine neue Konfession oder ein kirchenähnliches Gebilde, das den anderen entgegengesetzt ist. Es bleibt also bei der nun einmal gegebenen Vielheit der Kirchen gar nichts anderes übrig, als bescheiden, unprätentiös, nüchtern und sachlich in der eigenen Kirche nach dem Gemeinsamen zu suchen und sich so von vorneherein entschieden, wenn auch ohne Anmaßung zur eigenen Kirche zu bekennen. Nicht die eigene Kirche weniger ernst zu nehmen, erfordert das Bemühen um die Einheit der Kirche, sondern sie noch ernster zu nehmen als bisher, indem man nämlich auf ihre guten Wurzeln zurückgeht, ihren wahren Sinn neu entdeckt und ihren besten Intentionen folgt.

Aber gerade wenn wir unsere eigene Kirche ganz ernst nehmen, kommen wir nicht darum herum, immer wieder neu zur Kenntnis zu nehmen, daß mit ihr noch *andere* Kirchen sind. Wir dürfen uns nicht so in unsere eigene Kirche verschauen, daß wir nicht mehr sehen, daß auch andere Kirchen da sind, die denselben Anspruch erheben, die wahre Kirche Christi zu sein, und die ihn an manchen Punkten vielleicht mit mehr Recht erheben als wir. Insofern sie nämlich in diesem und jenem Punkt bessere Hörer des Evangeliums, getreuere Erfüller der Botschaft sind! Und so kann es nicht anders sein, als daß die anderen Kirchen für unsere eigene Kirche zur Frage werden, wie wir es denn mit diesem oder jenem Punkte hielten, zur lauten oder auch wortlosen Bitte und Forderung, es ihnen doch in diesem oder jenem Punkt gleichzutun und ihnen so entgegenzukommen. Kann eine Kirche, die die Einheit der Kirche Christi will, sich davon dispensieren, die berechtigten Wünsche und Forderungen der anderen Kirchen zu erfüllen? Dies ist gerade dann, wenn man im ökumenischen Bemühen von der eigenen Kirche ausgeht, die entscheidende Probe für den Willen zur Einigung: Erneuerung der eigenen Kirche durch die Verwirklichung der berechtigten Anliegen der anderen Kirchen! Geschieht dies von allen Seiten ernsthaft, so muß es zur Annäherung, so muß es zur Einigung kommen. Diese Einigung ist unmöglich auf dem Weg zurück, bei aller Achtung vor der Vergangenheit, die nie einfach ungeschehen gemacht werden kann! Einigung ist nur möglich auf dem Weg nach vorn! In der Zukunft, für die die Kirche offen zu sein hat, eröffnen sich neue Möglichkeiten. Verwirklicht jede Kirche – ohne unerleuchteten Enthusiasmus, der die Schwierigkeiten übersieht, aber auch unter entschiedener Absage an alle konfessionelle Gleichgültigkeit und Bequemlichkeit – die berechtigten Wünsche und Forderungen der anderen Kirchen, dann wird in der Zukunft keine Kirche einfach die gleiche sein, die sie war und die sie ist. Im Prozeß des selbstlosen Gebens und Nehmens wird so das Gemeinsame zum Vorschein kommen und wachsen.

„Da jede Erneuerung der Kirche wesentlich im Wachstum der *Treue gegenüber ihrer eigenen Berufung* besteht, so ist dies ohne Zweifel der Grund, warum die Bewegung auf Einheit hin tendiert. Die Kirche wird auf dem Weg ihrer Pilgerschaft von Christus zu dieser *dauernden Reformation* gerufen, deren sie allezeit bedarf, soweit sie menschliche und irdische Einrichtung ist; was also je nach den Umständen und Zeitverhältnissen im sittlichen Leben, in der Kirchenordnung oder auch in der Art der Lehrverkündigung – die von dem Glaubensschatz selbst genau unterschieden werden muß – nicht genau genug bewahrt worden ist, muß deshalb zu gegebener Zeit recht- und pflichtgemäß erneuert werden. – Dieser Erneuerung kommt also eine hervorragende *ökumenische Bedeutung* zu. Und so sind die verschiedenen Lebensäußerungen der Kirche, in denen diese Erneuerung sich bereits verwirklicht – wie etwa die biblische und die liturgische Bewegung, die Predigt des Wortes Gottes und die Katechese, das Laienapostolat, neue Formen des Ordenslebens, die Spiritualität der Ehe, die Lehre und Wirksamkeit der Kirche im sozialen Bereich –, als Unterpfand und als gutes Vorzeichen zu sehen, die den künftigen Fortschritt des Ökumenismus schon verheißungsvoll verkündigen" (DOe 6).

4. *Die Wahrheit darf nicht geopfert, muß aber neu gefunden werden.* Nicht aus der Indifferenz des Glaubens und der Schwachheit des Erkennens darf es zu einer Einigung der Kirchen kommen. Diplomatische Vergleiche und dogmatische Kompromisse sind kein Weg dazu. Einheitsformeln und Einheitsformen, die den Zwiespalt nur verhüllen und nicht überwinden, ist zu mißtrauen. Soll die Einigung echt sein, dann müssen die dogmatischen Gegensätze theologisch ausgetragen werden. Sie zu verschweigen, nützt ebenso wenig, wie sie zu verharmlosen. Überwindet man sie nicht in echter Weise, dann bleiben sie als Krankheitsherd, der verborgen um so gefährlicher sich auswirken kann. Keine Einigung um jeden Preis! Eine Kirche, die die Wahrheit aufgibt, gibt sich selber auf.

„Die Art und Weise der Formulierung des katholischen Glaubens darf keinerlei Hindernis bilden für den Dialog mit den Brüdern. Die gesamte Lehre muß klar vorgelegt werden. Nichts ist dem ökumenischen Geist so fern wie jener falsche Irenismus, durch den die Reinheit der katholischen Lehre Schaden leidet und ihr ursprünglicher und sicherer Sinn verdunkelt wird" (DOe 11).

Nicht aus einem laueren, sondern aus einem stärkeren Glauben, nicht aus einem verschwommenen, sondern aus einem klareren Erkennen, nicht aus einem unkritischen, sondern aus einem erst recht kritischen Unterscheiden heraus nur darf eine Einigung angestrebt werden. Aber gerade dies besagt, daß es mit der Wiederholung der Wahrheit nicht getan ist. Wahrheit will immer wieder in je neuer Zeit neu erkannt, neu erobert werden. Wahrheiten können nicht wie Ziegelsteine, möglichst unangetastet, weitertradiert werden. Weil Wahrheit nun einmal nicht Stein ist, sondern Geist, den man, will man ihn nicht verlieren, nicht versteinern lassen darf! Auch Dogmen und Bekenntnisschriften sind keine erstarrten, petrifizierten Formeln, die der Geschichtlichkeit alles Menschlichen enthoben wären. Auch sie stammen aus einer bestimmten geschichtlichen Situation und müssen immer wieder neu aus ihrer zeitgeschichtlichen Umhüllung herausgelöst und in eine umfassendere (aber auch wiederum endliche!) geschichtliche Perspektive hineingestellt werden, um richtig, um besser, um wahrhaft erkannt zu werden. Insbesondere müssen Dogmen und Bekenntnisschriften, die Niederschlag der kämpferischen Auseinandersetzung mit der Häresie, Verteidigungsdämme gegen bestimmte Irrtümer sind, aus ihrer bestimmten zeitgeschichtlichen polemischen Frontstellung, Konzentration und Beschränkung herausgelöst werden und von der befreienden Fülle der alttestamentlichen und neutestamentlichen Botschaft her, die durch keine kirchliche Formel ausgeschöpft werden kann, ausgeglichener, adäquater, besser interpretiert werden. Insofern dies immer wieder neu geschehen muß und geschieht (wie Chalkedon Ephesos, wie Vatikanum II Vatikanum I in höchst positiver Weise korrigierte und verbesserte), gibt es keine irreformablen Bezirke, die der steten Erneuerung nicht bedürften. Jede Wahrheit bedarf der Übersetzung! Gerade damit die alle menschlich-kirchlichen Formulierungen, Denk-, Vorstellungs- und Redeweisen durchziehenden irreformablen *Konstanten* der Wahrheit, die durch Gottes Offenbarung selbst gegeben sind, immer wieder neu als solche erkannt werden können, darf es keine irreformablen *Bezirke* menschlich-kirchlicher Formulierungen geben. Gerade damit für die Menschen die *Wahrheit* des Glaubens erkennbar bleibt, muß im Wechsel der Zeit das zeitliche *Kleid* des Glaubens wechseln. Nur einer Kirche, der es ganz und gar ernst ist mit der Wahrheit, die ganz und gar wahrhaftig ist, nur eine Kirche, die gerade so auch immer wieder demütig weiß, daß sie nicht die ganze Wahrheit realisiert, gelebt hat, daß sie also immer wieder neu vom Geist in die ganze Wahrheit eingeführt werden muß, nur diese Kirche wird in Wahrheit die Einheit mit den anderen Kirchen finden. Jede Kirche darf, muß für die Einigung der Kirchen vieles, sehr vieles opfern, eben alles, was sie von der ganzen Wahrheit fernhält, was ihr Versuchung und vielfach auch Fall war. Die Wahrheit aber darf die Kirche nicht opfern, nur immer wieder neu suchen, um dieselbe anders neu zu finden.

„Zugleich muß der katholische Glaube tiefer und richtiger ausgedrückt werden, auf eine Weise und in einer Sprache, die auch von den getrennten Brüdern wirklich verstanden werden kann. – Darüber hinaus müssen beim ökumenischen Dialog die katholischen Theologen, wenn sie in Treue zur Lehre der Kirche in gemeinsamer Forschungsarbeit mit den getrennten Brüdern die göttlichen Geheimnisse zu ergründen suchen, mit Wahrheitsliebe, mit Liebe und Demut vorgehen. Beim Vergleich der Lehren miteinander soll man nicht vergessen, daß es nach katholischer Lehre eine Rangordnung oder ‚Hierarchie' der Wahrheiten gibt, je nach der verschiedenen Art ihres Zusammenhanges mit dem Fundament des christlichen Glaubens. So wird der Weg bereitet werden, auf dem alle in diesem brüderlichen Wetteifern zur tieferen Erkenntnis und deutlicheren Darstellung der unerforschlichen Reichtümer Christi angeregt werden" (DOe 11). Nach DOe 6 steht auch die Art der Lehrverkündigung unter dem Grundsatz der „Ecclesia semper reformanda".

Es braucht langwierige exegetische, dogmen- und kirchengeschichtliche Untersuchungen, um Theologien, die sich seit Jahrhunderten in Gegensätzlichkeiten auseinandergelebt haben, wieder zu einem friedlichen Zusammenleben zu bringen: um unter verschiedenen Worten dieselbe Sache zu entdecken, die eigene Begrifflichkeit in die andere und die andere in die eigene zu übersetzen und dabei beide von einer überlegenen Norm her kritisch zu korrigieren. Kein Verschweigen der Gegensätze und *Übertünchen* der Wahrheit durch „Liebe", wohl aber dem Anderen zuhören, mit dem Urteilen vorsichtig warten, bescheiden fragen und verständnisvoll deuten und so das *Entdecken* der Wahrheit durch die Liebe! Die Hindernisse, die einem ökumenischen Konsens in der Theologie entgegenstehen, müssen gesichtet und überwunden werden: persönliche Hemmnisse (geistige Trägheit, Affektgeladenheit aus negativen persönlichen, kirchenpolitischen oder theologischen Motiven, persönlicher oder kirchlicher Stolz, unbewußte Angst vor der Erschütterung der eigenen Rechtgläubigkeit, Unfähigkeit, aus dem goldenen Käfig eines theologischen Systems wieder auszubrechen ...), aber auch Identifizierung der verbindlichen Lehre mit unverbindlichen Schulmeinungen (nicht in der Schultheologie, sondern im Glauben ist eine Einigung der Kirchen notwendig!) usw.[13]

5. *Norm für die Einigung muß das Evangelium Jesu Christi und dieses als ganzes sein:* Was soll denn Richtlinie sein für das, was zwischen den Kirchen gemeinsam ist und gemeinsam sein soll, Maßstab für das, was an Anliegen der anderen Kirchen berechtigt ist, Leitschnur für das, was in Theorie und Praxis Wahrheit ist und was nicht, was also soll Norm sein für die Einigung der Kirchen? Diese Norm ist nicht die Kirche, sind nicht die Kirchen; gerade dies würde die Spaltung verewigen. Diese Norm ist das Evangelium Jesu Christi selbst. Also keine Einigung durch eklektische *Addition,* die von jeder Kirche etwas auswählt, um es zu einem neuen Ganzen zusammenzusetzen; das verschiedene Grundverständnis der Kirchen, aus dem heraus die einzelnen Elemente überhaupt nur zu verstehen sind,

[13] Vgl. zum ganzen Abschnitt 4 *H. Küng,* Konzil und Wiedervereinigung (Wien-Freiburg-Basel [7]1963), Kap. D VI.

bliebe dann nach wie vor der Grundgegensatz! Aber auch keine Einigung durch irenische *Subtraktion,* die das Trennende jeder Kirche einfach ausschließt, um sich mit dem Rest zufriedenzugeben; dieser Rest wäre ein recht dünnes und substanzloses Destillat! Nein, die verschiedenen Kirchen sind zu beurteilen nach dem Programm, unter dem sie alle angetreten sind, auf das sie sich alle berufen, das ihr eigentlicher Existenzgrund und so auch der Grund ihrer Einheit ist: die ursprüngliche Botschaft von Jesus Christus, wie sie in der Schrift in unüberholbarer, einzigartiger Ursprünglichkeit bezeugt ist. Im Gehorsam gegenüber dieser einen Botschaft des einen Herrn ist die Einheit der Kirche und die Einigung der Kirchen grundgelegt. Wenn also im Suchen nach der Einheit von der eigenen Kirche ausgegangen werden soll, dann nicht um die gewordene kirchliche Wirklichkeit in ihrem status quo zu verabsolutieren, sondern um sie an der ursprünglichen und grundlegenden Botschaft zu messen, auf die sie sich selber beruft. Und wenn zugleich die berechtigten Wünsche und Forderungen der anderen Kirchen in der eigenen Kirche verwirklicht werden sollen, dann wiederum nicht, weil man ihnen von vorneherein eine Berechtigung zuspräche, sondern weil man ihnen nach kritischer Prüfung eine Berechtigung von derselben evangelischen Botschaft her, auf die auch diese Kirchen sich berufen, zuerkennen kann und muß. In der *eigenen* Kirche und nicht außerhalb soll der Mensch auf Christus, aber dann wirklich auf *Christus* hören; und deshalb wird er auch die Stimmen von draußen daraufhin abhorchen, ob nicht auch durch sie Christi Botschaft laut wird. Gegenüber dem Herrn, der hinter diesem Evangelium steht und der ja der Herr der Kirche ist, kann man in keinem Fall, weder in der eigenen noch in der anderen Kirche, an das Bestehende appellieren, als ob das Bestehende, nur weil es besteht, auch schon berechtigterweise bestehe. Gegenüber dem Evangelium muß bei aller Berücksichtigung der echten Tradition der Kirche der falsche Traditionalismus der Kirchen – der alten wie der neueren, derer, die die Bedeutung der Tradition anerkennen, und derer, die sie grundsätzlich leugnen und doch in ihr (in nationalen Eigentümlichkeiten, bestimmten geschichtlichen und sozialen Konstellationen, in bestimmten führenden Persönlichkeiten) befangen sind! – zurücktreten, kapitulieren. Nach unserer eigenen Tradition und Konfession sollen wir nicht auf unsere eigene Tradition und Konfession, sondern auf Christus und seine Botschaft hören. Der Herr und seine Botschaft selbst sollen darüber richten, was in der Tradition berechtigt und was nicht berechtigt ist, was unbedingte und was nur bedingte Geltung beansprucht, was tragbare und was untragbare Unterschiede sind, wo unbedingte Einmütigkeit und wo weitherzige Toleranz am Platze sind. So ist weder die „Rückkehr" der einen Kirche zur anderen noch der „Auszug" der einen zur anderen, sondern ist die gemeinsame „Zukehr", Konversion aller Kirchen zu Christus und so zueinander der Weg zur Einheit: nicht die Unterwerfung der einen Kirche unter die andere, sondern die beidseitige Wandlung und wechselseitige Aufnahme der Gemeinschaft in gegenseitigem Schenken und Empfangen.

Vom ursprünglichen und grundlegenden Zeugnis der Heiligen Schrift her läßt sich also im Hinblick auf die Einheit in der Verschiedenheit statt einer verschiedenen eine einmütige Beurteilung der Verschiedenheiten erreichen. Dies allerdings nur dann, wenn das Evangelium als ganzes ernst genommen wird. Schon am Anfang unserer Ausführungen[14] haben wir darauf hingewiesen, daß das Neue Testament keine systematische Einheit darstellt, sondern aufgrund der verschiedenen theologischen Grundhaltungen und Situationen der Verfasser und ihrer Gemeinden sehr verschiedene, ja im Wortlaut geradezu gegensätzliche Auffassungen umschließt (das bekannteste Beispiel: nach Paulus Rechtfertigung durch den Glauben allein ohne die Werke, nach Jakobus Rechtfertigung durch die Werke). Die Frage taucht deshalb auf: Läßt sich vom Neuen Testament her nicht *jede* Auffassung von Kirche rechtfertigen? Das sagen manche Katholiken und schließen von daher auf die Notwendigkeit der kirchlichen Tradition, welche verbindliche Auskunft gebe über die Frage, welche neutestamentliche Auffassung vorzuziehen sei. Das sagen auch manche Protestanten und schließen von daher auf die Berechtigung der Vielzahl der Konfessionen, die sich alle mit Recht auf das Neue Testament berufen könnten.

Doch die einen wie die anderen übersehen das Folgende: 1. Vom Neuen Testament her läßt sich keineswegs *jede* Auffassung der Kirche rechtfertigen. Es gibt bei allen Verschiedenheiten eine Einheit des Neuen Testaments mindestens im Negativen! Jede Kirche, die statt der Gottesherrschaft ein irdisches Reich, statt des Kyrios Jesus Christus einen anderen oder zweiten Kyrios, statt der Gnade Gottes die Selbsterlösung, statt der Freiheit die Knechtschaft des Menschen, statt

---

[14] Vgl. A I, 3.

der Wahrheit die Lüge, statt der Liebe den Egoismus predigt, die hat nicht nur einzelne, sondern *alle* neutestamentlichen Schriften einmütig gegen sich. – 2. Das Neue Testament ist nicht ein zeitliches Nebeneinander von gegensätzlichen Schriften, sondern ein geschichtliches Nacheinander von Schriften, die bei aller Entwicklung und aller Gegensätzlichkeit einmütig vom einen und selben entscheidenden Heilsereignis in Jesus Christus zeugen. Es gibt bei allen Gegensätzlichkeiten eine Einheit des Neuen Testaments auch im positiven Zeugnis, welche Grundlage sein kann für die Einheit der Kirche.

Eine Kirche etwa, die mit Berufung auf den Jakobusbrief ein kirchliches System pelagianischer Werkheiligkeit und frommer Gesetzlichkeit aufrichten wollte, die übersähe nicht nur, was auch Jak über die Liebe sagt, sondern auch daß Jak entsprechend seiner geschichtlichen Einordnung als ein *abgeleitetes* christliches Zeugnis zu verstehen ist. Denn: 1. Der Jakobusbrief, in der Kirche jahrhundertelang unbekannt, in gepflegtem Griechisch geschrieben mit Bibelzitaten nicht aus dem hebräischen Urtext, sondern aus der griechischen Septuaginta, war in seiner Authentizität schon am Anfang umstritten (anders als z. B. 1 Kor). Er kann gegenüber einem echten Apostelbrief nur eine abgeleitete Autorität beanspruchen. 2. Der Jakobusbrief ist von einem hellenistisch gebildeten Juden vermutlich mehrere Jahrzehnte nach dem Tode des Herrenbruders Jakobus 62 geschrieben worden und spiegelt bereits die Situation einer Gemeinde der zweiten Generation wider (anders wiederum als 1 Kor). Er gehört also auch in zeitlicher Hinsicht nicht zu den primären Schriften des Neuen Testamens. 3. Der Jakobusbrief hat außerordentlich viel vom alttestamentlich-jüdischen Ethos aufgenommen; aus diesem Brief allein wäre das spezifisch Christliche nur mit Mühe erkennbar (anders nochmals als 1 Kor).

Daraus folgt, daß Jak zwar als Zeugnis innerhalb des neutestamentlichen Kanons ernst zu nehmen ist (aus der Situation heraus verstanden sind Paulus und Jakobus, die beide sowohl den Glauben wie seine Bewährung in der Tat verlangen, auch gar keine absoluten Gegensätze), welches aber sowohl nach Authentizität wie nach zeitlicher und sachlicher Nähe zur ursprünglichen Botschaft ein abgeleitetes Zeugnis darstellt und somit von den ursprünglicheren Zeugnissen her zu verstehen ist. Eine Kirche also, die gerade die Botschaft von Jak grundsätzlich oder faktisch zur eigentlichen Grundlage ihrer Existenz machen würde, ohne die übrigen und besonders die ursprünglicheren neutestamentlichen Zeugnisse gebührend zu berücksichtigen, hat nicht nur die übrigen Schriften des Neuen Testaments, sondern auch Jak selbst gegen sich. Sie stellt die Einheit des Neuen Testaments und so auch die Einheit der Kirche in Frage.

Aber auch umgekehrt: Eine Kirche, die z. B. mit Berufung auf 1 Kor eine kirchliche Systemlosigkeit „charismatischer" Ungebundenheit und Willkür aufrichten will, die übersähe, was Paulus gerade in 1 Kor zur Begründung der apostolischen Autorität und der Ordnung in der Kirche sagt. Sie übersähe aber auch die sehr eindrücklichen Mahnungen des Jakobusbriefes sowie auch die anderer abgeleiteter Zeugnisse innerhalb des neutestamentlichen Kanons, die wie Apostelgeschichte und Pastoralbriefe aufgrund bestimmter geschichtlicher Erfahrungen der Kirche nicht ohne Grund einen stärkeren Akzent auf kirchliche Ordnung und kirchliches Amt setzen, als dies 1 Kor tut. Eine Kirche also, die gerade die Botschaft von 1 Kor grundsätzlich oder faktisch zur eigentlichen Grundlage ihrer Existenz machen würde, ohne die übrigen und auch die abgeleiteten neutestamentlichen Zeugnisse entsprechend zu berücksichtigen, hat nicht nur die übrigen Schriften des Neuen Testaments, sondern auch 1 Kor selbst gegen sich. Auch sie stellt die Einheit der Kirche in Frage.

Zweifellos idealisiert gerade die Apostelgeschichte sehr stark die Einheit der jungen Kirche; über ihre vielfachen Spannungen und Gegensätze (zwischen Jerusalem und Diaspora, Juden- und Heidenchristen), über Gruppenbildungen innerhalb derselben Gemeinde (z. B. Korinth, Jerusalem), ja auch Gegensätze zwischen den Aposteln selbst (vgl. Gal 2, 11–16) sind wir von den anderen neutestamentlichen Schriften her recht gut orientiert. Die junge Kirche war keine uniforme Kirche, sondern eine Kirche, die in ganz ungewöhnlicher Spannweite vielfältigste lehrmäßige wie praktische Gegensätze umfaßte. Umgekehrt aber übertreibt und übersteigert man diese Gegensätze in der jungen Kirche, wenn man daraus eine Vielzahl von gegensätzlichen Konfessionskirchen konstruiert. Man übersieht dann, daß Jerusalem und Diaspora, Judenchristen und Heidenchristen, Paulus und Petrus und selbst die verschiedenen Gruppen in Korinth *Gemeinschaft* halten. Es ist eine Einheit von Kirchen, die sich im Bekenntnis zum einen Jesus Christus verbunden und zugleich von denen, die sich nicht zu diesem Jesus Christus bekennen, geschieden wissen, die untereinander aufgrund der einen und selben Taufe eine Mahlgemeinschaft halten, welche, soviel wir wissen, nirgendwo angefochten oder aufgehoben wurde. Paulus hat mit den Jerusalemischen „Säulen", mit Jakobus, Petrus und Johannes, nicht nur den „Handschlag der Gemeinschaft" (Gal 2, 9) ausgetauscht, sondern zweifellos auch das Abendmahl gefeiert. Diese Kirchen wissen sich eins, sie wissen um die eine „Kirche Gottes", die sich in Korinth (und damit eben auch an den anderen Orten!) befindet, die „Geheiligten in Christus Jesus, die berufenen Heiligen, samt allen, die den Namen unseres Herrn Jesus Christus anrufen, an jedem Ort, bei ihnen und bei uns" (1 Kor 1, 2). Die Kirchen des Neuen Testaments wissen um die Einheit und sie praktizieren sie auch, bis hin zu solchen Taten wie der großen Kollekte der paulinischen Gemeinden für die Urgemeinde, die Paulus persönlich nach Jerusalem bringt, um der Einheit Ausdruck zu verleihen (vgl. Röm 15, 25–28). Die Liebe, die zentrale Forderung aller neutestamentlichen Schriften, ist in den Kirchen trotz aller Streitigkeiten und Differenzen kein leeres Wort geblieben, sondern hat alle in brüderlicher Gemeinschaft verbunden. Diese Einheit in Spannungen und Gegensätzen ist in den ersten Jahrhunderten denn auch weithin bewahrt worden. Davon zeugen nicht nur der rege Briefverkehr unter den Kirchen (der des Ignatios z. B. betrifft die Kirchen in Syrien, Kleinasien, Griechenland und Italien), sondern auch die Verhandlungen und Maßnahmen der Kirchenprovinzen zur Abwehr der Häresien. Die damaligen Spaltungen erwiesen sich alle als vorübergehend. Auch die seit dem 3. Jahrhundert steigenden Sprachschranken haben zunächst der Einheit der Gesamtkirche nicht geschadet. Erst seit dem 5. und 6. Jahrhundert kommt es zu dauernden Abspaltungen in der Form der monophysitischen Nationalkirchen Armeniens, Ägyptens, Syriens und Abessiniens.

Auf das Neue Testament also kann man sich nicht berufen, wenn man die Vielzahl gegensätzlicher Konfessionen erklären will. Das Neue Testament zeugt bei allen Gegensätzlichkeiten von einer grundlegenden Einheit der Kirche. Wenn man das Neue Testament als *ganzes* ernst nimmt und nicht einfach auswählt und wenn man die gegensätzlichen neutestamentlichen Schriften nicht oberflächlich harmonisiert und nivelliert, aber auch nicht ebenso oberflächlich dissoziiert und purifiziert, sondern sie im geschichtlichen Kontext nuanciert und differenziert von ihrer Mitte her interpretiert, dann wird die wahre Einheit der Kirche gerade vom Neuen Testament als ganzem her aufgezeigt: als die *Einheit in spannungsgeladener Vielheit und Vielfalt*, die im Gegensatz steht zu aller Einförmigkeit und Gleichmacherei, aber auch zu aller Auswählerei und Gespaltenheit.

Und so steht denn diese erste Dimension der Kirche in innerem Bezug zu einer zweiten Dimension, die man Katholizität nennt. „Katholische Kirche": braucht man nicht nur dieses Wort auszusprechen, um sofort zu wissen, daß sich hier die Frage nach der Einheit noch einmal entscheidend zuspitzen wird?

II. KATHOLISCHE KIRCHE

1. *Katholizität in der Identität*

a) Das Wort „katholisch" – das Adverb καθ' ὅλου, bzw. das spätere Adjektiv καθολικός, im Lateinischen mit dem Lehnwort „catholicus" oder mit „universalis" wiedergegeben – meint: auf das Ganze bezogen oder ausgerichtet, allgemein[15]. Im klassischen Griechisch wird es vor allem für den allgemeinen Satz (die Universalien im Gegensatz zu den Individualien), für die Universal- oder Weltgeschichte, aber auch etwa für die den ganzen Körper umfassende Wassersucht gebraucht. Im Neuen Testament wird zwar einmal (Apg 4, 18) das Adverb im Sinn von „gänzlich", „ganz und gar", „durchaus" gebraucht, aber nie wird die Kirche als „katholisch" bezeichnet. Dies spricht zwar noch nicht gegen diesen Gebrauch des Wortes, doch hängt der nicht geringe Wildwuchs von Interpretationen, der sich gerade um dieses Kirchenattribut gebildet hat, zweifellos mit der Tatsache zusammen, daß das Neue Testament zu diesem Begriff schweigt.

Wenn wir uns hier nicht von vorneherein im Gestrüpp der Spekulationen, denen im Zusammenhang mit dem „Ganzen" oder dem „Allgemeinen" ja kaum Grenzen gesetzt scheinen, verlieren, sondern auch hier geschichtlich denken wollen, dann müssen wir vom *ursprünglichen* Gebrauch des Wortes ausgehen. Das erste Mal wird der Begriff in immerhin noch neutestamentlicher Zeit auf die Kirche angewendet von Ignatios von Antiochien († um 110): „Wo der Bischof sich zeigt, da soll auch das Volk sein, wie da, wo Jesus Christus ist, die katholische Kirche ist" (Smyrn 8, 2). „Katholische Kirche" meint hier wohl unpolemisch die *ganze*, die *gesamte* Kirche im Unterschied

[15] Vgl. Neben der allgemeinen Lit. unter A II, 2 und D I, 1 vor allem *K. Adam*, Das Wesen des Katholizismus (Düsseldorf [13]1957); *H. de Lubac*, Catholicisme (Paris 1938); Y. *Congar*, Art. Catholicité, in: Cath II, 722–725; *A. Garciadiego*, Katholikė Ekklesía (Mexiko 1953); *H. Asmussen - W. Stählin*, Die Katholizität der Kirche (Stuttgart 1957); *M. Lackmann*, Credo Ecclesiam catholicam (Graz 1960); *Th. Sartory*, Mut zur Katholizität (Salzburg 1962); *W. Beinert*, Um das dritte Kirchenattribut. Die Katholizität der Kirche im Verständnis der ev.-luth. u. röm.-kath. Theologie der Gegenwart I–II (Essen 1964); hier ausführlichstes Lit.-Verzeichnis. Wichtig auch die Tübinger Antrittsvorlesung von *M. Seckler*, Katholisch als Konfessionsbezeichnung, in: ThQ 145 (1965) 401–431. Unter den dogmatischen Handbüchern bes. wichtig: *K. Barth*, IV/1, 783–795; *M. Schmaus*, III/1, 603–623.

zu den bischöflichen Ortskirchen. Dies wird bestätigt durch das zweitälteste Zeugnis ein halbes Jahrhundert später, da nämlich kurz nach dem Tode ihres Bischofs Polykarp (156) „die Kirche Gottes zu Smyrna an die Kirche Gottes zu Philomelion und an alle allerorts weilenden Gemeinden der heiligen und katholischen Kirche" einen Bericht über das Martyrium schickt (Martyr. Polyc. tit.). „Katholische Kirche" meint hier wiederum unpolemisch die immer deutlicher erfahrene Wirklichkeit der Gesamtkirche, in der die einzelnen Kirchen untereinander verbunden sind, ist in diesem Sinne wiederum die ganze, die allgemeine, umfassende Kirche. Von Katholizität im Sinne von „Fülle", „Vollkommenheit", „Pleroma" stellt man in den Texten des 2. Jahrhunderts – zu nennen wäre auch noch ein bei Eusebios[16] überliefertes und vermutlich in diese Zeit gehörendes antimontanistisches Fragment, nach welchem Montanus lehrte, „die katholische und ganze unter dem Himmel verbreitete Kirche zu lästern" – ebensowenig etwas fest wie in den Texten des 3. Jahrhunderts (Hippolyt, Tertullian, Klemens von Alexandrien). Die reichlich gekünstelten Versuche, diese Bedeutung aus den Texten herauszuhören, überzeugen umso weniger, als „katholisch" auch in der profanen Gräzität gerade diesen Sinn nicht hat. Historisch gesehen führt kein direkter Weg vom Gebrauch des Wortes „Pleroma" in Eph 1, 23 zur „Ecclesia catholica" der ersten christlichen Jahrhunderte. Das Wort „katholisch" ist nicht mit der Zeit aus der Höhe theologischer Spekulationen auf die Ebene der empirischen Kirche abgesunken und damit in seinem Gehalt „verarmt", sondern ist von Anfang an von der erfahrenen reichen Wirklichkeit der Gesamtkirche verstanden worden.

Doch bewirkte nun besonders seit dem 3. Jahrhundert die Auseinandersetzung mit den verschiedenen häretischen Strömungen und Gruppen eine wohl unumgängliche, *polemisch* bedingte Akzentverschiebung des Begriffs: „katholisch" ist die Kirche, der Christ, die mit der Gesamtkirche verbunden sind und sich nicht – wie die Häretiker! – von ihr getrennt haben. Der Wortsinn von „katholisch" entwickelt sich also in Richtung auf „rechtgläubig": aus der Wirklichkeit der Katholizität wird Anspruch auf Katholizität. Wahre Kirche ist nur die „katholische Kirche": die umfassende, allgemeine, rechtgläubige Kirche. Andere Kirchen sind „häretische" oder „schismatische" Kirchen. Die Konstantinische, genauer die Theodosische

[16] *Eusebios*, Hist. eccl. 5, 16, 9; GCS 9/1, 464.

„Wende" erhob die „Ecclesia catholica" zur allein berechtigten Staatskirche (Religionsedikt von 380). Jeder Römer mußte nun Christ, und zwar „katholischer" Christ sein! Heidentum und Häresie waren damit zum Staatsverbrechen, „Katholizität" zur reichsrechtlich geschützten Rechtgläubigkeit geworden! Sowohl im Codex Iuris Romani Iustinians wie im Reichsrecht des Heiligen Römischen Reiches Deutscher Nation wurde diese Bestimmung übernommen; wir erinnern uns an das über die Häretiker Gesagte. Daneben war, besonders durch Augustin, die theologische Interpretation der Katholizität der Kirche weiterentwickelt worden. Die größere Ausbreitung und das zahlenmäßige Wachstum ließen die „Ecclesia catholica" nicht nur als gesamthaft-umfassende (ursprünglicher ekklesiologischer Sinn) und zugleich rechtgläubige (abgeleiteter polemischer Sinn) Kirche verstehen, sondern nun auch als über die ganze Erde verbreitete (geographische Katholizität) und zahlenmäßig bei weitem größte (numerische Katholizität). Vinzenz von Lerin hat die Katholizität im Sinne der Rechtgläubigkeit genauer bestimmt als das, „was überall, was immer, was von allen geglaubt worden ist"[17]. Dadurch wird in neuer Weise die geschichtliche Kontinuität der Tradition betont (zeitliche Katholizität). Über diese Interpretation der Patristik ist die mittelalterliche Theologie nicht wesentlich hinausgegangen. Auch das westlich-östliche Schisma hat die Frage der Katholizität nicht, wie es an sich hätte sein müssen, zum ernsthaften Problem werden lassen.

Durch die protestantische Reformation aber ist nicht nur die Einheit, sondern damit auch die Katholizität zutiefst in Frage gestellt worden. Man mochte die „katholische Kirche" im ursprünglichen Sinn als ganze, gesamthafte Kirche oder im abgeleitet-polemischen Sinn als rechtgläubige Kirche oder im erweiterten Sinn als die über die ganze Erde verbreitete und damit verschiedene Völker, Sprachen und Kulturen umfassende, zahlenmäßig größte und die Zeiten überdauernde Kirche verstehen, man mochte also von der Katholizität im ursprünglichen irenisch-ekklesiologischen, bzw. im polemisch-lehrmäßigen, oder dann aber im geographischen, im numerischen, im kulturellen oder im zeitlichen Sinne reden — man konnte nicht darüber hinwegsehen, daß die „katholische Kirche" nicht mehr die gleiche war wie vor der Spaltung, daß mit ihrer Einheit auch ihre

[17] *Vinzenz von Lerin,* Commonitorium 1, 2; PL 50, 640.

Katholizität, wie immer man es theologisch deuten mochte, zerbrochen schien! Einheit und Katholizität sind ja nun einmal offenkundig korrelative Begriffe; wenn die eine Dimension gestört wird, dann unmittelbar auch die andere. Die Reformatoren nahmen die Bedrohung der Katholizität wohl wahr. Luther insbesondere verwahrte sich aufs heftigste dagegen, daß sein Name Kirchenattribut würde, wiewohl er es nicht verhindern konnte. Von Anfang an, aus theologischen wie juristischen Gründen (Anerkennung der Kirche durch das Reichsrecht), legten die Reformatoren darauf Gewicht, zur „katholischen Kirche" zu gehören. Dabei verstanden sie die Katholizität vor allem im lehrmäßigen Sinne. Katholisch ist – wie man es später formulieren konnte –, was immer, überall und von allen *gemäß der Schrift* geglaubt wurde. Katholizität wird so immer deutlicher verstanden als Rechtgläubigkeit in der Kontinuität des evangelischen Glaubens, der sich im Einzelnen auch vor und außerhalb der reformatorischen Kirche finden kann, der aber in den reformatorischen Kirchen neue kirchliche Gestalt gewonnen hat.

Die katholischen Polemiker gaben sich damit nicht zufrieden. Im Sinne des traditionell gewordenen Begriffs forderten sie nicht nur Katholizität der Lehre, sondern auch des Raumes, der Zahl, der Zeit. Und ist diese Katholizität nicht nur in der katholischen Kirche verwirklicht? Doch dies konnte nicht so leicht erwiesen werden, wie es zunächst scheinen mochte. Obwohl man anfänglich die Problematik noch in weiterem Rahmen sah, stellte man mit der Katholizität als Rechtgläubigkeit apologetisch immer mehr die Katholizität im räumlichen Sinn als geographische Extensität in den Vordergrund, wobei man jedoch nicht darum herumkam, zu allen möglichen absichernden Distinktionen Zuflucht zu nehmen: catholicitas absoluta – relativa, materialis – formalis, physica – moralis, iuris – facti, progressiva – instantanea, simultanea – successiva ...! War es nicht doch etwas kompliziert geworden, „katholisch" zu sein? Dagegen taten sich die evangelischen Theologen allerdings auch nicht leichter, und die verschiedensten Theorien mußten dafür herhalten, um zu beweisen, was so gar nicht offenkundig war, daß man nämlich auch oder gar besonders „katholisch" sei. Die wichtigsten scheinbaren Auswege aus den Schwierigkeiten haben wir bereits im Zusammenhang mit der Einheit der Kirche kennengelernt: die Flucht in die unsichtbare (katholische) Kirche, die Tropen- und die Zweigtheorie, die eschatologische Vertröstung. Der Streit um die Katholizität blieb weithin unentschieden. Welche Kirche hat nun eigentlich das Recht, sich katholisch zu nennen?

b) Im Licht des uns aus den früheren Ausführungen gegenwärtigen biblischen Befundes muß eine systematische Klärung des historischen Befundes versucht werden. Der historisch ursprüngliche Gebrauch von „katholisch" ist solide im Neuen Testament begründet. Ekklesia, so sahen wir, ist immer und überall wesentlich Ortsgemeinde, Ortskirche. Diese Ortskirchen sind aber nur insofern Ortskirchen, als sie Manifestation, Repräsentation, Realisation der einen *ganzen*, umfassenden, allgemeinen Kirche, der Gesamtkirche sind. Obwohl die einzelne Ortskirche *ganz* Kirche ist, ist sie doch nicht *die ganze* Kirche. Die ganze Kirche sind nur *alle* Ortskirchen, und zwar nicht als äußerlich addierte und assoziierte, sondern als im selben Gott, Herrn und Geist, durch dasselbe Evangelium, dieselbe Taufe und Mahlfeier und denselben Glauben innerlich geeinte. Die Gesamtkirche ist die in den Ortskirchen manifestierte, repräsentierte und realisierte Kirche. Insofern die Kirche in diesem Sinne als *Gesamtkirche* die *ganze* Kirche ist, kann sie nach dem ursprünglichen Sprachgebrauch die *katholische,* eben die ganze, allgemeine, umfassende Kirche genannt werden. Die Katholizität besteht wesentlich in der *Ganzheit.*

Insofern nun aber jede *Ortskirche* diese ganze Kirche vergegenwärtigt, so darf auch sie *katholisch* genannt werden. Unkatholisch wird eine Kirche nicht dadurch, daß sie örtlich beschränkte Kirche ist, sondern daß sie sich als örtlich beschränkte von den anderen Kirchen und damit von der ganzen, gesamten Kirche abkapselt, sich in ihrem Glauben und Leben auf sich selbst fixiert und konzentriert und so sich selbst genügen will. Unkatholisch ist also nicht einfach die (als Orts-, Regional- oder Denominationskirche) partikulare Kirche, die ja, wenn auch nicht die ganze, so doch ganz Kirche ist. Unkatholisch ist nur die partikularistische Kirche: die vom Glauben und Leben der gesamten Kirche sich abspaltende („schismatische"), sich aussondernde („häretische"), ja vielleicht sogar abfallende („apostatische") Kirche.

Was ergibt sich aus diesem Grundverständnis der „katholischen" Kirche als der ganzen, allgemeinen, gesamten Kirche? Zunächst ist negativ abzugrenzen: 1. Katholisch ist eine Kirche nicht einfach durch *räumliche Extensität:* Katholizität ist nicht primär ein geographischer Begriff! Was nützt es einer Kirche, die weitestverbreitete zu sein, wenn sie dabei ihrem Wesen untreu geworden ist? Was nützt ihr eine imponierende Internationalität, die mit rein weltlichen Mitteln der Kirchenpolitik, vielleicht sogar mit den Methoden eines geistlichen Imperialismus erreicht wurde? Manifestiert eine solche Welt-Kirche noch die eine ganze, die katholische Kirche? — 2. Katholisch ist eine Kirche nicht einfach durch *numerische Quantität:* Katholizität ist nicht primär ein statistischer Begriff! Was hilft es einer Kirche, die zahlreichste zu sein, wenn sie gerade so ihrem Wesen untreu geworden ist? Was hilft ihr ein maximaler Mitgliederstand, der mit herabgesetzten Preisen und einem traditionellen Konventionschristentum erkauft wurde? Realisiert denn eine solche Massen-Kirche wahrhaft die eine ganze, die katholische Kirche? — 3. Katholisch ist eine Kirche nicht einfach durch *kulturell-soziale Varietät:* Katholizität ist nicht primär ein soziologischer Begriff! Was nützt es einer Kirche, die vielgestaltigste zu sein, wenn sie gerade in all den verschiedenen Kulturen und Sprachen, Rassen und Klassen ihrem Wesen untreu geworden ist, wenn sie statt mit ihnen und in ihnen zu leben, von ihnen abhängig wurde und sich von ihnen ihr Gesetz vorschreiben ließ und so das Machtinstrument einer bestimmten Kultur, Rasse oder Klasse wurde? Was nützt es ihr, wenn sie gerade durch ihr Eingehen in diese verschiedensten Gemeinschaften zu einem synkretistischen Gebilde voller Paganismen degeneriert ist? Repräsentiert eine solche Mischkirche wirklich die eine ganze, die katholische Kirche? — 4. Katholisch ist eine Kirche nicht einfach durch *zeitliche Kontinuität:* Katholizität ist nicht primär ein historischer Begriff! Was nützt es einer Kirche, die älteste Kirche zu sein, sich auf irgendwelche „Väter" (des 16. oder 13. oder 5. oder 2. Jahrhunderts) zu berufen, wenn sie in ihrer langen Geschichte ihr Wesen verraten hat, wenn sie nur noch ein ehrwürdiges Denkmal einer sehr ehrwürdigen Überlieferung darstellt? Was nützt ihr alle kirchliche Romantik, Restauration und Archäologie, wenn sie sich in ihrer Entwicklung durch die Jahrhunderte von ihrem Ursprung losgelöst hat? Realisiert dann eine solche Traditionskirche noch die eine ganze, die katholische Kirche?

Auch die internationalste, auch die größte, auch die vielfältigste, auch die älteste Kirche kann also verfremden: sie ist dann nicht mehr dieselbe, sie hat sich von ihrem ureigenen Wesen entfernt, ist von ihrem ureigensten Wege abgewichen. Gewiß, die Kirche soll sich bewegen, soll sich ständig verändern, sie kann als geschichtliche gar nicht anders. Aber sie soll auf gar keinen Fall eine andere, sich fremde werden. Katholisch ist die Kirche nur aufgrund einer umfassenden *Identität:* daß sie bei allem notwendigen ständigen Wandel der Zeiten und Gestalten und bei aller Unvollkommenheit und Gebrechlichkeit überall, in jeder Gestalt und in jeder Zeit *wesentlich dieselbe* ist, sein soll und sein will; daß so „immer, überall und von allen" dasselbe Wesen der Kirche glaubwürdig bewahrt, bestätigt und betätigt wird. Nur unter der Voraussetzung dieser Identität erweist sich die Kirche als die ungebrochen *ganze,* als die unverfälscht *allgemeine,* als die ungespalten *gesamte* Kirche: als die wahrhaft *katholische* Kirche. Unkatholisch wird eine Kirche schon dadurch, daß sie diese ihre Identität an irgendeinem Ort, in irgendeiner Gestalt, in irgendeiner Zeit aufgibt, sie in eine Nation, Kultur, Rasse, Klasse, Gesellschaftsform, Weltanschauung oder Epoche hinein verliert; daß sie sich – häretisch – ein anderes, fremdes Wesen aussucht oder gar – apostatisch – ihr eigentliches ursprüngliches Wesen direkt verleugnet. So verbindet Katholizität die Ortskirchen untereinander in der einen ganzen Kirche; zugleich aber scheidet sie sie auch von jeder Art verfälschter Kirche. *Identität* ist die *Grundlage* der Katholizität.

Und doch würde man die Identität der Kirche falsch verstehen, wenn man sie als eine Fixiertheit auf sich selbst verstehen würde, als einen kirchlichen Narzißmus. Gerade die mit ihrem Wesen identische Kirche ist nicht in allem Wandel der Zeiten und Gestalten sie selbst geblieben, um für sich selbst da zu sein. Kirche ist nie einfach für sich, sondern ist von ihrem Ursprung her für die Anderen, für die Menschheit, für die Welt da. Wir erinnern uns hier, daß schon die Botschaft Jesu selbst sachlich universal war (nicht die Abstammung von Abraham und nicht die Bestätigung durch Moses, sondern Glaube, Metanoia, Tun des Willens Gottes in Liebe sind Voraussetzungen für das Heil) und daß die junge Kirche sich aufgrund dieser Botschaft zum Universalismus durchgerungen hat, um den Juden Jude, den Griechen Grieche und allen alles zu werden (vgl. 1 Kor 9, 19–23): „Denn alle seid ihr durch den Glauben Söhne Gottes in Christus Jesus ... Da ist nicht Jude noch Grieche, da ist nicht Sklave noch Freier, da ist nicht Mann und Frau; denn ihr alle seid einer in Christus Jesus" (Gal 3, 28). So erkannte sich die Kirche als wesentlich missionarisch, als bezogen auf die Welt, ihr zu dienen in ihrer Verkündigung: „Gehet hin in alle Welt und predigt das Evangelium aller Kreatur" (Mk 16, 15), „allen Völkern" (Mt 28, 19), „Zeugen ... bis ans Ende der Erde" (Apg 1, 8), „bis an das Ende der Welt" (Mt 28, 20)[18].

So ist die Kirche von ihrem Ursprung und Wesen her *universal:* Sie denkt und handelt auf die Welt hin: die ganze bewohnte Erde, die Ökumene. Die Universalität kann deshalb auch mit dem Wort *„ökumenisch"*, die ganze bewohnte Erde betreffend, ausgedrückt werden. „Ökumenisch" und „katholisch" sind von ihrem ursprünglichen Wortsinn und ihrem christlichen Gebrauch her eng verwandt[19]. Eines der beiden ältesten Zeugnisse für „katholische Kirche" bringt die beiden Worte in direktem Zusammenhang: „die über die Ökumene verbreitete katholische Kirche" (Martyr. Polyc. 8, 1). *Universalität* ist die *Folge* der Katholizität.

Von dieser Grundbedeutung „die ganze bewohnte Erde betreffend" her hat das Wort „ökumenisch" im Laufe der Zeiten mannigfache Abwandlungen erfahren. W. A. Visser 't Hooft zählt folgende auf: 1. Zum römischen Weltreich gehörig oder es vertretend; 2. zur Kirche als ganzer gehörend oder sie vertretend („Ökumenisches Konzil"); 3. allgemeine kirchliche Gültigkeit besitzend („ökumenische Glaubensbekenntnisse"); 4. die weltweite missionarische Aufgabe der Kirche betreffend („Ökumenische Missionskonferenz"); 5. die Beziehungen zwischen den Kirchen oder Christen verschiedener Konfession betreffend („Ökumenische Bewegung"); 6. das Wissen um die Zugehörigkeit zur weltweiten christlichen Gemeinschaft der Kirchen und Christen und die Bereitschaft, für die Einheit der Kirche Christi zu arbeiten („Ökumenischer Rat der Kirchen")[20].

Die Katholizität der Kirche besteht also in einer Ganzheit, die Identität zur Grundlage und Universalität zur Folge hat. Und damit ist auch deutlich, daß Einheit und Katholizität zusammengehören: als *eine* Kirche muß sie universal, als universale Kirche muß sie *eine* sein. Einheit und Katholizität sind zwei ineinander übergehende Dimensionen der gleichen Kirche.

„Zum neuen Gottesvolk werden *alle Menschen* gerufen. Darum muß dieses Volk *eines* und ein einziges bleiben und sich über die *ganze Welt* und durch *alle Zeiten* hin ausbreiten. So soll sich das Ziel des Willens Gottes erfüllen, der das Menschengeschlecht am Anfang als eines gegründet und beschlossen

---

[18] Vgl. bes. B I, 2; II, 3; C I, 1.

[19] Vgl. spezielle Bibliographie in Strukturen 51 (wichtig W. A. Visser 't Hooft und J. L. Witte).

[20] *W. A. Visser 't Hooft,* Art. Ökumenisch, in: RGG IV, 1569 f.

hat, seine Kinder aus der Zerstreuung wieder zur Einheit zu versammeln (vgl. Jo 11, 52). Dazu sandte nämlich Gott seinen Sohn, den er zum Erben des Alls gemacht hat (vgl. Hebr 1, 2), daß er Lehrer, König und Priester aller sei, das Haupt des neuen und allumfassenden Volkes der Kinder Gottes. Dazu sandte Gott schließlich den Geist seines Sohnes, den Herrn und Lebensspender, der für die ganze Kirche und die Glaubenden einzeln und insgesamt der Urgrund der Vereinigung und Einheit in der Lehre der Apostel und in der Gemeinschaft, im Brotbrechen und im Gebet ist (vgl. Apg 2, 42)." (CE 13)

Räumliche Extensität, numerische Quantität, kulturell-soziale Varietät, zeitliche Kontinuität machen *aus sich* noch nicht katholische Kirche. Aber falsch wäre auch der entgegengesetzte Schluß, daß etwa räumliche Begrenztheit, numerische Kleinheit, kulturell-soziale Fixiertheit und zeitliche Limitiertheit katholische Kirche machen könnten. Als ob etwa statt einer Welt-Kirche die auf ein Volk begrenzte Nationalkirche oder gar „Staatskirche" die katholische Kirche wäre? Oder etwa statt einer Massen-Kirche die auf ihren engsten Umkreis beschränkte Winkelkirche oder Ecclesiola, bzw. die kleine Sekte, deren Selbstbewußtsein oft in umgekehrtem Verhältnis zu ihrer Größe steht? Oder etwa statt einer Mischkirche die mit *einer* Kultur (z. B. der byzantinischen) oder Klasse (sei es einer oberen oder unteren) oder Rasse (z. B. der weißen) unlöslich verheiratete Kirche? Oder schließlich statt einer Traditionskirche die jüngste Kirche, die, erst von heute oder gestern stammend, vorläufig (!) noch ganz jugendfrisch und von Traditionen unbelastet ist, oder eben einfach die neuzeitlichste, die fortschrittlichste Kirche, die Modernität und Zeitgemäßheit zu ihrem eigentlichen Kriterium macht? Nein, Beschränktheit, sei sie räumlicher, zahlenmäßiger, kulturell-sozialer oder zeitlicher Art, ist kein Zeichen für Katholizität, kann vielmehr ein Zeichen *gegen* Katholizität sein. Und das grundsätzliche Ausschließen auch nur eines Volkes oder einer Kultur, auch nur einer Rasse oder einer Klasse oder einer Zeit *ist* bestimmt ein Zeichen gegen die Katholizität. Wenn die Kirche von ihrem Ursprung her, von der Botschaft, die sie trägt, und der Botschaft, die sie predigt, universal ist, dann ist sie eben auch faktisch aufgerufen, alle Grenzen der Völker und Kulturen, der Rassen und Klassen, der Zeiten und des Zeitgeistes zwar nicht zu verleugnen und zu verkennen, wohl aber zu übersteigen: durch die Tat zu zeigen, daß diese Grenzen und Unterschiede – im Sinne von Gal 3, 28 – nicht *letztlich* relevant sind. Auf diese Weise hat sich die Kirche *von allem Anfang an* als katholisch erwiesen. Unter der Voraussetzung also, daß eine Kirche ihrem Wesen nicht entfremdet wurde, ihr Wesen nicht verleugnet hat – nur dann! –, sind weltweite Ausdehnung, große Zahl, kulturell-soziale Vielfalt und hohes Alter – zwar nicht aus sich, aber vom universalen Wesen der Gesamtkirche her – Indizien, Zeichen der Katholizität.

„In allen Völkern der Erde wohnt also dieses eine Gottesvolk, da es aus ihnen *allen* seine Bürger nimmt, von einem Reich freilich nicht irdischer, sondern himmlischer Art. Alle über den Erdkreis hin verstreuten Gläubigen stehen mit den übrigen im Heiligen Geist in Gemeinschaft, und so weiß ‚der, welcher in Rom wohnt, daß die Inder seine Glieder sind' (Chrysostomos). Da aber das Reich Christi nicht von dieser Welt ist (vgl. Jo 18, 36), so entzieht die Kirche oder das Gottesvolk, indem sie dieses Reich bringt, nichts dem zeitlichen Wohl irgendeines Volkes. Vielmehr fördert und übernimmt es Anlagen, Fähigkeiten und Sitten der Völker, soweit sie gut sind. Bei dieser Übernahme reinigt, kräftigt und hebt sie sie aber auch. Sie ist dessen eingedenk, daß sie mit jenem König sammeln muß, dem die Völker zum Erbe gegeben sind (vgl. Ps 2, 8), und in dessen Stadt sie Gaben und Geschenke herbeibringen (vgl. Ps 71 [72], 10; Is 60, 4–7; Apk 21, 24). Diese Eigenschaft der *Universalität,* die das Gottesvolk auszeichnet, ist Gabe des Herrn selbst. In ihr strebt die katholische Kirche mit Tatkraft und Stetigkeit darnach, die ganze Menschheit mit allen ihren Gütern unter dem einen Haupt Christus zusammenzufassen, in der Einheit seines Geistes. – Kraft dieser Katholizität bringen die einzelnen Teile ihre eigenen Gaben den übrigen Teilen und der ganzen Kirche hinzu, so daß das Ganze und die einzelnen Teile zunehmen aus allen, die Gemeinschaft miteinander halten und zur Fülle in Einheit zusammenwirken. So kommt es, daß das Gottesvolk nicht nur aus den verschiedenen Völkern sich sammelt, sondern auch in sich selbst aus verschiedenen Ordnungen verschmolzen wird" (CE 13; vgl. DOe 14; 16).

c) Doch verweist dies alles nicht recht deutlich auf diejenige Kirche, *die gemeinhin „die katholische" genannt* wird? Zu Recht oder zu Unrecht? Kommt diese eine Kirche nicht dem Programm der Universalität am nächsten? Ist sie nicht die geographisch ausgedehnteste, die zahlenmäßig stärkste, die kulturell-sozial vielfältigste, die altersmäßig erste? Und doch, die anderen Kirchen bestreiten der „katholisch" genannten die Voraussetzung ihrer Katholizität, nämlich die Identität: daß sie ihrem ursprünglichen Wesen treu geblieben sei, daß sie die ursprüngliche Botschaft hinter sich habe. Aber, so muß zurückgefragt werden, ist denn ein solch globales Urteil heute noch möglich? Dürfte der „katholisch" genannten Kirche alles bisher über das Wesen der Kirche Gesagte abzusprechen sein, *mehr* abzusprechen sein als den anderen Kirchen? Zu einfach dürfen wir uns das Urteil weder von der einen noch von der anderen Seite her machen; dies hat sich schon im Zusammenhang mit der Einheit der Kirche gezeigt. Doch bleiben wir bei der Frage nach der Katholizität, bei der sich die Problematik der Einheit bedeutsam zuspitzt.

Wir können am seltsamen und der Deutung bedürftigen Phänomen nicht einfach vorübergehen, daß *eine* Kirche dieses uralte Attribut, welches mehr als jedes andere die alte Grundcharakterisierung der Kirche darstellt („Christ ist mein Name, Katholik aber mein Zuname"[21]), mit großer Konstanz seit Ignatios von Antiochien bis auf den heutigen Tag beibehalten hat. Gewiß, auch andere Kirchen wollen nicht nur katholisch sein, sondern vielleicht auch katholisch genannt werden. Aber immer müssen sie eine nähere Bestimmung hinzusetzen („alt-katholisch", „christ-katholisch", „anglo-catholic" usw.): um nämlich nicht verwechselt zu werden mit der einen Kirche, welche „die katholische" Kirche ist.

Augustins Beobachtung hat eine eigenartige Aktualität behalten: „Wir müssen festhalten an der christlichen Religion und an der Gemeinschaft jener Kirche, die die katholische ist und die die katholische genannt wird, und zwar nicht nur von ihren Gliedern, sondern auch von allen Gegnern. Ob sie es nämlich wollen oder nicht, selbst Häretiker und Schismatiker nennen, wenn sie nicht mit den Ihren, sondern mit Außenstehenden sprechen, katholisch niemand anderen als nur die katholische. Denn sie können sich nur dann verständlich machen, wenn sie sie mit demjenigen Namen unterscheiden, mit dem sie von der ganzen Welt genannt wird."[22]

Gewiß, man hat die „katholische Kirche" einfach „die römische" nennen wollen, als ob die „römische" einfach die „katholische" wäre! Man hat die „katholische Kirche" mit einem Zusatznamen zu einer beliebigen partikularen Konfessionskirche abstempeln wollen (die „römisch-katholische"), und man war auf katholischer Seite in der gegenreformatorischen Zeit zum Teil gedankenlos genug, sich diese Abstempelung, die die Katholizität durch lokale Einengung, Spezifizierung und Konfessionalisierung direkt fragwürdig macht, gefallen zu lassen. Man hat auch – schon in der Reformationszeit – ihr den Namen „katholisch" überhaupt absprechen wollen. Aber dies alles hat nicht daran gehindert, daß mit dem zusatzlosen Namen „katholische Kirche" nach wie vor die eine „katholische Kirche" gemeint ist.

---

[21] *Pacian*, Ep. ad Sympron. 1, 4; PL 13, 1055.
[22] *Augustinus*, De vera religione 7, 12; PL 34, 128.

„Sie besitzt schließlich geradezu den Namen ‚die katholische', den so nicht ohne Grund unter so so vielen Häresien diese Kirche allein erhalten hat, so daß, obwohl alle Häretiker sich katholisch nennen wollen, dennoch kein Häretiker einem Fremdling auf die Frage, wo sich ‚die katholische' versammle, je auf seine Basilika oder sein Haus zu zeigen gewagt hätte." [23]

Die Verbindung dieser einen Kirche mit dem Namen „katholisch" ist so stark, daß manche evangelische Kirchen auf dieses Attribut verärgert, ängstlich, resigniert oder gedankenlos verzichtet haben. Im traditionellen Glaubensbekenntnis hat man „katholische" Kirche vielfach durch „allgemeine" Kirche ersetzt, um Verwechslungen zu vermeiden. Man empfindet es vielfach noch immer als arge Beschimpfung, „katholischer" oder auch nur „katholisierender" Tendenzen geziehen zu werden. Man hat nicht zuletzt aus diesem Grund in der „ökumenischen Bewegung" und im „Ökumenischen Rat der Kirchen" dem engeren, mehr geographisch bestimmten Begriff „ökumenisch" vor dem weiteren, gefüllteren Begriff „katholisch" den Vorzug gegeben.

Wie soll man sich denn diese eigenartige Exklusivität erklären, mit der sich das Attribut „katholisch" gerade an diese eine, „die katholische" heftet? Deutet dies nicht darauf hin, daß dieser Kirche irgend etwas zukommt, was nicht jeder Kirche zukommt? Womit wir nicht nur weitere Ausdehnung, größere Zahl, reichere Vielfalt, höheres Alter meinen. Womit wir andererseits auch nicht — das über die eine und die vielen Kirchen Gesagte bleibt bestehen — eine exklusive Einzigkeit der „katholischen Kirche", welche alle übrigen Kirchen wieder zu nichtkirchlichen Gemeinschaften machen würde, meinen. Nein, es soll nach wie vor weder so noch anders in Apologetik gemacht werden. Es soll nur die geschichtliche Wirklichkeit analysiert und besser verstanden werden. Und da fällt das eine auf: Fragt man nicht nach der „katholischen Kirche", sondern umgekehrt nach den anderen Kirchen, fragt man die großen Kirchen der Christenheit — die orthodoxen Kirchen des Ostens, die lutherischen Kirchen, die reformierten Kirchen, die anglikanischen Kirchen, mit der die altkatholische Kirche Gemeinschaft hält (und indirekt alle von ihnen herstammenden Kirchen) —, fragt man sie, woher denn ihr Name, Ursprung, Wesen herkomme, so werden zwar alle — und wahrhaftig nicht ohne Grund! — sich und ihre Verkündigung,

[23] *Augustinus*, Contra ep. Manichaei 4, 5; PL 42, 175.

ihre Taufe, ihr Herrenmahl und ihr Amt auf Jesus Christus und sein Evangelium zurückführen; sie wollen in diesem Sinne bestimmt nicht „neue" Kirche sein, die etwa 1054, 1517, 1531 oder wann immer „gegründet" worden wären. Und doch wird sich jede dieser Kirchen zur Erklärung ihres besonderen Kircheseins zugleich – direkt oder indirekt, mehr oder weniger scharf und polemisch – von der einen Kirche absetzen müssen, die „die katholische" genannt wird. Jede dieser Kirchen ist in der Weise, wie sie Kirche ist, entscheidend mitbestimmt durch ihr Verhältnis zu dieser einen Kirche. Um zu erklären, wie es zu ihrer besonderen kirchlichen Existenz gekommen ist, muß jede auf die Kirche, die „die katholische" genannt wird, direkt oder indirekt Bezug nehmen. Sie mögen ihren Zusammenhang mit der Kirche der Apostel verstehen wie immer (vor allem manche Kirchen des Ostens führen sich direkt auf einen Apostel zurück), keine kommt an der Tatsache vorbei, daß sie direkt oder indirekt einmal mit dieser „katholisch" genannten Kirche verbunden war, in kirchlicher Gemeinschaft gestanden hat, daß es damals noch keinen Bruch und noch keine mehr oder weniger gegenseitige Exkommunikation gegeben hat, und daß sie sich erst von einem mehr oder weniger genau bestimmbaren historischen Zeitpunkt an von dieser „katholischen Kirche", bzw. diese von ihr, getrennt hat: jetzt eine große selbständige Tochter, die Gründe genug zu haben glaubt, warum sie es nicht mehr aushielt, mit ihrer Mutter zusammenzuleben.

Wenn wir hier zum Verständnis des Verhältnisses katholische Kirche – übrige Kirchen in einem geschichtlichen und nicht dogmatischen Sinn von *Mutterkirche* und *Tochterkirchen* sprechen, so soll damit nicht etwa ein „Maternalismus" vertreten werden. Es soll also damit kein jurisdiktioneller Anspruch der Mutterkirche auf die Tochterkirchen begründet werden; mit juristischen Postulaten kann man solche kirchengeschichtlichen Konflikte nicht regeln. Und es soll damit auch kein besonderer Wahrheitsanspruch für die Mutterkirche (oder die Tochterkirche) erhoben werden. Gerade über die Wahrheit ist man sich nicht einig, und wir kommen nicht weiter, wenn von der einen Seite, ohne die andere Seite je überzeugen zu können, die Fülle der Wahrheit oder mindestens mehr Wahrheit beansprucht wird. Wenn man in der Verhältnisbestimmung von katholischer Kirche und übrigen Kirchen zu einem gegenseitigen Verstehen kommen will, dann wird man die Wahrheitsfrage zwar nicht vergessen, aber zunächst zurückstellen müssen. Man wird dann bei der Bestimmung dieses Verhältnisses gar nicht entscheiden wollen, wer im Recht oder mehr im Recht, wer in der Wahrheit oder mehr in der Wahrheit ist. Das Verhältnis katholische Kirche – übrige Kirchen wird hier nicht dogmatisch als Wahrheitsverhältnis, sondern geschichtlich als *Ursprungsverhältnis* bestimmt, das nicht gewertet, sondern nur verstanden werden soll. Und hier leistet die Unterscheidung zwischen Mutterkirche und Tochterkirchen gute Dienste. Verständlich wird damit mindestens schon einmal dies, daß es ungeschichtlich gedacht ist, wenn man meint, diese großen und selbständig gewordenen Töchter könnten je einmal in den Mutterschoß zurückkehren! Das wäre gegen alle Lebensgesetze, die kein solches Zurück kennen. Verständlich wird damit auch, daß es ebenfalls ungeschichtlich gedacht ist, wenn man die einzelnen Kirchen – nach Gegenden, Alphabet oder wie immer – einfachhin nebeneinander stellt. Weder der Mutter noch den Töchtern, bzw. den Großtöchtern, wird man gerecht, wenn man sie unabhängig von ihrem genetischen Zusammenhang in Reih und Glied einordnet. Gerade von diesem Zusammenhang her ist doch auch durch alle Jahrhunderte hindurch das Verhältnis zwischen Mutterkirche und Tochterkirchen so schwer belastet gewesen: Gerade weil sie einmal eine Gemeinschaft, ja eine Einheit bildeten, wurde der Bruch so schwer und tief empfunden. Nicht zwei Fremde haben da Streit bekommen, sondern Fleisch von Fleisch hat sich getrennt und gegeneinander gestellt – eine Wunde, die die Zeit nicht heilen will.

Tochterkirchen und Mutterkirche: Erklärt es sich von daher, daß diese Töchter nichts mehr fürchten als wieder unter die Fittiche der Mutter zu kommen, wieder unter die formalistisch strenge und – von der Sache her gesehen – doch allzu wenig strenge Herrschaft dieser Mutter zu geraten, von ihr vereinnahmt zu werden, sobald sie sich etwas zugänglicher zeigen? In diesem einen Punkt sind sie sich trotz ihrer sehr mannigfaltigen Unterschiede und Gegensätze einig. Für sie ist diese Mutter bei aller unbestreitbaren Größe und historischen Erfahrung nicht nur alt und erstarrt, rückständig und engstirnig, sondern auch allzu zerfahren und zerstreut geworden. Gerade für das Wesentliche und Entscheidende scheint sich ihr Blick getrübt zu haben. Ihr Glaube ist zu abergläubisch, ihre Liebe zu gesetzlich, ihre Hoffnung zu irdisch geworden. Sie ist für diese Töchter nicht mehr dieselbe, die sie früher, die sie ursprünglich war.

Nur das eine haben diese Töchter bei allen Differenzen, Klagen und Beschwerden, bei aller Distanz und aller Ablehnung nie verleugnen können: daß dies ihre Mutter ist.

Mutterkirche und Tochterkirchen: Erklärt es sich von daher, daß diese Mutter eigenartig eifersüchtig ist auf ihre Töchter, daß sie nach so langer Zeit der Trennung noch immer „Rechte" auf sie anmeldet, daß sie sie noch immer nicht ziehen lassen will, daß sie es so gar nicht verstehen kann, warum diese nichts von ihr und ihrem alten Glauben wissen, warum sie keine Gemeinschaft mit ihr haben wollen, warum sie sie gar verleugnen, warum sie trotz aller Befehle und schließlich trotz aller Bitten und Aufforderungen nicht zurückkommen wollen? Für sie sind diese Töchter undankbar, ungehorsam, uneinsichtig. Sie haben denn auch diese selbstgewählte Freiheit teuer genug bezahlen müssen: sie sind zum Teil recht unstet, oberflächlich, substanzarm geworden. Sie haben, von der Mutter losgelöst, untereinander Streit bekommen, der oft nicht geringer war als der mit der Mutter. Sie haben mit ihren eigenen Kindern dieselben bitteren Erfahrungen machen müssen wie ihre Mutter mit ihnen. Immer mehr hat sich so die ganze Familie zerstritten und aufgespalten. Nur eines aber wird diese Mutter bei aller Bitterkeit, aller Klage und allem harten Urteil nicht verleugnen können: daß sie dieser unter sich so verschiedenen und ihr oft so wenig ähnlichen Töchter Mutter geblieben ist.

Was folgt aus alldem? Soll man erwarten, daß die Töchter einfach zu ihrer Mutter zurückkehren, als ob nichts geschehen wäre, als ob die Zeit unterdessen nicht vorwärts gegangen wäre, als ob der Streit nicht um Wesentliches ginge? Wenn nein, soll man dann erwarten, daß etwa die Mutter einfach zu ihren Töchtern hinauszieht, daß sie alles das aufgibt, was sie verkörpert, was sie bewahrt hat und die anderen vielfach verloren haben? Soll sie, die bisher im ganzen Irrsal und Wirrsal der Geschichte der Kirche und der Kirchen einen festen bestimmten Orientierungspunkt, ein bestimmtes stabiles und stabilisierendes Moment darstellte, nun einfach sich selbst aufgeben, eine unter vielen werden und damit die Desorientiertheit und Zerspaltenheit nur noch fördern? Wenn wiederum nein, was dann?

Drei wichtige Ergebnisse zeichnen sich ab, über das hinaus, was von der Einheit und Einigung der Kirchen bereits zu sagen war: 1. Die Einigung der Kirchen und die Herstellung der vollen Katholizität der Kirche Christi muß die geschichtliche Genesis und den geschichtlichen Zusammenhang der einzelnen Kirchen berücksichtigen. 2. Die Kirchen, die nicht „die katholische" sind, werden weder die notwendige Einheit noch die notwendige Katholizität der Kirche finden können, wenn sie nicht das Verhältnis zu „der katholischen" klären, von der sie direkt oder indirekt herkommen, und sich mit ihr versöhnen. Alle durchaus lobenswerten ökumenischen Bestrebungen und alle Unionsverhandlungen jener Kirchen unter sich bleiben an einem entscheidenden Punkt ohne Grundlage, solange sie das grundlegende Verhältnis zur „katholischen Kirche" ausklammern, bekommen aber eine ganz andere Tiefe und Stoßkraft, wenn sie dieses Verhältnis positiv berücksichtigen. 3. Die Kirche, die „die katholische" genannt wird, wird weder die notwendige Einheit noch die notwendige Katholizität der Kirche verwirklichen, wenn sie nicht das Verhältnis zu den Kirchen klärt, die direkt oder indirekt von ihr ausgegangen sind, und sich ihrerseits mit ihnen versöhnt. Alle noch so erfreulichen innerkirchlichen Erneuerungsbestrebungen und Reformen bleiben ein Torso, solange sie dabei von den Beziehungen zu den anderen Kirchen – die sie hat, ob sie will oder nicht – absieht; sie bekämen aber eine ganz andere Weite und Tiefe, wenn sie diese Beziehungen positiv auswertet und fruchtbar macht.

Von daher ist verständlich, daß jede Kirche und gerade auch „die katholische" aus ihrem besonderen historischen Kontext heraus von vorneherein je anders an die Bemühungen um die notwendige Einheit und Katholizität der Kirche herangehen wird. *Jede* aber wird auf diesem Weg auf ihre Weise zu berücksichtigen haben, was im vorigen Kapitel dargelegt wurde: über die vielen Kirchen und die eine Kirche, über die inklusiven und exklusiven Verschiedenheiten, über die zu vermeidenden Auswege und das gemeinsame Bekenntnis der gemeinsamen Schuld, über die Anerkennung der bereits bestehenden und das Suchen der noch zu verwirklichenden Einheit, über das Ausgehen von der eigenen Kirche und die Verwirklichung der berechtigten Anliegen der anderen Kirchen, über das je neue Finden der alten Wahrheit und das Evangelium Jesu Christi in seiner Vielfalt und Ganzheit als Norm. Nur so läßt sich die Einheit in Katholizität und die Katholizität in Einheit verwirklichen.

Allerdings treten mit dem konkreten historischen Kontext auch die konkreten und insbesondere theologischen Schwierigkeiten deutlicher hervor. Diese sind im Zusammenhang mit der protestantischen

Reformation unvergleichlich zahlreicher als im Zusammenhang mit dem west-östlichen Schisma. Deshalb muß schließlich die Einigung in der Katholizität theologisch im Materialen ausgetragen werden; darauf ist hier des näheren nicht einzugehen.

Nur drei Anmerkungen seien, ohne sie hier zu begründen, gestattet:

1. In den klassischen katholisch-evangelischen Kontroversfragen Schrift und Tradition, Gnade und Rechtfertigung, Sakramente und insbesondere Eucharistie zeichnen sich aufgrund des Fortschrittes insbesondere der Exegese und der historisch-kritischen Theologie immer deutlicher grundlegende Übereinstimmungen ab, die gewiß nicht alle, wohl aber die *kirchenspaltenden* Gegensätze zu umfassen vermögen[24].

2. Die größten Schwierigkeiten liegen in der Lehre von der Kirche, deren unbereinigte Kontroversen wiederum alle anderen Sektoren der Theologie infizieren. Doch sind die *kirchentrennenden* Differenzen bezüglich der *Grundstruktur* und der *Grunddimensionen* der Kirche — so hoffen wir ein wenig deutlich gemacht zu haben — grundsätzlich überwindbar.

3. Die ekklesiologischen Schwierigkeiten konzentrieren sich in der theologisch-praktischen Frage nach der äußeren Organisation der Kirche, insbesondere des *kirchlichen Amtes* und hier wiederum in der Frage des *Petrusamtes*. Sowohl für die Versöhnung mit den Ostkirchen wie mit den Kirchen der Reformation wie mit den anglikanischen und altkatholischen Kirchen sind Primat und Unfehlbarkeit des Papstes (und in diesem Zusammenhang die neuen Mariendogmen) die Hauptschwierigkeit. Wir werden uns diesen Fragen und Schwierigkeiten zuzuwenden haben[25]. Aber gerade weil diese Grundschwierigkeit viele andere Fragen infiziert, ist der Krankheitsherd exakt zu lokalisieren. Allzu leicht diagnostiziert man die Symptome falsch, hält Auswirkungen für Ursachen und findet die Uneinigkeit dort, wo man an sich einig sein könnte. Tiefsinn am falschen Ort ist Oberflächlichkeit.

Die Kirche, die „die katholische" genannt wird, wird nach all dem, was wir gesehen haben, ihren Namen besser nicht stolz als einen Anspruch an die anderen Kirchen, sondern demütig als eine besondere Verpflichtung für sie selbst verstehen. Man wird als Katholik insbesondere vorsichtig und zurückhaltend sein bei der oft gehörten und gut gemeinten Rede von der „katholischen Fülle", von Katholizität als „Pleroma, Fülle, Vollkommenheit". Und dies nicht nur aus dem pragmatischen Grunde, daß zwischen Anspruch, Programm dieser Fülle und der konkreten Wirklichkeit dieser Fülle oft eine allzu große Kluft herrscht; nicht gerade selten macht der

---

[24] Zur Gnaden- und Rechtfertigungslehre vgl. *H. Küng*, Rechtfertigung. Die Lehre Karl Barths und eine katholische Besinnung (Einsiedeln 1957. [4]1964); zur Lehre von Taufe, Herrenmahl und Buße vgl. C III, 1–2; D III, 2.

[25] Vgl. E.

„Katholizismus" gegenüber dem „Protestantismus" geistig einen recht kleinkarierten Eindruck! Sondern aus eigentlichen theologischen Gründen heraus: Nicht die Kirche aus sich selbst ist nach der in diesem Zusammenhang meist zitierten Stelle Eph 1, 19 die Fülle; die Kirche kennt keine eigene Fülle, kraft deren sie aus sich selbst von vorneherein und unbedroht universal, vollkommen, „katholisch" wäre. Sie kennt nur die Fülle *Christi,* die Christus selbst (der nicht nur sie, sondern alles in allem erfüllt) in ihr anwesend sein läßt. Und weil die Kirche nicht aus sich selbst die Fülle ist, muß sie wachsen von Christus her auf Christus hin: intensiv durch Glauben, Erkenntnis, Liebe, Leiden, extensiv durch die Verkündigung des Evangeliums und den Dienst an der Welt. Sie muß universal *werden.* Die Fülle *Christi* in der Kirche schließt dabei Bedrohung, Versuchung und Anfechtung, schließt Mangel und Unvollkommenheit, Irrtum und Sünde der *Kirche* nicht aus! Es gibt ein „Pleroma" der Kirche, das Promiskuität, eine „Vollkommenheit", die Illusion und Arroganz, eine „Wertbejahung", die Schwachheit, eine „Weite", die Verflachung, ein „Kosmopolitismus", der Integralismus, eine „Weltoffenheit", die Heidentum, eine „Katholizität", die faktisch nur „Katholizismus" (und was Wunderliches gehört da alles dazu!) ist. Es geht in der Kirche nicht darum, alle Geister zu versammeln, sondern die Geister zu unterscheiden! Sollen wir alles prüfen, so sollen wir doch nicht alles behalten!

Wenn die Kirche als „katholische" mit ihrem Wesen identisch bleiben will, ist es ihr nicht erlaubt, um einer vermeintlichen Fülle und Offenheit willen *alles* aufzunehmen, eine schlechte complexio oppositorum zu werden. Wenn man dem „Protestantismus" mit Recht ein Zuwenig vorwirft, eine häretische Auswahl aus dem Ganzen, dann wird man dem „Katholizismus" den Vorwurf eines Zuviel kaum ersparen können: eine synkretistische Anhäufung heterogener, auch schiefer, ja unter Umständen unchristlicher Elemente. Neben dem peccatum per defectum, der Sünde durch Mangel, gibt es ein peccatum per excessum, eine Sünde durch Überfülle. Bei allem katholischen „Und" muß der immer wieder notwendige Protest des „Allein", von dem her ein „Und" überhaupt erst möglich wird, dauernd mitbedacht werden. Statt dem bornierten, exklusiven „Protestantismus" und statt dem diffusen und konfusen „Katholizismus" eine vom Evangelium her zentrierte und geordnete „evangelische Katholizität"!

Die Katholizität der Kirche ist ständig und auf der ganzen Linie bedroht. Die wahre Katholizität wird der Kirche stets neu von ihrem Herrn aus Gnade geschenkt. Um sie soll, um sie darf die Kirche stets neu beten. Diese Katholizität läßt sich nicht sehen, sondern nur glauben, bzw. glaubend sehen. Aber als geglaubte soll die Katholizität glaubwürdig vor der Welt gelebt werden. Doch gerade hier taucht eine Frage auf: Läßt sich diese Katholizität glaubwürdig vor der Welt leben, läßt sich die Universalität der Gnade und des Heiles verkünden, wenn man auf der anderen Seite Auffassungen vertritt wie „Außerhalb der Kirche kein Heil"? Und ist es nicht gerade die „katholisch" genannte Kirche, die sich durch die größte Enge hervortut?

2. *Außerhalb der Kirche kein Heil?*

Es gab eine Zeit – es war die Zeit der Kirchenväter und vor allem die Hochpatristik –, da sich die Ecclesia catholica ausdehnungsmäßig ziemlich genau mit der Welt deckte, mit der damals bekannten Welt. In der ganzen „Ökumene", auf der „ganzen bewohnten Erde" war die Kirche heimisch; ja es mochte eine Zeitlang scheinen, die ganze Welt sei christlich geworden. Bei dieser beschränkten geographischen Perspektive war es leichter, ein Axiom wie „Außerhalb der Kirche kein Heil" zu formulieren. Man nahm an, daß praktisch mehr oder weniger jeder Mensch mit der christlichen Botschaft existentiell konfrontiert worden sei und deshalb Mk 16, 16 auf die ganze ungetaufte Menschheit ohne Unterschied anwendbar sei. Zudem war die Ecclesia catholica damals, von den kleineren Häresien abgesehen, noch ungespalten. So mochten die Wenigen „an den Grenzen der Erde" nicht als Problem empfunden werden. Wer nicht glaubte – die Juden, Heiden, später die Mohammedaner –, war bösen Willens. Man faßte deshalb das Axiom wörtlich auf und nahm an, daß nicht nur alle außerhalb gebliebenen Heiden, sondern auch alle Juden, Häretiker und Schismatiker in der Hölle enden. Doch läßt sich schon aus der Lehrentwicklung in der alten Kirche die Gefährlichkeit des negativ formulierten Axioms erkennen.

Von Ignatios von Antiochien (Philadelph 3, 2), Irenäus[26], Klemens von

[26] *Irenäus*, Adv. haer. III, 24, 1; PG 7, 966.

Alexandrien[27] und anderen war das Axiom vorbereitet worden. Es fand zuerst seine vollendete, und zwar negative Formulierung bei Origenes: „Niemand also möge sich einreden, niemand sich täuschen: außerhalb dieses Hauses, das heißt außerhalb der Kirche, wird niemand gerettet; denn wenn jemand hinausgeht, wird er selbst des Todes schuldig."[28] Doch erst Cyprian hat das Axiom – mit Verweis auf die Arche – in juridischer Ausschließlichkeit mit allen Konsequenzen angewendet: „Jeder, der sich von der Kirche trennt und sich mit einer Ehebrecherin verbindet (Schisma!), schließt sich aus von den Verheißungen der Kirche, und wer die Kirche Christi verläßt, wird nicht zu den Belohnungen Christi gelangen. Ein Fremder ist er, ein Unheiliger ist er, ein Feind ist er. Der kann Gott nicht zum Vater haben, der die Kirche nicht zur Mutter hat. Wenn irgendeiner zu entrinnen vermochte, der außerhalb der Arche Noes war, dann mag auch einer entkommen, der draußen, außerhalb der Kirche steht."[29] Doch hier machen wir bereits die Erfahrung, die sich später immer wieder bestätigte: Wenn man das Axiom *negativ* formulierte und es zugleich nach seinem genauen Wortsinn nahm, führte es zur Häresie. So schloß Cyprian aus dem Axiom – anscheinend konsequent –, daß die von den Häretikern außerhalb der Kirche gespendete Taufe (Ketzertaufe) ungültig und das Martyrium außerhalb der Kirche wertlos sei. Doch von der Kirche wurde Cyprian desavouiert. Auch Augustin gebraucht das Axiom öfters[30], und obwohl er im Gegensatz zu Cyprian zwischen schwereren und leichteren Fällen der Häresie unterschied, sieht er auch bei den leichteren Fällen keinerlei Heilsmöglichkeit. Und wie streng wörtlich man das Axiom in dieser Zeit nimmt, zeigt das Wort des Augustinus-Schülers Fulgentius von Ruspe: „Aufs gewisseste halte fest und zweifle in keiner Weise: Nicht nur alle Heiden, sondern auch alle Juden, alle Häretiker und Schismatiker, die außerhalb der gegenwärtigen katholischen Kirche sterben, werden ins ewige Feuer gehen, welches dem Teufel und seinen Engeln bereitet ist."[31]

Die mittelalterliche Scholastik bleibt ganz auf der Linie Augustins. Auch hier führte das Axiom zu Irrtümern, die von der späteren Kirche verworfen wurden, zum Beispiel, daß in den von der katholischen Kirche getrennten Priestern die Konsekrationsvollmacht erlösche. Und gerade jener Papst, der das „Außerhalb der Papstkirche kein Heil" am schärfsten formulierte, Bonifaz VIII. in der Bulle „Unam sanctam" (D 468 f), brachte das Papsttum an den Rand des Unterganges: Gefangensetzung Bonifaz' VIII. und das Große Abendländische Schisma mit drei sich gegenseitig exkommunizierenden Päpsten; die rigorose Lehre der genannten Bulle wurde von den späteren Päpsten nicht aufrechterhalten.

---

[27] *Klemens von Alexandrien,* Paedagogus I, 6; PG 8, 281.
[28] *Origenes,* In Jesu Nave 3, 5; PG 12, 841.
[29] *Cyprian,* De unitate Ecclesiae 6; CSEL 3/1, 214.
[30] *Augustinus,* z. B. Sermo ad Caesariensis ecclesiae plebem 6; CSEL 53, 174; vgl. auch *Hieronymus,* Ep. 15; CSEL 54, 63.
[31] *Fulgentius,* De fide, ad Petrum 38, 79; PL 65, 704.

Schon in der alten Kirche hätte man sich deshalb mit Nutzen daran erinnert, daß das neutestamentliche Bild von der Arche Noes 1 Petr 3, 20, auf welches das Axiom zurückgeht, zwar die Rettung der Menschen durch die Taufe aussagt, nicht aber die Verdammung aller außerhalb der Arche: „Innerhalb der Arche Heil", aber keineswegs ohne weiteres „Außerhalb der Kirche kein Heil"! Vielmehr sagt der Text, daß Christus, der „ein für allemal der Sünden wegen gestorben ist, als Gerechter für Ungerechte, damit er uns Gott zuführte" (3, 18), nach seinem Tod die Botschaft gerade auch „den Geistern" (den gefallenen Engeln oder dem gottlosen Geschlecht der Sintflut oder beiden?[32]) verkündigte (3, 19), „die vor Zeiten ungehorsam waren" (3, 20) und sich damit nicht in der Arche befanden. Der Text würde dann besagen, „daß auch die schlimmsten Frevler selbst in jenseitigen Bezirken nicht ausgeschlossen sind vom Heilsruf Christi"[33]. Sollte diese Interpretation des schwierigen Textes stimmen, wäre geradezu ein „Außerhalb der Arche Heil" mitbehauptet, wobei zugleich ein „Außerhalb *Christus* kein Heil" vorausgesetzt ist.

Doch es brauchte die ungeheuren geschichtlichen Erfahrungen der Entdeckung ganzer neuer Kontinente mit zivilisierten und sittlich guten Völkern, um einen Durchbruch zu erzielen. Jetzt *wußte* man nicht nur, daß es außerhalb der Kirche Länder und Völker gab (das *wußte* man auch im Mittelalter), sondern jetzt mußte man sich auch positiv für sie *interessieren*. Man verstand nun immer mehr, was es bedeutete, daß die Welt, die „Ökumene" nicht mit den Ländern des Mittelmeerbeckens und seinen Hinterländern zusammenfiel. Und man wurde sich mehr und mehr der Tatsache bewußt, daß nicht nur die „Ecclesia catholica", sondern auch die gesamte Christenheit im Blick auf die viele Hunderttausende von Jahren zählende Vergangenheit, die Weite der Gegenwart und die Unabsehbarkeit der Zukunft des Menschengeschlechtes, im Blick also auf die Menschheitsgeschichte *aller* Kontinente und *aller* Jahrtausende offenkundig eine kleine, verschwindend kleine *Minderheit* sind. Die neue Lage mußte zu einer langsamen Schwenkung der Theologie gegenüber diesem Axiom führen. Doch war es ein langer Prozeß,

---

[32] Vgl. *H. Windisch - H. Preisker*, Die katholischen Briefe (Tübingen [3]1951) 70–72.
[33] *Fr. Hauck*, Die Kirchenbriefe (Göttingen [7–8]1958) 70; zu versch. Interpretationen des schwierigen Textes vgl. *K. H. Schelkle*, Die Petrusbriefe (Freiburg - Basel - Wien [2]1964) 104–110.

bis schließlich im Zweiten Vatikanischen Konzil mit Nachdruck die Heilsmöglichkeit nicht nur der Schismatiker, Häretiker und Juden, sondern auch der Nichtchristen und sogar der gutgläubigen Atheisten bejaht wurde!

Im 16. Jahrhundert, dem Zeitalter der großen Entdeckungen, lehrten nun nicht nur Theologen wie Bellarmin und Suárez, sondern auch das Konzil von Trient (D 1379), daß man nicht nur – wie die Christen – in re, sondern auch in voto die Taufe empfangen könne; der in-voto-Begriff wurde später dann auch direkt auf die Kirchengliedschaft angewendet. Gegen den jansenistischen Rigorismus wurde im 18. Jahrhundert der Satz verworfen: „Außerhalb der Kirche wird keine Gnade gewährt" (Extra Ecclesiam nulla conceditur gratia. D 1379). Und schließlich wurde dann im 19. Jahrhundert – nicht nur im Hinblick auf die ungetauften Heiden, sondern auch im Hinblick auf die nun schon seit mehreren Jahrhunderten von der katholischen Kirche getrennten Christen – das „Außerhalb" so interpretiert, daß man zugleich ausdrücklich feststellen konnte: „... ebenso hat man als sicher festzuhalten, daß denen, welche in Unkenntnis der wahren Religion dahinleben, deswegen vor den Augen des Herrn keine Schuld angelastet wird, wenn diese Unkenntnis unüberwindlich ist. Wer nun aber nähme so viel für sich in Anspruch, daß er die Grenzen solcher Unkenntnis bestimmen wollte nach der Art und Verschiedenheit der Völker, Gegenden, Naturanlagen und so vieler anderer Dinge" (Pius IX. D 1647). Als dann im 20. Jahrhundert die Enzyklika „Mystici Corporis" (1943) das Axiom in ziemlich rigoroser Formulierung wieder aufnahm und als P. Feeney S. J. mit einer Gruppe Katholiken in Boston die Worte der Enzyklika wörtlich ernst nehmen wollte und wie schon die alten Kirchenväter die Verdammnis aller Menschen außerhalb der sichtbaren katholischen Kirche behauptete, mußte das S. Officium einschreiten, gegen diese Interpretation protestieren[34] und schließlich denjenigen durch Exkommunikation extra Ecclesiam erklären, der behauptete, extra Ecclesiam könne niemand gerettet werden.

Daß Menschen auch außerhalb der katholischen Kirche gerettet werden können, ist vom Vatikanum II sehr deutlich festgestellt worden: „Aber auch wenn Menschen den Vater unseres Herrn Jesus Christus nicht kennen, jedoch einen Schöpfer anerkennen oder in Schatten und Bildern den unbekannten Gott suchen, dann ist Gott selbst von ihnen nicht ferne, da er ja allen Leben, Atem und alles gibt (vgl. Apg 17, 25–28), und der Erlöser will, daß alle Menschen gerettet werden (vgl. 1 Tim 2, 4). Denn diejenigen Menschen, die das Evangelium Christi und seiner Kirche ohne ihre Schuld nicht kennen, Gott jedoch aufrichtigen Herzens suchen und seinen im Gewissensgebot erkannten Willen in Taten unter dem Wirken seiner Gnade zu erfüllen trachten, können das ewige Heil erlangen. Aber selbst denen verweigert die göttliche Vorsehung die zum Heil notwendigen Hilfen nicht, die ohne ihre

[34] Vgl. Brief an Erzbischof Cushing von Boston, veröffentlicht in: American Ecclesiastical Review 77 (1952) 307–311.

Schuld noch nicht zur ausdrücklichen Anerkennung Gottes gelangt sind und die doch ein rechtes Leben nicht ohne die göttliche Gnade zu führen sich bemühen" (CE 16).

Was war nun aber in diesen Interpretationen von Trient bis Vatikanum II faktisch gesehen? Faktisch hatte man – auch wenn formal am Axiom „Außerhalb kein Heil" festgehalten wurde – mit aller Deutlichkeit behauptet, daß es Heil auch außerhalb der Kirche, außerhalb der „Ecclesia catholica" *gibt*. Doch kann nicht übersehen werden, daß die zweideutige Ausdrucksweise nicht wenige Katholiken und Nichtkatholiken verwirrt hat. Sie wissen heute nicht genau, was sie mit dem Wort „Außerhalb der Kirche kein Heil" anfangen sollen. Sie sollten ja einerseits sagen, außerhalb der Kirche gebe es *kein* Heil, und andererseits doch wieder zugeben, außerhalb der Kirche *gebe* es Heil. Gibt es nun eigentlich außerhalb der Kirche Heil oder gibt es kein Heil? Diese Frage kann ehrlicherweise nur mit Ja oder Nein, aber nicht mit Ja und Nein beantwortet werden.

Gibt dieses negativ und exklusiv formulierte Axiom nicht noch immer zu zahllosen und trotz aller Erklärungen immer wieder neu auftauchenden Mißverständnissen innerhalb und außerhalb der katholischen Kirche Anlaß? Wenn es früher der Kirche und ihrer Mission geholfen haben mag, so schadet es ihr heute entschieden. Und zwar nicht nur, weil sich aus Angst vor der Hölle heute niemand mehr zum Glauben an Christus entschließt. Das Wort selbst wird vielmehr entweder als Intoleranz oder als Doppelzüngigkeit ausgelegt: als Intoleranz dann, wenn das Wort gemäß der alten Tradition nach seinem genauen Wortsinn exklusiv verstanden wird; als Doppelzüngigkeit dann, wenn es einerseits besagen soll, außerhalb der katholischen Kirche könne niemand gerettet werden, und es andererseits zugleich doch nicht ausschließen soll, daß außerhalb der katholischen Kirche doch jemand und sogar viele Millionen und Milliarden, ja wohl der größte Teil der Menschheit, gerettet werden könne. Intoleranz und Doppelzüngigkeit aber stoßen den Menschen von heute mit Recht zutiefst ab, nachdem er die Achtung vor der religiösen Freiheit des Individuums sowie die Ablehnung jeder Art von Unaufrichtigkeit und Zweideutigkeit auf seine Fahne geschrieben hat.

Auch hier bietet sich wieder als Ausweg die Flucht in die unsichtbare Kirche an. Im Hinblick auf die eine Kirche und die vielen Kirchen waren es besonders evangelische Theologen, die diesen Ausweg beschreiten wollten; im Hinblick auf die eine Christenheit und die vielen Religionen waren es besonders katholische Theologen. Um nicht das problematische negative Axiom in Frage stellen zu müssen, wird mit einem theologischen Kunstgriff der Kirchenbegriff so weit ausgedehnt, daß nun nicht mehr die Christen, sondern auch alle gutgläubigen Heiden darin Platz haben. Wir haben gesehen: Zu Recht wird der Kirchenbegriff auf die christlichen Kirchen angewendet, die eine auf dem Boden der neutestamentlichen Botschaft geordnete Gemeinschaft von getauften Christen bilden, die an Christus, den Herrn, glauben, die das Herrenmahl feiern wollen, nach dem Evangelium zu leben trachten und vor der Welt sich Kirche nennen wollen. Zu Unrecht aber, so scheint uns, wird der Kirchenbegriff auf Menschen ausgedehnt, die nicht zu einer Gemeinschaft von an Christus Glaubenden und ihn Bekennenden gehören. Was soll denn das für eine Kirche sein, die aus Menschen besteht, die von Christus nichts wissen oder sogar nichts wissen wollen? Kann denn eine vage Gemeinschaft von „Gutgesinnten“ noch Kirche genannt werden?

Den Kirchenbegriff auf diese Weise auszuweiten, scheint aus folgenden Gründen nicht gerechtfertigt zu sein: 1. Ein solcher Kirchenbegriff widerspricht dem Kirchenverständnis des Neuen Testamentes, wie wir ihn dargelegt haben, und der von ihm her geformten christlichen Tradition. Für den Begriff der Kirche Christi ist nun einmal der ausdrückliche Glaube an Christus und das Bekenntnis zu Christus konstitutiv. 2. Ein solcher Kirchenbegriff ist nach dem bereits Gesagten gar nicht notwendig, um das Heil auch der Nichtchristen für möglich zu halten. 3. Ein solcher Kirchenbegriff macht es den christlichen Missionaren unnötig schwer, den Nichtchristen außerhalb der Kirche den Beitritt zur Kirche zu predigen, wenn sie zugleich predigen sollen, daß alle Gutgesinnten bereits in der Kirche sind. 4. Ein solcher Kirchenbegriff wird von den denkenden Nichtchristen mit Recht als eine rein theologische Konstruktion und Spekulation abgelehnt; sie empfinden es als eine ziemlich unverschämte Zumutung, daß wir Christen ihnen, die explizit und mit vollem Willen nicht Glieder der Kirche Christi sein wollen, ein unbewußtes „Desiderium“ nach der Kirche zudiktieren und sie gegen ihren Willen und ihr ausdrückliches „Votum“ stillschweigend der Kirche einverleiben wollen, als ob dies über ihren Kopf hinweg überhaupt möglich sei.

Es ist dem Theologen nicht gestattet, mit scheinbar tiefsinnigen spekulativen Konstruktionen die Wirklichkeit umzudeuten. Der nichtkatholische Christ, der zwar zur Kirche *Christi* gehören will, der aber weder ein bewußtes noch ein unbewußtes, weder ein explizites noch ein implizites „Votum“ oder „Verlangen“ hat, der *„katholischen* Kirche“ anzugehören, der vielmehr geradezu das gegenteilige Votum oder Verlangen hat, kann nicht einfach auf die geheime Mitgliederliste dieser katholischen Kirche eingetragen werden. Und so kann auch der Nichtchrist, der weder ein explizites noch ein implizites, weder ein bewußtes noch ein unbewußtes „Votum“ oder „Verlangen" hat, der Kirche Christi anzugehören, der vielmehr geradezu ein gegenteiliges Votum hat, nicht von der Christenheit stillschweigend vereinnahmt werden. Der Wille des Menschen ist zu respektieren! Für den Beitritt zur Gemeinschaft der Glaubenden muß der ausdrückliche Glaube den Ausschlag geben. Aus der Tatsache, daß nicht nur der Mensch innerhalb, sondern auch der Mensch außerhalb der katholischen Kirche, daß auch der Nichtchrist von Gottes Gnade in Christus umfangen ist und so gerettet werden kann, darf nicht geschlossen werden, daß dieser Mensch außerhalb gegen seinen Willen zum Glied einer bestimmten kirchlichen Gemeinschaft erklärt werden dürfte.

Der neutestamentliche Kirchenbegriff, wie wir ihn kennengelernt haben, darf also nicht zugunsten des formal beibehaltenen Wortlautes eines Axioms aufgeweicht werden, das in seiner *negativ-exklusiven* Formulierung von Anfang an höchst problematisch war, das verschiedentlich schwerwiegende Irrtümer zur Folge hatte, das sich in seiner Anwendung auf Nichtchristen als mißverständlich und in seiner Anwendung auf nichtkatholische Christen als geradezu unverständlich erwiesen hat. Wenn man schon am *negativen* Axiom „Außerhalb der Kirche kein Heil" festhalten will, dann soll man dies nicht für die anderen außerhalb zur Drohung und Verdammung tun, sondern für sich selbst und seine eigene Gemeinschaft als Verheißung und Hoffnung: für mich jedenfalls gilt es—und ich bin dessen froh—, daß es für mich persönlich außerhalb der Kirche kein Heil gibt. Im Blick aber auf die Anderen wird man besser positiv formulieren: „Innerhalb der Kirche Heil!" Es ist also im mißverständlichen negativen Axiom der positive Kern festzuhalten.

Für den Gebrauch des *negativen* Axioms in Theologie und Verkündigung scheint folgendes beachtenswert zu sein: 1. In der *Dogmatik* sollte das Wort als Ausdruck der katholischen Tradition kommemoriert[35] und zugleich in seiner Beschränktheit und Mißverständlichkeit aufgewiesen werden. Es wäre dabei hervorzuheben, daß das eigentlich Entscheidende dies ist, daß das Heil uns in Christus und in ihm allein geschenkt ist, möge nun einer schließlich mit gutem Glauben innerhalb oder außerhalb der christlichen Glaubensgemeinschaft stehen. 2. In der *Verkündigung* sollte das Wort, weil es heute mehr mißverständlich und unverständlich als verständlich ist, möglichst zurückgestellt und nicht gebraucht werden. Die Geschichte der ökumenischen

---

[35] Vgl. D 40, 246f, 423, 430, 468f, 570b, 714, 999f, 1473, 1613f, 1646ff, 1677, 1716ff, 1954ff, 2199, 2319.

Konzilien lehrt uns, daß Ähnliches öfters geschehen ist: Das Konzil von Nikaia setzte voraus, daß es in Gott nur eine Hypostase gebe. Spätere ökumenische Konzilien haben diese Formel aufgegeben, weil sie mißverständlich war, und haben immer nur von einer Physis und drei Hypostasen gesprochen. Wie in der Trinitätslehre geschah es auch in der Christologie: das Konzil von Chalkedon vermied bewußt christologische Formeln, die das Konzil von Ephesos unter dem Einfluß des Kyrill von Alexandrien gebraucht hatte. So hat die katholische Kirche also schon damals unterschieden zwischen – um hier die Worte Johannes' XXIII. aufzunehmen – dem Gehalt des Glaubens und dem Kleid des Glaubens. Das Kleid kann wechseln, der Glaube bleibt derselbe. Wir glauben an das Heil durch Christus in der Kirche. Die mißverständliche und für den Dienst der Kirche in der Welt schädliche Formel aber „Außerhalb der Kirche kein Heil" sollte gerade um dieses Glaubens willen in der Glaubensverkündigung nicht mehr gebraucht werden.

So hat sich die Katholizität der Kirche nicht nur in bezug auf die zu bewähren, die in der Kirche sind, sondern auch in bezug auf die außerhalb. Diese Bewährung geschieht nicht dadurch, daß man die ganze Welt verkirchlicht! Gewiß, die ganze Welt ist in der Hand Gottes, der nach Altem und Neuem Bund nicht nur der Juden und Christen, sondern aller Menschen Gott ist. Der ganzen Welt ist in Christus Gottes Gnade eröffnet. Wenn wir auf Gottes Heilsplan sehen, dann gibt es kein Außerhalb, nur ein Innerhalb, denn: „Gott will, daß *alle* Menschen gerettet werden und zur Erkenntnis der Wahrheit kommen. Denn es ist *ein* Gott, es ist auch *ein* Mittler zwischen Gott und den Menschen, der Mensch Jesus Christus, der sich selbst als Lösegeld für *alle* gegeben hat" (1 Tim 2, 4–6). Und doch heißt dies alles nicht, daß die ganze Welt oder auch nur die ganze gutgläubige Welt Kirche wäre. Die Kirche ist in der Welt. Aber sie behauptet gegenüber der Welt keinen exklusiven heilsgewissen Anspruch und keine geistliche Herrschaft. Was sie will, ist etwas ganz anderes: ein selbstloser unprätentiöser Dienst am Heil dieser Welt. Gerade als wahrhaft katholische Kirche versteht sich die Kirche nicht einfach als Welt, aber andererseits auch nicht als eine geschlossene Gesellschaft von das Heil Besitzenden, sondern als eine offene Gemeinschaft von Dienenden und Helfenden zum Heil aller, der ganzen Menschheit.

Neue Fragen stellen sich hier im Blick auf diese katholische Kirche, die in der Welt doch nicht die Welt ist. Statt dessen könnte man auch sagen: die Kirche ist eine *heilige* Kirche. Wir wenden uns damit einer dritten Dimension zu, welche der Kirche Einheit und Katholizität weiter verdeutlicht: der Kirche Heiligkeit.

III. HEILIGE KIRCHE

1. Heiligkeit in der Sündhaftigkeit

a) Manche romantische Darstellungen des Wesens der Kirche sehen sich am Schluß – wenn ihr ekklesiologischer Idealismus dies überhaupt zuläßt – gezwungen festzustellen, daß die „Erscheinungsform", eben die konkrete Wirklichkeit der Kirche, dem begeistert und hingebungsvoll beschriebenen „Wesen" oft recht wenig entspricht. Wir haben versucht, in nüchternem und illusionslosem Realismus mit alldem, was mit dem wirklichen Wesen immer gegeben ist, von vorneherein zu rechnen: kein reines Wesen, sondern das Wesen in bestimmter geschichtlicher Gestalt, ja das Wesen im Unwesen. So wurde überall versucht, von der *wirklichen* Kirche auszugehen und sie nie zugunsten einer idealen Kirche zu verleugnen. Alles, was über der Kirche Grundstruktur gesagt wurde, wollte Deutung dieser wirklichen Kirche sein; wir verstanden deshalb die Kirche als wirkliches Gottesvolk im Zusammenhang mit der Wirklichkeit Israels[36], als wirkliches Geistesgeschöpf in Konfrontation mit der Wirklichkeit des Schwärmertums[37], als wirklichen Christusleib in Auseinandersetzung mit der Wirklichkeit der Häresie[38]. Was dann über die eine Kirche in der Gespaltenheit[39] und über die katholische Kirche in der Beschränktheit[40] zu sagen war, hat dieses Bild von der wirklichen Kirche noch verdeutlicht. So ist es denn für uns nichts Neues und nichts Überraschendes, sondern vielmehr eine bestimmte Zusammenfassung und Erinnerung an so manches Gesagte, wenn wir feststellen müssen: die wirkliche Kirche ist eine *sündige Kirche.*

Doch gerade diese Aussage bedarf der Präzisierung[41]. Es ist ja nun

---

[36] Vgl. C I. [37] Vgl. C II.
[38] Vgl. C III.
[39] Vgl. D I, 2–3.
[40] Vgl. D II.
[41] Vgl. für das folgende *H. Küng,* Konzil und Wiedervereinigung (Wien - Freiburg - Basel [7]1963) 25–50. Dort auch – neben der unter A II, 2 und D I, 1 aufgeführten allgemeinen Lit. – spezielle Lit. Hervorzuheben: *K. Rahner,* Die Kirche der Sünder (Freiburg i. Br. 1948); *H. U. von Balthasar,* Sponsa Verbi (Einsiedeln 1960) 203–305. Zum bibl. Begriff der Heiligkeit s. die betr. Abschnitte in den Theologien des AT und NT sowie den bibl. Lexika. Unter den Dogmatiken bes.: *K. Barth,* IV/1, 795 bis 809; *M. Schmaus,* III/1, 630–638.

nicht etwa so, daß alles, was in der Kirche unvollkommen ist, was fehlerhaft und abwegig ist, einfachhin Sünde wäre. Sünde ist nur, wo persönliche Schuld ist. Und da stellen wir in der Kirche und in ihrer Geschichte so manches fest, was keinen bestimmten Menschen angelastet werden kann, was sich gleichsam zwangsläufig entwickelte, ohne daß der Einzelne viel dagegen hätte tun können, was einfach damit gegeben war, daß auch diese Kirchengeschichte unleugbar Menschengeschichte war: reiche und doch so armselige, weite und doch so enge, großartige und doch so kleinliche Menschengeschichte. Bestimmt von den verschiedensten Fragen und Antworten, Situationen und Entwicklungen, Sprachen, Kulturen und Geisteshaltungen wurde diese Kirche in ihrer 2000jährigen Geschichte immer wieder neu geformt, aber zugleich auch vielfach verformt; gestaltet, doch auch verunstaltet; bereichert und doch auch wieder beraubt. Alles in allem ein Formationsprozeß, der auf seine Weise immer auch Deformationsprozeß mit recht mannigfaltigen Schäden und Verlusten, verhängnisvollen Akzentverschiebungen, Überbetonung von Wichtigem und Vergessen von Noch-Wichtigerem war.

Wer sollte schon die persönliche Schuld daran haben, daß die Kirche aus der *jüdischen* Welt nicht nur den starken Glauben an den einen Gott und an den Messias, ein das ganze Leben bestimmendes Ethos und alle die unausschöpfbaren Schätze des Alten Testamentes übernommen hat, sondern auch die Gefährdung durch einen veräußerlichten Ritualismus und Legalismus? Oder wem sollte man es persönlich anlasten wollen, daß die Kirche aus der *griechischen* Welt, ihrer Weisheit, ihrem Sinn für Schönheit und Menschlichkeit nicht nur die für ihre Mission wichtige allgemeine Sprache (Koine), die tiefsinnige denkerische Reflexion über ihren Glauben und neue Begriffe und Vorstellungen, Denkformen, Sprechweisen und Perspektiven zur Übersetzung der ursprünglichen Botschaft in eine neue Zeit übernommen hat, sondern auch viel intellektualistische Spekulation, rationalistische Verflachung, verstiegene Begriffsklauberei sowie einen anthropozentrischen Akzent in der Gnadenlehre und einen materie- und leibfeindlichen Dualismus? Oder wem sollte man die persönliche Verantwortung dafür aufbürden, daß die Kirche aus der *römischen* Welt nicht nur einen guten Sinn für Form und Ordnung, Autorität und Tradition, für Einheit und praktische Organisation übernommen hat, sondern vielfach auch weltliche Machtpolitik und autoritären Traditionalismus, Formalismus, Juridismus und Triumphalismus in Theologie und kirchlichem Leben? Oder wem möchte man es als persönliches Versagen anrechnen, daß die Kirche aus der *germanischen* Welt mit ihrem Sinn für Subjektivität, Phantasie und Freiheit nicht nur persönliche Verinnerlichung, nicht nur eine erlebnisstarke Gemüthaftigkeit und eine heilsame Unruhe gegen träge Erstarrung und veräußerlichte Verkrustung aufgenommen hat, sondern vielfach auch einen auflösenden Subjektivismus, naturhaften Aberglauben und unfruchtbaren Mystizismus, einen kirchlichen Partikularismus und Tendenzen zur revolutionären Willkür? Oder wen sollte schließlich die persönliche Schuld dafür treffen, daß besonders im 2. Jahrtausend eine progressive Verengung der Kirche statthatte, daß die Kirche gerade der Neuzeit in der *afrikanischen* und *asiatischen* Welt nicht mehr echt heimisch zu werden verstand und damit aufs ganze gesehen eine europäisch-amerikanische Angelegenheit blieb, daß sie es aber auch durch die wachsende Erstarrung und Verschlossenheit an Solidarität mit der modernen Welt, ihrer Kultur und Wissenschaft weithin fehlen ließ, um so entscheidend mitverantwortlich zu werden für die Entkirchlichung und Entchristlichung der modernen Massen?

Aber machen wir es uns nicht zu einfach! Das Zwangsläufige und Unvermeidbare der Entwicklung darf nicht übertrieben werden. War denn alle mangelnde Offenheit der Kirche und ihrer Repräsentanten für die Nöte der Menschen, für die neuen Probleme und Sichten der Jahrhunderte, die neuen Formen und Werte der Welt, war alle Blindheit gegenüber den Zeichen der Zeit und das ewige Zuspätkommen, war aber auch alles Vergessen des Evangeliums, seiner Forderungen und Perspektiven in Theologie und praktischen Entscheidungen, waren alle fade Apologetik und alle faulen Ausreden zur Wahrung des Status quo, war alle Verquickung mit einem bestimmten System oder einer bestimmten Partei, einer bestimmten Kultur oder Weltanschauung, war alles Übertreiben der Vollmachten und Ansprüche gegenüber der Welt und alles Nichteingestehen und Vertuschen begangener Fehler und Irrtümer, war dies alles und so manches mehr einfachhin zwangsläufig, einfachhin unvermeidbar? Nein, man würde sich Illusionen über die Wirklichkeit machen, übersähe man, daß sich hinter und unter allen historischen Fehlentscheidungen und Fehlentwicklungen in der Kirche immer auch persönliches Versagen und persönliche Schuld, daß sich hinter aller Unvollkommenheit, allen Mängeln und Deformationen auch das Böse, die Sünde, das Laster verbirgt. Dabei spielt nicht nur das Versagen des menschlichen Individuums als solchen mit, sondern auch die Bosheit, die das Versagen des Individuums übersteigt in einer Mächtigkeit, die man als dämonisch bezeichnen muß und die erst recht zu einer Perversion des Christlichen führen kann. Die Kirchengeschichte ist so in allem nicht nur eine recht menschliche Geschichte, sondern eine tief *sündige* Geschichte. Und sie war es von Anfang an. Man braucht nur die neutestamentlichen Briefe zu lesen, um vor die traurige Wirklichkeit der Sünde gestellt zu sein. Auch wenn man gröbste Sünder wie etwa Blutschänder aus den Gemeinden ausschloß (vgl. 1 Kor 5), so gab es doch genug an aller Art von Lieblosigkeit und Kleinglauben, von Gesetzlichkeit und Freiheitsmißbrauch, von Überheblichkeit, Neid und Eifersucht, von Lüge, Habsucht und genußsüchtiger Ausschweifung, auch wenn die formelhaften neutestamentlichen Lasterkataloge (z. B. Gal 5, 19–21; Röm 13, 13 f) nicht einfach die empirische Wirklichkeit der Gemeinde beschreiben wollen. Kommt man um die Feststellung herum, daß die Kirchengeschichte in dieser Hinsicht recht wenig fortschrittlich, sondern sehr stationär gewesen ist?

b) Die *Ausflüchte*, die sich vor diesem befremdlichen Befund anbieten, sind begreiflich, aber nicht annehmbar:

1. Die *Aussonderung* der „heiligen" Glieder: Im Altertum versuchten es Gnostiker, Novatianer, Donatisten und Montanisten, im Mittelalter die katharischen Bewegungen, in der Neuzeit verschiedene Schwärmer und Sekten, die sündigen Glieder von der Kirche auszuschließen, damit in der Kirche nur die Sündlosen, die Reinen, die Heiligen übrigblieben. Aber wer bleibt dann eigentlich noch übrig? „Fehlen wir doch allesamt vielfach" (Jak 3, 2), und „wenn wir behaupten, keine Sünde zu haben, so betrügen wir uns selbst, und die Wahrheit ist nicht in uns" (1 Jo 1, 8). Schon frühe Konzilien, vor allem unter dem Einfluß Augustins, verwahrten sich dagegen, daß solche Aussagen der Schrift nicht in Wahrheit, sondern nur aus „Demut" bejaht werden müßten (D 106), daß man nur für die anderen, die „Sünder", zu beten hätte „Vergib uns unsere Schuld" (D 107), daß auch diese Bitte wiederum nicht in Wahrheit, sondern aus „Demut" auszusprechen sei (D 108). Nein, niemand hat das Recht zu sagen: „O Gott, ich danke dir, daß ich nicht bin wie die übrigen Menschen, Räuber, Ungerechte, Ehebrecher oder auch wie dieser Zöllner ..." (Luk 18, 11). Und gerade die, die sich für die Gerechten halten, die für die Sünder Buße tun, mögen selber sehen, ob sie nicht die größten Sünder sind. Alle sind Sünder, die Kirche ist eine traurige communio peccatorum, die alle Tage neu zu beten hat: Vergib uns unsere Schuld! Eine Kirche, die kein confiteor zu sagen hat, gibt es nicht.

2. Die *Unterscheidung* zwischen der „heiligen" *Kirche* und den sündigen *Gliedern:* Um die Heiligkeit der Kirche nicht zu kompromittieren, hat man vielfach unterschieden zwischen den Gliedern, die sündig sind, und der Kirche, die trotzdem sündelos bleibt. Aber

das ist eine abstrakte Unterscheidung. Was immer der einzelne Christ tut, es geschieht nie nur zu seinem persönlichen Nutzen oder Schaden. Er tut es vielmehr im Guten wie im Bösen als das für die Kirche voll verantwortliche Glied. In der konkreten Wirklichkeit gibt es keine Idealkirche, die über den Häuptern der Menschen schwebt. Was soll eine Kirche ohne Glieder sein, was eine Gemeinschaft der Glaubenden ohne Glaubende, was ein Volk Gottes ohne Volk, was ein Geistesbau ohne Bau, was ein Christusleib ohne Leib? Nicht Gott, nicht der Herr, nicht der Geist, sondern die Menschen sind die Kirche. Und diese Menschen, das wurde in der Kirche durch die Jahrhunderte hindurch immer wieder verteidigt, bleiben als Sünder Glieder der Kirche. Nicht die Sünde, nur der Unglaube trennt von der Gemeinschaft der Glaubenden. Der Sünder, der glaubt, soll nicht verlorengehen, sondern leben.

3. Die Unterscheidung zwischen der „heiligen" und der sündigen *Seite* des *Christen:* Wiederum um die Heiligkeit der Kirche nicht zu kompromittieren, hat man manchmal sogar den konkreten Christen aufgeteilt: *soweit* der Mensch rein sei, gehöre er zur Kirche, *soweit* er sündig sei, gehöre er nicht dazu. So läßt sich gedanklich operieren. Der konkrete Mensch aber widersteht einer solchen Aufspaltung! Es wäre ja recht angenehm, wenn der Mensch sein Sündersein einfach abspalten könnte, dann wäre er mindestens in der Kirche ganz rein. Doch sein Elend ist ja gerade, daß er seine Bosheit, seine ganze sündige Seite nicht einfach draußen lassen kann, daß sich hier mit quantitativer Aufteilung überhaupt nichts erreichen läßt. Der Mensch ist ja nach den Aussagen der Schrift böse in seinem *Herzen,* nicht irgendwo an der Peripherie, was man schließlich abstreifen kann, sondern in seiner Personmitte, woher der *ganze* Mensch infiziert wird. Nicht seine bessere Hälfte hat für die schlechtere Hälfte, sondern der ganze Mensch ganz und gar um Vergebung zu bitten. Gerade als der eine und unteilbare Mensch in seinem einen und unteilbaren Ich ist auch der Christ sündiger Mensch. Gerade so ist er in seiner ganzen Erbärmlichkeit Glied der Kirche.

Alle Ausflüchte helfen hier nichts. Die Wirklichkeit will zur Kenntnis genommen werden: die Kirche ist eine Kirche von Sündern. Und weil diese Sünder der Kirche eigene Glieder sind und weil sie als Sünder Glieder der Kirche bleiben, so wird dadurch die Ekklesia selbst belastet, wird der Leib Christi selbst befleckt, wird der Geistesbau selbst erschüttert, wird das Gottesvolk selbst verwundet. Die

Kirche selbst! Gerade weil die Kirche keine idealisierte und hypostasierte reine Substanz ist, geschieden von allen Menschen, sondern die Gemeinschaft der glaubenden Menschen, so ist sie – gewiß nicht von Gott, von Christus, vom Heiligen Geist her, wohl aber von den sündigen Gliedern her – sündige Kirche. Das ist eine erschütternde Wahrheit, aber es ist zugleich auch eine befreiende Wahrheit: Dadurch bin ich nämlich davon befreit, eine fadenscheinige Apologetik zu treiben und – wenn ich ehrlich bin – mich selbst, Sünder, der ich bin, von dieser heiligen Kirche auszuschließen. Ich darf und soll mich an die Kirche halten, wie sie wirklich ist und wie auch ich zu ihr gehören darf.

c) Daraus ergibt sich nun allerdings auch, daß die *Heiligkeit* der Kirche nicht etwa durch die Glieder, ihr moralisch-religiöses Tun und Lassen begründet wird. Was heißt „heilig"? Schon das alttestamentliche kadad meint ein Scheiden und Abschneiden, ein Trennen und Absondern vom Profanen und Unreinen, das Aussondern für Gottes Dienst; das Reine wird zum Heiligen, indem es dem Profangebrauch entzogen und Gott geweiht wird. Der Hintergrund des Begriffs ist kultisch. Diesen Sinn der Aussonderung hat auch das neutestamentliche ἅγιος sowie das lateinische sanctus, das von sancire (= begrenzen, umschließen, heiligen) kommt und im Gegensatz steht zu profanus (= vor dem geheiligten Bezirk, dem fanum, liegend). Der neutestamentliche Begriff beruht fast durchweg auf dem alttestamentlichen, wo Heiligkeit die nachdrücklichste Aussage von der Göttlichkeit Gottes ist. Heilig ist nur, was von Gott ausgesondert ist. Im Gegensatz zu anderen Religionen steht nicht ein Tun des Menschen, sondern Gottes heiligender Wille und heiligendes Wort im Vordergrund. Wie Gottes Reich durch Gott selbst zu den Menschen kommt, so wird auch Gottes Name eschatologisch durch Gott selbst in den Menschen geheiligt (vgl. Mt 6, 9; Lk 11, 2). Nicht nur ein Segensspruch ist dies, sondern eine echte Bitte an den Vater: er selbst möge offenbaren seine Heiligkeit. Gott selbst – vorsichtig passivisch umschrieben – ist das logische Subjekt der Heiligung (vgl. Ez 36, 23; 20, 41; 28, 22; 38, 16; Is 5, 16). Nicht nur die Rechtfertigung („Gott ist es, der rechtfertigt" Röm 8, 33), auch die Heiligung ist nach Paulus Gottes Tat: „Von Anfang an hat Gott euch erwählt zum Heil in der Heiligung durch den Geist" (2 Thess 2, 13; vgl. Eph 1, 4); „der Gott des Friedens heilige euch durch und durch" (1 Thess 5, 23). Und diese Heiligung des Menschen geschieht eschatologisch durch Gottes Heilstat in Christus: „Von ihm (dem erwählenden Gott) aber kommt es, daß ihr in Christus Jesus seid, der für uns zur Weisheit gemacht worden ist von Gott, zur Gerechtigkeit und Heiligung und zur Erlösung" (1 Kor 1, 30); „aber ihr seid geheiligt worden, aber ihr seid gerechtfertigt worden durch den Namen des Herrn Jesus Christus und durch den Geist unseres Gottes" (1 Kor 6, 11). Gottes Geist ist der „Geist der Heiligkeit" (Röm 1, 4). Sein Werk ist die Heiligung des Menschen.

So sind die Glaubenden „Heilige" nur, insofern sie „Geheiligte" sind; der Begriff der Heiligung ist bei Paulus meist passivisch gebraucht: es sind „Geheiligte in Jesus Christus" (1 Kor 1, 2), „im Heiligen Geist" (Röm 15, 16). Es gibt keine selbstgemachten Heiligen, sondern nur „berufene Heilige" (1 Kor 1, 2; Röm 1, 7; vgl. 1, 6; 1 Kor 1, 24), „Heilige in Christus Jesus" (Phil 1, 1), „heilige und geliebte Auserwählte" (Kol 3, 12). Nur von der Heiligung Gottes her ist dann eine aktive Heiligung des Menschen möglich: Heiligung im ethischen Sinne (wie sie schon in der prophetischen Literatur und in der Psalmendichtung erscheint). „Wie der, welcher euch berufen hat, heilig ist, sollt auch ihr heilig werden im ganzen Wandel. Denn es steht geschrieben: Seid heilig; *denn* ich bin heilig" (1 Petr 1, 15 f; vgl. Lev 11, 44). Gottes Wille ist Grund und Ziel unserer fortgesetzten Heiligung: „Das ist der Wille Gottes, eure Heiligung" (1 Thess 4, 3; vgl. 4, 1–8; Röm 6, 19. 22; 1 Tim 2, 15; Hebr 12, 14; Apk 22, 11).

Es ist auffällig, daß zwar in Eph 5, 27 als Aufgabe der Kirche bestimmt wird, „heilig und untadelig" zu sein, daß aber im ganzen Neuen Testament nie von einer „heiligen Kirche" die Rede ist. Wohl aber wird gesprochen von Gemeinden, die als solche „die Heiligen" heißen, sowohl die Urgemeinde von Jerusalem (Röm 15, 25 f; 1 Kor 16, 1. 15; 2 Kor 8, 4 usw.) wie die Heidengemeinden (Röm 1, 7; 1 Kor 1, 2 usw.). Oder dann ist die Rede von einem „heiligen Volk" (1 Petr 2, 9), einem „heiligen Tempel", dessen lebendige Steine die Glaubenden sind (Eph 2, 21). Das Neue Testament läßt im Vergleich zum Alten Testament das dingliche Element entscheidend zurücktreten. Nicht nur gibt es hier keine ausgesonderten heiligen Bezirke und Gegenstände. Auch Taufe und Herrenmahl werden nicht „heilig" genannt; sie verschaffen ja nicht aus sich selbst in magischer Automatik Heiligkeit; sie sind ganz und gar abhängig vom heiligen Gott einerseits und vom antwortenden glaubenden Menschen andererseits. Nicht von einer institutionellen Heiligkeit, nicht von einem heiligen Es, nicht von einer Kirche, die möglichst viele ihrer Institutionen, ihrer Orte, Zeiten und Geräte mit dem Attribut „heilig" versieht, ist im Neuen Testament die Rede. Sondern hier geht es um eine durch und durch *personale* Heiligkeit: Die glaubenden Menschen, die durch Gottes Heilstat in Christus aus der sündigen Welt ausgesondert und in die neue christliche Existenz versetzt sind, sie sind die Gemeinschaft der Heiligen, sind ursprünglich die communio sanctorum, sind die Kirche der Heiligen und so die heilige Kirche. Heilig ist die Kirche also, insofern sie von Gott in Christus als die Gemeinschaft der Glaubenden berufen wurde und sich in seinen Dienst gestellt hat, ausgegrenzt aus der Welt und zugleich umfangen und getragen von seiner Gnade.

Gott ist es also, der die Kirche unterscheidet, aussondert, auszeichnet, heilig macht: Gott insofern er als Heiliger Geist über das Herz des Menschen Macht gewinnt und seine Herrschaft aufrichtet, insofern er die sündigen Menschen rechtfertigt und heiligt und gerade so die Gemeinschaft der Heiligen begründet. Und so glauben wir nicht einfach *an* die heilige Kirche, sondern an Gott, der die Kirche heiligt. Oder entsprechend der früher zitierten[42] Tauffrage der ältesten erhaltenen Kirchenordnung: „Ich glaube *an* den Heiligen Geist *in* der heiligen Kirche zur Auferstehung des Fleisches." Wie wir an Gott als den in den Menschen mächtigen und lebenschaffenden Geist glauben, bekennen wir uns zu seinem Werk, glauben wir die Existenz der heiligen Kirche, so wie wir die Vergebung der Sünden und die Auferstehung der Toten glauben. Wir *glauben* die Heiligkeit der Kirche. Insofern sie des Gottesgeistes Werk in den Menschen ist, ist sie uns nicht einfach zugänglich und verfügbar, sehen wir sie nicht, offenbart sie sich nur dem, der sich im Glauben dem heiligenden Gottesgeist öffnet. Dem Glaubenden wird offenbar, daß über diesem den anderen Völkern und Gemeinschaften so ähnlichen und doch so unähnlichen Volk die Heiligkeit Gottes erstrahlt, daß in diesem äußerlich so unvollkommenen Bau die Heiligkeit des Gottesgeistes wohnt, daß durch diesen so zerbrechlichen und oft verwundeten Leib die Heiligkeit des Kyrios reflektiert wird. Dieser Glaubende wird nicht nur als Einzelner ausgesondert, sondern indem dieser Einzelne gerechtfertigt und geheiligt wird, wird er in die

[42] Vgl. A II, 2.

Gemeinde der Heiligen eingegliedert. Und Gott sondert die Gemeinde als eine heilige aus, indem er Einzelne zum Glauben erweckt, rechtfertigt, heiligt.

Zusammenfassend läßt sich mit der Konstitution „Über die Kirche" sagen: „Es ist Gegenstand des *Glaubens,* daß die Kirche, deren Geheimnis die Heilige Synode vorlegt, *unzerstörbar heilig* ist. Denn Christus, der Sohn Gottes, der mit dem Vater und dem Geist als *‚allein Heiliger'* gefeiert wird, hat die Kirche als seine Braut geliebt und sich für sie dahingegeben, um sie zu heiligen (vgl. Eph 5, 25 f). Er hat sie als seinen Leib mit sich verbunden und mit der Gabe des Heiligen Geistes reich beschenkt zur Ehre Gottes. Daher sind in der Kirche alle, mögen sie zur Hierarchie gehören oder von ihr geleitet werden, zur Heiligkeit *berufen* gemäß dem Apostelwort: „Das ist der Wille Gottes, eure Heiligung" (1 Thess 4, 3; vgl. Eph 1, 4). Diese Heiligkeit der Kirche tut sich aber in den Gnadenfrüchten, die der Heilige Geist in den Gläubigen hervorbringt, unaufhörlich kund und muß sich kundtun. Sie drückt sich vielgestaltig in den Einzelnen aus, die in ihrer Lebensordnung zur vollkommenen Liebe streben und die Anderen erbauen ... Jesus der Herr, göttlicher Lehrer und Beispiel jeder Vollkommenheit, hat die Heiligkeit des Lebens, deren Urheber und Vollender er selbst ist, *allen* und *jedem einzelnen* seiner Jünger jeden Standes gepredigt: ‚Seid also vollkommen, wie auch euer Vater im Himmel vollkommen ist' (Mt 5, 48). Allen hat er den Heiligen Geist gesandt, daß er sie innerlich bewege, Gott aus ganzem Herzen, aus ganzer Seele, aus ganzem Gemüt und aus ganzer Kraft zu lieben (vgl. Mk 12, 30), und einander zu lieben, wie Christus sie geliebt hat (vgl. Jo 13, 34; 15, 12). Die Christus Nachfolgenden sind von Gott *nicht aufgrund ihrer Werke, sondern aufgrund seines Beschlusses und seiner Gnade berufen und in Jesus dem Herrn gerechtfertigt,* in der Taufe des Glaubens wahrhaft Kinder Gottes und der göttlichen Natur teilhaftig und so wirklich heilig geworden. Sie sollen die Heiligkeit, die sie so empfangen haben, mit Gottes Gnade im Leben festhalten und vervollkommnen. Vom Apostel werden sie gemahnt zu leben, ‚wie es Heiligen geziemt' (Eph 5, 3), und ‚als von Gott Erwählte, Heilige und Geliebte herzliches Erbarmen, Güte, Demut, Milde, Geduld' anzuziehen (Kol 3, 12) und die Früchte des Geistes zur Heiligung zu erwerben (vgl. Gal 5, 22; Röm 6, 22). *In vielem aber fehlen wir alle* (vgl. Jak 3, 2) *und bedürfen deshalb ständig der Barmherzigkeit Gottes und müssen täglich beten: ‚Vergib uns unsere Schuld'* (Mt 6, 12)" (CE 39–40).

Gott ist es, der die Kirche heiligt. So wenig wie die Menschen der Welt sind die Menschen der Kirche aus sich heilig. Sie machen die Kirche nicht heilig, sie sind aus sich vielmehr die communio peccatorum, der Rechtfertigung und der Heiligung durch und durch bedürftig. Die Kirche kann sich nicht selbst kanonisieren, kann sich nicht selbst rechtfertigen und heiligen. Oder kann denn nicht auch eine Taufe ein veräußerlichter Ritus und ein Mahl eine sinnentfremdete

Zeremonie, eine Theologie nur eine Religionsphilosophie, ein Verfassungswerk nur Gesetzeswerk, ein Missionsunternehmen nur Propaganda sein? Ein im Grunde versteckt profanes oder auch nur fein sakrales Tun? Aus sich ist dies alles nicht heilig, sondern vielleicht höchst weltlich. Weder die Institution als solche noch der gute Wille als solcher verschaffen Heiligkeit. Heilig wird dies alles nur durch die Gnade dessen, der zu diesem Wollen und Tun fähig macht, der den Gottlosen gerecht macht, der den Menschen und sein Handeln heiligt, der so Predigt, Taufe und Mahl seinen besonderen Segen gibt und es das sein läßt, was es nach Gottes aussonderndem Willen sein soll. Er läßt das Tun der Kirche zu einem zwar nicht autonom heiligen, wohl aber zu einem geheiligten Tun werden. Die Kirche kann dies alles nicht von vorneherein als heilig deklarieren, sondern nur um Heiligung und Heiligkeit *bitten*, in der vertrauenden Hoffnung auf die Erfüllung, über deren Maß und Weise Gott aber selber entscheidet. Erst am Ende der Zeit wird die Kirche offenbar werden als eine Kirche „ohne Flecken und Runzel" (Eph 5, 27).

Wenn schon jetzt von einer „Kirche ohne Flecken und Runzel" gesprochen wird, ist dies mißverständlich. Dies ist die Kirche höchstens als *verborgene*, von der menschlichen Erbärmlichkeit *verdeckte* Wirklichkeit, insofern Christus sich schon jetzt für sie dahingegeben und durch das Wasserbad der Taufe im Wort gereinigt hat im Hinblick auf die Heiligung, damit sie sich Christus als glorreich, als Braut ohne Flecken und Runzel präsentieren kann (vgl. Eph. 5, 25–27). Entscheidend aber geht es hier um die eschatologische Präsentation. Eigentliche, volle, offenbare Wirklichkeit wird diese Kirche ohne Flecken und Runzel erst am Ende der Zeit sein, wie nicht erst moderne Erklärer, sondern schon manche, insbesondere lateinische Väter sagen. Nur zwei Beispiele: Augustinus: „Wo immer ich aber in Büchern die Kirche als ohne Flecken und Runzel bezeichnet habe, so ist dies nicht so zu verstehen, als ob sie es schon sei, sondern daß sie sich vorbereite, damit sie es sei, wenn sie nämlich auch in Herrlichkeit erscheinen wird. Denn gegenwärtig hat sie wegen mancher Unerfahrenheit und Schwächen ihrer Glieder täglich neu zu bekennen: Vergib uns unsere Schulden . . ."[43] Und Thomas von Aquin: „Daß die Kirche herrlich, ohne Flecken und Runzel sei, ist das letzte Ziel, zu dem wir durch das Leiden Christi geführt werden. Dies wird also erst in der ewigen Heimat sein, nicht schon auf dem Wege dorthin, wo wir, wenn wir sagten, wir hätten keine Sünde, uns selbst betrögen, wie in 1 Jo 1, 8 gesagt wird."[44]

---

[43] *Augustinus*, Retract. II, 18; PL 32, 637 f.

[44] *Thomas von Aquin*, S. th. III, q. 8, a. 3 ad 2.

So erweist sich die Kirche aus Menschen, die aus seiner Gnade zugleich die Kirche Gottes ist, als eine Gemeinschaft, die bei aller Sündhaftigkeit zugleich heilig und bei aller Heiligkeit zugleich sündhaft ist. Dies ist das ekklesiologische simul iustus et peccator: eine communio peccatorum, die durch Gottes vergebende Gnade wirklich und echt communio sanctorum ist. Wer die Kirche nur gleichsam von unten, von der Sündhaftigkeit der Menschen her betrachtet, bekommt die Gnade Gottes nicht zu Gesicht, die die Kirche umfangen hält; er sieht dann in ihr nur einen menschlichen, ja allzumenschlichen Religionsverband. Und wer die Kirche nur gleichsam von oben, von der Heiligkeit Gottes her betrachtet, der nimmt die bleibende Bedrohtheit und Angefochtenheit der Menschen auch in der Kirche nicht zur Kenntnis; er sieht dann die Kirche als ein über allem Menschlichen erhabenes und idealisiertes himmlisches Wesen. Aber die Kirche ist nun einmal der Kampfplatz zwischen Gottes Geist und dem Bösen, und die Front verläuft nicht einfach zwischen der heiligen Kirche und der unheiligen Welt, sondern mitten durch das von der vergebenden Gnade Gottes betroffene Herz des Sünders. Und so geht es dabei nicht um zwei Kirchen, eine heilige von oben und eine sündige von unten. Es gibt nur *eine* Kirche, die *zugleich heilig und sündhaft* ist, eine casta meretrix, wie sie seit der Väterzeit im Anschluß an alttestamentliche Bilder oft genannt wurde. Zwei Seiten der einen Kirche sind Heiligkeit und Sündhaftigkeit, aber zwei keineswegs gleichberechtigte Seiten! Wenn die Heiligkeit der Kirche Licht ist, so ist die Sündhaftigkeit ihr Schatten. Wenn die Heiligkeit ihr Wesen offenbart, so verdunkelt es die Sündhaftigkeit. Nicht aus dem Wesen der Kirche geht die Sünde hervor, sondern sie bricht in sie ein. Und deshalb gehört sie als ein dunkles Paradox nicht zum Wesen der Kirche, sondern muß ihrem Unwesen zugerechnet werden.

Aber auch diese Betrachtungsweise ist noch zu statisch. Die Kirche ist auf dem Weg! Sündhaftigkeit und Heiligkeit sind nicht einfach zwei Seiten der Kirche, nein, sie sind in einer Geschichte Vergangenheit und Zukunft der Kirche, die beide, jede auf ihre Weise gegenwärtig sind: die Vergangenheit als vergangene, die Zukunft als zukünftige. Die Kirche ist ganz dadurch bestimmt, daß sie wirklich und wahrhaft gerechtfertigte und geheiligte Kirche ist. Ihre sündige Vergangenheit ist durch Gottes Gnade abgetan; die Kirche hat Sünde und Tod hinter sich und kann nicht endgültig dahin zurückfallen. Diese Vergangenheit hat für ihre Gegenwart keine Zukunft mehr.

Aber es bleibt ihre eigene Vergangenheit. Die Kirche ist gerettet, bleibt aber noch immer angefochten; die ihr geschenkte Heiligkeit macht sie nicht automatisch sündlos, ist kein statischer Besitz, der durch äußere Mittel, etwa Taufe und Herrenmahl, garantiert werden könnte. So muß sich die Kirche immer wieder neu von ihrer Vergangenheit abwenden auf ihre Zukunft hin, die ihre Heiligkeit ist. Diese Zukunft ist ihr durch Gottes Gnade bereits als Angeld geschenkt, sie ist davon ganz und gar bestimmt. Aber sie muß sie immer wieder neu ergreifen, sich schenken lassen. Weil sie heilig ist, soll sie auch heilig sein; der Indikativ fordert den Imperativ. Demütig und fröhlich zugleich soll die Kirche als Pilgerin ihre Vergangenheit – als vergangene! – aus der Gegenwart in die Zukunft hineintragen, bis durch Gottes neue Gnade die Vergangenheit endgültig von ihr abfällt und die Zukunft ewig und unbestritten Gegenwart wird.

„Während aber Christus ‚heilig, schuldlos, unbefleckt war' (Hebr 7, 26) und die Sünde nicht kannte (2 Kor 5, 21), sondern allein die Sünden des Volkes zu sühnen gekommen ist (vgl. Hebr 2, 17), umfaßt die Kirche Sünder in ihrem eigenen Schoß. Sie ist *zugleich heilig und stets der Reinigung bedürftig* (sancta simul et semper purificanda), und sie geht so immerfort den Weg der *Buße und Erneuerung*. Die Kirche ‚schreitet zwischen den Verfolgungen der Welt und den Tröstungen Gottes auf ihrem *Pilgerweg* dahin' und verkündet Kreuz und Tod des Herrn, bis er wiederkommt (vgl. 1 Kor 11, 26)" (CE 8).

So geht die Kirche ihren Weg: ausgesondert aus der Welt, unterschieden von den anderen Gemeinschaften dieser Welt. Sie geht ihn nicht einfach wie natürliche Lebens- und Schicksalsgemeinschaften, Familie, Volk und Staat. Sie geht ihn auch nicht wie freie Zweckgemeinschaften, wie eine Arbeits-, Berufs- oder Betriebsgemeinschaft, wie ein wirtschaftlicher oder kultureller Verband. Sie darf ihren Weg nicht mit dem der anderen verwechseln. Eigen ist ihr Grund, dem sie keinen anderen substituieren darf; eigen ihre Mittel, die sie nicht einfach von den anderen Gemeinschaften entleihen darf; eigen ihr Ziel, das sie nicht mit dem anderer vertauschen darf; eigen sind ihre Maßstäbe für das, was ihr bedeutend und unbedeutend, Erfolg oder Mißerfolg, Würde oder Schande ist; eigen ist schließlich die Aufnahmebedingung, die, für andere unverständlich, sich auf die eine, den Glauben, reduziert.

Und trotzdem soll nun diese ausgesonderte Gemeinschaft keine abgesonderte sein, diese unterschiedene keine abgeschiedene, diese ausgezeichnete keine isolierte. Nicht nur weil dies nicht möglich ist, da sie von vorneherein im Einfluß- und Interessenbereich der anderen Gemeinschaften steht und ihre Glieder auch Glieder der anderen Gemeinschaften sind. Sondern auch, weil dies gar nicht sein soll: Sie ist nicht aus der Welt einfach herausgenommen, sondern vielmehr als heilige, Gott gehörende wieder in die Welt hineingesandt. Sie soll also in der Welt keine von allem „Profanen" abgesonderten „sakralen" Bereiche und Bezirke schaffen. Gerade dies ist, wie wir gesehen haben, nach Jesus nicht der Sinn der hereingebrochenen Gottesherrschaft, die im Alltag aufgerichtet wird und die ganze Welt ergreifen soll; gerade dies ist auch nicht der Sinn der christlichen Freiheit, für die nach Paulus an sich nichts unrein, sondern — richtig verstanden — alles erlaubt ist. Die Kirche ist aus der Welt ausgesondert, um in der Welt anders als die Nichtglaubenden zu leben und zu handeln. Heilige Kirche ist so, wo immer im weltlichen Alltag Menschen das Wort von der Gnade und Liebe Gottes vernehmen, es glauben und ihm gehorchen, indem sie die Liebe, die ihnen geschenkt ist, in Taten weiterschenken an ihre Mitmenschen. Dabei ist die Kirche allerdings gerade als heilige immer wieder neu auf Vergebung angewiesen.

2. *Dauernder Bestand in Vergebung und Erneuerung*

a) Es gibt in der Kirche *Vergebung der Sünde*[45]. Jesu Botschaft von der Gottesherrschaft — so sahen wir[46] — fordert nicht nur ein äußeres

[45] Zu *Sündenvergebung* und *Buße* vgl. neben den ntl. Theologien, den dogmengeschichtlichen und dogmatischen Handbüchern und den betr. Art. in ThW sowie den theol. Lexika folgende Monographien: *B. Poschmann*, Die abendländische Kirchenbuße im Ausgang des christlichen Altertums (Münster 1928); Die abendländische Kirchenbuße im frühen Mittelalter (Breslau 1930); Poenitentia secunda. Die kirchl. Buße im ältesten Christentum bis Cyprian und Origenes (Bonn 1940); Buße und letzte Ölung, Handbuch der Dogmengeschichte IV, 3 (Freiburg 1951); *P. Galtier*, De poenitentia tractatus dogmatico historicus (Rom 1931 ²1950); L'Église et la rémission des péchés aux premiers siècles (Paris 1932); Aux origines du sacrement de la Pénitence (Rom 1951); *J. A. Jungmann*, Die lat. Bußriten in ihrer geschichtlichen Entwicklung (Innsbruck 1952); *H. von Campenhausen*, Kirchliches Amt und geistliche Vollmacht in den ersten drei Jahrhunderten (Tübingen 1953); *J. Grotz*, Die Entwicklung des Bußstufenwesens in der vornicänischen Kirche (Freiburg i. Br. 1955); *K. Rahner*, Art. Bußdisziplin, Buße, Bußsakrament, in:

Bußetun in Sack und Asche, sondern Metanoia: die innere radikale und totale Umkehr und Heimkehr des ganzen Menschen zu Gott. Und diese Forderung ergeht nicht nur an die Frommen und Gerechten, die sich der Buße nicht bedürftig glauben, sondern auch und gerade an die von diesen Verworfenen und Verstoßenen. Gerade ihnen öffnet Jesus den Zugang zur Gottesherrschaft und bietet ihnen zum Ärgernis der Frommen Gemeinschaft: er hält Tischgemeinschaft mit notorischen Sündern, mit Samaritern, Zöllnern und Dirnen (Mk 2, 16 par; Mt 11, 19 par; Lk 19, 7). Und er wagt es – alle Evangelien berichten davon –, Menschen die Vergebung ihrer Sünden ausdrücklich zuzusagen (Mk 2, 5 par; Lk 7, 48; Jo 8, 11). Damit stellt sich Jesus gegen das geltende Gesetz, welches die Bestrafung des Sünders fordert. Ja, er nimmt damit in Anspruch, was nach jüdischem Glauben allein Gott zukommt: „Wer kann Sünden vergeben als Gott allein?" (Mk 2, 7 par; Lk 7, 49). Das Volk aber „pries Gott, der den Menschen solche Vollmacht gegeben hat" (Mt 9, 8).

Es ist durchaus möglich, daß mit dem letzten Wort, welches auffälligerweise von Menschen in der Mehrzahl redet, der Überzeugung Ausdruck verliehen ist, daß die Vollmacht Jesu, Sünden zu vergeben, zum Besitz der Gemeinde geworden ist. Die Gemeinde ist jedenfalls des Glaubens, daß es für sie Vergebung der Sünden gibt. Sie versteht sich als die von Gott berufene und erwählte endzeitliche Gemeinde der „Heiligen", ausgesondert aus dem gottlosen und ehebrecherischen Geschlecht[47]. Ihre Taufe geschieht zur „Vergebung der Sünden"[48]. Aber die Taufe, die Metanoia und Glauben besiegelt, bedeutet keine magische Sündelosigkeit. Versuchung und Anfechtung bleiben. Um die Erlösung von dem Übel muß nach wie vor gebetet, um Vergebung täglich gefleht werden. Und nur wenn man den Anderen, in denen man ebenfalls die Wirklichkeit der Sünde erfährt, vergibt, darf man selber auf Vergebung hoffen. Gerade so steht dann der Glaubende in der Vergebungsgemeinschaft Gottes und ihres Herrn, der die Sünder gesucht hat.

Aus dieser Vergebungsgemeinschaft heraus muß und darf in der

LThK II, 805–815, 815–818, 826–838 (hier auch der Verweis auf die zahlreichen dogmengeschichtlichen Arbeiten Rahners); *P. Anciaux*, Das Sakrament der Buße (Mainz 1961).

[46] Vgl. B I, 2.

[47] Vgl. B III, 1.

[48] Vgl. C III, 1.

Kirche vergeben werden. Dazu sieht sich die Kirche von ihrem Herrn, der den Sündern Gemeinschaft und Vergebung gewährt hat, ermächtigt. Das ist die neue Erfahrung, die die endzeitliche Gemeinde im Unterschied zu allem Judentum macht. Das ist der Sinn der Worte Mt 18, 18 (vgl. 16, 19b; Jo 20, 23), die in dieser Form vermutlich nicht ipsissima vox Jesu sind, sondern eine bereits bestehende, abgegrenzte Gemeinde voraussetzen: „Wahrlich, ich sage euch: Was ihr auf Erden binden werdet, das wird im Himmel gebunden sein, und was ihr auf Erden lösen werdet, das wird im Himmel gelöst sein."

Die Worte „binden" und „lösen" sind technisch gebrauchte rabbinische Ausdrücke für „verbieten" und „als erlaubt erklären", unter Umständen auch für „bannen" und „freisprechen". Ob mehr dieser oder jener Sinn vorgezogen wird, das Wort wird von der Gemeinde für die Vergebung von Sünden in Anspruch genommen, wie dies in der Überlieferungsvariante Jo 20, 22f mit dem Hinweis auf den Heiligen Geist und die geistige Vollmacht ausdrücklich gemacht wird: „Empfanget den Heiligen Geist! Wenn ihr jemandem die Sünden vergebt, sind sie vergeben; wenn ihr jemandem nicht vergebt, sind sie nicht vergeben." Das Urteil der Kirche wird von Gott selbst als gültig angesehen. Durch sie handelt Gott selbst, dessen Urteil nicht bloß angezeigt, sondern vollzogen wird. Mt 18, 18 ist in eine älteste Gemeindeunterweisung eingefügt, wobei eine dreistufige Regel angegeben wird, nach der mit dem Sünder zu verfahren ist: Jeder hat die Pflicht, ihn „zurechtzuweisen", d. h. ihn von der Sünde in die Buße zu weisen (18, 15); hört er nicht darauf, so soll die Mahnung durch die Zuziehung von ein oder zwei Gemeindegliedern verstärkt werden (18, 16); hört er auch darauf nicht, so soll die Gesamtgemeinde das Urteil fällen. Läßt er sich überzeugen, ist die Gemeinschaft mit ihm wiederhergestellt. Will er auch die Gemeinde nicht hören, so soll die Gemeinschaft mit ihm aufgehoben werden. So löst die Gemeinde den reuigen Sünder, dem sie vergibt; sie bindet aber den Reuelosen, der ihr wie ein Zöllner und Heide wird (18, 17). Beim einen wie beim anderen hat sie Gott hinter sich (18, 18). Ihre neue frohe Gewißheit ist es: jetzt haben nicht nur Menschen, jetzt hat Gott verziehen! Das macht aber auch den Ernst ihres Gerichtes aus: hier hat Gott gerichtet! Der negative Ausgang des Verfahrens steht bei dieser Mahnung im Vordergrund. Und doch ist nicht die Bestrafung, sondern die Vergebung sein Ziel.

Darauf weist der weitere Zusammenhang unserer Perikope unüberhörbar hin: das Gleichnis vom verlorenen Schaf geht voraus (18, 12–14), die Mahnung zur Versöhnlichkeit und das Gleichnis vom großzügigen König und seinem unbarmherzigen Knecht folgen (18, 21–35).

Die ganze Gemeinde, die ganze Kirche also ist die Trägerin der Vollmacht zur Vergebung der Sünden. Sowohl Mt 18, 18 selbst, wie der ganze Kontext der Jüngerunterweisung sprechen die gesamte Jüngergemeinschaft an. Das „ihr" von V. 18 im Zusammenhang der Ekklesia (V. 17) und des vorausgegangenen gemeinschaftlichen „ihr" (V. 2. 10. 12. 13) verweist für das definitive und besonders für das negative Urteil nicht einfach auf den Einzelnen, sondern auf die Gemeinde. Andererseits ist von den „Aposteln" oder den „Zwölf" in diesem Zusammenhang nicht die Rede. Wie die Gemeinde gegliedert und geleitet ist, ist nicht zu erkennen, wenn auch vermutlich ein Apostel oder Älteste die Leitung innehaben dürften; auch bei Jo 20, 22 f sind allgemein die „Jünger", die wie in Jo 13–16 die Gemeinde repräsentieren, angesprochen (vgl. auch die Parallelerzählung Lk 24, 33). Wie zur Taufe und zur Feier des Herrenmahles sieht sich auch zur Vergebung der Sünden die gesamte Jüngerschaft ermächtigt, wie ihr auch als ganzer der Geist geschenkt wurde. In ihr ist ja, wie unmittelbar anschließend in Mt 18, 20 zum Ausdruck gebracht wird, der Herr gegenwärtig: „Wo zwei oder drei in meinem Namen versammelt sind, da bin ich mitten unter ihnen."

Es ist unmöglich, hier auf den ganzen komplizierten exegetischen Befund einzugehen. Auf Mt 16, 18 f – wie überhaupt auf die Frage des kirchlichen Amtes – wird im nächsten Kapitel zurückzukommen sein. Hier soll nur darauf hingewiesen werden, daß die Schlüsselgewalt, das Binden und Lösen, gerade wegen der Textparallelen nicht als dem Petrus exklusiv zugesprochen verstanden werden kann. Besonders deutlich hat dies verschiedentlich Augustin in seiner Interpretation von Mt 16, 18 f zum Ausdruck gebracht, z. B.: „Die *Kirche* ist es, die diese Gewalt mit seliger Hoffnung an den sündbeladenen Menschen ausübt. Denn Petrus hatte nur ihre allgemeine Stellvertretung, und zwar deshalb, weil er der Erstapostel war. Das ihm Eigentümliche bestand nämlich nur in folgenden drei Gütern: Der Natur nach war er ein Mensch, der Gnade nach ein Christ, der besonderen Auserwählung nach der Erste der Apostel. Als ihm jedoch gesagt wurde: ‚Dir will ich geben die Schlüssel des Himmelreiches Mt 16, 19', da wurde er dadurch nur das Abbild der ganzen sichtbaren Kirche . . . Die Kirche, die auf Christus steht, empfing vom Herrn die Schlüssel des Reiches der Himmel, d. h. die Gewalt,

Sünden nachzulassen und nicht nachzulassen. Aber sie empfing diese Gewalt in Petrus. Was nämlich die Kirche von Christus als ihr Eigen besitzt, das stellt Petrus sinnbildlich und sinnfällig dar. Also: petra ist das Sinnbild für Christus; Petrus aber ist das Sinnbild für die Kirche." [49]

Aufgrund von 2 Kor 5, 18–21 wird man kaum irregehen mit der Annahme, daß Paulus den „Dienst der Versöhnung" nicht nur in der Gemeindeversammlung (Predigt) wahrgenommen, sondern das „Wort der Versöhnung" auch dem einzelnen Sünder, der zu ihm kam, zugesprochen hat. Von einer geordneten öffentlichen Bußdisziplin im ersten und frühen zweiten Jahrhundert wissen wir, abgesehen von Ansätzen zu einer Kirchenzucht in den paulinischen Gemeinden (vgl. bes. 1 Kor 5), allerdings kaum etwas. Auch in den Pastoralbriefen, beim Hirten des Hermas und bei Ignatios spielt die konkrete Bußdisziplin – Bekenntnis, Exkommunikation und Absolution – keine Rolle (daß 1 Tim 5, 22 das erste Zeugnis für die förmliche Absolution sei, wird von all den Exegeten bestritten, die die Stelle auf die Ordination beziehen). Erst für die nächste und übernächste Generation ist die „Buße" zumindest in der Westkirche zu einer Streitfrage geworden, besonders bezüglich der Stellung des kirchlichen Amtes in der Bußdisziplin; in den ersten Zeiten nahmen auch noch Pneumatiker, Martyrer und Bekenner das Recht der Sündenvergebung in Anspruch. Doch auf die weitere, höchst komplexe Entwicklung der Bußdisziplin in der Kirche können wir nicht eingehen.

Es wäre darzulegen:

1. daß in der ganzen westlichen Patristik (schon beim Hirten des Hermas) an der *Einmaligkeit* der „Buße" (entsprechend der Einmaligkeit der Taufe) festgehalten wird, wobei bis ins 4. Jahrhundert hinein für bestimmte Todsünden auch schon diese eine Rekonziliation verweigert wurde;

2. daß im 3. Jahrhundert Montanismus und Novatianismus sich mit dem (ursprünglichen?) Bußrigorismus nicht durchsetzen konnten, daß dabei die Sündenvergebung immer weniger durch Pneumatiker (wie noch Tertullian forderte und wie es im Osten sich länger halten konnte, bis dann Bußpriester und Mönche diese Aufgabe übernahmen) und immer mehr durch die in ihrer Autorität gestärkten *Bischöfe* (Cyprian!) geübt wurde, wobei es noch immer nur eine öffentliche und keine private sakramentale Buße gab;

3. daß die Übersteigerung der Bußforderungen (oft schwere lebenslängliche Strafen) insbesondere seit dem 5. Jahrhundert in Ost- und Westkirche zu einem *Niedergang* der Bußdisziplin (Verschiebung auf das hohe Alter oder bis unmittelbar vor den Tod) führten;

4. daß seit ungefähr dem 6. Jahrhundert auf den irisch-angelsächsischen Inseln und seit dem 7. Jahrhundert auf dem Kontinent die *Wiederholbarkeit* der Buße und damit die *Privatbuße* (nun auch für kleinere Sünden, absolviert jetzt nicht mehr nur vom Bischof, sondern auch vom Priester, möglich an allen Tagen des Jahres und mit kleineren Bußauflagen), also die Beichte,

---

[49] *Augustinus*, In Jo. 124, 5; CC 36, 684 f.

sich durchsetzte, seit dem 8. Jahrhundert überall verbreitet war und seit dem 9. Jahrhundert zeitweise periodisch vorgeschrieben wurde (Bekenntnis und Absolution jetzt zeitlich vereint, Bußwerke anschließend; allgemeine Beichtpflicht einmal im Jahr vorgeschrieben durch das 4. Laterankonzil 1215);

5. daß seit der Mitte des 12. Jahrhunderts der *sakramentale Charakter* der Buße im Zusammenhang mit der immer mehr sich durchsetzenden 7-Zahl festgestellt wurde, wobei die Funktion der priesterlichen Lossprechung (deklarativ oder effektiv?) und die Natur des sakramentalen Zeichens (attritio oder contritio?) umstritten blieben;

6. daß es im Spätmittelalter zu einem erschreckenden Zerfall des Bußwesens kam (Veräußerlichung, Werkfrömmigkeit, Ablaß) und das Konzil von Trient versuchte, den mittelalterlichen Status quo ante wiederherzustellen (dazu in der nachtridentinischen Zeit Einführung des geschlossenen und seit dem 17. Jahrhundert dreiteiligen Beichtstuhles). – Gegenüber der neutestamentlichen Metanoia bedeutet diese Entwicklung der Bußdisziplin eine zunehmende Verengung, die heute eine Rückbesinnung auf die neutestamentliche Metanoia und auf verschiedene Möglichkeiten ihrer Aktualisierung nötig macht.

Vergebung ist nur möglich, wo man Vergebung will, wo man die Sünde gesteht und von ihr sich abwendet, wo Reue und Metanoia ist. Jesu Ruf zur Metanoia zielte aber nicht nur auf bestimmte besondere Leistungen, sondern auf die *radikale* Umkehr des *ganzen* Menschen zu Gott. „Buße" darf also nicht einfach eingeschränkt verstanden werden im Sinne der späteren „paenitentia secunda" als Leistung bestimmter Bußakte. Sie muß vielmehr vom ursprünglichen weiten und radikalen Sinn der neutestamentlichen Metanoia her verstanden werden als die alltäglich stets neu notwendige Umkehr des ganzen Menschen, der der Sünde, welcher er im Glauben den Rücken gekehrt hat, welche aber immer wieder neu Versuchung ist, immer wieder von neuem den Rücken kehrt. Gerade die Taufe, in der die Vergebung der Sünde wirkkräftig zugesprochen wird, fordert auch den Kampf gegen die Sünde, die stets neue Umkehr und Bitte um Vergebung. Erneuerte Metanoia, Umkehr, „Buße" ist Konsequenz der Taufe. Nicht als ob die Taufe ihre Wirkung verloren hätte: Die „zweite Buße" ist nicht in diesem Sinne „die zweite Planke nach dem Schiffbruch", wie man sie schon früh genannt hat, weil etwa das Schiff je gesunken wäre. Die Taufe wird auch durch Sünde nach der Taufe nicht aufgehoben, die in der Taufe geschenkte Gnadenzusage nicht zurückgezogen. Sie muß nur im Glauben neu ergriffen werden, insofern der Mensch in erneuter Metanoia sich wieder als der versteht, der er im Augenblick der Taufe war. In diesem Sinne ist „Buße" glaubender Rückgriff des Menschen auf die in der Taufe glaubend empfangene Gnade.

Aber die Taufe steht nicht einfach in sich, sondern beruht auf dem Wort, auf dem Wort der Verkündigung, in der die Sündenvergebung dem glaubenden Menschen zugesprochen wird. Die Verkündigung des Evangeliums verkündet die in Christus bereits geschehene Vergebung der Sünde. Alle Metanoia, alle Umkehr, alle „Buße" darf die in Christus bereits zugesprochene Gnade, Barmherzigkeit, Vergebung Gottes voraussetzen. Gottes Gnade geht also aller Umkehr des Menschen, der ja die angebotene Gnade nur glaubend zu ergreifen braucht, voraus. Metanoia hat deshalb nach dem Neuen Testament nicht das Düstere und Negative an sich, wie es die spätere Bußpraxis öfters aufwies, als man meinte, die Gnade Gottes erst mit eigenen Werken verdienen zu müssen. Metanoia kommt nach dem Neuen Testament von der bereits verkündeten Gnade und Vergebung Gottes her, ist somit nicht Konsequenz eines drückenden Gesetzes, das nur fordert und die Erfüllung nicht geben kann, sondern ist Konsequenz des Evangeliums, der guten, fröhlichen Botschaft von Gottes offenbarer Gnade, die dem Menschen die Vergebung anbietet und die Umkehr ermöglicht. Von der Verkündigung des Evangeliums her also sind alle die *verschiedenen geschichtlich gewordenen Formen und Gestalten* zu verstehen, unter denen der Zuspruch der Sündenvergebung geschieht.

1. *Die Predigt des Evangeliums selbst:* Indem die Kirche das Evangelium predigt – es geschehe dies gegenüber Heiden oder in der glaubenden Gemeinde –, verkündigt sie Gottes Gnade für die Sünder. Unter der Voraussetzung also, daß sie nicht etwas anderes (griechisch Allotria!) und auch nicht ein neues „Gesetz", welches nach Paulus nur die Sünde offenbar macht, sondern wirklich das „Evangelium" predigt, spricht sie wirklich und wahrhaft Gottes Gemeinschaft mit den Sündern, die Vergebung der Sünden, das „Wort der Versöhnung" (2 Kor 5, 19) zu. In der Verkündigung des Evangeliums wird ja der Mensch vor die eigentliche Alternative gestellt: Glaube oder Unglaube, Entscheidung für Gott oder für die Welt, Heimkehr zu Gott in der Liebe oder Rückkehr zur Sünde! Im Wort der Verkündigung wird das Himmelreich auf- oder zugeschlossen: wer sich dem Wort glaubend öffnet, ist von Gott aufgenommen; wer sich ihm ungläubig verschließt, ist durch das von ihm selbst abgelehnte Wort der Gnade ausgeschlossen. Hier geschieht ganz ursprünglich das Binden und Lösen. Hier wird Gnade, Sündenvergebung nicht nur verkündet, sondern mitgeteilt allen, die glauben. So erweist sich das Evangelium als die „Kraft Gottes zum Heil einem jeden, der glaubt, dem Juden zuerst und auch dem Griechen; denn die Gerechtigkeit Gottes wird

darin geoffenbart aus Glauben zu Glauben, wie geschrieben steht: Der aus Glauben Gerechte wird leben" (Röm 1, 16f). So hat es also einen sehr konkreten, sehr wirklichen Sinn, wenn im katholischen Gottesdienst jedesmal nach der Verkündigung des Evangeliums der Satz angeschlossen wird: „Durch diese Worte des Evangeliums mögen unsere Sünden getilgt werden!" (Per haec evangelica dicta deleantur nostra delicta!)

2. *Die allgemeine Lossprechung*[50]*:* Die durch die Predigt zugesprochene Sündenvergebung kann konkretisiert und appliziert werden. Als eine solche Konkretisierung, Explikation und Applikation kann die im Gottesdienst – meist im Zusammenhang mit der Predigt – für die ganze Gemeinde geschehende Lossprechung verstanden werden. So stellen wir seit dem 10. Jahrhundert die sogenannte „Offene Schuld", deren Ursprung und theologische Bedeutung nicht eindeutig geklärt sind, fest: ein öffentliches Schuldbekenntnis der ganzen Gemeinde in der Muttersprache, häufig im Anschluß an die Predigt, dem eine eigentliche Absolution (zum Teil mit derselben Formel wie in der Beichte) folgte. Es handelt sich hier um „Generalabsolutionen", die zunächst noch sakramentale Bedeutung (meist für „läßliche Sünden") hatten. Auch die Reformatoren (Luther, Zwingli, Calvin) kannten die „Offene Schuld"; sie wurde in den reformatorischen Kirchen zum Teil bis heute beibehalten. In der katholischen Kirche lebt sie noch heute in der Generalabsolution für Notfälle weiter, wo die Lossprechung auch ohne Einzelbeichte für die ganze Gemeinde gemeinsam ausgesprochen wird. Auch hier geschieht das Mt 18, 18 Angekündigte! Es stellt sich heute die Frage, ob diese Art der allgemeinen Lossprechung nicht neben der privaten Beichte allgemein für den Gottesdienst der Gemeinde zeitgemäß erneuert werden könnte, sei es im Zusammenhang des Herrenmahles, sei es im Zusammenhang besonderer Bußandachten.

3. *Die besondere Lossprechung durch Laien*[51]*:* Vorstufen sind die Absolutionen durch Charismatiker, Bekenner und Märtyrer, dann die Mönchsbeichte, die Diakonenbeichte, die klösterlichen Schuldkapitel usw. Jedenfalls hat die Laienbeichte eine vielhundertjährige Tradition – im Osten bis ins 14. Jahrhundert, im Westen bis ins 16. Jahrhundert – hinter sich. Vom 11. Jahrhundert an bis zu Duns Scotus ausschließlich vertrat man in der westlichen Theologie fast allgemein eine Verpflichtung zur Laienbeichte im Notfall: Nach Albert dem Großen hat die Laienbeichte einen eigentlich sakramentalen Charakter, nach Thomas von Aquin einen gleichsam sakramentalen Charakter (Thomas sieht die Parallelität zur Taufe, wo auch Laien das Sakrament spenden können). Durch ein „Privileg" und andere juristische Konstruktionen läßt sich diese Tradition nicht erklären, wohl aber durch den von uns aufgewiesenen exegetischen Befund (insbesondere Mt 18, 18).

---

[50] Vgl. *J. A. Jungmann*, Art. Absolution, in: LThK I, 74f, sowie die in Anm. 45 genannte Lit.

[51] Vgl. *Y. Congar*, Jalons pour une théologie du laïcat (Paris 1953) 301–304; *K. Rahner*, Art. Laienbeichte, in: LThK VI, 741 (Lit.).

4. *Die besondere Lossprechung durch Amtsträger:* Diese hat in der katholischen Kirche der neueren Zeit fast alle übrigen Formen der Absolution absorbiert. Auf die Frage des Amtes ist im nächsten Kapitel zurückzukommen.

Ohne sichtbare Akte der „Buße" wird die Haltung der Metanoia leicht zur tatenlosen Selbstverständlichkeit. Doch darf dabei die Freiheit in der Vielfalt nicht verlorengehen. Nicht ein lastendes Gesetz und ein harter Zwang, sondern ein Geschenk und eine Hilfe soll den Menschen der Zuspruch der Sündenvergebung sein. Nur aufgrund der Rechtfertigung durch Gottes Gnade allein in bedingungslosem Glauben und nicht aufgrund pelagianischer Werkfrömmlerei läßt sich „Buße" bejahen. Und am Ende wird immer das eine Wort stehen müssen: „So sollt auch ihr, wenn ihr alles getan habt, was euch befohlen war, sagen: Wir sind unnütze Knechte; wir haben getan, was wir zu tun schuldig waren" (Lk 17, 10).

Doch nicht nur *in* der Kirche darf es „Buße" geben. Auch die Kirche selbst muß der „Buße" fähig sein: und zwar nicht nur in dem Sinn, daß sie bereitwillig Fehler und Irrtümer eingesteht und wiedergutmacht, sondern auch und besonders daß sie sich immer wieder neu zur positiven Erneuerung entschließt.

b) Mit Recht wird gefordert, daß jeder Christ mit der Metanoia und so auch mit der *Reform und Erneuerung*[52] der Kirche bei sich selber anfange; Kirchenreform ist bestimmt keine Angelegenheit rein akademischer Diskussion. Doch läßt es sich nicht übersehen, daß es mit einer inneren, moralischen Herzensreform, mit einer Erneuerung der Gesinnung allein, nicht getan ist. Die gute Meinung und Intention des Herzens reichen nicht aus, um in jedem Fall die Wirklichkeit zu verändern. Ist nicht allzu oft der gute Wille des Einzelnen da, kann aber nicht zur Auswirkung kommen? Und warum? Weil äußere Bedingungen, Formen und Strukturen in der Kirche die Verwirklichung der guten Absicht erschweren, unter Umständen sogar verunmöglichen. Durch Jahrhunderte hindurch hätten manche Christen gerne öfters das Abendmahl empfangen, aber erst die Abschaffung der unnützen rigorosen Nüchternheitsvorschriften machten es ihnen möglich, also erst die Änderung der Kirchendisziplin. Gerade von der Botschaft Jesu Christi her ist die Kirche selbst immer wieder zur Metanoia, zum Umdenken und Umkehren

---

[52] Vgl. *H. U. von Balthasar*, Schleifung der Bastionen (Einsiedeln 1952); Y. *Congar*, Vraie et fausse réforme dans l'Église (Paris 1954); *H. Küng*, Konzil und Wiedervereinigung (Wien-Freiburg-Basel ^{7}1963) Lit.; ferner die gesamte Lit. rund um das Vat. II.

gemäß dem Evangelium aufgefordert. Die neutestamentlichen Schriften berichten zweifellos vor allem von Formung und Form der Kirche, die nicht der „Welt" konform sein soll, sondern aus dem Geiste Christi lebend ihre eigene Form ausformen soll. Aber auch schon das Neue Testament kennt Aufrufe zur Reform: so bezüglich der Liturgie (1 Kor 10—11), bezüglich der Kirchenordnung (Mt 18; vgl. 10), bezüglich der Lehre (gegenüber eingedrungenem Judaismus: Gal; gegenüber eingedrungener Gnosis: vor allem 1 Kor und Kol), allgemein bezüglich Buße und Rückkehr zu den Ursprüngen (Apk 2—3). Schon aus dem Neuen Testament wird deutlich, worauf wir bereits hingewiesen haben: Insofern Kirche immer wieder Kirche aus Menschen und aus sündigen Menschen ist, insofern Kirche immer wieder in menschlicher Begrenztheit und Sündhaftigkeit *deformiert* sein wird, hat sie sich, durch Gottes gnädige Huld dazu fähig und mächtig gemacht, immer wieder nach dem Evangelium Jesu Christi zu *reformieren: Ecclesia semper reformanda!* Die Kirchengeschichte selbst belegt dies in eindrücklicher Weise. Nur vom oberflächlichen Betrachter kann sie einfachhin als Abfall vom Neuen Testament und als Deformationsprozeß interpretiert werden. So sehr sie dies auch ist, so ist sie doch auch immer wieder verborgen oder auch offen ein Reformationsprozeß. Und dies in doppeltem Sinne: sowohl negativ als Abstellung von Verformungen (Fehlentwicklungen und Fehlhaltungen) wie auch positiv als Neuausformung.

Wohl die meisten schwärmerischen und häretischen Bewegungen — dies darf nicht übersehen werden, auch wenn wir nicht nochmals darauf zurückkommen wollen[53] — waren ausgesprochene Reformbewegungen, wobei bei den einen mehr die Rückkehr zum Ursprung und bei den anderen mehr der Ausblick auf das nahe bevorstehende Ende maßgebend waren; viele dieser Bewegungen hoben dabei die dialektische Spannung einer heiligen Kirche in der Welt auf, zugunsten einer von der Welt abgekapselten Kirche der Reinen und Heiligen, was zur sektenhaften Verengung führen mußte. In diesem Zusammenhang wären zu nennen im Altertum Montanismus und Markionitismus, aber auch später vor allem im Zusammenhang mit den Bußstreitigkeiten die Novatianer (Heiligkeit aller Gemeindeglieder) und Donatisten (Heiligkeit insbesondere der Amtsträger), die Meletianer und die Priscillianer; im Mittelalter folgen dann auf dieser Linie die bereits genannten, auch durch apostolische Wanderpredigt wirkenden, asketischen

[53] Vgl. C II, 4; III, 4.

Bewegungen der Katharer (rigorose Askese, Armut und Abhaltung von Gottesdiensten in der Muttersprache) und der Waldenser (strenger Biblizismus mit mehr kirchlicher Ausrichtung). Daß die protestantische Reformation eine radikale und totale Erneuerung der Kirche beabsichtigte durch die Kritik an der mittelalterlichen Kirche und die Neuausrichtung nach dem Urbild der neutestamentlichen Kirche, haben wir bereits dargelegt, ebenso die verschiedenen Radikalisierungen der protestantischen Reformation im reformatorischen Schwärmertum. Doch auch der nachreformatorische Protestantismus hat eine ganze Reihe von Erneuerungsbestrebungen hervorgebracht. Dabei sind Puritanismus, Pietismus und Methodismus mehr auf eine umfassende Erneuerung des gesamten kirchlichen und persönlichen Lebens ausgerichtet, während die Erweckungsbewegungen am Ende des 18. und zu Beginn des 19. Jahrhunderts in Europa und Amerika die Erneuerung der Kirche mehr von einem vertieften und verlebendigten persönlichen Glaubensleben der Christen erhofften, welches dann auch auf das soziale Leben der „christlichen" Gesellschaft Auswirkungen haben soll (Disciples of Christ, Churches of God, Mormonen u. a.). Mit besonderer Intensität traten Erneuerungsbestrebungen im Protestantismus auch nach den beiden letzten Weltkriegen auf.

Doch es liegt uns daran, hier vor allem auf die Erneuerungsbestrebungen innerhalb der *katholischen Kirche* hinzuweisen. Grundlegend für alle kirchliche Erneuerung in der Folgezeit war der vor allem von Paulus erkämpfte und vom „Apostelkonzil" gebilligte grundsätzliche Verzicht auf das jüdische Gesetz und die Anpassung der Kirche an die Heidenwelt im Sinne des „Allen-alles-Werdens". Die reformerischen Bestrebungen betrafen in den ersten Jahrhunderten vor allem die Liturgie und in diesem Zusammenhang die Verkündigung und Katechese (Übernahme des Koine-Griechisch und der anderen Volkssprachen; um 250 Neueinführung der lateinischen Kultsprache; nicht unproblematischer Wandel von der Hausmesse zur Basilikalmesse und schließlich zur fränkisch-mittelalterlichen Meßform), dann die Übersetzung der Bibel (immer wieder neue Übersetzungen aus den Ursprachen und Revision der eingebürgerten Übersetzungen; die Vulgata als damals stark angegriffene Reform der lateinischen Bibel), dann die Theologie (spannungsreiche und vielfach bedenkliche Ausgestaltung und Umgestaltung der Theologie in der griechischen und lateinischen Patristik), schließlich das Mönchswesen und die Mission (die benediktinische Reformbewegung). In der bereits sehr stark verweltlichten frühmittelalterlichen Kirche gingen die entscheidenden Reformimpulse von Cluny aus: aus der Mönchsreform wurde eine Klerusreform und daraus schließlich eine allgemeine, allerdings immer mehr politisch ausgerichtete Kirchenreform. Für diese waren von besonderer Bedeutung zuerst die deutschen Kaiser (besonders Heinrich III.), dann die Päpste (Leo IX., Gregor VII., Innozenz III.) und schließlich die neuen Orden (zunächst der Zisterzienserorden mit Bernhard von Clairvaux, die Augustiner-Chorherren, die Prämonstratenser und die verschiedenen Spital- und Ritterorden des 12. Jahrhunderts; schließlich im 13. Jahrhundert die dominikanische und vor allem franziskanische Reformbewegung mit der einzigartigen Gestalt des Franz von Assisi, der in einer Zeit größter Machtentfaltung der mittelalterlichen Kirche eine umfassende innere Erneuerung nach dem Evangelium versuchte). Doch all dies konnte die Dekadenz der Kirche im Spätmittelalter (Avignon; abendländisches Schisma; Renaissance) ebensowenig aufhalten wie die spätmittelalterlichen Reformkonzilien, die eine „Reform der Kirche an Haupt und Gliedern" anstrebten, und zahlreiche andere spätmittelalterliche Reformbewegungen (besonders die Brüder vom gemeinsamen Leben).

Gegenüber dieser unreformierten Kirche war Luthers Protest – so sahen wir – nur zu sehr begründet. Aber bei allen Erfolgen der Reformation wäre die Entgegensetzung „reformierte evangelische Kirche" und „unreformierte katholische Kirche" simplifiziert, ja unangebracht. Und dies nicht nur, weil die protestantische Reformation bei aller echten Reform zugleich zu einer Deformation und progressiven Auflösung der kirchlichen Einheit führte, sondern auch und vor allem, weil die katholische Kirche bei aller bleibenden Reformbedürftigkeit sich der Reform keineswegs versagt hat, sondern unter Wahrung der kirchlichen Kontinuität ein gewaltiges, wenn auch längst nicht abgeschlossenes Reformwerk unternommen hat. Vorbereitet wurde diese katholische Reform in der vorreformatorischen Zeit durch kleine Gruppen, grundgelegt durch das Konzil von Trient, durchgeführt durch ein reformiertes Papsttum, reformierte Bischöfe, Priester, Laien und wiederum neue Reformorden (besonders die Gesellschaft Jesu). Doch läßt sich übersehen, daß diese Gegen-Reformation des 16. bis 19. Jahrhunderts bei allem Positiven vielfach den Charakter der negativ Mißstände ausrottenden Restauration und Reaktion trug? Reform wurde weniger als Mittel zur Versöhnung und Wiedervereinigung denn als Kampfprogramm und Kampfmittel zur Erhaltung des Bestehenden bzw. zur Repristination der mittelalterlichen Vergangenheit mit oft recht ungeistlichen Mitteln verstanden. Der von den Reformatoren geforderten grundlegenden Reform des Herrenmahles zum Beispiel (besonders durch Einführung der Volkssprache) versuchte man in Trient durch rein restaurative Abstellung der Mißbräuche zu begegnen. Auch das erste Vatikanische Konzil enttäuschte alle Reformerwartungen. Erst seit Leo XIII. zeichnete sich eine Wende von einer konservativ-restaurativen Reform zu einer positiv-schöpferischen Reform ab, die unter Johannes XXIII. und dem zweiten Vatikanischen Konzil ihren Höhepunkt erreichte. Dieses Konzil brachte eine grundlegende Neuorientierung der Kirche in bezug auf die anderen christlichen Kirchen, die Juden und die nichtchristlichen Religionen und die moderne säkulare Welt überhaupt, alles aufgrund einer vielschichtigen innerkirchlichen Reform (Erneuerung des Gottesdienstes, des kirchlichen Selbstverständnisses, der kirchlichen Ämter, der Laienschaft, der Orden, der Mission usw.).

Schon eine äußerst knappe Übersicht über die Erneuerungsbestrebungen in der Kirchengeschichte kann zeigen, daß die Kirche nicht nur eine Ecclesia semper reformanda, sondern auch – und dies dürfen wir in Dankbarkeit zur Kenntnis nehmen – trotz aller dauernder Mängel eine Ecclesia semper reformata war. Auf diese

Weise wird in der Kirche selbst fruchtbar gemacht, was in der Bibel für die Erneuerung des einzelnen Christen gefordert ist. Diese Erneuerung ist grundlegend in Christus bereits geschehen: „Ist somit jemand in Christus, so ist er ein neues Geschöpf. Das Alte ist vergangen, siehe, Neues ist geworden" (2 Kor 5, 17). Doch hat sich diese Erneuerung des neuen, inneren, geistigen Menschen immer wieder neu zu vollziehen: „Wenn auch unser äußerer Mensch zerstört wird, so wird doch unser innerer von Tag zu Tag erneuert" (2 Kor 4, 16). Es ergeht deshalb an die Gemeinde die Mahnung zur Erneuerung: „Richtet euch nicht nach dieser Welt, sondern wandelt euch um durch die Erneuerung des Sinnes, damit ihr zu prüfen vermögt, was der Wille Gottes ist: das Gute und Wohlgefällige und Vollkommene" (Röm 12, 2; vgl. Eph 4, 20—24; Kol 3, 10).

Daraus erhellt: Die Notwendigkeit der Kirchenreform, für die aufgrund der Menschlichkeit und Sündhaftigkeit der Kirche immer wieder genug Anlaß besteht, ergibt sich nicht aus irgendwelchen opportunistischen Zeitgründen (Fortschrittsbegeisterung, Modernität, mechanische Anpassung, Angst vor Weltmächten usw.). Sie ergibt sich primär aus der Forderung des Herrn der Kirche im Evangelium, der die Kirche zur Metanoia, zu neuem Glauben, zu neuer Gerechtigkeit, Heiligkeit, Freiheit, zu neuem Leben ruft. Nicht dem Belieben der Kirche oder einer Kirchenleitung ist deshalb Kirchenreform anheimgestellt. Sie ist vielmehr die der Kirche von ihrem Herrn gestellte Aufgabe und Möglichkeit zugleich. Sie ist für die Kirche nichts anderes als die Erfüllung des Willens Gottes in der Nachfolge Christi im Blick auf das Kommen des Reiches. An Hindernissen wird es gewiß nie fehlen: unbeteiligte Indifferenz, illusionäre Beurteilung der Lage der Kirche, kirchliche Selbstzufriedenheit, träger Traditionalismus, apologetische Haltung, oberflächliche, verengte oder verweltlichte Ekklesiologie, defaitistische Hoffnungslosigkeit. Nur aus dem ehrlichen Leiden an der immer wieder unreformierten Kirche, nur aus dem Gebet für die Kirche um Erlösung von dem Übel, nur aus der engagierten, konstruktiven Kritik an der Kirche, nur aus dem Eifer für den Herrn und der tätigen Liebe heraus wird die Willigkeit zur Erneuerung immer wieder neu geboren werden.

Re-formare bedeutet „eine andere Form geben", „eine frühere, bessere Form zurückgeben", „etwas Ver-formtes umgestaltend neuformen", „dem eigentlichen Wesen entsprechend gestalten". Kirchenreform besagt somit positive Neugestaltung der Kirche entsprechend ihrem eigentlichen Wesen. Wenn es eine echte Reform ist, wird sie sich nie im rein negativen Abschaffen, Verwerfen und Verbieten erschöpfen, sondern wird sie positives Neuformen und Ausformen des Wesens sein. Um dieses Positiv-Schöpferische zu betonen, wird deshalb dem Wort „Reform" vielfach das Wort „Erneuerung" vorgezogen. Echte Kirchenreform ist nicht *Revolution:* sie will nicht gewaltsamen Umsturz, ist nicht doktrinär, fanatisch pietätlos auf das Neue aus. Sie ist vielmehr bei allem Sinn für das neue Bessere bedacht auf die Kontinuität geschichtlicher Entwicklung; sie ist somit nicht Neuerung, sondern *Erneuerung.* Echte Kirchenreform ist aber auch nicht *Restauration:* nicht ein träges Beibehalten des alten Systems will sie, sondern ein mutiges Ausbrechen hin auf die immer größere Wahrheit; nicht nur alte Formen wiederherstellen, sondern neue zeitgemäße Formen finden; nicht nur rigorose Beobachtung von Gesetzen und Regeln, Kanones und Paragraphen neu einschärfen, sondern Institutionen und Konstitutionen innerlich erneuern. Echte Reform ist bei allem Sinn für die alte Tradition bedacht auf die für die Gegenwart notwendige schöpferische Neugestaltung. Sie ist somit nicht einfach Wiederherstellung, sondern wiederum *Erneuerung.* Wir sahen dabei bereits, daß es mit einer innerlichen Herzensreform, die die Reform der Strukturen, Institutionen und Konstitutionen vernachlässigt, nicht getan ist. Aber auch eine rein äußerliche Mißständereform, die an den Strukturen, Institutionen und Konstitutionen nur Flickarbeit leistet, tut es nicht. Was immer wieder notwendig ist, ist die schöpferische Reform der Zustände und Strukturen, die das Wesen der Kirche nicht auflöst, sondern glaubwürdig herausstellt. Gewiß, was Gott durch Christus im Geist in der Kirche selbst instituierte und konstituierte, hat teil an der Heiligkeit Gottes selbst und bedarf der Reform nicht. Was aber die Menschen an dieser göttlichen Institution und Konstitution selber instituieren und konstituieren, hat teil an der menschlichen Unvollkommenheit und Sündhaftigkeit und bedarf immer wieder der Reform. Weil aber, wie wir gesehen haben, Wesen und geschichtliche Verwirklichung sich gerade nicht adäquat trennen lassen, gibt es keine irreformablen Bezirke, höchstens irreformable Konstanten. Es gibt keinen Stein und keinen Raum des Kirchengebäudes, der der Reform nicht immer wieder bedürftig wäre; nur die das Ganze tragende baustatische Formel darf nicht verletzt werden. Der

Maßstab für die Erneuerung der Kirche wird immer wieder das ursprüngliche Evangelium Jesu Christi selber sein, konkretes Leitbild die apostolische Kirche. Die Glaubwürdigkeit der Kirche hängt entscheidend an der immer wieder neu unternommenen Reform und Erneuerung der Kirche. Eine unreformierte Kirche kann nicht überzeugen. Herkommend von der ihr geschenkten Vergebung wird sich die Kirche in der Erneuerung der Einzelnen und der Gemeinschaft immer wieder neu als heilige Kirche *erweisen* müssen.

Aus den bereits zitierten Konzilstexten seien nur zwei kurze grundlegende Sätze wiederholt: „Die Kirche wird auf dem Weg ihrer Pilgerschaft von Christus zu dieser *dauernden Reformation* (ad hanc perennem reformationem) gerufen, deren sie allzeit bedarf, soweit sie menschliche und irdische Einrichtung ist" (DOe 6). „Sie ist zugleich heilig und stets der Reinigung bedürftig (semper purificanda) und geht so *immerfort den Weg der Buße und Erneuerung* (poenitentiam et renovationem)" (CE 8).

c) Die Kirche *ist* als heilige von Gott aus der Welt ausgesondert: das ist das Ereignis seiner Gnade. Sie *soll* ausgesondert bleiben: das ist seine Forderung der Metanoia und der Erneuerung. Sie *wird* auch ausgesondert bleiben: das ist die Verheißung seiner Treue. Nicht sie selber hält sich durch, doch sie wird, wie schon Israel, gehalten von Gottes gnädiger Treue. Ihre Aussonderung kann nicht rückgängig gemacht werden. Die ganze neutestamentliche Botschaft ist von diesem Glauben getragen.

Die *äußere Bedrohung* mag noch so gefährlich sein, die Kirche mag wie schon Israel da und dort niedergehalten und gedemütigt, in die Enge getrieben und unter das Joch gezwungen, sie mag geschwächt, geschmäht und gelähmt, unterdrückt und verfolgt, ja äußerlich ausgelöscht werden: „die Pforten des Totenreiches werden sie nicht überwältigen" (Mt 16, 18). Sie wird der Macht des Todes nicht erliegen. Sie ist *unzerstörbar:* ihr ist aus Gottes Treue *Perennität, Fortdauer* geschenkt. Sie wird trotz aller Gebrechen und Schwachheiten von Gott selbst am Leben erhalten.

Und der *innere Verfall* mag noch so erschreckend sein, die Kirche mag wie schon Israel da und dort müde und träge, sie mag hochmütig und betriebsüchtig, sie mag zuchtlos und verwildert, verderbt und geschändet werden, sie mag in vielfacher Hinsicht entarten und von ihrem Herrn abfallen: „und siehe, ich bin bei euch bis ans Ende der Welt" (Mt 28, 20). Der erhöhte Herr hält schützend und helfend Gemeinschaft mit ihr. Sie wird der Macht der Sünde nicht erliegen. Sie ist *unzerrüttbar:* ihr ist aus Gottes Barmherzigkeit *Indefektibilität, Beständigkeit* geschenkt. Sie wird trotz aller Sünde und aller Schuld von Gott in der Gnade bewahrt.

Schließlich mag auch ihr *Abirren von der Wahrheit* im einzelnen noch so bedrohlich sein, die Kirche mag wie schon Israel da und dort schwanken und zweifeln, vielleicht auch irren und entgleisen: „... er wird in Ewigkeit bei euch bleiben, der Geist der Wahrheit" (Jo 14, 16f). Sie wird der Macht der Lüge nicht erliegen. Sie ist *untrüglich:* ihr ist aus Gottes Verheißung *Infallibilität, Untrüglichkeit* geschenkt. Sie wird trotz allem Irren und Mißverstehen von Gott in der Wahrheit gehalten.

Wir übersetzen *„Infallibilität"* von der Wortwurzel her (fallere = ausgleiten machen, einen Fehltritt tun lassen, irreführen, täuschen, trügen) mit *„Untrüglichkeit"*. Infallibilität mit „Unfehlbarkeit" zu übersetzen, empfiehlt sich nicht, weil „Unfehlbarkeit" allzu leicht als „Fehlerlosigkeit" verstanden wird, von der natürlich in der Kirche und ihren Repräsentanten keine Rede sein kann. „Untrüglichkeit" ist mit den mannigfachen Mißverständnissen der Übersetzung „Unfehlbarkeit" nicht belastet: Soweit die Kirche demütig dem Worte Gottes gehorsam ist, hat sie teil an der Wahrheit Gottes selbst, „der weder trügen noch getrogen werden kann" (Vatikanum I: Deus revelans, qui nec falli nec fallere potest. D 1783); dann ist Lug und Trug und alles Trügerische fern von ihr. Untrüglichkeit besagt in diesem Sinn *ein grundlegendes Bleiben in der Wahrheit, das von Irrtümern im einzelnen nicht aufgehoben wird.*

Ob diese Infallibilität der Kirche, die in der Schrift begründet ist und die auch von den Reformatoren nicht bestritten wird, die a priori und unzweifelhaft *feststellbare* Infallibilität bestimmter *Sätze* zur Folge hat, läßt sich aus dem Neuen Testament nicht direkt aufweisen, ist zwischen den einzelnen christlichen Kirchen (besonders in bezug auf Konzilien, Bischöfe, Papst) umstritten und müßte auf der beschriebenen Grundlage neu untersucht werden[54]. Dabei sollten jedenfalls zwei Gesichtspunkte besonders berücksichtigt werden:

1. *Verbindlichkeit:* Glaubensformulierungen, hinter denen in irgendeiner Form die Gesamtkirche steht, haben als Zeugnis der Gesamtheit der Glaubenden einen qualitativ höheren Zeugniswert und damit auch eine qualitative andere Verbindlichkeit als die Glaubensformulierung eines einzelnen Christen bzw. Theologen. Die Einheit des Glaubens der Glaubensgemeinschaft darf nicht leichtsinnig gefährdet werden. Der einzelne Glaubende und auch der einzelne Theologe steht in der Verantwortung, sich in aller Aufrichtigkeit vom Evangelium her um den Zusammenhang mit der Glau-

[54] Vgl. dazu Strukturen 309–356.

bensgemeinschaft zu bemühen. Gerade so wird er von persönlicher Beschränktheit, subjektiver Willkür und Verabsolutierung seiner Ergebnisse eher bewahrt und findet er die wahre Freiheit in der echten Bescheidenheit und im Dienst an der Gemeinschaft der Glaubenden.

2. *Bruchstückhaftigkeit:* Jede Glaubensformulierung nicht nur des Einzelnen, sondern auch der Gesamtkirche bleibt unvollkommen, unvollendet, rätselhaft, partiell, bruchstückhaft; das sind Ausdrücke, die Paulus in 1 Kor 13, 9–12 gebraucht. Dies wird gerne übersehen, wenn man Infallibilität vom einzelnen Satz (wo nach dem Doppelpunkt die Infallibilität anfängt!) aussagt. Diese Bruchstückhaftigkeit gründet nicht nur in der öfters polemischen Ausrichtung und Beschränktheit kirchlicher Lehrformulierungen, sondern im notwendig dialektischen Charakter aller menschlichen Wahrheitsaussage. Jede menschliche Wahrheitsaussage grenzt als menschlich begrenzte an Irrtum. Es genügt, die Begrenztheit der Wahrheit zu übersehen, um aus ihr einen Irrtum zu machen. Keine menschliche Wahrheit, die so nicht im Schatten des Irrtums stünde! Kein Irrtum, der nicht mindestens einen Funken Wahrheit enthielte! Was ein wahrer Satz aussagt, ist wahr; was er verschweigt, kann auch wahr sein. Was ein falscher Satz aussagt, ist falsch; was er verschweigend meint, kann wahr sein. Ein simplifizierendes Wahrheitsverständnis ist die Meinung, jeder Satz in seiner verbalen Formulierung müßte wahr *oder* falsch sein. Im Gegenteil: jeder Satz kann wahr *und* falsch sein – je nachdem er nämlich gezielt, gelagert, gemeint ist. Und wie er gemeint ist, dürfte schwieriger zu entdecken sein, als wie er gesagt ist. Eine aufrichtige, furchtlose und kritische und gerade so aufbauende ökumenische Theologie wird heute von allen Seiten her sich nicht einfach gegenseitig Dogmen vorhalten, sondern wird sich ernsthaft darum bemühen, im mindestens vermeintlichen Irrtum des Anderen die Wahrheit und in der eigenen geglaubten Wahrheit den möglichen Irrtum zu sehen. Auf diese Weise käme es zu dem, wozu es immer mehr kommen muß: in der Abkehr vom vermeintlichen Irrtum zur Begegnung in der gemeinsamen christlichen Wahrheit![55]

So bleibt die Kirche aufgrund von Gottes Zusage und Verheißung heilige, ausgesonderte Kirche. Wir brauchen uns deshalb keine Gedanken darüber zu machen, was wäre, wenn keine Kirche und wenn keine heilige Kirche wäre. Gott sorgt dafür: es wird immer Kirche und heilige Kirche sein! Sie wird ihre Aussonderung, Unterscheidung und Auszeichnung inmitten der Welt nicht verlieren. Sie wird bei allen Verwundungen am Leben bleiben, wird bei aller Sünde aus der Gnade nicht herausfallen, wird bei allem Irrtum von der Wahrheit nicht abfallen. Ihr Glaube kann schwach, ihre Liebe lau, ihre Hoffnung flackernd werden. Aber worauf ihr Glaube gründet, worin ihre Liebe wurzelt, worauf ihre Hoffnung baut, dies bleibt bestehen,

---

[55] Vgl. dazu neben Strukturen: Theologie und Kirche (Einsiedeln 1964) 22–37.

unverletzt und unberührt. So bleibt sie die unzerstörbar fortdauernde, die unzerrüttbar beständige, die untrüglich wahre: „die Säule und Grundfeste der Wahrheit" (1 Tim 3, 15). Sie hat sich ihre Perennität, ihre Indefektibilität, ihre Infallibilität nicht selbst gegeben; niemand, auch sie selbst nicht, kann ihr dies nehmen. Sie wird so nie aufhören, das zu sein, was sie ist: die Versammlung der Heiligen, das Volk Gottes, das Geschöpf des Geistes, der Leib Christi. Sie wird nie eine andere, nie eine Pseudokirche werden. Sie kann, wie schon die Kirchenväter ausführten, zur Bettlerin werden, sich als Krämerin aufführen, sich als Dirne verkaufen, sie ist und bleibt doch durch Gottes bewahrende, rettende, vergebende Gnade die Braut Christi. Sie mag in der Welt elend, hungrig und hilflos werden, der Vater wird die verlorene immer wieder erbarmend in die Arme schließen. Sie mag sich noch so sehr in der Wüste verirren, der Hirte wird ihr nachgehen. Sie mag sich noch so durch die Stadt treiben, der Bräutigam wird sie finden. Sie mag von ihm lassen, er wird von ihr nicht lassen. Sie geht auf ihrem Weg durch die Zeiten, den sie nicht selbst gewählt, sondern der ihr unwiderruflich bestimmt wurde. Da mag sie danebentreten, da mag sie Umwege machen und hin und wieder Holzwege beschreiten, da mag sie straucheln und da mag sie fallen, da mag sie unter die Räuber fallen und halbtot liegenbleiben. Gott der Herr aber wird nicht an ihr vorübergehen, sondern er wird Öl in ihre Wunden gießen, sie aufheben, für Herberge sorgen und zu ihrer Heilung auch noch das bezahlen, was nicht vorhersehbar war. So wird die Kirche immer wieder die heile, die heilige Kirche bleiben. Im *Glauben wissen* wir dies! Credo sanctam Ecclesiam!

IV. APOSTOLISCHE KIRCHE

1. Auf dem Grund der Apostel

Wir mochten nach der Einheit in der Vielheit, nach der Katholizität in der Identität, nach der Heiligkeit in der Sündhaftigkeit fragen, immer stellte sich die Frage nach dem Kriterium: wo und inwiefern haben wir es mit der einen, heiligen und katholischen Kirche zu tun? Was ist die wahre Einheit, die wahre Katholizität, die wahre Heiligkeit? Ein entscheidendes Kriterium macht das vierte Kirchenprädikat ausdrücklich: Kirche ist nur dann wahrhaft eine, heilige, katholische Kirche, wenn sie in alledem *apostolische* Kirche ist. Es geht nicht um irgendeine Einheit, Heiligkeit und Katholizität, sondern um eine solche, die auf die Apostel bezogen und in diesem Sinne apostolisch ist.

Das Adjektiv „apostolisch"[56] kommt im außerchristlichen Gebrauch kaum vor. Auch in der Bibel findet es sich nicht. Bei den Vätern aber wird es ständig gebraucht, zuerst auch hier – wie schon das Wort „katholisch" – von Ignatios von Antiochien (Trall, Inscript) und im Martyrium Polykarps (16, 2). Sein ursprünglicher und allgemeinster Sinn ist: „mit den Aposteln Christi in Verbindung stehend". Schon seit dem 2. und 3. Jahrhundert erhält „apostolisch" aber auch eine asketische Bedeutung und meint dann „apostelähnlich"; sowohl einzelne sektiererische Gemeinschaften des Altertums und des Mittelalters („Apostoliker") wie die alte Mönchsliteratur gebrauchen das Wort in diesem Sinne und meinen damit Besitz- und Ehelosigkeit. Erst verhältnismäßig spät tritt im Wort das seelsorglich-aktive Moment (im Gegensatz zur reinen Kontemplation) stärker in den Vordergrund[57]. In diesem Sinne ist das Wort in der praktischen Seelsorge auch heute vielfach gebräuchlich (wobei dann in diesem Sinn im Deutschen meist „das" Apostolat statt „der" Apostolat gesagt wird). Aber wir können gerade diesen Sinn nicht einfach übernehmen, wenn wir von „apostolischer Kirche" reden, sondern müssen uns fragen: Was meint eigentlich *„Apostel"?*

Wenn wir uns nicht von vorneherein eine exakte Bestimmung der Apostolizität der Kirche verbauen wollen, dürfen wir nicht von Klischeevorstellungen über die von manchen Legenden umrankten und in der christlichen Kunst mannigfach dargestellten „zwölf

---

[56] Vgl. neben der allgemeinen Lit. unter A II, 2 und D I, 1 vor allem *M. Schmaus*, Dogmatik III/1, 623–630, und *K. Barth*, Kirchliche Dogmatik IV/1, 795–809, sowie die Lexikon-Art. in LThK (Apostolisch: *H. Bacht*, Apostolizität der Kirche: *O. Karrer*) u. RGG (Apostolisch: *K. G. Steck*); unter den neueren Monographien: *K. E. Kirk*, The Apostolic Ministry (New York 1947); *A. Ehrhardt*, The Apostolic Succession in the First Two Centuries of the Church (London 1953); *J. Guyot* (Hrsg.), Das apostolische Amt (Mainz 1961); *C. von Heyl*, Ordination zum hl. Predigtamt und Apostolische Sukzession (Bleckmar über Soltau 1962); *A. Hastings*, One and Apostolic (London 1963).

[57] Zum Beispiel *Rupert von Deutz*, De vita vere apostolica; PL 170, 611–664.

Apostel" ausgehen. Schon die Verbindung von „Zwölf" und „Apostel" ist nicht unproblematisch. Der Missionsbefehl (Mk 16, 15f; Mt 28, 18f; Lk 24, 47f; Apg 1, 8) bezeugt Vorstellung und Überlieferung, daß die Apostel als Missionare in die Welt zogen. Doch wir sahen, daß auch nach der Apostelgeschichte die Apostel zunächst in Jerusalem blieben (nach Apg 8, 1) und die Heidenmission nur mit großem Zögern aufnehmen (vgl. Apg 10, 1–11, 18). Allein von Petrus hören wir, daß er Jerusalem verläßt (12, 17). Missionsreisen werden nur von Paulus und Barnabas berichtet. Nach Nachrichten, die uns erst aus dem 3. und 4. Jahrhundert überliefert sind, wären die Apostel zunächst sieben oder zwölf oder fünfzehn Jahre in Jerusalem geblieben. Erst noch spätere Legenden zeigen dann die zwölf Apostel als Missionare und Kirchengründer in aller Welt. Was also ist die geschichtliche Wirklichkeit?[58]

Bei Matthäus, Markus und Johannes steht das Wort „Apostel" nur je einmal, dafür bei Lukas 34mal (Evangelium: 6mal; Apg: 28mal) und bei Paulus (inklusive Eph und Kol) 29mal (und Pastoralbriefe: 5mal), sonst nur gelegentlich. Von seiner Grundbedeutung „Abgesandter" her wird es verschieden verwendet: Es kann die Zwölf meinen (Mt 10, 2; Mk 6, 30 und oft bei Lk) oder die Gesandten Gottes (Apg 13, 3f) oder die Gesandten der Kirche (Apg 14, 4; vgl. 13, 3) oder die bevollmächtigten Boten (Jo 13, 36) oder Missionare (Apk 2, 2) oder Christus (Hebr 3, 1). Bei Paulus kann es ihn selbst (öfters gerade bei Briefeingängen), die Zwölf (Gal 1, 17) oder einen weiteren Kreis von Missionaren des Evangeliums (Röm 16, 7; 1 Kor 12, 28; 15, 7; 2 Kor 11, 5) oder Boten der Kirche (2 Kor 8, 23; Phil 2, 25) meinen.

Es ist auffällig, welche große Rolle der Apostelbegriff im Neuen Testament spielt, obwohl das Griechische kaum Sprachparallelen kennt. In der profanen Gräzität ist mit ἀπόστολος kaum einmal ein Einzelner, sondern entweder die ausgesandte Flotte oder Kolo-

---

[58] Vgl. zunächst die Lexikonart. in LThK (Apostel: *K. H. Schelkle*; Zwölf: *A. Vögtle*), RGG *(H. Riesenfeld)*, EKL *(H. D. Wendland)*, ThW *(K. H. Rengstorf)*. Dazu als neuere Monographien: *C. H. Dodd*, The Apostolic Teaching and its Developments (London 1945); *H. von Campenhausen*, Kirchliches Amt und geistliche Vollmacht in den ersten drei Jahrhunderten (Tübingen 1953); *K. H. Schelkle*, Jüngerschaft und Apostelamt (Freiburg i. Br. 1957); *B. Rigaux*, Die „Zwölf" in Geschichte und Kerygma, in: Der historische Jesus und der kerygmatische Christus, hrsg. von H. Ristow und K. Matthiae (Berlin 1960) 468–486; *G. Klein*, Die zwölf Apostel (Göttingen 1961); *W. Schmithals*, Das kirchliche Apostelamt (Göttingen 1961).

nistenschar oder dann der Paß oder Lieferschein gemeint. Vielfach wurde der Apostelbegriff vom hebräischen „Schaliach" (z. B. 1 Kg 14, 6, wo der Prophet als Bote Gottes erscheint) abgeleitet. „Schaliach" wird in der nachexilischen Zeit zur technischen Bezeichnung für den Gesandten jüdischer Behörden (der Name erscheint allerdings erst vom 2. Jahrhundert nach Christus an); von ihm gilt der rabbinische Grundsatz: Der Beauftragte eines Menschen ist wie dieser selbst. Doch diese Ableitung ist sehr umstritten. Im Grund ist die Herkunft des neutestamentlichen Apostelbegriffs noch nicht gelöst. Zwei extreme Positionen scheinen aber nach den bisherigen Forschungen nicht haltbar zu sein: Weder kann der neutestamentliche Apostolat von der Gnosis noch aber auch einfach von den Zwölfen abgeleitet werden[59].

1. Ist der christliche Apostolat von der jüdischen, bzw. judenchristlichen *Gnosis* (besonders im syrischen Raum) übernommen worden? Ein Zusammenhang zwischen dem neutestamentlichen und dem gnostischen Apostolat braucht nicht geleugnet zu werden. Doch schon im Zusammenhang mit dem Begriff des Leibes Christi war darauf hinzuweisen, daß alle bisher bekannten gnostischen Quellen aus sehr viel späterer Zeit stammen (Leib Christi nur bei Paulus und der von ihm abhängigen Literatur!) und selbst da oft im Entscheidenden von den neutestamentlichen Quellen differieren. Auch für gnostische Apostel gibt es keinen einzigen frühen Beleg. Gewiß dürfte es im syrischen Diasporajudentum und wohl auch in Samaria und Jerusalem (insbesondere apokalyptisch orientierte) Pneumatiker und Weisheitssucher, die andere lehrten, gegeben haben. Gewiß läßt sich auch aus dem Neuen Testament die Existenz synkretisierender Pneumatiker erschließen, die christliche Gedanken hellenisierten. Aber daß es Juden oder andere gab, die solche Gedanken missionarisch verkündigten, ist unerwiesen. Im Neuen Testament taucht die gnostische Gefahr immer nur als eine innerkirchliche Gefahr auf. Daß es zur neutestamentlichen Zeit gnostische Systeme gegeben hätte, die stark genug ausgebildet gewesen wären, um gnostische Gemeinden und Apostel hervorzubringen, ist eine reine Hypothese; weder gnostische Systeme noch gnostische Gemeinden noch gnostische Apostel sind in neutestamentlicher Zeit bezeugt.

2. Ist der christliche Apostolat mit den von Jesus erwählten *Zwölf* identisch? Auf das Verhältnis der Zwölf zu den Aposteln wird des näheren einzugehen sein. Die Namenslisten der Zwölf weisen gewisse Schwankungen auf (vgl. Mk 3, 16—19; Mt 10, 2—4; Lk 6, 13—16; Apg 1, 13). Bei Mk 3, 14 par werden die Zwölf noch nicht Apostel genannt, und bei Mk 6, 30 scheint Apostel noch kein dauernder Titel, sondern nur eine zeitweilige

[59] Vgl. Die Kritik an W. Schmithals von *E. Schweizer* in: Theolog. Literaturzeitung 87 (1962) 837—840.

Tätigkeit zu sein. Erst Lk 6, 13 meldet, daß Jesus selbst die Zwölf „Apostel" genannt habe. Auffällig ist dabei, daß gerade nach den ältesten neutestamentlichen Texten auch andere als die Zwölf „Apostel" genannt werden: so neben Paulus die Judenchristen Andronikus und Junias in Rom (Röm 16, 7: „ausgezeichnet unter den Aposteln"!), dann Barnabas (vgl. 1 Kor 9, 5 f; Gal 2, 9; Apg 14, 4. 14) und vielleicht auch Silvanus (vgl. 1 Thess 1, 1; 2, 1. 7) und der Herrenbruder Jakobus (vgl. 1 Kor 15, 7; Gal 1, 19; 2, 9). Andererseits ist innerhalb des Zwölferkreises Petrus der einzige, von dem historisch eine missionarische Tätigkeit als Apostel einwandfrei feststeht.

Gegenüber historischen Spekulationen und dogmatischen Vereinfachungen stellt man sich auf soliden geschichtlichen Boden, wenn man mit den ältesten neutestamentlichen Zeugnissen einsetzt und von dem weitaus am besten bekannten Apostolat des *Paulus* ausgeht. Ist bei Paulus nicht nur von Abgesandten der Gemeinden (vgl. 2 Kor 8, 23; Phil 2, 25) die Rede, sondern wie besonders in den Briefeingängen (der erste Vers in 1 und 2 Kor, Gal, Röm; vgl. auch Eph, Kol, 1 und 2 Tim, Tit) vom „Apostel Jesu Christi" bzw. — absolut gebraucht — vom „Apostel" schlechthin, dann ist ein zweifaches Moment von Bedeutung. Apostel ist, wer 1. Zeuge des Auferstandenen ist, dem sich also der Gekreuzigte als der lebendige Herr geoffenbart hat, und wer 2. vom Herrn zur missionarischen Verkündigung beauftragt wurde: „Als es aber dem, der mich von meiner Mutter Leib ausgesondert und durch seine Gnade berufen hat, gefiel, seinen Sohn an mir zu offenbaren, damit ich ihn unter den Heiden verkündigen sollte, da sogleich ging ich nicht mit Fleisch und Blut zu Rate, zog auch nicht nach Jerusalem hinauf zu denen, die vor mir Apostel waren, sondern begab mich nach Arabien und kehrte wieder nach Damaskus zurück" (Gal 1, 15—17; vgl. 1, 1. 12; 1 Kor 9, 1 f; 15, 7—11). Und was Paulus für sich in Anspruch nimmt als „der geringste unter den Aposteln" (1 Kor 15, 9), das trifft auf alle zu, denen er den Namen „Apostel" gibt (vgl. 1 Kor 15, 7; 9, 5). Den echten Aposteln setzt Paulus die „Pseudoapostel, betrügerische Arbeiter, die sich in Apostel Christi verkleideten" (2 Kor 11, 13) gegenüber; diese geben sich als Apostel aus, ohne von Christus bevollmächtigt zu sein, und sind wohl aus Palästina kommende, sich auf die jerusalemischen „Überapostel" (vgl. 2 Kor 11, 5; 12, 11) berufende judaistische Gegner Pauli (vom Geist erweckte Wanderprediger?).

Aus dem eben zitierten alten Zeugnis Gal 1, 15—17 geht hervor, daß einerseits Paulus seinen eigenen Apostolat von seiner Berufung in Damaskus her datiert (vgl. 1, 11–13) und daß es andererseits schon vor Paulus in Jerusalem Apostel gab. Dies muß schon kurz nach dem Tode Jesu gewesen sein (das „Apostelkonzil" fand 17 Jahre nach der Berufung Pauli statt: vgl. Gal 1, 18 und 2, 1). Wer aber waren dann diese Apostel in Jerusalem? „Darauf, nach drei Jahren, zog ich nach Jerusalem hinauf, um Kephas kennenzulernen, und blieb bei ihm 15 Tage. Einen anderen von den Aposteln aber sah ich nicht außer Jakobus, den Bruder des Herrn" (1, 18f). Zu den Aposteln gehörte also jedenfalls Petrus. Wer aber gehörte zu den „anderen Aposteln"? Aus 1 Kor 15, 5 steht für Paulus die Erscheinung Jesu vor Petrus und den *Zwölfen* fest. Diese sind nach ihm die Erstzeugen der Auferstehung. Wenn sie also für Paulus eine derartige Bedeutung haben und er sie in Zusammenhang mit seinem ersten Besuch in Jerusalem nicht nennt, dann ist das nur von daher verständlich, daß sie für ihn unter den „anderen Aposteln" eingeschlossen sind.

Wenn nun aber diese Zwölf jedenfalls schon für die Zeit unmittelbar nach dem Tode Jesu bezeugt sind, dann ist die einleuchtendste Erklärung dafür immer noch die, die die synoptischen Evangelien selber geben, auch wenn über den genauen Zeitpunkt und Hergang der Bildung des Zwölferkreises historisch kaum viel ausgesagt werden kann: Es war der vorösterliche Jesus selbst, der die Zwölf berufen und eingesetzt, „gemacht" (Mk 3, 14) hat! Dafür zeugen neben den synoptischen Berufungsgeschichten und den paulinischen Aussagen auch das Logion Mt 19, 28, die allgemeine Insistenz auf der Tatsache, daß der Verräter Judas einer von den Zwölfen war und schließlich die Nachwahl des Matthias (Apg 1, 15–26), der man kaum jeden historischen Kern absprechen kann. Alle anderen mehr umständlichen Erklärungen vermögen keine überzeugende Antwort zu geben, wann, wo und wie sich sonst in so kurzer Zeit der Zwölferkreis gebildet haben sollte; insbesondere ist es undenkbar, daß der recht spät schreibende Lukas seine Konzeption vom Apostolat der Zwölf der gesamten Überlieferung bis in die Anfänge hinein hätte aufzwingen können. Vermutlich ist ja der auch schon im Judentum nachweisbare (vgl. 1 QSa 1, 12) Titel „Säulen" auf sie oder einige von ihnen wie auch Jakobus angewandt worden (vgl. Gal 2, 9). Was aber ist dann der ursprüngliche Sinn dieser Auswahl der Zwölf, die, von den anderen Jüngern abgehoben, offenkundig mehr als einfach „Jünger" gewesen sind? Diese Auswahl ist von der eschatologischen

Verkündigung Jesu her zu verstehen[60]. Die Zwölfzahl hat eine – allerdings wenig bestimmte – Beziehung zu „Israel", dem Zwölf-Stämme-Volk. Weniger Israel als Objekt der christlichen Verkündigung als das erneuerte Israel in der Vollendung des Gottesreiches dürfte damit gemeint sein: „Wahrlich, ich sage euch: Ihr, die ihr mir nachgefolgt seid, werdet in der Wiederkunft, wenn der Sohn des Menschen auf dem Thron seiner Herrlichkeit sitzen wird, auch auf zwölf Thronen sitzen, um die zwölf Stämme Israels zu richten" (Mt 19, 28; vgl. Apk 21, 24). Im Blick also auf das kommende Gottesreich ist der Zwölferkreis begründet worden; diese kommende und doch schon hereingebrochene Gottesherrschaft künden sie an und vertreten sie. Sie repräsentieren so die Vollzahl des alten wie die Vollzahl des künftigen Gottesvolkes.

Haben diese von Jesus selbst erwählten *Zwölf* in der Urgemeinde eine *Leitungsfunktion* wahrgenommen? Das wird auch von manchen, die eine vorösterliche Begründung des Zwölferkreises annehmen, bestritten. Auf die späteren Legenden über die jahrelange Herrschaft der Zwölf in Jerusalem, ihre Missionstätigkeit und ihren Märtyrertod kann man historisch nicht bauen. In der relativ späten Apostelgeschichte gibt Lukas eine sehr stark theologisch gefärbte Darstellung, wenn er über die Bezeugung der Auferstehung hinaus auch die Augenzeugenschaft des Erdenwirkens Jesu zur Bedingung des Apostolates erklärt (was für die Stellung Pauli Konsequenzen haben mußte), wenn er den Apostelnamen, den er nach seinem Evangelium Jesus selbst den Zwölfen geben läßt, den Zwölfen (abgesehen von Apg 14, 4.14) reserviert, wenn er im Widerspruch zu den paulinischen Briefen (besonders Gal 1–2) Paulus bezüglich Begründung und Ausübung seines Apostolats ungebührlich von den Zwölf abhängig macht. Schließlich wird man auch zugeben müssen, daß die Zwölf außer Petrus und den nur umrißhaften Gestalten der Zebedäussöhne als Einzelpersönlichkeiten für die Nachwelt ohne Gesicht sind. Trotzdem: Die geschichtliche Rolle, die die Zwölf in der Entstehungsgeschichte der Kirche spielten, ist unverkennbar. Sie hat die Bedeutung der Zwölf in höherem Maße bestimmt als die eschatologische Verheißung: Die Zwölf sind die grundlegenden Zeugen der Auferstehung! Dies gehört zum Hauptstück der Überlieferung, die schon Paulus von der Urgemeinde übernommen und an seine Ge-

[60] Vgl. B I–II.

meinde weitergegeben hat (1 Kor 15, 5). Die Erfahrung des auferstandenen Herrn durch Petrus und die Zwölf ist so gerade durch Paulus sehr früh gesichert und läßt die Zwölf selbst auch dann als Jünger des vorösterlichen Jesus erscheinen, wenn – wogegen die frühe Bezeugung spricht – Zahl und Titel der Zwölf eine nachösterliche Bildung wären. Was lag dann aber näher, als diese grundlegenden Erstzeugen des auferstandenen Herrn als seine „Bevollmächtigten" (= „scheluchim"?) für die Sorge um die Gemeinde zu verstehen, auch wenn wir von den Paulusbriefen nichts und von der Apostelgeschichte wenig historisch Verifizierbares über die Art und Weise dieser Sorge erfahren können? Von daher ließe sich die jedenfalls für die Gemeinden von Q geltende Vorstellung von Mt 19, 28 par verstehen, aber auch Sätze wie Mt 10, 40 par: „Wer euch hört, hört mich!" Allerdings läßt sich nicht übersehen, daß die Zwölf in der Apostelgeschichte zum letzten Mal bei der Wahl der sieben Gehilfen (6, 2) mit ihrem Namen bezeichnet werden, daß sie nochmals im Zusammenhang des „Apostelkonzils" mit dem Namen „Apostel" (15, 2. 4. 6. 22f; 16, 4) gemeint sein dürften, daß sie dann aber fast völlig in das Dunkel der Geschichte eingehen (nach 16, 4 erscheint in der Apostelgeschichte nicht einmal mehr der Name „Apostel"). Dies dürfte nicht nur in der Dürftigkeit der Quellen begründet sein (die Apostelgeschichte zählt immerhin noch ein gutes Dutzend weiterer Kapitel, und abgesehen von 1 Kor 15, 5 erwähnen auch Paulus und die gesamte von Paulus abhängige Literatur die „Zwölf" kein einziges Mal!), sondern auch in der anscheinend auf die Gründungszeit (oder Judenevangelisation?) begrenzten Funktion der Zwölf. Jedenfalls wird auffälligerweise anders als im Fall des Judas Iskarioth Jakobus nach seinem Martyrium (12, 2) nicht durch Nachwahl ergänzt. Das Zwölferkolleg als solches stirbt aus. Grundlegend bleibt der – in jedem Fall nicht auf die Zwölf beschränkte – Apostolat!

Mit dem Apostel verbindet sich die Idee des Missionars. Der Titel *Apostel* fehlt in der synoptischen Tradition zunächst fast vollständig und wird wohl erst später mit den Zwölfen als den Judenmissionaren (Mk 6, 7–12; Mt 10, 5–16; Lk 9, 1–6) und den Heidenmissionaren (Mt 28, 19) verbunden worden sein. Hier überall ist von der Aussendung die Rede (ἀποστέλλειν = schalach?; vgl. z. B. Mt 10, 16), der Titel „Apostel" aber wird noch nicht gebraucht. Nur Mk 6, 30 und in der Namenliste Mt 10, 2 (die zwar einzelne Berufungen summarisch zusammenfaßt, aber keineswegs Einfügung aus dem 2. Jahrhundert zu sein braucht, wofür in den Texten jeder Anhalt fehlt) erscheint er. Erst Lukas legt den Apostelnamen Jesus selbst in den Mund (6, 13) und gebraucht ihn dann wie Paulus verschiedentlich (Jo nur einmal 13, 6). Schon vor und neben Paulus dürfte der Titel theologisch unbetont von Missionaren und Gemeindeboten gebraucht worden sein (vgl. 2 Kor 8, 2. 3; Phil 2, 25; Jo 13, 16). Doch war es Paulus, der von Anfang an mit dem Titel des Apostels den Sinn des Bevollmächtigten verbunden und ihn in diesem Sinn gegen die Galater verteidigt hat (Gal 1–2). Auf dem Hintergrund seines Verständnisses der Weltmission als eines eschatologischen Ereignisses mußte für Paulus der Begriff des Apostels als des Bevollmächtigten Jesu Christi selbst theologisch zentral werden. So hat Paulus denn den streng theologischen Begriff des Apostolats im Zusammenhang mit seiner Heidenmission, die einen gewaltigen Eindruck hinterlassen hat, begründet, ausgestaltet und vor dem Zerfließen bewahrt. Paulus also war es, der es der Kirche bewußt gemacht hat, was Großes und Grundlegendes es bedeutet, wenn sie Männer wie ihn selbst und Petrus „Apostel" nennt. Von daher wurden dann auch die vom vorösterlichen Jesus erwählten Zwölf, die vielleicht schon vorher unbetont Apostel genannt worden waren, als Apostel im paulinischen Vollsinn bezeichnet. Ja, mit der Zeit wurde der Apostelbegriff – und Lukas kam hier in seiner Auseinandersetzung mit auflösenden Tendenzen eine entscheidende Rolle zu – zum Teil geradezu auf die Zwölf eingeengt, so daß im Gegensatz zu Paulus noch die Zwölf (ja paradoxerweise abgesehen von Apg 14, 4.14 in der Apostelgeschichte nicht einmal mehr Paulus) als Apostel bezeichnet wurden: „Die zwölf Apostel". Die Entwicklung des streng theologischen Apostelbegriffs verlief also nicht so, daß ein engerer Begriff (= die Zwölf) sich zum weiteren (= die Bevollmächtigten Jesu Christi überhaupt) entwickelte, sondern daß der weitere Begriff auf die Zwölf (und eventuell Paulus) beschränkt wurde.

Die *grundlegende* Bedeutung der Apostel für die Kirche kommt gerade in der paulinischen Deutung (aber auch in Synopse und Apostelgeschichte) deutlich zum Ausdruck. Apostel ist der Bote eines Anderen. Insofern der Apostel aber nicht von der Gemeinde bestellt ist, sondern von Christus (Gal 1, 15 f; Apg 9, 27; Mk 3, 4 par; Mt 28, 19) und durch ihn vom Vater (vgl. 10, 40; Jo 13, 20) gesandt ist, steht er in diesem Sinn *über* der Kirche. Er ist nicht ihrer Wahl unterworfen: „Paulus, Apostel nicht von Menschen her noch durch einen

Menschen, sondern durch Jesus Christus" (Gal 1, 1). Er ist auch nicht ihrem Gericht unterstellt: „Mir aber bedeutet es gar nichts, daß ich von euch gerichtet werde oder einem menschlichen Gerichtstag" (1 Kor 4, 3). Der Apostel ist der von Christus Bevollmächtigte. Er ist also nicht *nur* Zeuge des gekreuzigten und auferstandenen Herrn (das waren auch „die mehr als 500 Brüder" von 1 Kor 15, 6), er ist von diesem Herrn selbst auch gesandt und bevollmächtigt. Er hat allerdings die Vollmacht nicht wie Jesus in sich selbst; er hat sie in Christi Namen empfangen und kann sie nur in seinem Geiste üben. Als bevollmächtigter Gesandter seines Herrn bedeutet er für seine Person nichts. Der Apostel ist nicht ein Held oder ein Genie, sondern ein gerechtfertigter Sünder unter anderen Sündern. Er ist aus sich nichts anderes als ein schwacher und gebrechlicher Mensch, der seinen Gottesschatz in irdenen Gefäßen trägt (2 Kor 4, 7) und aus sich nichts tun kann (Jo 15, 5); die synoptischen Evangelien illustrieren vielfach die diesbezüglichen paulinischen und johanneischen Aussagen mit recht konkreten Hinweisen auf Schwäche, Unverstand und Schuld der Jünger Jesu. Aber gerade in seiner ganzen Menschlichkeit ist der Apostel erwählt, berufen und gesandt, das Werkzeug von Gottes Gnade (1 Kor 15, 10; Röm 1, 5) und der von Christus gesetzte Zeuge (Lk 24, 48; Apg 1, 8; 13, 31) zu sein. Seine primäre Aufgabe ist die Verkündigung des Evangeliums: „Denn Christus hat mich nicht gesandt zu taufen, sondern das Evangelium zu verkünden" (1 Kor 1, 17). Er hat so nicht eine eigene Lehre, sondern die ihm aufgetragene Botschaft zu verkündigen (2 Kor 2, 17; 4, 2; Mk 3, 14). Er darf dann verlangen, daß sein Wort als Gotteswort vernommen und angenommen wird (1 Thess 2, 13; 2 Kor 5, 20); in diesem Sinn darf er wie Christus gelten (Gal 4, 14). Durch die Verkündigung des Evangeliums, ausgewiesen durch standhafte Geduld, durch Zeichen und Wunder (2 Kor 12, 12; vgl. Röm 15, 19; Mk 3, 15; 6, 7 par; Apg 2, 43; 5, 12; Hebr 2, 4), ist er ein Diener Christi Jesu (Röm 15, 15 f; vgl. 1, 9; Phil 2, 17) und ein Mitarbeiter Gottes (1 Thess 3, 2; 1, 3—9).

Indem aber der Apostel das Evangelium verkündet, weckt er Glauben und sammelt er die Gemeinschaft der Glaubenden. Aufgrund seiner Botschaft also ist er zugleich bevollmächtigt, Kirchen zu gründen und zu leiten (2 Kor 10, 13—16; 13, 10; 1 Kor 11, 34; 2 Thess 3, 4) und Kirchenzucht zu üben (1 Kor 5, 3—5; vgl. 1 Tim 1, 20). Er beschränkt somit seine Tätigkeit nicht auf die Verkündigung des Evangeliums und in Verbindung damit auf Taufe (Paulus nur ausnahmsweise: vgl. 1 Kor 1, 14–17) und Feier des Herrenmahles mit seiner Gemeinde (vgl. 1 Kor 11, 17–34). Er gibt auch sehr konkrete Weisungen für die Ordnung des Gemeindelebens: so Paulus in 1 Kor bezüglich Streitsachen zwischen Gemeindegliedern (6, 1–11), Ehe, Jungfräulichkeit und Witwentum (7, 1–39), Essen von Götzenopferfleisch (8, 1–13; 10, 14–33), Verlauf des Gottesdienstes (11, 2–34), den gemeinsamen Dienst der Charismatiker (12–13), die Verkündigung (14, 1–40), die Kollekte für die Gemeinde von Jerusalem (16, 1–4); so sorgt der Apostel auch für die Einheit der Gemeinden untereinander (durch Reisen, Boten, Briefe, wechselseitige Fürbitte). In alldem steht der Apostel den Gemeinden in Autorität und Freiheit gegenüber und steht doch zugleich auch als Glied *in* der Gemeinde; auch er wird vom Herrn gerichtet (1 Kor 4, 4) und ist auf seine Gnade angewiesen. Er hat Anspruch auf den Gehorsam der Gemeinde (1 Kor 14, 37; 2 Kor 10, 18; Röm 15, 18) und muß doch auch bereit sein, auf sein Recht zu verzichten (1 Thess 2, 7; 1 Kor 9, 12). Es ist ja nicht einfach Unterordnung, sondern Gemeinschaft sein Ziel (1 Kor 5, 4; 14, 37; 2 Kor 2, 6. 10; Apg 15). Der Apostel handelt nicht selbstherrlich, sondern im Blick auf die Gemeinde, er handelt nicht isoliert, sondern in Gemeinschaft mit allen Gliedern und den ihnen geschenkten Gaben und Diensten; er gibt sein Zeugnis nicht allein, sondern umgeben vom Zeugnis aller, die den Geist empfingen. Gewiß bedürfen die Gemeinden seines grundlegenden unmittelbaren Zeugnisses und seiner Leitung; aber er seinerseits bedarf ihrer Fürbitte, ihres Trostes und ihrer Mitarbeit, wie aus allen Paulusbriefen eindrücklich hervorgeht. Nicht Herr der Kirche also, sondern ihr Diener soll er sein (Röm 12, 7; 1 Kor 9, 19; 2 Kor 1, 24; 4, 5; Mk 10, 44 f; Mt 24, 45–51). Sein Apostolat ist ein Amt des Dienstes (Röm 11, 13; 12, 7; Apg 20, 24), dessen Größe und Herrlichkeit (2 Kor 3, 7–11; 8, 23) verborgen ist, ja, das in der Welt fragwürdig und verachtet ist (1 Kor 4, 8–13; 2 Kor 4, 8–11; 6, 3–10; 11, 16–33).

So sind die Apostel als die Boten, die Zeugen und Bevollmächtigten des gekreuzigten und auferstandenen Herrn, als die Prediger, Lehrer, Gründer und Leiter der Gemeinden die Ersten in der Kirche. Mit Nachdruck nennt sie Paulus in seiner Aufzählung der Charismen vor allen anderen an erster Stelle: „Und Gott hat *erstens* die einen in der Kirche zu *Aposteln* bestimmt ..." (1 Kor 12, 28; vgl. Eph 4, 11). Ohne Zeugnis und Dienst dieser von Christus bevollmächtigten ersten öffentlichen Zeugen, ohne Zeugnis und Dienst des

Petrus und der Zwölf, aber auch des Jakobus, aller anderen Apostel bis hin zum letzten, Paulus, könnte die Kirche nicht bestehen. Auf dem apostolischen Zeugnis und Dienst, die früher sind als sie selbst, gründet die Kirche. Die Apostel sind Anfänger und bleibende Fundamentsteine der Kirche, deren Grundstein, Eckstein und Schlußstein Christus selber ist. In diesem Sinne also ist die Kirche „auferbaut auf dem Grund der Apostel (und Propheten!), wobei Christus Jesus der Eckstein ist" (Eph 2, 20; vgl. Mt 16, 18; Apk 21, 14).

Damit dürfte der außerordentlich komplexe und schwierige geschichtliche Hintergrund aufgehellt sein für das, was das Vatikanum II über die Berufung der Zwölf, bzw. der Apostel, in folgender Weise ausdrückt: „Der Herr Jesus rief, nachdem er sich betend an den Vater gewandt hatte, die zu sich, die er selbst wollte, und bestimmte die Zwölf, daß sie mit ihm seien und er sie sende, das Reich Gottes zu verkündigen (vgl. Mk 3, 13–19; Mt 10, 1–42). Diese Apostel (vgl. Lk 6, 13) setzte er nach Art eines Kollegiums oder einer festen Gemeinschaft ein, an deren Spitze er den aus ihrer Mitte erwählten Petrus stellte (vgl. Jo 21, 15–17). Er sandte sie zuerst zu den Kindern Israels und dann zu allen Völkern (vgl. Röm 1, 16), damit sie in Teilhabe an seiner Vollmacht alle Völker zu seinen Jüngern machten und sie heiligten und leiteten (vgl. Mt 28, 16–20; Mk 16, 15; Lk 24, 45–48; Jo 20, 21–23). So sollten sie die Kirche ausbreiten und unter der Leitung des Herrn durch ihr Dienen weiden alle Tage bis zur Vollendung der Zeiten (vgl. Mt 28, 20). In dieser Sendung wurden sie am Pfingsttag voll bekräftigt (vgl. Apg 2, 1–16) gemäß der Verheißung des Herrn: ‚ihr werdet die Kraft des Heiligen Geistes empfangen, der über euch kommen wird, und werdet mir Zeugen sein in Jerusalem und in ganz Judäa und Samaria bis an das Ende der Erde' (Apg 1, 8). Die Apostel aber verkündigten allenthalben das Evangelium (vgl. Mk 16, 20), das von den Hörenden kraft des Heiligen Geistes angenommen wurde, und sie versammelten so die gesamte Kirche, die der Herr auf die Apostel gegründet und auf den heiligen Petrus, ihren Vorsteher, gebaut hat: Christus Jesus selbst aber ist der Eckstein (vgl. Apk 21, 14; Mt 15, 18; Eph 2, 20)" (CE 19).

Dies also bedeuten die *Apostel* für die Kirche. Was aber bedeutet es von daher für die *Kirche*, daß sie sich auf die Apostel bezieht, daß sie apostolische Kirche ist?

2. *Apostolizität in der Nachfolge*

Haben die Apostel Nachfolger? Kann ein Grund, ein „Fundament" (Eph 2, 20) ersetzt werden, ohne daß das Gebäude einstürzt? Die Apostel, die zum Grund, zum Fundament der Kirche geworden sind, behalten diese Bedeutung über die erste Generation hinaus! Sie bleiben für die Kirche aller Zeiten und Orte die grundlegende und tragende Größe. Insofern es sich beim Apostolat um einen Dienst aufgrund einer besonderen Sendung handelt, kann man von einem Apostel*amt* reden, unter der Voraussetzung allerdings, daß man es nicht als hierarchische Machtstellung, sondern radikal als Dienst versteht. Das Apostelamt als ganzes ist *einmalig* und *unwiederholbar.* Als diejenigen Glieder der Urkirche, denen sich der auferstandene Herr unmittelbar bezeugte und die er selbst unmittelbar als seine Boten beauftragte, sind sie durch keine Nachfolger ersetzbar oder vertretbar. Für die Apostel ist entscheidend die unmittelbare Begegnung mit dem Herrn, den sie alle in irgendeiner Form als den aus den Toten Lebendigen erfahren haben. Die Selbstbezeugung des auferstandenen Herrn ist insofern ein einmaliges Ereignis, als sie der Kirche der Folgezeit nicht durch weitere Christuserscheinungen immer wieder neu versichert, sondern nur durch die Überlieferung des apostolischen Zeugnisses immer wieder neu verkündigt wurde. So ist die Verkündigung der Apostel, wie sie sich in den Schriften des Neuen Testaments niedergeschlagen hat, das ursprüngliche, grundlegende und für alle Zeiten maßgebende Zeugnis von Jesus Christus, das in seiner Einmaligkeit von keinem späteren Zeugnis ersetzt oder abgelöst werden kann. Die späteren Generationen in der Kirche bleiben an das Wort, an Zeugnis und Dienst der ersten „apostolischen" Generation gebunden. Die Apostel sind und bleiben die Urzeugen, ihr Zeugnis das Urzeugnis und ihre Sendung die Ursendung.

Was also soll da *apostolische Nachfolge?* Insofern die Apostel die unmittelbaren Zeugen und Boten des auferstandenen Herrn selbst sind, können sie keine Nachfolger haben. Es sind keine weiteren Apostel berufen worden. Der Apostolat als der unmittelbare grundlegende Zeugen- und Botendienst ist mit dem Tod der Apostel erloschen. Es gibt keine Wiederholung und Fortsetzung des Apostolats als der unmittelbaren Zeugenschaft und Sendung. Was aber bleibt, ist Aufgabe und Auftrag. Der apostolische Auftrag ist nicht erloschen; er dauert an bis zur Vollendung der Zeiten. Die apostolische Aufgabe ist nicht erfüllt; sie umfaßt alle Völker bis zu den Enden der Erde.

Die Apostel sind gestorben; es gibt keine neuen Apostel. Aber die *apostolische Sendung* bleibt. Die Sendung der Apostel geht über die Personen der Apostel hinaus. Die apostolische Sendung geschieht nun allerdings nicht mehr unmittelbar durch den Herrn, sondern erfolgt vermittelt durch Menschen. Und aufgrund der bleibenden apostolischen Sendung bleibt der *apostolische Dienst.* Aber dieser apostolische Dienst geschieht nicht durch weitere Berufungen zum Apostel, sondern im Gehorsam gegenüber den Aposteln als den ursprünglichen Zeugen und Boten des Herrn. Aufgrund der bleibenden apostolischen Sendung gibt es also im apostolischen Dienst eine *Nachfolge* der Apostel: eine apostolische Nachfolge im Gehorsam! Absichtlich sprechen wir nicht von „apostolischer Sukzession"; die theologische Problematik soll nicht durch sekundäre juristische und soziologische Vorstellungen verdunkelt werden. Unsere Frage aber ist: *Wer* ist in der Nachfolge der Apostel?

„Jene göttliche Sendung, die Christus den Aposteln anvertraut hat, wird bis zum Ende der Zeiten dauern (vgl. Mt 28, 20). Denn das Evangelium, das sie uns überliefert haben, ist für alle Zeiten der Ursprung jedweden Lebens für die Kirche" (CE 20). Die Konstitution geht von dieser grundlegenden allgemeinen Aussage sofort auf die Nachfolge der kirchlichen Ämter über (vgl. CE 20–29).

Die grundlegende Antwort kann nur die sein: die Kirche! Nicht nur einige Einzelne, sondern die ganze Kirche steht in der Nachfolge der Apostel. Wir bekennen die apostolische *Kirche!* Die *ganze* Kirche ist ja das von den Aposteln durch die Verkündigung des Evangeliums Jesu Christi gesammelte neue Gottesvolk. Die *ganze* Kirche ist der auf dem Grund der Apostel gebaute Geistestempel. Die *ganze* Kirche ist der durch den Dienst der Apostel zusammengehaltene Christusleib. So ist die bevollmächtigende Sendung der Apostel übergegangen auf jene Kirche, welche diese Apostel zusammengerufen, ist der bevollmächtigte Dienst der Apostel übergegangen auf jene Kirche, der diese Apostel gedient haben. Die Kirche ist im Gehorsam die Nachfolgerin der Apostel. Und aus diesem Gehorsam heraus hat sie dann auch Autorität und Vollmacht. Von der so verstandenen Apostolizität her wird entschieden über die wahre Einheit, Heiligkeit und Katholizität der Kirche: sie müssen aufruhen auf dem Grund der Apostel. Es geht also um eine nicht nur historisch, sondern sachlich verstandene Nachfolge: um den innerlichen *sachlichen Zusammenhalt.* Es ist ein Zusammenhalt, den die Kirche nicht einfach selbst herzustellen hat, sondern der ihr geschenkt wird durch den Geist Gottes und Christi, der die Apostel und ihr Zeugnis erfüllt und der auch die Kirche zur Nachfolge treibt und bewegt. Die Kirche hat sich nur dem Geist im Glauben zu öffnen, um den Gehorsam gegenüber den Aposteln und ihrem Zeugnis zu finden. In diesem Sinne geht es um eine apostolische Nachfolge im *Geist.* Auch Apostolizität ist Gabe und Aufgabe zugleich.

In zweifacher Hinsicht kann dieser sachliche Zusammenhang mit den Aposteln verdeutlicht werden: apostolisch, in der Nachfolge der Apostel ist die Kirche, wenn sie in allen ihren Gliedern die bleibende Übereinstimmung mit dem Zeugnis der Apostel und zugleich den bleibenden Zusammenhang mit dem Dienst der Apostel bewahrt.

1. Die Übereinstimmung mit dem *apostolischen Zeugnis:* Nicht durch direkte Eingebung, nur über das apostolische Zeugnis hört die Kirche ihren Herrn und seine Botschaft. Gewiß, sie soll nicht einfach die Apostel hören. Sie soll durch das Zeugnis der Apostel den Herrn selbst reden hören, soll ihn in ihrer Mitte durch das Zeugnis der Apostel das Wort führen lassen; wer sie hört, hört ihn. Aber auch umgekehrt: Wer sie nicht hört, hört ihn nicht. Es gibt für die Kirche keinen Weg zum Herrn an den Aposteln vorbei. Nur durch ihr Zeugnis kennt sie ihn. Der Apostel ursprüngliches und grundlegendes Zeugnis ist für die Kirche aller Zeiten und Orte Quelle und Norm ihrer Existenz in Verkündigung, Glauben und Handeln. Dieses Zeugnis muß in der Kirche immer wieder neu vernommen werden und in ihrem ganzen Leben zur Auswirkung kommen. Apostolische Nachfolge geschieht also in der immer wieder neuen lebendigen Konfrontation der Kirche und all ihrer Glieder mit diesem apostolischen Zeugnis, geschieht, wo sich dieses Zeugnis Gehör, Respekt, Glauben, Bekenntnis, Nachfolge verschaffen kann.

Dieses apostolische Zeugnis ist der Kirche nicht in abstrakter Unbestimmtheit, sondern in konkreter Geschichtlichkeit gegeben: Das lebendige Zeugnis der Apostel ist uns ursprünglich überliefert in den Schriften des Neuen Testamentes, die das Alte Testament implizieren. Das Neue Testament ist das ursprüngliche, grundlegende und so für die Kirche aller Zeiten maßgebende apostolische Zeugnis. Nicht als ob alle Schriften des Neuen Testamentes von Aposteln (im strengen Sinne) geschrieben wären! Wohl aber sind diese Schriften alle als ein gutes ursprüngliches (wenn auch nicht immer in gleichem Maße direktes und deutliches) Zeugnis der apostolischen Botschaft von der Kirche erkannt und anerkannt. Das ist der Sinn des neutestamentlichen Kanons, durch den die Kirche, die Geister unterscheidend, in einer langen Geschichte das gute apostolische

Zeugnis von den übrigen Überlieferungen faktisch ausgesondert hat. Was für Zeugnisse vom Ursprung gibt es denn *außerhalb* des Neuen Testaments? Was sich außerhalb des Neuen Testaments an Evangelien, Apostelgeschichten und Apostolischen Briefen findet und sich so als Zeugnis für den Ursprung ausgibt, sind – obwohl sie z. T. aus dem 2. Jahrhundert stammen – alles nur Apokryphen, deren Minderwertigkeit gegenüber der kanonischen Literatur schon dem oberflächlichen Leser erkenntlich und deren Unbrauchbarkeit als historische Quellen allgemein anerkannt ist. In diesem Sinne gibt es keine ursprüngliche, „apostolische" Tradition vom Ursprung außerhalb des Neuen Testamentes. Gute sachgemäße *kirchliche* Überlieferung gibt es faktisch nur in Interpretation, Explikation und Applikation dieser ursprünglichen, in der Schrift niedergeschlagenen *apostolischen* Überlieferung. Apostolische Nachfolge geschieht also konkret in der immer wieder neuen lebendigen Konfrontation der Kirche mit dem ursprünglichen, grundlegenden und maßgebenden Zeugnis der Heiligen Schrift, geschieht, wo man diesem biblischen Zeugnis in Verkündigung, Glauben, Handeln treu bleibt, wo die Bibel nicht geschlossenes Buch, ja überhaupt nicht Buch (weder Lehrbuch noch Gesetzbuch noch Geschichtsbuch) bleibt, sondern wo sie als ein redendes Zeugnis, als eine gute, frohe, den Menschen befreiende Botschaft hier und heute vernommen und geglaubt wird. Apostolische Nachfolge ist in diesem Sinne wesentlich Nachfolge im *apostolischen Glauben und Bekennen.*

2. Der Zusammenhang mit dem *apostolischen Dienst:* Die Kirche kann dem apostolischen Zeugnis, kann dem biblischen Zeugnis nicht anders treu sein als durch Dienst. Gewiß, die Kirche soll nicht den Aposteln dienen, die ja selber der Kirche Diener sind. Sie soll mit den Aposteln dem Herrn dienen, der ihr und der Apostel Herr ist. Aber die Kirche soll dies tun, indem sie sich in die Bewegung des Dienens hineinziehen läßt, in der sie die Apostel selbst bewegt sieht. Sie kann der apostolischen Sendung, Vollmacht und Autorität nicht anders gewiß sein als durch Dienen. Apostolizität kann nie ein unangefochtener Besitz, ein festes Eigentum sein, worüber die Kirche verfügen könnte. Apostolizität kann nie Macht und Gewalt sein, durch die die Kirche herrschen dürfte. Nicht ihr soll man sich unterordnen, sie selbst soll sich unterordnen: durch die Unterordnung unter die Apostel ihrem und der Apostel Herrn.

In der Nachfolge der Apostel kann sie lernen, was echte Unterordnung, echter Dienst ist. Apostolische Nachfolge der Kirche geschieht also gerade von der Konfrontation mit dem apostolischen Zeugnis her im lebendigen Nachvollzug des Dienstes der Apostel, der sich in so vielfältiger Weise ereignet: in der Verkündigung und Bezeugung des Evangeliums, in dem durch die Länder und Zeiten sich fortsetzenden Vorgang des Taufens, in der Gemeinschaft des Gebetes und des Mahles, in der Auferbauung der Gemeinden und in der Pflege der Gemeinschaft und der Einheit mit den Kirchen in aller Welt. Jedes Glied der Kirche hat hier seine Aufgabe, je nach dem ihm verliehenen Charisma. Und doch soll dies alles nicht um der Kirche selbst willen geschehen. Gerade apostolische Kirche kann nie Selbstzweck sein. Was sie tut, soll im Vollzug ihrer apostolischen Sendung nach außen, auf die Welt hin gerichtet sein, soll der Welt, der Menschheit dienen. Kirche sein und gesendet sein sind nicht zwei Dinge. Kirche ist nur, indem sie in der Nachfolge der Apostel sich immer wieder neu als zur Welt gesendet erkennt und erweist. Apostolische Nachfolge ist in diesem Sinne wesentlich Nachfolge nicht nur im apostolischen Glauben und Bekennen, sondern gerade von daher auch im *apostolischen Dienen.*

Damit ist deutlich gemacht: Auch die Apostolizität ist sowenig wie die Einheit, Heiligkeit oder Katholizität ein statisches Attribut der Kirche. Auch sie ist eine geschichtliche Dimension, eine Dimension, die in der Geschichte immer wieder neu zu realisieren ist. Auch Apostolizität muß sich immer wieder neu ereignen, muß Ereignis sein in einer Geschichte, die sich lebendig vollzieht zwischen Kirche und Aposteln, zwischen kirchlicher Verkündigung und apostolischem Zeugnis, zwischen dem Dienst der Kirche und dem Auftrag der Apostel. Diese Geschichte läßt sich nicht einfach neutral von außen betrachten. Apostolizität läßt sich nicht einfach konstatieren und demonstrieren. Diese Geschichte muß man mitmachen, um zu erkennen und zu verstehen, um zu erleben und zu erfahren, was Apostolizität der Kirche bedeutet. Ich muß mich selbst in die Nachfolge der Apostel hinein begeben, muß immer wieder neu ihr Zeugnis hören, ihrer Botschaft glauben, ihre Sendung und ihren Dienst nachvollziehen. Ich muß ein glaubendes und liebendes Glied der apostolischen Gemeinde sein und immer wieder werden. Dann erst kann ich verstehen, was ich sage, wenn ich bekenne: Credo apostolicam Ecclesiam!

Wir dürfen hier abbrechen oder vielleicht besser unterbrechen. Wir haben darzustellen versucht, was gemeint ist, wenn die Ekklesia, die als Gemeinschaft der Glaubenden Gottes Volk, des Geistes Geschöpf und Christi Leib ist, wenn diese Ekklesia sich als eine, heilige, katholische und apostolische Kirche versteht. Diese vier Attribute, diese vier Dimensionen sind alles andere als exklusiv. Die Aufzählung ist unvollständig und muß es auch sein; das Geheimnis der Kirche läßt sich nicht in dieser Weise ausschöpfen. Aber es dürfte deutlich geworden sein, daß es sich bei diesen vier Dimensionen nicht um beliebige, sondern um vom Neuen Testament her geforderte und so wesenhafte Dimensionen handelt. Es sind Dimensionen, die zutiefst miteinander zusammenhängen, ja, wie wir öfters feststellen konnten, ineinander übergehen und übergehen müssen. Was soll alle kirchliche Einheit ohne die Weite der Katholizität, die Kraft der Heiligkeit und den Ursprung der Apostolizität? Was alle kirchliche Katholizität ohne den Zusammenhalt der Einheit, das Ausgesondertsein der Heiligkeit und die Stoßkraft der Apostolizität? Was alle kirchliche Heiligkeit ohne die Verbundenheit der Einheit, die Weitherzigkeit der Katholizität und die Verwurzelung in der Apostolizität? Und was schließlich alle kirchliche Apostolizität ohne die Brüderlichkeit der Einheit, die Vielfalt der Katholizität und den Geist der Heiligkeit?

Könnten die Christen, könnten die christlichen Kirchen nicht auch bezüglich dieser vier grundlegenden Dimensionen der Kirche übereinstimmen? Sollte nicht auch hier mit einigem Aufwand an gegenseitigem Verstehen und Entgegenkommen ein grundlegender Konsensus möglich sein? Nicht ein Konsensus, der verschiedene theologische Interpretationen und Lehrdifferenzen verbietet. Aber ein Konsensus, der eine Spaltung der einen, heiligen, katholischen und apostolischen Kirche ausschließt! Doch um so dringender stellt sich dann gerade im Anschluß an die Apostolizität (aber im Grunde auch im Anschluß an Einheit, Heiligkeit und Katholizität) die Frage, die grundsätzlich zwar längst nicht die primäre, die aber faktisch leider die kirchenspaltende ist: Was ist denn die äußere Verfassung dieser einen, heiligen, katholischen und apostolischen Kirche, und was bedeutet für sie das kirchliche Amt?

E. DIE DIENSTE IN DER KIRCHE

I. DAS ALLGEMEINE PRIESTERTUM

1. *Christus als einziger Hohepriester und Mittler*

Vielleicht haben die bisherigen Ausführungen die Frage aufkommen lassen: Warum wird erst so spät von den Amtsträgern in der Kirche geredet? Die Antwort muß lauten, daß von ihnen von Anfang an die Rede war. Wir sprachen doch von Anfang an von der Gemeinschaft der Glaubenden! Der Grundfehler jener Ekklesiologien aber, die faktisch weithin zu einer Hierarchologie geworden waren (Ecclesia = hierarchia), war dieser: sie nahmen nicht mehr konkret ernst, daß jeder Amtsträger primär (zeitlich und sachlich!) nicht Amtsträger, sondern ein Glaubender und damit ein Glied der Glaubensgemeinschaft ist, und daß gegenüber diesem christlichen Grundfaktum alles Amtsmäßige durchaus sekundär und vielleicht sogar tertiär ist. Um es deutlich zu machen: Der Glaubende ohne jegliches Amt ist Christ und Glied der Kirche Christi; der Amtsträger ohne Glaube ist kein Christ und kein Glied der Kirche. So war denn mit der Kirche als der Glaubensgemeinschaft zu beginnen; von daher nur läßt sich das kirchliche Amt richtig verstehen.

Soll damit gesagt sein, daß die Gemeinde früher ist als das kirchliche Amt, bzw. daß die Gemeinde und nicht das Amt die letzte Instanz in der Kirche ist? Dieses Entweder-Oder ist für das Neue Testament keine Frage. Hier erscheinen Gemeinde und Amt, Amt und Gemeinde als *vorletzte* Instanzen vor der einen letzten Instanz, die Jesus Christus, der Herr der Kirche, selbst ist, gegenwärtig handelnd im Geist. Und mit Christus sind gegeben seine ersten Zeugen und Boten, die mit ihrem Urzeugnis die Grundlage der Kirche bilden: die Apostel sind somit Gemeinde *und* Amt vorgeordnet. Gemeinde und Amt haben sich vor den Aposteln und ihrem Zeugnis als apostolisch auszuweisen, haben sich vor dem von den Aposteln grundlegend verkündigten Herrn und seiner Botschaft zu verantworten.

Er ist erste und letzte Instanz für die gesamte Kirche. Von ihm müssen wir ausgehen, wenn das Verhältnis von Amt und Gemeinde (Kirche) richtig bestimmt werden soll.

Es kann dabei nicht übersehen werden: vom Christusereignis her haben die in diesem Zusammenhang üblichen Begrifflichkeiten und Wirklichkeiten des Priestertums, des Mittlertums und des Amtes eine radikale Umorientierung, eine grundlegende „Änderung" (vgl. Hebr 7, 12) erfahren: „Denn Christus ist das Ende des Gesetzes, zur Gerechtigkeit für jeden, der glaubt" (Röm 10, 4). Die Kirche aber ist immer wieder in Gefahr, diese Begriffe nicht von Christus her zu verstehen, sondern in ihrer Interpretation wieder ins Judentum oder Heidentum zurückzusinken. Wir beginnen mit der Klärung der Begriffe „Priester" und „Mittler". Wer ist nach dem Neuen Testament Priester und Mittler?

a) *Priester*[1]: Das moderne Wort „Priester" (spanisch presbítero, franz. prêtre, ital. prete, engl. priest, holl. priester) kommt über das lateinische Lehnwort presbyter vom griechischen πρεσβύτερος, der Ältere, dann auch der Gemeindevorsteher. Doch der Gehalt des heutigen Begriffs Priester ist keineswegs mit dem ursprünglichen Gehalt des Wortes Presbyter identisch. Vielmehr wird der Bedeutungsgehalt von Priester schon in der lateinischen Kirchensprache und von dorther auch in den modernen Sprachen vom eigentlichen griechischen Wort für Priester ἱερεύς, bzw. vom lateinischen sacerdos (ital. und span. sacerdote) bestimmt, für welches moderne Sprachen wie Deutsch, Englisch, Holländisch, Französisch allerdings auch kein anderes Wort zur Verfügung haben als „Priester" (priest; englisch nur Adjektiv sacerdotal, französisch nur unpersönlich le sacerdoce = Priestertum). Sachlich muß zur Bestimmung des Priestertums vom Wort ἱερεύς ausgegangen werden, womit der Priester im religionsgeschichtlichen Sinn, dessen vorzügliche Aufgabe die Darbringung von Opfern ist, gemeint wird. Wer also ist nach dem Neuen Testament Priester im Sinne des ἱερεύς?

---

[1] Neben den Abschnitten der dogmatischen Handbücher über das *Priestertum* vgl. vor allem den Art. von *G. Schrenk* in: ThW III, 221–284, sowie die diesbezüglichen Art. in den übrigen bibl. und theol. Lexika; neben den bibl. Theologien auch *O. Cullmann*, Die Christologie des NT (Tübingen 1957) 82–107; *T. F. Torrance*, Royal Priesthood (Edinburgh - London 1955).

Der überraschende Befund ist, daß „Priester" im ganzen Neuen Testament nie für kirchliche Amtsträger gebraucht wird (das gilt nicht nur von ἱερεύς, sondern auch von ἀρχιερεύς, ἱεράτευμα, ἱερατεία, ἱερωσύνη, ἱερατεύειν). „Priester" („Hohepriester") werden genannt die alttestamentlich-jüdischen (Mk 1, 44 par; 2, 26 par; 14, 53 usw.; Lk 1, 5; 10, 31; Jo 1, 19; Apg 4, 1. 6) oder heidnischen (Apg 14, 13) Würdenträger. Überraschend ist weiter, daß Jesus in seiner Verkündigung für das Bild des Priesters und den Kult im allgemeinen keine Verwendung hat; seine Verkündigung, wenn auch nicht ausgesprochen und grundsätzlich kultkritisch (vgl. aber z. B. Mt 12, 3—8 par; Mt 26, 61 par), liegt mehr in der Linie des Prophetismus. Nicht aus dem Priesterdienst, sondern aus der profanen Umwelt nimmt Jesus seine Bilder (eindrückliche Kritik am Priesterstand, dem der ketzerische Samariter überlegen ist, bei Lk 10, 31 f). Weder sich selbst noch seine Jünger hat Jesus je als Priester bezeichnet.

Nur unter dem tiefen Eindruck des einzigartig gehorsamen, Gott und den Menschen hingegebenen Lebens und Sterbens Jesu hat die Gemeinde gelernt, Jesu Tod in der kultischen Bildlichkeit des Opfers (eine der vielen Bildlichkeiten, die zur Umschreibung des Christusereignisses benützt werden) zu verstehen: Jesu Tod also als Opfertod (deshalb die Bedeutung des „Blutes", des „Lammes"), ja — und dies ist die gewaltige kultische und zugleich kultkritische Konzeption des Hebräerbriefes[2] — Jesus selbst als „Hohepriester". Nicht im Sinne eines statischen Priesterkultes in einem Heiligtum, sondern primär im Sinne eines Opferweges, den der Sohn im Gehorsam geht durch den Vorhang seines Fleisches, seines Todes hindurch, damit mit ihm auch die Bundesgemeinde Zugang zum Throne Gottes habe; nur von diesem geschichtlichen Weg her ist des Hohepriesters Christus jetziges Eintreten für die Brüder zu verstehen, bis er wiederkommt: „Jesus Christus ist gestern und heute derselbe und in Ewigkeit" (Hebr 13, 8). Aber gerade in dieser Perspektive erfolgt mit Berufung auf die Propheten eine grundlegende, ja grundstürzende Kritik des alttestamentlichen Priestertums, die es unmöglich macht, neutestamentliche Dienste als eine Fortsetzung des alttestamentlichen Priestertums zu verstehen! Den christlichen Lesern, die mit dem vergangenen Kult liebäugeln, wird unmißverständlich erklärt:

---

[2] Lit. s. unter C I, 2 d.

Christus hat das alttestamentliche Priestertum erfüllt und damit auch abgetan! In dreifacher Hinsicht läßt sich die Erfüllung, Überbietung und Aufhebung des alttestamentlichen Priestertums aufzeigen:

1. Wie der alttestamentliche Priester ist Christus Priester nicht aus eigener Anmaßung, sondern aus Gottes Berufung (5, 4–6). Aber als Gottes Sohn ist er es in radikalem Bruch mit dem bisherigen Priestertum: unableitbar, nicht aus dem Stamme Levis, sondern aus Juda; unregulierbar, nicht nach der Ordnung Aarons, sondern der des geheimnisvollen Melchisedech (7, 1–28).

2. Wie der alttestamentliche Priester vertritt Christus das von Sünden niedergedrückte Volk, welches nicht wirksam zu opfern und zu beten vermag, vor Gott, indem er doch zugleich in allem den Menschen und ihrer Schwachheit gleich ist und barmherzig mitfühlt und hilft (2, 17f; 5, 1–3). Aber der entscheidende Unterschied, der die Gleichheit aufhebt, ist die Sünde, mit der das alttestamentliche Priestertum selbst belastet ist und die es nicht letztlich zu beseitigen vermag (7, 11. 19; 9, 9; 10, 2f), die aber Jesus als der Hohepriester, der sich nicht aufgrund eines ruhenden Attributs, sondern kämpfend durch die Versuchung hindurch in Gehorsam als sündenlos erwiesen hat, überwand, so daß er nicht für seine eigenen Sünden zu opfern braucht (7, 26f; 4, 15; 5, 7–9; 2, 18).

3. Wie des alttestamentlichen Priesters ist es auch Christi, blutige und unblutige Sühneopfer für die Sünden darzubringen (5, 1; 8, 3; 10, 11). Aber es sind nicht mehr Sachopfer, Blut von Böcken und Stieren, fremdes Blut, unvollkommene Opfer, die immer wieder neu wiederholt werden müssen und doch nicht Versöhnung und vollendete Gemeinschaft mit Gott bringen können (9, 6f; 10, 1f). Sondern es ist das totale Opfer der opfernden Person selbst, die sich in der Hingabe des eigenen Blutes, des eigenen Lebens, ganz dahingibt. So hat dieser Hohepriester sich selbst opfernd das vollkommene Opfer geleistet, das keine Wiederholung braucht, sondern ein für allemal geleistet ist: „Er hat nicht wie die Hohenpriester täglich nötig, zuerst für die eigenen Sünden Opfer darzubringen, dann für die des Volkes; denn dies hat er ein für allemal getan, als er sich selbst darbrachte" (7, 27; vgl. 9, 24–28; 10, 19).

Das ist das „einmalige" Opfer – ἐφάπαξ (ἅπαξ) im Gegensatz zum „täglich", „öfters", „jährlich" des früheren Opfers –, das „einzige Opfer" (10, 12), die „einzige Opfergabe" (10, 14) des neuen, einzigen und ewigen Hohepriesters der Endzeit, der durch die Erfüllung des Willens Gottes im Gehorsam die Sünde endgültig beseitigte und die volle Gemeinschaft mit Gott definitiv herstellte: „Und in diesem Willen sind wir geheiligt durch die Opfergabe des Leibes Jesu Christi ein für allemal. Und jeder Priester steht täglich da und verrichtet den Gottesdienst und bringt immer wieder dieselben Opfer dar, die doch die Sünden niemals völlig hinwegnehmen können. Dieser aber hat sich, nachdem er ein einziges Opfer für die Sünden dargebracht hat, für immer zur Rechten Gottes gesetzt und wartet fortan, bis seine Feinde zum Schemel seiner Füße gemacht werden. Denn durch eine einzige Opfergabe hat er die, welche geheiligt werden, für immer zur Vollendung geführt" (10, 10–14).

Was bedeutet dies für die Kirche des Neuen Testaments? Durch das einmalige, endgültige, unwiederholbare und deshalb abschließende Opfer des einen bleibenden, ewigen Hohepriesters ist alles menschliche Priesterwerk erfüllt und aufgehoben worden. Ein anderer ist zum Priester bestellt worden (7, 15), der Priester ist in Ewigkeit (7, 12); dies vollzieht sich nicht mehr nach dem früheren Gebot (7, 16); das frühere Gebot wurde annulliert (7, 18); der alte Bund ist veraltet (8, 13). Wer mit Christus sein will, der vor dem Lager gelitten hat, muß aus der alten kultischen Gebundenheit des Judentums, dessen alte Priester mit dem eigentlichen Altar, mit Christus, nichts mehr zu tun haben, ausziehen und Anschluß bei Jesus finden (13, 10–13). Anstelle aller von Menschen dargebrachten kultischen Opfer tritt das in Selbsthingabe vollkommene Opfer, anstelle aller menschlichen Priester tritt der vollkommene Priester (vgl. auch Apk 1, 13; Jo 17). Wo alle vorausgehenden Priester nur Unvollkommenes, Ungenügendes taten, da hat er ein für allemal das Genügende getan, satis fecit, hat er genug getan. Dieser Hohepriester muß und kann von niemandem abgelöst werden. Er hat das Ganze, das Vollkommene getan, das keiner Ergänzung, Wiederholung oder Überbietung bedürfte oder fähig wäre! Das ist der Grund, weswegen im Hebräerbrief weder die Engel als Priester vor Gott anerkannt werden noch die Gemeinde ein Priesteramt kennt: Christus hat die Wahrheit des Priestertums endgültig erfüllt. Jesus Christus ist *der* Hohepriester des neuen Bundes, *der* Stellvertreter, Vicarius des Volkes vor Gott, *der* – und diesem Wort müssen wir nun unsere Aufmerksamkeit schenken, bevor wir die Gedanken über das Priestertum Christi zu Ende führen – Mittler.

b) *Mittler*[3]: Das biblische Hebräisch und Aramäisch kennen keinen Ausdruck für Vermittler, obwohl das Mittlertum im göttlichen Sinn (der Bote Jahwes, der Geist, die Weisheit) wie im menschlichen Sinne (Könige, Priester, Propheten, insbesondere Moses und der Gottesknecht der Ebed-Jahwe-Lieder) für die alttestamentliche Religion von größter Bedeutung ist. Das griechische μεσίτης (lat. mediator) wird abgleitet von μέσος (medius) und meint offenkundig einen, der in der Mitte oder dazwischen steht. Damit ist nicht so sehr der räumlich Mittlere, sondern der neutrale Vertrauensmann, der Schiedsrichter bei juridischen Transaktionen, der Abgesandte, der Bürge, der eine Kaution hinterlegt, und unter Umständen auch der Vermittler einer Beziehung, die bisher nicht bestanden hat, gemeint (analog wird das Verb μεσιτεύειν = vermitteln gebraucht). Die Rabbinen machen aus dem Vermittler im rechtlichen Sinn einen Vermittler im geschäftlichen und dann auch religiösen Sinn, indem sie, den hebräischen Ausdruck sarsor (= Makler, Unterhändler) verwendend, unter dem Mittler mehr als einen Vermittler, nämlich einen Händler verstehen. Dadurch besteht die Möglichkeit, den Mittler so zu verstehen, daß er nicht über den Parteien steht oder nur Gesandter ist, sondern daß er sich selbst persönlich engagiert, Autorität hat und Initiativen ergreift.

Weder die Synoptiker noch die Apostelgeschichte noch Johannes kennen den Ausdruck Mittler, wiewohl nach ihnen Jesus mittlerische Funktionen (insbesondere Sündenvergebung) wahrnimmt; die messianischen Titel und Logia wie Mk 10, 45 wären hier zu untersuchen. Für die Gemeinde wird Jesus erst als Erhöhter der Mittler im vollen Sinn. Doch erst die späten neutestamentlichen Schriften gebrauchen den Terminus für Christus. Paulus wendet ihn noch nicht auf Christus an, sondern – ein einziges Mal und hier in rabbinischem Sinne – auf Moses nicht als Abgesandten Gottes, sondern als Sachwalter, Unterhändler des Volkes; aus der Vermittlung des Gesetzes durch einen Mittler wird auf die untergeordnete Bedeutung des mosaischen Gesetzes geschlossen (Gal 3, 19 f). In 1 Tim 2, 5 f jedoch wird der Ausdruck Mittler zur Begründung des allgemeinen Heils-

---

[3] Neben den betr. Abschnitten in den dogmatischen Handbüchern über das *Mittlertum* Christi vgl. vor allem die Art. von *C. Spicq* in: DBS V, 983–1083, und von *A. Oepke* in: ThW IV, 602–629, sowie die diesbezüglichen Art. in den übrigen bibl. und theol. Lexika und den bibl. Theologien.

willens für Christus gebraucht: „Es gibt nur einen einzigen Gott, und auch nur einen einzigen Mittler zwischen Gott und den Menschen: der Mensch Christus Jesus, der sich als Lösegeld für alle dahingegeben hat." Nicht mehr um den Mittler zwischen Gott und Israel, sondern zwischen Gott und allen Menschen geht es hier, wobei das Menschsein, die Schicksalsverbundenheit mit seinen Brüdern, in welcher Jesus die Verantwortung für die Sünde übernimmt und das „Lösegeld", sein Blut, bezahlt, von grundlegender Bedeutung ist. Mag der Mittler hier im hellenistischen Sinn als Friedensvermittler, der eine Kaution hinterlegt, oder mehr im jüdischen Sinn als Sachwalter der Menschen vor Gott verstanden werden, entscheidend ist: Es gibt nur einen *einzigen* Mittler, und das ist Jesus Christus.

Daß „Mittler" gerade im Hebräerbrief an drei wichtigen Stellen (in mehr hellenistischer Prägung) vorkommt, wird nach dem über den Hohepriester Jesus Christus Gesagten nicht erstaunen. In allen drei Stellen geht es um den Bund. Über dem levitischen Priester steht der Hohepriester Jesus Christus, weil er ist „Mittler eines besseren Bundes, der auf höheren Verheißungen beruht" (8, 6). Christus ersetzt und überbietet den Mittler des alten Bundes, Moses, und führt den neuen Bund herauf, bürgt für ihn und gewährleistet die Verwirklichung der Verheißung („insofern ist Jesus auch eines besseren Bundes Bürge geworden" 7, 22). Durch den höchsten Preis, sein eigenes Blut und Leben, ist dieser neue ewige Bund besiegelt und garantiert worden: „Und deshalb ist er Mittler eines neuen Bundes, damit, nachdem erst ein Tod stattfinden mußte zur Erlösung von den Übertretungen unter dem ersten Bund, die Berufenen die Verheißung des ewigen Erbes empfingen" (9, 15). Der glaubende Mensch braucht sich nur diesem Mittler, dem Hohepriester und Anführer der neuen erlösten Menschheit anzuvertrauen, um miteinzuziehen in die Stadt des lebendigen Gottes: „Ihr seid gekommen zu dem Berge Zion und zu der Stadt des lebendigen Gottes . . . und zu dem Mittler des neuen Bundes, Jesus, und zu dem Blut der Besprengung, das mächtiger redet als das des Abel" (12, 22; 24).

Was folgt daraus für die Kirche des neuen Bundes? Kirche ist immer in Gefahr, sich und ihre Organe selbst zur Mittlerin zu machen. Das Neue Testament aber kennt zahlreiche Organe, die Gottes Erkenntnis und Willen kundtun (Engel, Apostel, Propheten usw.). Aber Mittler werden sie nie genannt. Mittler im eigentlichen Sinn ist nur ein einziger, der Mensch Christus Jesus (1 Tim 2, 5).

Alle anderen sind nicht mehr und nicht weniger als Zeugen und Gesandte dieses einen Mittlers, in welchem – und hier stimmen alle neutestamentlichen Schriften, auch wenn sie den Ausdruck Mittler nicht gebrauchen, überein – Gottes entscheidende eschatologische Heilstat geschehen ist. So heißt es in paulinischer Sicht: „Alles aber kommt von Gott, der uns durch Christus mit sich selbst versöhnte und uns (= dem Apostel) den Dienst der Versöhnung (= den Aposteldienst) verliehen hat. Denn Gott versöhnte in Christus die Welt mit sich selbst, indem er ihnen ihre Übertretungen nicht anrechnete und in uns das Wort der Versöhnung legte. So sind wir (= der Apostel) nun Gesandte für Christus, indem Gott durch uns ermahnt; wir bitten für Christus: lasset euch versöhnen mit Gott!" (2 Kor 5, 18–20). Und bei Johannes sagt Christus: „Ich bin der Weg, die Wahrheit und das Leben; niemand kommt zum Vater außer durch mich" (Jo 14, 6; vgl. 12, 32; 17, 18f). Die Aspekte des Mittlertums Christi sind so höchst vielfältig, je nachdem es mehr in der prophetischen, der priesterlich-sühnenden oder der königlich-kosmischen Perspektive und Christus selber mehr als Offenbarer, Hohepriester oder König und Haupt des Alls, bzw. der Menschheit, gesehen wird.

Für unseren Gedankengang aber ist wichtiger: Der Hohepriester öffnet allen den Eintritt ins Allerheiligste: „So haben wir nun, Brüder, kraft des Blutes Jesu zuversichtliche Hoffnung auf den Zugang in das Heiligtum, den er uns eingeweiht hat als einen neuen und lebendigen Weg hindurch durch den Vorhang, das heißt durch sein Fleisch. Wir haben einen hervorragenden Priester, der über das Haus Gottes waltet. So lasset uns hinzutreten mit wahrhaftigem Herzen in der Fülle des Glaubens, in den Herzen gereinigt vom bösen Gewissen und am Leib gewaschen mit reinem Wasser. Lasset uns das Bekenntnis der Hoffnung festhalten ohne Wanken; denn treu ist der, welcher die Verheißung gegeben hat" (Hebr 10, 19–23). „So laßt uns nun mit Zuversicht zum Thron der Gnade hinzutreten, damit wir Barmherzigkeit erlangen und Gnade finden zu rechtzeitiger Hilfe" (4, 16). Dadurch, daß Christus der einzige Hohepriester und Mittler zwischen Gott und allen Menschen ist, haben durch ihn *alle* Menschen, die an ihn glauben, unmittelbaren Zutritt zu Gott! „Durch ihn" (13, 15) sollen nun doch auch die Glaubenden Opfer darbringen. Aber der Opferbegriff ist radikal umgewertet: nicht mehr Opfer aus eigener Kraft, sondern durch Christi Vermittlung; nicht mehr Sühnopfer (das

Sühnopfer Christi braucht keine Ergänzung!), sondern Dank- und Lobopfer (für das durch Christus Vollendete); nicht die Hingabe äußerer Gaben, sondern die Hingabe seiner selbst. Opfer bedeutet so konkret Zeugnis und Bekenntnis sowie Liebesdienst: „Durch ihn also laßt uns Gott jederzeit ein Opfer des Lobes darbringen, das heißt: eine Frucht der Lippen, die seinen Namen bekennen. Der Wohltätigkeit aber und der Gemeinschaftspflege vergesset nicht; denn an solchen Opfern hat Gott ein Wohlgefallen" (13, 15 f). Hat nun aber ein solches Opfer nicht etwas mit Priestertum zu tun?

Wenn so durch Christus *alle* Glaubenden in dieser bestimmten Weise zu opfern haben, so bedeutet dies, daß durch den einen Hohepriester und Mittler *alle* Glaubenden—in einer ganz neuen Weise!—eine *priesterliche* Aufgabe haben. So folgt aus der Auflösung einer *besonderen* Priesterklasse durch das Priestertum des *einen* neuen und ewigen Hohepriesters — in einer seltsamen und doch sehr konsequenten Umkehr — das *allgemeine* Priestertum *aller* Glaubenden.

2. *Alle Christen als königliche Priesterschaft*

Das allgemeine Priestertum aller Glaubenden: wir mußten es eigentlich erwarten, wenn wir die bisherigen Aussagen über das Wesen der Kirche ernst nahmen.

a) Kirche ist *Gottesvolk*, und wir sahen[4], daß deshalb nie nur eine bestimmte Klasse oder Kaste innerhalb der Glaubensgemeinschaft Kirche ist. Sondern *alle* Glaubenden, in einer grundlegenden Gleichheit, sind die Kirche, sind Glieder des Gottesvolkes. Sie alle sind „Erwählte", „Heilige", „Jünger", „Brüder". Und gerade so sind sie alle die königliche Priesterschaft. Schon in der Gottesoffenbarung am Sinai war dem auserwählten Volk gesagt worden: „Ihr sollt mir ein Königtum von Priestern werden und ein heiliges Volk" (Ex 19, 6). Das ganze Volk soll also eine Priesterschaft sein, die dem Gottkönig zugehörig ist und an seiner Würde teilhat: „ein dem Herrn, deinem Gott, geweihtes Volk" (Dt 7, 6). Für die Heilszeit aber verheißen es die Propheten, daß ganz Israel ein Priestervolk sein werde: „Ihr aber werdet Priester des Herrn heißen; Diener unseres Gottes wird man

[4] Vgl. C I.

euch nennen" (Is 61, 6; vgl. 56, 6f). Ist vielleicht das Opfern bei Mt 5, 23f noch ein Nachhall des uralten allgemeinen Priestertums, das längst abgelöst ist durch das aaronische Amtspriestertum? Jedenfalls sind dies die Verheißungen, die die junge Kirche in ihrer Wirklichkeit erfüllt sieht, doch in ganz neuer Weise: statt nur des einen Volkes Israel sind es nun Menschen aus allen Heidenvölkern, die zum heiligen und priesterlichen Eigentumsvolk berufen sind.

Kirche ist *Christusleib*, und wir sahen auch da[5], daß nicht nur ein paar besonders vornehme Glieder, sondern alle Glieder im Leib Christi wichtig und mitbestimmend sind. Sie alle haben, auch hier aufgrund einer fundamentalen Gleichheit, ihre ganz bestimmte Würde und Aufgabe. Nicht einmal das Haupt kann etwa zu den Füßen sagen, es bedürfe ihrer nicht. Nein, sie alle haben einen Dienst aneinander zu erfüllen, in gegenseitiger Sympathie, in Mitleiden, Freude und Hilfe.

Kirche ist *Geistesbau*, und wir sahen auch hier[6], daß nicht nur ein paar ausgewählte Mittlergestalten vom Geist getrieben werden, es sind vielmehr *alle* Glaubenden vom Geist erfüllt. Die Propheten haben für die Endzeit die allgemeine Geistausgießung über alles Fleisch angekündigt (Joel 2, 28f); allen Kindern des Volkes soll der Geist ins Herz gelegt werden (vgl. Is 44, 3; 63, 14; Ez 36, 27; Zach 4, 6). Auch hier erkennen die neutestamentlichen Schriften die Erfüllung: Über die ganze Gemeinde und jeden Einzelnen ist der Geist ausgegossen worden (Apg 2; 1 Kor 3, 16). Alle Christen sind unmittelbar vom Geist belehrt, geführt, getragen und sollen nach dem Geiste leben. Dies ist der Unterschied zum alten Bund: nicht nur einigen Propheten und Königen, der ganzen prophetischen und königlichen Gemeinde aus Juden und Heiden ist der Geist geschenkt.

So erweist sich die Kirche als Geistestempel, als Tempel, der aus dem Geist existiert und bis ins letzte Glied hinein vom Geist erfüllt und belebt ist. Und gerade dieses Bild vom Geistestempel, der auf dem lebendigen Haupt- und Eckstein, nämlich auf dem aus den Toten lebendigen Jesus Christus, aus lebendigen Steinen, den Glaubenden, erbaut ist, dieses Bild vom Geistestempel – so konnten wir bereits andeuten – geht von selbst in das Bild von der Tempel-Priesterschaft über: „Zu ihm hinzutretend, dem lebendigen Stein, der zwar von

[5] Vgl. C III.
[6] Vgl. C II.

Menschen verworfen wurde, bei Gott aber auserlesen kostbar ist, sollt auch ihr selber, gleichsam als lebendige Steine, euch erbauen lassen als geistiges Haus zu heiliger Priesterschaft, um geistige, Gott wohlgefällige Opfer darzubringen durch Jesus Christus" (1 Petr 2, 4 f). Auch hier sind nicht irdisch-stoffliche Opfer, sondern pneumatisch-geistliche Opfer – Gebet, Lob und Dank, Früchte der Buße, des Glaubens und der Liebe – gemeint, Opfer, die nicht aus eigener Kraft, sondern „durch Jesus Christus", den einen Mittler und Hohepriester, dargebracht werden. So sollen die Glaubenden selbst im Tempel dienen als ausgesonderte „heilige Priesterschaft" (ἱεράτευμα).

Hier taucht das Wort „Priester" wieder auf, nicht von Amtspriestern, aber auch nicht nur vom einen Hohenpriester Christus gebraucht, sondern von ihm her und durch ihn von *allen* glaubenden Menschen. Das *ganze* Volk ist, vom Geist Christi erfüllt, ausgesonderte Priesterschaft! *Alle* Christen sind Priester! Es ist wahrscheinlich, daß anfänglich auch in Israel jedes Familien- oder Stammesoberhaupt das Priestertum ausübte. Aber längst war ein besonderes Priestertum aus dem Stamme Aaron gestiftet worden (Ex 28 f; Lev 6). In der Person des Königs war dann königliches und priesterliches Amt verbunden gewesen, und der messianische Retter sollte wiederum König und Priester zugleich sein (Ps 110). Aber längst war das Königtum vergangen. Und doch blieb es Israels Hoffnung, daß seine ursprüngliche Berufung (vgl. Ex 19, 5 f) in der Endzeit verwirklicht würde: das priesterlich und königlich freie Volk zu sein (vgl. Is 61, 6; 62, 3), in priesterlichem Dienst für die Ehre Gottes Zugang zum Altar zu haben und Opfer darzubringen und in königlicher Freiheit sein Leben selbst zu bestimmen. Und gerade dies, so war es die Glaubensüberzeugung der Christen, war in der jungen Kirche verwirklicht. Und so scheuten sie sich nicht, die großen Worte von Ex 19, 5 f mit Is 43, 20 und Os 2, 23 zu verbinden, die Würdetitel Israels zu häufen und so mit kaum überbietbarem Nachdruck auf die Kirche aus Heiden anzuwenden: „Ihr aber seid ‚das auserwählte Geschlecht, die königliche Priesterschaft, das heilige Volk, das Volk des Eigentums, damit ihr die herrlichen Taten dessen verkündigt', der euch aus der Finsternis zu seinem wunderbaren Licht berufen hat, euch, die ihr ehemals kein Volk waret, jetzt aber Gottes Volk seid, die ihr nicht begnadigt waret, jetzt aber begnadigt worden seid" (1 Petr 2, 9 f).

In einer der spätesten Schriften des Neuen Testaments, in der

Apokalypse, wird nochmals sehr deutlich ausgesprochen, daß die von Christus Erlösten zu Mitträgern der königlichen Herrschaft Gottes in der Welt und zu einer Priesterschaft für den Gottesdienst gemacht wurden: „Ihm, der uns liebt und uns durch sein Blut von unseren Sünden erlöst hat und uns zu einem Königreich, zu Priestern für Gott seinen Vater gemacht hat, ihm gebührt die Ehre und die Macht in alle Ewigkeit" (Apk 1, 5 f). Die Christen sind nicht mehr Untertanen, sondern mit Christus Herrscher, sind nicht mehr Profane vor dem Heiligtum, sondern durch Christus Priester: „Du hast sie für unseren Gott zu einem Königreich und zu Priestern gemacht, und sie werden herrschen auf Erden" (5, 10; vgl. 20, 6 für die Kirche der Zukunft).

b) Doch das Wort vom allgemeinen Priestertum bleibt allzuleicht ein negatives Schlagwort – auch und gerade in der evangelischen Theologie –, um nämlich priesterliche Bevormundung und Vermittlung abzuwehren. Dies mag vielfach eine berechtigte Reaktion auf den jahrhundertelangen theologischen wie praktischen Klerikalismus sein. Aber es wird doch alles darauf ankommen, daß der *positive* Sinn des allgemeinen Priestertums herausgestellt, daß die positive Bevollmächtigung und Verpflichtung erkannt *und* geübt wird. Von allgemeinem Priestertum kann man nur dort sprechen, wo jedes Glied der Gemeinschaft priesterliche Rechte und Funktionen ausüben *kann* und auch *wirklich* ausübt. Deshalb ist zu fragen: Was ist denn der *konkrete Inhalt* des allgemeinen Priestertums? Inwiefern ist das ganze Volk der Kirche priesterlich? Wir können auf das vom Neuen Testament her bereits Dargestellte aufbauen.

1. *Unmittelbarer Zugang zu Gott:* In heidnischen Kulten hatte vielfach nur der Priester Zugang zum Innersten des Tempels; er vermittelte zwischen der Gottheit und dem draußen wartenden profanen Volk. Auch im jüdischen Kult hatte nur die Priesterschaft bzw. überhaupt nur der Hohepriester Zutritt zum inneren Bereich bzw. zum Allerheiligsten des Tempels. Die Priester – ein besonderer Stand – hatten die Aufgabe, dem durch seine Sünden verunreinigten Volk immer wieder neu durch ihren Opferdienst die Gemeinschaft mit dem heiligen Gott zu vermitteln. Im Neuen Testament, so sahen wir, ist diese Art priesterlicher Vermittlung aufgehoben. Christus hat durch seinen Opfertod diese Vermittlung endgültig

vollzogen und damit den Zugang zum Allerheiligsten *allen* eröffnet. Im *Glauben* haben durch Christus *alle* unmittelbaren Zugang zur Gnade (Röm 5, 2; vgl. Eph 3, 12; Hebr 10, 22). In der *Taufe* erhalten *alle* Gemeinschaft mit Christus (Röm 6, 1—11) und werden *alle* mit reinem Wasser gewaschen, um vor Gott treten zu dürfen (Hebr 10, 22). Im einen *Geist* haben *alle* Zutritt zum Vater (Eph 2, 18). Glaube, Taufe und Geistempfang in einem bilden so die Grundlage des allgemeinen Priestertums der Glaubenden. Man kann deshalb mit Recht sagen, wie dies in der christlichen Tradition öfters wiederholt wird[7], daß durch die im Glauben empfangene Taufe im Geiste alle Glaubenden zu Priestern geweiht werden. Die Christen stehen nicht als Unreine an der Schwelle des Tempels, um zitternd durch die Priester als die heiligen Mittelspersonen Gnade zu erbitten. Nein, sie stehen selbst mitten drin im heiligen Tempel Gottes als die von Gott erwählte heilige Priesterschar, die selbst direkt mit Gott verkehren darf. Nicht die Schranke, die sie von Gott trennt, sondern die Gemeinschaft, die sie mit Gott durch Christus verbindet, ist für ihre neue Situation das Bestimmende. Der glaubende und getaufte Christ braucht somit in diesem letzten Sinn keinen menschlichen Mittler mehr, um mit Gott in Christus Gemeinschaft zu finden und Gemeinschaft zu bewahren. Jeder Glaubende steht auch als Glied der Gemeinde, steht auch als Mensch mit den Anderen und für die Anderen in einer letzten Unmittelbarkeit zu seinem Gott, die ihm auch in der Gemeinschaft kein menschliches Wesen nehmen und keine menschliche, auch keine kirchliche Autorität stören kann! In diesem innersten personalen Bereich fallen die letzten Entscheidungen zwischen diesem Menschen und Gott und damit auch zwischen diesem Menschen und seinem Mitmenschen. Hier wird der Mensch unmittelbar von Gottes Gnade getroffen und seinem Geist geführt. Hier findet er seine letzte Freiheit und seine letzte Verantwortung. Über die Entscheidungen, die in diesem Bereich der Unmittelbarkeit zwischen Gott und Mensch fallen, steht niemandem Urteil, Verfügungs- oder Befehlsgewalt zu.

2. *Geistige Opfer:* Das ein für allemal geschehene Opfer Christi hat alle priesterlichen Sühnopfer erfüllt und zugleich überflüssig gemacht[8]. Von allen Glaubenden aber werden im Neuen Bund die

[7] Vgl. *H. de Lubac,* Méditation sur l'Église (Paris 1953) 113—119.
[8] Vgl. C III, 2 und E I, 1.

Opfer erwartet, die auch der Alte Bund schon kannte und die für die Propheten höher waren als alle im Gesetze vorgeschriebenen materiellen Opfer (vgl. Os 6, 6; Mich 6, 6–8): Gebet, Lob und Dank, Buße, Gerechtigkeit, Güte, Liebe, Gotteserkenntnis. Von der allgemeinen Priesterschaft des Neuen Bundes werden deshalb geistige und damit auch geistgewirkte Opfer erwartet: „... eine heilige Priesterschaft, um geistige, Gott wohlgefällige Opfer darzubringen durch Jesus Christus" (1 Petr 2, 5). Nach Paulus ist es Aufgabe des Christen, das Leben als „lebendiges, heiliges, Gott wohlgefälliges Opfer darzubringen, als geistigen Gottesdienst" (Röm 12, 1). So spricht Paulus von einem „Opfer des Glaubens" (Phil 2, 17) und zugleich vom Dienst der Liebe als einem „süßen Wohlgeruch, lieblichen Opfer, Gott wohlgefällig" (4, 18). Paulus versteht so auch seine Verkündigung als einen priesterlich opfernden und sich selbst mitopfernden Dienst (Röm 15, 16; Phil 2, 17). Im Hebräerbrief werden als Opfer genannt Bekenntnis- und Liebesdienst (13, 15), in 2 Tim 4, 6 die Hingabe des Apostellebens, in Apk 8, 3 f die Gebete der Heiligen. Es geht hier überall letztlich darum, daß der Mensch nicht nur etwas, sondern sich selbst opfert, sich selbst hingibt: nicht um zu sühnen, sondern als Lob und Dank für die Gabe des Heiles. Er braucht sich dabei nicht wie die Priester der alten Ordnung Sorgen zu machen, ob sein Opfer Gott wohlgefällig sein würde. Er darf vielmehr von vorneherein damit rechnen, daß seine Hingabe von Gott angenommen wird. Denn sie geschieht nicht einfach auf eigene Empfehlung hin, sondern „durch Jesus Christus" (1 Petr 2, 5), der selbst der Hohepriester und das Gott wohlgefällige Opfer für uns ist (vgl. neben Hebr Eph 5, 2). Und deshalb geht es denn auch nicht nur um vergeistigte Opfer, sondern um Opfer, die von dem im Geist gegenwärtigen handelnden Herrn gewirkt sind. Doch ist damit auch deutlich geworden: Das allgemeine Priestertum der Glaubenden bedeutet keine Sakralisierung. Es geht bei diesem primär nicht um einen Gottesdienst in einem Heiligtum, sondern um einen Gottesdienst inmitten der Welt, mitten im weltlichen Alltag: aus der liebenden Hingabe an Gott die liebende Hingabe an die Menschen und umgekehrt! Darin besteht das wahre Opfer des neutestamentlichen Priestertums. Die Trennung von profan und sakral hat hier keinen Platz. Die Vollendung, in der die beiden Welten nicht mehr getrennt sind, erscheint bereits vorausgenommen. So sieht der Seher Apk 21, 22 die himmlische Stadt Jerusalem: „Und einen Tempel sah ich nicht in ihr; denn der Herr, der allmächtige Gott, ist ihr Tempel und das Lamm."

3. *Die Verkündigung des Wortes*[9]: Zum allgemeinen Priestertum gehört nicht nur das Zeugnis der Tat und des Lebens in liebender Hingabe, sondern auch das ausdrückliche Zeugnis des Wortes (vgl. Hebr 13, 15). Die Verkündigung des Wortes Gottes ist nicht nur einigen wenigen, sondern allen aufgetragen: „Ihr aber seid ... eine königliche Priesterschaft ..., damit ihr die Machttaten Gottes verkündet, der euch aus der Dunkelheit in sein wunderbares Licht berufen hat" (1 Petr 2, 9). Diese Verkündigung soll nicht nur durch guten Wandel (2, 12), sondern auch durch das ausdrückliche Zeugnis des Wortes selbst geschehen: „allezeit bereit zur Verantwortung gegen jeden, der von euch Rechenschaft fordert über die Hoffnung, die in euch ist" (3, 15). Das Wort vom Dunkel und vom Licht erinnert dabei an das Logion Jesu Mt 5, 14, das ebenfalls von allen Glaubenden gesagt ist: „Ihr seid das Licht der Welt!" Wenn das darauf folgende zweite Bildwort vom Licht Mt 5, 15 f die guten Werke des Menschen meint, so das erste vom Licht der Welt primär die Offenbarung, die der im Dunkel harrenden und verharrenden Menschenwelt zuteil wird (vgl. 4, 15 f). Deshalb gilt: „Was ich euch im Dunklen sage, das sollt ihr im Licht sagen. Und was ihr in das Ohr geflüstert hört, das sollt ihr auf den Dächern predigen!" (10, 27) Die Verkündigung der Botschaft ist der primäre Auftrag Jesu an seine Jünger (Mk 1, 35—38; 16, 15; Mt 28, 18—20; Apg 1, 8; 1 Kor 1, 17). Im Neuen Testament gibt es deshalb geradezu eine Überfülle von Worten, gegen dreißig verschiedene Termini, um Predigt und Verkündigung zu bezeichnen: verkünden, ausrufen, predigen, lehren, erklären, darlegen, sprechen, sagen, bezeugen, überzeugen, bekennen, überführen, mahnen, tadeln ... Die Fülle der verschiedenen Formen der Verkündigung läßt einen jeden seinen besonderen Beitrag zur Verkündigung leisten.

Das Wort ist es, das die Kirche schafft und immer wieder neu sammelt, indem es Glauben und Gehorsam weckt; von der Kirche soll das Wort immer wieder neu ausgehen (vgl. Röm 10, 14—17). Gerade als die durch das Wort „Berufenen" (Röm 1, 6; 1 Kor 1, 24;

---

[9] Vgl. *K. H. Schelkle*, Jüngerschaft und Apostelamt (Freiburg i. Br. 1957) 58—84. Weitere Lit. bei *H. Küng*, Rechtfertigung (Einsiedeln [4]1964), Exkurs III: K. Barths Lehre vom Wort Gottes als Frage an die katholische Theologie.

Hebr 9, 15) sollen die Glaubenden um das Wort besonders besorgt sein. Alle sollen beten für den Erfolg der Wortverkündigung: „daß das Wort des Herrn laufe und verherrlicht werden möge wie auch bei euch" (2 Thess 3, 1). Aber mit dem „Gebet für die Missionare" gibt sich Paulus offensichtlich nicht zufrieden. Die Glieder der Gemeinde sollen nicht nur beten, auch nicht nur das Wort der Apostel anhören und vor der Welt ein Zeugnis der Tat ablegen. Sie sollen auch selbst verkündigen, ja sogar auch im Gottesdienst selbst zu Worte kommen je nach dem Charisma, das dem Einzelnen verliehen ist: „Sooft ihr zusammenkommt, hat jeder einen Psalm, eine Lehre, eine Offenbarung, eine Zungenrede, eine Deutung. Alles soll zur Erbauung geschehen" (1 Kor 14, 26). Und gerade dadurch, daß alle Glaubenden die Möglichkeit und das Recht des Wortes in irgendeiner Form wahrnehmen, legen sie in ihrer Gesamtheit ein mächtiges Zeugnis des Glaubens ab, das auch Ungläubige zu bezwingen vermag: „Wenn aber (in der Versammlung) *alle* die Offenbarung verkünden und es kommt ein Ungläubiger oder Uneingeweihter hinzu, so wird er von allen überführt, von allen erforscht. Die Geheimnisse seines Herzens werden offenbar. Und er fällt auf sein Antlitz, betet Gott an und bekennt, daß in Wahrheit Gott in eurer Mitte ist" (1 Kor 14, 24f). Mindestens das Amen sollte die Gemeinde zur Danksagung des Propheten sprechen (1 Kor 14, 16).

Nur deshalb konnte sich die christliche Botschaft von Anfang an auch nach außen so rasch ausbreiten, weil sie nicht nur von einigen wenigen besonders Beauftragten, sondern von allen je nach Gabe und Gelegenheit weiterverkündigt wurde: nicht nur von Aposteln und Evangelisten, sondern auch von Kaufleuten, Soldaten, Seeleuten ... Auch die Apostelgeschichte legt darauf Gewicht, daß „alle, mit Geist erfüllt, das Wort Gottes freimütig verkündigten" (4, 31; vgl. 8, 4; 11, 19). Und Paulus bestätigt dies zum Beispiel von der Kirche in Thessalonich: „Von euch aus ist das Wort des Herrn nicht allein in Makedonien und Achaja erschollen, sondern an jeden Ort ist euer Glaube an Gott hinausgedrungen, so daß wir darüber nichts zu sagen brauchen" (1 Thess 1, 8). Auch als Paulus in Gefangenschaft war, verkündigte die Mehrzahl der Brüder das Wort furchtlos und mit wachsendem Mut, wenn auch nicht alle aus reinen Motiven (Phil 1, 12–18). Zwar wurde den Frauen in der neutestamentlichen Zeit – was zeitgeschichtlich und nicht grundsätzlich zu verstehen ist – für die Gemeindeversammlungen Schweigen geboten (1 Kor 14, 33–35; vgl. 1 Tim 2, 12); 1 Petr 3, 1 werden die Frauen jedoch an die ihnen eigene Form der Verkündigung gemahnt, nämlich auch „ohne Worte zu gewinnen". Nach Hebr 5, 12 sollte man allen Christen nicht nur Milch, sondern feste Speise geben können, sollten sie nicht noch in die Anfangsgründe des christlichen Glaubens eingeführt werden müssen, sondern selber Lehrer sein.

Wenn aber für Paulus in 1 Thess 4, 9 die Glaubenden „von Gott belehrt sind", so wird dieser Gedanke im 1. Johannesbrief noch verschärft. Gegenüber den Antichristen besitzen die echten Christen die „Salbung (= den Heiligen Geist) von dem, der heilig ist"; diese gibt ihnen das volle Wissen in bezug auf alles, was zum Heil entscheidend ist: „und ihr wißt alle" (1 Jo 2, 20; vgl. Jo 14, 26; andere Lesart: „ihr wißt alles"). Dieses Wissen wird vom Verfasser noch unterstrichen: „Ich habe euch nicht geschrieben, weil ihr die Wahrheit nicht kennt, sondern weil ihr sie kennt..." (1 Jo 2, 21). So bleibt der Geist in den Glaubenden; sie haben es nicht nötig, von irgend jemandem belehrt zu werden: „Und was euch betrifft, so bleibt in euch die Salbung, die ihr von ihm empfangen habt, und ihr habt nicht nötig, daß euch jemand belehrt. Sondern wie euch seine Salbung über alles belehrt, so ist es auch wahr und ist es keine Lüge, und wie sie euch belehrt hat, so bleibt ihr in ihm" (2, 27). Das bedeutet nicht, daß die Glaubenden das von Menschen überlieferte Zeugnis nicht brauchen (vgl. vielmehr 1, 1–5; 2, 7. 24; 3, 11). Wohl aber ist es der Geist als die in ihnen innerlich wirkende und von Menschen unabhängige Macht, die ihnen die wahrhaft überzeugende Belehrung und die letzte Gewißheit gibt. So ist deutlich geworden: Nur wer durch alles Menschenzeugnis hindurch von Gott, vom Heiligen Geist belehrt ist, kann die Botschaft bevollmächtigt weitergeben. Dies aber ist nach dem Zeugnis des Neuen Testaments jeder Christ. Jeder Glaubende kann und soll grundsätzlich als von Gott belehrt die anderen belehren, kann und soll als Empfänger des Wortes Gottes auch dessen Verkünder in irgendeiner Form sein. Jeder Christ ist zur Wortverkündigung im weitesten Sinn berufen, auch wenn bei der Verschiedenheit der Gaben keineswegs etwa jeder alles tun kann und soll. Alle sind zur Verkündigung im Sinne des persönlichen christlichen Zeugnisses berufen, nicht alle aber etwa zur Predigt oder Theologie im strengen Sinne.

Es geht bei dieser theologischen Darlegung über Recht und Verpflichtung aller zur Wortverkündigung nicht darum aufzuzeigen, was bei der jeweils wechselnden Situation von Kirche und Welt *praktisch realisierbar* ist; auch in den neutestamentlichen Kirchen war die Realisierung verschieden. Theologisch von Bedeutung ist vielmehr, was nach den angeführten neutestamentlichen Zeugnissen *grundsätzlich möglich und wünschenswert* ist. Dabei läßt sich nicht übersehen, daß vom ursprünglichen Reichtum des allgemeinen Priestertums durch den jahrhundertelangen Klerikalisierungsprozeß sehr viel verlorengegangen ist und erst in neuester Zeit wieder langsam zurückgewonnen wird. Auf zwei wichtige Phänomene ist gerade im Zusammenhang mit der Wortverkündigung hinzuweisen.

1. *Die Laienpredigt*[10]*:* Nachdem in der Urchristenheit auch die Wortverkündigung weitgehend von der charismatischen Struktur her bestimmt war, lassen sich bald – wohl nicht zuletzt aufgrund von Mißbräuchen, die schon in Korinth sichtbar werden – Bestrebungen beobachten, die die Predigt zu einem Vorrecht bestimmter Amtsträger machen, so schon im 2. Jahrhundert im Zusammenhang mit der Institutionalisierung des Katechumenats. Zwar wird noch im 3. Jahrhundert der Laie Origenes von den Bischöfen von Cäsarea und Jerusalem eingeladen, in ihren Kirchen die Heilige Schrift zu erklären; auch andere Fälle sind bekannt. Doch geht es schon hier mehr um Formen der Belehrung als der eigentlichen Predigt. Jedenfalls setzen sich nach dem 3. Jahrhundert immer mehr Restriktionen durch. Verbote der Laienpredigt finden sich bei Leo I. und verschiedenen frühmittelalterlichen Synoden (Tours 813, Aachen 836 usw.). Doch beweisen diese indirekt, daß Laienpredigten offenkundig immer wieder geübt und geduldet worden waren. Erst im 12. Jahrhundert bekam die Laienpredigt wieder wachsende Bedeutung in den verschiedenen Erneuerungsbewegungen der Waldenser, der Humiliaten (beschränkte Predigttätigkeit durch Innozenz III. gestattet) und der zu einem großen Teil aus Nichtpriestern bestehenden Bettelorden, denen Bußpredigt und sittliche Ermahnung, apologetische Verteidigung und Rechtfertigung des Glaubens gestattet wurden (trotz des Verbots der Laienpredigt für die Gesamtkirche durch die 4. Lateransynode 1215). Das Konzil von Trient hat dann die Predigten im strengen Sinn ausdrücklich den Bischöfen und ihren Mitarbeitern vorbehalten. Von daher kam das allgemeine Verbot der Laienpredigt in den Codex Iuris Canonici (1918). Doch hat auch noch auf dem Konzil von Trient ein Laie (Lodovico Nogorola) gepredigt, und auch im 2. Vatikanischen Konzil kamen Laien zu Wort mit predigtähnlichen Ansprachen an die Konzilsväter. Dies kurz zur Geschichte der Laienpredigt. Für die Gegenwart scheint eine sinnvoll angepaßte und geordnete Erneuerung der Laienpredigt nicht nur vom Neuen Testament, sondern auch vom heutigen Stand von Welt (Entkirchlichung, bzw. mündig gewordene säkulare Welt) und Kirche (Predigermangel und Mündigkeit der Laien in der Kirche) gefordert. Dies gilt besonders für den vom Vatikanum II erneuerten

---

[10] Vgl. Y. *Congar,* Jalons pour une théologie du laïcat (Paris 1953) 407–426 und K. *Delahaye,* Art. Laienpredigt, in: LThK VI, 747 f (Lit.).

Wortgottesdienst, der auch von Laien geleitet werden kann. Theologisch (und immer mehr auch psychologisch und soziologisch) ist dabei der Unterschied der Geschlechter ohne Bedeutung; gegen Predigten von Frauen lassen sich keine dogmatischen Gründe anführen! Dies bedeutet keineswegs, daß jeder Christ, der als Christ zur Wortverkündigung und zum persönlichen christlichen Zeugnis berufen ist, deshalb auch schon zum Predigen in der Gemeinde berufen ist. Die Charismen des Geistes sind verschieden. Doch sollen geschenkte Charismen auch zum Predigen dankbar anerkannt und in Dienst genommen werden. Gerade so wird dann öffentliche Predigt nicht ohne kirchliche Beauftragung und Schulung geschehen.

Im Protestantismus blieb das allgemeine Priestertum und auch die Laienpredigt zunächst mehr ein theoretisches Programmwort. Zur Laienpredigt kam es vor allem im Pietismus und in manchen Erweckungsbewegungen des 19. Jahrhunderts. Systematisch wurden Laienprediger und Laienpredigerinnen vom Methodismus und von der Gemeinschaftsbewegung (J. H. Wichern; Innere Mission) eingesetzt. Heute dürfte die Laienpredigt in den evangelischen Kirchen ziemlich allgemein anerkannt und auch recht häufig, jedenfalls in den Freikirchen, geübt sein. Auch die orthodoxen Kirchen gestatten den Laien im allgemeinen, in der Kirche zu predigen und an theologischen Schulen zu lehren. Besondere Bedeutung hat in der Orthodoxie das Mönchtum für die Unterweisung und die Anleitung zum geistlichen Leben.

2. *Laientheologie*[11]: Während die Laienpredigt schon früh zurückgedrängt wurde, konnte sich die Laientheologie länger halten. Die ersten großen christlichen Theologen waren meist Laien: Justin, Tertullian, Pantänus, Klemens von Alexandrien, Origenes (der erst später zum Priester geweiht wurde). Nachher waren Laien Victorinus, Pamphilus, Sextus Africanus, Lactantius, Firmicus Maternus, Prosper von Aquitanien, im Osten Sokrates, Sozomenos, Evagrios. Eine große Menge von Theologen haben ihr theologisches Werk mindestens als Laien begonnen (und wurden zum Teil gegen ihren Willen zur Priesterweihe gedrängt): Cyprian, Basilios, Gregor von Nazianz, Hieronymus, Augustin, Paulinus von Nola, Diodor von Tarsus. Auch im Mittelalter gab es noch wenige vereinzelte Laientheologen (berühmt ist Raimundus Lullus), besonders unter den Fürsten (noch Heinrich VIII. von England!). In der patristischen Zeit hatte es keine Aufspaltung zwischen einer dem Klerus reservierten religiös-theologischen Kultur und einer profanen Laienkultur im modernen Sinne gegeben; Laientheologen waren deshalb in der Kirche eine recht selbstverständliche Erscheinung. Durch den Untergang des Imperium Romanum und die Barbarenherrschaft aber erhielt und bewahrte praktisch allein der Klerus, insbesondere Bischöfe und Mönche, die reichen Schätze der antiken Bildungstradition. Dies führte zu einem fast ausschließlichen Bildungsmonopol der Kleriker, was sich selbstverständlich besonders in der Theologie auswirken mußte. Ganz anders war die Lage im Osten, wo eine gebildete Laienschaft (insbesondere die dort intakt

---

[11] Vgl. Y. *Congar* 427–449.

gebliebene kaiserliche Beamtenschaft) sich eine geachtete und einflußreiche Stellung in der Kirche zu wahren vermochte und wo dafür auch weithin der (im Westen seit dem Mittelalter wachsende) Antiklerikalismus ausblieb. Die Tradition der Laientheologie setzte sich so in den Ostkirchen bis auf den heutigen Tag fort (besonders in der theologischen Fakultät von Athen und im Institut de Théologie Orthodoxe von Paris).

Im Westen hat erst die langsame Wendung zur Neuzeit und insbesondere der Humanismus eine beschränkte Änderung bewirkt und die Laien wieder vermehrt in Verbindung mit der Theologie gebracht. Laientheologen waren Enea Silvio Piccolomini zur Zeit des Konzils von Basel (der spätere Pius II.), dann in der Reformationszeit besonders die führenden Männer einer konstruktiven katholischen Reform Gasparo Contarini, Reginald Pole und Marcello Cervini (der spätere Marcellus II.), die als Laien zu Kardinälen kreiert wurden (die beiden letzteren waren Präsidenten des Konzils von Trient), schließlich auf dem Konzil von Trient auch der Konzilssekretär Angelo Massarelli und der genannte Nogorola. Die Linie der Laientheologen setzte sich durch die folgenden Jahrhunderte (Pascal!) bis ins 19. Jahrhundert (de Maistre, Veuillot, Chateaubriand, Goerres, Donoso Cortés usw.) fort. Neben den Apologeten waren es immer mehr auch Philosophen (Neuthomismus!), die sich mit religiösen Fragen beschäftigten. Doch erst unser Jahrhundert kennt – und dies ist eines der hoffnungsvollsten Zeichen der Erneuerung – einen ungeahnten Aufschwung der Laientheologie, in deutschsprachigen Gebieten schon längst vor dem zweiten Vatikanischen Konzil, überall aber durch das Konzil indirekt stark gefördert. Theologisch gesehen besteht nicht der geringste Grund, Laientheologen und -theologinnen, die den theologischen Doktorgrad besitzen, die Lehrbefugnis an theologischen Fakultäten zu versagen. Auch hier soll nicht jeder meinen, jederzeit jedes in der Kirche tun zu können. Auch hier aber sind die geschenkten Charismen anzuerkennen und in Dienst zu nehmen.

4. *Vollzug von Taufe, Herrenmahl und Sündenvergebung:* Die Verkündigung geschieht in der Kirche in mannigfaltigster Weise. Das Wort Gottes ergeht auch im Gottesdienst nicht nur durch die Predigt. Es verbindet sich mit bestimmten Handlungen, die durch das Wort gedeutet und entscheidend bestimmt werden und die so zu wirksamen Verkündigungshandlungen werden. Als solche drängen sich von der Schrift her vor allem Taufe, Herrenmahl und Lossprechung auf[12]. Nach allem, was wir darüber gehört haben, erübrigt sich eine lange Darlegung, daß mit Taufe, Herrenmahl und Sündenvergebung nicht nur einige Auserwählte, sondern die ganze Jüngerschaft, die ganze Kirche angesprochen ist. So hat die Kirche

---

[12] Der Sakramentsbegriff, der einer weiteren Untersuchung bedarf, kann im Rahmen dieses Buches nicht geklärt werden.

schon immer den Taufauftrag[13], obwohl er nach Mt 28, 19 im engsten Kreis der Apostel gesprochen erscheint, als an die ganze Kirche gesprochen verstanden. Die *ganze* Kirche ist ermächtigt zu taufen; *jeder* Christ ist grundsätzlich ermächtigt zu taufen (und zu lehren!). So ist auch der Auftrag zur Sündenvergebung[14], wie er Mt 18, 18 im Zusammenhang einer allgemeinen Jüngerunterweisung, bzw. einer Gemeindeordnung erscheint, an die ganze Kirche ergangen. Die *ganze* Kirche ist ermächtigt, Sünden zu vergeben; und in Gemeinschaft mit der Kirche, die in der Vergebungsgemeinschaft Gottes und Christi steht, ist dann auch *jeder* Christ grundsätzlich ermächtigt, an der Sündenvergebung aktiv mitzuwirken. So ist schließlich auch die Feier des Herrenmahles[15], die sich wohl im Kreis der Zwölf vollzogen hat, und das „tut dies zu meinem Gedächtnis" (Lk 22, 19) der ganzen Kirche aufgetragen. Die *ganze* Kirche ist ermächtigt, den Leib des Herrn zu essen und sein Blut zu trinken, und *jeder* Christ ist grundsätzlich ermächtigt, an diesem eschatologischen Gedächtnis-, Dankes- und Bundesmahl aktiv teilzunehmen. So zeigt es sich von neuem, daß das allgemeine Priestertum auch im Hinblick auf den Gottesdienst eine in jeder Weise gefüllte Wirklichkeit darstellt.

Daß jeder Christ grundsätzlich zu taufen berechtigt ist, wurde nie bestritten. Inwiefern die Binde- und Lösegewalt von Mt 18, 18 vom Einzelnen grundsätzlich wahrgenommen werden kann, wurde im Zusammenhang der Laienbeichte[16] dargelegt. Bezüglich des Herrenmahles wird vom zweiten Vatikanischen Konzil mit Berufung auf das allgemeine Priestertum der Glaubenden ausdrücklich festgestellt: „Die Mutter Kirche wünscht sehr, alle Gläubigen möchten zu der vollen, bewußten und aktiven Teilnahme an den liturgischen Feiern geführt werden, wie sie das Wesen der Liturgie selbst verlangt und zu der das christliche Volk, ‚das auserwählte Geschlecht, das königliche Priestertum, der heilige Stamm, das Eigentumsvolk' (1 Petr 2, 9; vgl. 2, 4 f) kraft der Taufe *Recht* und *Amt* besitzt. Diese volle und tätige Teilnahme des ganzen Volkes ist bei der Erneuerung und Förderung der heiligen Liturgie aufs stärkste zu beachten, ist sie doch die erste und notwendige Quelle, aus der die Christen wahrhaft christlichen Geist schöpfen sollen" (Constitutio de Sacra Liturgia 14; vgl. 26—27). Das allgemeine Priestertum wird unterstrichen durch die – seit Jahrhunderten unnötig umstrittene und verwehrte, nun aber mindestens grundsätzlich zugestandene – Gewährung des Laienkelches durch dasselbe Konzil. Mit diesen Aussagen

[13] Vgl. C III, 1.
[14] Vgl. D III, 2 a.
[15] Vgl. C III, 2.
[16] Vgl. D III, 2 a.

über die grundsätzliche Ermächtigung zu aktiver Teilnahme an Taufe, Herrenmahl und Sündenvergebung ist allerdings noch nicht darüber entschieden, wer öffentlich in der Gemeinde und für die Gemeinde verantwortlich taufen, die Sündenvergebung zusprechen und das Herrenmahl vollziehen kann und soll. Darauf ist im Zusammenhang mit dem Amt zurückzukommen.

5. *Mittlerische Funktion:* Im Gottesdienst der Gemeinde, insbesondere im Herrenmahl, hat der priesterliche Dienst der Gemeinde seinen Ursprung. Auswirken aber muß er sich von da in der Welt, im Dienst aneinander in der Gemeinde und zugleich an den Menschen in der Welt. Allgemeines Priestertum ist nie nur das private Verhältnis des Christen zu seinem Gott. Was immer wir bisher über den Zugang zu Gott, über die geistigen Opfer in liebender Hingabe, über die Verkündigung des Wortes und den Vollzug von Taufe, Herrenmahl und Sündenvergebung zu sagen hatten, muß letztlich den Menschen zugutekommen, muß immer auch Dienst aneinander und Dienst an der Welt sein.

So aber werden alle Glaubenden in das mittlerische Wirken des einen Mittlers hineingezogen. Es ist ein mittlerisches Tun von Gott her zur Welt hin, insofern die Glaubenden Gottes verborgene Werke und Machttaten offenbar machen und wirksam werden lassen. Jeder Christ ist dann ein Priester Gottes, insofern er Zeuge Gottes vor der Welt ist: „... damit ihr untadelig und ohne Falsch werdet, makellose Kinder Gottes mitten unter einem verkehrten und verdrehten Geschlecht, unter dem ihr leuchtet wie Himmelslichter in der Welt" (Phil 2, 15; vgl. 1 Thess 5, 5). Es ist aber zugleich ein mittlerischer Dienst auch von der Welt her zu Gott hin, insofern die Glaubenden sich nicht nur durch geistige Opfer für die Mitmenschen hingeben, sondern auch für sie bitten. Jeder Christ ist ein Priester für die Welt, insofern er glaubend freien Zugang zu Gott hat und für andere vor sein Angesicht treten und für sie eintreten darf: „So ermahne ich nun zuallererst, Bitten, Gebete, Fürbitten, Danksagungen darzubringen für alle Menschen" (1 Tim 2, 1).

So besteht das allgemeine Priestertum in der Berufung der Glaubenden, in der Welt von Gott und seinem Willen zu zeugen und im Dienst an der Welt das eigene Leben darzubringen. Gerade von Gott her schafft das gemeinsame Priestertum Gemeinschaft unter den Glaubenden. Jeder weiß: er steht für Andere vor Gott! Und jeder weiß: Andere stehen für ihn vor Gott. So ist jeder für seinen

Mitmenschen verantwortlich, aufgerufen, seinen Kampf mitzukämpfen und seine Not mitzuleiden, an seiner Sünde mitzutragen und in allem bei ihm zu stehen. So ist allgemeines Priestertum die Gemeinschaft, in der jeder nicht für sich, sondern vor Gott von den Anderen und für die Anderen lebt: „Traget einer des Anderen Last, so werdet ihr das Gesetz Christi erfüllen" (Gal 6, 2). So wird der Gottesdienst des allgemeinen Priestertums aus einem Gottesdienst in der Gemeinde zu einem Gottesdienst im Alltag der Welt!

Mit dem zweiten Vatikanischen Konzil lassen sich die Aussagen über das allgemeine Priestertum auf folgende Weise zusammenfassen: „Christus der Herr, als Hohepriester aus Menschen genommen (vgl. Hebr 5, 1–5), hat das neue Volk ‚zum Königreich und zu Priestern für Gott und seinen Vater gemacht' (vgl. Apk 1, 6; 5, 9f). Durch die Wiedergeburt und die Salbung mit dem Heiligen Geist werden die Getauften zu einem geistigen Bau und einem heiligen Priestertum geweiht, damit sie in allen Werken eines christlichen Menschen geistige Opfer darbringen und die Machttaten dessen verkünden, der sie aus der Finsternis in sein wunderbares Licht berufen hat (vgl. 1 Petr 2, 4–10). So sollen alle Jünger Christi ausharren im Gebet und gemeinsam Gott loben (vgl. Apg 2, 42–47) und sich selbst als lebendige, heilige, Gott wohlgefällige Opfergabe darbringen (vgl. Röm 12, 1); überall auf Erden sollen sie für Christus Zeugnis geben und allen, die es fordern, Rechenschaft ablegen von der Hoffnung auf das ewige Leben, die in ihnen ist (vgl. 1 Petr 3, 15)." (CE 10) Weitere Ausführungen des Konzils über das allgemeine Priestertum durch die Teilnahme der Laien am priesterlichen, prophetischen und königlichen Amt Christi vgl. CE 34–36.

c) Wir verstehen nun besser: Das allgemeine Priestertum ist nicht nur ein theologisches Schlagwort oder eine leere Ehrenbezeichnung. Hinter dem Namen des allgemeinen Priestertums verbirgt sich eine höchst gefüllte, konkrete Wirklichkeit. Ein Letztes aber muß in diesem Zusammenhang herausgestellt werden: Zu dieser Wirklichkeit gehört dann auch dieser *Name*, der ihr nicht genommen werden darf. Wir müssen nochmals auf den Namen *„Priester"* (immer im Sinne des ἱερεύς oder sacerdos verstanden) zurückkommen. Obwohl es nach dem Neuen Testament eindeutig kein Priestertum mehr gibt, das dem unpriesterlichen Volk gegenübersteht, sondern das ganze neue Volk zum Priestertum geworden ist, so ist in den vergangenen Jahrhunderten der Name Priester meist den Gemeindeleitern reserviert und das allgemeine Priestertum – wenn überhaupt! – bestenfalls kommemoriert worden. Dabei ist doch recht auffällig, wie sehr zögernd man den Namen Priester überhaupt auf die Gemeindeleiter angewendet hat. Nach dem Neuen Testament wirkt sich das Kreuzesopfer Christi zwar im Herrenmahl aus, ist aber das Herrenmahl selbst kein in sich stehendes eigenes Opfer und auch keine Wiederholung des einmaligen Kreuzesopfers Christi[17]. So wird denn das Herrenmahl im Neuen Testament auch nie Opfer genannt. Nur außerhalb des Neuen Testaments, zuerst in Didache 14, 1–3 (dann auch bei Justin und Irenäus) wird das Herrenmahl Opfer genannt. Nachdem so das Herrenmahl immer weniger als gemeinschaftliches Mahl des gesamten priesterlichen Volkes und immer mehr als eine Art neuen Opfers, von den Gemeindeleitern für die Gemeinde dargebracht, mißverstanden wird, war die Grundlage dafür gelegt, die Gemeindeleiter – wie im Heidentum und Judentum – *im Gegensatz zum Volk* Priester zu nennen, wobei in der Folge immer mehr Idee und Vorstellungen des alttestamentlichen Priestertums auf diese neutestamentlichen „Priester“ angewendet werden. Zum erstenmal erscheinen wiederum in der Didache (15, 1) die Gemeindeleiter als Leiter des Herrenmahles, allerdings gegenüber den Propheten (13, 3 „eure Hohepriester“ genannt!) nur in zweitrangiger Stellung (vgl. 15, 1 f; 10, 7; 13, 3). Im 1. Klemensbrief, wo ebenfalls die Gemeindeleiter auch Leiter des Herrenmahles zu sein scheinen (44, 4), werden kultische Einrichtungen des Alten Bundes als Vorbilder des Kultes der Gemeinde (nicht wie im Hebräerbrief des Kultes des Hohepriesters Christus!) gedeutet (40 f). Doch noch Ignatios von Antiochien vermeidet auch dort, wo er vom Kult der Gemeinde und dem Bischof spricht (Magn 7, 1; Philadelph 4, 1 f), den er zusammen mit den Presbytern, wie vor ihm niemand, als einzelnen heraushebt, den Terminus „Priester“. Erst Tertullian nennt einmal (!) den Bischof „summus sacerdos“[18], und Hippolyt spricht vom „Hohepriestertum“ (ἀρχιερατεία) der Apostel[19]. Erst Eusebios schließlich spricht in seiner Festrede die Kleriker als „Priester“ an[20].

Bei der rapide zunehmenden Klerikalisierung der Kirche findet man dann immer weniger etwas daran, ausschließlich bestimmte Amtsträger „Priester“ zu nennen; das allgemeine Priestertum tritt in der Folgezeit im Bewußtsein der Gläubigen und der meisten

---

[17] Vgl. C III, 2.
[18] *Tertullian,* De baptismo 17, 1; CC 1, 291.
[19] *Hippolyt,* Refutatio, Proömium I, 6; GCS 26, 3.
[20] *Eusebios,* Hist. eccl. X, 4, 2; GCS 9/2, 862.

Theologen beinahe vollständig in den Hintergrund. Was ist zu dieser Entwicklung zu sagen? Aufgrund unserer Darlegungen können wir uns mit zwei zusammenfassenden Bemerkungen begnügen: Daß man auch die Gemeindeleiter „Priester" nennen kann, braucht gerade vom allgemeinen Priestertum her nicht bestritten zu werden. Daß man aber die Gemeindeleiter *exklusiv* als „Priester" versteht und sie im Anschluß an heidnische und jüdische Vorstellungen erneut zu einer gesonderten Kaste macht, die *zwischen* Gott und den Menschen steht und dem priesterlichen Volk den unmittelbaren Zugang zu Gott versperrt, widerstreitet nach all dem, was wir gesehen haben, der neutestamentlichen Botschaft sowohl vom *einen* Mittler und Hohepriester Jesus Christus wie auch vom allgemeinen Priestertum *aller* Christen.

Ähnlich problematisch ist die Beschränkung eines zweiten Wortes, nämlich πνευματικοί = Spirituales, Pneumatiker, „*Geistliche*"[21] (Geistlichkeit; holländ.: geestelijke; das Englische wie die modernen romanischen Sprachen haben kein direktes Äquivalent) auf die Gemeindeleiter, bzw. Ordensleute (oder sogar — wie bei den Spirituales — nur auf einen bestimmten Zweig von Ordensleuten). Schon im 1. Jahrtausend hat man gerade die Mönche als Pneumatiker bezeichnet. Einer der größten Prediger des Mittelalters, Berthold von Regensburg († 1272), nennt dann die Religiosen „geistliche Leute" im Unterschied zum Weltklerus! Doch schon mit Gregor VII. bahnt sich entschieden die Entwicklung an, die sich dann im 15. Jahrhundert durchsetzte, „Geistliche" als Standesbezeichnung des Klerus überhaupt (also der Ordens- und Weltgeistlichen) in Abgrenzung gegenüber den „Laien" zu verstehen. Die Loslösung von Leib, Ehe, Frau und so der Zölibat und dann auch die Loslösung von persönlichem materiellem Besitz bildeten das Charakteristikum dieser „Geistlichen". Ihnen gegenüber mußten die ehe- und besitzverhafteten „Laien" als die „Fleischlichen" oder—wie man ebenfalls seit dem 11. Jahrhundert formulierte—die linke Seite des Leibes Christi erscheinen. Hier wurde faktisch das mönchische Lebensideal, welches oft mehr neuplatonistischen Ideen als dem Evangelium Jesu Christi entsprechend interpretiert wurde und dem immer mehr auch die Weltkleriker nach-

[21] Vgl. *E. Schweizer,* Art. πνεῦμα, πνευματικός im NT, in: ThW VI, 394–450; *G. May,* Art. Geistlich, in: LThK IV, 618; *K. H. Schelkle,* Ihr alle seid Geistliche (Einsiedeln 1964).

zueifern hatten, zur Norm des „geistlichen Lebens" gemacht. Ist aber dies, so muß gefragt werden, der Sinn der paulinischen Unterscheidung zwischen geistlich und fleischlich gesinnten Menschen?

Nach dem Neuen Testament, so haben wir im Zusammenhang mit der Kirche als Geistesgeschöpf[22] festgestellt, sind *alle* glaubenden und getauften Christen vom Geist erfüllt („Ihr seid ... im Geist, da ja Gottes Geist in euch wohnt" Röm 8, 9), und deshalb *Geistliche:* „Ihr die Geistlichen ..." (Gal 6, 1); „und das reden wir auch ... mit Worten, die vom Geist gelehrt sind, indem wir Geistliches für Geistliche deuten" (1 Kor 2, 13). Diese „Geistlichen" sind offenkundig nicht eine bestimmte Gruppe von Ekstatikern, Spiritualisten oder Asketen, sind aber erst recht nicht irgendwelche Amtsträger. Vielmehr sollen *alle* Christen – die ja alle glaubend in der Taufe das Pneuma, den Geist empfangen haben – Pneumatiker, Geistliche sein. Allen gilt die Mahnung des Apostels: „Wandelt im Geist, so werdet ihr die Lust des Fleisches nicht vollbringen. Denn das Fleisch gelüstet wider den Geist, den Geist aber wider das Fleisch" (Gal 5, 16f). Doch „Fleisch" bedeutet nach Paulus selbst nicht Ehe und materiellen Besitz, bedeutet nicht einmal „Fleischessünde" im engsten Sinne (= Unzucht), sondern überhaupt den Menschen in der Ferne von Gott und im Gegensatz zu Gott, den Menschen, der sich nicht vom Geist Gottes, sondern von seinen eigenen Strebungen, Lüsten und Süchten treiben und beherrschen läßt. „Werke des Fleisches" sind nach Paulus nicht nur Unzucht und Ausschweifungen, sondern auch „Götzendienst, Zauberei, Feindschaften, Streit, Eifersucht, Zornausbrüche, Ränke, Zwietrachten, Parteiungen, Neid, Völlerei, Schwelgerei und was dem ähnlich ist" (Gal 5, 19–21). In Kol 2, 23 wird sogar die Askese als Werk des Fleisches hingestellt. Die Früchte des Geistes aber sind „Liebe, Freude, Friede, Langmut, Freundlichkeit, Gütigkeit, Treue, Sanftmut, Enthaltsamkeit" (Gal 5, 22f). „Geistlich" ist so der Mensch, der, der Sünde abgestorben, die Möglichkeit und die Freiheit ergreift, für Gott zu leben: der sich vom Geist, welcher nicht ein Geist der Knechtschaft, sondern der Kindschaft ist, treiben läßt (Röm 8, 14f). Der Geist ist dabei kein dinglicher Besitz, über den der Mensch verfügen kann; der Geistträger ist nach wie vor der Versuchung und Anfechtung ausgesetzt und hat sich stets neu für Gott zu entscheiden, hat stets neu nicht nach dem Fleisch, sondern nach

[22] Vgl. C II.

dem Geist zu leben. Mit dem Indikativ ist also auch hier ein Imperativ verbunden: *Jeder* Christ *ist* ein Geistlicher, ein Pneumatiker, ein Geistesmensch, insofern er dem Fleisch, der Sünde gestorben ist und Gottes Geist empfangen hat. *Jeder* Christ *soll* ein Geistlicher, ein Pneumatiker, ein Geistesmensch sein, insofern er die Sünde tötet in seinem Leben, insofern er lebt im Geist und Früchte des Geistes hervorbringt.

Ein dritter problematischer Ausdruck, der ungebührlich auf Einzelne in der Kirche eingeschränkt wird, ist „*Klerus*"[23]. Apg 1, 17. 26 bot dazu Anlaß. In Apg 1, 26 wird das Wort τὸ κλῆρος in seinem ursprünglichen Sinn gebraucht: Gemeint ist das *Los*, das als Ausdruck des Willens Gottes zur Bestimmung des Matthias als Nachfolger des Judas gebraucht wird (nach Mk 15, 24 par wird das Los zur Verlosung der Kleider Jesu gebraucht). Von dieser ursprünglichen Bedeutung her bekommt dann κλῆρος auch den allgemeineren Sinn des *Anteils*, der jemandem zugeteilt wird. So wird das Wort in Apg 1, 17 gebraucht: Judas hatte „das Los = den Anteil dieses Dienstes empfangen", d. h., Judas hatte Anteil am Aposteldienst empfangen als etwas, das er nicht selbst erworben hat, sondern das ihm zugeteilt worden war. Von dieser Bedeutung her lag es nahe, Klerus zunächst für den Anteil am Presbyterium und schließlich für alle kirchlichen Amtsträger zu gebrauchen. So wurde κλῆρος schon bei Origenes[24] zu einer festen Bezeichnung für kirchliche Amtsträger im Unterschied zum Volk. „Klerus" heißen so bei Hieronymus[25] die Amtsträger, insofern sie das besondere Eigentum des Herrn sind oder der Herr selbst ihr Los, ihr Anteil ist. In der nachkonstantinischen Zeit wurde aus der biblischen Scheidung zwischen (priesterlichem!) „Volk" (λαός) und „Nicht-Volk" (οὐ λαός, 1 Petr 2, 10) immer mehr die Scheidung zwischen „Volk" (= „laici") und „Priestern" (= Klerus)[26]. Der Ausdruck „Laie" (= λαικός) — im griechischen Sinne die nicht unterrichtete Masse, im jüdischen Sinne der Mann, der weder Priester noch Levit ist — findet sich im ganzen Neuen Testament nicht, wohl aber im 1. Klemensbrief (40, 6), wo er den einfachen Gläubigen im

---

[23] Vgl. *W. Foerster* in: ThW III, 757–763; *H. Flatten* in: LThK VI, 336–339; *Y. Congar*, Art. Laie, in: HTG II, 7–25.
[24] *Origenes*, In Jer. 11, 3; PL 13, 370.
[25] *Hieronymus*, Ep. 52, 5; CSEL 54, 421.
[26] Vgl. C I, 3.

Gegensatz zu Hohepriester, Priestern und Leviten meint; seit dem 3. Jahrhundert wird der Ausdruck in der Kirche geläufig. Immer mehr hatte sich so die Spannung zwischen Kirche und Welt (die nun selbst zu einer „christlichen" geworden war) in das Innere der Kirche verlagert und war zu einer Spannung zwischen „Klerus" (Weltpriester und Mönche) und „Laien" geworden. Dabei erhielt der Klerus immer mehr eine privilegierte Stellung und entwickelte sich zu einem eigenen soziologischen Stand mit eigenen Privilegien, Immunitäten, Kleidern, Titeln, Pflichten (Zölibat, Brevier usw.), mit eigener (lateinischer) Bildung und eigener (lateinischer) Liturgie. So waren die Kleriker die Gebildeten, die literati, die nämlich Latein verstanden und die somit lesen und schreiben konnten. Ihnen gegenüber waren die Laien die ἰδιῶται, idiotae, illiterati; die βιωτικοί, saeculares oder die populares, populi. Ein großer Teil der Konflikte innerhalb der mittelalterlichen Kirche, aber auch die Reformation und zahlreiche neuzeitliche Auseinandersetzungen zwischen „Klerikalismus" und „Laizismus" gründen in der langen Geschichte dieses Konflikts zwischen Klerikern und Laien, welche Bonifaz VIII. in seiner Constitutio vom 31. Juli 1297 mit folgendem merkwürdigem Satz zusammenfaßte: „Daß die Laien den Klerikern feindlich gesinnt sind, überliefert übergenug die Vorzeit" (clericis laicos infestos oppido tradit antiquitas).

Mit dieser antiquitas kann jedenfalls nicht das Neue Testament gemeint sein. Was ist von der neutestamentlichen Terminologie her über diesen Gegensatz zu sagen? Wir haben bereits ausgeführt, daß zum „Volk" (λαός) *alle* gehören. Es gab schon in der frühen Kirche eine Verschiedenheit der Gaben und Aufgaben, aber keine Verschiedenheit zwischen einem Laienstand und einem Klerikerstand. Und wenn einerseits der Begriff „Laien" allzu leichtsinnig dem priesterlichen Gottesvolk, soweit es nicht Amtsträger war, zugeschoben wurde, so wurde andererseits der Begriff „Klerus" allzu selbstverständlich von den Amtsträgern okkupiert. Man übersah, daß im Neuen Testament κλῆρος auf keinen Fall mit dem Anteil an einem kirchlichen Amt identifiziert werden kann. In 1 Petr 5, 2f scheinen mit κλῆροι sogar die Gemeinden oder Gemeindeglieder als der den Ältesten zugewiesene Teil gemeint zu sein. Das Wort hat einen viel weiteren Sinn. Klerus meint zwar nicht mehr wie im Spätjudentum „Anteil an Moses", sondern Anteil am Wort Gottes (Philippus zum Magier Simon: „Du hast weder teil noch Anteil an diesem Wort"

Apg 8, 21) und insbesondere Anteil am eschatologischen Heil: „... ich sende dich, um ihnen die Augen zu öffnen, damit sie sich von der Finsternis zum Licht und von der Gewalt des Satans zu Gott bekehren, auf daß sie durch den Glauben an mich Vergebung der Sünden und einen Anteil unter den Geheiligten empfangen" (Apg 26, 17f). Oder Kol 1, 12: „dem Vater dankend, der uns fähig gemacht hat, *Anteil* zu haben am Erbe der Heiligen im Licht". Auch Ignatios von Antiochien gebraucht das Wort verschiedentlich im Sinne von „Los"; interessant ist Eph 11, 2, wo der Unterschied zum späteren kirchlichen Gebrauch besonders deutlich wird: ἵνα ἐν κλήρῳ 'Εφεσίων εὑρεθῶ heißt selbstverständlich nicht: „damit ich im Klerus der Epheser erfunden werde", sondern: „damit ich im Los, Anteil der Epheser erfunden werde", d. h., „damit ich das Los der Epheser (der den Aposteln treuen Christen) teilen möge"!

Wird also „Klerus" theologisch verstanden, so ist es der Anteil am eschatologischen Heil, den Gott *jedem* einzelnen Glaubenden in Gemeinschaft mit allen Glaubenden schenkt. Dieser Anteil wird weniger als „Los" denn als von Gott bereitetes „Gut" verstanden. Aber damit ist in Umkehrung der Bestimmung des Hieronymus zu sagen: Der besondere „Anteil" (clerus) des Herrn ist gerade nicht der „Klerus", sondern das ganze Gottesvolk; und Christus ist der „Anteil" (clerus) nicht nur des „Klerus", sondern des ganzen Gottesvolkes! Und das heißt: Auch das Wort „Klerus" gehört grundlegend nicht nur den Amtsträgern, sondern der ganzen Kirche! Es darf ihr, wenngleich es vom Neuen Testament her auch von Einzelnen gebraucht werden kann, nicht genommen werden.

Was wir so vom Neuen Testament her interpretierend mit den Worten „Priester", „Geistliche", „Klerus" getan haben, ist nur eine Weiterführung und Anwendung von dem, was schon zu Anfang vom Worte „Ekklesia", „Kirche", zu sagen war: Ekklesia sind nicht nur diejenigen, die man in den vergangenen Jahrhunderten vielfach „Kirche" genannt hat. Ekklesia, Kirche sind *alle* Glaubenden, und so sind auch *alle* Glaubenden Priester, Geistliche, Klerus!

Doch die Frage wird nun dringend: hat in einer solchen radikal neutestamentlichen Auffassung von der Kirche so etwas wie ein kirchliches Amt noch Platz? Kommen wir nicht schon in Verlegenheit, wenn wir einem solchen Amt einen Namen geben müssen, sobald die Namen Priester, Geistliche, Klerus als partikulare exklusive Namen vom Neuen Testament her wegfallen?

II. KIRCHLICHES AMT ALS DIENST

1. Dienst in der Nachfolge Christi

Welche *Namen* brauchen wir heutzutage meist für das kirchliche Amt als solches, wenn wir nun von den Namen „Priester", „Geistliche", „Klerus" absehen wollen? An Namen fehlt es nicht: man spricht von kirchlicher „Obrigkeit", „Behörde", „Regierung", „Verwaltung", von kirchlichen „Würdenträgern" und „Autoritäten", von „Kirchenfürsten" und von „Hierarchie". Die Frage der Terminologie ist keineswegs belanglos für die Bestimmung des Wesens des kirchlichen Amtes.

Wenn das kirchliche Amt hier im Vergleich zu manchen traditionellen ekklesiologischen Traktaten kürzer behandelt wird, so hat das drei Gründe:

1. Wir wollen auch hier die Proportionen der Heiligen Schrift wahren, die keine Hypertrophie des kirchlichen Amtes im Verhältnis zur Kirche kennt.
2. Wir wollen wie das (geschichtlich verstandene) *Wesen* der Kirche so auch nur das (geschichtlich verstandene) *Wesen* des kirchlichen Amtes bestimmen; ein Großteil der in den traditionellen Traktaten behandelten Fragen aber betreffen nicht das Wesen, sondern nur eine bestimmte nicht wesenhafte *Gestalt* des kirchlichen Amtes.
3. Wir haben in unseren Prolegomena zu dieser Abhandlung über das Wesen der Kirche, in „Strukturen der Kirche", die längsten Abschnitte gerade den besonders schwierigen Aspekten der Problematik des kirchlichen Amtes gewidmet und versucht, manche Schwierigkeiten bezüglich Wesen und Gestalt des Amtes zu klären. Das dort in den Kapiteln VI–VIII (S. 105 bis 335) Dargelegte muß hier vorausgesetzt werden.

Das profane und auch das neutestamentliche Griechisch ist an Äquivalenten für diese modernen Ausdrücke nicht verlegen. Und es ist für uns wichtig zu sehen, welche Worte das Neue Testament gebraucht und für wen es sie gebraucht. Wir fangen mit dem letzten Wort unserer Aufzählung, das zugleich das gebräuchlichste sein dürfte, an, um sogleich feststellen zu müssen: „Hierarchie" findet sich nicht nur im klassischen, sondern auch im neutestamentlichen Griechisch nicht. Erst ungefähr ein halbes Jahrtausend später wird es eingeführt von Pseudo-Dionysios Areopagites, der aber mit ἱεραρχία (= heiliger Ursprung, heilige Herrschaft) gerade nicht nur die Amtsträger (bzw. deren Über- und Unterordnung in einer Gesamtheit) meint, sondern die *ganze* Kirche mit allen ihren Ständen, die für Dionysios als ganze ein Abbild der himmlischen Geisterwelt und ihrer Ordnungen ist. Doch diese Tatsache bräuchte uns nicht zu beunruhigen, wenn nicht auch alle übrigen im profanen Griechisch für zivile und religiöse Behörden gebrauchten Termini im Zusammenhang mit kirchlichen Diensten konsequent vermieden würden. Dies gilt vom Grundwort für Hierarchie ἀρχή (ἄρχων), aber auch für τιμή und τέλος[27].

1. ἀρχή, welches stets einen Primat, sei es der Zeit („Anfang", „Prinzip"), sei es des Ranges („Macht", „Gewalt", „Amt"), besagt, meint im Zusammenhang des Amtes ein Vorangehen, Anführen, Herrschen. Die Septuaginta braucht das Wort profan (etwa für ägyptische Hofbeamte) und religiös (für Hohepriester, levitische Türhüter). Das Neue Testament braucht es für jüdische und heidnische Behörden und in einem anderen Sinn für Christus (Kol 1, 15 f: Christus ist Anfang, Weltprinzip), doch nie für irgendwelche kirchliche Dienste. Ähnlich meint die Personbezeichnung ἄρχων (= Herrscher, Fürst) — neben dämonischen Gewalten — römische und jüdische Beamte oder aber Christus (Apk 1, 5: „Herrscher über die Könige der Erde"), aber nie kirchliche Dienste.

2. τιμή, welches Wert, Kaufpreis, Schätzung, Ehre, Ehrbarkeit besagt, meint im Zusammenhang des Amtes die Ehren- und Würdestellung. So wird das Wort im Neuen Testament nur einmal gebraucht: in Hebr 5, 4 für die hohepriesterliche Amtswürde.

3. τέλος, welches Ende, Abschluß, Ziel, Rest besagt, meint im Zusammenhang mit Amt die Machtvollkommenheit. Οἱ ἐν τέλει sind die Machthaber. Das Wort fehlt in diesem Sinne im Neuen Testament vollständig.

Warum kann denn das Neue Testament diese an sich so naheliegenden Worte offensichtlich nicht gebrauchen? Für das Neue Testament haben sie alle mit ihren verschiedenen Ausprägungen den falschen Generalnenner: sie drücken alle ein Herrschaftsverhältnis aus. Und gerade dies ist es, was auf keinen Fall in Frage kommt. Und so bleibt im Grunde nichts anderes übrig als ein neues Wort zu entwickeln. Und es war denn auch ein unbiblisches, ein weder in der jüdischen noch in der hellenistischen Umwelt in diesem Sinne übliches, ja ein im Grunde unreligiöses Wort, das man heranzog. Die besondere Stellung und Funktion eines Einzelnen in der Gemeinde wurde umfassend umschrieben mit jenem Wort, das keine Assoziationen mit irgendeiner Behörde, Obrigkeit, Herrschaft, Würde- oder Machtstellung wachrufen konnte: mit διακονία, Dienst[28].

---

[27] Vgl. die entsprechenden Art. im ThW.
[28] Vgl. *H. W. Beyer* in: ThW II, 81–93; *K. H. Schelkle*, Jüngerschaft und Apostelamt (Freiburg i. Br. ^{3}1965).

Es ist bezeichnend, daß man für die neutestamentlichen Dienste selbst jenes Wort umging, das wegen seines kultischen Gebrauchs in der Septuaginta besonders nahegelegen hätte. λειτουργία und das Verb λειτουργεῖν haben mit dem heutigen Wort „Liturgie" ursprünglich allerdings kaum etwas zu tun. Ihr Ursprung ist politisch-profan und besagt: die mehr oder weniger freiwillige Verrichtung von Dienstleistungen für das Gemeinwesen durch den Bürger (im Hintergrund steht auch hier λαός : λήιτος = das Volk betreffend). Neben dem abgeblaßten Gebrauch für jede Dienstleistung überhaupt findet sich dann auch schon im Profangriechischen eine Spezialisierung des Gebrauchs auf kultische Verrichtungen: Dienstleistungen für die Götter. Und diese Bedeutung beherrscht die Septuaginta, wo beide Worte technische Bezeichnungen für den priesterlichen kultischen Dienst werden, während die hier seltene Personbezeichnung λειτουργός vor allem den profanen Sinn von Diener behält. Immerhin hätte von daher die Übernahme dieser Wortfamilie für den Dienst von Amtsträgern nahegelegen. Aber auch hier wieder das überraschende Ergebnis: Die Worte werden gebraucht für den Dienst staatlicher römischer Behörden (Röm 13, 6), für den vorchristlichen alttestamentlichen Priesterdienst (Lk 1, 23; Hebr 9, 21; 10, 11), in vereinzelter gleichnishafter Verwendung für den Dienst Jesu Christi selbst (Hebr 8, 2. 6) und schließlich für Dienste der Gesamtgemeinde (insbesondere die Kollekte: Röm 15, 27; 2 Kor 9, 12) oder einzelner (eine Geldunterstützung: Phil 2, 25. 30; die christliche Lebensgestaltung: Phil 2, 17; das gemeinsame Gebet: Apg 13, 2) – aber nie für irgendwelche kirchliche Amtsträger! Nur eine Ausnahme bestätigt die Regel: In Röm 15, 16 bezeichnet sich Paulus selbst als „Liturgen Christi Jesu an den Heiden"; er versteht sein apostolisches Handeln in der kultischen Bildlichkeit als einen priesterlichen Dienst: er „verrichtet den heiligen Dienst des Evangeliums Jesu Christi, damit die Heiden als Opfergabe wohlgefällig werden, geheiligt im Heiligen Geist". Doch ist dieses „priesterliche" Tun bildlich gemeint und ganz auf die Verkündigung bezogen; es besteht nicht darin, daß der Apostel Mittler der Offenbarung oder der Gnade Gottes wäre, sondern daß er den Glaubensgehorsam der Heiden Gott bildlich als Lobopfer darbringt. Und bezeichnend ist, daß diese „kultische" Anwendung im übrigen konsequent vermieden wird. Von dieser Ausnahme abgesehen fehlt jede Anwendung unserer Wortfamilie auf kirchliche „Amtsträger". Was über das Opfer gesagt wurde, ist entsprechend von der kultischen „Leiturgia" zu sagen: Sie ist ein für allemal in Christus geschehen, sie muß sich nur auswirken dadurch, daß sie verkündigt wird. Erst außerhalb des Neuen Testaments werden diese Worte zur Bezeichnung eines christlichen Kultes, wichtiger Kulthandlungen (insbesondere das Herrenmahl) und so auch für die entsprechenden Amtsträger gebraucht.

Dieser Dienst, den im Griechischen Diakonia meint, ist nicht in Gefahr, wie Worte, die politische oder priesterliche Dienstleistungen meinen, doch wieder als eine Würde, eine andere Art des Herrschens mißverstanden zu werden. Diakonia meint eine Tätigkeit, die jedem Griechen von vorneherein als Erniedrigung vorkommen mußte: bei

Tisch bedienen, aufwarten, kredenzen! Wo kam schließlich der Unterschied zwischen Herr und Knecht bildhafter zum Ausdruck als am Tisch, wo die vornehmen Herren in langen Gewändern zu Tische lagen und die Diener sie mit gegürtetem Gewand zu bedienen hatten! Auch wo dann Diakonie (bzw. διακονεῖν) in einem weiteren Sinn gebraucht wurde und „für die Mahlzeit, die Verpflegung, den Lebensunterhalt sorgen" oder ganz allgemein „dienen" meint, bekam es seinen minderwertigen Geschmack nicht los. Höchstens der Dienst des Staatsmannes, der ja keine Erniedrigung bedeutete, blieb davon frei.

Was so für einen freien und weisen Griechen, dem Entfaltung der eigenen Persönlichkeit und Herrschen das Höchste bedeutete, gar nicht in Frage kam, das brauchte zwar für einen Israeliten nicht unbedingt etwas Minderwertiges zu sein; dienen, gerade wenn es Dienst für einen großen Herrn und insbesondere wenn es Dienst für Gott war, konnte für ihn etwas Großes bedeuten. Doch *Jesus* hat vom Zentrum seiner eschatologischen Botschaft her, von der Forderung der Nächstenliebe, in der sich die Gottesliebe manifestiert, diese Auffassung vom Dienst radikalisiert. Die Diakonia (das Substantiv kommt in der Septuaginta nur einmal, das Verb überhaupt nicht vor) wird für ihn geradezu zum Charakteristikum des Jüngers. Auch im Neuen Testament hat die Diakonia noch immer den ursprünglichen Sinn des bei Tisch Aufwartens: wie dies nach Lk 17, 8 der Knecht gegenüber dem heimgekehrten Herrn und nach Jo 12, 2 Martha gegenüber Jesus tat (von daher dann auch der erweiterte Sinn der Sorge für die Mahlzeit, für die Verpflegung, den Lebensunterhalt: vgl. Lk 10, 40; Apg 6, 1; Mk 1, 31 par; Mt 4, 11). Auch im Spätjudentum fand man die Auffassung, daß Dienen und insbesondere bei Tisch Bedienen dem Würdigen nicht zukomme. Jedenfalls läßt sich gerade vom sehr konkreten profanen Sinn dieses Wortes her ermessen, was für eine ungeheure Umstellung es nicht nur für den Griechen, sondern für den natürlich denkenden Menschen überhaupt bedeutete, wenn Jesus forderte: „Der Größte unter euch soll sein wie der Jüngste und der Hochstehende wie der Bedienende. Denn wer ist größer, der zu Tisch Liegende oder der Bedienende? Ist es nicht der zu Tisch Liegende? Ich aber bin mitten unter euch wie der Bedienende!" (Lk 22, 26 f).

Aber selbstverständlich geht es Jesus nicht nur um den Tischdienst und die Sorge um Verpflegung und Lebensunterhalt, woran der weitere Sprachgebrauch anknüpft (vgl. Lk 8, 3; Mk 15, 41; Mt 24, 45). Es geht ihm auch nicht nur um irgendwelche besondere Liebesbetätigung, die ebenfalls mit dem Wort Diakonia zusammengefaßt werden kann (vgl. Mt 25, 42–44). Sondern es geht ihm überhaupt um das Für-den-Anderen-Dasein (vgl. Mk 9,35; 10,43–45; Mt 20,26–28), wobei das Wort Diakonia im Unterschied zu anderen ähnlichen Verben vom Ursprung her gerade den ganz persönlich einem anderen erwiesenen Dienst bezeichnet. Das ist für das Jüngersein ganz und gar entscheidend: Jünger Jesu ist ein Mensch durch Dienst am Anderen! Gegenüber allen Amtsbegriffen seiner Umwelt hat Jesus diese neue Bezeichnung des Dienstes herausgegriffen und herausgehoben. Sechsmal erscheint in der Synopse dasselbe Logion vom Dienen, welches wir nach Lukas zitierten, mit nur unbedeutenden Abwandlungen. Tief muß sich seinen Jüngern gerade dieses Wort eingeprägt haben.

Hier kommt – durch die verschiedene Terminologie angekündigt – das unterscheidend Christliche zum Durchbruch. Die Konsequenzen sind unübersehbar: Kann es so in der Jüngerschaft Jesu ein Amt geben, das einfach durch *Recht* und *Macht* konstituiert wird und das so dem Amt staatlicher Machthaber entspricht? „Und sie kamen nach Kapharnaum. Und als er ins Haus eingetreten war, fragte er sie: Was habt ihr unterwegs verhandelt? Sie aber schwiegen; denn sie hatten sich unterwegs miteinander besprochen, wer der Größte sei. Und er setzte sich und rief die Zwölf und sprach zu ihnen: Wenn jemand der Erste sein will, sei er der Letzte von allen und der Diener von allen!" (Mk 9, 33–35) „Ihr wißt, daß die, welche als Herrscher der Völker gelten, sie knechten und ihre Großen über sie Gewalt üben. Unter euch aber soll es nicht so sein, sondern wer unter euch groß sein will, sei euer Diener, und wer unter euch der Erste sein will, sei der Knecht aller; denn auch der Sohn des Menschen ist nicht gekommen, damit ihm gedient werde, sondern damit er diene und sein Leben gebe als Lösegeld für viele" (10, 42–45).

Oder kann es in der Jüngerschaft ein Amt geben, das einfach durch *Wissen* und *Würde* konstituiert wird und das so dem Amt der Schriftgelehrten entspricht? „Auf Moses' Stuhl haben sich die Schriftgelehrten und die Pharisäer gesetzt. Alles nun, was sie euch sagen, tut und befolgt; aber nach ihren Werken tut nicht, denn sie sagen es und tun es nicht. Sie binden aber schwere Bürden und legen sie auf die Schultern der Menschen; doch sie selbst wollen sie nicht einmal mit dem Finger bewegen. Alle ihre Werke aber tun sie, um von den Menschen gesehen zu werden. Denn sie machen ihre Gebetsriemen breit und ihre Quasten groß; sie lieben den obersten Platz bei den Mahlzeiten und den Vorsitz in den Synagogen und die Begrüßungen auf den Märkten und daß sie von den Leuten Rabbi genannt werden. Ihr dagegen sollt euch nicht Rabbi nennen lassen; denn *einer* ist euer Meister, ihr alle aber seid Brüder. Nennet auch niemanden auf Erden euren Vater; denn *einer* ist euer Vater, der himmlische. Auch sollt ihr euch nicht Lehrer nennen lassen; denn *einer* ist euer Lehrer, Christus. Wer aber unter euch größer ist, soll euer Diener sein. Wer sich aber selbst erhöht, wird erniedrigt werden, und wer sich erniedrigt, wird erhöht werden" (Mt 23, 2–12).

Nicht Recht, Macht, Wissen und Würde, sondern der *Dienst* ist für die Jüngerschaft konstitutiv. Modell für den Jünger in der Nachfolge Jesu kann nicht der staatliche Machthaber und nicht der wissensbewußte Schriftgelehrte, kann aber auch nicht (Jesus hat ihn auffälligerweise nie als Beispiel hingestellt; vgl. später Hebr) der über dem Volk erhabene Priester, kann vielmehr nur der Tischdiener sein: „Ich bin aber mitten unter euch wie der Bedienende, der Tischdiener" (Lk 22, 27). Aber dies darf nicht moralisierend verstanden werden. Nicht eine freiwillige äußerliche Erniedrigung (an bestimmten Tagen des Jahres!), sondern ein Für-die-Anderen-Dasein in Leben und Sterben ist gefordert, wie dies vom Dienst Jesu selbst bezeugt wird (Mk 10, 45; Mt 20, 28) und wie es in der Interpretation von Jo 12, 25 f auch vom Diener verlangt wird: „Wer sein Leben liebt, verliert es, und wer sein Leben in dieser Welt haßt, wird es ins ewige Leben bewahren. Wenn jemand mir dient, so folge er mir nach, und wo ich bin, da wird auch mein Diener sein. Wenn jemand mir dient, wird der Vater ihn ehren."

Wurzel und Ziel des Dienstes ist die *Liebe*. Aus Liebe zum Anderen soll der Dienst geschehen, wie es Johannes in der Erzählung, die bei ihm anstelle der Abendmahlserzählung steht, mit unübertroffener Eindrücklichkeit unter Aufnahme des Tischdienstmotives geschildert hat (13, 1–17): Jesus „erwies den Seinen in der Welt, wie er sie geliebt hatte, seine Liebe bis zum Ende". Deshalb steht er vom Mahle auf und gürtet sein Kleid und wäscht den zu Tische Liegenden die Füße. Als er dies getan, seine Kleider wieder genommen und sich wieder zu Tische gesetzt hatte, sprach er zu ihnen: „Versteht ihr, was ich euch getan habe? Ihr nennt mich Meister und Herr, und ihr sagt es mit Recht; denn ich bin es. Wenn nun ich, der Herr und der Meister, euch die Füße gewaschen habe, ist es auch eure Pflicht, einander die Füße zu waschen. Denn ein Vorbild habe ich euch gegeben, damit auch ihr tut, wie ich euch getan habe. Wahrlich, wahrlich, ich sage euch: Ein Knecht ist nicht größer als sein Herr, noch ein Gesandter größer als der, welcher ihn gesandt hat. Wenn ihr dies wißt — selig seid ihr, wenn ihr es tut" (Jo 13, 12—17).

Die Redaktion der Evangelien zeigt, daß die junge Gemeinde die zentrale Forderung Jesu verstanden hat. Nicht nur die Jüngerschaft im allgemeinen, sondern auch bestimmte Obliegenheiten in der *Gemeinde* werden als Dienst angesehen. Als Diakonia werden betrachtet Liebestaten wie die Sammlung und Überbringung der Kollekte für die Gemeinde von Jerusalem (vgl. 2 Kor 8, 1–6. 19f; 9, 1. 12f; Röm 15, 25. 30f; Apg 11, 29f; 12, 25); der persönliche Hilfsdienst, den Timotheus und Erastos (vgl. Apg 19, 22), Onesimos (Philem 13) oder Onesiphoros (vgl. 2 Tim 1, 18) dem Apostel geleistet haben; der allgemeine Liebesdienst, den sich die Christen als die Heiligen erweisen (vgl. 1 Kor 16, 15; Hebr 6, 10; Apk 2, 19). Im Grunde ist jede Betätigung, die zum Aufbau der Gemeinde geschieht, ein Dienst: „Wie ein jeder sein Charisma empfangen hat, so dienet damit einander als gute Verwalter der mannigfaltigen Gnade Gottes! Wenn jemand redet, so rede er es als Gottes Aussprüche; wenn jemand Dienste leistet, so tue er es aus der Kraft, die Gott gibt, damit in allen Dingen Gott verherrlicht werde durch Jesus Christus" (1 Petr 4, 10f). Dienen am Anderen soll also geschehen nicht aus Werkgerechtigkeit, sondern von Gott her auf Gott hin — jeder nach der an ihn ergangenen Berufung, nach dem ihm verliehenen Charisma (vgl. 1 Kor 12, 11; vgl. 7).

Und damit haben wir ein Thema eingeholt, dem wir im Zusammenhang mit der Kirche als Geistesgeschöpf[29] einen längeren Abschnitt gewidmet haben und das nun in einer etwas anderen Richtung zu entfalten ist: die charismatische Struktur der Kirche. Wir haben sie zu spezifizieren, indem wir von einem bestimmten Aspekt dieser charismatischen Struktur reden und ihn die besondere *diakonische Struktur* der Kirche nennen.

---

[29] Vgl. C II, 3.

2. *Die diakonische Struktur*

Wie die Kirche eine Gemeinschaft der Geistesgaben ist, so ist sie eine Gemeinschaft der Dienste. Charisma und Diakonia sind korrelative Begriffe. Diakonia gründet im Charisma, insofern jede Diakonia in der Kirche die Berufung Gottes voraussetzt. Charisma zielt auf Diakonia, insofern jedes Charisma in der Kirche nur im Dienen seinen Sinn findet. Echtes Charisma ist, wo verantwortungsbewußter Dienst zur Erbauung, zum Nutzen der Gemeinde ist: „Jedem aber wird die Offenbarung des Geistes zum Nutzen gegeben" (1 Kor 12, 7).

Insofern die Vielfalt der Charismen in der Kirche unbeschränkt ist, ist es auch die Vielfalt der Dienste: „Wie ein jeder sein Charisma empfangen hat, so dienet einander" (1 Petr 4, 10). Während aber die einen Charismen – z. B. die des Ermahnens, des Tröstens, des Glaubens, der Weisheitsrede, der Wissenschaft, der Unterscheidung der Geister – mehr von Gott geschenkte private Begabungen und Tugenden sind, die in den Dienst der Anderen gestellt und je nach Gelegenheit genutzt werden, sind die anderen Charismen – die Apostel, Propheten, Lehrer, Evangelisten, Diakone, Vorsteher, Episkopen, Hirten – von Gott gesetzte öffentliche Gemeindefunktionen, die ständig und regelmäßig ausgeübt werden. Bei den ersten wird im Neuen Testament meist die Gabe und ihre Wirkung genannt, bei den zweiten werden die Personen bezeichnet. Die Personen können genannt werden, weil die Berufung offenkundig nicht willkürlich kommt und geht, sondern in einer bestimmten Stetigkeit mit bestimmten Personen verbunden bleibt, so daß diese Menschen in der Kirche als Apostel, Propheten usw. „gesetzt" sind (vgl. Eph 4, 11). Diese zweite Art *besonderer* charismatischer Dienste, das Gefüge also der ständigen öffentlichen Gemeindedienste meinen wir, wenn wir von der *diakonischen* Struktur reden, die eine bestimmte Seite, einen bestimmten Aspekt der allgemeinen, grundlegenden charismatischen Struktur der Kirche darstellt.

„Um Gottes Volk zu weiden und immerfort zu vermehren, hat Christus der Herr in seiner Kirche verschiedene Dienste (= ministeria) eingesetzt, die auf das Wohl des ganzen Leibes ausgerichtet sind. Denn die Diener (= ministri), die mit heiliger Vollmacht ausgestattet sind, stehen im Dienste ihrer Brüder, damit alle, die zum Volk Gottes gehören und sich daher der wahren Würde eines Christen erfreuen, in freier und geordneter Weise auf dasselbe Ziel hinstreben und so zum Heile gelangen" (CE 18).

a) Von der diakonischen Struktur der Kirche läßt sich insbesondere vom Gesichtspunkt der *paulinischen* Theologie her das Folgende sagen:

1. Von den ständigen Gemeindediensten gilt dasselbe, was von allen Charismen gilt: Auch sie sind zu verstehen als ein an den Einzelnen ergehender Ruf Gottes zu einem bestimmten Dienst in der Gemeinde, der zugleich zu diesem Dienste befähigt. Es ist also Gott selbst, der im Heiligen Geist jene Berufung weckt und schafft, die eine Manifestation, Individuation und Konkretisation der einen Charis Jesu Christi darstellt, welcher selbst *der* Apostel, Prophet, Lehrer, Evangelist, Hirte und Diakon ist. Und es ist die Gemeinde, für die gerade diese Dienste da sind, die ja um so höher sind, je mehr sie den Anderen dienen und die Dienst sein sollen nicht nur in der Kirche, sondern auch in der Front zwischen Kirche und Welt. Auch für die Ordnung dieser Charismen gelten die Grundsätze: Jedem das Seine! Miteinander, füreinander! Gehorsam aller unter dem einen Herrn!

2. Es gibt nach dem Neuen Testament keinen fixen und exklusiven Katalog dieser ständigen Gemeindedienste, der für alle Gemeinden Geltung hätte. Denn erstens sind die ständigen öffentlichen Gemeindedienste von den übrigen Charismen nicht eindeutig abgesetzt; die Übergänge dürfen an manchen Stellen, etwa bei den Leitungsgaben (Erstlinge, Vorsteher, Hirten) und den Hilfeleistungen (Almosengeber, Krankenpfleger, Diakone), fließend gewesen sein. Dann sind auch innerhalb der ständigen Gemeindedienste die Abgrenzungen nicht immer scharf; der Prophet kann zugleich Lehrer und der Lehrer zugleich Prophet sein; Paulus verkörpert mehrere Dienste in einem. Schließlich stimmen auch die verschiedenen Charismentafeln (1 Kor 12, 28–31; Röm 12, 6–8; Eph 4, 11) nicht miteinander überein. Aus alldem ist zu entnehmen: Wenn auch an allen Orten und zu jeder Zeit jedes Gemeindeglied seine besondere Berufung empfängt, so kann doch von daher nicht von vorneherein ausgemacht werden, welche Dienste Gott in der Freiheit seiner Gnade an bestimmten Orten und zu bestimmten Zeiten erweckt.

3. Im Vordergrund stehen im Neuen Testament die Dienste der Verkündigung: der Dienst der Versöhnung, in welchem das Wort von der Versöhnung verkündet wird (2 Kor 5, 18f; vgl. Apg 6, 4: der Dienst am Wort). Unter allen Diensten stehen an erster und grund-

legender Stelle die Apostel[30], deren Stellung immer wieder durch Dienst und Dienen umschrieben wird (vgl. Röm 11, 13; 2 Kor 3, 3; 4, 1; 6, 3f; 11, 8. 23; Apg 1, 17. 25; 20, 24; 21, 19; 1 Tim 1, 12; bezüglich Evangelisten: 2 Tim 4, 5). Neben den Aposteln werden von Paulus noch zwei andere Gruppen mit Nachdruck hervorgehoben: „zweitens die Propheten, drittens die Lehrer" (1 Kor 12, 28).

Die *Propheten*[31] und *Prophetinnen* (1 Kor 11, 5; Apg 21, 9) sind nicht nur für die paulinischen Gemeinden (besonders 1 Kor 12—14) und Rom, sondern auch für Palästina und Syrien (Synoptiker, Apg) und Kleinasien (Apk) bezeugt. In den Charismentafeln werden sie immer sofort nach den Aposteln und vor allen anderen Diensten aufgeführt. Neben den grundlegenden Aposteln sind sie die wichtigsten Glieder der Gemeinde. So ist die Kirche nicht nur auf die Apostel, sondern „auf den Grund der Apostel und Propheten" (Eph 2, 20) gebaut. Durch sie kommt unmittelbar der Geist zu Wort. Nicht Visionen und Auditionen sind für den neutestamentlichen Propheten charakteristisch, sondern das Wort, das ihm von Gott zur Verkündigung mitgeteilt wird. Nicht als ekstatische Seher, die aus ihrer Umwelt herausgelöst erscheinen, sondern als Wortverkündiger wirken sie mit klarem und nüchternem Bewußtsein in der Gemeinde; weil sie nicht in Ekstase außer sich sind (die Prophetie ist bei Paulus auch von der Zungenrede deutlich abgesetzt), können sie ihre prophetische Rede jederzeit abbrechen oder überhaupt schweigen, sobald einem anderen eine Offenbarung zuteil wird (vgl. 1 Kor 14, 29—33). In freier offenbarender und verantwortlicher Rede predigen sie Christus und durchleuchten sie den Weg der Gemeinde wie des Einzelnen in Gegenwart und Zukunft. Dafür sind sie von Gott gesetzt und bevollmächtigt; sie werden nicht von der Gemeinde gewählt und bestellt, sondern vom Geist berufen. Sie sind keine hierarchische Institution (vgl. 1 Kor 14, 1. 31—40; 11, 15), aber auch nicht einfach Ausdruck des allgemeinen Priester-

---

[30] Neben der Lit. über den Apostolat unter D IV, die vielfach die gesamte diakonische Struktur betrifft, bes. folgende neuere Monographien: *Ph. H. Menoud*, L'Église et le ministère selon le NT (Neuchâtel 1949); *G. W. H. Lampe*, Some Aspects of the NT Ministry (London 1949); *H. von Campenhausen*, Kirchliches Amt und geistliche Vollmacht in den ersten drei Jahrhunderten (Tübingen 1953); *H. Schlier*, Die Zeit der Kirche (Freiburg i. Br. 1955) 129—147; *G. Dix*, Le Ministère dans l'église ancienne (Neuchâtel - Paris 1955); *E. Schweizer*, Gemeinde und Gemeindeordnung im NT (Zürich 1959); *E. Käsemann*, Exegetische Versuche und Besinnungen I (Göttingen 1960) 109—134; *H. U. von Balthasar*, Sponsa Verbi (Einsiedeln 1960) 80—147; *E. Schlink*, Der kommende Christus und die kirchlichen Traditionen (Göttingen 1961) 160—195; historische und systematische Lit. zum kirchlichen Amt s. Strukturen VI (105—205: hier auch Auseinandersetzung mit Käsemann und Schlink) sowie die entsprechenden Lexikonartikel.

[31] Über die *Propheten* im NT vor allem den Art. von *H. Krämer*, *R. Rendtorff*, *R. Meyer* und *G. Friedrich* in: ThW VI, 833—863; dazu die Art. in LThK *(J. Schmid)*, RGG *(P. Vielhauer* und *E. Fascher)*, sowie die Theologien des AT und NT; als neuere Monographie: *O. T. Allis*, Prophecy and the Church (London 1945).

tums. Wenn auch alle Glaubenden vom prophetischen Geist erfüllt sind, so sind doch nicht alle im strengen Sinn Propheten (vgl. 1 Kor 12, 6–10). Die Propheten sind ein relativ geschlossener Personenkreis innerhalb der Gemeinde und wohl nur ausnahmsweise (wie in Apg und in späterer Zeit) von Ort zu Ort reisende Wanderprediger. Mag ihre Predigttätigkeit auch der der Apostel weithin gleichen, so geschieht sie doch nicht aus derselben Vollmacht wie die der Apostel. Der Apostel steht als Urzeuge und Urbote der Gemeinde in Autorität gegenüber, auch wenn er seinerseits wieder unter der Botschaft steht. Der Prophet aber steht unter der Autorität des Apostels. Er hat Autorität *in* der Gemeinde, als Glied der Gemeinde in Gemeinschaft mit den anderen Propheten, die die gleiche Vollmacht haben. Nicht von ihm ist der Glaube ausgegangen. Er ist an das ein für allemal gegebene apostolische Grundzeugnis gebunden und soll reden nach der Analogie, dem Maß des Glaubens (Röm 12, 6), also in der Übereinstimmung des Glaubens, den der Apostel grundgelegt hat. Während die Gemeinde den Apostel nicht zu richten hat, so hat sie Recht und Pflicht, die Geister zu prüfen. Und wenn auch Einzelnen die besondere Gabe der Unterscheidung der Geister verliehen ist (1 Kor 12, 10), so ist doch zugleich die ganze Gemeinde verantwortlich für die Prüfung der Geister auf ihre Echtheit hin (1 Kor 14, 29–33; 1 Thess 5, 21), „ob sie aus Gott sind“ (vgl. 1 Jo 4, 1). Prophetisches Zeugnis ist nur dann echt, wenn es Christuszeugnis ist (1 Kor 12, 3; vgl. 1 Jo 4, 2 f). Zugleich aber wird es – wie besonders Matthäus betont (7, 15–23) – auf ihr Gesamtverhalten ankommen. So soll das prophetische Reden zur Erbauung der Gemeinde durch Ermahnung und Trost, Bußwort und Verheißung dienen (1 Kor 14, 3 f. 12).

Die *Lehrer*[32] erscheinen verschiedentlich zusammen mit den Propheten: 1 Kor 12, 28 f nach Aposteln und Propheten ausdrücklich an dritter Stelle (vgl. Apg 13, 1; Eph 4, 11). Sie wirken innerhalb einer Gemeinde (1 Kor 14, 26; Röm 12, 7; vgl. 1 Tim 2, 11 f). Auch sie gehören zu den entscheidenden Wortverkündern in der Gemeinde. Sie überliefern und interpretieren die Christusbotschaft, legen das Alte Testament im Sinn der jungen Kirche aus. In den hellenistischen Synagogengemeinden hatten die Rabbinen eine ähnliche Funktion; Lehrer sind vom Spätjudentum her diejenigen, die aus der Tora Gottes Weg weisen und so Schriftlesung und Lehrtradition von Geschlecht zu Geschlecht fortsetzen. Sie reden wie die Propheten vom apostolischen Urzeugnis her für Gegenwart und Zukunft der Gemeinde. Auch sie sind bevollmächtigt durch die besondere geistliche Gabe, die ihnen geschenkt ist. Doch sind sie mehr als die Propheten der Tradition verpflichtet. Die Lehre gründet nicht wie die Prophetie direkt auf Offenbarung (1 Kor 14, 26–30), sondern auf Überlieferung. Die Prophetie ist Anrede für die konkrete Situation, die Didaskalie ist Belehrung. Die Lehrer künden nicht so sehr intuitiv, als sie systematisch darlegen. Ihre Tätigkeit hat nur einen Sinn auf dem Grund, der von den Aposteln und Propheten gelegt ist. Zu nennen wären in diesem Zusammenhang auch die „Evangelisten“, die Eph 4, 11 vor

[32] Vgl. bes. *K. H. Rengstorf* in: ThW II, 162.

„Hirten" und „Lehrern" genannt werden und die offenkundig anstelle der Apostel die Träger der Mission geworden sind.

Die Lehrer erwiesen sich auch in der *nachapostolischen Zeit* als unentbehrlich, wenngleich sich ihre Gestalt stark wandelte. Unmittelbar am Ende der apostolischen Zeit stehen auch die Propheten noch in sehr hohem Ansehen. In der Didache werden sie die „Hohenpriester" genannt (13, 3), denen die Erstlingsgaben von Kelter und Tenne, Rindern und Schafen, von jedem Brotbacken, jedem Wein- und Ölfaß, von jedem eingenommenen Geld, jedem Stück Tuch und überhaupt von jedem Besitztum gebühren, so daß sie aller materiellen Bedürfnisse enthoben sind (13, 1–7); die Sorge für die Propheten erscheint wichtiger als die für die Armen (vgl. 13, 4). Sie sollen, auch wenn man sehr mit falschen Propheten rechnet (11, 8–12; 16), nicht geprüft und beurteilt werden, wenn sie im Geiste reden (11, 7). Hier zeigt sich eine Überschätzung der Propheten, die Paulus fremd ist. Dies dürfte damit zusammenhängen, daß es bereits nicht mehr in allen Gemeinden Propheten gibt (vgl. 13, 4) und daß somit das Wanderprophetentum zunimmt (vgl. 13, 1). Noch immer aber feiern Propheten die Eucharistie (10, 7), wobei für sie die Form und Länge der Eucharistiegebete, die den anderen Christen vorgeschrieben ist (vgl. 9, 1–7; 10, 1–6), nicht verpflichtend sind: „Den Propheten aber gestattet Dank zu sagen (= εὐχαριστεῖν), soviel sie wollen" (10, 7). Am Tag des Herrn soll die Eucharistie gefeiert werden (14, 1–3). Wo es in einer Gemeinde nicht genügend Propheten und Lehrer gibt, da soll die Gemeinde Episkopen und Diakone wählen, die den Dienst der Propheten und Lehrer übernehmen: „Wählet euch Episkopen und Diakone, würdig des Herrn, milde, uneigennützig, wahrhaftige und erprobte Männer; denn auch (!) sie versehen euch den heiligen Dienst (= λειτουργοῦσιν τὴν λειτουργίαν) der Propheten und Lehrer" (15, 1). Anscheinend überließen aber Propheten und Lehrer diese Aufgabe den neuen Amtsträgern nicht ohne Schwierigkeiten. Jedenfalls folgt die Ermahnung: „Achtet sie (die Episkopen und Diakone) deshalb nicht gering; denn sie sind eure Geehrten mit den Propheten und Lehrern" (15, 2).

In der Folge verlieren die Propheten jedoch ihre Sonderstellung immer mehr. Die Furcht vor den zahlreichen Pseudopropheten und die Verstärkung der anderen Dienste sind dafür die Hauptgründe. Schon Irenäus klagt darüber, daß die Pseudopropheten die wahre Prophetie aus der Kirche verdrängen[33]. Statt auf die neutestamentlichen beruft man sich fast ausschließlich auf die alttestamentlichen Propheten. Im 2. Jahrhundert nennt man noch die Propheten, im 3. Jahrhundert sind sie als besondere Gruppe innerhalb der Gemeinden verschwunden. Mit dem Kampf gegen Gnosis und besonders den schwärmerischen Montanismus und seine Propheten hat die Gemeindeprophetie ein Ende gefunden. Dies bedeutet im Vergleich mit den Kirchen des Neuen Testaments eine ganz empfindliche Schwächung und Verarmung der charismatischen Struktur der Kirche im allgemeinen und der diakonischen Struktur im besonderen.

---

[33] *Irenäus*, Adv. haer. III, 11. 9; PG 7, 891.

4. Neben den Diensten der Verkündigung gibt es in den paulinischen Gemeinden auch Dienste der Fürsorge und Leitung. Die Gemeinde ist für Paulus eine Gemeinschaft von Charismen, aber das bedeutet für ihn nicht etwa eine Unordnung, in der jeder nach seinem Belieben handeln darf. Gewiß gibt es in seinen Gemeinden keine herrschende Führungsschicht mit einseitiger Befehlsgewalt, wohl aber durchaus Überordnung und Unterordnung, die vom besonderen Dienst her bestimmt ist. Es gibt ja in den Gemeinden solche, die „sich abplagen" (κοπιοῦντες): nicht nur Paulus selbst mit seiner Handarbeit (1 Kor 4, 12) und seiner ganzen apostolischen Tätigkeit (1 Kor 15, 10; 2 Kor 6, 5; 11, 23. 27; Gal 4, 11; Phil 2, 16; Kol 1, 29), sondern auch Mitarbeiter in den Gemeinden, welche Paulus besonders empfiehlt: „Maria, die sich viel für euch abgeplagt hat" (Röm 16, 6), ebenso Tryphaina, Tryphosa und Persis (Röm 16, 12; vgl. auch 1 Kor 3, 8; 15, 58; 2 Kor 10, 15), Männer und Frauen.

Hier dürften mindestens zum Teil ständige Gemeindedienste gemeint sein. Dies gilt besonders von denen, die zugleich als „Vorstehende" (προιστάμενοι) bezeichnet werden (1 Thess 5, 12; vgl. Röm 12, 8). Es geht bei ihnen um ein Charisma, welches jedenfalls Fürsorge, aber doch wohl auch irgendeine Leitung besagt. Es dürfte ein ständiger Gemeindedienst gemeint sein, wenn Paulus sagt: „Wer vorsteht (fürsorgt), der tue es mit Eifer" (Röm 12, 8). Jedenfalls fordert Paulus schon 1 Thess 5, 12 f: „Wir bitten euch, Brüder, anerkennt die unter euch sich abplagen und euch im Herrn vorstehen (sich euer im Herrn annehmen) und euch zurechtweisen, und achtet sie in Liebe hoch und wert um ihres Werkes willen. Haltet Frieden untereinander!" Es dürften hier Leute gemeint sein, die sich der Gemeinde ständig besonders annehmen, ohne daß eine bestimmte Form der Einsetzung sichtbar würde. Paulus fordert denn auch Unterordnung gegenüber einem *jeden,* der sich in der Gemeinde besonders abmüht: „Seid auch ihr diesen untertan und einem *jeden,* der mitarbeitet und sich abmüht" (1 Kor 16, 16). Im ersten Teil des Satzes meint Paulus gerade nicht bestimmte Amtsträger, sondern das „Haus des Stephanas", das die „Erstlingsgabe (Erstlinge) Achaias" ist und „sich dem Geist der Heiligen gewidmet" hat (1 Kor 16, 15). Das „Haus des Stephanas" ist eine ganze Familie, die einen besonderen Dienst in der Gemeinde auf sich genommen hat und somit die Unterordnung der anderen Gemeindeglieder erwarten darf („Erstling" kann auch ein einzelner sein, z. B. Epainetos, der „im Glauben an Christus ein Erstling Asiens ist" [Röm 16, 5]). Die zuerst gewonnenen Christen an einem Ort hatten mindestens dann eine vorrangige Autorität, wenn sie sich in den besonderen Dienst der Gemeinde gestellt und besondere Lasten (etwa das Bereitstellen ihres Hauses für die Versammlung, die Verpflegung der Gemeindeglieder usw.) auf sich genommen hatten. Das brauchen nicht nur Erstlinge gewesen zu sein, sondern auch andere, wie etwa in Rom Aquila und Prisca, die „Mitarbeiter" des Paulus (Röm 16, 5), oder Phöbe, die „Dienerin der Gemeinde in Kenchreä ist" (Röm 16,1), oder Archippos, der „den Dienst im Herrn übernommen" hat (Kol 4, 17).

Hier überall sind mehr oder weniger ständige Dienste gemeint, die für dauernd oder mindestens längere Zeit übernommen worden waren, über deren Inhalt und Umfang historisch allerdings kaum etwas Sicheres feststeht. Paulus braucht dafür in seiner Charismentafel 1 Kor 12, 28 die wiederum inhaltlich unbestimmten Namen „Hilfeleistungen" (ἀντιλήμψεις) und „Leitungsgaben" (κυβερνήσεις = Steuermanns-, Lenkungskunst). Zu einer generellen Personenbezeichnung – wie Apostel, Propheten, Lehrer – sind diese Funktionsbezeichnungen in diesem frühen Stadium offensichtlich nicht geworden. Erst später haben sich dafür (zunächst wohl lokal beschränkt) Namen entwickelt. In einem der letzten Paulusbriefe, in der Anrede zum Philipperbrief (1, 1) werden – und dies ist dafür das einzige unumstritten echte paulinische Zeugnis – folgende Namen angegeben: „an alle Heiligen in Christus Jesus, die in Philippi sind, samt den Aufsehern (ἐπίσκοποι) und Dienern (διάκονοι)." Daß es sich hier um eine Eintragung handelt, ist gänzlich unwahrscheinlich. Es sind dies offenkundig bereits recht bestimmte, ständige Dienste, die Paulus in seiner Anrede ehrend hervorhebt. Paulus braucht sich von seiner charismatischen Grundkonzeption her keineswegs gegen eine weitere Entwicklung der Kirchenverfassung zu sträuben. Auch Episkopat und Diakonat waren ihm ohne Zweifel Gaben, die der Geist geschenkt hat. Über die ursprünglichen Funktionen der beiden Gruppen können allerdings kaum genaue und sichere Angaben gemacht werden.

1. *Episkopen* (= Aufseher, „Bischöfe")[34]: Das Wort hat einen durchaus profanen Ursprung. Im außerchristlichen Gebrauch ist es ein Titel für staat-

[34] Vgl. *H. W. Beyer - K. Karpp* in: RAC II, 394–407; *J. Gewiess* in: LThK II, 491 f; *H. W. Beyer* in: ThW II, 604–619.

liche Aufsichtsbeamte (über Städte, Untertanen, Sklaven), für Gemeinde- und Vereinsbeamte, für Bauaufsichtsbeamte, für Beamte religiöser Gemeinschaften (besonders für die Vermögensverwaltung) und andere Funktionäre (Marktaufseher, Späher) schließlich für Wanderprediger und auch für Götter als Schutzpatrone bestimmter Menschen, Städte, Verträge. Zu vielfältig und unbestimmt ist dieser Gebrauch, als daß man daraus viel für den christlichen Gebrauch ableiten könnte. Es muß in den christlichen Gemeinden um eine Art von Aufsichts- und Verwaltungsdiensten gegangen sein, wobei kaum nur, wie oft behauptet, an wirtschaftliche Funktionen zu denken ist; sonst hätte in Korinth nicht ein jeder seinen Beitrag zur Jerusalemer Kollekte für sich zurücklegen (vgl. 1 Kor 16, 2; 2 Kor 9, 3 f) und hätte man auch in Philippi nicht eigens Männer für die Überbringung der Gaben wählen müssen (vgl. 1 Kor 16, 3; 2 Kor 8, 19. 23). Gegen die direkte Ableitung des Episkopendienstes vom jüdischen Synagogenvorsteher oder dem Aufseher der Gemeinde der Damaskusschrift (9, 18; 13, 7–21; vgl. 14, 8–12) und der Qumrantexte (1 QS 6, 12. 14. 20) sprechen nicht nur zahlreiche Unterschiede, sondern auch die Tatsache, daß die Episkopen zunächst nur in den griechischen Gemeinden bezeugt sind. Dort hat man anscheinend die häufige griechische Amtsbezeichnung aufgenommen und sie in Zusammenhang mit der Gemeinde mit neuem Inhalt gefüllt. Im übrigen ist Episkopos im ganzen Neuen Testament nur fünfmal bezeugt (davon einmal für Christus 1 Petr 2, 25; dann einmal bei Paulus Phil 1, 1 und einmal in der Apostelgeschichte 20, 28, dazu 1 Tim 3, 2; Tit 1, 7). Die ersten Bezeugungen für den Episkopen als Gemeindedienst sind im Plural; es gibt also in den Gemeinden eine Reihe von Episkopen ohne sichtbare Rangunterschiede. Vermutlich deckt sich die Bezeichnung mit den bereits angeführten „Vorstehern" und den späteren – das Wort ist nur Eph 4, 11 für Gemeindevorsteher gebraucht – „Hirten", was vermutlich noch keine feste Dienstbezeichnung ist. Aber so selten und so wenig bestimmt der Begriff Episkopos auch war, er hatte – darauf wird gleich zurückzukommen sein – eine bedeutsame Geschichte vor sich.

2. *Diakone* (= Diener)[35]: Ein älteres eindeutiges Zeugnis für die Existenz eines christlichen Diakons als Phil 1, 1 haben wir nicht. Auch hier geht es vermutlich bereits um eine feste Bezeichnung eines ständigen Gemeindedienstes, der den Episkopen beigeordnet und wohl auch nachgeordnet war. Es ist dann wahrscheinlich, daß es sich bei der Phöbe in Kenchreä (Röm 16, 1) um einen weiblichen Diakon handelte. Wie weit der Diakon etwas mit den „Hilfeleistungen" von 1 Kor 12, 28 oder den „Sichmühenden" von 1 Thess 5, 12 zu tun hat, ist zweifelhaft. Wenn in den Diensten der Apostel, Propheten und Lehrer vor allem jüdische Tradition nachwirkt, so dürften die

[35] Vgl. *Th. Klauser* in: RAC III, 888–909; *J. Gewiess - J. A. Jungmann - K. Rahner* in: LThK III, 318–322; *K. H. Rengstorf* in: ThW II, 138–162. Eingehend über den Diakon in Geschichte und Gegenwart, die Theologie des Diakonats, die praktischen Möglichkeiten der Erneuerung des Diakonats orientiert das von *K. Rahner* und *H. Vorgrimler* herausgegebene Sammelwerk Diaconia in Christo (Freiburg i. Br. 1962).

Dienste der Episkopen und Diakone vor allem auf hellenistische Anregungen zurückgehen. Das häufig gebrauchte griechische Wort διάκονος drückt ein Dienstverhältnis, aber nicht ein Sklavenverhältnis aus. Insofern der Diakon im technischen Sinne ursprünglich wohl der Tischdiener bei griechischen Kultgemeinschaften und dann überhaupt der für die Verpflegung auf den Gemeinschaftsmählern verantwortliche Funktionär war, dürfte der christliche Diakon eine entsprechende Aufgabe versehen haben (dies würde durch die 1 Tim 3, 8f geforderte Qualitätenreihe nachträglich bestätigt). Die in Apg 6, 1–6 erzählte Bestellung der „Sieben" jedoch braucht sich keineswegs auf Diakone im Sinne von Phil 1, 1 oder 1 Tim 3, 8–13 zu beziehen. „Diakonie", so sahen wir, ist ein im Neuen Testament oft gebrauchter zentraler Begriff, der meist nicht auf ein bestimmtes Amt eingeengt ist. Andererseits vermeidet Lukas den ihm sicher bekannten Ausdruck Diakon offensichtlich (nicht nur Apg 6, 1–6, sondern noch auffälliger 21, 8 von Philippus). Die Sieben scheinen denn auch wirklich eine größere Vollmacht gehabt zu haben als die Diakone im paulinischen Sinne (neben Armenpflege auch Predigen und Taufen: vgl. 8, 14. 40; 19, 31), was von der Feierlichkeit der Einsetzung bestätigt wird. Sie dürften mehr mit den späteren Presbytern als mit den Diakonen identisch sein. Aus alldem folgt: Über Ort und Umstände der Begründung des Diakonats wissen wir nichts Sicheres, über seine ursprünglichen Funktionen nichts Genaues. Eines aber dürfte sicher feststehen: Schon in den paulinischen Gemeinden gab es Diakone und zu ihrer Aufgabe gehörten die Sorge um die materiellen Dinge und die Armenpflege.

Wie die verschiedenen Gemeindeglieder zu den verschiedenen Gemeindediensten gekommen sind, ist für Paulus offenkundig nicht wichtig. Stephanas und seine Familie z. B. hatte sich von sich aus zur Verfügung gestellt; Titus ist nach 2 Kor 8, 6 von den Gemeinden als Mitarbeiter des Paulus gewählt worden; von einer rechtlichen Einsetzung in die verschiedenen Gemeindedienste durch bestimmte Amtsträger hören wir kein Wort. Für Paulus ist etwas anderes wichtig: Auf die Berufung Gottes, auf das Charisma des Geistes kommt es an. Die Gemeinde kann dieses Charisma nicht selbst hervorbringen, es wird ihr geschenkt; sie kann es nur prüfen und es als echte Wirkung des Geistes anerkennen. Von daher – nicht von der Gemeinde, nicht vom Apostel und auch nicht vom eigenen Entschluß – haben die einzelnen so vielfältigen Dienstträger ihre Vollmacht! Diese Berufung, dieses Charisma seinerseits wird als solches in der Gemeinde dadurch erkannt, daß es geübt und in rechtem Geist geübt wird. In den paulinischen Gemeinden ist der faktisch geschehende Dienst der Grund, weswegen denen, die sich abmühen, Unterordnung geschuldet wird. Wer sich zu einem besonderen Dienst – des Propheten, Lehrers, Helfers, Vorstehers,

Episkopen, Diakons usw. – empfiehlt und sich darin bewährt, der hat die Berufung Gottes, der hat das Charisma des Geistes empfangen. Nicht ein bestimmter Stand, nicht eine besondere Tradition, nicht ein hohes Alter, nicht eine lange Zugehörigkeit zur Gemeinde, nicht eine Übertragung des Geistes, sondern der im Geist vollzogene Dienst selbst verschafft Autorität in der Gemeinde. Gefordert ist so der Gehorsam *aller* gegenüber Gott, Christus, dem Geist. Gegenüber Menschen aber gibt es auch in der Gemeinde nur einen bedingten und nie einen einseitigen Gehorsam. Freie *gegenseitige* Unterordnung, freier Dienst aller gegenüber allen, freier Gehorsam gegenüber dem je anderen Charisma des Anderen ist die Konsequenz des Gehorsams aller gegenüber Gott, Christus, dem Geist. Durch die Verschiedenheit der Gnadengaben handelt ja der eine Geist, durch die Verschiedenheit der Dienste derselbe Herr, durch die Verschiedenheit der Kraftwirkungen der eine und selbe Gott, der alles in allem wirkt (vgl. 1 Kor 12, 4–6). So ist das ganze Leben der Kirche ein lebendiges Zusammenspiel der geistlichen Gaben und Dienste, bei dem Ordnung und Frieden herrschen sollen und doch der Geist auf keinen Fall gedämpft werden darf: das ist die paulinische Kirchenordnung, wie sie in ihren Grundzügen, wenn auch mit Akzentverschiebungen, noch im Hebräerbrief, im Barnabasbrief und, wie wir bereits gesehen haben, in der Didache weiterwirkt.

Doch diese großartige paulinische Kirchenverfassung gibt uns mit ihrer christlichen Radikalität nicht wenige *Probleme* auf. Damit meinen wir nicht nur die symptomatischen Phänomene, daß die „Hilfeleistungen" und „Leitungsgaben" in der Charismentafel von 1 Kor 12, 28 in weitem Abstand hinter Aposteln, Propheten, Lehrern an vorletzter Stelle (unmittelbar vor der am meisten relativierten Glossolalie) rangieren; daß weiter in den 12, 29 folgenden rhetorischen Fragen, ob denn alle Gemeindeglieder Apostel, Propheten, Lehrer seien und alle diese oder jene Gabe hätten, gerade die „Hilfeleistungen" und „Leitungsgaben" als einzige nicht mehr aufgezählt werden (sollten dies etwa grundsätzlich doch *alle* können?); daß schließlich auch diese „Hilfeleistungen" und „Leitungsgaben" (vgl. auch das „Vorstehen" von Röm 12, 8) angeführt werden inmitten von Gaben, die für Paulus alle ohne besondere Sendung aus der Freiheit des Geistes aufgebrochen sind. Die ganze Tiefe der Problematik eröffnet sich erst in dem Moment, da wir aufgrund der allgemein anerkannten paulinischen Briefe konstatieren müssen:

1. Es läßt sich in den paulinischen Gemeinden kein monarchischer Episkopat feststellen; die einzige Belegstelle für Episkope in den Paulinen (Phil 1, 1) redet von Episkopen in der Mehrzahl (wie auch die Apostelgeschichte, anders die Pastoralen). 2. Es läßt sich in den paulinischen Gemeinden kein Presbyterat feststellen; Presbyter oder Presbyterium werden in den Paulinen kein einziges Mal genannt (anders in der Apostelgeschichte und den Pastoralen). 3. Es läßt sich in den paulinischen Gemeinden keine Ordination feststellen; von der Handauflegung ist in all den paulinischen Briefen nie die Rede (anders wiederum in der Apostelgeschichte und in den Pastoralbriefen).

So sehr Paulus für eine weitere Entwicklung (etwa in Richtung von Phil 1, 1) offen war, so sehr hätte er sich dagegen gewehrt, wenn man die Verfassung seiner Kirchen als eine unfertige und provisorische bezeichnet hätte. Das Gegenteil war für ihn wahr: Diese Gemeinden waren vom Geist und seinen Gaben erfüllt und besaßen damit – in einer Ordnung der Liebe – alles Notwendige. Für Paulus war schon seine Gemeinde von Korinth eine auf ihre Art fertige und voll ausgerüstete Kirche. Gerade ihr schrieb er: „Ihr seid ja in ihm (Christus) reich geworden in allem ..., so daß ihr nicht zurücksteht in irgendeinem Charisma ..." (1 Kor 1, 5. 7); „wie ihr in allem überreich seid ..." (2 Kor 8, 7); „Gott aber vermag jede Gnade im Überfluß über euch zu bringen, damit ihr in allem allezeit alles zur Genüge habt ..." (2 Kor 9, 8).

In letzter Zuspitzung wird die Problematik sichtbar, wenn wir einen Blick werfen auf diese Kirche, die von allen neutestamentlichen Kirchen weitaus am besten bekannt ist: die Kirche von Korinth. Wir wissen hier verhältnismäßig gut Bescheid über die Ordnung der Verkündigung und des Herrenmahles, über Kirchendisziplin und Kirchenzucht. Wir wissen aus den paulinischen Aufzählungen genau, was es alles an Diensten in Korinth gegeben hat: Apostel, Propheten, Lehrer ...! Auch hier keine Episkopen, keine Diakone, keine Presbyter! Aber noch mehr: Paulus spricht auch dort, wo es um die Herstellung der Ordnung in Verkündigung, Herrenmahl und Gemeindedisziplin geht, nie einen einzelnen, für alle verantwortlichen Dienstträger oder eine einzelne, für alle verantwortliche Gruppe von Dienstträgern an. Er spricht immer *alle* und *jeden* Einzelnen an! So bezüglich der Unregelmäßigkeiten beim Herrenmahl: wo der Paulus der Pastoralbriefe der Gemeinde von Korinth vielleicht sagen würde: „Timotheus gibt das Zeichen zum gemeinsamen Beginn!" (oder sogar: Timotheus zelebriert das Herrenmahl?), da sagt der genuine Paulus nur: „Wenn ihr zum Essen zusammenkommt, so wartet aufeinander!" (1 Kor 11, 33). So auch bezüglich des Durcheinanders bei der von allen getätigten Verkündigung im Gottesdienst: wo der Paulus der Pastoralen sagen könnte: „Titus bestimmt, wer reden darf" (oder sogar: Titus hält die Predigt?), da sagt der genuine Paulus: „... es geschehe zu zweien oder zu dreien, und der Reihe nach ... ihr könnt der Reihe nach alle aus Eingebung reden ...!" (14, 27. 31). Und schließlich bezüglich des Blutschänders: Wenn der Paulus der Pastoralbriefe fordern könnte: „Die Presbyter mögen ihn aus der Gemeinde ausschließen!" (oder sogar: der Episkope exkommuniziere ihn?), da verlangt der genuine Paulus von der ganzen Gemeinde: „Wenn ihr und mein Geist mit der Macht unseres Herrn Jesus versammelt sein werdet, soll im Namen des Herrn Jesus der Betreffende dem Satan übergeben werden ... Schaffet den Bösen aus eurer Mitte weg!" (5, 4f. 13). Welch eine Welt liegt zwischen der Kirchenverfassung des Paulus und der der Pastoralbriefe oder erst recht der des Ignatios von Antiochien!

Dies alles ist weit mehr als ein argumentum e silentio. Wer die Existenz eines Leitungsamtes in der Art des Presbyterats oder des späteren monarchischen Episkopats in der Gemeinde von Korinth zur Zeit des Paulus behaupten will, hat die Beweislast! Paulus hätte angesichts der existenzbedrohenden korinthischen Unordnung in Verkündigung (1 Kor 14), Herrenmahl (11) und Kirchendisziplin (5), aber auch bezüglich der Spaltungen in der Gemeinde (1–3), bezüglich der Regelung von Streitfällen innerhalb der Gemeinde (6), bezüglich der Kollekte für Jerusalem (16; 2 Kor 8–9) die verantwortlichen Gemeindeleiter ansprechen *müssen* – wenn es sie gegeben hätte! Aber es gibt hier offenkundig niemand, dem Paulus hätte sagen können: „Dies gebiete und lehre" (1 Tim 4, 11). Selbst nicht im Zusammenhang des Herrenmahles! Die Gemeinde von Korinth, die Paulus ansprach, war eine Gemeinschaft von charismatischen Christen, in der *jeder* seine Verantwortung und gemäß seinem Charisma seine *spezifische* Verantwortung hatte, in welcher aber *keiner* (vom Apostel abgesehen) die ausschließliche Verantwortung für alle hatte.

Nun ist allerdings die beschriebene Problematik nicht nur die Problematik der paulinischen Gemeinden (und in beschränkter Hinsicht auch die der Didache usw.): insofern ja der monarchische Episkopat in der ersten Zeit überhaupt nirgendwo feststellbar ist (auch nicht in der Apostelgeschichte, vgl. im Gegenteil 20, 28) und insofern auch die nicht von Paulus begründete Gemeinde von Antiochien – nicht das ausschmückende Detail, wohl aber die Grundaussage des Lukas dürfte historisch verläßlich sein – nicht von Episkopen und Presbytern, sondern von Propheten und Lehrern geleitet war (vgl. Apg 11, 27; 13, 1–3; 21, 10f). Es wäre demnach eine bestimmt unbegründete Hypothese zu meinen, Paulus hätte Jerusalem und den palästinensischen Gemeinden absichtlich ein anderes System entgegengesetzt. Paulus scheint vielmehr eine weithin schon in Antiochien übliche Kirchenverfassung übernommen zu haben. Andererseits scheint wie in Antiochien und in Korinth so auch in Rom, dessen Kirche ebenfalls keine paulinische Gründung war, zur Zeit des Römerbriefes keine Ordnung von Presbytern oder Episkopen, die auf eine besondere Sendung gegründet wäre, bestanden zu haben. Jedenfalls schweigt darüber der Römerbrief trotz seiner zahlreichen namentlichen Grußworte in auffälliger Weise. Aber die Frage bleibt bestehen: Wie verhält sich denn die Verfassung der paulinischen und weithin der heidenchristlichen Kirchen überhaupt zur Verfassung der Kirchen Jerusalems und Palästinas?

b) Es wäre ein Irrtum zu meinen, die paulinische Verfassung der Kirchen sei ursprünglich allgemeine Verfassung gewesen und der Presbyterat sei erst später in den Kirchen eingeführt worden. Das Erregende der Frage ist vielmehr gerade dies, daß keine der beiden Grundformen urchristlicher Verfassung als *die* ursprüngliche erklärt werden kann, sondern daß es beide mindestens ansatzweise von Anfang an nebeneinander gegeben hat. Während die Episkopen und Diakone ihren Ursprung in den heidenchristlichen Gemeinden haben dürften, ist die *presbyteriale Ordnung* judenchristlicher, bzw. jüdischer Herkunft.

„*Presbyter*" (= zekenim, Älteste)[36] gibt es an der Spitze jeder jüdischen Gemeinde, und zwar seit Urgedenken. Nirgendwo wird etwas von der Einsetzung und Zusammensetzung der Ältestenkollegien berichtet. Sie werden vielmehr in allen alttestamentlichen Überlieferungsschichten vorausgesetzt, so daß man ihren Ursprung längst vor der Seßhaftwerdung und dem Zusammenschluß der Stämme in der ältesten patriarchalischen Sippenverfassung Israels sieht. Seit der Landnahme gibt es, wenn auch mit wechselndem Einfluß, die Ältestenkollegien in den verschiedenen Ortschaften als lokale Behörde, in nachexilischer Zeit in der Form der Familienaristokratie. In Jerusalem wurden die Ältesten neben den Hohepriestern und Schriftgelehrten als dritte, allerdings am wenigsten einflußreiche Gruppe in den nachmaligen Hohen Rat (συνέδριον) aufgenommen, der so auch im Neuen Testament zum Teil πρεσβυτέριον (Lk 22, 66; Apg 22, 5) genannt wird. Nicht nur die Qumransekte kannte den Priestern nachgeordnete Älteste (1 QS 6, 8–10), auch in den jüdischen Kolonien unterstand die Verwaltung der Gemeinde oder mindestens der Synagoge Ältesten. So lag es für die Urgemeinde vielfach nahe, sich ähnlich zu organisieren. Die der jungen Gemeinde vertraute jüdische Ordnung legte es nahe, auch ihre eigenen

---

[36] Vgl. neben der über das kirchliche Amt im allgemeinen zitierten Lit. *W. Michaelis*, Das Ältestenamt in der christlichen Gemeinde (Bern 1953); *G. Bornkamm* in: ThW VI, 651–683; *H. Haag* in: Bibellexikon 54–56.

Ältesten (Presbyter) als Vertreter der Überlieferung und Träger der Gemeindeordnung zu verstehen.

Obwohl nach der Apostelgeschichte die Presbyter zu jeder Christengemeinde zu gehören scheinen, tauchen sie in der Apostelgeschichte auffällig spät auf. Von einer Einsetzung der Presbyter berichtet die Apostelgeschichte nichts, wenn es sich nicht – wie wir nur vermuten können – bei der Wahl der Sieben (6, 1–7) um Presbyter gehandelt hat. Dann bei der Überbringung der Kollekte nach Jerusalem (11, 30) und im Apostelkonzil (15, 2. 4. 6. 22 f; 16, 4) sind sie plötzlich da und erscheinen nochmals bei der Ankunft des Paulus in Jerusalem und seiner Auseinandersetzung mit Jakobus (21, 18). Obwohl Presbyter auch im Neuen Testament mit manchmal fließenden Übergängen den altersmäßig Älteren (vgl. Apg 2, 17; 1 Tim 5, 1 f; Jo 8, 9) meinen kann, sind hier – wie bei den Ältesten des Hohen Rates, der Lokalbehörden des Landes und der Synagogengemeinden – die Träger eines bestimmten Amtes gemeint. Die Presbyter der Urgemeinde erscheinen in der Apostelgeschichte teils in der Art eines Synagogenvorstandes als Vertreter der jerusalemischen Ortsgemeinde (11, 30; 21, 18 geschart um Jakobus), teils zusammen mit den Aposteln in der Art des Synedrions als maßgebliche Instanz für die Gesamtkirche (15; 16, 4). Möglicherweise hatten die Jerusalemer Ortsältesten ihre Autorität schon in der Lukas vorliegenden judenchristlichen Tradition zu einer gesamtkirchlichen Lehr- und Gerichtsinstanz ausgeweitet.

Historisch gesehen ist es nicht feststellbar, ob es in Jerusalem eine Ältestenverfassung mit lokalem und dann gesamtkirchlichem Autoritätsanspruch schon vor dem Ausscheiden des Petrus und der zunehmenden Judaisierung der Urgemeinde unter Jakobus (vgl. Apg 21, 17–26) gegeben hat und ob die Entstehung des Presbyterkollegiums nicht mit dem wachsenden Abstand vom Ursprung, dem Verschwinden der Zwölf, dem Wachsen der Gemeinde, dem Vorhandensein von älteren, bewährten Gemeindegliedern und der zunehmenden Gefahr der Häresie verbunden war. Jedenfalls ist es ein entweder theologisch oder von der unterdessen gewachsenen Tradition bestimmter, unhistorischer Eintrag des Lukas, der von den Briefen des Paulus selbst nicht gedeckt wird, wenn nach ihm Barnabas und Paulus „in jeder Gemeinde Presbyter erwählt" haben (Apg 14, 23; vgl. besonders 20, 17–35). Es gibt in der ersten Generation auf hellenistischem Boden, mindestens in den paulinischen Gemeinden Griechenlands und Makedoniens keine Presbyter. Ebenso gibt es hier ursprünglich auch keine Ordination. Auch diese stammt aus der judenchristlichen, bzw. jüdischen Tradition. In der christlichen Gemeinde besagt Ordination die bevollmächtigte Sendung bestimmter Glieder in einen besonderen Dienst unter Handauflegung, die der öffentlichen Legitimation des Diensträgers und seiner Ausrüstung mit dem Amtscharisma dient. Sie erfolgt nicht einfach für alle Dienste in der Gemeinde; wir hören nichts von Handauflegung für Propheten, Heilungen, Zungenreden und andere Charismen. Sie wird vielmehr geübt im Zusammenhang mit dem Dienst der missionarischen Kirchengründung und Kirchenleitung sowie seinen Helferdiensten. Es sind dies die Dienste, die dem besonderen Apostelдienst entsprechen; wie die Apostel vom Herrn selbst berufen wurden, so werden nun die Presbyter von Menschen berufen.

Eine *Ordination*[37], ein irgendwie gearteter Ritus der Amtseinsetzung wird in keinem der paulinischen Briefe erwähnt. Mehrmals aber wird eine Amtsübertragung durch Handauflegung (und Gebet) in der Apostelgeschichte und in den Pastoralbriefen berichtet. Die Ordination dürfte mehr oder weniger gleichzeitig mit der Presbyterialverfassung aus dem Judentum übernommen worden sein. Das große Vorbild im Alten Testament war Moses, der nach Dt 34, 9 dem Josue die Hände aufgelegt und ihm den Geist der Weisheit, dessen er für sein Amt bedurfte, weitergegeben hat. Nach diesem Vorbild haben im Spätjudentum die jüdischen Schriftgelehrten, die seit dem 2. oder 1. Jahrhundert vor Christus ein fester Stand geworden waren, ihre Schüler nach langer Ausbildung und Vorbereitung öffentlich durch Handauflegung zur Wahrnehmung der Rechte und Pflichten eines Rabbi bevollmächtigt, um so dem Schüler den Geist der Weisheit zu übermitteln. Spätestens zur Zeit der Niederschrift der Apostelgeschichte gab es auch in den judenchristlichen Kirchen Palästinas eine Ordinationspraxis. Nach Apg 13, 1–3 wären Barnabas und Paulus unter Handauflegung beauftragt und ausgesandt worden; Paulus selbst nimmt auf eine solche Handauflegung ebensowenig Bezug wie auf angeblich von ihm selbst vollzogene Handauflegungen, wie er ja auch seinen Missionsauftrag von keiner menschlichen Amtseinsetzung abhängig macht. Doch beweisen die Angaben der Apostelgeschichte eine tatsächliche Ordinationspraxis der judenchristlichen Gemeinden mindestens zur Zeit des Lukas; als eigentlicher Ordinationsritus im Sinne der Amtseinsetzung erscheint die Handauflegung unter fürbittendem Gebet bei den Sieben (Apg 6, 3–6).

Eine enge Verknüpfung von Ordination und Charisma zeigen dann die Pastoralbriefe. Hier wird anders als bei Paulus das Charisma (als Amtscharisma) bei der Handauflegung übermittelt, wobei die anderen Charismen in diesen Briefen vernachlässigt werden. Nach 1 Tim 4, 14 wurde Timotheus vom Presbyterium, nach 2 Tim 1, 6 vom Apostel selbst unter Handauflegung ordiniert. Der Widerspruch dürfte sich daraus erklären, daß es im

---

[37] Vgl. *E. Lohse,* Die Ordination im Spätjudentum und im NT (Göttingen 1951); *ders.,* Art. Ordination in: RGG; sowie die Art. Handauflegung in LThK *(R. Mayer - N. Adler)* und in RGG *(H. D. Wendland).*

ersten Fall um eine Gemeinderegel, im zweiten Fall um das apostolische Testament des Paulus geht (vgl. auch die umstrittene Stelle 1 Tim 5, 22). Von einer Beschränkung der Ordinationsvollmacht auf bestimmte Amtsträger ist im ganzen Neuen Testament nirgendwo die Rede. Doch wird man mit der Vermutung nicht fehlgehen, daß die Handauflegung auch bei solchen Berufungen geübt wurde, bei denen sie nicht ausdrücklich berichtet wird. Nur darf daraus nicht gefolgert werden, daß in der Urchristenheit jede Berufung unter Handauflegung erfolgte. Alles bisher Dargelegte zeigt zur Genüge, daß es unmöglich ist, neutestamentliche Aussagen über die Ordnung in dieser oder jener Gemeinde, in diesem oder jenem Missionsbereich einfach auf alle Gemeinden zu übertragen.

Zusammenfassend wird der Presbyterat in Apg 20, 28–35 als Hirtendienst beschrieben. Die Presbyter haben die apostolische Tradition gegen die Irrlehrer zu hüten und die Gemeinde zu leiten. In 1 Tim 5, 17 wird das gute Vorstehen und die Tätigkeit in Wort und Lehre als Funktion des Presbyters angegeben. In 1 Petr 5, 1–4 erscheint der Presbyterat wiederum als Hirtendienst, der allerdings mit Nachdruck dem vorbildlichen „Erzhirten" Christus (5, 4), dem allein der Titel des Episkopen vorbehalten wird (2, 25), untergeordnet ist; Aufgabe des Presbyters ist auch hier die Gemeindeleitung (5, 2); dabei waren wohl auch die Verwaltung der Gemeindegelder (vgl. 5, 2: Warnung vor Bereicherung) und disziplinäre Vollmachten (vgl. 5, 3: Warnung vor Herrschsucht) verbunden. Im Jakobusbrief, wo von Episkopen und Diakonen nicht die Rede ist, sind „die Presbyter der Gemeinde" – anders als im Judentum und gleichsam charismatisch (der Brief stammt wohl aus dem hellenistischen Judenchristentum) – zum heilskräftigen Gebet befähigt und werden so für die Krankensalbung herbeigerufen (5, 14). Ob im 2. und 3. Johannesbrief der Presbyter ein außenstehender Ältester (Prophet?) oder ein Amtsträger der Gemeinde ist, ist umstritten. Von den 24 Presbytern, die der prophetische Seher der Apokalypse im Himmel schaut (4, 4. 10; 5, 5. 6. 8. 11. 14; 7, 11. 13; 11, 16; 14, 3; 19, 4), lassen sich für die Verfassung der irdischen Gemeinde des Sehers (in der Apokalypse werden keine Episkopen, Diakone, Lehrer, Gemeindepresbyter, sondern nur Apostel und Propheten genannt) keine Schlüsse ziehen. Daß mit „Engeln der Gemeinden" (2–3) Gemeindeleiter gemeint sind, ist gänzlich unwahrscheinlich.

Doch es kommt nun am Ausgang der paulinischen Zeit zu einer gewissen gegenseitigen Durchdringung oder mindestens *Verzahnung der beiden grundlegenden Verfassungsformen* (abgekürzt gesagt: der paulinisch-heidenchristlichen und der palästinensischen) und damit auch zu einer teilweisen Vermischung der Titel. Eine Identifizierung des Episkopentitels und des Presbytertitels lag von der Ähnlichkeit der Funktionen her nahe. Vielleicht hatten auch bestimmte, jedoch nicht direkte, sprachliche oder sachliche Zusammenhänge bestanden zwischen dem griechischen Episkopen, dem Episkopen (= Aufseher im profanen Sinn) der Septuaginta (vgl. Num 31, 14; Neh 11, 9–22; 1 Makk 1, 51) und dem jüdischen Synagogenaufseher (der allerdings nie als Episkope bezeichnet wurde) sowie dem „Aufseher" (pakid oder mebakker) der Sektenregel vom Toten Meer (1 QS 6, 12–20; vgl. Dam 9, 17–22; bezüglich der Ältesten 1 QS 6, 8). In der Apostelgeschichte werden nun die gleichen Männer als Presbyter und als Episkopen bezeichnet: in Apg 20, 17. 28 werden die Presbyter von Ephesos als Episkopen angesprochen. Lukas dürfte diesen von ihm sonst nie gebrauchten, aber in den paulinischen Gemeinden (vgl. Phil 1, 1) immer mehr üblichen Titel absichtlich eingeführt haben, um die Episkopen der Heidengemeinden mit den Presbytern im judenchristlichen Sinn gleichzusetzen und so im Interesse der Einheit der Kirche und der Abwehr der Häresien die Traditionen zu verschmelzen. Dies dürfte auch der Grund dafür sein, warum er Paulus und Barnabas in allen Gemeinden Presbyter einsetzen läßt (14, 23). Auch in Tit 1, 7 wird innerhalb einer einheitlichen Gedankenreihe der Begriff Presbyter durch das Wort Episkope ersetzt. Im 1. Klemensbrief (vgl. besonders Kap. 42; 44; 47), wo der Verfasser mit Berufung auf einen recht abstrakten Ordnungsgedanken und das alttestamentliche Priestertum die Wiedereinsetzung der von der korinthischen Gemeinde abgesetzten Presbyter fordert, werden dieselben Personen als Presbyter und als Episkopen angesprochen; dabei erscheinen alle Episkopen als Presbyter, aber nicht alle Presbyter als Episkopen (diese sind zum Opferdienst bestellt). Die Verschmelzung der Titel weist auf eine Durchdringung der Presbyterverfassung mit einer Episkopenverfassung hin, die in Rom wohl älter war. Aber einen monarchischen Episkopat kennt auch der 1. Klemensbrief, der zusammen mit den Episkopen auch Diakone nennt, nicht. Wohl aber ist hier der Presbyterat oder Episkopat nicht mehr nur für die Bewahrung der apostolischen Tradition da, sondern die Institution als solche wird zu einem tragenden Element der apostolischen Tradition erklärt. Erst in den Pastoralen finden sich Ansätze der Entwicklung zur monarchischen Stellung der Episkopen: Obwohl auch hier die Funktionen des Episkopen mit denen des Presbyters übereinstimmen und auch hier eine Gleichsetzung vollzogen ist (vgl. Tit 1, 5–8), fällt doch auf, daß Episkopos durchgehend in der Einzahl erscheint, währenddem die Presbyter ein Kollegium bilden.

Hier zeichnet sich bereits der weitere Verlauf der Entwicklung ab, in welcher die in *verschiedenen* Räumen beheimateten Termini, nachdem sie weithin identisch geworden waren, sich nun im *einen und selben* Raum wieder neu differenzieren. Aus verschiedenen (lokal begrenzten) Namen für mehr oder weniger *dieselben* Funktionen und Funktionsträger werden nun verschiedene (universell übliche) Namen für mehr oder weniger *verschiedene* Funktionen und Funktionsträger. Die komplexe (und an verschiedenen Orten verschieden sich abspielende) Entwicklung, an deren Ende der Episkope = Bischof im heutigen Sinne steht, verlief im wesentlichen in drei Phasen[38]:

1. Gegenüber Propheten, Lehrern und anderen charismatischen Diensten setzen sich die Episkopen (bzw. Presbyter-Episkopen) als die *führenden und schließlich alleinigen Gemeindeleiter* durch: Wir haben von der erstrangigen Rolle gehört, welche Apostel, Propheten, Lehrer und überhaupt das pneumatisch-charismatische Element in den paulinischen Gemeinden, aber doch auch in Antiochien und in Jerusalem gespielt haben. Nun aber war die Generation der Apostel abgetreten; zum Teil waren „Evangelisten" (wie Titus, Timotheus) an ihre Stelle getreten. Wir haben aber auch gehört, wie noch in der Didache die Propheten als „Hohepriester" zusammen mit den Lehrern in höchstem Ansehen standen und bei der Eucharistiefeier den ersten Platz innehatten. Die Episkopen und Diakone standen zu-

---

[38] Aus der in Anm. 34 genannten Lit. vgl. bes. *H. W. Beyer - H. Karpp* in: RAC II, 403–407. Zur historischen Entwicklung des Bischofsamtes *J. Colson*, L'évêque dans les communautés primitives (Paris 1951); L'épiscopat catholique (Paris 1963). Verschiedenste historische und aktuelle Probleme des Episkopats behandeln die Sammelwerke L'épiscopat et l'Église universelle, hrsg. von *Y. Congar* und *B. D. Dupuy* (Paris 1962); L'évêque dans l'Église du Christ, hrsg. von *H. Bouëssé* und *A. Mandouze* (Bruges 1963) und El Colegio episcopal, hrsg. von *J. López Ortiz* und *D. Joaquín Blázquez* (Madrid 1964). Für die Entwicklung auf dem zweiten Vatikanischen Konzil waren von Bedeutung *K. Rahner - J. Ratzinger*, Episkopat und Primat (Freiburg-Basel-Wien 1961); *G. Alberigo*, Lo sviluppo della dottrina sui poteri nella Chiesa universale (Rom 1964). Vom kanonistischen Standpunkt aus behandelt die Frage *T. J. Jiménez Urresti*, El binomio „primado-episcopado" (Bilbao 1962).

nächst in geringerem Ansehen, da sie den weniger bedeutenden Dienst der Verwaltung der Gemeindeangelegenheiten (wohl und gerade auch der finanziellen) leisteten. Nach der Didache aber sollen – wie wir sahen – Episkopen und Diakone den Propheten und Lehrern gleichgestellt werden, da sie, wo Propheten fehlten, Aufgaben der Propheten und Lehrer zu übernehmen hatten (gerade auch bei der Eucharistiefeier). Gegenüber diesem solide auf Gemeindewahl fundierten und institutionalisierten Amt der Episkopen und Diakone vermochten sich die anderen ständigen Gemeindedienste, die sich „nur" auf ihre charismatische Begabung berufen konnten, auf die Dauer nur schwer zu halten. Im 1. Klemensbrief werden Propheten und Lehrer bereits mit auffälligem Schweigen übergangen. Immer mehr wird nun die Sorge für Verwaltung, Gottesdienst und Lehre in der Gemeinde den verschiedenen Episkopen (Presbyter-Episkopen) mit ihren Diakonen auferlegt. Die Episkopen – dies zeigt sich schon in den Pastoralen und im 1. Petrusbrief – haben so eine Vollmacht erhalten, die nur noch mit der der Apostel selbst (abgesehen natürlich von deren grundlegendem Zeugnis und ihrer direkten Sendung) verglichen werden konnte. So waren denn die Episkopen (Presbyter-Episkopen) innerhalb einer Kirche, die, als ganze auf den Aposteln und Propheten erbaut, als ganze in der Nachfolge der Apostel war, doch in einem ganz besonderen Maße „die Nachfolger der Apostel" geworden. Die apostolische Nachfolge der Gesamtkirche äußerte sich immer deutlicher als die apostolische Nachfolge eines bestimmten Dienstes, besonders nachdem gegen Ende des 2. Jahrhunderts die Propheten und im 3. Jahrhundert auch die freien Lehrer in der Gemeinde weithin verschwunden waren und auch das Lehramt immer ausschließlicher den Episkopen und ihren Helfern zufiel. Aus der Gemeinschaft der Glaubenden, aus der Kollegialität *aller* Glaubenden, aller Charismen- und Dienstträger, aus der Kollegialität der Kirche als solcher, tritt immer mehr die *Kollegialität einer bestimmten Dienstgruppe* innerhalb der Gemeinde hervor: die Kollegialität der Gemeindeleiter, der Episkopen-Presbyter, die sich immer mehr als ein Gegenüber zur Gemeinde, zum „Volk" zu verstehen beginnen (Anbahnung der Scheidung von „Klerus" und „Laien").

2. Gegenüber der Mehrzahl der Episkopen (Presbyter-Episkopen) in einer Gemeinde setzt sich der *monarchische Episkopat* durch: Wir haben gesehen, daß in den ältesten neutestamentlichen und

außerneutestamentlichen Zeugnissen immer von einer Mehrzahl von Episkopen (bzw. Presbytern) in der Gemeinde die Rede ist, die ihren Dienst kollegial leisten. Schon in den Pastoralen – so wird man 1 Tim 5, 17 verstehen müssen – wurde gefordert, daß diejenigen von den vorhandenen Presbytern doppelt geehrt werden sollen, die „gut vorstehen" (im Gegensatz wohl zu den Presbytern, die keine Vorstehertätigkeit ausüben), am meisten aber die, die „in Wort und Lehre arbeiten". Vorstehen und Lehren sind aber nach 1 Tim 3, 2–5 Aufgabe der Episkopen. Daraus würde folgen, daß hier nur ein Teil der Presbyter als Episkopen tätig ist. Jedenfalls treten die Episkopen immer mehr aus dem Kreis der Presbyter hervor. Am frühesten zeichnet sich die neue Entwicklung in Syrien und Kleinasien ab. Ignatios von Antiochien um die Jahrhundertwende liefert das erste leidenschaftliche Zeugnis für diese im 2. Jahrhundert sich abspielende Entwicklung, in der die Mehrzahl der Episkopen an einem Ort verschwindet zugunsten eines einzigen Episkopen, der allein der verantwortliche und maßgebende Leiter der Gemeinde ist. Aus den Briefen des Ignatios läßt sich ersehen, daß auch in den kleinasiatischen Kirchen, an die er schreibt, nurmehr ein einziger Episkope sein muß; auffälligerweise aber schweigt gerade sein Brief an die römische Kirche über diesen Punkt, vermutlich doch, weil dort noch immer mehrere Presbyter die ἐπισκοπή ausüben (vgl. 1 Klem 44, 1–5). Ignatios begründet den geschichtlich gewordenen monarchischen Episkopat bereits dogmatisch: „*Eine* Eucharistie, *ein* Fleisch des Herrn, *ein* Kelch, *ein* Altar, so auch *ein* Bischof zusammen mit dem Presbyterium und den Diakonen, meinen Mitknechten" (Philad 4, 1). Hier – erst hier – finden wir zum erstenmal in der Kirche eine feste, durchgegliederte, dreistufige „Hierarchie" – Bischof, Presbyterium (zumeist wird dieser unpersönliche Name für die Presbyter gebraucht), Diakone –, die sich später dann auch im Westen durchgesetzt hat. Aus der Kollegialität der *verschiedenen* Episkopen, bzw. Presbyter, die innerhalb der einen Gemeinde als gleichberechtigte ein Kollegium gebildet haben, wird nun die *Kollegialität des einen monarchischen Episkopen mit seinem Presbyterium* (und seinen Diakonen). Die Scheidung von „Klerus" und „Laien", „Volk", hat sich durchgesetzt.

Alle wesentlichen Funktionen sind in der Hand des Bischofs konzentriert; die Presbyter haben keine eigene Kompetenz und Verantwortung mehr, die Gemeinde hat zu gehorchen. Der Bischof ist die Harfe, das Presbyterium die

Saiten (Eph 4, 1). Gerade von seinem pneumatisch-mysteriösen Kirchenbegriff her vertritt Ignatios – ohne auf die apostolische Kirchenordnung zu reflektieren – einen zwar nicht rechtlichen, sondern kultisch-pneumatischen, aber gerade so außerordentlich akzentuierten Amtsbegriff: der Bischof führt den Vorsitz an Stelle Gottes des Vaters, die Presbyter stehen an Stelle des Apostelkollegs, die Diakone leisten den Dienst Christi (Magn 6, 1; vgl. Trall 3, 1). Es ist eine andere Welt, wenn man vom Apostel Paulus zum Bischof von Antiochien kommt und von diesem – etwa mit dem 1. Korintherbrief in den Ohren – folgende Sätze über den Bischof dekretiert hört: „Alle sollt ihr dem Bischof gehorchen wie Jesus Christus dem Vater, und auch dem Presbyterium wie den Aposteln; die Diakone aber ehret wie Gottes Anordnung. Keiner tue ohne den Bischof etwas, was die Kirche angeht. Nur jene Eucharistie gelte als verläßlich, die unter dem Bischof vollzogen wird oder durch den von ihm Beauftragten. Wo immer der Bischof erscheint, da sei auch das Volk, so wie da, wo Jesus Christus ist, auch die katholische Kirche ist. Ohne den Bischof darf man nicht taufen, noch das Liebesmahl feiern; aber was immer er für gut findet, das ist auch Gott wohlgefällig, auf daß alles, was geschieht, sicher und verläßlich sei. Übrigens ist es angezeigt, daß wir zur Einsicht kommen, auf daß wir uns, solange uns noch Zeit gegeben ist, zu Gott bekehren. Es ist gut, Gott und den Bischof zu kennen. Wer den Bischof ehrt, der wird von Gott geehrt; wer ohne des Bischofs Wissen etwas tut, der dient dem Teufel" (Smyrn 8, 1–9, 1). Derartige, alle Briefe des Bischofs durchziehenden Ausführungen und Mahnungen zeigen nicht nur, daß Ignatios gegenüber der gnostischen Häresie in der Defensive ist, sondern auch, daß offenkundig manches von dem, was er fordert, sich noch keineswegs durchgesetzt hat.

Was Ignatios von Antiochien vom Mysterium der Kirche und ihrer Einheit her entwickelt, das begründet die syrische Didaskalie des 3. Jahrhunderts, die den ebenfalls syrischen Apostolischen Konstitutionen (der größten kirchenrechtlich-liturgischen Sammlung des frühen Altertums) zugrunde liegt, auf kirchenrechtliche Weise. Die Herrschaftsstellung des Bischofs in der Gemeinde wird dadurch noch mehr gefestigt. Er hat nun das Recht, die Presbyter und Diakone selbst zu ernennen, er hat die Schlüsselgewalt der Aufnahme in die Gemeinde und des Ausschlusses, er hat die Aufsicht über alle Liebestätigkeit der Gemeinde und ist durch Lehre und Vorbild ihr sittlicher Führer. Die apostolische Nachfolge sieht man so immer deutlicher im monarchischen Episkopat verwirklicht.

3. Aus den Episkopen als den Vorstehern einer einzelnen Gemeinde werden die *Vorsteher von Kirchensprengeln:* Mit der Ausbreitung der christlichen Botschaft von den Städten auf das Land (zu den „pagani") haben die Episkopen der Städte angefangen, auch das die Stadt umgebende Land in einem oft recht weiten Umfang

zu betreuen. So haben sie mit Hilfe ihrer nun immer mehr auch auf das Land verpflanzten Presbyter allmählich ein zentralistisch orientiertes System von Mutter- und Tochterkirchen aufgebaut: das Metropolitansystem. So war aus dem obersten Stadtseelsorger ein leitender und aufsichtsführender Oberer eines Kirchensprengels, aus dem „Episkopen" der Kirche einer Stadt der „Bischof" im heutigen Sinn geworden. Sein Territorium wurde im Osten zunächst Paroikia, dann Eparchia genannt, im Westen zunächst vielfach synonym Parochia („Pfarrei") und Dioecesis (die „Diözese"). Theologisch wie praktisch wird die Stellung des Bischofs immer mehr ausgebaut: Im Widerspruch zur biblischen Terminologie wird er immer allgemeiner sacerdos, summus sacerdos, pontifex genannt und in Parallele zum alttestamentlichen Priester oder Hohepriester gesetzt; die Bischofsweihe wird theologisch interpretiert als Vermählung mit der betreffenden Kirche. Wohl nach außerchristlichen Vorbildern wird die Reihe der aufeinanderfolgenden Inhaber des Amtes in einer Liste festgehalten (Bischofslisten). Auf diese Weise wird die apostolische Nachfolge der Bischöfe formalisiert durch das Aufzählen einer Sukzessionsreihe, die die Unverfälschtheit der von den Aposteln weitergegebenen Lehrtradition erweisen soll. Nicht ohne Einwirkung jüdischer und heidnischer Vorbilder trägt der Bischof seit Mitte oder Ende des 4. Jahrhunderts eine eigene Amtstracht. Zugleich werden ihm im verchristlichten byzantinischen Imperium staatliche Rangtitel, Insignien und andere Privilegien zugestanden, die bis dahin dem Kaiser oder den hohen Beamten vorbehalten waren: Kerze, Weihrauch, Thron, Schuhe, Manipel, Pallium, öffentliche Repräsentationsportraits. Von hier zum mittelalterlichen Fürstbischof war dann grundsätzlich nur ein kleiner Schritt. Die Bischöfe von Rom, Alexandrien, Antiochien und Konstantinopel bekamen im 4. Jahrhundert den Rang von Metropoliten und der von Jerusalem eine besondere Ehrenstellung. Das Patriarchalsystem, in welchem Rom der Primat zukommt, wird ausgebaut. Das Ganze wird seit ungefähr dieser Zeit „Hierarchie" genannt. Gefördert durch Sendschreiben, die manche Bischöfe an andere, zum Teil weit entfernte Kirchen schickten, und den regen Briefverkehr zwischen den Bischöfen überhaupt, gefördert weiter durch die schon um die Wende des 2. Jahrhunderts beginnenden regionalen Bischofssynoden und seit dem 4. Jahrhundert die ökumenischen Konzilien, gefördert schließlich durch den schon seit dem Beginn des 3. Jahrhunderts bezeugten kollegialen

Charakter der Bischofsweihe, die dann nach dem Konzil von Nikaia möglichst von allen Bischöfen der Kirchenprovinz oder mindestens dreien von ihnen vorgenommen werden soll, trat immer mehr die *Kollegialität der monarchischen Episkopen der verschiedenen Kirchen* (= Kirchensprengel) in den Vordergrund: die Kollegialität unter sich und schließlich mindestens im Westen – beim immer stärker entwickelten römischen Primat – mit dem römischen Bischof.

Noch eine kurze Anmerkung zum *Diakonat:* Wir haben gesehen, daß in neutestamentlicher Zeit die Funktionen des Diakons nur in schwachen Umrissen erkennbar sind. Nachdem die Wurzeln des Diakonenamtes recht verschieden waren, wird nun der Diakon immer mehr zum persönlichen Assistenten des Bischofs mit oft sehr beträchtlichem Einfluß. Über seine ursprüngliche technisch-kultische Aufgabe der Verantwortung für die Gemeindeagapen und Armenspeisung hinaus erhielt er nun auch eine höhere Obliegenheit, den materiellen und geistigen Dienst an der Gemeinde überhaupt. Der Diakon wird vielfach so etwas wie ein Geschäftsführer der Gemeinde. Er hatte verschiedene wichtige gottesdienstliche Funktionen, vor allem im Zusammenhang mit Taufe und Eucharistiefeier. Die enge Zusammenarbeit der Diakone mit dem Bischof ließ sie oft höher erscheinen als die Presbyter, wogegen verschiedene Synoden Stellung nehmen mußten. In Rom war das Kollegium der Diakone so einflußreich, daß es nach dem Tode des Bischofs Fabian († 250) anscheinend eine Zeitlang die Gemeinde geleitet hat. Aus der Geschichte des frühen Diakonats ergibt sich: die Funktionen des Diakons lassen sich grundsätzlich nur schwer einengen; einzig der Vollzug der Eucharistiefeier wurde ihm allgemein vorenthalten.

Dies also ist, allzu knapp skizziert, die ungeheuer komplexe Entwicklung der ursprünglichen kirchlichen Verfassung, in der sich die beiden Grundformen, die paulinische und die palästinensische, vermischt haben, wobei die zweite verblüffend rasch, schon in der Generation nach Paulus, die erste überlagert hat. Doch die Frage läßt sich nicht länger aufschieben: Was bedeutet dies alles für die heutige Kirche?

c) Auch die nur kurze Skizzierung der ursprünglichen Verfassung der Kirche und ihrer Geschichte dürfte das deutlich gemacht haben, was zu verschweigen keinen Sinn hätte: Der *Abstand* der heutigen Kirche zur *ursprünglichen* Verfassung dieser Kirche ist erschreckend groß! Und doch muß sich die Kirche der Gegenwart auch hier – und hier, wo die entscheidenden Schwierigkeiten zwischen den einzelnen christlichen Kirchen liegen, ganz besonders! – vor ihrem Ursprung verantworten können. Sie darf sich gerade in der Frage der Kirchenverfassung um die Geschichte ihres Ursprunges nicht herumdrücken. Dies zu betonen ist nicht überflüssig; denn es gibt mehrere Möglichkeiten, wie die Kirche der Gegenwart dieser so unbequemen und so erregenden *Geschichte ihres Ursprunges ausweichen* kann.

Die erste: Man kann so tun, als ob man dies alles nicht wüßte! Vielleicht weiß man es wirklich nicht, weil man sich nie die Mühe gemacht hat, dieser Geschichte des Ursprungs nachzugehen. Man hatte vielleicht vor lauter Kirchen- und Wissenschaftsbetrieb gar keine Zeit dazu. Man beschäftigte sich mit dem Status quo oder mit der Geschichte der Kirche seit 1870 oder seit der Reformation oder seit Gregor VII. oder seit Konstantin oder auch seit Ignatios von Antiochien und dem 1. Klemensbrief. Statt auf das ursprüngliche Zeugnis der Schrift berief man sich auf „die Tradition", „die Väter", griechische oder lateinische, alte oder neue, auf oft recht willkürlich ausgesuchte und noch willkürlicher zitierte Väter. So vieles erschien dann einfacher. Die Kontinuität ließ sich leichter erweisen, die Linien gerader durchziehen, manche Widersprüche vermeiden. So manches stellte sich dann als das „Schon-immer-Dagewesene", als Tradition, ja als göttliche Einsetzung dar. Ausgeklammert wurde indessen die *erste* Phase der Geschichte und damit allerdings auch die schlechthin entscheidende und grundlegende, weil ursprüngliche. So übersah man leicht, daß nur vom Ursprung her die *wahre* Kontinuität sichtbar wird oder, falls verloren, wiederhergestellt werden kann; daß nur vom Ursprung her gesichtet werden kann, was an der gegenwärtigen Kirchenverfassung Menschenwerk und was Gotteswerk ist; daß nur vom Ursprung her je und je entschieden werden kann, was wesentlich und was unwesentlich, was entscheidend und was gleichgültig, was bleibend und was vorübergehend ist. Nimmt man die ursprüngliche Geschichte der kirchlichen Verfassung nicht zur Kenntnis, so hat man keinen Maßstab für die Gegenwart, so liefert man sich jeder neuen weltlichen oder kirchlichen Mode aus, so gibt man sich in stets neue Systeme, Institutionen und Konstitutionen, Formen und Formeln hinein gefangen und verliert dabei Jesus Christus und seine Botschaft, Grund und Ziel der Kirche aus den Augen. Nimmt man aber die ursprüngliche Geschichte der kirchlichen Verfassung ernst, so erkennt man neu, woran man sich in der Kirche zu halten hat und bekommt festen und sicheren Boden unter die Füße. Die immer wieder neu erkannte und bedachte Geschichte des Ursprunges befreit die Kirche der Gegenwart gerade auch in den Fragen der

Kirchenverfassung zu neuer Freiheit, Wahrhaftigkeit und neuem Leben.

Die zweite: Man kann die Geschichte dieses Ursprunges verharmlosen! Man nimmt sie zur Kenntnis, aber man betrachtet sie durch eine von einem theologischen Schulsystem oder auch von einem kirchlichen Regierungs- und Verwaltungssystem gefärbte Brille. So wird die ursprüngliche Geschichte gefiltert: Nicht nur daß dann graue Flecken rosa scheinen, sondern die Konturen verwischen sich, die Kontraste verebben, scharfe Akzente unterbleiben und manche Perspektiven verblassen. Man sieht dann leicht über wichtige Unterschiede zwischen Markus und Lukas, Paulus und Apostelgeschichte, Paulus und Pastoralbriefe, Johannes und Apokalypse und anderes mehr hinweg, nimmt manches als historisch gesichert, was es nicht ist, und eliminiert Schwierigkeiten durch spekulative Dialektik. So ist es dann nicht mehr schwierig, aus dem Gebäude des Neuen Testaments – und nicht nur aus den Pastoralen und der Apostelgeschichte, sondern auch aus Paulus und sogar den Korintherbriefen – Stein um Stein zusammenzutragen. Und alles geht im System wunderbar auf! Stein um Stein wird nach einem neuen Plan neu eingesetzt, wobei noch einiges andere Material – aus dem heidnischen Rom, dem christlichen Byzanz, dem germanischen Mittelalter oder einer neuzeitlichen Philosophie – hineingeschmuggelt wird. So ist aus alten Elementen ein neues Gebäude entstanden, und was man von der neutestamentlichen Botschaft nicht brauchen konnte, ließ man als quantité négligeable liegen. Bei dieser Steinbrucharbeit am Neuen Testament merkte man vielfach gar nicht, wie man interessanteste Passagen überging, wichtigste Seiten überschlug, um dafür immer wieder neu auf bestimmte Stellen (vielleicht Mt 16, 18) zu starren und von ihnen sich bannen zu lassen. Statt die faszinierende Geschichte der jungen Kirche von innen zu sehen, fand man im Grunde nur, was in einem neueren kirchlichen Gesetzbuch sehr viel besser, klarer und konsequenter ausgeführt war. Man konnte ja nicht mehr verstehen, warum Petrus und Paulus recht ernsthaft gestritten haben, warum es Parteien in Korinth und Auseinandersetzungen in Jerusalem gegeben hat, von mehr hintergründigen Gegensätzlichkeiten ganz abgesehen. Das waren dann alles Ereignisse, von denen die Kirche der Gegenwart nichts lernen konnte, deren sie sich im Grunde zu schämen hatte, über die sie am besten mit Schweigen hinwegging. So ganz anders, als die neutestamentlichen Zeugen selbst es getan hatten! Um eine – oft recht ehrlich gemeinte – kirchliche Unehrlichkeit und Unwahrhaftigkeit kommt man auf diesem Wege meist nicht herum. Verharmlost man die ursprüngliche Geschichte der Kirchenverfassung durch Harmonisierung und willkürliche Auswahl der Texte, so überspringt man im Neuen Testament die ertragreichsten Tiefen, umgeht man die fruchtbarsten Spannungen, verpaßt man die hoffnungsvollsten Entwicklungen. Man wird dann aber auch mit den Spannungen und Widersprüchlichkeiten der späteren Kirchengeschichte schlecht fertig und weiß mit der ganzen Dialektik der Kirchen- und Verfassungsgeschichte wenig Positives anzufangen. Erfaßt man aber die Spannungsgeladenheit der neutestamentlichen Geschichte, so wird Ursprung und Gegenwart dieser Kirche wieder neu interessant und verliert die Langweiligkeit des Establishments. Von der Geschichte ihres Ursprungs her bekommt die Kirche der Gegenwart wieder Sinn für die lebendige Macht des Geistes Gottes, der weht, wo, wie und wann er will, der auch auf krummen Zeilen gerade schreiben kann, der oft durch ausweglose Situationen neue Türen öffnen will und die Kirche der Gegenwart von ihrem Ursprung her die neuen Möglichkeiten der Zukunft sehen läßt.

Die dritte: Man kann die ursprüngliche Geschichte der Kirche auseinanderreißen! Das bedeutet: Man haßt die Verharmlosung, die Harmonisierung, die Nivellierung, man liebt die Kontraste, die scharfen Konturen, das Aufeinanderprallen der Gegensätze, die Widersprüchlichkeiten des Lebens. Und – man erträgt sie doch letztlich nicht! Man schlägt sich entschlossen auf die eine Seite – es ist meist die Seite des Paulus. Und von diesem scheinbar sicheren Standpunkt aus führt man dann gezielte Streiche gegen Lukas und seine Apostelgeschichte, gegen Jakobus, gegen den anonymen Verfasser der Pastoralbriefe, ja oft sogar gegen Paulus selbst, der nicht genügend konsequent war. Man weiß sich auf der Seite des Evangeliums und kämpft gegen den Abfall der Kirche. Man scheidet im Neuen Testament die Geister: die evangelischen und die frühkatholischen! Nur daß so die Geschichte dieser Kirche auseinanderbricht, in einen reinen und einen unreinen Strom, daß sie im Grunde schon am Anfang nicht eine ist, daß sie schon am Anfang im Widerspruch existiert: die Geschichte vieler gegensätzlicher, statt vieler geeinter Kirchen. Man sieht sich von daher nicht in der Lage, die nachapostolische Geschichte der Kirche in einem positiven Licht zu sehen. Sie muß letztlich als Abfall vom Evangelium, als Dekadenz zum Institutionalismus, Sakramentalismus, Klerikalismus hin gewertet werden — bis vielleicht zur Zeit der Reformatoren, bis vielleicht ins 19. Jahrhundert oder bis vielleicht ins Heute, wo man endlich wieder versteht, worum es *eigentlich* ging. Wer die ursprüngliche Geschichte der Kirche auseinanderreißt, der trennt, was die Kirche des Neuen Testaments verbunden bestehen ließ, der wählt auf seine zwar nicht mehr harmonisierende, dafür aber dissoziierende Weise aus dem Neuen Testament aus und baut sich — meist nur in Gedanken — seine eigene Kirche, die wiederum nicht die des Neuen Testaments und meist auch nicht die des Paulus ist. Man sprengt mit der Einheit des Neuen Testaments auch die Einheit der Kirche. Wer aber die ursprüngliche Geschichte der Kirche als eine bestehen läßt, der wird deswegen nicht zu allem ja und amen sagen, er wird durchaus das Wesentliche vom Unwesentlichen, das Ursprüngliche vom Abgeleiteten, das Verdeutlichende vom Verdunkelnden unterscheiden. Aber er wird zugleich einen geschichtlichen Sinn dafür haben, daß Geschichte immer weitergeht, daß die spätere Stunde nicht einfach die Stunde bleiben kann, unter der man angetreten ist, daß folglich nicht von vorneherein *alle* Entwicklung verdächtigt werden muß, daß somit vielleicht auch Lukas und vielleicht auch die Pastoralbriefe nicht in allem auf schiefer Bahn waren, sondern — in einer anderen Situation mit anderen Nöten und Erfordernissen — in legitimer Weise bezüglich Amt und Kirchenordnung über Paulus hinausgingen und von ihm sogar gedeckt worden wären. Im Blick auf die eine Geschichte des Ursprungs darf die Kirche der Gegenwart im Glauben davon überzeugt sein, daß Gott seine Hand gnädig über die Geschichte *aller* neutestamentlichen Kirchen hielt und daß, wie schon damals so auch heute, die Kirche trotz allen Abfalls auch immer wieder eine Zukunft und eine gute Zukunft hat.

Aus diesen negativen Abgrenzungen ergibt sich die *positive Folgerung:* Die Kirche der Gegenwart muß sich auch in der Frage der Kirchenverfassung der Geschichte ihres Ursprunges stellen! Gerade um der Kontinuität willen muß sie ihren Abstand vom Ursprung zunächst ruhig, aber vielleicht doch auch beschämt zur Kenntnis nehmen. Gerade um zu bestehen, muß sie sich immer wieder von ihrem Ursprung in Frage stellen lassen. Sie muß sich von der Geschichte ihres Ursprunges fragen lassen, was im Hinblick auf eine bessere Zukunft an der Kirchenverfassung der Gegenwart verantwortbar ist und was nicht. Eine Kirche, die nicht auf sich selbst, sondern auf den Herrn und seine Botschaft baut, braucht diese Fragen nicht zu fürchten.

Es ist unübersehbar, daß uns das *zweite Vatikanische Konzil* den Weg für diese kritische Sichtung erleichtert hat, insofern es entscheidende Gesichtspunkte der neutestamentlichen Kirchenverfassung wieder ins Blickfeld gerückt hat. Wir haben in früheren Zusammenhängen bereits ausführlich darauf hingewiesen und nennen so hier nur kurz wichtige Perspektiven nicht nur der Konstitution über die Kirche, sondern auch anderer Konzilsdokumente:

1. die Kirche als Volk Gottes und Gemeinschaft der Glaubenden (und in diesem Zusammenhang die Bedeutung der Kollegialität),
2. das allgemeine Priestertum aller Glaubenden,
3. die charismatische Dimension der Kirche,
4. die Bedeutung der Ortskirche,
5. das kirchliche Amt als Dienst.

Die Fruchtbarkeit dieser neuen und doch so ursprünglichen Ansatzpunkte dürfte sich in den vorausgehenden Kapiteln gezeigt haben.

An einzelnen wichtigen Punkten hat man auch ausdrücklich auf die neuen Ergebnisse der exegetischen und historischen Forschung Rücksicht genommen, so etwa besonders bezüglich der Darstellung der Verkündigung Jesu von der Gottesherrschaft (CE 5). Bezüglich der hier anstehenden Problematik aber erfolgte aufgrund der neuen exegetischen und historischen Forschungslage in einem wichtigen Punkt die ausdrückliche Korrektur eines Kanons des Konzils von Trient, der hieß: „Wer sagt, in der katholischen Kirche sei keine durch göttliche Anordnung eingesetzte Hierarchie, die aus Bischöfen, Presbytern und Dienern besteht, der sei ausgeschlossen" (D 966; vgl. 960). Die Konstitution über die Kirche (CE 28) nimmt auf diesen mit dem Anathema versehenen Kanon ausdrücklich Bezug und korrigiert dreierlei:

1. Während Trient das unbiblische Wort „Hierarchie" gebraucht, wählt das Vatikanum II an dieser Stelle den Ausdruck „kirchlichen Dienst" (ministerium ecclesiasticum).

2. Während Trient die „göttliche Anordnung" (divina ordinatio) anscheinend auch auf die Ämterteilung in Bischöfe, Presbyter und Diakone bezieht, so bezieht das Vatikanum II das „von Gott eingesetzt" (divinitus institutum) eindeutig nur auf den kirchlichen Dienst als solchen.

3. Während für Trient die „durch göttliche Anordnung eingesetzte Hierarchie ... aus Bischöfen, Presbytern und Diakonen *besteht* (constat)", so wird für das Vatikanum II „der kirchliche Dienst in verschiedenen Ordnungen *ausgeübt* (exercetur) von jenen, die schon *von altersher* (ab antiquo; also nicht: von Anfang an!) Bischöfe, Presbyter und Diakone *genannt werden* (vocantur)".

Der tridentinische Satz stimmt, wenn er strikte interpretiert wird, mit der historischen Wirklichkeit nicht überein; der Satz des Vatikanum II trifft sie. Ausdrücklich nimmt die theologische Kommission des Konzils an dieser

Stelle auf die neue Forschungslage Bezug[39] durch die Zitation der Studien von P. Benoit[40]. Damit wollte die Kommission zwar nicht eine bestimmte Deutung der geschichtlichen Entstehung der Ämter approbieren, wohl aber bestimmte unhistorische Festlegungen des Textes vermeiden.

Ähnliches geschieht bezüglich des dritten Kapitels der Konstitution auch an einigen wenigen anderen Stellen:

1. In bezug auf den Terminus *„Priester"* (CE 10; 28) wird von der Kommission – vergleiche dagegen Trient D 957! – ausdrücklich zugegeben: „Das Wort ‚sacerdos' (ἱερεύς) wird in der Heiligen Schrift nur von Christus, den Priestern des Alten Bundes und vom christlichen Volk gebraucht ... Die Diener werden im Neuen Testament allgemein ‚Episkopen, Presbyter, Vorsteher usw.' genannt"[41]. An anderer Stelle muß die Kommission[42], sich selbst korrigierend, hinzufügen: „... zuweilen auch für heidnische Priester (Apg 14, 13)". Die darauf folgende spekulative Verbindung jedoch von kirchlichem Amt und „Sacrificium" (und damit auch „Priestertum") kann sich dann bezeichnenderweise nicht mehr auf das Neue Testament berufen.

2. In bezug auf den Terminus *„Diakon"* (CE 29) wird, wiederum im Gegensatz zu Trient (vgl. D 958), der traditionelle Text zur biblischen Begründung des Diakonats, nämlich Apg 6, 1–6 von den Sieben, nicht mehr angeführt. Die Begründung der Kommission lautet: „Was Apg 6, 1–6 betrifft, so steht es unter den Exegeten nicht unbedingt fest, daß die Männer, von denen hier gehandelt wird, unseren Diakonen entsprechen, obwohl sie in der Tradition als deren Vorbild betrachtet werden. Deshalb wird der Text der Apg in der Konstitution nicht zitiert."[43]

3. In bezug auf den Terminus *„Episkopos"* (CE 21; 26): Gerade bezüglich der beiden Vollmachten der Ordination und der Firmung, welche Trient wiederum unter Anathema ausschließlich dem Bischof zugeschrieben hatte (er habe sie nicht mit den Presbytern gemeinsam: D 967), macht die Theologische Kommission des Vatikanums II – offenkundig aufgrund einer besseren Einsicht in den historischen Sachverhalt – abweichend zwei vorsichtige Bemerkungen. Bezüglich der Ordination: „Die Kommission statuiert, es sei nichts zu erklären über die Frage, ob allein der Bischof Presbyter ordinieren könne; sie löst deshalb weder die Quaestio iuris noch die Quaestio facti."[44] – Bezüglich der Firmung hatte Trient definiert: „Wer sagt, der ordentliche Spender der heiligen Firmung sei nicht allein der Bischof, sondern jeder einfache Priester, der sei ausgeschlossen" (D 873). Das Vatikanum II ersetzt das entscheidende Wort (CE 26) und spricht statt vom „ordentlichen Spender" (minister ordinarius) nur noch vom „ursprünglichen Spender" (minister originarius). Dies läßt die Möglichkeit offen, daß auch die

---

[39] Schema Constitutionis De Ecclesia (Rom 1964) 101.

[40] *P. Benoit*, Les origines de l'épiscopat selon le NT, in: L'évêque dans l'Église du Christ, hrsg. v. *H. Bouëssé* und *A. Mandouze* (Bruges 1963) 13–57.

[41] Schema 44.

[42] Schema 102.

[43] Schema 104.

[44] Schema 87.

„einfachen Priester" „ordentliche Spender" der Firmung sein können, wie dies in den östlichen Kirchen von jeher der Fall war und in der westlichen Kirche seit 1946 auch den Pfarrern mindestens für den Notfall zugestanden wird. Die Begründung der Kommission: „damit auch der östlichen Kirchendisziplin Rechnung getragen werde." [45]

Die Frage drängt sich hier auf: Müßten aufgrund der kurz skizzierten Geschichte der urchristlichen Kirchenverfassung nicht zu manchen anderen Kanones von Trient analoge Fragen gestellt werden? Als Beispiele seien genannt: zur Sakramentenspendung im allgemeinen D 853, vgl. 1958; zur Buße D 902. 920, vgl. 670. 753; zur Firmung D 960, vgl. 608. 697. 1458. 2147 a; zur Krankensalbung D 910. 929, vgl. 99. 700; zur Ordination D 958. 960. 966, vgl. 305. 356. 548. 701; zur Eucharistie D 940, vgl. 424. 430. 574 a.

Zwei allgemeine Folgerungen ergeben sich aufgrund der vom Vatikanum II her beschriebenen Sachlage:

1. Die Entscheidungen des Konzils von Trient (oder auch anderer Konzilien) können nicht als verbindliche Definitionen für Fragen angeführt werden, die heute in einer ganz anderen Problemstellung neu gefragt werden. Was die Väter von damals nicht kannten, das können sie auch nicht entschieden haben. Das betrifft vor allem neue exegetische und historische Fragen, die erst in jüngster Zeit überhaupt aufbrachen und einer neuen Lösung bedürfen. Kein Konzil erhält eine neue Offenbarung, sondern ist in seinen Lösungen an die Möglichkeiten der Theologie seiner Zeit gebunden. Das heißt gewiß nicht, daß uns das Konzil von Trient nicht auch heute noch etwas zu sagen hätte, etwa wenn es auf der ganzen Linie gegen alles Schwärmertum für Ordnung in der Kirche eintritt und sich dagegen wehrt, daß aufgrund des allgemeinen Priestertums alle in der Kirche „ohne Unterschied" (promiscue) alles tun könnten (vgl. D 960), was ja — worauf das Konzil mit Recht verweist — auch gegen die Auffassung des Paulus (1 Kor 12, 29) wäre. Aber das bedeutet doch, daß das Trienter Konzil mit seinen zum Teil höchst exklusiven Definitionen über die Vollmachten des kirchlichen Amtes, die auf das allgemeine Priestertum der Gläubigen kaum Bezug nehmen (vgl. D 957. 961), uns nicht davon dispensieren kann, die Fragen aufgrund der heutigen exegetischen, historischen und systematischen Forschungslage neu zu stellen und auch neu zu beantworten. Dazu sind wir gerade durch das Vatikanum II aufgefordert, welches in dieser Richtung vorgearbeitet hat.

2. In dem für die verschiedenen christlichen Kirchen höchst kontroversen Kapitel III über den „hierarchischen Aufbau der Kirche und insbesondere das Bischofsamt" — wo von den Bischöfen als den Nachfolgern der Apostel (CE 20), von der Bischofsordination als Sakrament (21), vom Bischofskollegium und seinem Haupt (22), von den Beziehungen der Bischöfe im Kollegium (23), vom bischöflichen Lehr-, Heiligungs- und Leitungsamt (24—27) und schließlich auch noch (wesentlich kürzer!) von den Presbytern (28) und den Diakonen (29) die Rede ist — erhebt das zweite Vatikanische

[45] Schema 99.

Konzil keinen Anspruch darauf, eine vom Ursprung her gedeckte, exegetisch und historisch solide begründete Darlegung zu geben. Was die Theologische Kommission zu dem eingangs aus CE 28 zitierten zentralen Satz über die dreifache Ämterstruktur bemerkt, müßte im Grunde als Untertitel zum ganzen Kapitel III der Konstitution gesetzt werden: „Wie immer es sich verhalten mag mit dem historischen Ursprung der Presbyter, Diakone oder anderer Dienste und auch mit dem genauen Sinn der Termini, die im Neuen Testament zu ihrer Bezeichnung gebraucht werden, wird behauptet..." (Quidquid sit de historico ortu presbyterorum, diaconorum vel aliorum ministrorum necnon de sensu praeciso terminorum qui in Novo Testamento ad eos designandos adhibentur, asseritur...!) Die Konsequenz ist dann allerdings, daß man nicht das von seinem Ursprung her entscheidend bestimmte, bleibende geschichtliche *Wesen* der kirchlichen Dienste analysiert, sondern nur eine sehr *zeitbedingte* geschichtliche *Gestalt* der Ämter. Das dritte Kapitel gibt demgemäß nur eine an der *gegenwärtigen* Ordnung der Kirche orientierte theologisch-pastorale Beschreibung von Natur, Ordnung und Funktion der verschiedenen Ämter. Und gerade deshalb war es besonders notwendig, im Vorausgehenden auf die historischen Wurzeln der gegenwärtigen Ämterordnung zurückzugehen[46].

d) Wir mußten die Gegensätze in der neutestamentlichen Kirchenverfassung betonen und die Konturen schärfer ziehen. Nur so vermochten wir die geschichtliche Wirklichkeit mit der notwendigen Differenziertheit zu sehen. Wir dürfen uns dabei nur nicht zu falschen Alternativen verführen lassen. Eine solche wäre die Alternative zwischen Amt und Charisma. Man hätte unsere ganzen Ausführungen über die Unterschiede zwischen palästinensischer und paulinischer Kirchenverfassung mißverstanden, wenn man sie mit dem Gegensatz von Amt und Charisma (oder ähnlich: zwischen Institution und Ereignis usw.) gleichsetzen würde. Die Presbyterverfassung mag später noch so oft zu einem kirchlichen Behördensystem degeneriert sein, ursprünglich war dies nicht. Und die charismatische Verfassung mochte sich später noch so oft in ein enthusiastisch wirres Sektierertum auflösen, ursprünglich war es nicht so. Es gibt entscheidende *Gemeinsamkeiten,* die die Jerusalemer Ordnung mit der paulinischen Ordnung, die der Dienst aus freiem Charisma mit dem Dienst aus besonderer Sendung gemeinsam hat. Diese Gemeinsamkeiten des Dienstes dürfen nicht übersehen werden:

1. Nicht nur der Dienst aus freiem Charisma, sondern auch der Dienst aus besonderer Sendung setzt Urzeugnis und Ursendung der

[46] Zu den Trienter Dekreten vgl. auch Strukturen VI, 4.

Apostel voraus. Den einen wie den anderen Dienst gibt es nur, wenn er mit dem apostolischen Zeugnis in Übereinstimmung ist, sich je und je auf die von den Aposteln ursprünglich und grundlegend bezeugte Botschaft Jesu Christi berufen, von ihr her sich rechtfertigen kann. Den einen wie den anderen Dienst gibt es nur, wenn er im Zusammenhang mit dem Dienst der Apostel steht, wenn er im lebendigen Nachvollzug des apostolischen Dienstes in der Kirche und an der Welt existiert. *Beide* Dienste gibt es also nur, wenn *beide* in der *apostolischen Nachfolge* sind: Nachfolge im apastolischen Glauben und Bekennen, Dienen und Leben. In Korinth wie in Jerusalem will man in diesem Sinne in der Nachfolge der Apostel stehen.

2. Nicht nur der Dienst der Geistesgaben, sondern auch der Dienst aufgrund besonderer Sendung setzt den Glauben an das Evangelium und den Empfang der Taufe voraus. Es gibt den einen wie den anderen Dienst also nur, wenn er aufruht auf dem *allgemeinen Priestertum* der Glaubenden, die *alle* unmittelbaren Zugang zu Gott haben, die alle im Alltag sich selbst als geistiges Opfer darbringen sollen, die alle zur Verkündigung des Wortes und zum Vollzug von Taufe, Herrenmahl und Sündenvergebung berufen sind, die alle im Dienst aneinander stehen und alle aus der Welt herausgerufen wieder in die Welt hineingesandt sind. Dieses allgemeine Priestertum, ohne welches der je besondere Dienst des Einzelnen in der Luft hängt, dieses allgemeine Priestertum als Voraussetzung für jeden besonderen Dienst gibt es in Korinth wie in Jerusalem.

3. Nicht nur der charismatische Dienst ohne besondere Sendung, sondern auch der Dienst in besonderer Sendung ist in seiner Weise ein *charismatischer Dienst.* Auch die besondere Sendung durch Menschen ist nicht der willkürlichen Verfügung dieser Menschen überlassen. Sie können nicht senden, wen sie wollen, wer ihnen gefällt, wer ihnen gefügig ist, sondern wen Gott berufen hat. Nicht nur die ohne besondere Sendung aufbrechenden Charismen, sondern auch die besondere Sendung gründen in der Gnade des in Freiheit berufenden Gottes selbst, dessen willige Werkzeuge nicht nur die gesandten, sondern auch die sendenden Menschen zu sein haben. Nicht nur die freien Charismen, sondern auch die besondere Sendung gründet in der Vollmacht des erhöhten Herrn, auf dessen forderndes Evangelium und Nachfolge die einen wie die anderen verpflichtet sind. Nicht nur die freien Dienste, sondern auch die besondere Sendung gründet so in der Freiheit des Geistes, welcher Zwang, Gewalt, er-

zwungenen Gehorsam gegenüber Menschen ausschließt und Freiheit, Freiwilligkeit, Zusammenstehen in gegenseitiger Demut und Liebe fordert. Dieses geistliche Wesen *jedes* Dienstes in der Kirche wird in Korinth wie in Jerusalem anerkannt.

4. Nicht nur der allgemeine charismatische Dienst, sondern auch der besondere charismatische Dienst, der sich auf eine besondere Sendung beruft, unterliegt der *Prüfung* durch die Gesamtheit der Glaubenden, die alle den Heiligen Geist und die zum Teil die besondere Gabe der Unterscheidung der Geister empfangen haben. Auch die besondere Sendung schließt die Möglichkeit des Irrens und Sichverfehlens nicht aus. Nicht nur vor falschen Propheten und ungezügelten Charismen, auch vor falschen Amtsträgern, die nicht Hirten, sondern Mietlinge sind, die nicht dienen, sondern herrschen und sich bereichern wollen, wird im Neuen Testament gewarnt. Andererseits sind die frei aufbrechenden Charismen nicht Gaben, welche Willkür und Chaos zeugen, sondern die auf eine *Ordnung* in Selbstbescheidung, in gegenseitigem liebendem Dienst und in Unterordnung unter den gemeinsamen Herrn drängen. Sie brechen auch nicht in sinnlosem Wechsel ohne Stetigkeit auf; sie wirken sich vielmehr zwar nicht nur, aber doch auch und sogar primär in *ständigen* Gemeindediensten aus (Propheten, Lehrer ...), die oft von den unter besonderer Sendung übertragenen Diensten äußerlich kaum unterschieden werden können. In Korinth wie in Jerusalem ist man an der Prüfung der Geister und an der Ordnung der Dienste entscheidend interessiert.

Das also sind die Gemeinsamkeiten, weswegen sich Jerusalem und Korinth, die judenchristlichen und die heidenchristlichen Kirchen trotz ihrer sehr erheblichen Verschiedenheiten in der Kirchenverfassung nicht ausschließen mußten, sondern in der einen Kirche zusammenleben, Gemeinschaft, ja Mahlgemeinschaft halten konnten. Diese Gemeinsamkeiten waren auch der Grund, weswegen die spätere Kirche, die für den neutestamentlichen Kanon verantwortlich war, nicht nur die paulinischen Schriften, sondern auch die anderen – oder auch: nicht nur die anderen, sondern auch die paulinischen! – als echtes, gutes Zeugnis ihres eigenen Ursprungs annehmen und aufnehmen konnte. Diese Gemeinsamkeiten sind schließlich auch der Grund, weswegen die Kirche der Gegenwart nicht vor die Alternative einer exklusiven Wahl gestellt ist. Eine solche Wahl hätte damals die Geschichte, in der nun einmal beide Verfassungen koexistierten, ja sich immer mehr gegenseitig durchdrangen, ignoriert. Eine solche Wahl würde auch heute die Geschichte ignorieren.

e) Aber bei allen Gemeinsamkeiten bleiben die schroffen Gegensätzlichkeiten zwischen paulinischer und palästinensischer Kirchenverfassung, die wir beschrieben haben, bestehen. Und von der paulinischen Kirchenverfassung her gesehen bestand damals, und von der Kirche der Gegenwart her gesehen besteht heute die Frage, wie denn, nachdem doch jeder sein Charisma, seine Berufung, direkt von Gott empfängt, eine *besondere Sendung durch Menschen* überhaupt noch gerechtfertigt werden kann. Warum soll denn der innere Drang, das innere Getrieben-Sein zu einem konkreten Dienst, in welchem sich die Berufung Gottes in der Existenz des Menschen Ausdruck verschafft, nicht genügen? Warum soll da noch ein menschlicher Befehl, eine menschliche Berufung, Einsetzung, Ermächtigung hinzukommen müssen?

Genügt da das *Argument der Faktizität:* daß dies alles legitim ist, weil dies nun einmal „die Entwicklung" war, daß die Geschichte nun einmal so verlief, daß nun einmal in Jerusalem ein Presbyterium entstand, daß diese Form der Gemeindeleitung auch in anderen Gemeinden übernommen wurde, daß sie sich nach Paulus auch in den paulinischen Gemeinden durchsetzte und damit überall in der Kirche die Ausübung eines besonderen kirchlichen Dienstes von einer vorausgehenden besonderen Berufung abhängig gemacht wurde, daß schließlich die „Verbeamtung" des Charismas der notwendige geschichtliche Lauf jeder Religion ist? Doch dieses Argument genügt nicht, und die Gegenfragen sind rasch bei der Hand: Ist denn nicht gerade das religionsgeschichtliche Argument, daß alle Religionen sich so verhalten, eher ein Argument für das Gegenteil? Oder ist der christliche Glaube einfach eine Religion unter Religionen, die christliche Gemeinde einfach ein Religionsverband unter anderen, der Dienst in der Kirche nur eine Abart des überall vorfindlichen Priesters und Religionsdieners? Bedeutete denn das Vordringen einer besonderen Sendung gegenüber dem charismatischen Reichtum der paulinischen Gemeinde nicht eine Verengung und Verarmung, wie ja auch heute die offiziellen Kirchentümer gegenüber der charismatischen Lebendigkeit mancher kleiner priesterlosen Sekten arm erscheinen mögen? Hätten folglich die Korinther, die schon bald nach Pauli Tod in Korinth Presbyter einführten, dagegen nicht besser entschieden Widerstand angemeldet? Oder war denn der korinthische Gottesdienst zur Zeit des Paulus nicht vielleicht noch lebendiger, noch sehr viel näher dem Abendmahl Jesu als die bereits stark ritualisierte spätere Liturgie, wie sie uns etwa um 150 Justin oder um 215 Hippolyt von Rom überliefern?

Aber gerade an diesem Punkt setzt das zweite Argument ein: das *Argument des Mißbrauchs.* Zeigte sich denn nicht schon im korinthischen Gottesdienst, daß die bunte Vielfalt der Charismen die Gemeinde in größte Schwierigkeiten brachte und das scharfe Eingreifen des Apostels herausforderte? Und machten nicht Gnosis und Montanismus, aber auch später die Schwärmer aller Jahrhunderte klar, wohin es führt, wenn man sich in der Kirche einfach auf Pneuma und Charisma verlassen will? Gibt es nicht zu viele falsche Propheten, und sind nicht die echten Propheten oft allzu radikal? Gefährdet die Freiheit der Charismen nicht erfahrungsgemäß Ordnung und Einheit der Kirche? Auch hier liegen die Gegenfragen auf der Hand: War denn die Unordnung im Gottesdienst einer doch offenkundig recht lebendigen Gemeinde wie der von Korinth wirklich schlimmer als die tödliche Erstarrung und Unbeteiligtheit der Gemeinde, zu der der Gottesdienst eingesetzter Amtsträger oft und oft schon bald geführt hat? Sind es also nur die Propheten, die der Kirche schaden können? Gibt es neben den falschen Propheten nicht auch falsche, treulose Hirten, die der Kirche oft mehr geschadet haben als alle anderen? Hat nicht die Starrheit, Hartherzigkeit, Uneinsichtigkeit, Unbeweglichkeit und Bequemlichkeit der Hirten der Ordnung der Kirche mindestens soviel geschadet wie der Wildwuchs der Geistesgaben? Hat nicht die Herrschsucht der Hirten, ihr Prestige- und Machtdenken und ihre Ferne vom Evangelium die Einheit der Kirche – man denke an das morgenländische und abendländische Schisma – geradezu aufgelöst? Nein, Mißbrauch kann mit dem eingesetzten Amt nicht weniger getrieben werden als mit den freien Charismen!

Die Einsetzung von Amtsträgern läßt sich also weder von der faktischen Entwicklung der Ämter noch vom faktischen Mißbrauch der Charismen her rechtfertigen. Zwei miteinander zusammenhängende Tatsachen aber weisen auf die richtige Antwort. Zunächst: Die junge Kirche hatte offenkundig mit der baldigen Wiederkunft ihres Herrn zu Lebzeiten der ersten Generation gerechnet. Diese Naherwartung der Vollendung aber ist nicht erfüllt worden. Und die Gemeinden, deren Gebetsruf „Herr, komme bald!" war, mußten sich auf längere Dauer einrichten. Dann: Die Apostel starben, und dies mußte, wie im Fall des Paulus, eine ungeheure Lücke zurücklassen. Er war ja nun doch ganz wesentlich der Apostel gewesen, der, wenn auch oft nur aus der Ferne, die Gemeinden mit vorausgegebener Vollmacht geleitet und die Mannigfaltigkeit der Charismen gelenkt hatte, durch Aufforderung und Mahnung, Befehl und Warnung. Mußte diese Entwicklung nicht die Bedeutung jenes charismatischen Dienstes in der Gemeinde erhöhen, welcher seine Autorität nicht wie die anderen Charismatiker erst nachträglich von der Gemeinde anerkennen lassen mußte, sondern welcher der Gemeinde aufgrund seiner besonderen Sendung mit einer vorgegebenen Autorität begegnen konnte?

Dies alles weist auf den *eigentlichen Grund* der Berechtigung einer bestimmten Neuordnung hin: es ist der Unterschied zwischen der (nicht datumsmäßig abgrenzbaren) Ursprungsphase und der (sich immer weiter vom Ursprung entfernenden) Folgezeit, der Unterschied zwischen der Gründungsepoche und den nachfolgenden Epochen, der Zeit der Grundlegung und der Zeit des Aufbaus und Ausbaus, kurz, zwischen der (das Wort im weiten Sinne genommen) apostolischen Zeit und der nachapostolischen Zeit. Die Kirche, die, anders als sie dachte, sich auf Zeit einrichten mußte, sah den zeitlichen Abstand vom Ursprung, den Abstand vom geschichtlichen Jesus Christus, ihrem gekreuzigten und auferstandenen Herrn, wachsen. Gewiß, der Herr blieb als der Erhöhte im Geist bei ihr. Aber um ihrerseits bei ihm zu bleiben, war die Kirche auf das Urzeugnis der sich ihr verbürgenden Urzeugen, der Apostel, angewiesen. Und nun verlor sie diese Urzeugen einen um den anderen, das Urzeugnis war nicht mehr direkt vernehmbar. Mußte da die Überlieferung nicht ein ganz anderes Gewicht bekommen? Nun wurde das wenige Aufgeschriebene ungemein wichtig: neben den paulinischen Briefen die Sammlungen der Herrenworte (Logien, Gleichnisse, Apophthegmata usw.), die Passionstradition und der übrige Erzählungsstoff, was alles die Voraussetzung für die Redaktion der Evangelien bildete. Dies alles erhielt jetzt eine ganz und gar grundlegende Bedeutung. Wenn das apostolische Wort nicht mehr unverfälscht vernommen werden konnte, war der Kirche die Grundlage, nämlich das Evangelium Jesu Christi selbst, entzogen. Nur ein entschiedenes Festhalten am apostolischen Urzeugnis konnte bei der in der Geschichte unvermeidbaren Weiterentwicklung der Tradition verhindern, daß die junge

Kirche den Zusammenhang mit ihrem Ursprung verlor und sich — wie es ganz im Zuge der Zeit gelegen hätte — auflöste, hinein in die alles absorbierende Welt des synkretistischen Hellenismus.

Alles, was der Bewahrung der ursprünglichen Überlieferung und so der Bewahrung des Zusammenhangs mit dem Ursprung helfen konnte, erhielt in dieser neuen Situation eine neue Bedeutung. Dazu gehörten nicht nur die ursprünglichen Schriftzeugnisse. Dazu gehörte auch die der apostolischen Überlieferung dienende Sendung in den Dienst. Dieser besondere Dienst konnte entscheidend mithelfen, um in den Gemeinden der nachapostolischen Zeit die ursprüngliche Überlieferung vom Evangelium Jesu Christi zu bewahren und allseitig zur Geltung zu bringen — gerade jetzt bei der um sich greifenden häretischen Verwirrung, bei der wachsenden Größe der Gemeinden, aber auch dem erlahmenden Eifer vieler ihrer Glieder! Von daher wird man verständlich finden — im Altertum war Pseudoepigraphie so normal wie heutzutage das schriftstellerische Pseudonym —, daß die Kirchenordnung der Pastoralbriefe mit ihrer Betonung der apostolischen Überlieferung und des für ihre Bewahrung durch *Handauflegung* eingesetzten Dienstträgers unter den Namen und die Autorität des Apostels Paulus gestellt wurde.

Und war es wirklich so ausgeschlossen, daß sich Paulus in einer späteren Zeit nicht hinter eine solche Entwicklung gestellt hätte? Er, der selber in seinen Briefen alles auf den Geist stellte und doch zugleich der christlichen Überlieferung großes Gewicht beilegen konnte, er, der seine Gemeinde und alle ihre Dienste durch und durch pneumatisch-charismatisch begründet sah und der doch in Philippi nicht nur nichts gegen, sondern viel für Episkopen und Diakone hatte? Gewiß, ihm war an einigem entscheidend gelegen, woran der Folgezeit nicht mehr entscheidend gelegen war; darauf ist zurückzukommen. Aber voraussetzen, daß Paulus etwas gegen eingesetzte Presbyter und gegen Ordination gehabt hätte (er hat sich nie dagegen geäußert!), hieße voraussetzen, daß Wort und Geist, Überlieferung und Charisma, Sendung in den Dienst und Berufung durch den Geist von vorneherein im Gegensatz stünden, hieße voraussetzen, daß Diensteinsetzung durch Handauflegung von vorneherein ungeistig-gesetzlich und die durch menschliche Sendung empfangene Vollmacht von vorneherein ungeistig-menschlich verstanden werden müßten. Gerade dies aber ist es, was nach dem Neuen Testament nicht der Fall ist und nicht der Fall sein darf.

Die Gefahr des äußerlich tradierenden Formalismus ist allerdings groß. Jede Sendung durch menschliches Wort und Handauflegung würde mißverstanden, wenn der *Sendende* meinte, er sei der Mann, der über Auftrag, Sendung und Geistmitteilung zu verfügen hätte. Der Sendende kann nur dann senden, wenn er sich seinerseits an den an ihn ergangenen Auftrag hält. Eigenmächtig gesprochene Menschenworte und eigenmächtig verfügende Menschenhände richten nichts aus. Worte und Hände des Menschen sollen Werkzeuge des sendenden Gottes selbst sein, der allein die Vollmacht in der Kirche schenken kann. Der Sendende kann dem Geist nicht befehlen, er kann nur um ihn bitten; es gibt keine Handauflegung ohne Gebet. Dabei wird die Sendung sehr oft darin bestehen, daß ein bereits bestehendes *Charisma* in Dienst genommen wird (vgl. Apg 6, 3; auch die Pastoralbriefe fordern bestimmte Voraussetzungen). Zugleich aber wird nach den Pastoralbriefen (vgl. 1 Tim 4, 14; 2 Tim 1, 6) ein Charisma für die Ausübung des konkreten Dienstes herabgefleht. Die Handauflegung ist dabei nicht die Hauptsache. Sie ist nur ein Zeichen für das Wirken des Geistes. Doch ist sie nicht ein leeres, sondern ein durch das Wort wirkmächtiges Zeichen. Sie geschieht auf Gottes Verheißung hin nicht als ein Wort des Gesetzes, das nur fordert, ohne Erfüllung zu schenken, sondern als ein Wort des Evangeliums, das gibt, was es fordert. Das Charisma ist der Indikativ, aus dem der Imperativ folgen kann und soll. Aber es wird nicht etwa auf der horizontalen Ebene von Mensch zu Mensch weitergegeben. Nicht in des Spenders Namen, sondern in Christi Namen und des Geistes Kraft wird es geschenkt. Und deshalb kann Ordination nie ein mechanischer, nie ein automatischer Vorgang sein. Vorausgesetzt ist der Glaube des Sendenden, ohne den dieser nichts zum Heil tun kann. Vorausgesetzt ist der Glaube des Berufenen, der sich im opferbereiten Dienst in Liebe zu erweisen hat. Es wird ja hier keine Vollmacht gegeben, die den Träger verherrlicht und zu nichts verpflichtet, sondern eine Vollmacht des Dienens, die von ihm den entsprechenden Geist, das entsprechende Leben und Wirken fordert.

Der in den besonderen Dienst *Gesendete* verrät seine Sendung, wo immer er sich selbst in den Vordergrund spielt, wo immer er selbstherrlich denkt und handelt, sich selbstmächtig und autonom aufführt. Da versteht er seine Sendung nicht als Charisma, nicht als Berufung des Geistes, für die er nichts kann, die ihm ohne Verdienst geschenkt ist. Da vergeht er sich gegen das Evangelium, dem zu dienen er berufen ist und das von ihm Dienst an den Menschen verlangt. Das wäre sein Irrtum und seine Schuld, und jeder Christ wäre berechtigt und vom Geist aufgerufen, dagegen durch offenes Zeugnis Stellung zu nehmen, wenn er dabei in Wahrheit und Liebe handelt. Wird jedoch die besondere Sendung im Glauben empfangen und in der Liebe geübt, dann darf sie dem Gesendeten auch die Gewißheit schenken, wahrhaft gesendet zu sein; das Vertrauen, der Berufung entsprechen zu können; den Mut, die Aufgabe immer wieder neu anzupacken; den Trost, trotz aller Anfechtung, aller Not und allen Zweifeln durchzuhalten: „Und aus diesem Grunde erinnere ich dich daran, die Gnadengabe Gottes anzufachen, die durch die Auflegung meiner Hände in dir ist. Denn Gott hat uns nicht einen Geist der Verzagtheit gegeben, sondern der Kraft und der Liebe und der Selbstbeherrschung. Darum schäme dich nicht des Zeugnisses von unserem Herrn noch auch meiner, seines Gefangenen, sondern leide mit mir Ungemach für das Evangelium nach der Kraft Gottes, der uns errettet und mit heiliger Berufung berufen hat nicht aufgrund unserer Werke, sondern aufgrund seiner eigenen, zuvor getroffenen Entscheidung und der Gnade, die uns in Christus Jesus verliehen worden ist vor ewigen Zeiten, jetzt dagegen geoffenbart worden ist durch das Erscheinen unseres Heilandes Jesus Christus" (2 Tim 1, 6–10). So zielt die Sendung darauf, den Diensttträger für seinen Dienst zu rüsten – ohne ihm indessen seine Menschlichkeit und Gebrechlichkeit zu nehmen! Zugleich legitimiert sie ihn als den besonderen Diener vor denen, für die er gesendet ist. Er ist in der Gemeinde der, der für seinen Dienst durch ein besonderes Wort und eine besondere Zeichenhandlung ausgewiesen ist.

Wie aber kann der Dienst, mit dem die besondere Sendung in der Gemeinde verbunden ist, umfassend *bezeichnet* werden? Wir sprachen in unserem Zusammenhang nur von der Handauflegung zur besonderen Sendung (es gibt in der Schrift auch Handauflegung zur Segnung, zur Heilung usw.), und diese besondere Sendung ist in der jungen Kirche, so bemerkten wir bereits, ausgerichtet auf den Dienst der Kirchengründung und Kirchenleitung sowie die damit verbundenen Helferdienste. Kirchengründung und Kirchenleitung gehören zusammen; denn die Mission der Kirche zielt auf Erbauung der Kirche und die Erbauung der Kirche auf Mission. Es sind dies die Dienste, die Aufgabe und Auftrag der Apostel, apostolische Sendung und apostolischen Dienst weiterführen. Die

Träger dieser Dienste werden im Neuen Testament nie Apostel genannt, weil sonst die einzigartige Stellung der Apostel als der Urzeugen und Urboten des Herrn selbst eingeebnet worden wäre. Dafür aber taucht schon in den späteren Schriften des Neuen Testaments — vor allem im Anschluß an das Alte Testament — ein Begriff auf, der in der Folge nicht in gleicher Weise kirchenrechtlich eingeengt wurde wie die Begriffe Episkope, Diakon und auch Presbyter: es ist der Begriff des Hirten. In Apg 20, 28 werden die Presbyter-Episkopen als Hirten angesprochen: „Habt acht auf euch selbst und auf die ganze Herde, in der euch der Heilige Geist zu Episkopen gesetzt hat, die Gemeinde des Herrn zu weiden, die er sich erworben hat durch sein eigenes Blut." Auch in 1 Petr 5, 2f werden die Presbyter angesprochen: „Weidet die Herde Gottes, die bei euch ist, nicht gezwungen, sondern freiwillig, wie Gott es will; auch nicht aus schädlicher Gewinnsucht, sondern in Hingebung; auch nicht als Herrscher über die, welche euch zugeteilt sind, sondern als solche, welche Vorbilder der Herde werden." Und in Jo 21, 15—18 wird von Petrus gesagt: „Weide meine Lämmer . . ., hüte meine Schafe . . ., weide meine Schafe!" (vgl. auch sonst die Bedeutung von „Herde" für Gemeinde bei Johannes, besonders Jo 10, ebenso wie in 1 Klem 44, 3; 54, 2; vgl. 16, 1.) Schließlich werden Eph 4, 11 offenkundig die Leiter der Gemeinden, auch wenn dies kaum ein fester Amtstitel sein dürfte, als „Hirten" aufgeführt. Wir nennen deshalb die leitenden Gemeindedienste aufgrund besonderer Sendung allgemein *Hirtendienste.*

f) Dieser Dienst wurde nach dem Neuen Testament in recht *vielfältigen Formen und Gestalten* wahrgenommen. Ganz abgesehen von den von vorneherein nicht systematisierbaren, frei aufbrechenden Charismen (Erstlinge, Sichmühende, Vorstehende, Führende usw.), ist es auch nicht möglich, die (mindestens mit der Zeit) unter Handauflegung übertragenen Dienste — der Presbyter, Episkopen, Diakone usw. — vom Neuen Testament her in ein System zu bringen. Die Dreiämterordnung des Ignatios von Antiochien hat Wurzeln in den Ursprüngen, ist aber als solche Dreiteilung nicht einfach *die* ursprüngliche Dienstordnung und Dienstaufteilung. Sie ist, wie wir gesehen haben, das Ergebnis einer sehr komplexen historischen Entwicklung. Es ist unmöglich, die Funktionen der drei Dienste, und insbesondere die des Episkopen und des Presbyters, *theologisch-dogmatisch* voneinander abzugrenzen. Die Abgrenzung ist eine Frage einerseits der faktischen Entwicklung der Dienste und andererseits ihrer pastoralen Zweckmäßigkeit. Auch wenn man die Dreigliederung der kirchlichen Dienste – Bischöfe, Presbyter, Diakone – als eine sinnvolle Entwicklung und gute praktische Ordnung durchaus bejaht, so darf man kirchenrechtliche Festlegungen, die meistens die Realisierung nur *einer* Möglichkeit sind, doch nicht zu dogmatischen Notwendigkeiten erklären. Die reichen Ansätze zu einer Kirchenordnung im Neuen Testament lassen mehrere Möglichkeiten der Verwirklichung offen.

Es würde mindestens *ein* neues Buch brauchen, wollte man die *kirchenrechtlichen Implikationen* entwickeln, die sich aus dem hier aufgerissenen Bild der Kirche und besonders ihrer diakonischen Struktur ergeben. Doch dies muß dem Kirchenrechtler als dem Fachmann überlassen bleiben. Dieser wird sich heute weniger denn je mit der *positivistischen* Interpretation des gerade geltenden Rechtes begnügen können, als ob jedes Kirchenrecht schon rechtes Kirchenrecht, als ob mindestens in der Kirche Legalität schon Legitimität wäre. Der Kirchenrechtler wird aber auch nicht die positivistische Interpretation durch eine *dogmatistische* überhöhen, als ob in der Kirche Recht nicht mehr Recht wäre, als ob das Kirchenrecht selbst mit Hilfe einer theologischen Begrifflichkeit und Bildlichkeit („die Jurisdiktionsgewalt im mystischen Leibe Christi"!) theologisiert, mystifiziert und ideologisiert werden dürfte, um so die Kanones zu Dogmen oder Mysterien erklären und das Bestehende noch besser konservieren zu können.

Die Kirche darf vom Kirchenrechtler einen zweifachen Dienst erwarten, der über die natürlich unumgängliche, zwar nicht positivistische, wohl aber positive Interpretation des geltenden Rechtes weit hinausgeht: Einmal die Erforschung der *historischen Entwicklung* des Kirchenrechtes, die sichtbar macht, wo im Ganzen und in jedem einzelnen Punkt die ursprünglichen Intentionen und der eigentliche Sinn stecken, worin die Entwicklung und die historische Bedingtheit besteht, wie das ius conditum immer wieder auf ein besseres ius condendum hin offen ist. Dann eine Untersuchung der *theologischen Grundlagen*, die das Recht eher entmythologisiert als theologisiert und die über die Grundfragen der Kirchenrechtswissenschaft nicht hinwegredet. Zum Beispiel: Wie verhalten sich Kirche und Recht? Können diese beiden Größen gleichgesetzt werden oder müssen sie getrennt werden, sollen sie harmonisiert oder isoliert werden? Wie verhalten sich Gottes Recht und Kirchenrecht? Bindet sich Gott je an Kirchenrecht? Ist Kirchenrecht mehr als Menschenrecht? Wie verhalten sich Geistliches und Weltliches, Pneumatisches und Institutionelles, Liebeskirche und Rechtskirche? Wie verhalten sich Kirchenrecht und Evangelium? Inwiefern haben sie einen Bezug zueinander und inwiefern sind sie nicht identifizierbar? Inwiefern ist ein Konflikt zwischen Evangelium und Kirchenrecht möglich? Inwiefern bleibt das Evangelium norma normans für alles Kirchenrecht? Inwiefern wird das

Evangelium immer wieder das Recht „brechen"? Inwiefern gibt es ein richtiges, weniger richtiges und unrichtiges Recht? Kann das Kirchenrecht einfach säkulare Rechtsbegriffe (Kirchen-„Gewalt" usw.) übernehmen? Inwiefern ist Kirchenrecht nicht um seiner selbst willen, auch nicht um „der Kirche" willen, sondern um des konkreten Menschen willen da? Inwiefern ist das Kirchenrecht nie ein Herrschaftsrecht, sondern immer und überall Dienstrecht? Inwiefern ist es Ausdruck der Brüderlichkeit der Jünger Jesu? Inwiefern ist es vom Gottesdienst (von der Bekenntnis-, Tauf-, Mahl- und Gebetsgemeinschaft her) bestimmt? Inwiefern muß Kirchenrecht lebendiges Recht bleiben? Kann es überhaupt grundsätzlich unveränderliches, unrevidierbares Kirchenrecht, kann es eine endgültige Kirchenordnung geben? Inwiefern muß das Recht der Ecclesia semper reformanda selbst ius semper reformandum bleiben? Wie kann grundsätzlich die stets drohende Juridisierung, Bürokratisierung und Klerikalisierung der Kirche verhindert werden? Wie kann die Freiheit der Kinder Gottes gerade durch das Recht bewahrt *und* gefördert werden? Soll man auf ein Maximum oder ein Minimum juristischer Form hinarbeiten? Müßten auch in der Kirche Grundordnung („Verfassung") und konkrete Lebensordnung („Gesetzbuch") unterschieden werden? Was bedeuten in der Kirche „Gewalten"-Trennung und Rechtsschutz des Einzelnen? Was das Subsidiaritätsprinzip? Was die Menschenrechte? Inwiefern kann und soll das Kirchenrecht für die Bildung, Handhabung und Besserung des weltlichen Rechtes Vorbild sein ...?

Eine theologisch-dogmatische Abgrenzung zwischen den Funktionen des *Bischofs* und denen des *Presbyters* (eine kirchenrechtlich-disziplinäre ist heute selbstverständlich gegeben) ist nicht nur deshalb unmöglich, weil Episkopen und Presbyter ursprünglich entweder anders oder überhaupt nicht unterschieden waren. Sie ist auch deshalb unmöglich, weil keine spezifisch bischöfliche Funktion angegeben werden kann, die im Laufe der Kirchengeschichte nicht legitim auch von Presbytern wahrgenommen worden wäre; dies gilt insbesondere von Firmung und Ordination. Die Unterscheidung von Ortshirten und Oberhirten ist sinnvoll, wenn die Funktionen den seelsorglichen Zweckmäßigkeiten entsprechend aufgeteilt sind. Das Verhältnis zwischen Ortshirten und Oberhirten darf aber nie ein einseitiges Gehorsamsverhältnis, darf nie nur ein Verhältnis der Überordnung und Unterordnung sein. Im Gehorsam stehen Ortshirten *und* Oberhirten unter dem einen Herrn in einer brüderlichen Gemeinschaft (Kollegialität), die ein allseitiges Miteinander und Füreinander fordert.

Das Vatikanum II hat die ursprünglich im Schema über die Kirche enthaltene Formulierung, daß die Presbyter „durch den Empfang des Sakramentes wahre Priester zweiten Ranges" seien, auf Einwendungen hin fallenlassen zugunsten einer Formulierung, welche die Frage eines dogmatischen Unterschiedes zwischen Bischöfen und Presbytern offenläßt[47]. Daß überdies die Trienter Definition bezüglich der *Firmvollmacht* ausdrücklich korrigiert wurde, haben wir bereits gehört: Mindestens seit dem 4. Jahrhundert erscheinen in den östlichen Kirchen die Presbyter als die regelmäßigen Spender der Firmung (deren Unterscheidung und Abgrenzung von der Taufe gerade im Lichte östlicher Theorie und Praxis alles andere als klar erscheint). Auch in der abendländischen Kirche wurde die Firmung gelegentlich durch Presbyter gespendet, welche Praxis seit 1946 auch in der katholischen Kirche wieder Einzug gehalten hat. – Bezüglich der *Ordination* verhält es sich ähnlich: Daß das Vatikanum II sich auch in dieser Frage zurückgehalten hat, haben wir ebenfalls gehört. Aus dem Mittelalter sind denn auch verschiedene Fälle legitimer Ordination durch Nichtbischöfe überliefert; noch im 17. Jahrhundert haben die Zisterzienseräbte, die keine Bischöfe waren, ungehindert Presbyter ordiniert. Aufgrund dieser Tatsachen, die nicht durch „Privilegien" und juristische Konstruktionen erklärt werden können, sind auch manche Kanonisten der Auffassung, daß Firm- und Ordinationsvollmacht grundsätzlich jedem Presbyter gegeben sind, bei ihnen aber eine potestas ligata darstellen, welche ohne Erlaubnis des Oberhirten nicht ausgeübt werden darf. Dies hat beträchtliche Konsequenzen mindestens für Notsituationen (z. B. unter einem Verfolgungsregime), wo eine Ausübung dieser Vollmacht geboten sein kann.

Nicht nur die neutestamentliche Kirchenordnung, auch die Kirchengeschichte gibt also die Freiheit zu einer die Kontinuität wahrenden und doch der Zeit besser angepaßten Neuordnung. Das Vatikanum II hat eine solche Neuordnung im Zusammenhang mit dem Diakonat begonnen. Doch müßte dies auch in bezug auf den *Episkopat* Wirklichkeit werden (vor allem im Hinblick auf die Firmung, die den meisten Bischöfen zum Schaden wichtigerer Aufgaben unverhältnismäßig viel Zeit wegnimmt). Eine sinnvolle Neuordnung wird man von dort her nicht so sehr in einer Zusammenlegung von kleinen Diözesen zu weiteren Superdiözesen (und noch mehr „Weihbischöfen"!) sehen. Von der alten Kirchenverfassung und den modernen Erfordernissen her wird man eher eine Rückkehr zu dem alten (aber in Italien weithin noch jetzt üblichen) System der *Stadtbischöfe* wünschen. Diesen Stadt-Bischöfen, die (ohne pontifikale Titel und Kleiderpracht!) an die Stelle der heute administrativen Stadt-Dechanten träten, müßten im Sinne des Subsidiaritätsprinzips (Dezentralisierung) alle notwendigen Vollmachten (insbesondere die Ausübung der Firmung und ähnliches) innerhalb ihrer Region zukommen. „Weihbischöfe" am Residenzort des Bischofs würden auf diese Weise überflüssig, bzw. sie würden (besonders in den großen Weltstädten) in der betreffenden Region als echte Bischöfe ihr Amt ausüben. Zugleich blieben den Stadtbischöfen zur Vermeidung aller Zersplitterung, zur Organisation und Koordination überregionaler Aufgaben und zur Sorge um den Zusammenhalt mit den anderen Regionen und mit

[47] Schema 72.

der Gesamtkirche die heutigen Bischöfe als echte *Metropoliten* (als echte und nicht nur formale Erzbischöfe) übergeordnet. Will der Bischof wirklich die Aufgaben der Evangeliumsverkündigung, des Sakramentenvollzugs und der Seelsorge persönlich leisten, wie sie ihm in den Dokumenten des Vatikanum II so ideal zugeschrieben werden, dann muß sein Kirchengebiet klein sein, dann muß der Bischof seine Leute, wenigstens in einem bestimmten Rahmen, persönlich kennen. Das ist nur in kleinen Kirchenregionen und mit vielen Bischöfen möglich, wie dies in der alten Kirche üblich war. Am italienischen Diözesansystem ist nicht zu kritisieren, daß die Diözesen zu klein und die Bischöfe zu zahlreich sind; darin sind vielmehr andere Länder zu kritisieren, wo der Bischof oft aufgrund der ihm vorgegebenen Situation nurmehr ein Organisator und Administrator sein kann, der von Firmung zu Firmung, von Kirchweihe zu Kirchweihe, von Empfang zu Empfang, von Sitzung zu Sitzung reisen und nicht nur seine eigentlichen Bischofsaufgaben, sondern auch seine theologische Bildung in einem für seine Kirche oft höchst schädlichen Ausmaß vernachlässigen muß. Falsch ist das System der kleinen Diözesen nur, wenn jeder der Stadtbischöfe meint, er müsse nun eine eigene „Kurie“ mit Beamten, Priesterseminar, Ehegericht usw. haben. Überregionale Aufgaben blieben Sache nicht der Stadtbischöfe, sondern der Metropoliten oder Erzbischöfe: Sorge um Ausbildung, Verteilung und rationellen Einsatz der Seelsorger und damit verbunden die Ordination, dann die Seelsorge an Bischöfen und Pastoren, Visitation usw. Nicht alle Stadtbischöfe, wohl aber die Metropoliten hätten auch ihre kollegiale Verantwortung in der Leitung der Gesamtkirche — im ökumenischen Konzil und auch sonst — wahrzunehmen.

g) Doch alle Fragen kirchlicher Organisation und Kompetenzabgrenzung sind bei weitem zweitrangig gegenüber der Grundwahrheit christlicher Kirchenordnung: daß *alle* in der Kirche vom Geist getrieben, Geistliche sind, daß *alle* in der Kirche ihr Charisma, ihre Berufung, ihren persönlichen Dienst haben, und daß die Hirtendienste jedenfalls nicht allein sind. So oft hat die theoretische wie praktische Konzentration auf das Hirtenamt dazu geführt, daß man die anderen Gaben und Dienste vernachlässigte und vergaß, daß die Hirtendienste nur umgeben von allen anderen Gaben und Diensten, die ihre je eigene Autorität haben, in der Kirche ihren Sinn und Zweck erfüllen können. Die Bejahung der besonderen Hirtendienste darf nicht zu einer Zweiteilung der Kirche in Hirten und „Gläubige“, Lehrende und Hörende, Befehlende und Gehorchende, „Klerus“ und „Laien“ führen. Als ob unter dem einen Herrn nicht alle Brüder wären! Als ob nicht *alle* Gläubige wären, die alle dem Herrn und untereinander zu hören und zu gehorchen haben!

Wir haben die Berechtigung einer Entwicklung über die Verfassung der paulinischen Gemeinden hinaus beim wachsenden Abstand vom Ursprung aufgewiesen und die historische und theologische Berechtigung einer Presbyter- und Episkopenverfassung für die nachapostolische Zeit anerkannt. Aber dies darf nicht dazu führen — wie es leider schon in unmittelbar nachpaulinischer Zeit im zunehmenden Maße geschehen ist —, daß die allgemeine *charismatische Struktur* und mit ihr verbunden die besondere diakonische Struktur *aller* Dienste und nicht nur der Hirtendienste der Vergessenheit anheimgegeben werden. Dies war nun einmal der Grundansatz und die Grundverfassung der paulinischen Gemeinden. Wird der eigentliche echte Paulus vergessen, dann wird der Geist in der Kirche sehr rasch — wenn auch oft raffiniert verdeckt und religiös verbrämt — limitiert, kanalisiert und monopolisiert. Und die Kirche wird dann zu einer Hierokratie von Hirten, die sich allein im Geistbesitz wähnen und die gerade deshalb den Geist in den Anderen zu dämpfen versuchen. Könnte dann einen Menschen nicht die Sehnsucht nach der so wenig organisierten und geordneten und doch so lebendigen und königlich freien Kirche von Korinth ergreifen? Und könnte nicht eine derartige Sehnsucht der Grund sein dafür, weswegen Freikirchen und Sekten oft mehr Zulauf haben als wohlgegliederte Kirchen mit einer ganzen Hierarchie von Hirten?

Die Hirtendienste, die des Ortes und die größerer Kirchengebiete, dürfen nirgendwo isoliert werden. Gewiß, die Hirtendienste sind die Nachfolger der Apostel, insofern sie den besonderen Auftrag und die besondere Aufgabe zur Kirchengründung und Kirchenleitung weiterführen. Als solche haben sie in der Kirche eine besondere Autorität. Aber zweierlei ist dabei nicht zu vergessen. Das erste, worauf wir nicht zurückzukommen brauchen[48]: daß zugleich und primär die *ganze* Kirche und damit auch jeder Einzelne in der Nachfolge der Apostel steht, sofern nämlich die Kirche und jeder Einzelne um die Übereinstimmung mit dem apostolischen Zeugnis und um den Nachvollzug des apostolischen Dienstes sich bemüht. Das zweite aber, worauf gegenüber aller übertriebenen Konzentration auf die *apostolische* Nachfolge Gewicht gelegt werden muß: Es gibt nicht nur eine Nachfolge der Apostel, es gibt auch — um von den anderen Charismen zu schweigen — eine *Nachfolge der Propheten und der Lehrer*. Oder sollte etwa Auftrag und Aufgabe der Propheten und

[48] Vgl. D IV, 2.

Lehrer schon in der apostolischen Zeit erfüllt worden sein? So wenig wie Auftrag und Aufgabe der Apostel! Oder sollten etwa die Menschen gefehlt haben, die *diesen* Auftrag und *diese* Aufgabe wahrgenommen haben? Gottes Geist hat bestimmt nicht versäumt, der Kirche auch die beiden Charismen zu wecken, die für Paulus nach dem der Apostel die beiden wichtigsten waren. Aber — vielleicht sind sie nicht zum Reden gekommen!

Was aber wird aus einer Kirche, in der die *Propheten* schweigen? Was wird aus einer Kirche, wo niemand mehr — wenn auch vielleicht in anderer Form als zu Zeiten des Paulus — den Geist unmittelbar zu Worte kommen läßt und aus dem Bewußtsein der Berufung und Verantwortung heraus in einer bestimmten Situation der Kirche den Weg in Gegenwart und Zukunft durchleuchtet, durchleuchten darf? Eine Kirche, in der die Propheten schweigen müssen, wird zu einer geistlosen Organisation herabsinken, in der äußerlich vielleicht alles recht gut läuft, in geordneten Bahnen und genau nach Vorschrift, in der alle Situationen bereits vorausberechnet und alles Unvorhergesehene eingeplant oder dann eben ausgeschaltet ist, in der aber der Geist nicht mehr wehen kann, wo und wann er will, in der der Geist bei der gut eingefahrenen Ordnung nicht mehr benötigt wird, ja bestenfalls störend wirken könnte, in der so die kirchliche Lebensordnung eine Ordnung ohne Leben wird. Die Hirten aber, welche die Propheten in der Kirche nicht hören wollen, ja, die wirklich keine mehr hören, weil sie sich dieses Hören vor lauter Regieren längst abgewöhnt haben, die vielleicht die — nunmehr ungefährlichen — Propheten der Vergangenheit als Heilige in ihren Predigten zitieren, diese Hirten werden um so gewisser sein, den Geist zu besitzen, sie werden auf ihn pochen, statt auf ihn zu hören, sie werden ihre Dekrete, ihre Anordnungen und Befehle als solche des Geistes ausgeben: alles in allem trotz dem Gerede von Heiligem Geist und Dienst eine Form von Herrschaft, in der das Hören durch Regieren und der Geist durch Macht ersetzt wird, durch subtile „geistliche" Macht selbstverständlich, die aber nicht weniger als weltliche Macht absolutistisch, totalitär, ja terroristisch gebraucht werden kann. Solche Hirten möchten dann, obwohl die Gaben verschieden sind, nicht nur Nachfolger der Apostel, sondern auch Nachfolger der Propheten sein. Gewiß, auch Hirten *können* Propheten sein; nur der Normalfall ist dies nach Paulus nicht.

Welch ein Segen aber wird über die Kirche und die Hirten kommen, die – wie die besten von ihnen es stets getan! – die Propheten zu vernehmen vermögen, die Propheten hier und heute, diese Männer und Frauen, die mit ihren Mahnungen und Forderungen der Kirche und ihren Hirten in bestimmten Situationen so unbequem sein können wie die alttestamentlichen Propheten dem Tempelpriestertum und dem Volk von Jerusalem, diese Propheten, die oft so „einseitig", so „radikal", so „hart", so „lieblos", so „kompromißlos" zu reden pflegen! Die Kirche und ihre Hirten, die sich von den falschen Propheten nicht abschrecken lassen, die wahren zu hören, sie werden gewiß nicht immer Angenehmes und selten Bequemes vernehmen, sie werden vor unerwartete Fragen und „unmögliche" Forderungen gestellt werden, aber sie werden aufgerüttelt, werden wieder neu vom Geiste Gottes bewegt und erhalten von ihm für ein neues Aufbrechen und Fortschreiten Kraft, Trost und Freude. Was wäre die Kirche ohne Franz von Assisi, ohne so manche heilige oder auch verketzerte Propheten, große und kleine. Nie war die Kirche ohne Propheten. Paulus war der Überzeugung, daß jede Gemeinde ihre Propheten hat. Wenn man sie hören *will*, werden sie auch reden! „Löschet den Geist nicht aus, prophetisches Reden verachtet nicht! Alles aber prüfet, das Gute behaltet!" (1 Thess 5, 19–21.)

Was aber wird aus einer Kirche, in der die *Lehrer* schweigen? Man wird die Frage besser verstehen, wenn wir – auch die Gestalt der Lehrer wandelt sich mit der Geschichte – statt von Lehrern von *Theologen* reden. Was wird aus einer Kirche, wo sich niemand mehr die endlose Mühe um die echte Überlieferung und die richtige Interpretation der ursprünglichen Botschaft machen darf, um so die Botschaft von damals in die Gegenwart der Kirche und Welt von heute hinein neu zu übersetzen? Eine Kirche, in der die Theologen schweigen müssen, wird zu einer unwahrhaftigen Kirche werden, in welcher die Lehre vielleicht recht korrekt, recht unverändert, recht sicher weitergegeben wird, in welcher der Glaube anscheinend ohne Zweifel und die Lehre ohne ernsthafte Probleme durchkommen; in welcher aber sehr oft gerade den entscheidenden Fragen der Menschen ausgewichen wird, in welcher man gar nicht merkt, wie weit man einem recht zeitbedingten theologischen System verhaftet ist, wie weit man überkommene Meinungen und traditionelle Begriffshülsen als Wahrheit weitertradiert und wie weit man sich in Lehre und Leben von der ursprünglichen Botschaft entfernt hat. Die Hirten aber, die die Theologen in der Kirche nicht hören wollen, weil sie für gute

Theologie wenig Interesse und Zeit haben, weil sie vielleicht furchtsam in ihrem Glauben nicht beunruhigt werden wollen oder auch weil sie naiv alles Wesentliche bereits zu wissen vermeinen, diese Hirten werden in ihrer Unkenntnis um so sicherer ihre persönliche Lehre als Lehre der Kirche ausgeben, werden um so eher ihre überkommenen Ideen mit der echten Tradition verwechseln, werden sich um so mehr der Belehrung verschließen und als Inkompetente über Kompetente urteilen wollen. Sie werden dann, obwohl die Gaben verschieden sind, beanspruchen, nicht nur Nachfolger der Apostel, sondern auch noch Nachfolger der Lehrer zu sein. Es *kann* Hirten geben, die auch Lehrer sind, aber die Regel ist dies nach Paulus nicht.

Wie groß aber kann die Frucht für die Kirche und ihre Hirten sein, wenn sie, wie es nun doch die besten unter ihnen immer getan haben, auf die Theologen hören, die durch ihre kritische Überprüfung der gängigen Lehre und die Rückbesinnung auf die ursprüngliche Botschaft der Kirche helfen wollen; die ihre theologische Kunst schließlich nicht um ihrer selbst willen, sondern um der Menschen, um der Kirche, um der Welt willen üben; die durch kritische Überprüfung der kirchlichen Verkündigung vom Evangelium her wahrhaftig nicht zerstören, sondern aufbauen, zum besseren Verkündigen und Handeln anregen und anleiten wollen. Dadurch daß die Theologie von der ursprünglichen Botschaft her die Wahrheitsfrage stellt, leistet sie den für Predigt, Unterricht und Seelsorge Verantwortlichen einen immensen Dienst. Sie hilft ihnen und der Kirche, vom Ursprung her die große echte, bleibende, wahre Tradition von all dem Mittradierten, all den falschen und schiefen Traditiönchen in Lehre und Leben zu unterscheiden, um die Botschaft wieder in ihrer Reinheit zu vernehmen und weiterzuverkünden. Von dieser immer wieder mit allen Mitteln der Wissenschaft und Forschung neu durchdachten Botschaft her ist die Theologie fähig, der Kirche verlegte Schlüssel wieder zu finden und im Laufe der Jahrhunderte eingerostete Schlösser wieder zu öffnen, um ihr so den Weg zur Erneuerung, zu einem treueren Lehren und Leben nach dem Evangelium freizumachen. Was wäre die Kirche ohne Origenes, ohne Augustin, Thomas von Aquin, aber doch auch ohne Luther und Calvin und weiter ohne die vielen großen und kleinen Lehrer der Kirche? Nie war die Kirche ohne Lehrer! Paulus war der Überzeugung, daß jede Gemeinde ihre Lehrer hat. Und wenn man die

Lehrer der Kirche in der Kirche hören will, dann werden sie auch reden. Auch hier soll man den Geist nicht auslöschen, sondern zu Worte kommen lassen.

Wir sprechen hier immer von wahren Propheten und guten Lehrern – es gibt auch falsche Propheten und schlechte Lehrer, es gibt trügerische Prophetie und sterile Theologie. Propheten und Lehrer müssen wie die Hirten von der ganzen Gemeinde geprüft werden, ob sie auch wirklich das sind, was sie sein sollen: ein unprätentiöser und doch mutiger, ein bescheidener und doch entschlossener, ein verpflichteter und doch freier Dienst, der der Kirche immer wieder zu neuer Wachheit, neuer Bereitschaft und neuer Lebendigkeit verhelfen kann. Durch den Dienst der Propheten und Lehrer sind die Hirten in ihrer schweren und verantwortungsvollen Hirtenaufgabe, welche ihnen weder Propheten noch Lehrer abnehmen können, nicht alleingelassen. Sie werden dann im gegenseitigen Dienst gestützt.

h) Inmitten aller Charismen und freien Dienste dürfen die *Hirten in der Gemeinde* oder auch in ihrem größeren Kirchengebiet oder in der Gesamtkirche ihren Dienst tun. Nie können sie von ihrer Kirche losgelöst sein, über ihr stehen. Auch sie stehen mit ihren Brüdern in der Kirche im Gehorsam unter dem einen Herrn und seinem Gericht. Auch sie und gerade sie sind und bleiben angewiesen auf Gottes Gnade und die Fürbitte der Brüder. Und gerade in ihrer Hirtenaufgabe sind sie auf die verantwortliche Mitwirkung und Mitarbeit ihrer kleinen oder auch großen Gemeinde angewiesen. Sie haben deshalb Gemeinschaft (Kollegialität) nicht nur unter sich, sondern vor allem mit ihren Gemeinden zu halten, die wie sie vom Geist getragen und zum Dienst bestimmt sind. Die Hirten haben einen besonderen Dienst aufgrund einer besonderen Sendung, aber sie haben keinen persönlichen Vorrang vor den anderen Christen.

Muß der Hirtendienst in seinen verschiedenen Aufgliederungen einen *besonderen Stand* bilden? Er war es lange Zeit nicht. Das Standesmäßige gehört also nicht zu seinem Wesen. Die einzelnen Phasen der Standesbildung lassen sich in der lateinischen Kirche einigermaßen datieren; sie ist ein Produkt der Spätantike und des Frühmittelalters. Seit dem 4. Jahrhundert erhalten die Hirtendienste besondere Privilegien, Immunitäten und Ehrentitel. Seit dem 5. Jahrhundert beginnen sie (zuerst in der Liturgie, nun auch im weltlichen Leben) eigene Kleider zu tragen, bzw. den Wandel der weltlichen Kleidung nicht mehr mitzumachen (viele „traditionelle" Kleidungsstücke wie Talar, Kollar, auch die schwarze Farbe, sind allerdings recht jungen Datums; bis ins 16. Jahrhundert beschränkte sich die kirchliche Gesetzgebung auf Vorschriften gegen exzessiven Kleiderluxus und schrieb keine bestimmte Uniform vor). Gegen Ende des 5. Jahrhunderts übernehmen die Hirtendienste von den Mönchen die Tonsur. Seit dem 6. Jahrhundert setzt sich – allerdings nur gegen jahrhundertelangen Widerstand und faktisch bis in die nachtridentinische Zeit hinein keineswegs universal – der Zölibat durch. Seit dem 8. Jahrhundert haben sie, insofern das Latein vom Volk nicht mehr verstanden wurde, ihre eigene Sprache, Bildung und Liturgie (später auch Verpflichtung zu einem eigenen „Priestergebet", Brevier).

Die Neuzeit hat diesen Prozeß weithin rückgängig gemacht. Die staatlichen Privilegien und Immunitäten sind in den meisten Ländern dahin. Die lateinische Sprache und Bildung hat ihre Stellung als Standessymbol verloren; als allgemeine Sprache auch katholischer Liturgie ist sie aufgegeben. Die Tonsur als ständiges Standeszeichen ist weithin außer Gebrauch. Die gemeinsame Uniform verschwindet langsam; die besondere Kleidung beschränkt sich mehr und mehr auf den Gottesdienst, wo sie berechtigt ist. Die besonderen klerikalen Titulaturen werden odiös. Der Zölibat ist – nicht biblisch als besonderes Charisma, wohl aber kirchenrechtlich als allgemeines Gesetz – für Hirtendienste zum Teil (für die Diakone) bereits aufgehoben worden.

Daß die Hirtendienste in der Welt keinen eigenen Stand mehr darstellen, ist bei der allgemeinen Auflösung der ständischen Gesellschaftsordnung nicht verwunderlich. Dies darf nicht einfach als Phänomen einer bösartigen Entkirchlichung, höchstens als das eines an sich neutralen, vielleicht aber auch positiven Säkularisierungsprozesses interpretiert werden. Zum Schaden der Hirtendienste, die ja in den ersten Jahrhunderten auch nicht schlechter funktioniert haben als in den Jahrhunderten, da sie ein Stand waren, braucht dies keineswegs zu sein. Ihr geistliches Wesen kann ohne den besonderen Stand, der ja meist auch mit einem hohen Grad der Verweltlichung erkauft worden war, klarer zum Ausdruck kommen. Die Hirtendienste haben schon manchen Wandel durchgemacht, wenn man denkt an all die verschiedenen Gestalten, die der Hirtendienst im Laufe der Jahrhunderte annahm. Es war ein weiter Weg von den korinthischen Hirten ohne besondere Sendung und den Jerusalemer Ältesten zu den Episkopen, Presbytern und Diakonen der Märtyrerzeit, zu den Asketen und Mönchen und dann zum Basilikalklerus und den Hofbischöfen des christlichen Imperiums! Es war ein weiter Weg wiederum von den mittelalterlichen Leutpriestern, Kanonikern, Hofkaplänen, geistlichen Fürsten, Kurialen und kriegführenden Päpsten zu den Seelsorgern und Missionaren und schließlich den Arbeiterpriestern der Neuzeit! Eine wahrhaft lange und recht bunte Reihe, die da aus all den Jahrhunderten an unserem Auge vorüberzieht! Sie zeigt uns die Relativität nicht nur der Kleidung und der Standessymbole, sondern der äußeren wie inneren Gestalt des Hirtendienstes überhaupt. Die verschiedene Gestalt wird nicht nur von der besonderen Sendung und der Botschaft, die dahintersteht, bestimmt, sondern auch von allen möglichen kulturellen, sozialen, politischen, psychologischen Faktoren. Keine Gestalt aber darf verabsolutiert werden! Jede Gestalt, die das geistliche Wesen des Hirtendienstes verdeutlicht, auch wenn sie nach außen kaum sichtbar wird und sich mehr in der Sphäre der Spiritualität hält, ist gut. Jede Gestalt, die das geistliche Wesen des Hirtendienstes verdeckt oder verdunkelt, bedarf der Reform oder der Ablösung. Wie weit die Loslösung von einer bestimmten äußeren wie inneren Gestalt der Vorzeit (bis in die Kleidung, die Frömmigkeitsübungen, das Brevier usw. hinein) gehen kann, zeigen die Arbeiterpriester. Dabei wäre gerade bei diesem bewundernswerten und heroischen Unternehmen zu überlegen, ob es die alte Kirche, die um keinen klerikalen Stand besorgt war, nicht umgekehrt gehalten hätte, wie es die orthodoxen Kirchen grundsätzlich auch heute noch tun und so auch nicht unter demselben Priestermangel zu leiden haben wie die lateinische Kirche: Statt unter diesen Umständen einen jungen Mann in ein Seminar, d. h. in ein anderes Milieu zu stecken, um ihn dann, wenn er „umerzogen" ist, wieder in ein anderes Milieu zurückzuschicken, wäre für Situationen wie die Pariser Banlieu zu überlegen, ob es nicht der sinnvollere Weg wäre, einen reifen, geeigneten, überzeugten christlichen Arbeiter – nach entsprechender Schulung für die Feier eines einfachen Gottesdienstes mit einfacher Evangeliumserklärung – zu ordinieren, ohne daß ihm ein zweimaliger Rollenwechsel zugemutet würde.

Aus dieser Sicht erhellt für das Verhältnis von *Hirtendienst und Gemeinde:* Die Vollmacht der Gemeinde, des allgemeinen Priestertums kann nicht einfach aus dem Hirtendienst abgeleitet werden. Das wäre eine unbiblische Klerikalisierung der Gemeinde, die den Hirtendienst vom allgemeinen Priestertum isoliert und so verabsolutiert. Die Vollmacht des Hirtendienstes kann aber umgekehrt auch nicht einfach von der Vollmacht der Gemeinde, vom allgemeinen Priestertum abgeleitet werden. Das wäre eine unbiblische Säkularisierung der Gemeinde, die den Hirtendienst in das allgemeine Priestertum einebnet. Zusammengehörigkeit *und* Unterscheidung von Hirtendienst und Gemeinde mit all ihren besonderen Gaben und Diensten ist wichtig.

Wir haben dargelegt, wie die ganze Kirche, jeder Christ, im echten ursprünglichen Sinne Priesterschaft ist und so unmittelbaren Zugang zu Gott hat, zum geistigen Opferdienst im weltlichen Alltag und zum mittlerischen Dienst an den Brüdern berufen, zur Verkündigung des Wortes und zum aktiven Mitvollzug von Taufe, Herrenmahl und Sündenvergebung ermächtigt ist. Die besonders bevollmächtigten Hirtendienste in der Kirche sind also nach dem Neuen Testament jedenfalls nicht – wie dies in manchen Kulturreligionen der Fall ist – eine gesonderte Kaste von geweihten Priestern, die kraft bestimmter, von ihnen allein vollziehbarer ritueller Handlungen als Mittler zwischen dem Volk und der Gottheit beim

Opfer das Volk Gott gegenüber und bei Orakelverkündigung und Gesetzgebung Gott dem Volke gegenüber vertreten. In der Kirche Jesu Christi, des einzigen Hohepriesters und Mittlers, sind alle Glaubenden Priester, Geistliche, Klerus.

Aber durch dieses allgemeine Priestertum wird der besondere Hirtendienst keineswegs ausgeschlossen. Keine Gemeinde leitet sich selbst; das tat auch die von Korinth, die von Paulus geleitet war, nicht. Doch die Vollmacht der leitenden Hirten entsteht nicht einfach durch die Delegation der Vollmacht der Gemeinde auf die Hirten als die von ihr beauftragten Organe. Die Vollmacht der Hirten ist nicht nur die Summe, die Zusammenlegung und Übertragung der Vollmacht aller Einzelnen. Nicht die Gemeinde setzt nach Eph 4, 11 aus sich heraus die Hirtendienste, sondern der erhöhte Herr setzt diese Dienste, um gerade so alle zur Mitwirkung mit ihren Diensten zu erwecken (4, 12). Und nun hat ja gerade der Hirtendienst in der nachapostolischen Zeit ein Neues und Eigenes: die besondere Berufung zum *öffentlichen Dienst an der Gemeinde als solcher* durch die Handauflegung, die Ordination. Das Evangelium zielt ja nicht nur auf den je Einzelnen, sondern auf die Gemeinde, in der die Glaubenden miteinander das Wort hören, Taufe und Sündenvergebung vollziehen und das Mahl feiern. Wort, Taufe, Sündenvergebung und Mahl sind auf die Gemeinde bezogen, und dies fordert den besondern Dienst von Menschen, die zum öffentlichen Hirtendienst an der Gemeinde berufen sind. Der einzelne Christ ist direkt zunächst an seinen Nächsten gewiesen, der seines priesterlichen Dienstes bedarf. Der Hirtendienst ist auf die Gemeinde als solche bezogen, die der Leitung bedarf.

Es ist also zu unterscheiden zwischen der allgemeinen Ermächtigung eines jeden Christen und der *besonderen Vollmacht* einzelner für den Dienst in der Öffentlichkeit der Gemeinde als solchen. Alle Christen sind zur Verkündigung des Wortes, zum Glaubenszeugnis in der Kirche und vor der Welt, zur „Mission" ermächtigt. Aber nur die berufenen Hirten (oder von ihnen Beauftragte) haben die besondere Vollmacht zur Predigt in der Gemeindeversammlung. Alle Christen sind zum Zuspruch der Vergebung gegenüber dem Bruder in Gewissensnot ermächtigt. Aber nur die berufenen Hirten haben die besondere Vollmacht zu dem in der Versammlung der Gemeinde an der Gemeinde als solcher und so am Einzelnen geübten Wort der Versöhnung, der Lossprechung. Alle Christen sind zum

Mitvollzug von Taufe und Herrenmahl ermächtigt. Aber nur die berufenen Hirten haben die besondere Vollmacht, die Taufe in der Öffentlichkeit der Gemeinde zu spenden und das Herrenmahl der Gemeinde verantwortlich zu leiten.

Die besondere Vollmacht ist in der Kirche nicht nur aus Ordnungsgründen und rein menschlichen Zweckmäßigkeitserwägungen da. Gewiß, auch der Hirte ist Mensch unter Menschen, Glaubender unter Glaubenden, Gehorsamer unter Gehorsamen, Dienstträger unter Dienstträgern, und so soll es auch sein. Und doch zeichnet ihn etwas aus, was nicht etwa seine Person erhöht, was aber doch den anderen Dienstträgern nicht eigen ist: Sein ebenfalls charismatischer Dienst ist ausgezeichnet durch eine *besondere Sendung*. Die freien Charismen müssen ihre Begründung im Vollzug erweisen und von der Gemeinde anerkannt werden. Die Hirtendienste aber haben aufgrund der besonderen Sendung, mit der sie vor die Gemeinde treten, eine vorgegebene Autorität. Dadurch wird der Hirte vor der Gemeinde von allem Anfang an ausgewiesen, er wird legitimiert als der, der zu diesem Dienst in besonderer Weise für die Öffentlichkeit der Gemeinde bevollmächtigt ist: bevollmächtigt zur Gemeindegründung und Gemeindeleitung, zum Sammeln, Einigen und Auferbauen der Gemeinde, bevollmächtigt also zur öffentlichen Verkündigung der Botschaft und zum missionarischen Vorstoß in der Welt, bevollmächtigt zur Leitung des öffentlichen Gottesdienstes, zur Taufe und zum Vollzug des Herrenmahles, zum Binden und Lösen und wiederum zum Senden anderer. Bei einem solcherweise Gesendeten darf die Gemeinde voraussetzen, daß er wirklich bevollmächtigt ist, auch wenn sie der Aufgabe nicht enthoben ist zu prüfen, ob er dem Auftrage, dem Evangelium getreu handelt. Nimmt er seinen besonderen Auftrag wirklich wahr, ist er wirklich ein guter Hirte, dann gilt von ihm in einer besonderen Weise, was von allen Jüngern Jesu gesagt ist: „Wer euch hört, hört mich" (Lk 10, 16). Von dieser besonderen Berufung her ist dem Hirten eine besondere Autorität unter den anderen Autoritäten der Gemeinde verliehen, eine Autorität, die jedoch immer wieder nur im Gehorsam gegenüber der Berufung realisiert werden kann. Die Autorität wird getragen von der Geistesgabe, die in der Berufung und der Handauflegung betend auf den Berufenen herabgefleht wurde, wobei die Berufung je und je neu ergriffen, die Geistesgabe je und je neu angefacht werden muß (2 Tim 1, 6). Gerade die in der Sendung zuvor gegebene Vollmacht fordert das täglich neue gehorsame Ergreifen der Vollmacht.

Die Vollmacht des einzelnen Christen, die Größe seiner Verantwortung, der Ernst seines Dienstes wird durch die Vollmacht der Hirten nicht geringer. Gerade als charismatische Dienste gehören Hirtendienste und Gemeinde, Hirtendienste und übrige Dienste zusammen; das eine lebt vom anderen her. Dabei ist allerdings nie zu vergessen, daß nie die Kirche für die Hirten, sondern immer die Hirten für die Kirche da sind. Bei aller berechtigten relativen Selbständigkeit der Hirten (Bischof oder Pastor), deren Vollmacht und Verantwortung nicht einfach von der Bestellung durch die Gemeinde, sondern von seiner besonderen Berufung hergeleitet wird, soll doch die Bestellung der Hirten in der Kirche grundsätzlich im Zusammenwirken derer, die schon Hirten sind, mit der Gemeinde geschehen. Und auch abgesehen von der Bestellung der Hirten: Auch wenn den Hirten in der Gemeindeleitung eine selbständige Verantwortung zukommt, deren sie zur Ausübung ihres Leitungsdienstes bedürfen, so soll doch die *Gemeinde* als die königliche Priesterschaft in allen Gemeindeangelegenheiten ein *Mitspracherecht* haben, welches in verschiedener Weise möglich ist, von der Gemeinde direkt oder durch ein repräsentatives Organ wahrgenommen werden kann. Dies entspricht dem in der kirchlichen Tradition viel zitierten Rechtssatz: „Was alle berührt, soll auch von allen behandelt werden" (Quod omnes tangit, ab omnibus tractari debet).

Das *Mitspracherecht* kann sich, wie aus der kirchlichen Tradition leicht zu belegen ist[49], auf folgendes beziehen:

1. Das Mitspracherecht in der Wahl der Bischöfe, Pastoren und anderer Dienste: Bedeutungsvoll ist der Grundsatz Papst Cölestins I.: „Man soll keinen Bischof gegen den Willen des Volkes einsetzen." Oder derjenige Leos d. Gr.: „Der allen vorstehen wird, soll von allen gewählt werden." Nicht unwichtig ist, daß auch nach heutiger katholischer Rechtsordnung ein Laie zum Papst gewählt werden kann, wie dies in der Kirchengeschichte mehr als einmal vorgekommen ist;

2. das Mitspracherecht in Konzilien: Wir haben dies bei anderer Gelegenheit ausführlich dargelegt[50]. Vgl. in diesem Zusammenhang auch das Wort des Bischofs Cyprian von Karthago: „Da ich es mir seit Anfang meines Episkopates zur Regel gemacht habe, nicht ohne euren (der Presbyter) Rat

---

[49] Vgl. für das Folgende die Belege bei Y. *Congar*, Jalons pour une théologie du laïcat (Paris 1953) 329–333.
[50] Vgl. Strukturen V.

und die Zustimmung des Volkes nur nach meiner persönlichen Entscheidung zu entscheiden ...";

3. das Mitspracherecht durch kirchlichen Brauch und Gewohnheitsrecht, welches hauptsächlich von „unten" her, von den Gemeinden her geschaffen wurde, wie denn auch wichtigste Ereignisse in der Kirchengeschichte durch eine Initiative von „unten" her ihren Anfang genommen haben (Gründung von Orden, etwa der des Laien Franz von Assisi; und verschiedene Reformen, wie die erst später zur Klerus- und allgemeinen Kirchenreform gewordene Ordensreform von Cluny);

4. das Mitspracherecht in der Verwaltung der kirchlichen Güter und Hilfsquellen (durch Einzelne oder durch ein Kollegium) sowie in der geistlichen Gerichtsbarkeit.

i) Nachdem wir nun Wesen, Gestalten und Funktionen der Hirtendienste auf dem Hintergrund der charismatischen Struktur der Kirche im allgemeinen und ihrer diakonischen Struktur im besonderen beschrieben haben, können wir abschließend kurz zusammenfassen, was unter *apostolischer Nachfolge* zu verstehen ist[51]:

1. Grundlegend ist die apostolische Nachfolge der Gesamtkirche und jedes einzelnen Gliedes: Die Kirche als ganze steht im Gehorsam gegenüber den Aposteln als den Urzeugen und Urboten.

2. Die apostolische Nachfolge der Kirche und des Einzelnen besteht im je und je neu zu verwirklichenden sachlichen Zusammenhalt mit den Aposteln: gefordert ist die bleibende Übereinstimmung mit dem apostolischen Zeugnis (Heilige Schrift) und der ständige Nachvollzug des apostolischen Dienstes (missionarischer Vorstoß in die Welt und Auferbauung der Gemeinde). Apostolische Nachfolge ist also primär eine Nachfolge im apostolischen Glauben und Bekennen und im apostolischen Dienen und Leben.

3. Innerhalb der apostolischen Nachfolge der Gesamtkirche gibt es eine besondere apostolische Nachfolge der vielfältigen Hirtendienste, insofern die Hirten, ohne selber Apostel zu sein, Auftrag und Aufgabe der Apostel, nämlich Kirchengründung und Kirchenleitung, weiterführen.

4. Unter den zahlreichen charismatischen Leitungsgaben, die den apostolischen Auftrag weiterführten, traten in der nachapostolischen Zeit immer mehr die auf eine besondere Sendung (Handauflegung) gegründeten Hirtendienste der Presbyter (Pastoren), Episkopen (Bischöfe) und Diakone hervor.

---

[51] Vgl. neben dem vorausgehenden Abschnitt vor allem D IV, 2.

5. Die Hirtendienste als besondere Nachfolger der Apostel sind in der Kirche umgeben von den anderen Gaben und Diensten, insbesondere von den Nachfolgern der neutestamentlichen Propheten und Lehrer, die im Zusammenwirken mit den Hirten eine eigene ursprüngliche Autorität haben.

6. Die apostolische Nachfolge der Hirten unter Handauflegung erfolgt nicht automatisch oder mechanisch. Sie setzt Glaube voraus und fordert Glaube, der im apostolischen Geiste tätig ist. Sie schließt die Möglichkeit des Verfehlens und Irrens nicht aus und bedarf deshalb der Prüfung durch die Gesamtheit der Glaubenden.

7. Die apostolische Nachfolge der Hirten hat zu geschehen in der Gemeinschaft des wechselseitigen Dienens für Kirche und Welt. Der Eintritt in die apostolische Nachfolge der Hirtendienste sollte nach neutestamentlichem Kirchenverständnis normalerweise durch ein — auf verschiedenste Weise mögliches — Zusammenwirken von Hirten und Gemeinde geschehen.

8. Von der paulinischen bzw. heidenchristlichen Kirchenverfassung her müssen auch andere Wege in Hirtendienst und apostolische Nachfolge der Hirten offengelassen werden. Die presbyterialepiskopale Kirchenverfassung, die sich mit Recht in der Kirche faktisch durchgesetzt hat, muß auch heute für alle Möglichkeiten, die in der neutestamentlichen Kirche bestanden haben, grundsätzlich offenbleiben.

Die Darlegung über die paulinische Kirchenverfassung hat gezeigt, daß eine charismatische Gemeindeordnung ohne besondere Einsetzung in den Dienst (Ordination) möglich ist, daß es etwa in Korinth weder Episkopen noch Presbyter noch irgendeine Ordination gegeben hat, sondern, abgesehen vom Apostel, nur frei aufgebrochene Charismen. Trotzdem war die Kirche von Korinth eine mit allem Notwendigen versehene Gemeinde, voll ausgerüstet mit Wortverkündigung, Taufe, Herrenmahl und allen Diensten. Zugleich jedoch haben wir aufgezeigt, daß es Grund genug gab, weswegen sich auch in den paulinischen Gemeinden verhältnismäßig bald Episkopen und Diakone und, nach Paulus, auch eingesetzte Presbyter finden, so daß sich die presbyterial-episkopale Ordnung in der Kirche allgemein durchgesetzt hat. Wenn also hier von anderen Wegen in den Hirtendienst und die besondere apostolische Nachfolge die Rede ist, so kann es nicht darum gehen, die ganze gegenwärtige Kirchenordnung umzustürzen und nach Korinth zurückzukehren.

An einem jedoch muß festgehalten werden: Die paulinische Kirchenverfassung darf von der späteren Kirche nicht grundsätzlich ausgeschlossen werden. So wenig sie heute der Normalfall sein kann, so sehr kann sie auch heute noch für eine außerordentliche Missionssituation Bedeutung haben. Oder sollte die gegenwärtige Kirche verhindern wollen und können, daß irgendwo – in einem Konzentrationslager, in einer fernen Gefangenschaft, aus welcher es keinen Ausweg gibt, in einer außerordentlichen Missionssituation (z. B. im kommunistischen China; auch die japanischen Christen mußten jahrhundertelang ohne ordinierte Hirten leben) – sich wieder einmal das ereignet, was sich in Korinth und in anderen paulinischen Gemeinden ereignet hat: daß durch die Freiheit des Geistes Gottes das Charisma der Leitungsgabe aufbricht? Jede Theologie, die wie die katholische an der Ordination und der besonderen apostolischen Nachfolge der Hirten besonders interessiert ist, müßte sich auf dem Hintergrund des beschriebenen exegetischen Befundes, der dem Konzil von Trient zweifellos nicht bekannt war, gründlich überlegen: Was geschieht denn, wenn ein Christ in eine solche missionarische Situation gerät und er nun aufgrund seines allgemeinen Priestertums und unter dem Anstoß des Geistes eine kleine Gruppe, eine kleine Gemeinde sammelt durch sein persönliches christliches Zeugnis, wenn er sie tauft und mit ihnen das Herrenmahl feiert? Kann dieser Mann, der keine besondere Sendung durch Menschen empfing, nicht doch wie in den paulinischen Gemeinden in charismatischer Weise Hirte sein? Könnte seine Eucharistiefeier gültig sein wie die der Korinther in Abwesenheit des Paulus? Dürften ihm die ordinierten Hirten bei einer Begegnung die Anerkennung versagen? Dies sind mindestens diskutable Fragen.

Auch abgesehen von diesem exegetischen Befund, auf den es schließlich entscheidend ankommt, müßte eine Dogmatik, die eine Taufe in voto anerkennt (obwohl sie sie jahrhundertelang nicht gekannt hat!), sich nicht fragen, ob es nicht auch einen Ordo unter bestimmten Umständen und eine Eucharistie in voto geben kann? Müßte man sich in einer Kirche, wo jeder Christ eine Nottaufe spenden und nach der Ansicht vieler Theologen auch eine Notlossprechung zusprechen kann, nicht überlegen, ob es auch eine Notordination und eine Noteucharistie geben kann, die dann eben doch mehr als nur eine Notordination oder Noteucharistie wäre? Sollte eine Kirche, die bei allen möglichen Schwierigkeiten von einem „Supplet Ecclesia" spricht, nicht auch ein noch sehr viel umfassenderes und wirkmächtigeres „Supplet Deus" kennen?

Aber nicht die außerordentliche Situation, nicht die Notsituation an sich, sondern das immer mögliche freie Wirken des Geistes und seiner Charismen ist nach dem *exegetischen Befund*, auf den es hier ankommt, das Entscheidende. Es müßte von hier aus weiter gefragt werden: Dürfte unter der Voraussetzung des allgemeinen Priestertums und der charismatischen Struktur der Kirche die (als Normalfall durchaus zu bejahende) besondere apostolische Nachfolge über die Kette der Handauflegungen noch in so exklusiver Weise als der *einzige* Weg in den Hirtendienst und in die besondere apostolische Nachfolge angesehen werden? Wäre die Kette der Handauflegungen nicht auch dann, wenn sie nicht in dieser Weise exklusiv verstanden wird, ein eindrückliches Zeichen für die apostolische Nachfolge der Hirtendienste und damit für die Einheit, Katholizität und Apostolizität der Kirche? Hätte man von daher dann nicht auch allen Anlaß, die apostolische Nachfolge und die Gültigkeit der Eucharistiefeiern jener Kirchen, die nicht in dieser Ordinationskette stehen, anders, positiver zu beurteilen? Würden sich auf diese Weise nicht auch Fragen wie die der anglikanischen Ordination, auch abgesehen von der gültigen oder nicht gültigen Ordinationsformel, in einem neuen Lichte darstellen? Ist es anders überhaupt möglich, der Fülle des geistlichen Lebens und der fruchtbaren Tätigkeit der Hirten anderer Kirchen außerhalb der katholischen Kirche gerecht zu werden? Ist es anders möglich, die Spaltungen in der Christenheit zu überwinden und zu einer gegenseitigen Anerkennung zu kommen? Die enorme theologische und insbesondere ökumenische Tragweite dieser Fragen ist leicht erkennbar. Sie bedürfen dringend der Diskussion.

Damit dürften wir in knappen Zügen die Fragen der diakonischen Struktur der Kirche und der einzelnen Dienste behandelt haben. Nur eine Frage blieb ausgeklammert: die schwierigste, die auf dem Grund aller Spaltungen der Christenheit liegt. Über vieles, was wir über die diakonische Struktur der Kirche und die einzelnen Dienste gesagt haben, könnten sich Christen einigen. Die eine Frage aber trennt sie in jedem Falle: Braucht die Kirche neben allen Hirtendiensten einen Papst? Gehört ein Papsttum zum Wesen der Kirche?

3. *Petrusmacht und Petrusdienst*

a) Wer das Buch an diesem Punkt zu lesen beginnt, der irrt! Es gibt Leser, die in jedem Buch über die Kirche konstant nach diesem einen Punkte fahnden: Ist der Verfasser „für" oder „gegen" den Papst? Je nach der Antwort – für die einen muß sie unbedingt negativ, für die anderen unbedingt positiv ausfallen – ist für sie alles entschieden. Der „Rest" ist mehr oder weniger gleichgültig, zweitrangig, wird jedenfalls in Funktion dieser einen Antwort beurteilt. Unsere bisherigen Ausführungen können zeigen, daß diese Auffassung nicht richtig ist. Denn offenkundig können sich Christen bezüglich der Kirche in sehr vielem – nicht im meisten? – grundsätzlich verstehen, auch wenn sie sich in dieser einen Frage nicht verstehen. Ist es dann nicht schade, wenn sie sich schon am Anfang ihres Gespräches an diesem einen Punkte festbeißen, um dann für alles weitere keine Zeit oder kein Interesse zu haben? Aber es gibt einen weiteren Grund, weswegen wir auf diese Frage erst am Ende unseres Buches zu sprechen kommen: Wenn es überhaupt – was von fast allen Kirchen außerhalb der katholischen bestritten wird – einen Sinn haben soll, über einen *Petrusdienst* – und das ist nicht ohne weiteres dasselbe wie das Papsttum – zu reden, dann jedenfalls nur von einem Petrusdienst *in* der Kirche, welcher von der Kirche her und auf die Kirche hin verstanden wird, und nicht umgekehrt.

Nachdem wir in den gerade für diesen Abschnitt besonders vorauszusetzenden „Strukturen der Kirche" die zwei langen Kapitel VII–VIII (S. 206 bis 355) der Frage des Petrusdienstes gewidmet haben, werden wir uns in diesem Abschnitt kurz fassen. Im übrigen gelten auch hier die Gründe, die wir für eine verhältnismäßig kurze Behandlung der kirchlichen Dienste zu Beginn von E II, 1 angegeben haben.

Es ist nun allerdings nicht zu übersehen, daß eine bestimmte katholische Theologie umgekehrt vorgeht: Es ist die römische Theologie, wie sie — indirekt grundgelegt vom 1. Klemensbrief sowie Viktor I. und Stephan I. — durch Damasus, Siricius, Innozenz I., Bonifaz I. und vor allem Leo I. entwickelt wurde[52]. Zwei Momente bilden die Voraussetzung für die im Laufe der Jahrhunderte immer mehr initiative Lehre und Praxis eines römischen Primates göttlichen Rechtes: der Genius des römischen Rechtes und der Apostel Petrus. Die römische Lehre und Praxis wurde gefördert einerseits durch politische Faktoren: der Einfluß der Kirche der Reichshauptstadt und die einigende mystische Anziehungskraft Roms auch nach dem Untergang des Imperiums; andererseits durch theologische Faktoren: im Westen Unterscheidung zwischen Ordinations- und Jurisdiktionsvollmacht, welche Voraussetzung war für die Etablierung des Unterschiedes zwischen der partikularen Jurisdiktion der Bischöfe und der universalen des römischen Bischofs. Diese römische Lehre und Praxis führte, nicht ohne Stagnationen und Rückschläge, zu einer straff juridisch organisierten Einheitskirche mit einem monarchischen Universalepiskopat, wie sie nach Vorbereitung unter Nikolaus I. und Johannes VIII. im 9. Jahrhundert unter dem entscheidenden Einfluß der gefälschten Isidorischen Dekretalen vor allem seit der Gregorianischen Reform theoretisch wie praktisch mit größter Energie und Zielstrebigkeit ausgebaut wurde: immer mehr wurde die ganze Kirche von der Vollmacht des Papstes abgeleitet. Aber war es ein

---

[52] Vgl. neben den Papstgeschichten *(E. Caspar, J. Haller, L. von Pastor, J. Schmidlin, F. X. Seppelt)* zur folgenden historischen Entwicklung vor allem *Y. Congar*, Geschichtliche Betrachtungen über Glaubensspaltungen und Einheitsproblematik, in: Begegnung der Christen, hrsg. v. *M. Roesle - O. Cullmann* (Stuttgart - Frankfurt/Main 1959) 405–429; dazu vom selben Verf.: Conclusion, in: Le concile et les conciles (Paris 1960) 329–334; Jalons pour une théologie du laïcat (Paris 1953); Bulletin d'ecclésiologie (1939–1946), in: Revue des sciences philosophiques et théologiques 31 (1947) 77–96, 272–296.

Zufall, daß derselbe Kardinal Humbert von Silva Candida, der zum ersten Mal die absolute Suprematie des Papstes in der Kirche und seine Überordnung über jede laikale Gewalt gefordert (das Programm des späteren Dictatus papae Gregors VII.!) und das Verhältnis von Kirche und Papst als das von Tür und Angel, Familie und Mutter, Gebäude und Fundament, Strom und Quelle beschrieben hat, auch jener päpstliche Legat war, der 1054 in Konstantinopel jene verderbliche Exkommunikation gegen den Patriarchen Kerullarios ausgesprochen hat, die als offizieller Anfang des östlich-westlichen Schismas gilt und die – und das war eine mutige Tat christlicher Versöhnung – am Ende des zweiten Vatikanischen Konzils nach über 900 Jahren von Paul VI. und dem Patriarchen Athenagoras unter gegenseitiger Bitte um Verzeihung aufgehoben wurde?

Im Grunde hatte der Osten die im Westen langsam entwickelte und vor allem von Leo dem Großen meisterhaft formulierte Primatslehre nie richtig verstanden und akzeptiert. Dafür zeugt gerade das Konzil von Chalkedon – auch für den Westen ein Hauptkonzil! –, das in seinem berühmten Kanon 28 dem Sitz von Neu-Rom (Konstantinopel) dieselben Ehrenrechte zuerkannte wie dem alten Rom, wogegen Leo allerdings sofort schärfsten Protest anmeldete. Die römische Kirche genoß im Osten höchstes Ansehen, nicht nur weil es die Kirche der alten Reichshauptstadt war, nicht nur weil Rom als einziger Patriarchat den gesamten Westen vertrat, sondern auch und vor allem, weil die römische Kirche die Kirche des Wirkens und Sterbens der beiden Hauptapostel Petrus und Paulus war. Und der römische Bischof war auch für das Konzil von Chalkedon der Nachfolger des Petrus (Petrus hat durch Leo gesprochen!). Aber was man im Osten nie verstanden hat, war die gerade bei Leo besonders deutliche mystische Identifizierung von Petrus und römischem Bischof, die in diesem die ganze Verantwortung und Vollmacht Petri fortleben ließ und daraus in einem rasch wachsenden Maße grundlegende rechtliche Konsequenzen ableitete. Es ist bedauerlich, daß gerade diese so entscheidende Frage nie auf einem ökumenischen Konzil zwischen Westen und Osten diskutiert und geklärt wurde! Zwar hatte auch der Osten seine eigene Ekklesiologie unter dem Einfluß hellenistischen Denkens, mehr als er sich dessen bewußt war, umgestaltet, zum Teil in einen Episkopalismus neuplatonischer Prägung, und sich in wachsendem Maß abgekapselt. Doch hatte er das neutestamentliche Kirchenverständnis hinter sich, wenn er eine monarchisch-absolutistisch-zentralistische Einheitskirche, wie sie sich im Westen langsam ausbildete, ablehnte. Das östliche (und afrikanische) Kirchenverständnis ging nicht von einem Universalbischof, sondern von der Gemeinschaft der Glaubenden, den Ortskirchen und ihren Bischöfen aus und war nicht so sehr rechtlich als sakramental, liturgisch, symbolhaft bestimmt: eine kollegial geordnete, föderative Gemeinschaft von Kirchen. Aber diese ältere Kirchenverfassung fand nun umgekehrt je länger desto weniger Verständnis in einem Rom, wo man mit allen Mitteln des kanonischen Rechtes, der Politik und der Theologie den römischen Primat und das zentralistische System ausbaute: der Hauptgrund, wie wir bereits sahen, für die Spaltung von Ost- und Westkirche[53].

Allerdings hatten sich auch im Westen bedeutende Kräfte gegen diesen in manchem hilfreichen, aber auch zugleich gefährlichen Zentralisierungsprozeß zur Wehr gesetzt, von Irenäus und Polykrates sowie Cyprian und Firmilian angefangen bis zu den karolingischen Theologen, den vorgregorianischen Kanonisten und so manchen Gedankenlinien bei den Dekretisten des 12. Jahrhunderts, den korporativen Dekretalisten des 13. Jahrhunderts und vor allem den Konziliaristen des 14., 15. und 16. Jahrhunderts. Aber der innerkirchliche Machtausbau, der im 13. Jahrhundert unter Innozenz III., Gregor IX. und Innozenz VI. einen weltpolitischen Höhepunkt erreicht hatte, ging trotz (und zum Teil wegen) des Exils von Avignon (Fiskalismus!) und des Großen Abendländischen Schismas, ging trotz der Reformkonzilien und der antipapalistischen Definitionen des ökumenischen Konzils von Konstanz weiter. Die Warnsignale der spiritualistischen Sekten vor allem seit dem 13. Jahrhundert wurden ebensowenig ernst genommen wie die antihierarchische Kritik der Marsilius von Padua, Wyclif und Hus. Schon die ersten ekklesiologischen Traktate, die anläßlich des Streites Bonifaz' VIII. mit Philipp dem Schönen von Frankreich entstanden sind, waren apologetische Hierarchologien, die die Kirche mit der Hierarchie oder sogar mit der römischen Kurie und dem Papst gleichsetzten. Nach dem Abendländischen Schisma und der Periode der Reformkonzilien hatte Juan de Torquemada der römischen Ekklesiologie wieder neu Boden unter die Füße gegeben, und das Renaissancepapsttum gebärdete sich absolutistischer und unkirchlicher denn je. So folgte zu Beginn des

---

[53] Vgl. bezüglich der anderen Faktoren des west-östlichen Schismas D I, 3.

16. Jahrhunderts – auf die *verschiedenen* Ursachen haben wir bereits hingewiesen – die zweite große bleibende Kirchenspaltung: die Spaltung zwischen der katholischen Papstkirche und den antipäpstlichen reformatorischen Kirchen.

Die Verdienste des römischen Primates um die Einheit der Kirche, ihren Glauben und das Abendland wird niemand bestreiten können. Oder sollte man es nicht verstehen können, daß die jungen westlichen Völker in den Zeiten der Völkerwanderung, der allgemeinen Auflösung der staatlichen Ordnung und des Zerfalls der alten Reichshauptstadt unendlich dankbar waren für diesen Dienst der Cathedra Petri, die ungefähr das einzige war, was sich als stabiler Felsen erwies, intakt und unerschüttert? Nur ein Leo vermochte Rom vor Attila und Geiserich zu bewahren. Die römische Sedes hat den jungen Kirchen in den Wirren und stürmischen Zeiten der werdenden neuen abendländischen Völkergemeinschaft einen unermeßlichen Dienst geleistet. Und es war dies nicht nur ein kultureller Dienst bei der Erhaltung des unschätzbaren antiken Erbes, sondern auch ein echter Hirtendienst für den Aufbau und die Erhaltung dieser Kirchen! Dem Papsttum hat es die katholische Kirche dieser Zeit wie auch später weithin zu verdanken, daß sie nicht einfach dem Staate verfiel und daß sie ihre Freiheit gegenüber dem Cäsaropapismus der byzantinischen Kaiser wie dem Eigenkirchentum der germanischen Fürsten bewahren konnte.

Wenn man so die unbestreitbaren Verdienste des römischen Primats für die Einheit der spätantiken, frühmittelalterlichen und hochmittelalterlichen Kirche des Westens auf keinen Fall übergehen darf, so wird man andererseits doch auch um die bedrückende Feststellung nicht herumkommen, daß der immer mehr mit den Mitteln des Zentralismus und Absolutismus vollzogene Ausbau der Einheitskirche erkauft wurde mit der Spaltung der Christenheit, die sich mit diesem absolutistischen System und seinen Auswüchsen immer weniger abfinden konnte. Wie bedauerlich wiederum, daß man dies nicht durch eine rechtzeitige Rückbesinnung auf den Ursprung, wie sie von so vielen gefordert wurde, vermieden hat! Gerade dies hat man auch in der nachtridentinischen Kirche und im gegenreformatorischen Papsttum nur in sehr beschränktem Ausmaß eingesehen. Die Bastionen der Macht wurden nicht geschleift, sondern mit allen Mitteln ausgebaut. Zwar gab es auch innerhalb der Mauern – auch in Rom, man denke an Männer wie Contarini, andere Kardinäle und den Viterbo-Kreis – starke Gegenströmungen. Uralte Ideen der Kirchenverfassung wirkten, wenn auch in allzu verpolitisierten Formen weiter bei den späteren Gallikanern, den Episkopalisten, Febronianern und schließlich auch in der katholischen Tübinger Schule, besonders bei J. A. Möhler. Aber die Versteifung wuchs, wiewohl auch in der Neuzeit die Verdienste des Papsttums um Einheit und Freiheit der katholischen Kirche, insbesondere gegenüber dem staatlichen Absolutismus höchst bedeutsam blieben.

Seit dem Mittelalter und nun auch die ganze Neuzeit hindurch war die offizielle katholische Ekklesiologie eine Ekklesiologie der Apologie und Reaktion gewesen: gegen den frühen Gallikanismus und die Legisten der französischen Krone (deshalb eine Theologie der hierarchischen und besonders der päpstlichen Gewalt und das Verständnis der Kirche als eines organisierten Reiches), gegen die konziliaren Theorien (erneut Herausstreichung des päpstlichen Primates), gegen den wyclifitischen und hussitischen Spiritualismus (der kirchliche und soziale Charakter der christlichen Botschaft), gegen die Reformatoren (die objektive Bedeutung der Sakramente, die Wichtigkeit der hierarchischen Gewalten, des Amtspriestertums, des Bischofsamtes und wiederum des Primates), gegen den mit dem Gallikanismus verbündeten Jansenismus (besondere Betonung des päpstlichen Lehramtes), gegen den Staatsabsolutismus des 18. und 19. Jahrhunderts und den Laizismus (die Kirche als die mit allen Rechten und Mitteln ausgestattete „vollkommene Gesellschaft"). Dies alles führte recht konsequent zu dem unter antigallikanischem und antiliberalem Vorzeichen stattfindenden *ersten Vatikanischen Konzil* und seiner Definition des päpstlichen Primates und der päpstlichen Unfehlbarkeit.

In der Definition des *Primats*, auf die auch das 2. Vatikanische Konzil oft Bezug nimmt, lauten die entscheidenden Sätze: „Wer sagt, der römische Bischof habe nur das Amt einer Aufsicht oder Leitung und nicht die volle und oberste Jurisdiktionsgewalt über die ganze Kirche – und zwar nicht nur in Sachen des Glaubens und der Sitten, sondern auch in dem, was zur Ordnung und Regierung der über den ganzen Erdkreis verbreiteten Kirche gehört –; oder wer sagt, er habe nur einen größeren Anteil, nicht aber die ganze Fülle dieser höchsten Gewalt, oder diese seine Gewalt sei nicht ordentlich und unmittelbar, ebenso über die gesamten und die einzelnen Kirchen wie über die gesamten und einzelnen Hirten und Gläubigen, der sei ausgeschlossen" (D 1831).

Die Definition der päpstlichen *Unfehlbarkeit* ist nur ein besonderer Aspekt der Unfehlbarkeit der Kirche: der ex cathedra definierende Papst besitzt „jene Unfehlbarkeit, mit der der göttliche Erlöser seine Kirche bei endgültigen Entscheidungen in Glaubens- und Sittenlehren ausgestattet haben wollte" (D 1839). Wir brauchen hier nicht auf sie zurückzukommen[54]. Seit 1870 wurde sie nur einmal in Anspruch genommen: durch Pius XII. in der Dogmatisierung der Aufnahme Mariens in den Himmel 1950.

Bezüglich der oft mißverstandenen Primatsdefinition sind die Präzisierungen wichtig, die sich aufgrund der Akten des Konzils ergeben und die aufzeigen, daß der päpstliche Primat[55] auch nach dem Vatikanum I keineswegs ein willkürlicher Absolutismus ist:

1. Die Gewalt des Papstes ist nicht absolut (absolute monarchica).

2. Die Gewalt des Papstes ist nicht willkürlich (arbitraria).

3. Die Gewalt des Papstes hat ihre Grenzen (limitatio): aktiv von Christus her, passiv von den Aposteln und deren Nachfolgern her. Auch der Papst steht selbstverständlich unter den Grenzen des Naturrechts (ius naturale) und des göttlichen Rechts (ius divinum).

4. Konkrete Grenzen der Primatsausübung sind: a) die Existenz des Episkopats: der Papst hat keine Möglichkeit, den Episkopat in seiner Stellung aufzuheben und in seinen Rechten zu entleeren und aufzulösen; b) die ordentliche Amtsausübung der Bischöfe: der Papst darf auf keinen Fall, als ein gleichsam zweiter Bischof, die Amtsausübung der Bischöfe durch tägliche Eingriffe stören; c) das Ziel der Amtsführung des Papstes: sie hat stets der Auferbauung der Kirche und insbesondere ihrer Einheit zu dienen; d) die Art und Weise der päpstlichen Amtsführung: sie darf nicht unangemessen, inopportun und maßlos sein, sondern muß von den Notwendigkeiten und dem offensichtlichen Nutzen der Kirche bestimmt sein. –

Hinzugefügt werden kann, daß zwischen den beiden Vatikanischen Konzilien das *Subsidiaritätsprinzip*, wie es von Pius XI. in „Quadragesimo anno" statuiert und von Pius XII. auch auf die Kirche angewendet wurde, eine wachsende Bedeutung bekommen hat. Dieses allerdings in der Praxis jener Zeit kaum beachtete Prinzip besagt: Was der Einzelne in der Kirche aus eigener Kraft leisten kann, soll nicht die Gemeinschaft, was die untergeordnete Gemeinschaft und Autorität, nicht die übergeordnete Gemeinschaft leisten! Die Gemeinschaft verhalte sich gegenüber dem Einzelnen, die übergeordnete Gemeinschaft gegenüber der untergeordneten subsidiär! Man kann es auch so formulieren: Soviel Freiheit als möglich, soviel Bindung als notwendig! Das Subsidiaritätsprinzip wird bestätigt durch die Erklärung des Vatikanum II über die Religionsfreiheit (Art. 7).

Hätte das Vatikanum II Primat und Unfehlbarkeit des Papstes definiert, wenn sie nicht schon vom Vatikanum I definiert worden wären? Johannes XXIII. war kein Pius IX. Auch hat das Vatikanum II anders als das Vatikanum I überhaupt keine neuen Dogmen gewünscht, offensichtlich aus der Einsicht heraus, die Johannes XXIII.

[54] Vgl. D III, 2. [55] Vgl. Strukturen VII, 2.

formuliert hatte, daß neue Definitionen alter Wahrheiten der Glaubensverkündigung der Kirche in der modernen Welt nicht helfen können. Schließlich zeichnete sich das Vatikanum II durch ein waches Bewußtsein für Gemeinschaft, communio, Kollegialität, Solidarität, Dienst aus. Dieses Bewußtsein stand im Gegensatz zur untergründigen Mentalität der Majorität des Vatikanum I, die verständlicherweise geprägt war durch die politisch-kulturell-religiöse Welt der Restaurationszeit, des romantischen Traditionalismus und des politischen Absolutismus. In der Zwischenzeit war auch deutlich geworden, daß die Definitionen des Vatikanum I trotz der aufgrund der Akten angeführten Einschränkungen tatsächlich im Sinn des fürstlichen Absolutismus verstanden werden konnten. Dies zeigte nicht nur die Kollektiverklärung des deutschen Episkopats von 1875, die die Definitionen gegen solches Verständnis absichern mußte, sondern auch die Übertreibungen mancher populärer und schulmäßiger katholischer Darstellungen des Primats sowie schließlich der Regierungsstil von Päpsten wie Pius' X. (gegenüber den „Modernisten") und Pius' XII. gegenüber Theologen, Bischöfen und insbesondere den Arbeiterpriestern. Erst Johannes XXIII. markierte hier eine epochale Wende, insofern er ein neues, bzw. sehr altes Ideal eines Petrusdienstes sichtbar machte, insofern er nämlich den Primat nicht als eine quasi-diktatoriale geistliche Macht über geistliche Untertanen verstand, sondern als einen von Liebe und Verständnis für die heutigen Menschen getragenen, zurückhaltenden Dienst unter dem wahren Herrn der Kirche an den Brüdern in und außerhalb der katholischen Kirche. Unter seinem persönlichen Impuls, der sich mehr in Grundhaltung und Gesten als in vielen Worten Ausdruck verschaffte, sind die in den vergangenen Jahrzehnten aufgestauten theologischen Erkenntnisse und seelsorglichen Erfahrungen in Rom und in der gesamten katholischen Kirche zum Durchbruch gekommen und konnten sich im Konzil, zum Teil mindestens, auswirken.

Obwohl dabei die Primatsdefinition des Vatikanum I nicht zurückgezogen, sondern bestätigt worden ist, so ist sie faktisch doch bewußt und mit Zustimmung des Papstes korrigiert und modifiziert worden durch grundlegend „neue" Gesichtspunkte, welche das Vatikanum I in seiner Definition nicht zur Geltung gebracht hatte und ohne die jede Primatsdefinition mißverständlich werden muß. Wir heben folgende Aspekte hervor, die einem richtig verstandenen Petrusdienst nur helfen können:

1. Die Kirche ist nicht vom Petrusdienst her, sondern der Petrusdienst von der Kirche her zu verstehen.

2. Auch der Petrusdienst ist nicht Herrschaft, sondern Dienst.

3. Kirche ist nicht nur die Gesamtkirche, sondern ebenso ursprünglich die Ortskirche.

4. Der Papst wird statt „Haupt der Kirche" „Hirte der ganzen Kirche" genannt.

5. Die ganze Vollmacht erhält der Bischof nicht durch die päpstliche Ernennung, sondern in der Bischofsweihe.

6. Papst und Bischöfe haben eine gemeinsame kollegiale Verantwortung für die Leitung der Gesamtkirche.

7. Das zentralistische System soll durch praktische Maßnahmen reformiert werden.

Zu 1: Der ursprüngliche Entwurf der Konstitution über die Kirche wollte zunächst die „Hierarchie" mit dem Papst an der Spitze und erst dann das „Volk Gottes oder die Laien" behandeln. Diese Anordnung wurde vom Konzil mit Recht umgestürzt zugunsten der Reihenfolge: Kap. I: Das Geheimnis der Kirche; Kap. II: Das Volk Gottes; Kap. III: Der hierarchische Aufbau der Kirche und insbesondere das Bischofsamt. – So wird deutlich, daß die Ämter dem Volke Gottes nicht vor- und übergeordnet, sondern eingeordnet sind.

Zu 2: Was allgemein von den Ämtern gilt (vgl. E II, 1), das gilt erst recht vom Petrusdienst als dem „Diener der Diener Gottes" (vgl. auch die bedeutsame Eröffnungsansprache Pauls VI. zur zweiten Session des Vatikanum II).

Zu 3: Vgl. B III, 1; dabei ist vorausgesetzt, daß für die Ortskirche primär nicht der Petrusdienst, sondern der Ortshirte zuständig ist.

Zu 4: So kann der Christus gehörende Titel, der öfters dem Papst zugelegt wurde und damit den Leib Christi zu einem Monstrum mit zwei Häuptern zu machen schien, wieder schriftgemäß verwendet werden. Die Theologische Kommission stellt zur Ersetzung des Titels fest: „Anstelle von ‚Haupt der Kirche' wird in diesem Zusammenhang gesagt ‚Hirte der ganzen Kirche', damit der Ausdruck besser mit der biblischen Sprechweise übereinstimme, nach welcher Christus das *Haupt* des Leibes, Petrus aber der *Hirt* der Herde (vgl. Jo 21, 16f) genannt wird." [56]

Zu 5: Die Frage des Ursprunges der bischöflichen Jurisdiktion, die schon in Trient diskutiert worden war, ist im Vatikanum I offengeblieben. Pius XII. versuchte sie in „Mystici Corporis" zugunsten des Papstes zu entscheiden, was, obwohl historisch unhaltbar und im Widerspruch vor allem zur östlichen Tradition, die Bischöfe weithin zu Delegierten des Papstes gemacht hätte. Nach dem Vatikanum II erhält der Bischof seine gesamte Vollmacht in der Bischofsweihe selbst: „Die Bischofsweihe überträgt mit dem Amt der Heiligung auch die Ämter der Lehre und der Leitung, die jedoch ihrer Natur

[56] Schema 90.

nach nur in der hierarchischen Gemeinschaft mit Haupt und Gliedern des Kollegiums ausgeübt werden können" (CE 21).

Zu 6: „Wie nach der Verfügung des Herrn der heilige Petrus und die übrigen Apostel ein einziges apostolisches Kollegium bilden, so sind in entsprechender Weise der Bischof von Rom, der Nachfolger Petri, und die Bischöfe, die Nachfolger der Apostel untereinander verbunden ... Die Ordnung der Bischöfe aber, die dem Kollegium der Apostel im Lehr- und Hirtenamt nachfolgt, ja, in welcher die Körperschaft der Apostel immerfort weiter besteht, ist gemeinsam mit ihrem Haupt, dem Bischof von Rom, und niemals ohne dieses Haupt, gleichfalls Träger der höchsten und vollen Gewalt über die Kirche" (CE 22).

Zu 7: Die Reformen, wie sie im Dekret über die Hirtenaufgabe der Bischöfe Kap. I beschlossen wurden, betreffen vor allem folgende Punkte: Durch die Konstituierung, bzw. Kompetenzerweiterung der nationalen oder regionalen Bischofskonferenzen soll es zu einer Dezentralisation der Kirche kommen. Zugleich soll der Episkopat der Gesamtkirche durch eine Bischofssynode in Rom wirksam repräsentiert sein und dem Papst bei der Leitung der Gesamtkirche Beistand leisten. Schließlich soll die römische Kurie reformiert und besonders internationalisiert werden. Die Reformmaßnahmen wurden unmittelbar nach dem Konzilsende begonnen.

Der Gedanke des Dienstes an der Kirche läßt sich von der katholischen Tradition her konkretisieren. Nie ist die Kirche für den Papst da, sondern immer der Papst für die Kirche! Undenkbar wäre, daß je einmal der Papst allein im Recht und die ganze Kirche im Unrecht wäre. Ein Papst, der die ganze Kirche exkommunizierte, exkommunizierte sich selbst. Wie jeder Glaubende ist auch der Bischof von Rom verpflichtet, ein Schisma zu vermeiden. Zu oft hat man allerdings in der römischen Theologie das Schisma auf eine einseitige Weise definiert. Die klassische katholische Tradition aber unterschied immer zwei Möglichkeiten des Schismas oder der Kirchenspaltung. Ein Schisma entsteht — wie noch der führende Theologe der spanischen Gegenreformation Franz Suárez mit Berufung auf Cajetan und Torquemada erklärt[57] —, wenn man sich vom Papst als dem Haupt der Kirche trennt *oder* wenn man sich vom Leib der Kirche trennt. Und auf diese zweite Weise kann auch der Papst Schismatiker sein; wenn er nämlich nicht mit dem ganzen Leib der Kirche die notwendige Gemeinschaft und Verbindung hält, oder wenn er versucht, die ganze Kirche zu exkommunizieren, oder wenn er alle durch apostolische Tradition geschützten Kirchenbräuche umstoßen wollte.

---

[57] *F. Suárez,* De charitate, Disputatio XII de schismate, sectio I (Opera omnia, Paris 1858) 12, 733 f.

Der Dienst eines Papstes an der Kirche kann sogar so weit gehen, daß ihm der vollständige Verzicht oder auch der Verlust seines Amtes zugemutet werden muß. Daß dies ernste Wirklichkeit werden kann, davon zeugen die zahlreichen — aus verschiedenen Motiven unternommenen — Papstprozesse und Papstabsetzungen des Mittelalters, die feierlich von der römischen Synode als der Wählerin des Papstes ausgesprochen und vom Kaiser als dem Vertreter der außerrömischen Christenheit bestätigt werden mußten: In der karolingischen Zeit waren es mehr als ein Dutzend Pontifikate, die in irgendeiner Weise angefochten wurden und durch Entfernung oder Absetzung des Papstes endeten. In der ottonischen Zeit hielt sich die Zahl der Papstwahlen und der Papstabsetzungen ungefähr die Waage. Der Aufstieg des mittelalterlichen Reformpapsttums begann entscheidend mit der Absetzung aller drei rivalisierenden Päpste auf den Synoden von Pavia, Sutri und Rom unter Kaiser Heinrich III. Als Hauptgründe für Absetzungen galten illegitime Amtsergreifung, Simonie, Häresie und anderes mehr. Im 12. und 13. Jahrhundert wurde die übliche Art, wie ein Papst oder Gegenpapst zu Lebzeiten sein Amt verlor, die Verzichtleistung. Die Papstabsetzungen der konziliaren Ära des 15. Jahrhunderts, welche das Ende des Abendländischen Schismas mit seiner Drei-Päpste-Herrschaft und die Wiederherstellung der Einheit der westlichen Christenheit brachte, wurden damit begründet, daß das ökumenische Konzil über dem Papst steht. Den Konstanzer Dekreten muß grundsätzlich dieselbe Autorität zuerkannt werden wie den Dekreten anderer ökumenischer Konzilien; sie bilden den kirchengeschichtlichen Gegenpol zum Vatikanum I. Aber selbst nach dem Vatikanum I haben die Kanonisten verschiedene Fälle angeführt, nach welchen der Papst sein Amt verliert: neben Tod und freiwilligem Verzicht sind es vor allem Geisteskrankheit, Häresie und Schisma.

Auf alle diese delikaten, aber nicht vermeidbaren historischen und theologischen Fragen wurde in „Strukturen der Kirche" eingegangen. Zur Interpretation der mittelalterlichen Papstabsetzungen und des (aus einer Fälschung des 6. Jahrhunderts in das Decretum Gratiani und von dort in die folgende kanonistische Gesetzgebung aufgenommenen) Satzes „Prima sedes a nemine iudicatur" sowie zur gegenwärtigen kanonistischen Rechtslage vgl. Strukturen VII, 3 (S. 228—244). Zur ekklesiologischen Bedeutung der Konstanzer Dekrete in Vergangenheit und Gegenwart und ihrem Verhältnis zum Vatikanum I vgl. Strukturen VII, 4—5 (S. 244—289). Die entscheidenden Definitionen des ökumenischen Konzils von Konstanz heißen: „Die Synode erklärt erstens: Als im Heiligen Geiste rechtmäßig versammelt, ein allgemeines Konzil bildend und die katholische Kirche repräsentierend, hat die Synode ihre Gewalt unmittelbar von Christus; ihr hat also jedermann, welchen Standes oder welcher Würde auch immer, selbst der päpstlichen, zu gehorchen in allem, was den Glauben, die Überwindung des besagten Schismas und die Reform dieser Kirche an Haupt und Gliedern betrifft. Ebenfalls erklärt sie: Jeder, welchen Standes und welcher Würde auch immer, selbst der päpstlichen, der den Befehlen, Beschlüssen, Anordnungen oder Vorschriften dieser heiligen Synode und irgendeines anderen rechtmäßig versammelten allgemeinen Konzils bezüglich des oben Gesagten und allem, was im Zusammenhang damit geschehen ist und zu geschehen hat, hartnäckig den Gehorsam verweigert, soll, falls er nicht zur Einsicht kommt, der angemessenen Strafe unterworfen und gebührend bestraft werden, unter Anwendung auch anderer Rechtsmittel, falls dies notwendig ist." [58]

Inwiefern Einberufung, Leitung und Bestätigung ökumenischer Konzilien Fragen menschlichen Rechtes sind, vgl. Strukturen der Kirche VII, 7 (S. 290 bis 308). Auf die vieldiskutierte Frage, wem im Falle eines häretischen oder schismatischen oder geisteskranken Papstes ein Urteil (mindestens im Sinne einer sententia declaratoria) zusteht, antworten Theologen wie Cajetan, M. Cano und D. Soto und besonders nachdrücklich F. Suárez: der Kirche bzw. dem Konzil! Wenn sich ein solcher Papst weigere, führt Suárez aus, ein Konzil einzuberufen, dann könnten übereinstimmende Provinzial- oder Nationalkonzilien ausreichen. Andernfalls müßte das Kardinalskollegium oder der Episkopat gegen den Willen des Papstes ein ökumenisches Konzil einberufen. Sollte der Papst dies verhindern wollen, so sei ihm nicht zu gehorchen, weil er in einem solchen Falle seine oberste Hirtenvollmacht gegen die Gerechtigkeit und das Gemeinwohl der Kirche mißbrauche [59].

In diesen aus der Geschichte belegbaren Grenzfällen wird die Grundrelation (und um diese, nicht um jene geht es uns in erster Linie) zwischen Papst und Kirche, nach welcher der Papst der Kirche zu dienen da ist, mit großer Deutlichkeit sichtbar. Es zeigt sich, daß die katholische Kirche einem Papst, der gegen das Evangelium handelt, nicht – wie von Nichtkatholiken oft behauptet – auf Gedeih und Verderb ausgeliefert ist. Zugleich wird deutlich, daß sich die Kirche gerade deswegen nicht – wie manchmal von Katholiken angenommen – von der Verantwortung eigenen Handelns entbinden kann durch ein tatenloses und im Grunde vermessenes Vertrauen auf den Heiligen Geist; dieser kann nie als Deus ex machina

---

[58] *Mansi* 27, 590. Über die in Strukturen zitierte Lit. hinaus hat *P. de Vooght* einen neuen gewichtigen Beitrag zur Problematik geliefert: Les pouvoirs du concile et l'autorité du pape au concile de Constance (Paris 1965).

[59] *F. Suárez*, De fide theologica. Disputatio X de Summo Pontifice, sectio VI, a. a. O., 12, 317 f.

in Anspruch genommen werden. Bei Licht besehen sieht also die Definition des päpstlichen Primates sehr viel menschlicher aus, jedenfalls keineswegs so verstiegen und rigoros, wie dies abgesehen vom Kontext der Geschichte scheinen möchte.

In diesem Kontext der Geschichte wird auch das Positive klar, was wir hier ebenfalls nicht im einzelnen auszuführen haben: Wenn ein Papst wirklich für die Kirche da *ist*, wenn er seine Aufgabe wirklich als selbstlosen seelsorglichen Dienst an der Gesamtkirche *erfüllt*, dann kann durch ihn viel Großes geschehen und manches Übel vermieden werden. Auch dies kann die Kirchengeschichte reichlich belegen, für Altertum, Mittelalter und Neuzeit: Ohne den Petrusdienst wäre vieles nicht geschehen, wären sehr oft auch die einzelnen Kirchen oder Gruppen in der Kirche auseinandergefallen, hätten sich Abspaltungen und Sekten in großer Zahl gebildet, die so in der einen Kirche zusammengehalten werden konnten. So manche Initiative, in der inneren Reform wie in der Weltmission, wäre ohne diesen Petrusdienst unterblieben, hätte keine Tragweite bekommen, wäre vielleicht versandet. Durch den Petrusdienst ist der katholischen Kirche sehr viel äußere Freiheit, Unabhängigkeit und Einheit in guter Weise verwirklicht worden. Und wenn man gerade in neuester Zeit eine – bei allen großen Mängeln – überraschend schnelle und allgemeine Wende der katholischen Kirche zur eigenen Erneuerung und zur ökumenischen Begegnung feststellen konnte, wenn ein Konzil wie das Vatikanum II überhaupt möglich geworden ist, dann doch durch einen Mann, der seinen Petrusdienst ganz ernst genommen und selbstlos erfüllt hat. Und so darf denn bei aller sehr berechtigten Kritik am gegenwärtigen „System" auch das eine gesagt werden: Wenn die katholische Kirche nach allen Schwierigkeiten, Nöten und Niederlagen heute relativ geachtet, in Glaube und Ordnung geeint und gestärkt dasteht, dann verdankt sie dies nicht zuletzt dem Petrusdienst. Und die Frage ist berechtigt: Was wäre nicht nur die katholische Kirche, was wäre auch die Christenheit als solche, wenn es diesen Petrusdienst im Laufe der Jahrhunderte nicht gegeben hätte?

b) Kein katholischer Theologe ist so naiv zu meinen, mit diesen gewiß höchst bedeutungsvollen negativen wie positiven Präzisierungen im Lichte der beiden Vatikanischen Konzilien – um mehr konnte es ja nicht gehen – die anderen Christen vom päpstlichen

Primat überzeugen zu können. Warum? Nicht die Modalitäten der Ausübung und ihre faktischen Grenzen, sondern die *Existenz* eines Primats überhaupt – das ist die Frage! Und hier beginnen erst die eigentlichen Schwierigkeiten! Und man müßte diese vor allem exegetischen und historischen Schwierigkeiten gewaltig unterschätzen, wenn man meinte, sie in einem kurzen Kapitelchen ausräumen zu können. Man verlange auch von uns nichts Unmögliches. Es ist ja seit dem Vatikanum I eine recht stattliche Bibliothek für und gegen die Begründung eines Primats geschrieben worden[60]. Nicht die Schwierigkeiten ausräumen, nur den Fragestand klären können wir hier im Hinblick auf ein besseres gegenseitiges Verstehen, dem wohl in Zukunft weniger durch theoretische Diskussionen als durch die weitere geschichtliche Entwicklung der Kirchen geholfen werden kann. Alle Schwierigkeiten lagern sich um drei Fragen, wobei die je folgende die Lösung der vorangehenden voraussetzt: Läßt sich ein Primat Petri begründen? Muß der Primat Petri fortdauern? Ist der römische Bischof der Nachfolger im petrinischen Primat? Wir können die katholischen Antworten des Vatikanum I und die evangelischen Schwierigkeiten nur kurz resümieren, und wir meinen, der katholischen wie der ökumenischen Sache einen Dienst zu erweisen, wenn wir es offen und ohne Umschweife tun. Unsere Absicht ist auch hier – wie wir zu zeigen hoffen – durch alle Kritik hindurch aufzubauen.

---

[60] Wir verweisen hier nur auf die neueste Lit. zur petrinischen Frage. Es wäre hier die gesamte Lit. über die ntl. Ekklesiologie, die wir unter A I, 3 zusammengefaßt haben, zu konsultieren. Direkt zur Petrusfrage: *Ch. Journet*, Primauté de Pierre (Paris 1953); *O. Karrer*, Um die Einheit der Christen. Die Petrusfrage. Ein Gespräch mit E. Brunner, O. Cullmann, H. von Campenhausen (Frankfurt/Main 1953); *O. Cullmann*, Art. πέτρα, πέτρος, in: ThW VI, 99–112; Petrus. Jünger–Apostel–Märtyrer (Zürich 1952. ²1960); *P. Gaechter*, Petrus und seine Zeit (Innsbruck 1958); *J. Pérez de Urbel*, San Pedro, principe de los apóstoles (Burgos 1959); im bereits zitierten Sammelwerk: Begegnung der Christen, die Beiträge von *J. Ringer* und *J. Schmid*. Weitere Lit. in den wichtigen Lexikonart. über Petrus von *A. Vögtle - O. Perler* in: LThK VIII, 334–341, und von *E. Dinkler* in: RGG V, 247–249; ebenso in den verschiedenen Lexika die Art. über Papst und Papsttum. Zwei sehr informative Berichte über die Forschungslage in der Deutung von Mt 16, 18 f mit sehr reichlichen Lit.-Angaben sind *J. Ludwig*, Die Primatworte Mt 16, 18 f in der altkirchlichen Exegese (Münster 1952), und *F. Obrist*, Echtheitsfragen und Deutung der Primatsstelle Mt 16, 18 f in der deutschen protestantischen Theologie der letzten dreißig Jahre (Münster 1960). Vom orthodoxen Standpunkt aus ist aufschlußreich *N. Afanassieff - N. Koulomzien - J. Meyendorff - A. Schmemann*, Der Primat des Petrus in der Orthodoxen Kirche (Zürich 1961).

1. Die Existenz eines *petrinischen* Primats: Das *Vatikanum I* (D 1822f), welches das Neue Testament nicht historisch, sondern dogmatisch benützt, beruft sich zur Begründung eines petrinischen Jurisdiktionsprimats einerseits auf die *Verheißung* des Primats an Petrus allein: „Du wirst Fels heißen" (Jo 1, 42) und „du bist Petrus, und auf diesem Felsen werde ich meine Kirche bauen, und die Pforten der Unterwelt werden sie nicht überwältigen. Dir werde ich die Schlüssel des Himmelreiches geben. Was du auf Erden bindest, wird auch im Himmel gebunden sein, was du auf Erden lösen wirst, wird auch im Himmel gelöst sein" (Mt 16, 18f). Andererseits beruft sich das Konzil auf die *Verleihung* der Jurisdiktion eines obersten Hirten und Leiters über die ganze Kirche an Petrus allein durch den Auferstandenen: „Weide meine Lämmer, weide meine Schafe" (Jo 21, 15–17).

In *historischer Perspektive* dürfte heute mindestens das folgende weithin von den Exegeten anerkannt sein: Petrus war jedenfalls dadurch unter den Zwölfen besonders ausgezeichnet, daß er der erste Zeuge der Auferstehung war (1 Kor 15, 5; Lk 24, 34); von seinem ersten Osterzeugnis her kann er als Fels der Kirche betrachtet werden. Weiter war Petrus in der Jerusalemer Gemeinde der führende Mann: Bis zum Apostelkonzil hat er mindestens faktisch die Urgemeinde und die christliche Diaspora geleitet. Dies wird bestätigt durch Gal 2, 7f, wodurch die offizielle Vereinbarung über die Aufteilung der Juden- und der Heidenmission zwischen Petrus und Paulus gesichert ist. Wenn auch Lukas schon im Evangelium das recht menschliche Bild des in Bethsaida geborenen und in Kapharnaum verheirateten Fischers Simon gegenüber Markus und Matthäus zu idealisieren versucht und wenn auch Apg 1–12 idealisierende Tendenzen aufweist, so darf doch sicher angenommen werden, daß Petrus in der ersten Mission die treibende Kraft der jungen Gemeinde war. Und wenn auch für die Interpretation der petrinischen Theologie historisch kaum mit dem Markusevangelium (die Papias-Nachricht über Markus als Dolmetscher des Petrus dürfte nicht zuverlässig sein) noch mit den Petrus zugeschriebenen Briefen, sondern nur vorsichtig mit den Paulinen und der Apostelgeschichte gerechnet werden kann, so steht so viel fest, daß Petrus der Vertreter des Judenchristentums war, der der paulinischen Heidenmission freundlich gegenüberstand. Von ihm als einzigem unter den Zwölfen steht dann auch sicher fest, daß er Mission außerhalb

Jerusalems betrieben hat. Sein Aufenthalt in Antiochien ist in Gal 2, 11f (vgl. Apg 15, 7) bezeugt. Ein Aufenthalt in Korinth ist möglich (vgl. 1 Kor 1, 12). Ein Itinerar für seine Reisen und eine genaue Chronologie gibt es allerdings nicht. Dies alles dürfte das Minimum sein, was man aufgrund der Quellen bezüglich der Stellung Petri in der Urkirche annehmen muß.

Die *Schwierigkeiten* für weitergehende positive Aussagen über die Stellung des Petrus in der neutestamentlichen Kirche resultieren aus dem nicht zu leugnenden Problem, wie weit es sich bei den Aussagen über die Stellung des Petrus im vorösterlichen Leben Jesu um Reflexe der nachösterlichen Bedeutung des Petrus handeln kann. Zwar dürfte kaum zu bestreiten sein (auch die Priorität der Ostererscheinung dürfte damit zusammenhängen), daß Petrus einer der besonders engvertrauten Jünger war (Mk 5, 37; 9, 2; 14, 33), ja der Sprecher der Jünger Jesu (vgl. Mk 8, 29; 9, 5; 10, 28; 11, 21), und daß auch schon von daher sein Name an der Spitze der Liste der Zwölf erscheint (Mk 3, 16; Mt 10, 2; Lk 6, 14; Apg 1, 13). Lebhaft umstritten sind jedoch vor allem drei Fragen: 1. ob der zu seinem ursprünglichen Namen Simon (Mk 1, 16) hinzukommende Ehrenname, dann Beiname und schließlich Eigenname Kephas (aramäisch Kepha = Fels = Petrus) vom geschichtlichen Jesus selbst (als Verheißung für die Zukunft?) *oder* von der Urgemeinde (vaticinium ex eventu?) gegeben wurde; 2. ob das wegen seines aramäischen Sprachcharakters höchstwahrscheinlich in Palästina beheimatete Logion Mt 16, 18f (das auffälligerweise keine Parallelen hat) ein Wort des irdischen Jesus ist (wobei der historische Zusammenhang eventuell auch ein anderer als der von Cäsarea Philippi gewesen sein kann) *oder* ob das Logion von der Urgemeinde Jesus in den Mund gelegt wurde, um durch eine weitergebildete Namengebung oder eine umgestaltete Geschichte der Osteroffenbarung die Stellung des Simon in der Gemeinde zu autorisieren; die Antwort wird weithin abhängen von der Bestimmung des Verhältnisses der eschatologischen Verkündigung Jesu zu einer möglichen Kirchengründung; 3. ob das Wort Mt 16, 18f dem Petrus eine eigentliche monarchisch-rechtliche Leitungsvollmacht (Jurisdiktion) über die Gesamtkirche zuschreibt *oder* nur allgemein eine gehobene geschichtliche Stellung als dem Erstbekenner und Erstzeugen der Auferstehung, dem Wortführer und Repräsentanten, vielleicht sogar Leiter der Zwölfe, der aber wesentlich auf der Ebene der übrigen Zwölf bleibt; im zweiten Fall kann

„Fels" den Petrus als Glaubenden und Bekennenden oder auch als Apostel meinen; „Schlüsselträger" kann mehr eine Lehrautorität oder eine Leitungsautorität oder beides meinen; schließlich kann „Binden und Lösen" eine Disziplinargewalt oder den Gemeindebann oder die Vollmacht über Reich Gottes und Sünde oder allgemein eine richterliche Vollmacht meinen. Analog wie Mt 16, 18f wird dann auch Jo 21, 15–17 beurteilt.

2. Die *Fortdauer* des petrinischen Primats: Das *Vatikanum I* (D 1824f) schließt vom Primat Petri auf eine ständige Fortdauer dieses Primats. Weil zum ewigen Heil und dauernden Wohl der Kirche eingesetzt, müsse er auch nach Christi Anordnung notwendig fortdauern. Schrifttexte werden dafür keine zitiert, wohl aber wird festgestellt: „Wer also behauptet, nicht aufgrund der Einsetzung von Christus dem Herrn selber, d. h. aufgrund göttlichen Rechtes habe der hl. Petrus seine ständigen Nachfolger im Vorrang über die gesamte Kirche ..., der sei ausgeschlossen."

In *historischer Perspektive* ist bedeutsam, daß Petrus nach Antiochien (vgl. Apg 15, 7; Gal 2, 11f) nicht mehr erwähnt wird. Vom Lebensende des Petrus wird im Gegensatz zum Martyrium des Jakobus im Neuen Testament nichts berichtet. Ein Wissen um seinen Märtyrertod läßt sich jedoch im Nachtragskapitel 21 des Johannesevangeliums feststellen. Von der Einsetzung eines Nachfolgers wird nichts berichtet. Weder Mt 16, 18f noch Jo 21, 15–17 noch Lk 22, 32 reden direkt von einem Nachfolger Petri. Andererseits bekunden diese nach dem Tod Petri verfaßten Schriften ein nachhaltiges Interesse an einer nicht nur episodenhaften Sonderstellung des Petrus, ein Interesse, das etwa von Jakobus nicht bezeugt ist. Umstritten sind in diesem Zusammenhang zwei Fragen: 1. ob Jakobus, der nach dem Weggang Petri offenkundig an der Spitze der Jerusalemer Gemeinde stand, einfachhin Leiter der Jerusalemer Ortsgemeinde war, der dem Petrus als dem Leiter der Gesamtkirche untergeordnet blieb, *oder* ob Petrus durch den Herrenbruder Jakobus auch als Leiter der Gesamtkirche (falls er dies überhaupt war) abgelöst wurde, wie dies aus dem zweiten Teil der Apostelgeschichte (nach 12, 17), aus Gal 2, 12 und aus außerkanonischen Quellen (Ps-Klem Rec I, 17 und Hom I, 20; Ep Petri 1; Thomas-Evangelium Logion 12) abgeleitet wird; 2. ob die petrinischen Texte eine einmalige Fundament*legung oder* aber eine dauernde Fundament*funktion* besagen wollen, ob also „Fels" als chronologischer Anfang der Gemeinde *oder* als einmaliger grundlegender Bestandteil der Gemeinde *oder* als dauernd festigendes Fundament der Kirche verstanden und ob der „Schlüsselträger" oder stellvertretende „Hirte" als Urbild für spätere Leitung *oder* als Ersträger einer dauernden Leitungsvollmacht interpretiert werden soll.

3. Die Fortdauer des petrinischen Primates im *römischen Bischof:* Das *Vatikanum I* (D 1824f) sieht die beständige Fortdauer des petrinischen Primates in den römischen Bischöfen verwirklicht: „Jeder, der auf diesem Bischofssitz dem Petrus nachfolgt, der erhält auch nach der Einsetzung Christi selbst den Primat Petri über die ganze Kirche ... Wer also behauptet ... der Bischof von Rom sei nicht der Nachfolger in diesem Primat, der sei ausgeschlossen." Für diesen Anspruch wird zitiert ein Zeugnis des Irenäus von Lyon († um 200), nach welchem „alle Kirchen allerorts wegen der ‚potentior principalitas' mit der römischen Kirche übereinstimmen". Daneben werden, abgesehen von einer Allusion bei Ambrosius, nur noch zwei Zeugnisse aus dem 5. Jahrhundert, und zwar von römischer Seite, vom römischen Legaten auf dem Konzil von Ephesus 431 und von Leo dem Großen angeführt.

In *historischer Perspektive* ist es unbestreitbar, daß spätestens zur Zeit Leos I. der römische Anspruch auf den Primat in der Kirchenleitung, wie immer es um seine Anerkennung gerade im Osten gestanden haben mag, solide etabliert und klar formuliert ist. Aber auch die Tatsache eines Aufenthaltes des Apostels Petrus und seines Martyriums in Rom hat in der neuesten Zeit von katholischen und nichtkatholischen Historikern wachsende Zustimmung gefunden. Diese Zustimmung gründet sich allerdings nicht auf den archäologischen Nachweis eines Petrusgrabes unter der vatikanischen Basilika, der auch auf katholischer Seite bei den kompetentesten Fachleuten auf sehr skeptische Aufnahme gestoßen ist. Doch sind die literarischen Zeugnisse sehr eindrucksvoll. Aufgrund von 1 Klem 5f muß mit größter Wahrscheinlichkeit eine Tradition von einem römischen Martyrium des Petrus und Paulus (!) in neronischer Zeit angenommen werden (Hinweis von 1 Petr 5, 13 auf „Babylon" = Rom?). Dieses römische Zeugnis vom Ende des 1. Jahrhunderts wird bestätigt durch ein kleinasiatisches vom Anfang des 2. Jahrhunderts: Ignatios, Röm 4, 3. Es dürfte äußerst schwierig sein, die Glaubwürdigkeit einer Tradition, die seit ungefähr 95 einhellig *und* konkurrenzlos und im Anfang auch ohne alle kirchenpolitische Tendenz feststeht, zu bestreiten.

Die *Schwierigkeiten* liegen also nicht bei der Beweisführung für einen römischen Aufenthalt Petri; der Tod Petri in Rom wäre zudem zur Begründung eines römischen Primates nicht einmal unbedingt notwendig. Die Schwierigkeiten, die wir einfach einmal vorurteilslos zur Kenntnis nehmen müssen, liegen vielmehr bei der Feststellung der Nachfolge eines monarchischen römischen Bischofs im (hier nun vorausgesetzten) Primat Petri, bzw. der Feststellung einer *legitimen*, in irgendeiner Form ermächtigten Nachfolge. Daß Petrus selbst (ebenso wie Paulus) von vorneherein als Gründer der römischen Gemeinde ausscheidet, spielt dabei keine Rolle.

Doch sind bezüglich der frühen Geschichte der römischen Gemeinde trotz aller ausgedehnten Diskussionen Schwierigkeiten geblieben, die noch immer einer Lösung harren und hier nur der weiteren Diskussion vorgelegt werden sollen. Nicht nur, daß wir nicht wissen, welcher Art die Tätigkeit Petri in Rom war und ob er überhaupt die römische Gemeinde geleitet hat, was bei Petrus ebensowenig wie bei Paulus als selbstverständlich vorausgesetzt werden darf. Dasselbe älteste und wichtigste Zeugnis für Aufenthalt und Tod Petri in Rom macht zugleich die größten Schwierigkeiten gegen einen monarchischen Nachfolger. Im Schreiben der römischen Gemeinde an die Gemeinde von Korinth, dessen Verfasserschaft (nach einer bei Eusebios festgehaltenen Aussage des Dionysios von Korinth um 170) dem Klemens zuzuschreiben ist, tritt ein einzelner Verfasser nirgendwo hervor. Jedenfalls kennt gerade der erste Klemensbrief keinen monarchischen Episkopat, weder in Korinth noch in Rom. Es ist von daher schwierig zu beweisen, wie Petrus einen monarchischen Bischof als Nachfolger haben konnte. Eigenartigerweise redet ja, darauf wurde schon hingewiesen, selbst Ignatios, der in seinen Briefen an kleinasiatische Gemeinden bereits monarchische Beschöfe mit Betonung anreden kann, im Brief an die Römer keinen Bischof an. Wann ein monarchischer Bischof in Rom zum erstenmal aus der Schar der Episkopen und Presbyter hervortrat, ist nicht festzustellen. Die Nachrichten über die Nachfolger des Petrus – etwa die älteste römische Bischofsliste bei Irenäus, die jedoch nicht Petrus, sondern Linus den ersten Bischof Roms nannte, dem Petrus *und* Paulus den Episkopendienst übertragen hätten – sind Rekonstruktionen des 2. Jahrhunderts, die unter Umständen noch bekannte römische Namen mitverwertet haben. Unsere Informationen über die römische Kirche und ihre

Bischöfe sind bis vor die Mitte des dritten Jahrhunderts sehr fragmentarisch; die erste genaue chronologische Datierung eines römischen Pontifikats ist die Abdankung Pontians vom 28. 9. 235.

Obwohl die alte, große und wohlhabende Gemeinde der Welthauptstadt von Anfang an verständlicherweise ein hohes Selbstbewußtsein hatte (vgl. 1 Klem) und mit Recht ein hohes Ansehen genoß (schon Röm 1, 8) und dies nicht zuletzt wegen der Tätigkeit Petri und Pauli (Ignatios, Röm 4, 3) und der starken Liebestätigkeit der Gemeinde (Ignatios, Röm Eingang), zeigte sich lange Zeit kein primatialer Anspruch, weder der Gemeinde noch eines Einzelnen. Bei der zunehmenden Bedeutung der apostolischen Tradition und der apostolischen Bischofssitze im antignostischen Kampf mußte allerdings gerade die Bedeutung der römischen Gemeinde, die sich auf zwei Apostel, und zwar die größten, berufen konnte, wachsen. Doch auch in dem vom Vatikanum I zitierten Zeugnis des Irenäus (Adv. Haer. III, 3, 1–2) ist von keiner *rechtlichen* Verpflichtung der anderen Kirchen die Rede, mit der römischen Kirche übereinzustimmen. Die römische Kirche (vom römischen Bischof ist nicht die Rede) erscheint nicht als Trägerin eines Rechtsprimates, sondern als die wegen ihrer Doppelsukzession vornehmste (auch Irenäus bezieht sich auf Petrus *und* Paulus!) Hüterin der Tradition: indem man *ihren* Glauben feststellt, stellt man auch den aller übrigen Kirchen fest.

Auf das Ansehen der römischen Gemeinde gestützt, wie es in vielfachen Briefwechseln und Besuchen von Bischöfen, Theologen und Häretikern in Rom zum Ausdruck kommt, kann Bischof Viktor gegen Ende des 2. Jahrhunderts im Osterstreit gegenüber Kleinasien seine Ansprüche erheben und nach ihm noch deutlicher Stephan I. im Ketzertaufstreit gegenüber den Afrikanern. Aber beide haben in der Gesamtkirche starken Widerspruch gefunden, und zwar gerade von den bedeutendsten Kirchenmännern ihrer Zeit, Viktor von Irenäus und Polykrates von Ephesos, Stephan von Cyprian und Firmilian. Aber der Anspruch des römischen Bischofs wurde auf diese Weise doch stark vorangebracht, wenn auch bis tief ins 2. Jahrtausend hinein Anspruch und Theorie der Wirklichkeit stets vorausliefen. Es muß bei dieser Entwicklung als eine sehr erstaunliche Tatsache vermerkt werden, daß Mt 16, 18f im vollen Wortlaut in der ganzen christlichen Literatur der ersten paar Jahrhunderte kein einziges Mal vorkommt, auch im 1. Klemensbrief nicht! Zum ersten Mal wird die Stelle zitiert von Tertullian im 2. Jahrhundert, aber nicht für Rom, sondern für Petrus. Erst in der Mitte des 3. Jahrhunderts beruft sich ein römischer Bischof, der genannte Stephan I., für die bessere Tradition auf den Vorrang Petri. Und erst vom 4. Jahrhundert an wird Mt 16, 18f zur Stützung eines Primatsanspruches gebraucht (Optatus von Mileve, Hieronymus, Damasus, Leo I.). In der orientalischen Exegese ist der Befund noch negativer: Bis ins 8. Jahrhundert und dann natürlich auch darüber hinaus scheint man im Zusammenhang von Mt 16, 18 an einen persönlichen Primat Petri zu denken, wenn nicht die Stelle überhaupt (wie zum Teil auch in der abendländischen Tradition) auf Christus oder den Glauben interpretiert wird. Mt 16, 19 wird einhellig auf die Sündenvergebung bezogen, die selbstverständlich nicht nur Petrus zukommt (vgl. Mt 18, 18). Eine Beziehung der Matthäus-Stelle zu Rom wird kaum ernstlich in Betracht gezogen.

Es soll hier nicht der Eindruck erweckt werden, als ob nicht auch alle diese Schwierigkeiten wieder diskutiert und zum Teil mindestens beantwortet werden könnten. Aber wenn man für die Beantwortung all dieser Fragen, die nun einmal historische Fragen sind, nicht zu historisch unverantwortbaren dogmatischen Postulaten seine Zuflucht nehmen will, wird man, wenn die bisherige umfangreiche Literatur nicht täuscht, bei der Entkräftung dieser Schwierigkeiten seine liebe Mühe haben. Dabei sind auch die Schwierigkeitsgrade der Argumentation offenbar geworden: In der ganzen päpstlichen Primatslehre ist die Petrinitas eher zu beweisen als die Perpetuitas, und die Perpetuitas wiederum eher als die Romanitas.

c) Die katholische Exegese und Theologie entscheidet sich jedoch trotz aller Schwierigkeiten für einen Primat Petri, selbst wenn Mt 16, 18f nicht auf den historischen Jesus, sondern das nachösterliche Geschehen zurückginge. Sie ist auch davon überzeugt, daß die petrinischen Texte des Neuen Testaments nur dann voll ausgeschöpft sind, wenn es zwar nicht immer wieder neue Fundamentlegungen, wohl aber eine andauernde Fundamentfunktion gibt, wenn auch das Gottesvolk des Neuen Bundes als ganzes wie schon immer das des Alten Bundes seinen von Gott beauftragten Hirten hat. Und sie ist auch aufgrund der bisherigen Geschichte der Auffassung, daß der Bischof von Rom diese Funktion ausschließlich beansprucht und je länger desto deutlicher wahrgenommen hat, wobei das „ius divinum" des Primats von vorneherein nur im „ius humanum" verwirklicht und wahrgenommen werden kann.

Wie immer man sich dazu stellt, das eine wird auch der orthodoxe oder evangelische Theologe, der die katholische Argumentation keineswegs überzeugend findet, nicht bestreiten können: Der Dienstprimat eines Einzelnen in der Kirche ist nicht gegen die Schrift. Wie immer es um seine Begründung stehen mag, es gibt nichts in der Schrift, was einen solchen Dienstprimat ausschlösse. Ein solcher Primat ist also *nicht* von vorneherein *schriftwidrig*. Ja, der orthodoxe oder evangelische Theologe wird vermutlich sogar zugeben können: Ein solcher Dienstprimat kann *schriftgemäß* sein, jedenfalls dann, wenn er schriftgemäß begründet, geübt, vollzogen, gehandhabt wird. Das gaben die meisten Reformatoren vom jungen Luther über Melanchthon bis Calvin zu; das werden auch viele orthodoxe und evangelische Theologen heute zugeben.

Was wir über eine besondere apostolische Nachfolge der Hirtendienste im allgemeinen sagten, wird auch bezüglich einer apostolischen Nachfolge im Petrusdienst zu beachten sein: Das Entscheidende ist nicht einfach der historische Aspekt einer aufweisbaren Sukzessionsreihe, so wertvoll dies sein kann. Das Entscheidende ist die Nachfolge im Geist: in der petrinischen Sendung und Aufgabe, im petrinischen Zeugnis und Dienst. Wäre da also einer, der könnte sich einwandfrei darüber ausweisen, daß sein Vorgänger und der Vorgänger seines Vorgängers und so fort schließlich der Nachfolger des einen Petrus ist; ja könnte er sogar nachweisen, daß der Vorgänger seiner Vorgänger von Petrus selbst mit allen Rechten und Pflichten zu seinem Nachfolger „eingesetzt“ wurde, würde er aber dieser petrinischen Sendung gar nicht nachkommen, würde er die ihm gestellte Aufgabe nicht erfüllen, würde er nicht Zeugnis geben und seinen Dienst nicht leisten – was nützte ihm, was nützte der Kirche die ganze „apostolische Sukzession“? Umgekehrt: Wäre da ein anderer, dessen Nachfolge mindestens in der Frühzeit nur schwierig nachzuprüfen, über dessen „Einsetzung“ vor zweitausend Jahren nun einmal nichts protokolliert wäre, würde aber dieser andere der in der Schrift beschriebenen petrinischen Sendung nachleben, würde er Auftrag und Aufgabe erfüllen und der Kirche diesen Dienst leisten, wäre es dann nicht eine zwar noch immer wichtige, aber letztlich doch zweitrangige Frage, ob dieses echten Dieners der Kirche „Stammbaum“ in Ordnung ist? Er hätte dann vielleicht nicht die Berufung durch Handauflegung, aber er hätte das Charisma, das Charisma der Kybernese, und dies würde im Grunde ausreichen.

Was wir also sagen wollen: Nicht der Anspruch, nicht das „Recht", nicht die „Sukzessionskette" als solche sind das Entscheidende, sondern der Vollzug, die Ausübung, die Tat, der verwirklichte Dienst. Bei den großen ökumenischen Initiativen Johannes' XXIII. für Kirche, Christenheit und Welt war die Menschheit wenig daran interessiert, wie es mit der Sukzessionskette stünde, ob er sich über die Legitimität seines Amtes historisch ausweisen könne. Sie war vielmehr froh und erleichtert zu sehen: hier ist einer, der wirkt nun — trotz aller menschlichen Schwachheit — als ein echter Fels in dieser Zeit, der der Christenheit Halt und neues Zusammenstehen zu geben vermag (vgl. Mt 16, 18!). Hier ist einer, der aus starkem Glauben heraus die Brüder zu stärken und zu ermutigen vermag (vgl. Lk 22, 32!). Hier ist einer, der die Schafe wie sein Herr mit uneigennütziger Liebe hüten möchte (vgl. Jo 21, 15—17!). Die Menschen wurden deswegen nicht alle katholisch. Aber sie spürten spontan, daß dieses Tun und dieser Geist das Evangelium Christi hinter sich hatte und in jedem Fall von ihm gerechtfertigt war. Und diese Legitimität ist für den Petrusdienst höher als jede andere entscheidend erwiesen.

Damit soll die Diskussion der exegetischen und historischen Fragen nicht für überflüssig erklärt werden. Sie soll nur im richtigen Licht, in der richtigen Perspektive geschehen. Und dabei ist ein weiteres hervorzuheben: Unsere Diskussion der Argumente hat offenkundig gemacht, wieviel Spielraum — noch mehr als in den historischen (Tertullian, Cyprian!) in den exegetischen Fragen — der Interpretation gegeben ist: Wieviel etwa darauf ankommt, ob man von Mt 16, 18f nach Mt 18, 18 hin oder umgekehrt interpretiert, ob man den Stellen über Petrus oder denen über Jakobus größeres Gewicht verleiht usw.

Wie soll es dann erklärt werden, daß dieselben wenigen Worte und dieselben kurzen Sätzchen von Gelehrten, die mit denselben historisch-kritischen Methoden zu arbeiten vorgeben, so diametral verschieden interpretiert werden? Es kann kein Zweifel sein: Hier spielt die ganze Persönlichkeit des Theologen mit, die nun einmal von mehr als nur den Texten bestimmt ist. Der Theologe — der eine mehr als der andere — tritt offenkundig gerade an diese Frage mit einem ganz besonderen Vorverständnis heran, das er von den Texten her nur sehr bedingt zu korrigieren vermag. Konkreter gesagt: Die Stellung eines Theologen zum heutigen Papsttum ist nicht gleichgültig für die Interpretation der in Frage stehenden exegetischen und historischen Texte. Und man wird aufgrund der bisherigen vielhundertjährigen kontroversen Interpretationsgeschichte geradezu sagen müssen: Es ist wenig wahrscheinlich, daß man in der Textinterpretation ein größeres Einverständnis erzielt, wenn man nicht vorher ein größeres Einverständnis über die Rolle des Papsttums heute erzielt. Und dieses größere Einverständnis über die Rolle des Papsttums heute hängt nicht zuletzt, ja vielleicht sogar zunächst, am Papsttum selbst, sich immer mehr als Petrusdienst zu verstehen.

Daß der Petrusdienst, dessen Felsen- und Hirtenfunktion gerade nach katholischer Auffassung die Bewahrung und Stärkung der kirchlichen Einheit sein sollte, zum übergroßen, anscheinend weder bewegbaren noch übersteigbaren noch umgehbaren Felsblock auf dem Weg zu einem gegenseitigen Verstehen der christlichen Kirchen geworden ist, dies ist eine absurde Situation, die gerade dem, der vom Nutzen eines Petrusdienstes überzeugt ist, nicht genug zu denken geben kann. Wie konnte es denn so weit kommen? Liegt das einfach an der mangelnden Kenntnis, dem unterentwickelten Verständnis oder gar der bösen Widerspenstigkeit der Gegner eines petrinischen Dienstes? Dies wird heute niemand mehr zu behaupten wagen. Auch wenn man keineswegs die Schuld an der Kirchenspaltung auf einer Seite sehen darf, so wird man doch um die Frage nicht herumkommen: Kam es zu jener faktischen Verkehrung der Funktionen des Petrusdienstes nicht auch und besonders, weil sich dieser Petrus-*Dienst* – aus sehr verschiedenen historischen Gründen und wahrhaftig nicht aus dem bösen Willen eines Einzelnen oder mehrerer Einzelner heraus – den Menschen immer mehr als Petrus-*Macht* präsentiert hat? Wir haben auf den langen Prozeß hingewiesen, der das Papsttum zu einer Weltmacht werden ließ.

Es hätte – wir haben es schon angedeutet – auch anders sein können! Wie immer es um die exegetische und historische Begründung, die göttliche oder menschliche Ermächtigung zu einem dauernden Petrusdienst in der Kirche stehen mochte: es wäre doch möglich gewesen – und die vorkonstantinische Zeit war für eine solche Konzeption durchaus offen –, daß sich die römische Gemeinde mit ihrem Bischof, welcher in der Tat ganz außerordentliche Gaben und Möglichkeiten des Dienstes gegeben waren, um einen wahrhaft pastoralen Primat im Sinne geistlicher Verantwortung, innerer Führung und aktiver Sorge um das Wohlergehen der Gesamtkirche bemüht hätte, was sie dann auch zu einer allgemeinen kirchlichen Vermittlungsinstanz und obersten Schlichtungsinstanz befähigt hätte: ein Primat also des selbstlosen Dienstes in Verantwortung vor dem Herrn der Kirche und in demütiger Brüderlichkeit zu allen, ein Primat nicht im Geiste des römischen Imperialismus, sondern im Geiste des Evangeliums!

Niemand wird leugnen, daß der römische Petrusdienst auch dies war. Ja man kann sagen, daß dies in der vorkonstantinischen Zeit die durchaus vorherrschende Haltung war: Man versuchte den anderen Kirchen in vielfacher Weise zu helfen, ohne zu herrschen, ohne ihnen ihre Eigenart, ihre Selbständigkeit in Lehre, Liturgie und Kirchenordnung zu nehmen. Man denke an die Rolle Roms bei der Aufstellung katholischer Normen im 2. Jahrhundert (Glaubensregel, Kanon, kirchliches Amt) oder dann auch im arianischen Streit. Nur zwei Beispiele aus den ersten langen drei Jahrhunderten sind uns überliefert, die eine andere Haltung offenbaren: die Haltung eines starren, unduldsamen, aggressiven Autoritarismus und Zentralismus, der auf die Uniformierung der Gesamtkirche drängte und bereit war, mit äußeren Zwangsmitteln statt mit den geistlichen Mitteln brüderlicher Mahnung und vorbildlicher Tat zu arbeiten. Das erste Beispiel ist Bischof Viktor, der ganz Kleinasien exkommunizieren wollte, nur um diesen alten apostolischen Kirchen den in Rom eine Generation zuvor neu eingeführten Ostertermin aufzuzwingen. Das zweite Beispiel war Bischof Stephan, der wegen einer anderen Wertung der Ketzertaufe wiederum mit dem Machtmittel der Exkommunikation ganze Kirchengebiete aus seiner Kirchengemeinschaft ausschließen wollte und den großen Cyprian als einen Pseudochristen und Pseudoapostel beschimpfte. Hier war bereits der verderbliche Weg eingeschlagen zum unevangelischen geistlichen Herrschertum, wie es sich später in oft scheinbar belanglosen Einzelheiten zeigte: Etwa wenn Damasus († 384) als erster die römische Cathedra als die Sedes Apostolica bezeichnete, obwohl im altkirchlichen Sprachgebrauch alle von Aposteln gegründeten Kirchen Ecclesiae Apostolicae und noch in der Mitte des vierten Jahrhunderts jeder Bischofssitz Apostelsitz genannt wurde (der römische Monopolisierungsprozeß der Würdetitel hatte begonnen); oder etwa wenn Bischof Siricius († 399) seine eigenen Statuta kurzerhand „apostolische“ zu nennen beginnt, wenn er statt des früheren pastoralen Stiles den herrscherlichen imperialen Amtsstil in seine Schreiben übernimmt, der in der Zukunft so viele Erfolge haben und ebensoviel

Schaden anrichten sollte, wenn er in ganz anderem Sinn als Paulus die „sollicitudo omnium ecclesiarum" (2 Kor 11, 28) in Anspruch zu nehmen beginnt, um dabei die Zuständigkeitsbereiche zu vermischen und die Befugnisse des römischen Bischofs auf die des mittel- und süditalienischen Metropoliten, und die des Metropoliten auf die des Patriarchen des Abendlandes, und die des Patriarchen auf den Primas auch des Ostens auszudehnen; oder wenn Bischof Innozenz († 407) jede wichtige Angelegenheit nach ihrer Behandlung durch eine Bischofssynode dem römischen Bischof zur Entscheidung vorgelegt haben wollte, wenn er ferner die liturgische Zentralisierung mit historischen Fiktionen (die römische Tradition sei die petrinische, wobei die paulinische vernachlässigt wurde; die römische Liturgie sei die des Petrus; Petrus hätte alle abendländischen Kirchen gegründet) durchsetzte; oder wenn auch die folgenden Päpste – Zosimus, Bonifaz, Coelestin, Leo d. Gr., und dann Felix II., Gelasius, Symmachus, Hormisdas – ihre herrscherlichen Ansprüche und ihre tatsächliche Macht wie Herren dieser Welt ständig weiter ausbauten; oder wenn der römische Patriarchat auch in der Folgezeit immer mehr ausgedehnt wurde und die Nachfolger des galiläischen Fischers zu weltlichen Fürsten mit großen Ländereien, reichen Finanzquellen und einer Armee wurden, welche seltsame Entwicklung mit der einflußreichen Fälschung der Konstantinischen Schenkung im 8./9. Jahrhundert nachträglich legitimiert wurde; oder wenn schließlich Nikolaus I. im 9. Jahrhundert jede Außerachtlassung einer doktrinären oder disziplinären päpstlichen Entscheidung unter das Anathem stellte, sich als Herr des Erdkreises gab und sich nicht scheute, die ungeheuerlichsten Fälschungen der Kirchengeschichte, die Pseudoisidorischen Dekretalen, dieses ihm überbrachte junge fränkische Fälscherwerk, als von altersher in den römischen Archiven aufbewahrt auszugeben und es als kirchliche Rechtsurkunde verbindlich zu erklären. Von hier mußte der Weg trotz des Saeculum obscurum zu Humbert und Gregor VII. führen, dessen Dictatus papae auch selbst noch die ungeheuren Ansprüche der Pseudoisidorischen Fälschungen weit überstiegen, und zwar im innerkirchlichen wie weltlichen Bereich. So war aus einem ursprünglich durchaus möglichen Petrusdienst die päpstliche Welt-Herrschaft geworden, wie sie zu Beginn des 13. Jahrhunderts ihren triumphalen Höhepunkt, am Ende dieses Jahrhunderts aber auch ihr katastrophales Ende gefunden hat.

Dies alles war keineswegs notwendig, lag aber in der Konsequenz eines Dienstes, der – wie wir verschiedentlich hervorhoben – sich gewaltige Verdienste um die Kirche des Abendlandes erworben, sich aber immer mehr als Macht und Herrschaft verstanden hat. Dieses Verständnis des Petrusdienstes als geistlicher Macht und Herrschaft hat sich bei aller Kritik schon Bernhards von Clairvaux, der Ketzer, Gelehrten und Heiligen auch in der Folge grundsätzlich nur wenig geändert: obwohl durch die Machtpolitik der Kreuzzüge und der Latinisierung der gesamte Osten sich dem römischen Bischof endgültig entzog, obwohl durch das Abendländische Schisma das Papsttum selbst an den Rand des Untergangs geriet, obwohl durch die protestantische Reformation der Großteil der germanisch-angelsächsischen Gebiete dem Papsttum verlorenging, obwohl durch die moderne geistige Entwicklung auch ein Großteil der Katholiken, und gerade der Intellektuellen, einen stillen inneren Exodus vollzogen! Noch der Papst des Vatikanum I hat an geistlichem Herrschaftsbewußtsein manchen seiner mittelalterlichen Vorgänger nicht nachgestanden: nicht nur weil er ein Sammelwerk über den Romanus Pontifex belobte, welches die falschen Dekretalen als echte Zeugnisse des Papsttums abdruckte, nicht nur weil er die Aufhebung des Kirchenstaates als ein Sakrileg bezeichnete und sich auf die durch so viele Titel heiligen und unverletzlichen Besitzrechte des Apostolischen Stuhles berief, sondern besonders weil er im Konzil sich selbst mit der kirchlichen Tradition identifizierte, die Vertreter der Opposition als seine Feinde brandmarkte und seine persönliche Auffassung im Konzil mit nicht gerade wählerischen Mitteln durchsetzte. Der Unterschied zu den Päpsten des Vatikanum II ist offenkundig.

Auf den sehr aufschlußreichen und zugleich folgenschweren Prozeß der Monopolisierung der Titel ist bereits kurz hingewiesen worden: *„Apostolischer Stuhl“*: Anfänglich gab es viele Sedes Apostolicae, nämlich alle Bischofssitze, die mit einem Apostel in nachweisbarem geschichtlichem Zusammenhang standen. Seit Damasus wird der Titel immer mehr auf den römischen Bischof beschränkt, so daß schließlich nur *ein* „apostolischer Stuhl“, der römische, übrigblieb.

„Papst“ (von πάππα[ς] papa = Vater): Papst ist seit dem 3. Jahrhundert ein Ehrentitel, mit dem man Bischöfe, Äbte, später im Osten auch einfache Priester bezeichnet. Seit dem 5. Jahrhundert wird der römische Bischof neben vielen anderen „Päpsten“ (bes. den Patriarchen von Konstantinopel, Alexandrien, Antiochien und Jerusalem) papa Urbis oder ähnlich, im Osten papa Occidentis genannt. Doch wird der Titel seit dem Ausgang des Altertums immer mehr dem römischen Bischof vorbehalten. Seit dem 8. Jahrhundert gebrauchen ihn die römischen Bischöfe regelmäßig als Selbstbezeichnung

anstelle des bloßen episcopus. Am Ende des ersten Jahrtausends zwingt Gregor V. († 999) den Mailänder Erzbischof, diesen Titel abzulegen. Seit dem 2. Jahrtausend ist „Papst" ausschließliches Vorrecht des römischen Bischofs. Gregor VII. verkündet im Dictatus papae feierlich, daß dieser einzigartige Name niemandem in der Welt gebühre als dem römischen Bischof.

„Stellvertreter Christi" (vicarius Christi): Nach dem Neuen Testament soll jeder im Bruder Christus sehen. In besonderer Weise konnten die Apostel als Gesandte an Christi Statt gelten (vgl. 2 Kor 5, 20; Lk 10, 16; Jo 13, 20). Von daher wurde der (aus der römischen Rechts- und Militärsprache stammende) Titel „vicarius" Christi auf die Bischöfe eingeengt. Die römischen Bischöfe nannten sich bei ihrem wachsenden Primatsbewußtsein seit der nachkonstantinischen Zeit vicarius oder successor *Petri.* Erst im Mittelalter wurde der Titel vicarius Christi (bzw. Dei) in überragender Weise auf einen einzigen bezogen: den Kaiser (seit Karl dem Großen)! Selbst Gregor VII. beanspruchte ihn nicht. Bernhard von Clairvaux scheint es gewesen zu sein, von dem beeinflußt erst der geistliche Weltherrscher Innozenz III. diesen mittelalterlichen Kaisertitel übernommen hat; für ihn drückte er in idealer Weise die Einheit von oberster geistlicher und weltlicher Macht aus; Thomas von Aquin führte den terminus in die Dogmatik ein. Vom 15. Jahrhundert an erscheint er in allen wichtigen dogmatischen Urkunden der Päpste.

„Pontifex Maximus": Dies ist ursprünglich der Titel der heidnischen römischen Oberpriester. Seit Augustus wird er von den römischen Kaisern getragen. Doch legt ihn in der christlichen Zeit der Kaiser Gratian (378) nieder. Seit Leo I. wird er Ehrentitel der Päpste (wird allerdings zum Teil auch von den Bischöfen gebraucht). Erst seit der Renaissancezeit ist er ausschließlich dem Papst vorbehalten. Vor allem in Italien ist der Ausdruck Sommo Pontefice, im Französischen – mehr mit einem anderen, politischen Beiklang – Souverain Pontife gebräuchlich. Im Deutschen gibt es kein Äquivalent.

Diese historischen Anmerkungen – es soll hier ja nicht eine Geschichte des Papsttums skizziert werden – sind freilich einseitig und vereinfacht gesagt. Aber die dunklen Schlagschatten müssen, nachdem sie in der katholischen Apologetik zugunsten der gewiß bedeutenden Verdienste des Papsttums um die Kirche kaum je im Zusammenhang gesehen werden, scharf nachgezeichnet werden, um die Problematik sichten und die Möglichkeit einer positiven Lösung aufzeigen zu können. Denn die Frage, die sich ja im Hinblick auf die verlorene Einheit der Kirche Christi und die vielfache Erstarrung innerhalb der katholischen Kirche förmlich aufdrängt, ist die folgende: Gibt es von diesem Herrschaftsprimat einen *Weg zurück* (und gerade so nach vorn!) *zum alten Dienstprimat?*

Diese Frage darf mit Zurückhaltung, aber doch mit Überzeugung bejaht werden. Drei Momente, von denen das zweite wichtiger als das erste und das dritte wichtiger als das zweite ist, sind zu beachten:

1. Die historische Erfahrung zeigt, daß den Hochzeiten päpstlicher Machtentfaltung immer wieder Zeiten äußerer Demütigung und Machtbeschränkung folgten: So etwa nach Leo I. und seinen Nachfolgern die Zeit Kaiser Justinians (527–565), der Rom zu einem bloßen westlichen Patriarchat auf der Stufe Konstantinopels im Osten herabdrückte und sich selbst als eigentlichen Lenker der Gesamtkirche im doktrinären wie disziplinären Bereich betrachtete und bestätigte. So wiederum nach dem geistlichen Imperator Nikolaus I. Roms lasterhaftes „dunkles Zeitalter", in welchem der Papst unter dem erbarmungslosen Kampf römischer Adelsfamilien zu einem kleinen Landbischof herabsank. So weiter nach der stolzen mittelalterlichen Universalherrschaft die Demütigung des Exils, des Großen Schismas und der konziliaren Epoche, nach der großartigen Renaissancezeit der ungeheure Machtverlust in der Reformationszeit, nach der barocken Machtentfaltung in der Gegenreformation die Zeit des Niederganges in Aufklärung und Revolutionszeit ... Historia docet.

2. Der Prozeß der Verweltlichung des Papsttums ist aufs Ganze gesehen rückläufig: Dies geschah zu einem großen Teil unter geschichtlichem Zwang, aber es geschah: vom Verlust der päpstlichen Weltherrschaft angefangen bis zum Verlust des Kirchenstaates; vom Verzicht auf eine potestas directa in temporalia über eine potestas indirecta bis zu einer Respektierung der Eigenständigkeit der weltlichen Ordnungen; vom Kultur- und Kunstprimat zur humanitären und missionarischen Hilfeleistung. Allerdings bezieht sich dieser Machtabbau zumeist auf das Verhältnis des Papsttums zur weltlichen Macht im weitesten Sinne. Er war öfters und in Reaktion darauf verbunden mit einem Ausbau der innerkirchlichen Machtposition, so nach dem Verlust des Kirchenstaates in Auswirkung des Vatikanum I eine in absolutistischem Geist vollzogene Kodifizierung des Kirchenrechts und eine intensivierte Zentralisierung. Um auf diese innerkirchliche, heute wichtigere Seite der Problematik „geistlicher" Macht den Blick zu lenken, haben wir denn auch als Beispiele in diesem Abschnitt weniger die mittelalterlichen als die frühen Päpste gewählt. Und gerade deswegen ist noch ein drittes Moment zu beachten, das uns das wichtigste scheint.

3. Ein freiwilliger Verzicht auf geistliche Macht ist möglich: Was politisch, auch kirchenpolitisch, unvernünftig scheint, kann in der Kirche geboten sein! Und es ist erstaunlich genug und ein großes

Zeichen der Hoffnung, daß dies auch wirklich geschieht. Sonst wäre – um von anderen Beispielen wie Hadrian VI. oder Marcellus II., die aufgrund der Ungunst der Zeit oder ihres baldigen Todes nicht geschichtsmächtig werden konnten, zu schweigen – nach einer Reihe von sehr herrschaftsbewußten Päpsten nicht ein Gregor der Große oder wiederum ein Johannes XXIII., und nach dem Vatikanum I kein Vatikanum II möglich gewesen.

Während für Leo den Großen die Zentralidee seiner Auffassung vom Petrusdienst die in der Folgezeit so oft zitierte und im Vatikanum I definierte „plenitudo potestatis" war, so für *Gregor den Großen* im unmittelbaren Anschluß an das Neue Testament die des „Dieners der Diener Gottes". Schon als Benediktinermönch und Diakon hatte er den Titel gebraucht, als Papst machte er ihn in seinen Briefen zur offiziellen Selbstbezeichnung. Für anspruchsvollere Titel wie den eines „ökumenischen Patriarchen" hatte er nichts übrig, weil ein Titel mit dem Attribut „universalis" den anderen Patriarchen etwas wegnähme. Auch der Apostel Petrus habe sich ja nicht als Universalapostel bezeichnet. So ist es denn sonderbar, daß das Vatikanum I gerade Gregor zitiert in seiner Definition des Jurisdiktionsprimats eines „höchsten und *universalen* Hirten", der zu den Bischöfen nach Gregor sagen könne: „Meine Ehre ist die Ehre der ganzen Kirche. Meine Ehre ist die feste Kraft meiner Brüder. Dann werde ich wahrhaft geehrt, wenn einem jeden von ihnen die schuldige Ehre nicht verwehrt wird" (D 1828). Der Zusammenhang ist gerade umgekehrt: Gregor verwahrt sich in diesem Brief an den Patriarchen Eulogios von Alexandrien gegen die Anrede „universalis papa", wie er auch nicht will, daß sein Schreiben als jurisdiktionelle „Iussio" angesehen werde. Und so heißen denn die vorausgehenden Sätze, die vom Konzil nicht zitiert werden: „Ich habe nicht befohlen, sondern auf das, was mir nützlich erschien, hinzuweisen versucht ... Ich halte das nicht für eine Ehre, von dem ich weiß, daß es meinen Brüdern die Ehre raubt." Und in dieser Perspektive folgen dann die vom Konzil zitierten Sätze: „Denn meine Ehre ist die Ehre der gesamten Kirche ...", wobei bezüglich neuer Titel der wiederum nicht zitierte Nachsatz folgt: „Fort mit den Worten, welche die Eitelkeit aufblähen und die Liebe verletzen." [61]

Aus dieser Grundhaltung heraus hat Gregor das herrscherliche Primatsverständnis seiner Vorgänger Viktor und Stephan, Damasus, Innozenz, Leo und Gelasius entschieden umgebildet. Jene rühmten immer wieder die eigene Cathedra Petri, Gregor die beiden Petrussitze des Ostens, Alexandrien und Antiochien, die er auf eine Stufe mit dem römischen stellte. Jene preisen immer wieder neu Vorrang, Auszeichnung, Vollmacht des Petrus, Gregor hebt in Bußgesinnung häufig Fehler und Fall des Petrus hervor. Von daher versucht er autoritative Festigkeit, die er durchaus zeigt, mit demütiger Gesinnung zu verbinden. Charakteristisch ist für ihn das Wort: „Von der

---

[61] *Gregor d. Gr.*, Ep. ad Eulogium episcopum Alexandrinum; PG 77, 933.

höchsten Stelle wird dann gut regiert, wenn der, der vorsteht, eher über seine Laster als über seine Brüder herrscht."[62] So lag denn Gregor jene Tendenz seiner Vorgänger zu einer vollständigen Zentralisierung der kirchlichen Verwaltung fern. Auch zeigt die Weisung an den von ihm ausgesandten Missionar der Angelsachsen, Augustin, daß er jeden liturgischen Uniformismus ablehnte. Er wollte nicht die römische Lokalliturgie und die römischen Lokalbräuche anderen Kirchen aufzwingen: „Denn nicht um des Herkunftsortes willen sind die Bräuche liebenswert, sondern um der Bräuche willen die Herkunftsorte."[63] – Wenn die weitere Entwicklung des Papsttums im evangelisch-ökumenischen Geiste Gregors des Großen verlaufen wäre, hätte so vieles, nicht zuletzt die östlich-westliche Kirchenspaltung vermieden werden können!

Ein modernes Gegenbild zu Gregor dem Großen ist *Johannes XXIII.* In seiner Gestalt zeigte sich mehr als ein anderes – gütiges und liebenswürdiges – „Temperament", zeigte sich mehr als ein neuer, sympathischer „Stil". Nein, hier ging es wie bei Gregor um etwas sehr viel Entscheidenderes: um die Abkehr von einer – vielleicht sehr vergeistigten, sehr subtilen, aber nichtsdestoweniger realen und bisweilen grausam harten – Petrus-*Macht* zu einem nicht nur behaupteten, sondern gelebten Petrus-*Dienst.* Uns interessiert hier nicht der unter Katholiken noch immer nicht ausgestorbene Personenkult. Johannes XXIII. bedarf keiner Idealisierung. Er blieb sein ganzes Leben lang in vielem ein sehr konservativer Bauernsohn mit einer recht traditionellen Frömmigkeit und Theologie. Er sprach selbst davon, daß ihm manche Qualitäten seiner Vorgänger abgingen. Er war des kurialen Apparates nie wirklich Herr geworden, und die ihm abgerungene, über den Kurialismus des Vatikanum I weit hinausgehende Entscheidung, dieselben Kurialorgane, die der Reform am meisten bedurften, zu den Leitern der Konzilskommissionen zu machen, hat das Konzil selbst sehr teuer bezahlen müssen, bis hinein in die in so manchem zwiespältige Redaktion der Konzilsdokumente. Aber wer würde dies alles einem Mann kleinlich nachrechnen wollen, der für die katholische Kirche, die gesamte Christenheit und auch für den Petrusdienst selbst eine neue hoffnungsvolle Epoche eingeleitet hat?

Dieser Papst hatte nichts von einem geistlichen Herrscher, nichts von einem „Pontifex Maximus", einem „Sommo Pontefice" oder einem „Souverain Pontife" an sich. Er war auch nicht eine neue christliche Art von „Hohepriester". Ihm war alles Hieratische, Posenhafte, Gestellte, „Heiligmäßige" fremd, er versah seinen Dienst unprätentiös, unter möglichstem Verzicht auf Beifall und Ehrenbezeigungen. Er wollte nicht von oben herab pontifikal belehren, sondern aus einem tiefen Mitfühlen mit den Nöten und Erfolgen der modernen Welt heraus den Menschen helfen. Er hielt selten programmatische Reden, sondern erklärte immer wieder neu das Evangelium. Er regierte nicht in autoritärer Weise in fremde Kirchen, Diözesen hinein, sondern kümmerte sich sehr konkret wie schon lange kein Papst vor ihm als römischer Bischof um seine eigene römische Kirche, ihre Seelsorger und Gemeinden.

---

[62] *Gregor .. Gr.*, Regula pastor. VI, 22; PL 77, 36.
[63] *Gregor d. Gr.*, Reg. XI, 64; PL 77, 1187.

So hat Johannes XXIII. den Petrusdienst nicht nur wieder menschlicher gemacht und so den Menschen, mehr als alle imponierenden päpstlichen Herrschergestalten unseres Jahrhunderts, nähergebracht. Johannes XXIII. hat diesen Petrusdienst, der sich auf das Evangelium beruft, aber damit allzuoft nur Mt 16, 18f meinte, wieder in einer neuen, vollen Weise nach den Forderungen des Evangeliums zu gestalten versucht.

Hier hat ein Papst in einem ganz unerhörten Ausmaß *evangelischen Verzicht auf geistliche Macht* geübt, um der Kirche und damit der Welt besser dienen zu können. Verzicht auf geistliche Macht bedeutete der Verzicht auf Verurteilungen, Drohungen, Exkommunikationen, Indizierungen, Inquisitionsverfahren. Verzicht auf geistliche Macht bedeutete auch der Verzicht auf neue autoritäre Festlegungen, Definitionen, Dogmen. Verzicht auf geistliche Macht bedeutete vor allem der Verzicht auf die absolutistische Ein-Mann-Regierung durch die Einberufung eines ökumenischen Konzils, die nach den Definitionen des Vatikanum I unnötig schien und nach den Grundsätzen kurialer Kirchenpolitik höchst gefährlich und inopportun. Verzicht auf geistliche Macht bedeutete schließlich auch das Herabsteigen vom Thron und das selbstlose Entgegenkommen gegenüber den anderen Christen, den Juden und der modernen Welt überhaupt, gegenüber welcher Johannes – in seinen Enzykliken für Frieden und soziale Gerechtigkeit, religiöse Freiheit, Menschenrechte und Brüderlichkeit – nicht neue kirchliche Ansprüche und Forderungen anmeldete, sondern seine Solidarität und seine bescheidene Mithilfe zum Ausdruck brachte.

Ist es nicht zutiefst überraschend, wie dieser Papst die durch das Vatikanum I definierten päpstlichen Prärogativen, Jurisdiktionsprimat und Infallibilität, kaum in Anspruch genommen und gerade so in kurzen fünf Jahren unendlich viel mehr erreicht hat? Würde das Anstößige der Definitionen des Vatikanum I nicht so gegenstandslos werden wie etwa der Dictatus papae (der sich nicht in Denzingers Enchiridion findet!), wenn sich die Nachfolger Johannes' XXIII. in freiwilligem Verzicht auf geistliche Macht dienend auf diese Linie *verpflichteten?* Das freiwillige Ablegen des Symbols päpstlicher Herrschaft, der Tiara, durch Papst Paul VI. und weitere in diese Richtung weisende Reformmaßnahmen zeigen, daß diese Hoffnung nicht unbegründet ist. Der katholischen Kirche und der Wiedervereinigung der getrennten Kirchen und der modernen Menschheit überhaupt wäre damit ein unermeßlicher Dienst geleistet.

Gibt es einen Weg zurück, einen Weg nach vorn, zum ursprünglichen Dienstprimat? Es gibt ihn nur durch freiwilligen Verzicht auf Macht, die sich faktisch mit diesem Dienst im Laufe einer nicht unproblematischen historischen Entwicklung verbunden, ihm zum Teil genützt, aber doch auch sehr geschadet hat. Ohne Verzicht auf Macht ist eine Wiedervereinigung der getrennten christlichen Kirchen ebenso unmöglich wie eine radikale Erneuerung der katholischen Kirche nach dem Evangelium. Verzicht auf Macht ist alles andere als eine natürliche Angelegenheit. Warum sollte ein Mensch, warum sollte eine Autorität, eine Institution etwas hergeben, was sie nun einmal hat – und dies ohne sichtbare Gegenleistung?

Verzicht auf Macht ist in der Tat nur dem möglich, der etwas von der Botschaft Jesu und der Bergpredigt begriffen hat: der etwas begriffen hat von der Seligpreisung der „Sanftmütigen", die „das Land besitzen *werden*", und der „Friedensstifter" (Mt 5, 5. 9), der da zum erbetenen Rock auch noch den Mantel gibt und statt der gefragten Meile zwei Meilen mit dem Anderen geht (5, 40f) und der den Menschen das tut, was er von ihnen an sich getan haben möchte (7, 12). Daß diese Forderungen Jesu – nicht auf die einzelnen Beispiele, sondern auf die gelebte Grundhaltung kommt es an – nicht weltfremde Predigt sind, sondern auch für Kirche und Kirchenleitung etwas zu besagen haben, zeigt keiner besser als der Apostel Paulus in seinem Verhältnis zu seinen Kirchen.

Für Paulus war klar, daß es in seinen Gemeinden keine höhere als die ihm vom Herrn geschenkte apostolische Vollmacht gab. Und doch hat er diese Vollmacht nicht ausgebaut, nicht entwickelt, nicht zu einem sakralen Jurisdiktionsverhältnis ausgestaltet. Vielmehr hat er seine Vollmacht in der Kirche immer wieder neu freiwillig beschränkt. Er tat dies aus der Überzeugung heraus, daß die Apostel „nicht Herren eures Glaubens", sondern „Mithelfer an eurer Freude" sind (2 Kor 1, 24). Er tat dies aus der Überzeugung heraus, daß seine Kirchen nicht ihm, sondern dem Herrn gehören und so im Geiste frei sind: „zur Freiheit berufen" (Gal 5, 13) und „nicht der Menschen Knechte" (1 Kor 7, 23). Paulus sieht sehr wohl, daß seine Kirchen in vielen Dingen unreif sind und Fehler machen. Und trotzdem benimmt er sich ihnen gegenüber nie so, als ob er sie als vorsichtiger Pädagoge erst zur Freiheit zu erziehen hätte. Er setzt diese Freiheit vielmehr als gegeben voraus, respektiert sie, ringt um sie, damit seine Gemeinden ihm nicht gezwungen, sondern in Freiheit folgen. Gewiß, wo Christus und sein Evangelium zugunsten eines anderen Evangeliums preisgegeben werden sollen, da muß er Fluch und Verdammnis androhen (1 Kor 16, 22; Gal 1, 8f; 5, 10). Aber was er einem Einzelnen gegenüber auch vollzogen hat, den vorübergehenden Ausschluß zur Besserung (1 Kor 5), das hat er, soviel wir wissen, einer Gemeinde gegenüber, auch in Galatien, nie getan. Er hält mit seiner Vollmacht überall soweit als möglich zurück: statt Befehl die Anrede, statt Verbot der Appell an eigenes Urteil und Selbstverantwortung, statt Zwang die Werbung, statt des Imperativs den Hortativ, statt der Ihr-Form die Wir-Form, statt Strafe das Wort der Vergebung, statt der Unterdrückung der Freiheit die Herausforderung der Freiheit.

Und so mißbrauchte Paulus seine Macht nie. Er weitet seine Vollmacht nicht aus, im Gegenteil, er beschränkt sie immer wieder neu. Er verzichtet in Sachen der Kirchendisziplin auf autoritativen Entscheid, wo er ihn durchaus fällen könnte (2 Kor 8, 8–10). Er will auch in moralischen Fragen, wo es nicht um den Herrn und sein Wort geht, seinen Gemeinden die Freiheit lassen und ihnen „keine Schlinge um den Hals werfen" (1 Kor 7, 35). Auch wo für ihn die Entscheidung ganz selbstverständlich ist, da vermeidet er die einseitige Maßnahme, da schaltet er die Gemeinde ein (1 Kor 5). Auch wo er durchaus die Vollmacht zum scharfen Einschreiten empfangen hatte, da hält er sich zurück, da bekniet er seine Gemeinde förmlich, sie nicht gebrauchen zu müssen; auch wo er ein Recht hat, da will er es nicht ausnützen; immer wieder erkennt man dies aus seinen Briefen (vgl. 1 Thess 2, 7; 2 Thess 3, 9; 1 Kor 4, 14; 9, 12. 18; 2 Kor 13, 10; Philem 8 f). So stellt sich Paulus seinen Gemeinden nie als der Herr, auch nicht als der Hohepriester gegenüber. Nicht der Apostel ist der Herr, Christus ist der Herr, und dieser Herr setzt die Norm für seine Kirchen *und* für ihn. Er kann seine Christen nie einfach nur als „Kinder", sondern immer nur als „Brüder" behandeln, deren Diener er ist in Geduld, Freimut und Liebe. Daß er dem Herrn im Dienste treu sein will – und nicht etwa nur um guter Umgangsformen oder menschlicher Zuvorkommenheit willen –, ist der Grund, weswegen er immer bereit ist, auf Anwendung der Vollmacht zu verzichten. Gerade so gebraucht er seine Vollmacht nicht zum Zerstören, sondern zum Aufbauen (2 Kor 10, 8; 13, 10).

Was könnte es doch für Kirche und Petrusdienst bedeuten, wenn sich der Petrusdienst wieder mehr am Spiegelbild dieses Apostels orientieren würde, der mehr geleistet hat als alle, auch als Petrus, der auch der größere Theologe war und der nach ältester römischer Tradition immer *zusammen* mit Petrus Ruhm und Autorität der römischen Kirche begründete! Wenn der Petrusdienst im Laufe der Zeit allzu sehr zu einer Petrusmacht geworden ist, dann nicht zuletzt deswegen, weil man Paulus nicht mehr gleich ernst genommen hat wie Petrus, weil Paulus nur noch in ausgewählten Perikopen zu Worte kam, weil man ihn nur noch, wenn auch sehr feierlich, „kommemorierte", weil man nur noch Gal 1, 11–20, nicht aber Gal 2, 11 bis 14 zitierte, kurz und gut, weil „San Paolo" allzu weit „fuori le mura" war.

Aber es lag nicht nur an Paulus. Es ist fraglich, ob sich der wirkliche *Petrus* in dem Bild wiedererkannt hätte, das man von ihm gemacht hatte. Nicht nur weil er kein Apostel-Fürst war, vielmehr bis zum Ende seines Lebens der bescheidene Fischer, jetzt Menschenfischer, der in der Nachfolge seines Herrn dienen wollte. Sondern darüber hinaus, weil er nach allen Evangelien übereinstimmend eine zweite Seite hatte, die immer wieder den Irrenden, Fehlenden, Versagenden, eben den so recht menschlichen Petrus zeigt. Es ist beinahe skandalös, wie jedem der drei klassischen Texte für einen Vorrang Petri ein außerordentlich scharfer Kontrapunkt beigegeben ist, dessen dunkler, harter Klang den hellen Oberton beinahe übertönt, jedenfalls im Gleichgewicht hält. Den drei hohen Verheißungen entsprechen drei tiefe Verfehlungen. Und wer die Verheißungen in Anspruch nimmt, wird nicht darum herumkommen, auch die drei Verfehlungen, die für ihn jedenfalls drei Versuchungen sind, auf sich zu beziehen. Und wenn die Verheißungen in großen schwarzen Buchstaben auf goldenem Grund die Peterskirche als Fries umziehen, dann müßten ihnen eigentlich, um nicht mißverstanden zu werden, die Gegen-Sätze in goldenen Lettern auf schwarzem Grund beigegeben sein. Hätte der große Gregor, der in dieser Kirche begraben ist, dafür nicht ebenso Sinn gehabt wie Johannes XXIII.?

Die erste Versuchung (nach Mt 16, 18 f folgt Mt 16, 22 f): Sich über den Herrn zu stellen, den Meister überlegen „beiseite zu nehmen", besser zu wissen als er, wie es nun eigentlich gemacht werden und wie es weitergehen soll: ein triumphalistischer Weg, der am Kreuz vorbeiführen soll! Und gerade diese besserwissenden Einfälle einer theologia gloriae sind eben Menschengedanken, die in geradem Gegensatz stehen zu dem, was Gott denkt und will: eine fromme theologia satanae, des Versuchers schlechthin. Wenn immer Petrus ganz selbstverständlich voraussetzt, Gottes Gedanken zu denken, wenn immer er so – vielleicht ohne es zu merken! – aus dem Bekennenden von Mt 16, 16 der Verkennende von 16, 22 wird und statt für Gott für Menschliches Partei ergreift, dann dreht ihm der Herr den Rücken zu, und ihn trifft das Wort, das härter nicht sein könnte: „Hinweg von mir, Satan! Du bist mir ein Ärgernis; denn du sinnst nicht, was Gottes, sondern was menschlich ist!" (16, 23).

Die zweite Versuchung (nach Lk 22, 32 folgt Lk 22, 34): Besondere Stellung und besondere Begabung bedeuten besondere Verantwortung. Aber gerade dies schließt Erprobung und Versuchung nicht aus: Auch hier erscheint der Satan, der sich ausgebeten hat, jeden Jünger Jesu im Sieb zu schütteln wie Weizen. Des Petrus Glaube soll nicht wanken. Aber sobald er selbstbewußt meint, seine Treue sei selbstverständlich und sein Glaube unangefochtener fester Besitz, sobald er nicht mehr weiß, daß er am Gebet des Herrn hängt und Glaube und Treue immer wieder neu empfangen muß, sobald er seine Bereitschaft und seinen Einsatz als eigene Leistung ausgibt, sobald er also selbstsicher sich selbst überschätzt und nicht mehr auf den Herrn sein ganzes Vertrauen setzt, dann ist die Hahnenstunde der Verleugnung da, da kennt er seinen Herrn nicht mehr, da ist er fähig, ihn nicht nur einmal, sondern dreimal, und das heißt vollständig, zu verleugnen: „Ich sage dir, Petrus: Der Hahn wird heute nicht krähen, bis du dreimal geleugnet hast, mich zu kennen!"

Die dritte Versuchung (nach Jo 21, 15 folgt Jo 21, 20ff): Von Petrus, der den Herrn dreimal verleugnete, ist dreimal die Liebe gefragt worden: „Liebst du mich mehr als diese?" Nur so, nur unter dieser Bedingung wird ihm die Leitung der Gemeinde übergeben; er hütet die Lämmer und weidet die Schafe, indem er Jesus in Liebe nachfolgt. Der Petrus aber, der nicht auf Jesus sieht, der Petrus, der sich umwendet, der sieht den, der ihn schon immer in der Liebe übertroffen hat. Und auf seine deplazierte Frage, wie es mit diesem da stehe, was mit diesem da geschehen soll, wird ihm die Antwort zuteil, die zu seinem allgemeinen Hirtenauftrag im Widerspruch zu stehen scheint: „Was geht das dich an!" Es gibt also Dinge, die Petrus nichts angehen. Wann immer Petrus sich nicht um seine eigene Aufgabe kümmert, wann immer er sich um alles kümmern will, wann immer er nicht sieht, daß es Schicksal gibt, über das er nicht befinden kann, wann immer er vergißt, daß es besondere Beziehung zu Jesus gibt, die nicht über ihn läuft, wann immer er neben seinem Weg nicht auch andere Wege gelten läßt, dann muß er das Wort hören, das ihn hart treffen muß und ihn doch wieder neu in die Nachfolge ruft: „Was geht das dich an! Du folge mir nach!"

Die Größe der Versuchung entspricht der Größe der Sendung. Und wer könnte die ungeheure Last der Verantwortung, der Sorge, des Leides und der Not ermessen, die auf dem Petrusdienst liegt, wenn er *wirklich* Fels sein will, Schlüsselträger und Hirte im Dienst an der

Gesamtkirche? Denn die Zeiten, in denen man – wie Leo X. zur Zeit Luthers gesagt haben soll – das Papsttum, da es Gott gegeben, auch genießen konnte, sind längst vorbei. Wie oft wird da bei all der mit diesem Dienste verbundenen Mühsal und Trübsal, bei all dem Unverstandensein und beim eigenen Unfähigsein der Glaube wanken wollen (vgl. Lk 22, 32), die Liebe versagen (vgl. Jo 21, 17), die Hoffnung, gegen die Pforten der Unterwelt anzukommen (vgl. Mt 16, 18), verblassen wollen! Mehr als irgendein anderer Dienst ist dieser auf die Gnade des Herrn angewiesen, jeden Tag neu. Dieser Dienst darf auch von seinen Brüdern viel, sehr viel erwarten, mehr als ihm oft gegeben wird und ihm nicht helfen kann: nicht servile Unterwürfigkeit, nicht kritiklose Devotion, nicht sentimentale Vergötterung, sondern: tägliche Fürbitte, loyale Mitarbeit, konstruktive Kritik, ungeheuchelte Liebe.

Vielleicht kann doch auch der orthodoxe und der evangelische Christ es dem Katholiken ein wenig nachfühlen, wenn er der Überzeugung ist, es würde der Kirche und vielleicht auch der Christenheit etwas fehlen, wenn dieser Petrusdienst plötzlich nicht mehr da wäre; etwas, das für die Kirche nicht unwesentlich ist. Es ist etwas Großes um diesen Dienst, wenn er im Lichte der Heiligen Schrift nüchtern und unsentimental verstanden wird als das, was er sein soll: Dienst an der Gesamtkirche! Die volle biblische Kategorie des Dienstes sprengt bei weitem die juristischen Kategorien des Vatikanum I! Dieser Dienstprimat ist mehr als ein Ehrenprimat (primatus honoris), den in der Kirche des Dienstes niemand zu vergeben hat und der in seiner Passivität auch niemandem helfen kann. Dieser Dienstprimat ist aber auch mehr als ein Jurisdiktionsprimat (primatus iurisdictionis), der als reine Gewalt und Macht verstanden ein gründliches Mißverständnis wäre und der nach seinem Wortlaut verstanden gerade das Entscheidende, den Dienst, wenn vielleicht auch nicht verleugnet, so doch verschweigt. Petrusdienst wird biblisch richtig bezeichnet als *Dienstprimat*, als *Pastoralprimat:* primatus servitii, primatus ministerialis, primatus pastoralis!

Schildern wir hier nur ein Ideal? Reden wir nun am Ende doch plötzlich nicht mehr von der *wirklichen* Kirche? Ist denn der wirkliche Petrusdienst nicht immer noch Petrusmacht? Will man vorsichtig und bescheiden antworten, darf man sagen: Der Dienstprimat wird wieder neu Wirklichkeit! Und es besteht begründete Hoffnung, daß er durch freiwilligen Verzicht auf Macht im weitesten Sinn des Wortes in nächster und weiterer Zukunft sich noch mehr als Dienst erweist. Ein solcher Weg ist nicht leicht. Einiges kann sofort geschehen, anderes braucht Zeit. Jedenfalls ist die Reform im Gang, und es braucht hier nur mit Stichworten angegeben zu werden, was unabhängig von der Mode des Tages von der ursprünglichen Botschaft, vom Evangelium selbst her gefordert erscheint:

1. *Evangelische Demut:* Verzicht auf unbiblische Ehrentitel, die entweder nur Gott oder Christus (Sanctissimus Dominus, Beatissimus Pater, Seine Heiligkeit, Heiliger Vater, Haupt der Kirche) oder allen Christen, bzw. Bischöfen (Stellvertreter Christi usw.) zukommen. Mindestens mißverständlich ist der Titel des heidnischen Oberpriesters Pontifex Maximus und ähnliches. Gute Titel sind: römischer Bischof, Diener der Diener Gottes, Oberhirte. Der bei der Taufe geschenkte Name wurde früher von den Päpsten nie abgelegt; erst mit der Jahrtausendwende haben die Päpste angefangen, regelmäßig ihre Namen mit der Papstwahl zu ändern (Ausnahmen machten nur die Reformpäpste Hadrian VI. und Marcellus II.). Zurückhaltung ist auch angebracht beim Gebrauch der Worte „apostolisch" und „heilig" im Zusammenhang mit Personen und Institutionen.

2. *Evangelische Einfachheit:* Ohne unrealistische Armutsromantik Verzicht auf den aus früheren Zeiten der Petrusmacht stammenden Pomp und Luxus vor allem in Kleidung, Dienerschaft, Hofhaltung, Ehrengarden, dies alles besonders im Gottesdienst. Päpstliche Orden und römische Hoftitel haben in einer Kirche des Dienstes keinen Sinn.

3. *Evangelische Brüderlichkeit:* Verzicht auf allen absolutistischen Regierungsstil, den imperialen byzantisch-barocken Rede- und Briefstil, die geheimen Verfahren, die einsamen Entschlüsse ohne Mitwirkung der Kirche, bzw. ihrer Vertretung (Kollegialität, Episkopat, Bischofsrat, Laienrat), Entpolitisierung des Papsttums durch Verzicht auf weltliche Diplomatie (Nuntiaturen).

4. *Evangelische Freiheit:* Förderung der Selbständigkeit der Kirchen und ihrer Hirtendienste nach dem Subsidiaritätsprinzip; Internationalisierung und Abbau des kurialen Machtapparates; Einschaltung der betreffenden Kirchen bei der Wahl ihrer Bischöfe (mittels einer repräsentativen Vertretung sowohl der Hirtendienste wie der Gemeinden); Einschaltung der Gesamtkirche bei der Wahl des Papstes (mittels des Bischofsrates oder eventuell eines obersten Senates von Vertretern der Hirtendienste und der Laien).

Vieles ist in der letzten Zeit bereits geschehen. Und nicht selten ist der Papst mutiger vorangegangen, als dies in einzelnen Ländern bei der Umwandlung der entsprechenden Bischofsmacht in den Bischofsdienst geschehen ist. Vieles kann durch die mutige Initiative des Einzelnen geschehen. Entscheidendes aber kann nur eine radikale Reform des Kirchenrechts bringen, falls diese nämlich 1. von einer grundsätzlichen Überprüfung von Wesen und Funktion des Kirchenrechts überhaupt ausgeht, 2. die konkreten Reformen nicht nur nach einer bestimmten juristischen Tradition, sondern nach dem Evangelium selbst und den Erfordernissen der heutigen Zeit durchgeführt werden, 3. die über Fälschungen in das offizielle Kirchenrecht eingedrungenen Bestimmungen im einzelnen überprüft werden.

Petrusdienst oder Petrusmacht – dies wird für die weitere ökumenische

Annäherung mindestens ebenso wichtig sein wie alle exegetische und historische Diskussion. Eine Wiedervereinigung der getrennten christlichen Kirchen beim gegenwärtigen noch immer zentralistischen römischen System ist auf alle Zeiten undenkbar; sie würde es auch der Ecclesia catholica reformanda allzu leicht machen. Die Lage wäre sofort eine andere, wenn der römische Bischof seine Kompetenzen entsprechend seiner verschiedenen Dienste scharf abgrenzen würde: wenn er also in der römischen Diözese die Funktionen eines Bischofs, in der römischen Kirchenprovinz die eines Metropoliten, in der italienischen Kirche die eines Primas und in der Gesamtkirche die des Dieners der Diener Gottes, des Papstes, unter voller Respektierung der Funktionen der übrigen Dienste ausüben würde. Wäre es dann eine reine Illusion zu denken, daß es in einer ferneren Zukunft zur Wiederaufnahme der Kirchengemeinschaft etwa zwischen der katholischen Kirche und der anglikanischen Kirche kommen könnte, indem nämlich einerseits der Church of England die Garantie gegeben würde, daß sie ihre gegenwärtige autochthone und autonome Kirchenordnung unter dem Primas von Canterbury voll beibehalten könnte (also nicht nur so wie die mit Rom unierten orientalischen „Riten"!) und indem andererseits die Church of England einen Pastoralprimat des Petrusdienstes als oberste Vermittlungs- und Schlichtungsinstanz zwischen den Kirchen anerkennen würde? So würde aus dem römischen Imperium ein katholisches Commonwealth! In der ganzen altkirchlichen Zeit war der Petrusdienst auch nicht mehr als eine subsidiäre Instanz in dringenden Fällen, wenn die Autorität der Bischöfe und Patriarchen nicht ausreichte. Es ist nicht einzusehen, weswegen in einem solchen Fall grundsätzlich (dogmatisch) und auch praktisch (organisatorisch) mehr verlangt werden müßte. Eine je nach Wirkbereich *gestufte* Wahrnehmung eines Pastoralprimates im Sinne einer besonderen geistlichen Verantwortung und aktiven Sorge um das Wohlergehen der verschiedenen Kirchen untereinander wäre nicht nur grundsätzlich und praktisch möglich, sondern würde auch der Kirchenverfassung des neutestamentlichen Ursprungs sehr viel besser entsprechen.

Wie der Petrusdienst, wie die diakonische Struktur der Kirche überhaupt, wie schließlich auch die Wiedervereinigung der getrennten christlichen Kirchen in der Zukunft aussehen wird, weiß heute niemand. Der gegenwärtigen Generation ist aufgetragen, das ihr Mögliche zu tun. Und dabei ist auf eines abschließend hinzuweisen: Jede Kirche hat aufgrund ihrer Geschichte ihre eigenen Besonderheiten, die von den Anderen in dieser Weise nicht akzeptiert werden, hat gleichsam ihre „Spezialität". Für die Katholiken ist dies nun einmal der Papst. Aber sie sind nicht allein damit! Auch die Orthodoxen haben ihren „Papst": die „Tradition". Und auch die Protestanten: die „Bibel". Und schließlich auch die Freikirchen: die „Freiheit". Aber wie das „Papsttum" der Katholiken nicht einfach der Petrusdienst des Neuen Testaments ist, so ist die „Tradition" der

Orthodoxen nicht einfach die apostolische Überlieferung, so ist die „Bibel" der Protestanten nicht einfach das Evangelium, so ist die „Freiheit" der Freikirchen nicht einfach die Freiheit der Kinder Gottes. Auch die beste Losung wird dann mißbraucht, wenn sie zum *Parteiprogramm* wird, unter dessen Zeichen man in den Kampf um die Macht in der Kirche auszieht; zu einem Parteiprogramm, das dann auch meist mit dem Namen eines Führers verbunden wird; zu einem Parteiprogramm, das die Anderen aus der einen Kirche ausschließen muß.

Auch in Korinth gab es Parteien. Sie hatten ihr Programm – wir kennen es im einzelnen nicht – an einen Führer geheftet, den sie feierten und über die anderen erhöhten, wobei sie den anderen die Autorität absprachen: „Denn es wurde mir über euch, meine Brüder, von den Angehörigen der Chloe mitgeteilt, daß bei euch Streitigkeiten sind. Ich spreche aber davon, daß jeder von euch sagt: ich gehöre zu Paulus; ich zu Apollos; ich zu Kephas; ich zu Christus" (1 Kor 1, 11 ff). Wenn man sich hier einen Anachronismus gestatten dürfte, so würde man die Katholiken zweifellos mit der Partei des Kephas identifizieren, der sie wegen seines Primates, seiner Schlüssel- und Hirtengewalt doch jedenfalls gegenüber allen übrigen ins Recht setzt. Und die Orthodoxen wären dann die Partei jenes Apollon, der aus der großen Tradition griechischen Denkens heraus die Offenbarung geistvoller, gedankenreicher, tiefsinniger, auch „richtiger" erklärt als alle anderen. Und die Protestanten wären gewiß die Partei des Paulus, der doch der Vater ihrer Gemeinde, der Apostel schlechthin, der einzigartige Verkünder des Kreuzes Christi ist, welcher mehr gearbeitet hat als alle übrigen Apostel. Und die Freikirchen schließlich wären vielleicht die Partei Christi selbst, die nämlich in Freiheit von allem Zwang dieser Kirchen, ihrer Autoritäten und Bekenntnisse sich allein auf Christus als den einzigen Herrn und Meister stützt und von daher das brüderliche Leben ihrer Gemeinden gestaltet.

Und für wen entschied sich Paulus? Gewiß für Petrus, denn Kephas ist doch der Fels, auf den die Kirche gebaut? Doch Paulus übergeht den Namen Petri mit Schweigen, taktvoll ebenso den des Apollon. Das Erstaunliche aber: er desavouiert auch seine eigenen Parteigänger. Er will nicht, daß sich Gruppen an einen Menschen hängen und einen Menschen zum Programm machen, der nicht für sie gekreuzigt wurde, auf dessen Namen sie nicht getauft sind. Paulus hat den Korinthern die Taufe gebracht. Aber nicht auf seinen, sondern auf Christi, des Gekreuzigten, Namen wurden sie getauft, und auf wen sie getauft sind, dem gehören sie auch. Und deshalb darf selbst der Name des Paulus, der die Gemeinde begründete, nicht zum Parteinamen werden.

Wir sehen daraus: Der Petrusdienst mag für die Kirche, ihre Einheit und ihren Zusammenhalt noch so sehr Fels sein; er darf doch nicht zum Kriterium schlechthin werden dafür, wo Kirche ist. Die Tradition mag für die Kirche, ihre Kontinuität und Beständigkeit noch so gute Leitlinie sein; sie darf doch nicht zur Scheidelinie werden, jenseits derer statt Orthodoxie nur Heterodoxie sein kann. Die Bibel mag für die Kirche, ihr Glauben und Bekennen noch so sehr Fundament sein, sie darf doch nicht zum Steinbruch werden für Steine, die nicht zum Aufbauen, sondern zum Steinigen verwendet werden. Doch nicht genug damit: Es ist auch keine Lösung, sich statt auf die Apostel auf Christus direkt zu berufen. Selbst für solche gilt: „Ist Christus zerteilt?" (1 Kor 1, 13). Selbst Christus, der Herr, darf nicht dazu benützt werden, als Schild für eine Partei zu dienen, die damit gegen andere in der einen und selben Kirche Sturm laufen will!

Die Bibel als helfende und befreiende Botschaft, die getreue Überlieferung des ursprünglichen Zeugnisses, der Petrusdienst als selbstloser Hirtendienst an der Kirche, die freie Versammlung der Brüder unter dem Geist – das alles ist gut, wenn es nicht exklusiv verstanden wird, wenn es nicht gegen die Anderen gewendet wird, wenn es im Dienste Christi steht, der der Herr über die Kirche und alles, was sie ausmacht, ist und bleibt. Keine Kirche kann letztlich über sich selbst urteilen. Jede ist in die Feuerprobe ihres Herrn gestellt. Da wird zum Vorschein kommen, was an ihrer Sondergestalt, ihrer Sonderüberlieferung, ihrer Sonderlehre Holz, Heu und Stroh oder aber Gold, Silber und Edelstein ist, was wertlos vergeht und was sich erhalten und bewähren wird (vgl. 1 Kor 3, 12–15).

EPILOG

Hat die Kirche eine Zukunft? Die Kirche hat jedenfalls eine *Gegenwart*, und über diese Gegenwart kann keine Zukunft hinwegtrösten. Diese Gegenwart der Kirche ist eine Gegenwart in der *Welt*. Immer wieder neu und unter verschiedenen Blickwinkeln war zu betonen: Die wirkliche Kirche ist nicht ein ideales, sakrales, ewiges Zwischenwesen, irgendwo schwebend zwischen Gott und den Menschen. Die wirkliche Kirche ist vielmehr die Kirche Gottes aus Menschen in der Welt für die Welt.

Das eschatologische (und auch von spätjüdischer Geistigkeit her bestimmte) Weltverständnis der jungen Kirche, welche die Vollendung der Gottesherrschaft für die allernächste Zeit erwartete, war vorwiegend negativ gewesen: „Diese Welt", „dieser Äon" ist für Paulus, ist für Johannes und das Neue Testament weithin eine unheilvolle Größe, die von den Mächten der Sünde und des Todes beherrscht ist, in der sich das dämonisch Böse auswirkt und mächtig ist. Ihr ist jener Mensch, der „Fleisch", der „Finsternis" ist, mit all seinen Begierden und Lüsten, mit seinem bösen Herzen verhaftet und verfallen, nicht fähig, sich selbst aus der Verfallenheit zu befreien und zu erlösen. Zu dieser dunklen, unheilvollen, dämonischen Welt der Sünde und des Todes, die zu Gott im Widerspruch steht und die gerade so auf ihr Ende zugeht, kann die Kirche nur in einem negativen Spannungsverhältnis stehen. Der Weisheit dieser Welt muß sie die Gottesweisheit, die sich in der Torheit des Kreuzes Christi offenbart, dem Geist dieser Welt den Geist, der aus Gott ist, entgegensetzen. Dieser Welt kann sie auf keinen Fall gleichförmig werden; diese Welt kann sie nicht lieben. Ihr steht sie gegenüber als die aus dieser Welt herausgerufene eschatologische Heilsgemeinde, als Gottes auserwähltes Volk, als des Heiligen Geistes heiliger Tempel, als Jesu Christi reiner Leib.

Und trotz allem: Dies ist nur die eine Seite auch schon des neutestamentlichen Weltverständnisses. Anders als die Qumrangemeinde zieht sich die junge Ekklesia nicht aus der Welt zurück. Nicht einfach Weltfeindschaft, Absonderung von der Welt, Flucht aus der Welt ist die Losung! Im Gegenteil: Die junge Ekklesia erkennt sich als wieder neu in die Welt hineingesandt. Als die ausgesonderte Heilsgemeinde soll sie ihre Aufgabe *in* der Welt und *an* der Welt verwirklichen. Als das neue Gottesvolk ist die Kirche in die Welt gesandt, um die Menschen aus der Finsternis ins Licht, aus der Sünde in das Heil, aus dem Tod ins Leben zu rufen. Die fröhliche Botschaft von der Errettung der Welt und der kommenden Erlösung, von der hereingebrochenen und bald vollendeten Gottesherrschaft soll sie ihr künden. Durch ihre Liebe zu den Menschen soll sie zeugen von der Liebe Gottes, wie sie in Jesus Christus offenbar geworden ist. Und so wird denn in der Verkündigung dieser Kirche deutlich, daß diese unheilvolle Welt, die Gott verlassen hat, von Gott nie verlassen wurde; daß Gott seine Schöpfung, die gefallen ist, nie letztlich fallengelassen hat; daß sie auch als die verlorene die Gott gehörende Welt geblieben ist, die jetzt in Christus durch die Kirche zu Gott heimgeholt werden soll. Die Gottgehörigkeit der Welt, ihre vom Schöpfer geschenkte Gutheit konnte vom Bösen nie einfach aufgehoben und vernichtet werden. Das „All" – so wird die Welt besonders im Kolosser- und Epheserbrief, aber auch im Johannesprolog mit sehr viel positiverer Betonung genannt – war von Gott schon von vorneherein in Christus und auf Christus hin geschaffen worden; dieses All wird von Christus wieder neu zusammengefaßt und unter seiner Herrschaft Gott zugeführt, um in der eschatologischen Neuschöpfung die Vollendung und die volle Freiheit zu finden. An dieser von Gottes Gnade umfangenen Welt hat die Kirche als die eschatologische Heilsgemeinde, als das Gottesvolk, der Geistesbau, der Christusleib ihre Funktion des Dienstes in all seinen Gestalten zu erfüllen.

So befindet sich die Welt für die Kirche wesentlich in der *Ambivalenz* des Hell-Dunkels: sie ist die Welt der Vergänglichkeit und Nichtigkeit und zugleich die Welt der vom Schöpfer erhaltenen Gutheit und der endzeitlichen Bestimmtheit. Sie ist Raum für die Herrschaft des Bösen, der Sünde und des Todes, die den Menschen gefangennehmen will, und sie ist zugleich noch immer die von Gott gut geschaffene, nie fallengelassene und nie verleugnete, ja in Christus bereits versöhnte und gerettete Schöpfungswelt: der Lebensraum des Menschen, den er mit all seinen Kräften sinnvoll gestalten soll. Dieser ambivalenten Welt steht die Kirche in einer letzten Freiheit gegenüber: nicht Weltsucht und auch nicht Weltflucht, nicht

Weltverfallenheit und auch nicht Weltfeindlichkeit, sondern Bejahung in der Verneinung und Verneinung in der Bejahung: Widerstand in der Hingabe und Hingabe im Widerstand! In dieser königlichen Freiheit der Kinder Gottes zeigt die Kirche die innere Distanz von der Welt, insofern diese von Gott fern ist, und doch zugleich ihr ganzes, totales Engagement für diese Welt, insofern sie für Gott bestimmt ist.

Für die Kirche der ersten Generation war das Verhältnis der Kirche als solcher zur weltlichen Gesellschaft, ihren Gruppierungen und Institutionen, ihrer Zivilisation und Kultur zwar hin und wieder Frage des konkreten Verhaltens (etwa der Gehorsam gegenüber der Obrigkeit), aber kein zum Thema gewordenes theologisches Problem. Für eine Gemeinschaft, für die diese Welt im raschen „Vergehen" war, war die „Weltgestaltung" im heutigen Sinne überhaupt keine Frage. Aber schon die späteren Schriften des Neuen Testaments zeigen, daß sich die zweite Generation bereits anders in der Welt einrichtet, einrichten muß, und daß von daher ein „Weltdienst" des Christen in den Blick kommt. Hier setzt bereits die Problematik jener christlichen „Weltgestaltung" ein, wie sie sich je länger desto mehr im weltlichen Beruf, im geistigen und kulturellen Schaffen, im wirtschaftlichen, sozialen und politischen Leben nun einmal vollziehen muß.

In den ersten drei Jahrhunderten war der Kirche kaum Gelegenheit gegeben, ihr Engagement für die Welt *gesellschaftlich* wirksam werden zu lassen; in der Verfolgungszeit distanzierte sie sich konsequent von allen weltlichen Bereichen, ja zeigte zum Teil eine ausgesprochene Weltfeindlichkeit. Die „Konstantinische Wende" bedeutete eine Wende zur Welt im Sinne der gesellschaftlichen, kulturell-politischen Betätigung. Das Ergebnis war jene *Sakralisierung* der säkularen Welt, von der in all den vorausgegangenen Kapiteln so oft die Rede war. Wenn man sich in der Kirche heute noch immer über die *Säkularisierung* der Welt beklagt und sich mit ihren Folgen auf verschiedenen Gebieten noch immer nicht abfinden will, so übersieht man, daß der neuzeitliche Säkularisierungsprozeß im Grunde nur die Folge jenes Sakralisierungsprozesses war, der im Hochmittelalter seinen Höhepunkt und seinen dialektischen Umschlag erfahren hat. So lebt die Kirche heute weithin in einer säkularen Gesellschaft, in einer säkularen Welt, wiewohl diese Welt durch die Säkularisierung hindurch wesentliche christliche Impulse, Erkenntnisse und Formen weitergetragen, fortgebildet und umgestaltet hat (z. B. die Entgötterung, Entmythologisierung der Natur, der Wert der menschlichen Arbeit, die Überwindung einer fatalistisch-zyklischen Weltschau durch ein Geschichtsdenken, welches menschliche Verantwortung und Möglichkeit der Veränderung der Welt einschließt).

Es würde nun weit über die Zielsetzung unseres Buches hinausgehen, wollte man darlegen, was für die Kirche das Leben in einer weltlich gewordenen Welt bedeutet. Es kann hier nicht dargestellt werden, was es für die Kirche an Nöten und Chancen, an neuen Gefahren und großen Möglichkeiten besagt, daß diese weltliche Welt eine hominisierte Welt ohne numinosen Glanz ist; daß der Mensch selbst sich seine Welt erbaut, gestaltet und umgestaltet; daß diese Welt – insbesondere die materielle Welt der Naturwissenschaft, aber auch immer mehr die biologische und anthropologische Welt der Biophysik und Genetik, der Psychologie, der Soziologie und der Wirtschaftswissenschaften – ein geschlossenes System von Phänomenen und funktionalen Zusammenhängen bildet, die erfahrbar, berechenbar, experimentierbar, voraussagbar und manipulierbar sind, ein geschlossenes System, in welchem die Größe Gott nicht vorkommt, ja die funktionale Erklärung und Manipulation der Einzelphänomene geradezu stören würde; daß weiter in dieser technisierten Welt die Künste, das Recht, das gesellschaftliche Leben und sämtliche Kultursachgebiete in ihrer konkreten Gestaltung nicht mehr aus einer religiösen Sinngebung und Zielsetzung abgeleitet werden, sondern ebenfalls ganz und gar weltlich von Menschen selbst geplant, konstruiert und realisiert werden; schließlich, daß diese weltliche Welt überhaupt nur als eine durch und durch pluralistische Welt existieren kann ... Hier ist nicht in erster Linie die Ekklesiologie, sondern die gesamte Theologie herausgefordert, insbesondere die theologische Anthropologie, die Schöpfungs- und Gotteslehre, die heute für diese neue Welt dringend ihr Menschenverständnis, Naturverständnis und Gottesverständnis neu zu durchdenken hat. Des weiteren wird es Aufgabe der Pastoraltheologie sein, sich mit den praktischen Problemen der Kirche in einer weltlichen Welt zu befassen (Urbanisierung, Industrialisierung, Rationalisierung, Sozialisierung usw.).

Das zweite Vatikanische Konzil hat das große Wagnis unternommen, eine Standortbestimmung der Kirche in der modernen Welt durchzuführen. Die „*Pastoralkonstitution über die Kirche in der Welt von heute*" behandelt in einem *ersten* grundlegenden Hauptteil „Die Kirche und die Berufung des Menschen": 1. die Würde der menschlichen Person, 2. die menschliche Gemeinschaft, 3. das menschliche Schaffen in der Welt, 4. die Aufgabe der Kirche in der Welt von heute. Der *zweite* Hauptteil behandelt „Einige besondere dringende Probleme": 1. die Würde der Ehe und Familie, 2. die rechte Förderung des kulturellen Fortschritts, 3. das wirtschaftlich-gesellschaftliche Leben, 4. das Leben der politischen Gemeinschaften, 5. der Friede und die Völkergemeinschaft. – Gerade diese Konstitution zeigt, daß in einer immer mehr differenzierten und hoch spezialisierten Welt die Zeiten endgültig vorbei sind, da die Kirche zu allen großen Sachproblemen der Menschheit wirksame und konkrete Weisungen geben kann. Je länger desto mehr wird es wichtig werden, daß die kirchliche Verkündigung dem einzelnen Christen konkret verständlich zu machen weiß, mit welcher *Grundhaltung* er an die einzelnen Sachprobleme, für die die Kirche als solche gar nicht kompetent ist, herantreten soll. Wichtiger als alle möglichen Rezepte für alle möglichen Fragen wäre es, deutlich zu machen, was das Evangelium Jesu Christi für den Menschen von heute entscheidend bedeutet.

Um der Kirche zu helfen, in der Gegenwart ihre Aufgabe zu erfüllen, sind soziologische, psychologische, historische Analysen gewiß von Bedeutung, nicht weniger die pastoral- und moraltheologische Durchdringung und Applikation. *Grundlegend* aber dürfte dafür immer noch die theologische Untersuchung dessen sein, was die Kirche von ihrem *Ursprung* her gesehen in ihrem Wesen ist. Gewiß ist es von zentraler Bedeutung, daß die Kirche eine Gegenwart hat, daß sie sich dieser Gegenwart stellt, daß sie ihr nicht in Romantizismus, Konservativismus oder Utopismus ausweicht. Die gegenwärtige Welt ist ja der Ort, die gegenwärtige Stunde die Zeit, da sie ihre Sendung zu erfüllen hat. Und insofern wird sie im Hinblick auf die je neue Weltstunde um ein stets neues Aggiornamento in Theorie und Praxis nicht herumkommen. Aber dieses Aggiornamento wird zu einer modischen Anpasserei, wird zu einem ziellosen Treiben auf hoher See nach wechselndem Wind, wenn es nicht verankert ist im *Ursprung*, wenn es nicht gesteuert ist vom Evangelium Jesu Christi selbst, in welchem die Kirche ihren Existenzgrund hat. Aggiornamento muß deshalb immer wieder Reform, Rückkehr zur ursprünglichen Form, Rückkehr zum ursprünglichen Wesen sein. Und weil die Gegenwart nur vom Ursprung her richtig gesichtet und gerichtet werden kann, meinten wir höchst aktuell und zeitgemäß zu sein, wenn wir in allen Fragen immer wieder auf das Neue Testament zurückgingen, um von dort her uns sagen zu lassen, was für die Kirche von heute wesentlich und was für sie unwesentlich ist.

Vom Evangelium her gesehen ist für das Verhältnis der Kirche zur Welt im Grunde nur eines wesentlich: der *Dienst an der Welt*. Dienst ist auch hier, wenn wir es zuerst negativ umschreiben wollen, der Herrschaft entgegengesetzt: Dienst heißt gerade nicht, in alle weltlichen Fragen des wirtschaftlichen, politischen, sozialen, kulturellen, künstlerischen, wissenschaftlichen Lebens hineinreden und hineinregieren, wo heute im Grunde nur noch der Fachmann zuständig ist. Dienst heißt, unter Umständen gerade zurückhaltend schweigen, zugeben, daß man davon nichts versteht und auch gar nichts zu verstehen braucht, daß hier in heutiger Zeit nun einmal andere zuständig sind. Dienst heißt, auf die Verteidigung solcher gesellschaftlicher Machtpositionen mutig verzichten, die der Kirche durch Gunst und Ungunst der Geschichte zwar zugefallen waren, deren Verteidigung aber heute unwiderruflich überholt ist und bestenfalls noch antikirchliche Affekte wecken oder steigern kann. Dienst an der Welt ist also Verzicht auf Herrschaft über die Welt, ist Verzicht auf Machtpolitik, weltlichen Führungsanspruch, weltliches Prestige, Privilegien, Sonderrechte.

Und was bedeutet der Dienst an der Welt positiv? Es wird gut sein, nicht nach zu hohen Worten zu greifen, die wiederum der Kirche allzu leicht mehr zuschreiben, als sie zu leisten vermag. Die Kirche kann die großen Probleme der Welt nicht „lösen“: weder das des Hungers noch das der Bevölkerungsexplosion noch das des Krieges noch das der Anonymität der Macht noch die Rassenfrage ... Was sie tun kann, möchten wir bescheiden mit dem Wort umschreiben: für die Welt da sein! Und wann ist die Kirche für die Welt da?

Kirche ist für die Welt da, indem sie zunächst schlicht *weiß*, wie es um die Welt wahrhaft steht. Das weiß die Welt trotz all ihres Wissens nicht: woher sie kommt, wo sie steht, wohin sie geht. Die Welt weiß nicht, wie es letztlich steht um Gott und Mensch, Heil und Unheil. Die Kirche darf im Glauben darum wissen, daß ihr Gott auch der Gott der Welt ist und daß auch die Welt von ihm ausgeht und auf ihn zugeht. Sie darf wissen, daß der eine Gott mit der ganzen Menschheit seinen Bund geschlossen, daß Jesus Christus nicht nur für die Kirche, sondern für die Welt gestorben und auferstanden ist und daß so Gottes umfassendes Erbarmen auch über dem Glanz und dem Elend der Welt leuchtet. Nur weil die Kirche im Glauben an Jesus Christus um der Welt Ursprung, Weg und Ziel, ihre Möglichkeiten und ihre Grenzen weiß, ist sie fähig, wahrhaft für die Welt da zu sein. Gabe an die Kirche ist es und so Aufgabe, die Welt als das, was sie eigentlich ist, zu sehen und zu verstehen: in verständnisvoller Aufgeschlossenheit, in kritischer Freiheit und in umfassender Güte.

Die Kirche ist für die Welt da, indem sie mit der Welt *verbunden* ist: Gerade weil die Kirche die Welt erkennt und versteht als das, was sie ist, ist es ihr völlig unmöglich, sich von ihr abzusondern. Gewiß, sie darf der Welt nicht einfach gleichförmig werden. Dann würde sie ja selber Welt und würde damit gerade auf den besonderen Dienst verzichten, zu dem sie erwählt wurde. Aber im Wissen um des einen wahren Gottes Gnade, der die Welt so sehr geliebt hat, daß er seinen einzigen Sohn für sie dahingab, wird sie mit der Welt von vorneherein zutiefst verbunden sein. Mit der Welt zusammen bildet die Kirche die ganze Menschenwelt, die, als ganze sündig, als ganze Gottes Erbarmen gefunden hat. Könnte so die Kirche jemals der gemeinsamen Schuld und der gemeinsamen Gnade uneingedenk sein? Die Kirche kann sich von der Welt nicht in ein Ghetto abkapseln und ein Eigenleben in einer splendid isolation führen. Sie hat sich vielmehr zur Welt zu stellen, sich zu ihr zu bekennen, an ihren Nöten und Hoffnungen teilzunehmen, ihr Wagen und Versagen mitzutragen. Nicht eine teilnahmslos unverbindliche Kirche, nur eine liebend verbundene Kirche darf der Welt dann, wenn es das Evangelium Jesu Christi erfordert, auch widerstehen und widersprechen, um gerade so immer wieder bei ihr zu verbleiben. Gabe an die Kirche ist es und so Aufgabe, in der Welt, bei der Welt und mit der Welt zu sein: solidarisch mit ihr zu denken, zu reden und zu handeln. Aber auch dieser Dienst genügt noch nicht:

Die Kirche ist für die Welt da, indem sie der Welt *verpflichtet* ist. Wenn die Kirche der Welt wirklich verbunden ist, dann wird diese Verbundenheit nicht einfach in verbindlicher Gesinnung und verbindlichen Worten sich erschöpfen. Dann wird sie nicht nur eine passive, mehr oder weniger friedliche Koexistenz sein. Dann wird diese Koexistenz vielmehr zu einer Proexistenz, dieses Miteinander zu einem Füreinander. Der Kirche Verständnis für die Welt wäre unfruchtbar, ihre Verbundenheit mit ihr müßig, wenn sie nicht zur tätigen Mitverantwortung führten. In der Nachfolge ihres Herrn ist die Kirche zu tätigem Dienst an den Brüdern, die *alle* Geschöpfe des einen Vaters sind, berufen. Eine Kirche, die nur für sich lebte und agierte, wäre nicht Kirche Christi. Die Kirche Christi existiert in allem, was sie tut — mag es noch so innerlich scheinen — nach außen, auf die Menschheit hin. Die Welt hat, ob sie es nun weiß oder nicht, die brüderliche Hilfe der Kirche nötig. Gabe an die Kirche ist es und so Aufgabe, für die Welt, ihre Gegenwart und ihre Zukunft mitverantwortlich zu sein, in Worten nicht nur, sondern in Taten.

Damit aber der Kirche Verständnis für die Welt nicht verkehrt, ihre Verbundenheit mit der Welt nicht schief, ihre Verpflichtung gegenüber der Welt nicht vage sei, muß dies alles vom *ursprünglichen Auftrag* her gesehen werden. Und dieser ursprüngliche Auftrag der Kirche besteht nicht darin, allerlei Allotria, „andere Dinge", zu treiben. Der ursprüngliche Auftrag, zu dem die Kirche von ihrem Herrn im Geiste aufgerufen, befähigt und ermächtigt wurde, besteht darin, Christus zu bekennen und zu verkünden, sein Zeuge zu sein und so das Evangelium, die gute Botschaft von der eschatologischen Gottesherrschaft, die in Jesus Christus angebrochen ist, und der von uns geforderten Glaubensentscheidung anzukünden: die Botschaft von Gottes Gnade und Erbarmen und der sündigen Menschheit Rechtfertigung, Heiligung und Berufung, vom Leben nach dem Geist in der neuen Freiheit von Gesetz, Sünde und Tod, in Glaube, Liebe und Freude im Blick auf die Vollendung aller Dinge in der bereits in der Gegenwart hereinbrechenden Zukunft.

Der eine und einzige wesentliche Auftrag, der der Kirche gegenüber der Welt gegeben ist, Zeuge zu sein vor der Welt, kann in vielerlei Form und Gestalt wahrgenommen werden: vom Einzelnen und von der Gemeinschaft. Es gibt im Grunde nichts in der Kirche, was nicht mit offenen Fenstern auf die Straße, auf die Gasse hin getan werden soll. Man soll dabei nicht auf die Fenster starren, man soll nur ganz bei der Sache sein. Aber eine Predigt mag noch so tiefsinnig, ein Gottesdienst noch so feierlich, eine Seelsorge noch so durchorganisiert, ein Unterricht noch so methodisch, eine Theologie noch so geistvoll, eine Caritastätigkeit noch so effektiv sein – was soll dies alles, wenn es exklusiv nur einer in ihrer Abgeschlossenheit sich selbst wärmenden Gemeinde, nur einer für sich selbst lebenden Kirche zugute käme! Kann denn irgendetwas von all dem in der Kirche geschehen, ohne daß es nicht in dieser oder jener Form, direkt oder indirekt auch der Welt zugute käme? Wie könnte eine Kirche predigen, wie beten, lobpreisen, unterrichten, wie könnte sie Seelsorge, Theologie und Diakonie treiben, ohne jener Brüder und Schwestern zu gedenken, die zwar in der Kirche nicht mitmachen, die aber doch Söhne und Töchter desselben Vaters sind? Die Kirche täusche sich nicht, nein, sie freue sich dessen: Was immer sie mitten in einer nichtkirchlichen Welt tut oder läßt, die Welt ist dabei: manchmal mithörend und manchmal weghörend, manchmal stumm und manchmal redend, manchmal protestierend und manchmal dankend. Die Kirche kann gar nicht anders existieren als vor der Welt Zeugnis gebend.

So ist die Kirche die Minderheit im Dienste der Mehrheit. Als die Gemeinschaft der glaubenden und in Wort und Tat bekennenden Zeugen Christi ist die Kirche ein manchmal verdecktes, aber doch auch immer wieder sichtbares Zeichen unter den Völkern, eine lebendige Einladung an die Welt, sich im Glauben und in der Liebe mit ihr zu verbinden und mit ihr zu bezeugen, was Großes der Herr nicht nur für die Kirche, sondern für die ganze Welt getan hat. So ist die ganze Menschheit aufgefordert mitzudanken und mitzupreisen, immer wieder neu das Wort der Gnade zu hören und das Mahl der Liebe zu feiern, um Christus im Alltag zu bezeugen als die, die nicht nur einander, sondern auch die Anderen lieben.

So will die Kirche nicht allein bleiben. Sie will Vortrupp sein. Als Vortrupp der ganzen Menschheit wandert das Gottesvolk dahin – wohin? Und wieder stellt sich die Frage: Hat die Kirche eine Zukunft?

Wir antworteten: Sie hat eine Zukunft, weil sie in der Welt eine Gegenwart hat. Sie hat auf ihrer Wanderung in die Welt hinaus eine Sendung, eine Aufgabe, einen Auftrag, einen Dienst, der ihr in der Gegenwart zukommt, ihr immer wieder neu zu-kommt, ihr je und je Zu-kunft ist. Von daher ist ihre Gegenwart gefüllt, hat sie Wirklichkeit, hat sie Sinn. Das ihr je und je neu Zukommende ist nichts anderes als Gottes Gnade, unter der die Kirche lebt und die ihr jeden Morgen neu aufgeht. Diese ist es, die ihr über die Not der Gegenwart hinweghilft, über das Unbefriedigende, den Zweifel, die Angst und Sorge, die Hoffnungslosigkeit, die Illusion der Selbsterlösung, ihr eigenes Elend und das der Welt. Die Kirche hat eine Zukunft, weil ihr im Dunkel der Zeit als Gottes Gnade je und je neu eine lichtvolle Gegenwart geschenkt wird.

Und warum kann denn dieser Kirche, die dieser Gnade doch gar nicht wert ist, je und je neu diese Gegenwart zukommen? Die Kirche hat diese Gegenwart aus einer Vergangenheit, die für sie noch immer gegenwärtig ist, weil sie ihr Ursprung ist. Gottes Gnade ist der Kirche aufgegangen im gekreuzigten und auferstandenen Herrn, an den sie glaubt. Von diesem Geschehen in Christus her ist ihr Gewißheit mit auf den Weg gegeben, eine Gewißheit des Glaubens, die in der Welt nicht sehen, wohl aber vertrauen und hoffen läßt. Diese Heilstat Gottes in Christus geht der Kirche voraus, sie ist größer als sie, sie umgreift sie, und ist ihr, wo immer sie ankommt, voraus: indem sie, gerade als geschehene, Verheißung ist. Die Kirche hat eine Zukunft, weil ihr aus Gottes Gnade ein Anfang geschenkt ist, der ihr in der Gegenwart Verheißung und Hoffnung ist.

Die verheißene Verheißung ist *deswegen* nicht leer und trügerisch, weil sie gründet in etwas, das nicht nur aussteht, das nicht erst erwartet wird, das keine Utopie ist, sondern das geschehen ist. Was aber geschehen ist, zeigt nicht nur auf sich selbst, sondern weist über sich hinaus: Die Auferstehung des Gekreuzigten, welche die Kirche glaubt und kündet, ist die Ankündigung der Auferstehung aller und der Erneuerung der Welt. Dies ist das Neue, das noch aussteht, das der Kirche auch nicht Tag für Tag zukommt, sondern das ihr und der Welt durch Gottes neue schöpferische Tat heraufgeführt wird.

Wie die Schöpfung der Welt im Anbeginn der Zeit, wie die Auferstehung Christi in der Mitte der Zeit, so ist auch die Neuschöpfung Gottes am Ende der Zeit in der Schrift nicht beschrieben, sondern in Bildern gedeutet. Was der Kirche auf ihrer Wanderschaft von der Auferstehung Christi her als die absolute Zukunft in der Gegenwart verheißen ist, ist die endgültige Überwindung der Sünde, des Leides und des Todes, ist die offenbare Vollendung der Gottesherrschaft durch das *Gottesreich:* das Reich der vollen Gerechtigkeit, des ewigen Lebens, der wahren Freiheit und des kosmischen Friedens, die endgültige Versöhnung der Menschheit mit Gott in der Liebe, die nicht aufhört. Ja, die Kirche hat eine Zukunft, sie hat *die* Zukunft! Dies ist der unbeschreibliche und unbestimmbare achte Tag, an welchem Gott sein Schöpferwerk vollendet, die Kirche das Ziel ihrer Pilgerschaft erreicht und die Welt ihren Herrn erkennt: „Das siebte Weltalter wird unser Sabbat sein, dessen Ende kein Abend sein wird, sondern ein ewiger achter Tag, der Tag des Herrn, der durch Christi Auferstehung geheiligt, die ewige Ruhe des Geistes und selbst des Leibes vorausbildet. Da werden wir freisein und werden sehen, werden sehen und werden lieben, werden lieben und werden loben. Siehe, so wird es sein am Ende ohne Ende. Denn was anders ist unser Ende als zu dem Reich zu gelangen, das ohne Ende ist?"

> „Haec tamen septima erit sabbatum nostrum, cuius finis non erit vespera, sed dominicus dies velut octavus aeternus, qui Christi resurrectione sacratus est, aeternam non solum spiritus, verum etiam corporis requiem praefigurans. Ibi vacabimus et videbimus, videbimus et amabimus, amabimus et laudabimus. Ecce quod erit in fine sine fine. Nam quis alius noster est finis nisi pervenire ad regnum, cuius nullus est finis?"[1]

---

[1] *Augustinus,* De civitate Dei XXII, 30; CC 48, 866.

ABKÜRZUNGEN

Cath.	Catholicisme (Paris 1948 ff).
CC	Corpus Christianorum (Turnhout-Paris 1953 ff).
CE	Constitutio de Ecclesia des Vatikanum II (1964).
D	H. Denzinger, Enchiridion Symbolorum (Freiburg i. Br.-Barcelona ^{30}1955).
DBS	Dictionnaire de la Bible, Suppl.-Bde (Paris 1920 ff).
DOe	Decretum de Oecumenismo des Vatikanum II (1964).
DR	Decleratio de Religionibus nonchristianis des Vatikanum II (1965).
DTC	Dictionnaire de théologie catholique (Paris 1909 ff).
EKL	Evangelisches Kirchenlexikon (Göttingen 1955 ff).
GCS	Die griechischen christlichen Schriftsteller der ersten drei Jahrhunderte (Leipzig 1897 ff).
HTG	Handbuch theologischer Grundbegriffe (München 1962 f).
LThK	Lexikon für Theologie und Kirche (Freiburg i. Br. ^{2}1955 ff).
ODCC	The Oxford Dictionary of the Christian Church (Oxford ^{3}1961).
PG	Patrologia Graeca, hrsg. v. J. P. Migne (Paris 1857 ff).
PL	Patrologia Latina, hrsg. v. J. P. Migne (Paris 1878 ff).
RGG	Die Religion in Geschichte und Gegenwart (Tübingen ^{3}1956 ff).
Strukturen	H. Küng, Strukturen der Kirche (Freiburg-Basel-Wien 1962).
ThQ	Theologische Quartalschrift (Tübingen).
ThW	Theologisches Wörterbuch zum Neuen Testament, hrsg. v. G. Kittel (Stuttgart 1933 ff).
WA	M. Luther, Werke. Kritische Gesamtausgabe („Weimarer Ausgabe". 1883 ff).

Da die ekklesiologische Literatur praktisch uferlos ist, haben wir statt vieler Einzelbelege zu den einzelnen Problemkreisen eine ausführliche Bibliographie der wichtigsten Arbeiten gegeben, wobei vor allem die nach dem 2. Weltkrieg erschienenen *selbständigen* Publikationen berücksichtigt sind. Diese sind im allgemeinen nach der *ersten Auflage* zitiert, außer es handle sich um wesentliche Veränderungen oder Erweiterungen.
Die ausführlichste interkonfessionelle ekklesiologische Bibliographie bietet *U. Valeske,* Votum Ecclesiae (München 1962) 1–210.

STELLENREGISTER

A) ALTES TESTAMENT

B) NEUES TESTAMENT

NAMENREGISTER

SACHREGISTER